FACHBUCHREIHE
für wirtschaftliche Bildung

Rechnungswesen für Steuerfachangestellte

20. Auflage

Harbers
Hochmuth
Huber-Jilg
Lutz

VERLAG EUROPA-LEHRMITTEL
Nourney, Vollmer GmbH & Co. KG
Düsselberger Straße 23
42781 Haan-Gruiten

Europa-Nr.: 78017

EUROPA LEHRMITTEL

Verfasser:

Karl Harbers	Dipl.-Bw.	Mönchengladbach
Ilona Hochmuth	Dipl.-Öc.	Chemnitz
Peter Huber-Jilg	Dipl.-Hdl.	München
Karl Lutz	Dipl.-Finw.	Ulm

Leitung des Arbeitskreises und Lektorat:
Karl Lutz

20. überarbeitete Auflage 2020

Druck 5 4 3 2 1

Alle Drucke derselben Auflage sind parallel einsetzbar, da sie bis auf die Behebung von Druckfehlern untereinander unverändert sind.

ISBN 978-3-7585-7028-5

http://www.europa-lehrmittel.de
Umschlaggestaltung, Satz, Grafik und Layout: tiff.any GmbH, 10999 Berlin
Umschlagfoto: © agsandrew – Fotolia.com
Druck: Medienhaus Plump GmbH, 53619 Rheinbreitbach

Vorwort

„Rechnungswesen für Steuerfachangestellte" ist ein in Lehre und Praxis bewährtes Fachbuch, das nunmehr in der 20. Auflage vorliegt. Es richtet sich an

- **Steuerfachangestellte**
- **Schülerinnen und Schüler an Fachschulen und Berufskollegs**
- **Studentinnen und Studenten an Berufsakademien und Fachhochschulen**
- **Dozenten und Teilnehmer von Fort- und Weiterbildungen der Steuerfachwirte und Bilanzbuchhalter**

Das **systematisch** und **gut verständlich aufgebaute Lehrbuch** kann sowohl im Unterricht als auch in steuerfachlichen Schulungen sowie zur **Vorbereitung auf Klausuren und Prüfungen** eingesetzt werden. Zugleich ist **„Rechnungswesen für Steuerfachangestellte"** ein wertvolles Nachschlagewerk in der steuerlichen Praxis.

Die **übersichtliche Strukturierung der Inhalte**, verbunden mit **aussagekräftigen Beispielen** erleichtert die selbstständige Erarbeitung der Lerninhalte.

Übungsaufgaben in jedem Kapitel und zahlreiche Aufgaben zur Wiederholung und Vertiefung und umfangreiche Prüfungsaufgaben dienen der Festigung des Lernstoffes und fördern das Denken und Handeln in steuer- und handelsrechtlichen Zusammenhängen.

Entsprechend dem KMK Rahmenlehrplan deckt „Rechnungswesen für Steuerfachangestellte" die Buchführungs- und Aufzeichnungspflichten, die Grundlagen der Finanzbuchhaltung , die Beschaffung, die Absatz-, Personal-, Finanz- und Anlagenwirtschaft ebenso ab, wie Buchungen im Steuerbereich, handels- und steuerrechtliche Abschlüsse sowie deren betriebswirtschaftliche Auswertungen.

„Rechnungswesen für Steuerfachangestellte" ist ein aktuelles Werk auf dem **Rechtsstand vom Januar 2020**, das laufend überarbeitet wird. Die Änderungen gegenüber der vorherigen Auflage sind deutlich in der Randspalte gekennzeichnet. §

Dem Werk liegen die **Spezialkontenrahmen SKR 03 und SKR 04** zugrunde, die im Internet unter http://www.datev.web/de/datev-shop/? zum kostenlosen Download bereitstehen.

„Rechnungswesen für Steuerfachangestellte" bildet zusammen mit dem Titel „Steuerlehre" ein in sich vernetztes Fachprogramm, das **lernfeld- und fächerübergreifendes Lernen und Lehren** ermöglicht und fördert. Die Vernetzung beider Werke erfolgt durch grafische Symbole (**SL 191 ff.**), welche auf die entsprechenden Inhalte des jeweils anderen aktuellen Titels hinweisen.

Beide Bücher bieten somit unverzichtbares Fachwissen für die steuerliche Praxis.

Ihr Feedback ist uns wichtig
Ihre Anmerkungen, Hinweise und Verbesserungsvorschläge zu diesem Buch nehmen wir gerne auf – schreiben Sie uns unter *lektorat@europa-lehrmittel.de*.

Die Verfasser Januar 2020

Abkürzungsverzeichnis

AfA	Absetzung für Abnutzung
AG	Aktiengesellschaft
a.H.	auf Hundert
Ak	Anschaffungskosten
AktG	Aktiengesetz
ANK	Anschaffungsnebenkosten
AO	Abgabenordnung
ARAP	Aktive Rechnungsabgrenzung
AV	Anlagevermögen
BA	Betriebsausgabe/ Bundesanzeiger
BE	Betriebseinnahme
BFH	Bundesfinanzhof
BGA	Betriebs- und Geschäftsausstattung
BGB	Bürgerliches Gesetzbuch
BilRUG	Bilanzrichtlinie-Umsetzungsgesetz
BMF	Bundesminister der Finanzen
BMG	Bemessungsgrundlage
BV	Betriebsvermögen
BWA	Betriebswirtschaftliche Auswertung
DSGVO	Datenschutzgrundverordnung
EBK	Eröffnungsbilanzkonto
ESt	Einkommensteuer
EStG	Einkommensteuergesetz
EStDV	Einkommensteuer-Durchführungsverordnung
EStH	Einkommensteuerhinweise
EStR	Einkommensteuer-Richtlinien
EUSt	Einfuhrumsatzsteuer
FGk	Fertigungsgemeinkosten
Fifo	First in first out
GenG	Genossenschaftsgesetz
GewSt	Gewerbesteuer
GewG	Gewerbesteuergesetz
Gj	Geschäftsjahr
GmbH	Gesellschaft mit beschränkter Haftung
GmbHG	GmbH-Gesetz
GoB	Grundsätze ordnungsmäßiger Buchführung
GrESt	Grunderwerbsteuer
GuV	Gewinn- und Verlustrechnung
GWG	Geringwertiges Wirtschaftsgut
HAÜ	Hauptabschlussübersicht
HB	Handelsbilanz
HGB	Handelsgesetzbuch

Hifo	Highest in first out
Hk	Herstellungskosten
HR	Handelsregister
Hsp	Handelsspanne
Hkz	Handlungskostenzuschlag
i.H.	im Hundert
KapESt	Kapitalertragsteuer
Kf	Kalkulationsfaktor
KG	Kommanditgesellschaft
KiSt	Kirchensteuer
KSt	Körperschaftsteuer
KStG	Körperschaftsteuergesetz
Kz	Kalkulationszuschlag
Lifo	Last in first out
LSt	Lohnsteuer
LStR	Lohnsteuerrichtlinien
MicroBilG	Kleinstkapitalgesellschaften-Bilanzrechtsänderungsgesetz
MGk	Materialgemeinkosten
ND	Nutzungsdauer
OHG	Offene Handelsgesellschaft
PRAP	Passive Rechnungsabgrenzung
p.r.t.	pro rata temporis
PWB	Pauschalwertberichtigung
RfE	Rücklage für Ersatzbeschaffung
SB	Schlussbestand
SBK	Schlussbilanzkonto
SKR	Spezialkontenrahmen
SolZ	Solidaritätszuschlag
StB	Steuerbilanz
TW	Teilwert
USt	Umsatzsteuer
UStAE	Umsatzsteuer-Anwendungserlass
USt-Id.Nr.	Umsatzsteuer-Identifikationsnummer
UStG	Umsatzsteuergesetz
VerwGk	Verwaltungsgemeinkosten
v.H.	vom Hundert
VSt	Vorsteuer
VwL	Vermögenswirksame Leistungen
WB	Warenbestand
WE	Wareneingang
WG	Wirtschaftsgut
Wj	Wirtschaftsjahr
Wp	Wertpapiere

1 Einführung in das Fach Rechnungswesen

1.1 Zur Geschichte der Buchführung (Ein geschichtlicher Abriss)

„Die Buchführung ist Berufung und Kunst zugleich"

Von den Urkulturen bis zur Antike:
Die Geschichte der Buchführung reicht bis auf die Urkulturen zurück, obwohl damals der Begriff „Buchführung" sicherlich nicht bekannt war.

Erste Aufzeichnungen von Jägern und Sammlern der Steinzeit dokumentieren der Nachwelt, die Anzahl erlegter Tiere auf den Jagdzügen. Auf Höhlenwänden und Steinen malten sie mittels einfacher Symbole und Zeichnungen die erbeutete Menge an. Dazu wurde entweder das erlegte Tier mehrfach gemalt oder die Abdrücke von Händen und Fingern gaben über die Beute Auskunft.

Mit der Entwicklung von Sprache und Schrift ca. 4000–3000 v. Christi finden sich im sogenannten „Zweistromland" zwischen Euphrat und Tigris, der früheren Hochkultur, Schriftzeichen auf Tontafeln, die Auskunft geben über Lieferungen von Getreide, Brot und Bier.

In der Zeit von etwa 750–350 v. Christi erfolgte die große Kolonisation an den Küsten rund um das Mittelmeer. Es entstanden selbstständige Städte und Stadtstaaten, die durch das Königtum und den Adel regiert wurden. Der Handel und die bildenden Künste blühten.
Die Bildung und der Umgang mit Zahlen, neben der Schrift und der Sprache eine weitere Voraussetzung für die Entwicklung von Buchführung und Vermögensverwaltung, erreichte bei den **alten Ägyptern und den Griechen** eine besonders hohe Entwicklungsstufe.

Erste Rechenhilfsmittel wie einfache Rechentafeln (griech. „abax" oder „abakion") standen der Staatsverwaltung zur Verfügung.

Die historische Geburtsstunde des Geldes (eine Legierung aus Gold und Silber) wird im 6. Jahrhundert v. Christus in Libyen gesehen. Teile von **Libyen** standen zuvor unter römischer Herrschaft.

Besonders die **Römer** erkannten frühzeitig die Bedeutung von genauen Aufzeichnungen über Geld, Schätze, Ländereien und Besitzungen, über Einnahmen und Ausgaben. Dazu benutzten sie bereits eine Art von „Staatsdienern" zum Rechnen und Zählen und auch sogenannte „Steuereintreiber", die unter der einfachen Bevölkerung verhasst waren.

Die Zeit des Mittelalters bis zur Industrialisierung:

Ein besonders großes Interesse an Aufzeichnungen und Buchführung über Ländereien Besitztümer, Abgaben, Ernten, Hab und Gut hatten die **Kirchen und Klöster**.

Die Benediktiner als ältester katholischer Mönchsorden, gegründet im 6. Jahrhundert von *Benedikt von Nursia* in Mittelitalien und erster Abt des Klosters auf dem Monte Cassino legte durch seine strengen Mönchsregeln, ständige Anwesenheit im Kloster und regelmäßige Pflicht zur Handarbeit oder geistigen Arbeit die Grundlage, dass vor allem Mönche Fertigkeiten im Schreiben und Rechnen weiterentwickeln konnten und somit bahnbrechend zur Fassung von ersten Regeln zur Buchführung beitragen konnten. Es entstanden erste „Ausbildungsstätten" für Buchführer und Kanzleischreiber vorrangig in den Handelsstädten.

Im Jahr 800 wurde *Karl der Große* von *Papst Leo III.* zum Kaiser vom „Heiligen Römischen Reich Deutscher Nation" gekrönt. Er erließ eine der ersten deutschen Verordnungen zur Buchführung. Ausgebildete Amtmänner hielten in speziellen Schreibstuben die Abgaben der Güter und Reichshöfe, der Ländereien und Besitzungen fest. So wurden Aufzeichnungen über Abgaben an Tieren und Getreide, aber auch an Bußen, Strafgeldern sowie eingenommene Brücken- und Schiffszölle vorgenommen.

Die italienische Stadt **Genua**, Hauptstadt von Ligurien, war im Mittelalter die führende Handelsmacht im Mittelmeerraum. Prächtige Kirchen und Paläste zeugen noch heute von diesem Glanz. Die Stadt Genua richtete 1263 die erste „Finanzverwaltung" mit Kontierern und Visitatoren ein. Diese Verwaltung nutzte das Siegel des Heiligen Michael mit Waage oder Bilanz. Zwischen dem 10. und 17. Jahrhundert spielt die Stadt Genua für die Entwicklung von Buchführung und Bilanzierung eine entscheidende Rolle.

Erste Personenkonten werden ab 1200 geführt.
Ab 1340 werden Einnahmen und Ausgaben zunächst in chronologischer Reihenfolge erfasst, danach im Hauptbuch, auf Sachkonten, sachlich übertragen. Es werden die Anfänge der doppelten Buchführung gelegt.
Geschäftsvorfälle werden erstmals doppelt gebucht:

debitorisch ❯	**auf der Sollseite**	*debet nobis pro = schuldet uns für*
kreditorisch ❯	**auf der Habenseite**	*recepimus in = wir empfingen*

Man spricht heute vom **„Muster von Genua"**
Erste doppelte Buchführung

Grundbuch Geschäftsfälle	Hauptbuch Geschäftsfälle
zeitlich geordnet	sachlich geordnet
heutige Bezeichnung: „Buchungsjournal"	heutige Bezeichnung: „T-Konten"

Sollbuchung:	Soll	Konto
	„an"	„an"
Habenbuchung:	Haben	Gegenkonto

Ausgangsrechnung: Forderungen ❯ **Debitoren** (lat. debet nobis pro = schulden uns für)
Eingangsrechnung: Verbindlichkeiten ❯ **Kreditoren** (lat. recepimus in = wir empfingen)

Um 1400 erfolgte die Durchführung des ersten formellen Abschlusses und um 1420 die erste Bilanzaufstellung.

Der italienische Franziskanermönch *Luca Pacioli* und der französische Kaufmann *Jacques Savary* gaben die ersten Lehrbücher zur Buchführung und Handelswissenschaft heraus. *Pacioli* veröffentlichte seine Schrift „Summa de arithmetica" 1494 und *Savary* sein Werk zur doppelten Buchführung 1675 in Paris.

In Deutschland haben sich neben führenden deutschen Handelshäusern auch Banken und Geldverleiher Verdienste um die Technik der Buchführung gemacht. Zu nennen wäre die Großhandelsfirma *Holzschuher* aus Nürnberg, die in den Jahren 1304–1307 ein deutsches **Kaufmannsbuch** allerdings in lateinischer Sprache und mit römischen Zahlen veröffentlichte. Der Großkaufmann *Runtinger* aus Regensburg gibt sein **Handelsbuch** bereits in deutscher Sprache heraus (1383–1407).

Die Augsburger Firma *Fugger* als bedeutendstes Handels- und Bankierhaus Deutschlands im 16. Jahrhundert beschäftigte *Matthäus Schwarz*, der im italienischen Venedig seine Buchführungskenntnisse erworben hatte, als Buchhalter. Er führte Personenkonten, ein Sachkontenbuch, ein „Unkostenbuch" für Spesen und ein sogenanntes „Geheimbuch", das für die Ermittlung von Gewinnen und Verlusten und für die Berechnung von Steuern genutzt wurde.

Unter *Ludwig XIV.*, dem absolutistischen „Sonnenkönig", wurde 1673 das erste französische **Handelsgesetzbuch**, „Ordonnance de Commerce" genannt, veröffentlicht. Unter diesen absolutistischen Machtverhältnissen wurde auch die Buchführung in eine eigenwillige Richtung geführt. So mussten die französischen Vasallen Auskunft geben über ihre wirtschaftlichen Verhältnisse „… in den Lastern des Spiels, der Liebe, des Weins und für anderen unnützen und überflüssigen Aufwand".

Im 18. und 19. Jahrhundert wurden in allen industrialisierten Ländern, wie England, Frankreich und Deutschland **Sammeljournale** verwendet, die die Vorläufer unserer heutigen modernen Buchführungstechniken waren. Sie zeichneten sich aus als ein bereits geschlossenenes Buchführungssystem, in dem alle Geschäftsvorfälle chronologisch und sachlich geordnet erfasst und Zusammenhänge und Übersichten dargestellt wurden.

Die Neuzeit bis zur Gegenwart:

Die fortschreitende **Industrialisierung**, wachsender Handel und die Zunahme der Geschäftstätigkeit ließen Umsätze und Anzahl der Buchungen schlagartig in die Höhe schnellen. Ein gebundenes „Buch" für die Aufnahme der Geschäftsvorfälle der Buchführung stellte sich als Hindernis heraus, weil es hinsichtlich der Konten nicht erweiterbar war. Es begann die Geburtsstunde der **„Loseblatt-Systeme"**, die sich bis heute erhalten haben. Auf der Weltausstellung in Chicago 1893 wurde die Loseblatt-Buchführungstechnik zum ersten mal vorgeführt. Zusammen mit dem **„Durchschreibeverfahren"** erlaubte sie, mit einer Buchung einen Vorgang nach mehreren Ordnungsgesichtspunkten zu erfassen.

Die Grundlage und Voraussetzung für die Entwicklung von **Buchführungsmaschinen und -automaten** und **Fakturiermaschinen** für die Verarbeitung von großen Datenmengen und deren mechanische Abarbeitung war gegeben. Zur Aufrechnung der Posten einer Spalte dienten Längszählwerke; zu Rechengängen innerhalb einer Zeile Querzählwerke.

Lochkarten wurden erstmalig 1821 von dem Engländer *C. Babbage* zum Steuern von Rechengetrieben benutzt. 1880 setzte *Hermann Hollerith*, ein Amerikaner deutscher Abstammung, in den USA die ersten Lochkarten mit elektronischer Abtastung ein, die ihre

Bewährungsprobe 1890 bei der amerikanischen Volkszählung bestanden. Später wurden in allen hochindustrialisierten Ländern **Lochkartenmaschinen** gebaut z. B. von IBM (USA), Remington (USA), ICT (GB), Bull (Frankreich).

Konrad Zuse erfand 1941 den ersten progammgesteuerten Digitalrechner. Bahnbrechend für die moderne Buchführung war die Entwicklung der elektronischen Datenverarbeitung (EDV) in den 60iger Jahren des 20. Jahrhunderts auf der Grundlage von integrierten Schaltkreisen und der Programmiersprache FORTRAN.

Mit der **Mikrochiptechnik** 1971 begann der Siegeszug des **Personalcomputers** und dessen Großeinsatz. In allen Funktionsbereichen und Abteilungen des Rechnungswesens, angefangen vom Material- und Wareneingang, den Lager- und Logistiksystemen, der Produktion, dem Vertrieb, der Rechnungslegung und -überwachung, Auswertung, Statistik und Planung sind Personalcomputer nicht mehr wegzudenken.

Eng verbunden mit der Entwicklung der elektronischen Datenverarbeitung sind die Bildung von **Datenverarbeitungszentren**.
1966 erfolgt die Gründung der **DATEV**, das Rechnungszentrum für steuer- und wirtschaftsberatende Berufe.
(DATEV = Datenverarbeitungsorganisation des steuerberatenden Berufes in der Bundesrepublik Deutschland e.G. mit Sitz in Nürnberg)

Ob in der Kanzlei eine komplette „Im-Haus"-Lösung oder die Sendung von Daten zum Rechenzentrum bevorzugt wird, ist letztendlich für die Bewältigung der Informations- und Datenflut des komplexen Rechnungswesens unerheblich. Wichtig ist, dass für die Kanzlei und ihrem Mandantenstamm eine optimale Lösung für die Verarbeitung und Auswertung der Informationen und für die Erstellung aller notwendigen Steuererklärungen gefunden wird.

Zusammenfassung:

Es gibt keinen Erfinder der Buchführung an sich.
Das Rechnungswesen mit all seinen Teilen ist historisch gewachsen und wird sicherlich auch in den nächsten tausend Jahren einer Änderung unterliegen. Grundlegende Bestandteile, wie Grund- und Hauptbuch, doppelte Buchführung haben sich bis heute erhalten.
Die Buchführung benötigt gut ausgebildete Steuerfachangestellte und wirtschaftsberatende Fachkräfte, die ihr **Handwerk** verstehen, lieben und es auch in gewisser Weise als **Kunst** sehen, die vielfältigsten Vorfälle des Geschäftslebens in Form von logischen, vergleichbaren und realen Buchungen in Bücher zu bringen, die ein sachverständiger Dritter ohne größeren Aufwand nachvollziehen kann.

1.2 Bereiche, Aufgaben und Bedeutung des Rechnungswesens

Das betriebliche Rechnungswesen erfasst **mengen- und wertmäßig** alle **Geld- und Leistungsströme**, die im Betrieb auftreten, insbesondere durch den Prozess der betrieblichen Produkt- und Leistungserstellung, und überwacht und kontrolliert alle Bereiche.
Die grundlegende Aufgabe des Rechnungswesens ist somit die **Dokumentation** und **Kontrolle** (Controlling).

1.2.1 Bereiche und Aufgaben des Rechnungswesens (Klassische Einteilung)

Bereich	**Buchführung**	**Kosten und Leistungsrechnung**
Weitere Begriffe	– Finanzbuchhaltung – Rechnungskreis I	– Betriebsbuchhaltung – Rechnungskreis II
Merkmale	– Grundlage für alle anderen Bereiche – Wichtigster Teil des betrieblichen Rechnungswesens – Buchführungspflicht	– Innerbetriebliche Angelegenheit d.h. keine gesetzliche Pflicht zur Kosten- und Leistungsrechnung
Aufgaben	1. Systematische und lückenlose Aufzeichnung aller Geschäftsvorfälle innerhalb eines bestimmten Zeitraums anhand von Belegen des Unternehmens 2. Dokumentation aller Geschäftsvorfälle zeitlich (chronologisch) geordnet › Grundbuch (Buchungsjournal) sachlich geordnet › Hauptbuch (Sachkonten) 3. Rechenschaftslegung nach innen und außen – Bilanz – Gewinn- und Verlustrechnung 3. – Anhang **Zeitrechnung**	1. Kostenartenrechnung Welche Kosten fallen im Betrieb an? Hilfsmittel: Abgrenzungstabelle 2. Kostenstellenrechnung Wo fallen die Kosten im Betrieb an? Hilfsmittel: Betriebsabrechnungsbogen (BAB) 3. Kostenträgerrechnung Bei welchen Kostenträgern (Erzeugnisse und Leistungen) fallen die Kosten an? Hilfsmittel: Kostenträgerblatt › Kalkulation der Verkaufspreise (Angebots- und Nachkalkulation) › Überwachung der Wirtschaftlichkeit **Stück- und Zeitrechnung**

Bereich	Statistik	Planung
Merkmale	– Vergleich von betrieblichen Zuständen und Entwicklungen (vergangenheitsorientiert)	– Berechnung und Voraussage der zukünftigen Entwicklung des Unternehmens (mittel- und langfristige Prognosen)
Aufgaben	1. Aufbereitung und Auswertung aller Zahlen der Buchführung und Kosten- und Leistungsrechnung zur Überwachung des Betriebsgeschehens 2. Bildung von betrieblichen Kennziffern und Darstellung in Diagrammen und Übersichten 3. Auswertung und Vergleich der statistisch aufbereiteten Daten › mit früheren Zeitabschnitten (Zeitvergleich) › mit Unternehmen gleicher Branche (Betriebsvergleich/ Benchmarking) 4. Grundlage für Entscheidungen **Vergleichsrechnung**	1. Einschätzung der Entwicklung auf Grund der Zahlen der Buchführung, der Kosten- und Leistungsrechnung und der Statistik 2. Vorschaurechnung hinsichtlich – Absatzmärkte – Umsatzentwicklung – Kostenentwicklung – Strukturwandel im Fertigungs- und Sortimentsprogramm – Investierung/ Finanzierung 3. Disposition und Entscheidungsfindung **Vorschaurechnung**

Controlling als funktionsübergreifendes modernes Führungsinstrument

- **Planung und** Festlegung der Unternehmensziele
- **Kontrolle** und Aufbau eines **Risiko-Management-Systems**
- permanente **Steuerung** und Entscheidungsfindung durch Nutzung eines funktionsfähigen **Informationssystems**. Controllinginstrumente sind beispielweise: Visionen, Entscheidungsvarianten, Szenario-Technik, Produktlebenszyklus und Balanced Scorcard

Die **Buchführung** als wichtigster und grundlegender Teilbereich des Rechnungswesens erfasst alle wirtschaftlichen Vorgänge im Betrieb. Sie ist die chronologische, sachlich geordnete und wertmäßige Erfassung aller Geschäftsvorfälle im Unternehmen. Dazu werden Bestands- und Erfolgskonten geführt und gebucht. Der Jahresabschluss als Höhepunkt der Buchführung gibt Auskunft über Erfolg oder Misserfolg eines Unternehmens und seiner Entwicklung hinsichtlich Vermögenswerte, Eigenkapital und Schulden.

Die **Kosten- und Leistungsrechnung** als reine innerbetriebliche Angelegenheit ergänzt die gewonnen Daten der Buchführung und bereitet sie nach Kostenarten, Kostenstellen und Kostenträgern auf. Schwerpunkt der Kosten- und Leistungsrechnung ist dabei die Kalkulation der Angebots- und Verkaufspreise für die hergestellten Erzeugnisse und erbrachten Leistungen, auch Kostenträgerstückrechnung genannt.

Die mathematisch-anerkannten Methoden der **Statistik** bieten zur Feststellung und Darstellung von betrieblichen Größen und Zusammenhängen eine sinnvolle Ergänzung des betrieblichen Rechnungswesens und lassen betriebliche Vorgänge unter den verschiedenen Einflussgrößen erkennen. Die Statistik bildet die Basis für notwendige Unternehmensentscheidungen.

Eine möglichst realistische **Planung** und Einschätzung der zukünftigen Entwicklung wird immer dann möglich sein, wenn die anderen Bereiche des Rechnungswesens richtig und genau arbeiten und ihre Werte zwecks Disposition und Unternehmensvorausschau zur Verfügung stellen. Jeder Bereich des Rechnungswesens hat seine spezielle Aufgabe und Bedeutung und dient letztendlich der Überwachung und Kontrolle des gesamten Unternehmensgeschehens.
Zunehmend gewinnt das funktions- und bereichsübergreifende **Controlling** zur umfassenden **Planung**, gezielten **Kontrolle** und permanenten **Steuerung** der betriebswirtschaftlichen Vorgänge im Unternehmen an Bedeutung. Der Aufbau eines Controlling-Systems in kleinen und mittelständischen Unternehmen ist verstärkt eine Aufgabe des **Steuerberaters** in seiner wirtschaftsberatenden Funktion geworden. Er fungiert in diesem Sinne als **externer Controller**.

1.2.2 › Aufgaben der Buchführung

› 1. Feststellung des **Vermögens** und der Schulden des Unternehmens **(Bilanz)**, Ermittlung des **Unternehmenserfolges (Gewinn- und Verlustrechnung)**

› 2. Bereitstellung von Zahlen für die **Preisberechnung (Kalkulation)** von Waren und Leistungen

Beispiel

Reiner Renner ist Eigentümer eines Installationsbetriebes für Gas und Wasser. Die Finanzbuchhaltung liefert als Rechnungskreis I die gebuchten betrieblichen Aufwendungen (Kosten) und betrieblichen Erträge (Leistungen) für die Kosten- und Leistungsrechnung (Rechnungskreis II). In der Kosten- und Leistungsrechnung werden neutrale Aufwendungen und Erträge, z.B. Zinsaufwendungen und Zinserträge abgegrenzt, Handlungskostenzuschlagssätze ermittelt und die Nettopreise für die angebotenen Installationsleistungen in der Angebots- und Nachkalkulationsphase gebildet.

› 3. Ermittlung betrieblicher **Kennzahlen**, (z.B. Liquiditäts- und Rentabilitätskennziffern, Handelsspanne, Kalkulationszuschlag, Kalkulationsfaktor)

› 4. Erfassung von Einnahmen und Ausgaben einer Rechnungsperiode › Grundlagen für innerbetriebliche Kontrollen **(Controlling)** und **Entscheidungen** des Unternehmens hinsichtlich Struktur und Sortiment

Beispiel

Der Inhaber des Handelshauses „Moderne Haushaltstechnik" in der Kieler Innenstadt überprüft jeden Monat anhand der Monatswerte der Buchführung und der Kosten- und Leistungsrechnung die Deckungsbeiträge der einzelnen Warengruppen. Artikelgruppen, die ihre direkt zurechenbaren Kosten (z.B. Wareneinsatz) durch die erzielten Verkaufserlöse nicht abdecken, werden spätestens nach einem Vierteljahr aus dem Sortiment genommen.

› 5. Grundlage für die **Berechnung der Steuern**, insbesondere der Steuern von Umsatz, Einkommen, Ertrag

Beispiel

Das Finanzamt Leipzig II kündigt der Unternehmerin Victoria Winkler, die ein gut gehendes Café in der Leipziger Innenstadt betreibt, für die Besteuerungszeiträume 2017–2019 eine Außenprüfung an, zwecks Ermittlung und Überprüfung der Besteuerungsgrundlagen für alle Steuerarten.
Aufgrund einer ordnungsmäßigen Buchführung aller Geschäftsvorfälle, die auf der Einhaltung der vorgeschriebenen Gesetze beruht, ergibt sich nach ausführlicher Prüfung und der Schlussbesprechung keine Änderung der Besteuerungsgrundlagen und für Victoria Winkler keine Nachzahlung von Steuern. Die Renovierungsarbeiten für die Neueröffnung eines Eiscafés können somit planmäßig fortgeführt werden.

› 6. Wichtiges **Beweismittel** bei **Rechtsstreitigkeiten** mit Kunden, Lieferanten, Banken und Behörden (Finanzamt) vor Gericht

Beispiel

Die Unternehmerin Andrea Auerswald überprüft am Ende jedes Geschäftsjahres umfassend alle Rechnungen sowie geleistete und erhaltene Zahlungen. Dabei stellt sie fest, dass ihr Kunde Weidauer im Laufe des Jahres für 65.000,00 € Waren abgenommen, aber nur Warenrechnungen für 58.000,00 € beglichen hat. Nach mehrfachen erfolglosen Mahnschreiben wird Frau Auerswald mitgeteilt, dass angeblich kein Rechnungseingang über die offenen Waren in Höhe von 7.000,00 € vorliegt.

Da Frau Auerswald ihre gestellten Ausgangsrechnungen in der Buchhaltung exakt, taggenau und richtig erfasst, kann sie Herrn Weidauer eine Rechnungsabschrift zustellen und beweisen, dass die Rechnung rechtzeitig gelegt wurde.

1.2.3 Bedeutung des Rechnungswesens

Rechnungswesen

Erfassen (Buchen)	**Überwachen (Controlling)**	**Auswerten (Entscheidung)**

des gesamten Unternehmensgeschehens
auf der Grundlage von

gesetzlichen Vorschriften		betrieblichen Erfordernissen
des **Handelsrechts**	› HGB	Überwachung von
des **Steuerrechts**	› AO, UStG, KStG, EStG, GewStG	– **Wirtschaftlichkeit** – **Rentabilität** – **Liquidität**
rechtsformspezifischer Vorschriften	› AktG, GmbHG, GenG	

Informationspflicht

- Selbstinformation des Unternehmens und seiner Arbeitnehmer hinsichtlich Erfolgs- und Ertragslage, Vermögen und Kapital
- für Gesellschafter, Kapitalgeber und Banken
- für Gläubiger (Schutz der Lieferanten, Auskunft über wirtschaftliche Situation)
- für Finanz- und Gewerbeamt zwecks Besteuerung
- für Gerichte bzgl. Beurteilung von Rechtsstreitigkeiten

Grundlage für unternehmerische Planungen und Entscheidungen

Übungen

zu 1.2.1
1.2.2
1.2.3

1 Nennen Sie die Bereiche des Rechnungswesens.
Welcher Bereich bildet die Grundlage für alle anderen Bereiche des Rechnungswesens? Begründen Sie kurz Ihre Antwort.

2 Welche Bedeutung hat das Rechnungswesen für ein Unternehmen?

3 Welche Rechtsquellen bilden die Grundlage der Buchführung?

4 Erklären Sie, warum eine ordnungsgemäß geführte Buchhaltung die Grundlage für erfolgreiches Unternehmertum ist.

5 Zeigen Sie anhand von Beispielen, dass man die Solidität eines Unternehmens auch an ihrer Buchhaltung (Lieferscheine, Rechnungslegung, Zahlungsüberwachung) erkennen kann!

6 Welche Personen und Institutionen haben ein berechtigtes Interesse an der Buchführung?

7 Erläutern Sie kurz die Aufgaben der Buchführung!

8 Wie nennen sich die beiden Bücher der Buchführung und wie sind darin die Geschäftsvorfälle geordnet?

9 Erläutern Sie die Funktion des Controlling. Nennen Sie einige Controllinginstrumente.

10 Besteht eine gesetzliche Pflicht zur Buchführung und zur Kosten- und Leistungsrechnung?

11 Definieren Sie kurz die Kosten- und Leistungsrechnung! Wie nennen sich die Teilbereiche und welche Aufgaben haben sie?

12 Erläutern Sie kurz, mit welchen Folgen ein Unternehmen rechnen müsste, wenn es ganz auf die Kosten- und Leistungsrechnung aus personellen, zeitlichen und finanziellen Gründen verzichten würde, da keine gesetzliche Pflicht zur Erfüllung dieser Aufgabe besteht.

13 Welche Aufgaben hat die Statistik?

14 Erläutern Sie kurz die Aufgaben der Planung!

15 Sollte ein vom Umsatz und Anzahl der Arbeitnehmer kleines Unternehmen auf Auswertung der Daten der Buchführung mittels statistischer Methoden verzichten? Ist eine mittelfristige Planung in einem kleineren Unternehmen überhaupt möglich?

16 Ihr Mandant Markus Müller hat seit Anfang des Jahres ein Dachdeckergewerbe eröffnet.
Aus Kostengründen erledigt er alle Buchführungsarbeiten selbst, insbesondere die Rechnungslegung. Aufgrund seiner Arbeitsüberlastung sind Originalbelege nicht mehr auffindbar und bis zur ordnungsmäßigen Rechnungslegung (auch Teilrechnungen) vergehen oftmals Wochen.
Erklären Sie Ihrem Mandanten, welche Folgen dieses Verhalten für das Fortbestehen des Unternehmens haben kann!

2 Buchführungs- und Aufzeichnungspflichten

Im vorangegangenen Kapitel wurde dargelegt, dass neben dem Unternehmer und seinen Arbeitnehmern auch Personen und Institutionen außerhalb des Unternehmens, vorrangig der **Staat**, an einer ordnungsmäßigen Verbuchung der Geschäftsvorfälle Interesse haben. Vorschriften zur Buchführung sind deshalb in **Gesetzen und Verordnungen** geregelt. Grundlegende gesetzliche Bestimmungen zur Buchführung für Kaufleute enthält das **Handelsgesetzbuch**.

2.1 Buchführungspflicht nach Handelsrecht

§§ 238–263 HGB

Auszug: Drittes Buch des HGB

Erster Abschnitt §§ 238–263 HGB	Zweiter Abschnitt §§ 264–335 HGB	Dritter Abschnitt §§ 336–339 HGB
Grundlegende Vorschriften für alle Kaufleute	Ergänzende Vorschriften für Kapitalgesellschaften	Ergänzende Vorschriften für eingetragene Genossenschaften

Im folgenden werden die wesentlichen Buchführungsvorschriften nach Handelsrecht für alle Kaufleute aufgeführt.

2.1.1 Umfang der Buchführungspflicht nach HGB

Jeder Kaufmann[1] ist verpflichtet Bücher zu führen: § 238 HGB

- nach den Grundsätzen ordnungsmäßiger Buchführung (GoB) §§ 243–246 HGB
- zu Beginn des Handelsgewerbes und für den Schluss jedes Geschäftsjahres ist
  - eine Inventur durchzuführen § 241 HGB
  - ein Inventar aufzustellen und § 240 HGB
  - eine Bilanz zu erstellen § 242 HGB

GuV-Rechnung + Bilanz

- ein sachverständiger Dritter muss sich in angemessener Zeit einen Überblick verschaffen können über § 238 (1) Satz 2 HGB
  - die Geschäftsvorfälle und
  - die Lage des Unternehmens
- Entstehung und Abwicklung der Geschäftsvorfälle müssen sich verfolgen lassen 238 (1) Satz 3 HGB
- Unterlagen der Buchführung, Inventar und Bilanz sind entsprechend den gesetzlichen Vorschriften aufzubewahren § 257 HGB

Weitere Vorschriften zur Form, zur Art und Weise der Erfassung, zur Korrektur der Buchungen und zur Aufbewahrungspflicht werden unter Punkt 2.3–2.6 behandelt.

[1] Nach § 241 a HGB brauchen Einzelkaufleute, die an den Abschlussstichtagen von zwei aufeinander folgenden Geschäftsjahren ab 01.01.2016 nicht mehr als jeweils 600.000 € Umsatzerlöse und jeweils 60.000 € Jahresüberschuss ausweisen, die §§ 238–241 HGB nicht anzuwenden (Bürokratieentlastungsgesetz, Art. 1).

2.1.2 Spezielle Vorschriften für Kapitalgesellschaften

§ 264–335 HGB Im **zweiten Abschnitt** zum **Dritten Buch des HGB** werden ergänzende **Vorschriften für Kapitalgesellschaften** genannt.

Kapitalgesellschaften		
Gesellschaft mit beschränkter Haftung (GmbH)	Aktiengesellschaft (AG)	Kommanditgesellschaft auf Aktien (KGaA)

Vorschriften für Kapitalgesellschaften nach HGB

§ 266 HGB **Bilanzgliederung in Kontoform**
- entsprechend § 266 HGB für große und mittelgroße Kapitalgesellschaften
- verkürzte Form der Bilanzaufstellung nur für kleine und Kleinstkapitalgesellschaften

§ 267 HGB **Einteilung der Kapitalgesellschaften**

Kapitalgesellschaften		Merkmalsgrößen[1]
Kleine	in Abhängigkeit der Einflussgrößen	Bilanzsumme bis 6 Mio. € Umsatzerlöse bis 12 Mio. € AN-Anzahl im Jahresdurchschnitt bis 50
Mittelgroße		Bilanzsumme bis 20 Mio. € Umsatzerlöse bis 40 Mio. € AN-Anzahl im Jahresdurchschnitt bis 250
Große		Bilanzsumme über 20 Mio € Umsatzerlöse über 40 Mio € AN-Anzahl im Jahresdurchschnitt über 250

Beachte:

Bei der Einteilung der Kapitalgesellschaften in Größen, müssen mindestens zwei der genannten drei Größenmerkmale überschritten werden.
Eine Kapitalgesellschaft, die Aktien oder Wertpapiere ausgibt, die an einer europäischen Börse gehandelt werden, wird stets als große Kapitalgesellschaft behandelt.

Nachweis des Eigenkapitals

§ 272 HGB
- Getrennter Ausweis von „Gezeichnetes Kapital", „Eingefordertes Kapital", von Kapitalrücklagen und Gewinnrücklagen

Gliederung der Gewinn- und Verlustrechnung

§ 275 HGB
- GuV-Rechnung in Staffelform entsprechend § 275 HGB

Vorgeschriebener Anhang für Kapitalgesellschaften

§ 264 HGB, § 284–288 HGB
- Erläuterungen zu Bilanz und GuV-Rechnung
  Auflistung von Forderungen aus Lieferungen und Leistungen
  Verbindlichkeiten aus Lieferungen und Leistungen,
  sonstige Forderungen, sonstige Verbindlichkeiten etc.
- Anlagespiegel
  AK/HK des Anlagevermögens, lineare oder degressive Abschreibungsbeträge, Restbuchwerte
- angewandte Bilanzierungs- und Bewertungsmethoden
- Darstellung der Beziehungen zu verbundenen Unternehmen und Beteiligungen

[1] Beträge nach dem Bilanzrichtlinie-Umsetzungsgesetz (BilRUG)

Erstellung eines Lageberichtes § 264 HGB
- nur für mittelgroße und große Kapitalgesellschaften vorgeschrieben § 289 HGB
- Interpretation des Ergebnisses
- Branchenvergleich
- subjektive Stellungnahmen und Einschätzung der zukünftigen Entwicklung des Unternehmens
  Beachte: Der Lagebericht ist nicht Bestandteil des Jahresabschlusses.

Pflichtprüfung für große und mittelgroße Kapitalgesellschaften §§ 316–324 HGB
- Prüfung durch Buchprüfungsgesellschaft oder vereidigten Buchprüfer

Pflicht zur Offenlegung des Jahresabschlusses § 325 (1) HGB
- Die gesetzlichen Vertreter (Vorstände) von Kapitalgesellschaften haben den Jahresabschluss beim Betreiber des Bundesanzeigers elektronisch einzureichen.

Neben dem Handelsgesetz, in dem allgemeine Vorschriften zur Buchführung für alle Kaufleute verbindlich festgelegt werden, finden sich für jede Unternehmensform weitere Bestimmungen im **Aktiengesetz** (AktG) im **GmbH-Gesetz** (GmbHG) und im **Genossenschaftsgesetz** (GenG). Zur Einführung einer Europäischen Gesellschaft (SE) oder einer Europäischen Genossenschaft (SCE) sind weitere steuerrechtliche Vorschriften zu beachten (SEStEG).

2.1.3 Kaufleute im Sinne des Handelsgesetzbuches (HGB)

Kaufleute

Istkaufmann	**Kannkaufmann**	**Formkaufmann**
§ 1 HGB	**§§ 2 u. 3 HGB**	**§ 6 HGB**
› jeder, der ein Handelsgewerbe betreibt, das ist jeder Gewerbebetrieb, der eine kaufmännische Organisation erfordert	› Gewerbetreibende, die kein Handelsgewerbe betreiben, deren Firma aber in das Handelsregister eingetragen ist (Eintragung = Wahlentscheidung) › Land- und Forstwirte oder verbundenes Nebengewerbe	› Kaufmannseigenschaft aufgrund ihrer Rechtsform
Eintragung ins Handelsregister ist		
deklaratorisch (rechtsbezeugend)	**konstitutiv** (rechtserzeugend)	**konstitutiv** (rechtserzeugend)
Beispiele: • Händler (Groß- u. Einzelhandel) • Versicherungen, Banken • Bauunternehmen • Baunebengewerbe (größerer Art) • Speditionen, Druckereien, Hotels	Beispiele: • Brauereien • Molkereien • Brennereien • Mühlen, Sägewerke • Gastwirtschaften	Beispiele: Kapitalgesellschaften • GmbH • AG • KGaA • eingetragene Genossenschaften eG

Gewerbetreibende ohne kaufmännische Organisation (Kleingewerbetreibende) sind nicht zur Führung von Büchern verpflichtet.

2.1.4 Merkmale eines Gewerbebetriebes

§1(1) HGB

Kaufmann i.S. des Handelsgesetzbuches ist jeder, **der ein Handelsgewerbe betreibt. Das ist ein Unternehmen, mit einem in kaufmännischer Weise eingerichteten Geschäftsbetrieb**.
Gewerbebetriebe, die nach Art oder Umfang einen in kaufmännischer Weise eingerichteten Geschäftsbetrieb erfordern, zeichnen sich durch umfangreiche Geschäftsbeziehungen, regen Wareneingang und -ausgang und beschäftigte Arbeiter und Angestellte aus.

Ob ein Gewerbebetrieb entsprechend § 15 Abs. 2 des **Einkommensteuergesetzes** vorliegt, entscheiden die folgenden Merkmale:

§15(2) EStG

Merkmale des Gewerbebetriebes:

- **selbstständige, nachhaltige** Betätigung
  - nicht nur einmalig, Wiederholungsabsicht
  - kein Hobby, keine Liebhaberei
  - eigenes Risiko
- mit **Gewinnerzielungsabsicht**
- unter **Beteiligung** am **allgemeinen Wirtschaftsverkehr**
- **keine Land- und Forstwirtschaft** (§ 13 EStG)
- **nicht als Ausübung eines freien Berufs** (§ 18 EStG)

Übung 1

Die selbstständige Schneidermeisterin Ingrid Pappel, die nicht ins Handelsregister eingetragen ist, betreibt seit Jahren in Wernigerode i. Harz eine kleine Schneiderstube, in der sie Änderungen und gelegentliche Neuanfertigungen an Herren- und Damenbekleidung vornimmt.
Sie hat keinerlei Angestellte. Der jährliche Umsatz reicht für ihren Lebensunterhalt. Ingrid Pappel erweitert durch einen Aufkauf einer benachbarten kleinen Textilfabrik ihren Geschäftsbetrieb im Jahr 2020. Sie fertigt nach ihren Kreationen erfolgreich mit weiteren 12 Mitarbeitern modische Damen- und Herrenbekleidung. Sie erhielt erste Preise auf internationalen Messen und eröffnete daraufhin in verschiedenen Großstädten Boutiquen.
Nehmen Sie Stellung zur Buchführungspflicht vor und nach Erweiterung ihres Geschäftsbetriebes!

SL 454f.

2.2 Buchführungsvorschriften und Aufzeichnungspflichten nach Steuerrecht

Steuerliche Buchführungs- und Aufzeichnungspflichten ergeben sich aus der Abgabenordnung (AO), z.B. §§ 90 (3) und §§ 141–144 sowie aus den Einzelsteuergesetzen, z.B. § 22 UStG, § 4, § 41 EStG.
Dabei ist zu beachten, dass die Aufzeichnungspflichten von jedem, der ein Unternehmen betreibt, zu erfüllen sind. Die Buchführungspflicht steht in der Hierarchie über der Aufzeichnungspflicht und ist nur von einem bestimmten Personenkreis einzuhalten.

Buchführungspflicht nach Steuerrecht §§ 140/141 AO

§ 140 — Abgabenordnung — § 141

Abgeleitete Buchführungspflicht aus dem Handelsrecht, HGB	Originäre Buchführungspflicht aus dem Steuerrecht, AO

2.2.1 〉 Abgeleitete Buchführungspflicht

Abgeleitete Buchführungspflicht

Wer nach **anderen Gesetzen** als den Steuergesetzen Bücher und Aufzeichnungen zu führen hat, hat die Verpflichtungen, die ihm nach den anderen Gesetzen obliegen, auch für die **Besteuerung** zu erfüllen. § 140 AO

Unternehmer, die nach **HGB** verpflichtet sind Bücher zu führen, haben diese Verpflichtung auch für die Besteuerung zu erfüllen.

Kaufleute nach § 238 HGB[1)]

- Einzelkaufleute
- Personengesellschaften (OHG, KG)
- Kapitalgesellschaften (GmbH, AG)
- eingetragene Genossenschaften

2.2.2 〉 Originäre Buchführungspflicht

§ 141 AO

Originäre Buchführungspflicht

Der **§ 141** der **Abgabenordnung erweitert** den **Kreis der Buchführungspflichtigen** für das **Steuerrecht**.

Er betrifft alle, die nicht bereits durch den § 238 HGB in V.m. § 140 AO erfasst sind, aber für die Besteuerung Bedeutung haben.

1) Nach § 241a HGB werden für Geschäftsjahre ab 01.01.2016 Einzelkaufleute, deren Umsatzerlöse und Jahresüberschüsse für zwei aufeinanderfolgende Geschäftsjahre jeweils 600.000 € bzw. jeweils 60.000 € nicht übersteigen von den Pflichten der §§ 238–241 und § 242 (1)–(3) HGB befreit. Die Befreiung gilt nicht für kapitalmarktorientierte Unternehmen, Personengesellschaften und Kapitalgesellschaften sowie gewerblich geprägte Personengesellschaften wie die GmbH & Co. KG.

- Land- und Forstwirte
- Gewerbetreibende
  - Kleingewerbetreibende
  - kleine Handwerks- und Dienstleistungsbetriebe
  - Gesellschaften des bürgerlichen Rechts

Die Buchführungspflicht dieser Steuerpflichtigen ist gebunden an bestimmte

Merkmalsgrenzen

§ 141(1) AO

	Umsatz im Kj mehr als	**Gewinn** im Wj/Kj mehr als	**Wirtschaftswert** mehr als
Land- und Forstwirte	**600.000 €**	**60.000 €**	**25.000 €**
Kleingewerbetreibende kleine Handwerks- und Dienstleistungsbetriebe	**600.000 €**	**60.000 €**	–

Überschreiten einer Merkmalsgrenze

Buchführungspflicht

Übung 2

Der Kleingewerbetreibende Bernd Böhm aus Leipzig eröffnete im Jahr 2019 in der Garage an seinem Wohnhaus einen Getränkehandel zur Versorgung der Anwohner in seiner Straße. Er erzielte im ersten Jahr einen Umsatz von 180.000,00 € und einen Gewinn von 22.300,00 €. Im Jahr 2020 erweiterte er sein Geschäft durch einen Neubau und erreichte einen Umsatz von 295.000,00 € und einen Gewinn von 68.400,00 €.
Unterliegt Bernd Böhm der Buchführungspflicht?

2.2.3 Beginn und Ende der Buchführungspflicht

§ 1 HGB Für Kaufleute beginnt die Pflicht zur Führung von Büchern mit Eintreten der Kaufmannseigenschaft.

Beginn der Buchführungspflicht bei Kaufleuten

Istkaufmann	**Kannkaufmann**	**Formkaufmann**
mit Aufnahme der Handels- oder Gewerbetätigkeit	mit Eintragung ins Handelsregister	mit Gründung der Gesellschaft

Die **Buchführungspflicht** entfällt mit **Erlöschen der Kaufmannseigenschaft.** § 141(2) AO
Die steuerrechtliche Buchführungspflicht ist vom **Beginn des Wirtschaftsjahres** an zu erfüllen, das auf die **Bekanntgabe der Mitteilung** folgt, durch die die **Finanzbehörde** auf die Buchführungspflicht hingewiesen hat.
Die Buchführungspflicht nach Steuerrecht endet mit dem **Ablauf des Wirtschaftsjahres,** das auf das Wirtschaftsjahr folgt, in dem das Finanzamt festgestellt hat, dass die Voraussetzungen für die Führung von Büchern nicht mehr bestehen.
Bei **Verkauf** und **Eigentümerwechsel** des Gewerbebetriebes geht die Buchführungspflicht auf den neuen Eigentümer über ohne dass ein gesonderter Hinweis darauf durch die Finanzbehörden erforderlich ist. § 141(3) AO

Beispiel

Der selbstständige Schreinermeister Ernst August Tischel ist nicht ins Handelsregister eingetragen. Für die Jahre 2017 und 2018 reichte er – nach Fristverlängerung – im November 2019 die Steuererklärungen beim Finanzamt ein.
Nach Prüfung der Unterlagen am 20. 01. 2020 erkennt das zuständige Finanzamt für das Jahr 2017 eine Umsatzhöhe von 215.000 € und einen Gewinn von 22.500 € an. Für das Jahr 2018 bestätigt das Finanzamt Umsatzerlöse von 435.000 € und einen Gewinn von 60.700 € und weist den Stpfl. auf seine Buchführungspflicht hin.

Für den Unternehmer bedeutet die Überschreitung eines angegebenen Grenzwertes, dass er nach Feststellung durch die Finanzbehörden eine Aufforderung zur Führung von Büchern erhält. Die Aufstellung einer Einnahme-Überschuss-Rechnung nach § 4 Abs. 3 EStG am Ende des Wirtschaftsjahres genügt den Anforderungen für die Besteuerung und Darstellung der Lage des Unternehmens nicht mehr. Buchführungspflicht tritt mit Beginn des Wirtschaftsjahrs zum 01.01.2021 ein.

Das Unternehmen ermittelt mit **Beginn des Wirtschaftsjahres,** das auf die **Feststellung** und **Aufforderung** durch die **Finanzbehörde** folgt, den Gewinn nach § 4 Abs. 1 EStG. oder § 5 EStG, durch **Betriebsvermögensvergleich.**

2.2.4 Keine Buchführungspflicht

Die folgende Übersicht gibt Auskunft über die Abschlüsse nach ESt-Recht, wenn keine Buchführungspflicht besteht.

Keine Buchführungspflicht nach §§ 140/141 AO

- **selbstständig Tätige** (Freiberufler) i. S. des § 18 EStG

› Ärzte, Zahnärzte, Tierärzte, Rechtsanwälte, Notare, Patentanwälte, Ingenieure, Architekten, Wirtschaftsprüfer, Steuerberater, Journalisten, Dolmetscher und ähnliche Berufe

- **Land- und Forstwirte und Kleingewerbetreibende, die keine Merkmalsgrenze überschreiten**

Abschlüsse nach ESt-Recht

§ 4 Abs. 3 EStG

- Einnahmen-Überschuss-Rechnung

§ 4 Abs. 1 EStG

- freiwillig buchführende Land- und Forstwirte
- freiwillig buchführende selbstständig Tätige

§ 5 EStG

- Kaufleute (Gewerbetreibende) und freiwillig buchführende Gewerbetreibende

Wird der Gewinn nach § 4 Abs. 1, § 5 EStG oder § 5a EStG ermittelt, ist die Bilanz und die Gewinn- und Verlustrechnung nach amtlich vorgeschriebenem Datensatz auf elektronischem Wege per Datenfernübertragung an die Finanzbehörde zu übermitteln, § 5b EStG.

Übung 3

Der in Chemnitz-Mitte niedergelassene Rechtsanwalt Dr. Frank Friedrich hat in den Jahren 2018 und 2019 seine Kanzlei allein betrieben. Ab dem Jahr 2020 entschließt er sich freiwillig Bücher zu führen. Im Jahr 2020 gründet er gemeinsam mit einem weiteren Rechtsanwalt und einem Steuerberater zum Zwecke einer umfassenden Beratungsleistung eine GmbH.
Welche gesetzlichen Regelungen hat Dr. Friedrich bezüglich Buchführung und Abschlusstechnik in den Jahren 2018, 2019 und ab 2020 zu beachten?

2.2.5 Steuerliche Aufzeichnungspflichten

Neben den besonderen steuerrechtlichen Vorschriften zur Führung von Büchern gemäß §§ 140/141 AO sind eine ganze Reihe von steuerrechtlichen **Aufzeichnungsvorschriften** zu beachten. Im folgenden werden die wichtigsten Vorschriften auf dem Gebiet des Steuerrechts genannt, die **alle Unternehmer**, auch die keiner Buchführungspflicht unterliegen, zu erfüllen haben.

§ 22(2) UStG
- UStG Aufzeichnung von **steuerpflichtigen** und **steuerfreien Umsätzen** getrennt nach **Entgelt** und **Steuersätzen**

§ 9 UStG
Aufzeichnung von **Entgelten,** bei denen auf eine **Umsatzsteuerbefreiung verzichtet** wurde **(Option)**

§ 3(1b) UStG und § 3(9a) Satz1 Nr.1 + 2 UStG
Bemessungsgrundlagen für **unentgeltliche Lieferungen** und **sonstige Leistungen** für unternehmensfremde Zwecke

§ 3(1b) Nr.2 UStG
Bemessungsgrundlagen für **unentgeltliche Leistungen an Arbeitnehmer**

§ 1(1) Nr.4 UStG
Bemessungsgrundlagen für die **Einfuhr von Gegenständen** und **EUSt**

	Bemessungsgrundlagen für den **innergemeinschaftlichen Erwerb** und die darauf entfallenden Umsatz- und Vorsteuerbeträge	§ 1(1) Nr.5 UStG
› EStG	Aufzeichnung von **nichtabzugsfähigen Betriebsausgaben**	§ 4(5) und (7) EStG
	Aufzeichnung und Führung eines besonderen Verzeichnisses für **geringwertige Wirtschaftsgüter (GWG)** > 250 € und <= 800,00 € netto	§ 6 (2) EStG
	Führen von **Anlagenverzeichnissen** und Absetzung für Abnutzung von Anlagegütern (lineare und degressive Abschreibung)	§ 7(4) und (5) EStG
	Führung von **Lohn- und Gehaltskonten**	§ 41 EStG
› AO	Gesonderte und dataillierte **Aufzeichnung** von **Wareneingang** und **Warenausgang**	§ 143 AO § 144 AO
	Tägliche Aufzeichnung von **Kasseneinnahmen** und **Kassenausgaben**	§ 146 AO

2.2.6 › Sonstige Aufzeichnungspflichten nach nichtsteuerrechtlichen Vorschriften

Für Angehörige bestimmter Berufe und Berufsgruppen ergeben sich aus Verordnungen und speziellen Richtlinien sonstige Aufzeichnungspflichten. Diese Vorschriften werden den steuerrechtlichen Pflichten gleichgestellt.

Außersteuerrechtliche Aufzeichnungsvorschriften für besondere Berufe und Berufsgruppen (Auswahl):

Berufsgruppe	Vorschrift	Aufzeichnungspflicht
Altmetallhändler	Abfallnachweis-VO	Altmetallbuch
Apotheker	Apothekenbetriebs-VO	Herstellungs- und Prüfungsbücher (Giftbuch)
Banken	Depotgesetz	Depotbücher
Bauträger und -betreuer	VO zur Durchführung des § 34c GewO	Bau(tage)bücher
Buchmacher	Rennwett- u. Lotteriegesetz § 4	Aufzeichnungen über Wetteinnahmen

Außersteuerrechtliche Aufzeichnungsvorschriften für besondere Berufe und Berufsgruppen (Auswahl):		
Berufsgruppe	**Vorschrift**	**Aufzeichnungspflicht**
Bezirksschornsteinfegermeister	VO über das Schornsteinfegerwesen § 14	Kehrbücher
Detektivbüros	Auskunftei- und Detektei-VO	Auftragsbücher
Fahrschulen	Fahrlehrergesetz § 18	Verzeichnisse über Fahrschüler
Gebrauchtwarenhändler	GewO § 38	Gebrauchtwarenbuch
Hotels- und Pensionen	Meldegesetz der Länder	Fremdenverzeichnisse
See- und Binnenschiffer	Seetagebuch-VO	Seetagebuch
Waffenhersteller und -händler	Waffengesetz	Waffenbücher
Weinbauer und Kellermeister	Weingesetz	Kellerbuch, Weinbuch
Wildbrethändler	Bundesjagdgesetz § 76	Wildhandelsbuch

Übung 4

Das Ehepaar Pauli betreibt in der Münchner Innenstadt eine Apotheke und eine Pension. Welche **besonderen** Aufzeichnungspflichten sind zu beachten?

zu 2.1.1–2.2.6

Übungen

1 Die Citybau GmbH Hannover erreichte in ihrem ersten Geschäftsjahr ein Umsatzvolumen von 21 Millionen €. Sie beschäftigt im Jahrsdurchschnitt 105 Arbeitnehmer. Die Bilanzsumme beträgt 42 Millionen €.
Ist die GmbH gesetzlich verpflichtet einen Lagebericht einzureichen?
Begründen Sie Ihre Antwort!

2 Die Kauffrau Monika Mehlhorn (e. Kfr.) betreibt am Stadtrand von Flensburg ein Schreibwaren- und Spielzeuggeschäft. In den letzten Jahren gingen die Geschäfte nur mäßig. Frau Mehlhorn erzielte im Jahr 2019 einen Umsatz von 150.000,00 € und einen Gewinn von 19.800,00 €. Im Jahr 2020 liegen Umsatz und Gewinn nicht über denen des Vorjahres
Nehmen Sie Stellung zur Buchführungspflicht!

3 Der selbstständige Ingenieur und Projektant für Trinkwasseranlagen Bernd Brauer erhielt von der Stadt Berlin im Jahr 2020 einen Großauftrag zur Projektierung einer Trinkwasseraufbereitung. Sein Steuerberater weist für das Jahr 2020 für ihn einen Gewinn von 235.000,00 € und 1,4 Millionen € Umsatzerlöse aus.
Unterliegt der Unternehmer Brauer der Buchführungspflicht?

4 Beurteilen Sie für folgende Unternehmen die Pflicht zur Führung von Büchern

	Umsatz €	Gewinn €
Fischhändler (Nicht-Kaufmann)	240.000,00	60.001,00
Notar	1.300.000,00	350.000,00
GbR (von Nicht-Kaufleuten)	600.001,00	48.000,00
GbR (von Freiberufler)	300.000,00	70.000,00
OHG	150.000,00	20.000,00
GmbH	220.000,00	28.000,00
Kioskbesitzer (Kleingewerbetreibender)	120.000,00	30.500,00
GbR	80.000,00	19.000,00
Winzer	375.000,00	63.000,00
Milchbauer (freiwillig buchführend)	197.000,00	24.000,00
Einzelhändler (e. Kfm.)	165.000,00	27.000,00

5 Isa Renner erbte den Reitstall ihres Onkels in Neubrandenburg. Aufgrund der zu zahlenden Erbschaftsteuer verkaufte sie schweren Herzens ein Rennpferd. Sie erzielte einen Erlös aus dem Verkauf von 18.000,00 €.
Ist Isa Renner eine Gewerbetreibende, die zur Führung von Büchern verpflichtet ist?

6 Der selbstständige Wirtschaftsprüfer Axel Weyer entschließt sich freiwillig ab 1. Januar 2020 Bücher zu führen.
Welche gesetzliche Regelung muss Weyer für seinen Abschluss zum 31.12.2020 beachten?

7 Die Einzelunternehmerin Petra Helbig wurde im August 2020 ins Handelsregister eingetragen. Bis zum 31. Dezember des Jahres betrug der Umsatz 120.000,00 €. Es wurde im Jahr 2020 kein Gewinn erzielt.
Ab wann ist Petra Helbig buchführungspflichtig?

8 Ein sportlicher Steuerfachangestellter eröffnete im Jahr 2017 als alleiniger Betreiber an einem ausgebauten Badesee eine Schule für Schwimm- und Tauchunterricht (keine Eintragung ins Handelsregister). Im ersten Wirtschaftsjahr erzielte er bei einem Umsatz von 90.000,00 € einen Gewinn von 18.300,00 €. Im zweiten Wirtschaftsjahr betrug der Umsatz 250.000,00 € und der Gewinn 69.400,00 €. Mit dem Steuerbescheid für das Jahr 2018 erhält der Unternehmer am 30. Juni 2019 die Aufforderung des Finanzamtes, eine ordnungsgemäße Buchführung einzurichten.
Prüfen Sie, ob die Aufforderung des FA berechtigt ist. Von welchem Zeitpunkt an hat der Steuerfachangestellte der Aufforderung frühestens nachzukommen?

9 Der Kleingewerbetreibende Manfred Möckel betreibt in Lindau am Bodensee ein Andenkengeschäft. In den letzten Jahren gingen die Einnahmen zurück. Das zuständige Finanzamt stellte am 20. September des Jahres 2019 fest, dass die Voraussetzungen für die Buchführungspflicht nicht mehr bestehen.
Ab wann ist Möckel nicht mehr verpflichtet Bücher zu führen?
Kann Möckel ganz auf Aufzeichnungen verzichten?

2.3 Aufbewahrungspflichten

§ 257 HGB Die Aufbewahrungspflichten gelten für alle steuerlichen und außersteuerlichen Bücher und Aufzeichnungen, die zum Verständnis und zur Überprüfung der Buchführung gesetzlich vorgeschrieben sind.

Aufbewahrungspflichten

Bestimmungen

des Handelsrechts § 257 HGB	**des Steuerrechts § 147 AO**

Jeder **Kaufmann** ist verpflichtet,

- die **Unterlagen geordnet** und unter Einhaltung **gesetzlicher Fristen** aufzubewahren
- **Ordnungsvorschriften** für die **Aufbewahrung** von Unterlagen einzuhalten

Ziele

- **Dokumentation** und **Nachweisführung** der Geschäftsfälle **innerhalb** einer **angemessenen Frist**
- Sicherung der Verfügbarkeit für **Prüf- und Beweiszwecke**
  - zum Zweck der **Besteuerung**
  - bei **Rechtsstreitigkeiten**

Übung 1

Ein Kaufmarkt einer größeren Handelskette ließ durch Praktikanten im Juli 2020 das Archiv ordnen und aufräumen. Dabei wurden Kopien alter Geschäftsbriefe aus dem Jahr 2013 sowie drei Rechnungen mit Datum 13. September 2008, 05. März 2009, 18. April 2010 gefunden. Weiterhin wurden Registrierkassenstreifen des Jahres 2020 der Monate Januar bis Juni entdeckt.
Welche Unterlagen können dem Reißwolf übergeben werden?

Aufbewahrungsfristen SL 468

10 Jahre

– **Bücher der Buchführung**
  - Grundbuch
  - Hauptbuch
  - Nebenbücher (Lohn- u. Gehaltsbuch, Wechselbuch)

– **Inventare** (einschl. **Inventurunterlagen**)

– **Eröffnungsbilanzen, Jahresabschlüsse, Lageberichte, Konzernberichte, Hauptabschlussübersichten,** Umbuchungsbelege

– **Buchungsbelege** (Eingangs- und Ausgangsrechnungen, Kassen- und Bankbelege, Tagesendsummenbons, Lieferscheine, Quittungen, Auftragsbelege, Betriebskostenrechnungen, Gehaltslisten)

– **Arbeitsanweisungen und Organisationsunterlagen** (Buchungsanweisungen und Bewertungsunterlagen, Kassenberichte)

– **Prozessakten**

6 Jahre § 257(1) und (2) HGB

– empfangene **Handels- oder Geschäftsbriefe** (Angebote, Anfragen) § 257(4) HGB

– Wiedergaben der **abgesandten** Handels- oder Geschäftsbriefe[1)]

Da die Buchführungsunterlagen grundlegende Bedeutung für die Besteuerung haben, läuft die Aufbewahrungsfrist nicht vor der gesetzlichen Festsetzungsfrist für Steuern ab.

Beginn der **Aufbewahrungsfrist** ist der **Schluss des Kalenderjahres,** in dem §§ 257(5) HGB

- die letzte Eintragung in das Handelsbuch erfolgte
- das Inventar aufgestellt wurde
- die Eröffnungsbilanz oder der Jahresabschluss festgestellt wurde
- der Konzernabschluss aufgestellt wurde
- der Handelsbrief empfangen oder abgesandt worden ist
- der Buchungsbeleg entstanden ist

Die Buchführungsunterlagen und Belege können auch als **Wiedergabe** auf einem **Bild- oder Datenträger** (Diskette, CD, DVD, Archiv des Rechenzentrums, Cloud) aufbewahrt werden, wenn die Wiedergabe oder die Daten § 257 (3) § 146 (5) AO

- mit den Buchungsbelegen und Handelsbriefen **bildlich** und **inhaltlich** übereinstimmt
- während der Dauer der Aufbewahrungsfrist jederzeit **verfügbar** sind und

1) Für Lieferscheine, die keine Buchungsbelege sind, endet die Aufbewahrungsfrist nach § 147 (1) Nr. 4 AO mit dem Erhalt bzw. Versand der Rechnung.

- unverzüglich lesbar gemacht werden können.

§ 257 (3) Satz 1 HGB

Ausnahme

› Jahresabschlüsse
› Eröffnungsbilanzen
› Konzernabschlüsse
müssen ausgedruckt aufbewahrt werden

§ 146 (5) S.1 AO Bei Aufzeichnungen, die nur nach Steuergesetzen vorzunehmen sind, wird das angewendete Verfahren der elektronischen Archivierung vom Zweck bestimmt, den die Aufzeichnungen für die Besteuerung erfüllen sollen.

§ 147 AO Sind die Daten mit Hilfe eines Datenverarbeitungssystems und durch den Einsatz betriebswirtschaftlicher Software erstellt worden, hat die **Finanzbehörde das Recht, Ensicht in die gespeicherten Daten** zu nehmen und das **Datenverarbeitungssystem zur Prüfung zu nutzen.**

Durch den § 147 Abs. 6 AO wurde der Finanzbehörde das Recht eingeräumt im Rahmen einer Außenprüfung, die mit Hilfe eines Datenverarbeitungssystems erstellte Buchführung des Steuerpflichtigen durch eigenen Datenzugriff zu prüfen.

Betroffen sind alle Unternehmen, die betriebswirtschaftliche Software einsetzen bzw. elektronisch steuerrelevante Daten austauschen.
Der Steuerprüfer darf :
- alle steuerrelevanten Daten unter Nutzung der EDV-Anlage des Mandanten prüfen
- den Mandanten bitten, die Daten im Beisein des Außenprüfers und nach dessen Vorgaben auszuwerten
- einen maschinell lesbaren Datenträger (Medium) mit den erforderlichen Daten zwecks Auswertung in der Finanzverwaltung fordern.

Nach den „Grundsätzen zur ordnungsmäßigen Führung und Aufbewahrung von Büchern, Aufzeichnungen und Unterlagen in elektronischer Form sowie zum Datenzugriff" (GoBD), müssen die Unternehmen aufzeichnungs- und aufbewahrungspflichtige Daten, Datensätze und elektronische Dokumente für die Dauer der Aufbewahrungsfristen in unveränderter Form bereithalten. Es besteht daher bis zum Abschluss der Aufbewahrungsfristen kein Anspruch nach Löschung nach der DSGVO.

Der Datenzugriff muss jederzeit garantiert werden. Dem Einsatz eines Archivierungssystems digitaler oder optischer Art steht nichts im Wege. Auch in der Wahl des Speichermediums ist der Steuerpflichtige frei. Im Gesetz zum Schutz vor Kassenmanipulationen (KassenG) und in den §§ 146a und b der AO wird der Einsatz von zertifizierten technischen Sicherheitseinrichtungen vorgeschrieben, um Kassenmanipulationen und versteckte Software zu verhindern.
§ 146b AO Dazu ist durch die Finanzverwaltung eine unangekündigte Kassen-Nachschau in den Räumen des Unternehmens möglich. Es besteht daher bis zum Abschluss der Aufbewahrungsfristen auch nach der DSGVO kein Anspruch auf Löschung.

zu 2.3

Übungen

1 Geben Sie für folgende Unterlagen die Aufbewahrungsfrist an und entscheiden Sie, ob die Aufbewahrung nur auf Bild- oder Datenträger möglich ist:

- Eingangsrechnung
- Grundbuch
- T-Konten
- Eröffnungsbilanz
- Lieferscheine
- Konzernabschlüsse
- Handelsbriefe
- Quittungen
- Angebote
- Einnahme-Überschuss-Rechnung

- Kontoauszüge
- Registrierkassenstreifen
- Auftragsbestätigungen
- Gebrauchsanweisungen
- Zollbelege

2 Für die Großbäckerei Backwaren GmbH Heilbronn erstellte die Perfecta Steuerberatungs GmbH am 30.10.2019 den Jahresabschluss 2018. Aufgrund von ungeklärten Buchungen bat die Steuerberatungsgesellschaft das FA Heilbronn um Fristverlängerung. Die restlichen Buchungen wurden im Laufe des I. Quartals 2020 vorgenommen. Wann beginnt und endet die Aufbewahrungsfrist?

2.4 Grundsätze ordnungsmäßiger Buchführung (GoB) §§ 238–239 HGB

Die Grundsätze ordnungsmäßiger Buchführung enthalten formelle und materielle Anforderungen, die bei der Ausübung der Buchführungsarbeiten zu beachten sind. §§ 240–246 HGB
Dieses Regelwerk basiert auf vier Elementen, und hat sich ständig verändert, vervollkommnet und angepasst. § 264 HGB §§ 145–146 AO

Einflussbereiche

Weiterentwicklung durch veränderte Anforderungen in der **Praxis** und durch die **Betriebswirtschaft** in **wissenschaftlicher Diskussion**

Rechtsverordnungen des **Handelsrechts, Steuerrechts** und der Rechtsprechung

Grundsätze ordnungsmäßiger Buchführung (GoB)

Praktische **Verkehrsauffassungen Handelsbräuche Gewohnheitsrecht**

Ziele:
- Willkürfreiheit, d.h. frei von **subjektiven Einflüssen**
- Einheitlichkeit der Buchführung
- Vergleichbarkeit (hinsichtlich Zeitabschnitte und mit anderen Unternehmen)

2.4.1 Grundsätze der Klarheit, Übersichtlichkeit und Nachprüfbarkeit

Klarheitsgrundsatz oder formeller Grundsatz:

- Die Aufzeichnungen und Bücher sind in einer **lebenden Sprache** zu führen. Wird nicht die deutsche Sprache verwendet, kann die Finanzbehörde eine Übersetzung verlangen. Für Abkürzungen, Ziffern, Buchstaben und Symbole ist die Bedeutung genau festzulegen. § 239(1) HGB § 146(3) AO
- Die Aufzeichnungen und Bücher sind im **Geltungsbereich der AO** (Bundesrepublik Deutschland) **aufzubewahren.** Dies gilt nicht für ausländische Betriebsstätten. Die Buchführungsergebnisse müssen jedoch in die Buchführung des hiesigen Unternehmens übernommen werden, soweit sie für die Besteuerung von Bedeutung sind. § 146(2) AO
- Eine Eintragung oder Aufzeichnung darf nicht so verändert werden, dass der ursprüngliche Inhalt nicht mehr nachprüfbar oder feststellbar ist. **Radieren, Rasieren, Überkleben, Löschen, Bleistifteintragungen sind nicht erlaubt.** § 239(3) HGB
  Unbeschriebene Zwischenräume sind durch sog. Buchhalternasen, Buchhaltertreppen auszufüllen, um nachträgliche Eintragungen auszuschließen.

- § 239(4) HGB Die Aufzeichnungen und Bücher können in einer **geordneten Ablage** von Belegen (Offene-Posten-Buchhaltung, Debitoren und Kreditoren, früher sog. Geschäftsfreunde-
§ 146(5) AO buch) oder auf Datenträgern geführt werden.
Es muss gewährleistet sein, dass die Daten für einen **sachverständigen Dritten** jederzeit **unverzüglich lesbar** und **verfügbar** gemacht werden können.
- § 238(1) HGB Die Buchführung muss so **klar** und **übersichtlich** sein, dass sich ein **sachverständiger Dritter** (Finanzbeamter, Steuerberater, Wirtschaftsprüfer, Rechtsanwalt, Aufsichtsrat)
§ 145(1) AO **innerhalb angemessener Zeit** einen Überblick über die Geschäftsvorfälle und Lage des Unternehmens verschaffen kann.
- § 238(1) HGB Die Geschäftsvorfälle müssen sich in ihrer **Entstehung und Abwicklung** an Hand von
§ 145(1) AO Belegen **verfolgen lassen,** d.h. nachprüfbar sein. Es gilt der Grundsatz: Keine Buchung
§ 145(2) AO ohne Beleg!
- Die Aufzeichnungen sind so vorzunehmen, dass der **Zweck der Besteuerung** erfüllt wird. Nicht alle Unternehmen sind buchführungspflichtig nach § 238 HGB bzw. §§ 140/141 AO. Aber alle Unternehmen haben eine
- Aufzeichnungspflicht nach § 22 UStG.
- Die Unterlagen der Buchführung sind **gemäß den Anforderungen** nach § 257 HGB und § 147 AO **aufzubewahren.** (Siehe dazu Kapitel 2.3)

2.4.2 Grundsätze der Vollständigkeit, Rechtzeitigkeit und Richtigkeit

Wahrheitsgrundsatz oder materieller Grundsatz:

- § 239(2) HGB Die Eintragungen in den Büchern und Aufzeichnungen sind **vollständig, wahrheitsgemäß, zeitnah** und **geordnet** vorzunehmen.
§ 146(1) Es dürfen keine Belege und Buchungen fehlen. Die Aufzeichnungen sind lückenlos
Satz1 AO und zeitlich geordnet zu führen.
Die Buchungen und Bücher müssen mit dem ursprünglichen Inhalt der Belege übereinstimmen; sie müssen wahr sein.
- § 146(1) **Kasseneinnahmen** und **Kassenausgaben** sind **täglich aufzuzeichnen.** Die Geschäfts-
Satz2 AO fälle sind einzeln festzuhalten, aufzuzeichnen und 10 Jahre aufzubewahren. Die Kassendokumentationspflicht gilt für alle bargeldintensiven Betriebe, z. B. Einzelhandels-
§ 146a AO geschäfte, Gaststätten, Kioske. Die Daten können mittels Registrierkasse oder bei einer „offenen Kasse" per Hand festgehalten werden.

2.5 Spezielle Grundsätze zur Erstellung und Bewertung des Jahresabschlusses

Neben den unter Punkt 2.4.1 und 2.4.2 erläuterten allgemein gültigen **Grundsätzen ordnungsmäßiger Buchführung** sind zur Vollständigkeit noch eine Reihe spezieller **Grundsätze für die Aufstellung des Jahresabschlusses** zu beachten (siehe auch Kapitel 9.1)

Übung 1

Der erfolgreiche Unternehmer Ronny Schönherr betreibt in Berlin ein großes Innenarchitekturbüro. Die Auftragslage ist seit Jahren stabil und seine Kunden sind vornehmlich Geschäftsleute, die ihre Büro- und Geschäftsräume neu gestalten möchten. Im März 2020 erwartet Ronny Schönherr einen großen Auftrag über 2.300.000,00 € mit einem geplanten Gewinn von rund 400.000,00 €. Die Verhandlungen sind nahezu erfolgreich abgeschlossen. Der Unternehmer Schönherr möchte unter Vorlage der Handelsbilanz des Jahres 2019 bei seiner Hausbank ein zusätzliches langfristiges Darlehen beantragen. Aus diesem Grunde beauftragt er seinen Steuerberater den zu erwartenden Auftrag und den erwarteten Gewinn in die Bilanz 2019 aufzunehmen. Ist dieses Vorgehen zulässig?

Grundsätze ordnungsmäßiger Buchführung (GoB) für den Jahresabschluss

Grundsatz (GoB)	Inhalt	
Grundsatz der Klarheit	Formeller Grundsatz	
Grundsatz der Wahrheit	Materieller Grundsatz	
Grundsatz der Bilanzidentität	Schlussbilanz eines Wirtschaftsjahres ist wert- und mengenmäßig identisch mit Anfangsbilanz des Folgejahres	§ 252(1) Nr. 1 HGB
Grundsatz der Stetigkeit und Bilanzkontinuität	Beibehaltung der Bilanzgliederung und der Bewertungsmethoden, die beim vorangegangenen Jahresabschluss angewandt wurden › Vergleichbarkeit der Jahresabschlüsse	§ 252(1) Nr. 6 HGB
Realisationsprinzip	Ausweis von Erträgen und Gewinnen erst nach Lieferung oder Leistungsausführung	§ 252(1) Nr. 4 HGB
Imparitätsprinzip	Ungleiche Behandlung von Gewinnen und Verlusten › kein Ausweis unrealisierter Gewinne ▼ Niederstwertprinzip bei der Bewertung von Vermögenspositionen › Berücksichtigung drohender Verluste ▼ Höchstwertprinzip bei der Bewertung von Schuldposten	§ 252(1) Nr. 4 HGB
Grundsatz der Periodenabgrenzung	Zeitliche Abgrenzung von Aufwendungen und Erträgen	§ 252(1) Nr. 5 HGB
going-concern-Prinzip	Basis der Bewertung ist die Fortführung der Unternehmenstätigkeit	§ 252(1) Nr. 2 HGB

▼

Grundsatz der kaufmännischen Vorsicht — § 252(1) Nr. 4 HGB

„Ein Kaufmann darf sich nicht reicher machen als er ist."

› **Berücksichtigung aller vorhersehbaren Risiken und Verluste**

› **Wahrheitsgetreue Darstellung von Vermögen, Schulden und wirtschaftlicher Lage**

2.6 Mängel der Buchführung und ihre Rechtsfolgen

Mängel der Buchführung

Formelle Mängel
- fehlende Belege
- fehlende Buchungen
- fehlende Bücher
- unvollständig geführte Bücher
- fehlende Inventurunterlagen
- zeitlich und sachlich ungeordnete Aufzeichnungen

Keine Buchung ohne Beleg!

Materielle Mängel
- falsche und fingierte Buchungen
- falsche Angaben in Menge, Preis und Beträgen
- gefälschte Belege
- gefälschte Bücher
- falsche Darstellung der wirtschaftlichen und finanziellen Lage des Unternehmens

Folgen der Rechtsverletzung

Geringe formelle Mängel
- **Buchführung** gilt noch als **ordnungsmäßig**
- **keine Verwerfung** der **Buchführungsunterlagen**
- **unschädliche Zuschätzung** durch das Finanzamt § 162 AO, R 5.2 Abs. 2 EStR

Beispiele:

Unlesbarkeit, Überschreiben, Durchstreichen von Daten

Bleistifteintragungen

ungeordnete Ablage von Belegen und Originalen

Fehlender Nachweis für kurzfristige Zeiträume

Geringe materielle Mängel
- **Buchführung** gilt noch als **ordnungsmäßig**
- **keine Verwerfung** der **Buchführungsunterlagen**
- **Fehlerberichtigung** und **Korrekturbuchungen**
- evtl. **unschädliche Zuschätzung** durch das Finanzamt § 162 AO, R 5.2 Abs. 2 EStR

Beispiele:

unbeabsichtigte Fehlerbuchungen

unbeabsichtigte Falschangaben auf Belegen

nicht vollständige Angaben auf Rechnungen entspr. § 14 Abs. 4 UStG

Grobe oder schwere formelle Mängel	Grobe oder schwere materielle Mängel
• **Buchführung gilt nicht mehr als ordnungsmäßig** • **Verwerfung der Buchführung** • **Vollschätzung** durch die Finanzbehörden nach R 4.1 Abs.2 EStR i.V.m. § 162 AO (Inanspruchnahme von Steuerbegünstigungen wird dadurch nicht eingeschränkt)	• **Buchführung gilt nicht mehr als ordnungsmäßig** • **Verwerfung** der Buchführung • **Vollschätzung** durch die Finanzbehörden nach R 4.1 Abs. 2 S. 3 i.V.m. § 162AO
Beispiele: fehlendes Grund- oder Hauptbuch o. lückenhafte Aufzeichnungen fehlende Lohn- und Gehaltsunterlagen fehlendes Anlagenbuch o. lückenhafte Aufzeichnungen fehlendes Kassenbuch o. lückenhafte Aufzeichnungen fehlende Aufzeichnungen von Warenein- und -ausgängen	Beispiele: bewusste Falschbuchungen bewusst falsch geführte Bücher zum Zwecke der Verschleierung von Einnahmen und der tatsächlichen wirtschaftlichen Lage des Unternehmens Ausstellung von „Schein"-Rechnungen

› **Handelsrechtliche Ahndung**
- Festsetzung von Ordnungsgeldern bis zu einem Betrag von 25.000,00 € § 335 (1) HGB
- Festsetzung von Bußgeldern bis zu einem Betrag von 50.000,00 € § 334 (3) HGB

› **Steuerrechtliche Folgen** SL 492 ff.
- bei Steuergefährdung und fahrlässiger oder vorsätzlicher Handlungsweise § 379 AO
  Geldbuße bis zu 5.000,00 €
- bei leichtfertiger Steuerverkürzung § 378 AO
  Geldbuße bis zu 50.000,00 €
- bei Steuerhinterziehung und grobem Eigennutz § 370 AO
  Freiheitsstrafen von 6 Monaten bis zu 10 Jahren und zusätzliche Geldstrafen

› **Strafrechtliche Folgen**
- bei verschuldetem Bankrott und Gewinnsucht §§ 283 und 283b StGB
  Freiheitsstrafen von 6 Monaten bis zu 10 Jahren

Übungen

zu 2.4. – 2.6.

1 Der Kleinunternehmer Hannes Richter betreibt einen Imbissstand am Berliner Wannsee. Seinem Steuerberater übergibt er einmal im Quartal seine Kassenabrechnungen. Für Juni, August und September 2020 sind die Kasseneinnahmen nur lückenhaft erfasst. Außerdem sind die Belege unsortiert und einige private Quittungen wurden mit eingereicht. Für das Jahr 2020 wurde aus Zeitgründen keine Inventur gemacht.
Gegen welche Grundsätze ordnungsmäßiger Buchführung verstößt Hannes Richter?
Mit welchen Rechtsfolgen muss H. Richter aufgrund welcher Mängel der Buchführung rechnen?

2 Die Steuerfachangestellte Mandy Holzmann übersah bei dem Mandanten Werner Schmidt, Inhaber des Restaurants „Gourmet" in Düsseldorf, dass einige Einkaufsrechnungen auf den Bruder Walter Schmidt lauteten, der ein Ausflugslokal betreibt. Sie buchte die Rechnungen und zog daraus die entsprechende Vorsteuer. Für Tischschmuck, wie Blumen und Kerzen akzeptierte sie die eingetragenen Ausgabebeträge, ohne dass dafür Quittungen oder Belege vorlagen.
Welche Mängel weist die Buchführung der M. Holzmann auf und mit welchen Rechtsfolgen hat der Mandant Werner Schmidt dabei zu rechnen?

3 Das Unternehmen von Rolf Schneider ist ein europaweit verzweigtes Handelsunternehmen für Baumaschinen und Baufahrzeuge. Er betreibt einen schwunghaften Handel. Da er in den letzten Jahren hohe Gewinne einfuhr, die er versteuern musste, wies er seinen Hauptbuchhalter an, bestimmte Rechnungen und Einnahmen nicht bzw. nicht in voller Höhe zu buchen. Über eigene Subunternehmen im Ausland wurden zusätzliche Eingangsrechnungen mit hohen Beträgen gestellt.
Mit diesem Vorgehen verhinderte Schneider weitere hohe Steuerzahlungen.
Welche Mängel weist die Buchführung des Unternehmers Schneider auf und mit welchen Konsequenzen hat er zu rechnen?

2.7 Organisation der Buchführung

2.7.1 Systeme und Formen der Buchführung

Zur Bewältigung der Vielzahl von Geschäftsvorgängen und deren Belegen bedarf es einer straffen Organisation und vorgegebenen Leitlinien, an die sich Unternehmen, Einrichtungen und andere Organisationen, die der Buchführung oder Aufzeichnungspflichten unterliegen, halten können. Im Laufe der Geschichte wurden verschiedene Systeme und Formen eingesetzt bzw. weiterentwickelt. (s. dazu auch Kapitel 1.1)

Als selbstständige **Systeme** oder Zweige der Buchführung sind dabei die **kameralistische** und die **kaufmännische Buchführung** entstanden. Bei der **kaufmännischen Buchführung** werden die **einfache** und **doppelte Buchführung** unterschieden:

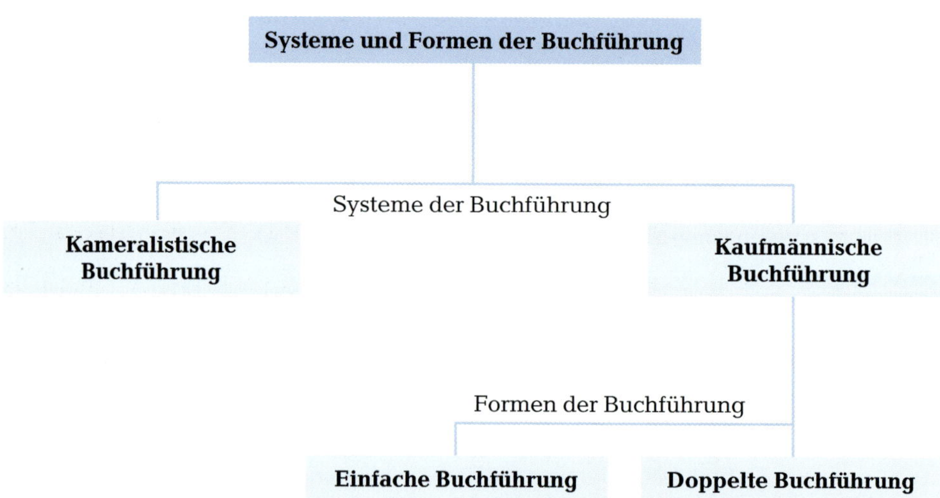

Die **kameralistische Buchführung** geht auf das 17./18. Jahrhundert zurück und wurde durch *J. H. G. von Justi (1720–1771)*, einem führenden Ökonom und Systematiker des Kameralismus bekannt. Der **Kameralismus** war die **Finanz-, Wirtschafts- und Verwaltungslehre** der **deutschen Fürstentümer** zur Sicherung und Wahrung ihrer Einnahmen und Ausgaben.
Bis heute war die moderne kameralistische Buchführung das **Instrument staatlicher und kommunaler Behörden** zur Verwaltung von Ein- und Ausgaben. Allerdings wurde zunehmend das System der doppelten Buchführung durch Kommunen eingeführt.

Für das kameralistische Konto bildet der **Haushaltsplan** die Vorgabe in Form der Sollstellung. In vereinfachter Form beinhaltet ein kameralistisches Konto folgende Aussagen:

Abteilung/ Buchungsstelle	**Einnahmen / Ausgaben für das lfd. Haushaltsjahr ....**			
	RV Rest Vor-periode	**S** Lfd. Soll- stel-lung	**I** Ist-Inan-spruchnahme	**R** Rest
	Anfangs-bestand	Zugang	Abgang	Endbestand

Die Kommunen (Städte und Gemeinden) haben die Kameralistik auf eine doppelte Buchführung umgestellt. Dieses System wird als das „Neue Kommunale Finanzmanagement" (NKF) bezeichnet. Damit ist eine Kosten- und Leistungsrechnung, ähnlich der freien Wirtschaft, möglich. Es erfolgt eine Bewertung von öffentlichen Liegenschaften, Gebäuden und Bauwerken sowie Grünanlagen. In einer Kommunalen Bilanz werden ebenfalls Vermögen und Kapital gegenübergestellt.

Das System der **kaufmännischen Buchführung** lässt sich in die **einfache** und **doppelte Buchführung** einteilen.
Die einfache Buchführung ist historisch nach der doppelten Buchführung entstanden und als eine besondere Form zu sehen. Sie kann als **Einnahme-Ausgaben-Rechnung** oder **Einnahme-Überschuss-Rechnung** nur von bestimmten Unternehmen angewandt werden und dient nur zur Erfassung einfacher Geschäftsvorfälle. (vgl. dazu Kapitel 2.2.4: Keine Buchführungspflicht)
Die einfache Buchführung reduziert sich auf die Erfassung von Zahlungsvorgängen in Form der Einnahmen und Ausgaben. Es erfolgt keinerlei Gewinn- und Verlustrechnung durch Erfolgskontenabschluss; noch erfolgt die Aufstellung einer Bilanz.
Der Erfolg oder Überschuss des Unternehmens ermittelt sich aus der Gegenüberstellung von Einnahmen und Ausgaben des Unternehmens.

Die **doppelte Buchführung** stellt ein in sich **geschlossenes Buchführungssystem** dar. „Doppelte" Buchführung bedeutet:
Jeder Geschäftsvorfall wird doppelt erfasst, im Grund- und im Hauptbuch und jede Buchung erfolgt auf zwei Konten (Konto und Gegenkonto); einmal im Soll und einmal im Haben. Es wird am Ende des Wirtschaftsjahres der Gewinn oder Verlust der Firma durch eine Gewinn- und Verlustrechnung ermittelt und zum Abschlussstichtag eine Schlussbilanz erstellt.

Kaufmännische Buchführung

Merkmale – einfache Buchführung

- einfache Aufzeichnung von Zahlungsvorgängen, Einnahmen und Ausgaben
- Erfassung der Geschäftsvorfälle im Buchungsjournal und auf Sachkonten
- keine GuV-Rechnung
- keine Bilanz
- historisch nach doppelter Buchführung entstanden

Merkmale – doppelte Buchführung

- jeder Geschäftsvorfall wird doppelt erfasst
  - › Grundbuch (Buchungsjournal, Primanota) zeitlich geordnet
  - › Hauptbuch (Sachkonten, T-Konten) sachlich geordnet
- jeder Geschäftsvorfall wird auf zwei Konten gebucht
  - › Konto „an" Gegenkonto
  - › Soll „an" Haben
- Ermittlung der GuV-Rechnung und Führung von Erfolgskonten
- Aufstellung einer Bilanz und Führung von Bestandskonten

2.7.2 › Die Bücher der Buchführung als Ordnungsmittel

Die doppelte Buchführung bedient sich bewährter Systematiken und Ordnungsmittel, um die Fülle der Geschäftsvorfälle richtig und rationell verarbeiten zu können. Diese Ordnungsmittel sind die Bücher der Buchführung:

Bücher der Buchführung

Grundbuch

Zeitliche Ordnung der Geschäftsvorfälle

- Datum
- Buchungssatz
- Beleg
- Betrag
- Bemerkung

Synonyme:

- Buchungsjournal
- Primanota

Hauptbuch

Sachliche Ordnung der Geschäftsvorfälle nach Konten des Kontenrahmens bzw. des Kontenplanes

Synonyme:

- Sachkonten
- T-Konten

Nebenbücher

- Geschäftsfreundebuch o. Kontokorrentbuch (OP-Buchhaltung, Debitoren und Kreditoren)
- Lohn- und Gehaltsbuch
- Anlagenbuch
- Kassenbuch
- Bankbuch
- Wareneingangs- oder Lagerbuch
- Wechselbuch

Jedes moderne **computergesteuerte Buchführungsprogramm** basiert auf der Logik und Grundlage der beiden Bücher der Buchführung, dem Grund- und Hauptbuch und bietet die uneingeschränkte Nutzung aller Nebenbücher der Buchführung durch schnelle und sichere Abfrage und Handhabung.
Die Bücher werden in Form einer **Lose-Blatt-Sammlung** geführt.

2.7.3 Kontenrahmen und Kontenplan als Organisationsmittel

Jedes Unternehmen ist bestrebt, seine Wirtschaftskraft zu vergleichen und zu messen. Einmal als äußerer Betriebsvergleich mit anderen Unternehmen und zum anderen als Zeitvergleich, dem sogenannten inneren Betriebsvergleich.
Dazu bedarf es eines möglichst einheitlichen Organisationsmittels und Leitfadens zur Buchung der Geschäftsvorfälle.
Dieses Organisationsmittel wurde in Deutschland, durch *E.Schmalenbach (1873–1955)* Mitbegründer der Betriebswirtschaftslehre an der Universität Köln, in Form des **Kontenplanes** als **Gliederungsplan** für den gesamten Zweig des Rechnungswesens geschaffen. Im Jahre 1937 wurde durch einen Erlass des Reichswirtschaftsministers dieser Kontenrahmen für verbindlich erklärt. Die Verbindlichkeit dieses **„Erlasskontenrahmens"** wurde durch das Bundeswirtschaftsministerium 1953 aufgehoben. Auf der Grundlage eines **„Gemeinschaftskontenrahmens"**, herausgegeben durch den Bundesverband der Deutschen Industrie, der eine Empfehlung für Unternehmen darstellt, basieren jedoch alle abgeleiteten Branchenkontenrahmen.

Wichtigste Kontenrahmen:

- **GKR** Gemeinschaftskontenrahmen der Industrie
  Herausgabe 1953 vom Bundesverband der Deutschen Industrie (BDI)
- **IKR** Industriekontenrahmen
  Herausgabe 1971 durch ein Expertenteam des Betriebswirtschaftlichen Ausschusses des BDI; 1986 überarbeitet infolge des Bilanzrichtliniengesetzes
- Kontenrahmen für den **Einzelhandel**
- Kontenrahmen für den **Groß- und Außenhandel**
- DATEV-Kontenrahmen
  Spezialkontenrahmen **SKR 03** und **SKR 04**
  Herausgabe durch die DATEV eG
- Kontenrahmen für **Autohändler**
- Kontenrahmen für **Ärzte** und **Pflegeeinrichtungen**

Das Strickmuster jedes Kontenrahmens ist dem Prinzip nach gleich. Für die einheitliche Buchung gleichgearteter Geschäftsvorfälle bedarf es folgender Konten:

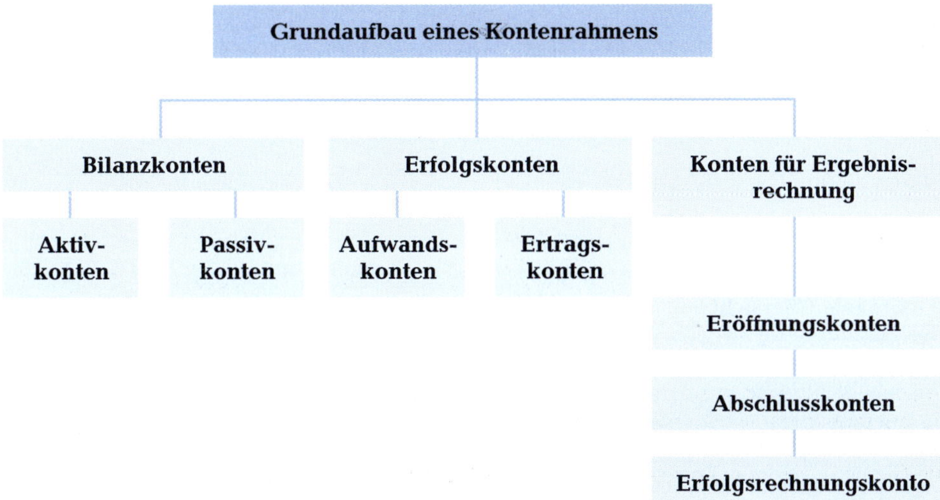

Durch die Verwendung dieses Gliederungsprinzips wird eine **Klassifizierung** der Geschäftsfälle möglich, und damit sind gleichartige betriebliche Geschehnisse abstrahierbar und vergleichbar.

Aufbau des Kontenrahmens nach dem dekadischen System			
Aufbau		**Beispiel DATEV SKR 03**	**Beispiel DATEV SKR 04**
10 Kontenklasse einstellig	**0–9**	**4** Betriebliche Aufwendungen	**4** Betriebliche Erträge
10 Kontengruppen zweistellig	**00–99**	**4100** Löhne und Gehälter	**4100** Steuerfreie Umsätze §4 Nr. 8ff UStG
10 Kontenarten dreistellig	**000–999**	**4110** Löhne	**4120** Steuerfreie Umsätze §4 Nr. 1a UStG
10 Kontenunterarten vierstellig	**0000–9999**	**4138** Beiträge zur Berufsgenossenschaft	**4125** Steuerfreie innergem. Lieferung nach § 4 Nr.1b UStG

Der **DATEV-Kontenrahmen SKR 03** sowie **GKR** folgen dem **Prozessgliederungs-** oder **Durchlaufprinzip**, d.h. dem betrieblichen Produktionsablauf.
Der **IKR** und der **DATEV-Kontenrahmen SKR 04** sind nach dem **Abschlussgliederungsprinzip** aufgebaut und folgen somit der **Gliederung des Jahresabschlusses** nach dem HGB.

Welcher Kontenrahmen Verwendung findet, entscheidet das Unternehmen oder der Dienstleister (Steuerberater, Wirtschaftsprüfer) selbst. Es wird der Kontenrahmen eingesetzt, der sich über Jahre im Betriebsgeschehen bewährt hat und in das Firmenkonzept passt.

Kontierung

Vereinheitlichung und Vergleichbarkeit der Geschäftsfälle durch die Vergabe von Kontennummern

Kontenrahmen

Geordnete Übersicht von Kontennummern zwecks Kontierung (Vereinheitlichung) der Geschäftsvorfälle

Kontenplan

Nach **betriebsindividuellen** Gesichtspunkten angepasster Kontenrahmen

Der **Kontenplan** bietet die Möglichkeit bei der Kontierung der Geschäftsvorfälle weiter zu detaillieren durch Verwendung einer zusätzlichen 5. und 6. Stelle. Die Einrichtung von zusätzlichen Sachkonten sowie Personenkonten in Form der Debitoren und Kreditoren ermöglicht gezielte Auswertung der Buchführung und den Aufbau der Offenen-Posten-Buchhaltung.

Vorteile von Kontenrahmen und Kontenplan

- **Einheitliche, vergleichbare** und **übersichtliche Bezeichnung (Kontierung)** der Geschäftsvorfälle
- **Aufbereitungsgrundlage** für die **GuV-Rechnung** und spätere **Jahresabschlusserstellung**
- Grundlage für permanente **innerbetriebliche Auswertungen**
  - Summen- und Saldenlisten
  - Betriebswirtschaftliche Auswertungen
  - Liquiditätsanalysen
- Grundlage für **außerbetriebliche Kontrolle** und **Überwachung** (Bank, Finanzamt) und für Betriebsvergleiche

Übung 1 zu 2.7.3

Ordnen Sie folgende Positionen eine Kontennummer zu. Verwenden Sie dabei
a) eine Kontierung nach dem DATEV-Kontenrahmen SKR 03
b) eine Kontierung nach dem DATEV-Kontenrahmen SKR 04

1. Bank
2. Bundesbankguthaben
3. Kasse
4. Forderungen aus Lieferungen und Leistungen
5. Verbindlichkeiten aus Lieferungen und Leistungen
6. Unbebaute Grundstücke
7. Pkw
8. Umsatzsteuer 19%
9. Gewährte Skonti
10. Eigenkapital
11. Erhaltene Boni
12. Löhne
13. Gesetzlich soziale Aufwendungen
14. Sofortabschreibung GWG
15. Nichtabzugsfähige Betriebsausgaben
16. Handelswaren
17. Werkzeuge und Kleingeräte
18. Erlöse aus Anlagenverkäufen (Buchgewinn)
19. Eröffnungsbilanzkonto
20. Gewinn- und Verlustkonto

3 Grundlagen der Finanzbuchführung

3.1 Inventur

3.1.1 Begriff und gesetzliche Grundlagen

Jeder Buchführungspflichtige
- Kaufmann oder
- Gewerbetreibender nach § 141 AO
- Land- und Forstwirt nach § 141 AO

§§ 240/241 HGB §§ 140/141 AO

ist verpflichtet, nach **Handelsrecht** und nach **Steuerrecht** zu folgenden Anlässen

- bei **Gründung**
- **Übernahme** eines Unternehmens
- **Auflösung**
- **Veräußerung** des Unternehmens
- am **Schluss jedes Geschäftsjahres**

eine **Bestandsaufnahme** aller Vermögensgegenstände und Schulden, sprich **Inventur**, durchzuführen.

Jeder Kaufmann ist verpflichtet nach § 240 Abs. 1 und 2 HGB neben der Bilanz am Bilanzstichtag eine Inventur durchzuführen. Sie dient der **Vermögensüberwachung** und zum **Schutz der Gläubiger**.
Dabei festgestellte Differenzen zwischen Soll- und Istbeständen in Art, Menge und Wert sind aufzuklären und zu korrigieren.

Die Inventur erfolgt in zwei **Arbeitsschritten**:

Zwei Arbeitsschritte der Inventur

1. Arbeitsschritt

Mengenmäßige Bestandsaufnahme

- **Aufnahme der Artikel** (Art, Bezeichnung)
- **Ermittlung der Menge** durch **Zählen, Messen, Wiegen** (Stückzahl, Gewicht, Länge)

› zum festgelegten Inventurstichtag

2. Arbeitsschritt

Wertmäßige Bestandsaufnahme

- Anschließende Bewertung der aufgenommenen **Vermögensgegenstände** und **Schulden**

› zum festgelegten Inventurstichtag

3.1.2 Inventurarten

Für die praktische Abwicklung der Inventur ist es ratsam einen Inventurleiter einzusetzen. Er ist verantwortlich für die personelle und zeitliche Absicherung der Inventur und stellt dem Inventurpersonal notwendige Inventurlisten zur Verfügung.
Nicht jedes Wirtschaftsgut kann körperlich erfasst werden. Es sind in Anbetracht der unterschiedlichen Wirtschaftsgüter folgende Inventurarten zu unterscheiden:

Inventurarten

Körperliche Inventur	**Buchinventur**
› **Erfassung aller körperlichen Wirtschaftsgüter**	› **Erfassung aller nicht körperlichen Wirtschaftsgüter**
• Maschinen und Anlagen	• Bankguthaben
• Fuhrpark	• Postbankguthaben
• Büro- und Geschäfts ausstattung	• Forderungen
• Roh-, Hilfs- und Betriebsstoffe	• kurz- und langfristige Verbindlichkeiten
• Fertigerzeugnisse	
• unfertige Erzeugnisse	nur Buchinventur durch Überprüfung von Kontoauszügen, Rechnungen und Belegen
• Handelswaren	
mengen- und wertmäßige Bestandsaufnahme	**nur wertmäßige Bestandsaufnahme**

Die Inventur kann nach unterschiedlichen Verfahren und zu unterschiedlichen Zeitpunkten durchgeführt werden.

3.1.3 Inventurverfahren/Inventurvereinfachungsverfahren

Verfahren	Stichtagsinventur o. zeitnahe Inventur	Verlegte oder zeitverschobene Inventur	Permanente Inventur	Stichprobeninventur
Gesetzesgrundlagen	§ 240 Abs.1 u. 2 HGB R 5.3 Abs. 1 EStR	§ 241 Abs. 3 HGB R 5.3 Abs. 2 EStR	§ 241 Abs. 2 HGB H 5.3 EStH	§ 241 Abs. 1 HGB
Merkmale	Körperliche Bestandsaufnahme innerhalb einer Frist von **10 Tagen vor und bis zu 10 Tagen nach** dem **Bilanzstichtag**	Körperliche Bestandsaufnahme erfolgt innerhalb von **3 Monaten vor** dem **Bilanzstichtag** und bis zu **2 Monaten nach** dem **Bilanzstichtag**	Es erfolgt eine **laufende Inventur** durch Führung einer **Lagerkartei:** • Zugang • Abgang • Bestand (computergestützt) **Einmal jährlich erfolgt eine körperliche Bestandsaufnahme** als Ergänzung zu einem **beliebigen Zeitpunkt.** Der Istbestand wird aufgenommen und als **neuer Sollbestand** eingetragen (Korrektur)	statt Vollaufnahme der Umlaufmittel kann ein **Teil der Vorräte** durch Stichprobeninventur mit Hilfe mathematisch-statistischer Methoden aufgenommen werden
Zu- und Abgänge	**mengen- und wertmäßige Fortschreibung und Rückrechnung**	**nur wertmäßige Fortschreibung und Rückrechnung**		
Vorteile	– zeitliche Nähe zum Abschlussstichtag – geringe Fehlerquote	– relativ freie Zeiteinteilung – geringer personeller Aufwand – meist keine Schließung notwendig	– modernste Form der Inventur – freie Zeiteinteilung des Unternehmens – keine Schließung des Unternehmens notwendig – geringe Fehlerquote	– geringer Zeitaufwand
Nachteile	– große Zeitbegrenzung – hoher personeller Aufwand – meist mit Betriebsunterbrechung verbunden	– hohe Fehlerquote aufgrund Fortschreibung und Rückrechnung	– personell aufwendig – kostenintensiv	– nur Teilinventur – nur ein Teil der Vorräte
Inventurstichtag 31. 12.	Stichtag 31. 12. altes Wj. | neues Wj. 21.12. mengen- und wertmäßige 10.01. Fortschreibung | Rückrechnung	Stichtag 31. 12. altes Wj. | neues Wj. 01.10. nur wertmäßige 28./29.02 Fortschreibung | Rückrechnung	laufende | Inventur 01.01. 31.12.	

Inventurliste (Beispiel)

Fa. **Inventurliste Nr.:**						**Stichtag:** **Abteilung/Lager**			
Körperliche Aufnahme:						**Bewertung:**			
lfd.Nr.	Bezeichnung	Aufnahme		Bemerkungen		Einstandspreis	Verrechnungspreis	Wertabschlag	Inventurpreis
		Menge	Gewicht						
Aufnahme: Datum:		Unterschrift:				**Bewertung:** Datum:		Unterschrift:	

Übungen zu 3.1

1 In einer GmbH für Malerbedarf wurden für das Jahr 2019 (Bilanzstichtag 31.12.) folgende Inventurdaten aufgenommen:

Datum:	21. Dezember 2019	07. Januar 2020
Lagerort:	Farbenlager	Oellager
Bezeichnung:	Lackfarbe weiß außen	Oel-Nr. 23 A
Menge/Anzahl:	18 Fässer	6 Fässer
Inhalt:	5 Liter	10 Liter
Einstandspreis:	15,00 €/L	45,00 €/L
24. Dezember	Eingangsrechnung 2 Fässer	—
27. Dezember	Entnahme 1 Fass	Entnahme 1 Fass
28. Dezember	Entnahme 3 Fässer	—
30. Dezember	Eingangsrechnung 5 Fässer	Entnahme 1 Fass
02. Januar	Eingangsrechnung 2 Fässer	Eingangsrechnung 4 Fässer
03. Januar	Entnahme 4 Fässer	—
04. Januar	—	Entnahme 2 Fässer
05. Januar	—	Entnahme 1 Fass

a) Um welches Inventurverfahren handelt es sich und welche Merkmale zeichnen dieses Inventurverfahren aus?
b) Welcher Bestand ergibt sich jeweils zum 31.12.2019?

2 Die Fußboden GmbH „Warm und Flausch" führte die Inventur für das Jahr 2020 bereits am 15. November durch. Es wurden folgende Inventurdaten aufgenommen:

Bodenbelag A	150 m²;	EP 7 €/m²
Bodenbelag B	320 m²;	EP 11 €/m²
Bodenbelag C	270 m²;	EP 14 €/m²
Bodenbelag D	185 m²;	EP 22 €/m²

Folgende Vorgänge sind bis zum Bilanzstichtag (31.12.) zu berücksichtigen:

16. November	ER über	700 €	Bodenbelag A
	und	700 €	Bodenbelag C
18. November	Entnahme	120 m²	Bodenbelag D
19. November	Lieferung	250 m²	Bodenbelag C
	und über	3.300 €	Bodenbelag D
25. November	Entnahme	50 m²	Bodenbelag D
30. November	Entnahme	80 m²	Bodenbelag C
09. Dezember	ER über	1.400 €	Bodenbelag A
16. Dezember	Entnahme von	20 m²	Bodenbelag B
	und	80 m²	Bodenbelag A
21. Dezember	Entnahme von	90 m²	Bodenbelag D

a) Welche Inventurart wurde von der Fußboden GmbH gewählt?
b) Welche Werte ergeben sich am Bilanzstichtag?
c) Welche Erkenntnisse leiten Sie aus der Verfahrensweise zu dieser Inventurart ab?

3 In einem Baumarkt erfolgt die körperliche Bestandsaufnahme der Waren erst am 28. Februar des Folgejahres, um einen reibungslosen Ablauf des Weihnachtsgeschäftes und des Winterschlussverkaufes zu gewährleisten. Es ergibt sich ein Warenbestand von 1.200.000,00 €.
Vom 01. Januar bis zum 28. Februar 2020 wurden Waren in Höhe von 350.000,00 € eingekauft.
Der Warenverkauf betrug inkl. Kalkulationsaufschlag von 40 % 560.000,00 €.

a) Um welche Inventurart handelt es sich?
b) Wie hoch war der Warenbestand am 31. Dezember 2019, zum Bilanzstichtag?

3.2 Inventar

§ 240 HGB

Das **Inventar** ist
- das **Ergebnis der Inventur**
- in Form eines **geordneten Verzeichnisses**
- aller **Vermögensgegenstände** und **Schulden**

eines Unternehmens zu einem Stichtag.

Der Anlass zur Aufstellung eines Inventars entspricht dem zur Durchführung der Inventur:

- **Gründung** oder **Übernahme** eines Unternehmens
- **Auflösung** oder **Veräußerung** eines Unternehmens
- zum **Schluss jedes Wirtschaftsjahres**.

§ 257(4) HGB Inventare sind **10 Jahre** aufzubewahren.

Die Aufbewahrung auf Bild- oder Datenträgern (Mikrofish, Diskette, CD) ist zulässig. § 239 HGB § 147(2) AO

Gliederung des Inventars:

A. Vermögen
B. Schulden
C. Ermittlung des Reinvermögens (Eigenkapital)

Die Aufstellung des Inventars erfolgt in Staffelform, wobei Mengenangaben, Einzel- und Gesamtwerte erscheinen.

Inventar

Ordnung nach steigender Liquidität (Flüssigkeit) der Mittel

A. Vermögen

I. Anlagevermögen
1. Unbebaute Grundstücke
2. Bebaute Grundstücke
3. Maschinen
4. Fuhrpark
5. Betriebs- und Geschäftsausstattung

II. Umlaufvermögen
1. Rohstoffe
2. Hilfsstoffe
3. Betriebsstoffe
4. Unfertige Erzeugnisse
5. Fertigerzeugnisse
6. Handelswaren
7. Forderungen (aus Lieferungen u. Leistungen und sonstige Forderungen)
8. Kassenbestand
9. Bundesbankguthaben
10. Guthaben bei Kreditinstituten

Ordnung nach steigender Fälligkeit

B. Schulden

I. Langfristige Schulden
1. Hypothekenschulden
2. Darlehensschulden

II. Kurzfristige Schulden
1. Liefererschulden
2. Sonstige Verbindlichkeiten

C. Reinvermögen (Eigenkapital)

  Vermögen
– Schulden
= Reinvermögen (Eigenkapital)

Die Anordnung der **Vermögenspositionen** erfolgt nach **steigender Liquidität (Flüssigkeit)** der Mittel. Zunächst werden die Vermögensposten aufgeführt, die schwer in Geld umzuwandeln sind und es folgen die Vermögenspositionen, die schneller verflüssigt werden können.

Die **Schulden** sind nach **Dringlichkeit der Rückzahlung (Fälligkeit)** geordnet. Langfristige Schulden werden zuerst aufgeführt. Danach folgen die kurzfristigen Schulden.

Muster eines Inventars

Inventar des Handelshauses für Technik, Inhaber Frank Seyfert e.Kfm., Düsseldorf zum 31. Dezember …

Inventarposten		Einzelwert €	Gesamtwert €
A. Vermögen			
I. Anlagevermögen			
1. Grundstück „Bahndamm“ unbebaut			73.000,00
2. Grundstück mit Firmengebäude im Gewerbepark „Am Park 10“			521.000,00
3. Maschinen lt. Verzeichnis, Anlage 1			27.500,00
4. Fuhrpark			
– 1 LKW		78.000,00	
– 1 VW-Transporter		56.000,00	
– Kundendienst- und Lieferfahrzeuge			
– 1 VW Polo		18.000,00	
– 1 VW Polo		13.000,00	
– 1 VW Passat		22.000,00	
– Geschäftswagen Mercedes-Benz		68.000,00	255.000,00
5. Betriebs- und Geschäftsausstattung lt. Verzeichnis, Anlage 2			225.000,00
II. Umlaufvermögen			
1. Handelswaren lt. besonderem Verzeichnis, Anlage 3			
– 15 Fernsehgeräte	à 1.999,00 €	29.985,00	
– 9 Fernsehgeräte	à 2.449,00 €	22.041,00	
– 8 Fernsehgeräte	à 3.889,00 €	31.112,00	
Anlage 4			
– 12 Hi-Fi-Anlagen	à 999,00 €	11.988,00	
– 23 CD-Kompaktanlagen	à 429,00 €	9.867,00	
– 6 Auto-Radios	à 312,00 €	1.872,00	
Anlage 5			
– 8 Waschmaschinen „Bosch“	à 889,00 €	7.112,00	
– 4 Waschvollautomaten „ABC“	à 1.249,00 €	4.996,00	
– 6 Trockner „Vision“	à 1.439,00 €	8.634,00	
Anlage 6			
– 5 Geschirrspüler „Single“	à 663,00 €	3.315,00	
– 10 Geschirrspüler „Family“	à 1.111,00 €	11.110,00	
– 5 Kombinationen „Schnelle Küche“	à 1.212,00 €	6.060,00	148.092,00
2. Forderungen an Kunden			

– Müller OHG, Düsseldorf	11.320,00	
– Mayer KG, Duisburg	23.700,00	
– Werner-Schulz, Düsseldorf	1.900,00	
– Reni Roller Köln	350,00	
– Soft-GmbH, Köln	48.900,00	86.170,00
3. Kassenbestand		5.900,00
4. Postbankguthaben		
– Postbank Düsseldorf Nord I		12.300,00
5. Bankguthaben		
– Kreissparkasse Düsseldorf	53.210,00	
– Commerzbank Düsseldorf	45.800,00	
– Volks- und Raiffeisenbank Köln	26.400,00	125.410,00
Summe des Vermögens		1.479.372,00
B. Schulden		
I. Langfristige Schulden		
1. Hypothek der Kreissparkasse Düsseldorf		400.000,00
2. Darlehen der Volks- und Raiffeisenbank Köln		250.000,00
II. Kurzfristige Schulden		
Verbindlichkeiten Lieferer		
– Elektro-AG Mainz	112.800,00	
– Multivideo GmbH, Hamburg	63.400,00	
– Hifi-Großhandels-OHG, München	17.900,00	
– Bernd Nolte eKfm., Köln	3.102,00	197.202,00
Summe der Schulden		847.202,00
C. Errechnung des Reinvermögens		
Summe des Vermögens		1.479.372,00
– Summe der Schulden		847.202,00
= Reinvermögen (Eigenkapital)		632.170,00

Übungen

zu 3.2

1 Für das Unternehmen Heim und Komfort GmbH, Berlin wurden aufgrund einer Inventur zum 31. Dezember des Jahres ... folgende Bestände ermittelt:

	€
– Unbebautes Grundstück	260.000,00
– Fertigungshalle I	380.000,00
– Fertigungshalle II	230.000,00
– Lagerhalle	80.000,00
– Verwaltungsgebäude	450.000,00
– Garagenkomplex	52.000,00
– Maschinen lt. Verzeichnis 1	310.000,00
– 1 LKW	60.000,00
– 1 LKW	55.000,00
– 1 Transporter	30.000,00
– 1 PKW Geschäftsleitung	90.000,00

– 1 PKW Vertriebsleiter		20.000,00
– Betriebs- und Geschäftsausstattung lt. Verzeichnis 2		170.000,00
– Rohstoffe lt. Verzeichnis 3		145.000,00
– Hilfsstoffe lt. Verzeichnis 4		30.000,00
– Betriebsstoffe lt. Verzeichnis 5		73.000,00
– Unfertige Erzeugnisse lt. Verzeichnis 6		45.800,00
– 5 Schrankwände „Mini"	je	4.800,00
– 6 Schrankwände „Furore"	je	7.200,00
– 3 Schrankwände „Spezial"	je	12.900,00
– 6 Polstergarnituren „Frühling"	je	2.999,00
– 6 Polstergarnituren „Wohlfühlen"	je	3.499,00
– 7 Polstergarnituren „Supreme"	je	4.220,00
– 33 Sessel „Bequem"	je	550,00
– 12 Sessel „Modern"	je	720,00
– Kundenforderungen		
• Firma Schwarz, Hannover		15.000,00
• P. Paul, Berlin Charlottenburg		19.800,00
• K. Keller, Berlin Tiergarten		24.500,00
• C. Waldorf, Kassel		6.400,00
• Computer Technik GmbH, Berlin		44.000,00
– Kassenbestand		3.500,00
– Bankguthaben		
• Commerzbank Berlin		20.000,00
• Sparkasse Berlin Charlottenburg		41.000,00
• Volksbank Berlin		6.000,00
– Darlehensschulden		
• Deutsche Bank, Berlin		850.000,00
– Lieferantenschulden		
• Holzwerke AG Regensburg		155.000,00
• Möbelstoff GmbH Darmstadt		37.000,00
• Spedition Herrmann, Berlin		23.000,00
• Weingut Keller, Meißen		800,00

Erstellen Sie das Inventar!

2 Der Gebrauchtwagenhändler Claus Böhm, Rothenburg nahm folgende Inventurbestände per 31. Dezember des Jahres … auf:

			€
– Kassenbestand			12.000,00
– Verbindlichkeiten			
• Hypothekenschuld Volksbank Rothenburg			250.000,00
• Darlehensschuld Sparkasse Rothenburg			50.000,00
• Darlehensschuld Privatbank Mogel Rothenburg			70.000,00
– Warenbestand			
• 2 Ford Fiesta	Bj. 2015	je	4.500,00
• 1 Opel Corsa	Bj. 2015		6.000,00
• 2 VW	Bj. 2014	je	7.000,00
• 1 Honda	Bj. 2016		8.000,00
• 1 BMW	Bj. 2016		18.000,00
• BMW Cabrio	Bj. 2015		20.000,00
• Trabant P 70	Bj. 1990		1.000,00
– Lagerhalle Süd, Ferdinandstraße			45.000,00
– Garagenkomplex, Müllerstraße			20.000,00
– Verkaufsgebäude			65.000,00

– Lieferantenschulden	
• Fa. Anton, Rothenburg	13.000,00
• W. Schramm, Wilhelmshaven	8.500,00
• B. Richter, Cuxhaven	16.000,00
• Ersatzteil GmbH, Hamburg	31.000,00
• Aral-Tankstelle, Rothenburg	3.000,00
– Büroausstattung lt. Anlage 1	12.000,00
– Betriebsstoffe lt. Anlage 3	2.500,00
– Bankguthaben	
• Dresdner Bank Hamburg	22.000,00
• Sparkasse Rothenburg	8.000,00
– Werkstattausstattung lt. Anlage 2	14.000,00
– Fuhrpark	
• Abschlepp-Fahrzeug LKW-Mercedes	65.000,00
• Geschäftswagen BMW Bj. 2020	120.000,00
– Büro-Computer mit Drucker	1.500,00
– Kundenforderungen	
• Schnell KG, Rothenburg	18.000,00
• R. Fuchs, Rothenburg	4.000,00
• D. Grimm, Ingolstadt	7.000,00
• A. Theuer, Heringsdorf	9.000,00

Ordnen Sie die aufgenommenen Inventurposten nach den Gliederungspunkten des Inventars!
Erstellen Sie das Inventar!

3.3 Bilanz

3.3.1 Begriff und gesetzliche Grundlagen

Inventur	Wert- und mengenmäßige Bestandsaufnahme aller Vermögensgegenstände und Schulden
Inventar	Geordnetes Verzeichnis aller Vermögensgegenstände und Schulden in Staffelform
Bilanz	Kurzgefasste wertmäßige Darstellung von Vermögen und Schulden in Kontenform

Aus dem Inventar wird die Bilanz entwickelt.

Der **Kaufmann** hat

- zu **Beginn** seines Gewerbes und
- für den **Schluss** eines
- **jeden Geschäftsjahres**
- einen **Abschluss** aufzustellen, der das
- **Verhältnis** seines **Vermögens** und seiner **Schulden** darstellt.

§ 242(1) HGB

Zu Beginn der Handels- bzw. Unternehmenstätigkeit ist eine Eröffnungsbilanz und am Schluss jedes Geschäftsjahres ist eine Bilanz aufzustellen.

Die **Bilanz** (ital. il bilancia = die Waage) stellt in **Kontenform** (ital. conto = die Rechnung) **wertmäßig Vermögen** und **Schulden** gegenüber. Die linke Seite „**Aktiva**" stellt die Vermögenspositionen dar. Die rechte Seite „**Passiva**" nimmt die Schuldposten auf. Da beide Seiten in „Waage" stehen müssen, erscheint das **Eigenkapital** als Differenz zwischen Vermögen und Schulden.

§ 244 HGB Die Bilanz ist in deutscher Sprache und in Euro zu erstellen.

§ 5b EStG Die Bilanz und die Gewinn- und Verlustrechnung sind nach amtlich vorgeschriebenem Datensatz durch Datenfernübertragung an die Finanzverwaltung zu übermitteln, sog. E-Bilanz.

Gegenüberstellung von Inventar und Bilanz

Merkmal	Inventar	Bilanz
Gleichung	A. Vermögen – B. Schulden = C. Reinvermögen	A. Vermögen = C. Eigenkapital + B. Schulden
Form	Staffelform	Kontenform
Angaben	Mengen- und Wertangaben	Wertangaben
Darstellung	Ausführliche Darstellung Vermögensposten und Schuldposten werden einzeln aufgeführt	Kurzgefasste Darstellung Zusammenfassung von Vermögens- und Schuldposten
Veröffentlichung	Keine Pflicht zur Veröffentlichung	Offenlegungspflicht

3.3.2 Gliederung der Bilanz, Bilanzaussagen und Bilanzgleichungen

Die Gliederung der Aktiv- und Passivseite der Bilanz ist durch das HGB vorgegeben:

§ 247(1) HGB **Aktivseite**
- Anlagevermögen
- Umlaufvermögen
- aktive Rechnungsabgrenzung

Passivseite
- Eigenkapital
- Schulden
- Passive Rechnungsabgrenzung

In Kontenform ergibt sich für eine verkürzte Bilanz das folgende grundlegende Gliederungsschema:

§ 266 HGB

Aktiva	Passiva
A. Anlagevermögen	A. Eigenkapital
I. Immaterielle Vermögensgegenstände	I. Gezeichnetes Kapital
II. Sachanlagen	II. Kapitalrücklage
III. Finanzanlagen	III. Gewinnrücklagen
	IV. Gewinnvortrag / Verlustvortrag
	V. Jahresüberschuss / Jahresfehlbetrag
B. Umlaufvermögen	
I. Vorräte	
II. Forderungen und sonstige Vermögensgegenstände	B. Rückstellungen
III. Wertpapiere	C. Verbindlichkeiten
IV. Schecks, Kassenbestand, Bundesbank- und Postgiroguthaben, Guthaben bei Kreditinstituten	D. Rechnungsabgrenzungsposten
C. Rechnungsabgrenzungsposten	
Summe der Aktiva	Summe der Passiva

Für **große** und **mittelgroße Kapitalgesellschaften** hat die Aufstellung der Bilanz in ausführlicher Darstellung entsprechend **§ 266 HGB** zu erfolgen.
Für kleine Kapitalgesellschaften, Personengesellschaften und Einzelunternehmen genügt eine Aufstellung der Bilanz in verkürzter Form.
Die Bilanzseiten Aktiva und Passiva besitzen für den Unternehmer unmittelbaren Aussagewert über das Kapital.

Bilanzaussagen

Aussage über Kapitalverwendung	Aussage über Kapitalquellen
• Vermögensformen • Mittelverwendung • Investierung	• Vermögensquellen • Mittelherkunft • Finanzierung
geordnet nach • **zunehmender Liquidierbarkeit** • **abnehmender Kapitalbindungsfrist**	geordnet nach • **zunehmender Fälligkeit** • **abnehmender Kapitalüberlassungsfrist**

Die Bilanz unterstellt eine rechnerische Gleichheit der beiden Bilanzseiten. Der Saldo zwischen Vermögen und Schulden ist das Eigenkapital oder u. U. ein Eigenkapitalfehlbetrag.

Bilanzgleichungen

Grundgleichung	**Summe der Aktiva**	**=**	**Summe der Passiva**
Weitere Bilanzgleichungen	Vermögen	=	Kapital
	Vermögen	=	Eigenkapital + Fremdkapital
	Eigenkapital	=	Vermögen – Fremdkapital
	Fremdkapital	=	Vermögen – Eigenkapital

Die Bilanz stellt eine **Momentaufnahme** von Vermögen und Kapital, zum Bilanzstichtag dar. Sie dient der Beurteilung der wirtschaftlichen Lage des Unternehmens.
Das Eigenkapital sollte mindestens das Anlagevermögen und einen Teil des Umlaufvermögens decken.

Goldene Bilanzregel	**Eigenkapital = Anlagevermögen + ⅓ Umlaufvermögen**

Ein gut gehendes Unternehmen zeichnet sich durch einen hohen Anteil Eigenkapital und eine geringe Fremdfinanzierung aus.

Neben der reinen Handelsbilanz nach § 242 HGB unterscheidet man je nach Aussagezweck oder Anlass weitere **Bilanzarten**:

– **Steuerbilanz**	Steuerlicher Jahresabschluss nach steuerrechtlichen Bilanzierungs- und Bewertungsvorschriften
– **Bewegungsbilanz**	Kapitalflussrechnung als Liquiditätskontrolle
– **Gründungsbilanz**	Sonderbilanz bei Gründung des Unternehmens
– **Umwandlungsbilanz**	Sonderbilanz bei Änderung der Rechtsform
– **Auseinandersetzungsbilanz**	Sonderbilanz bei Ausscheiden eines Gesellschafters
– **Liquiditationsbilanz**	Sonderbilanz bei Auflösung des Unternehmens.

Die Bilanz ist mit Ort und Datum zu versehen und zu unterzeichnen.

- bei einem Einzelunternehmen durch den Inhaber
- bei der OHG durch alle Gesellschafter
- bei der KG durch alle persönlich haftenden Gesellschafter
- bei der GmbH durch alle Geschäftsführer
- bei der AG durch alle Mitglieder des Vorstandes

Eine Delegierung der Unterschriftsleistung an Dritte (Prokurist, Steuerberater, Wirtschaftsprüfer, Familienangehörige) ist nicht statthaft.
Die Bilanz ist **10 Jahre** aufzubewahren.

Übungen

zu 3.3.1–3.3.2

1.1 Ermitteln Sie das Eigenkapital:

	€
• Fremdkapital	125.000,00
• Umlaufvermögen	38.000,00
• Anlagevermögen	112.000,00

1.2 Ermitteln Sie das Anlagevermögen und das Eigenkapital:

• Gesamtkapital	427.000,00
• Umlaufvermögen	175.000,00
• Fremdkapital	270.000,00

1.3 Ermitteln Sie das Umlaufvermögen und das Fremdkapital:

• Eigenkapital	413.900,00
• Anlagevermögen	346.800,00
• Gesamtkapital	666.400,00

1.4 Ermitteln Sie das Fremdkapital:

• Umlaufvermögen	1.325.722,00
• Eigenkapital	1.078.441,00
• Anlagevermögen	976.794,00

2 Stellen Sie nach dem Gliederungsschema des § 266 HGB die Bilanz zum 31. Dezember des Jahres 2020 für den Einzelhändler Michael Groß, Nürnberg, auf.
Errechnen Sie das Verhältnis von AV : UV, EK : FK und EK : Vermögen!
Beurteilen Sie kurz die wirtschaftliche Situation des Unternehmens.

	€
Hypothekenschuld	155.000,00
Fuhrpark	45.000,00
Lagerhaus	22.000,00
Kassenbestand	2.000,00
Darlehensschulden	41.000,00
Betriebs- und Geschäftsausstattung	25.800,00
Handelswaren	163.000,00
Bürogebäude und Grundstück	45.000,00
Postbankguthaben	5.200,00
Forderungen aus Lieferungen und Leistungen	32.000,00
Bankguthaben	117.000,00
Lieferantenschulden	32.500,00

3 Stellen Sie für die Jahre 2019 und 2020 für die Strickwarenfabrik Hilde Ullmann, Erfurt, die Bilanz zum 31. Dezember auf.
Vergleichen Sie beide Jahre hinsichtlich Finanzierung, Entwicklung Eigenkapital sowie das Verhältnis von Vermögen und Eigenkapital.

	Jahr 2019 €	Jahr 2020 €
Rohstoffe	40.000,00	35.000,00
Darlehen Sparkasse Erfurt	172.000,00	124.000,00
Darlehen Raiffeisenbank Erfurt	0,00	50.000,00
Kundenforderungen	45.700,00	68.750,00
Grundstück	80.000,00	80.000,00
Unbebautes Grundstück	0,00	55.000,00
Fabrikhalle	45.000,00	42.000,00
Geschäftsgebäude mit Büro	28.000,00	26.000,00
Hilfsstoffe	2.000,00	2.200,00
Betriebsstoffe	3.500,00	3.500,00

Unfertige Erzeugnisse	18.000,00	20.200,00
Maschinen und Anlagen	32.000,00	41.000,00
Lieferantenverbindlichkeiten	128.000,00	76.000,00
PKW	30.000,00	25.000,00
Betriebs- und Geschäftsausstattung	32.000,00	39.000,00
Fertigerzeugnisse	20.000,00	29.700,00
Handelswaren	2.000,00	2.500,00
Postbankguthaben	7.000,00	11.000,00
Kassenbestand	3.000,00	2.300,00
Bankguthaben Sparkasse Erfurt	11.800,00	16.850,00

3.3.3 Bilanzveränderungen

Die Bilanz stellt immer eine Momentaufnahme der Unternehmenslage dar.

Innerhalb des Geschäftsjahres ändern Geschäftsvorfälle die Höhe von Vermögen und Schulden.

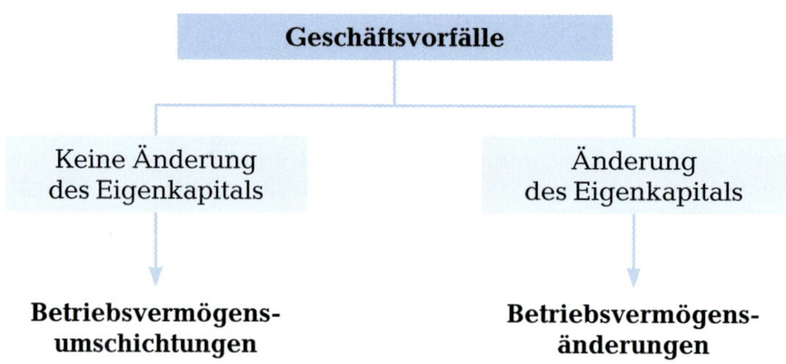

Es sind vier Typen von **Betriebsvermögensumschichtungen** zu unterscheiden:

1. Aktivtausch

2. Passivtausch

3. Aktiv-Passiv-Mehrung

4. Aktiv-Passiv-Minderung

Jeder Typ der Betriebsvermögensumschichtung weist bezüglich der Änderung von Aktiv- und Passivposten und der Wirkung auf die Bilanzsumme feste Merkmale auf.

Bilanzveränderung	Merkmal	Wirkung auf Bilanzsumme
1. Aktivtausch	eine Aktivposition nimmt in gleicher Höhe zu, wie eine andere Aktivposition abnimmt **Aktivposten Zunahme +** **Aktivposten Abnahme –**	**keine Änderung der Bilanzsumme**
2. Passivtausch	eine Passivposition nimmt in gleicher Höhe zu, wie eine andere Passivposition abnimmt **Passivposten Zunahme +** **Passivposten Abnahme –**	**keine Änderung der Bilanzsumme**
3. Aktiv-Passiv-Mehrung	eine Aktivposition nimmt in gleicher Höhe zu, wie eine Passivposition sich erhöht **Aktivposten Zunahme +** **Passivposten Zunahme +**	**Zunahme der Bilanzsumme** **› Bilanzverlängerung**
4. Aktiv-Passiv-Minderung	eine Aktivposition nimmt in gleicher Höhe ab, wie eine Passivposition sich verringert **Aktivposten Abnahme –** **Passivposten Abnahme –**	**Abnahme der Bilanzsumme** **› Bilanzverkürzung**

Beispiele

Geschäftsfälle

Auswirkungen auf Bilanzpositionen und Bilanzsumme

1. Aktivtausch			**€**
Geschäftsfall	Wir kaufen Rohstoffe gegen Bankscheck		5.000,00
Bilanzpositionen	Rohstoffe	Zunahme +	5.000,00
	Bank	Abnahme –	5.000,00

Bilanzsumme ändert sich nicht

2. Passivtausch			
Geschäftsfall	Umwandlung einer Lieferantenschuld in ein Darlehen		8.000,00
Bilanzpositionen	Darlehensschuld	Zunahme +	8.000,00
	Verbindlichkeiten aus L.u.L.	Abnahme –	8.000,00
Bilanzsumme	ändert sich nicht		

3. Aktiv-Passiv-Mehrung

Geschäftsfall	Wir kaufen einen Pkw auf Ziel (Zahlungsziel 30 Tage)		20.000,00
Bilanzpositionen	Fuhrpark	Zunahme +	20.000,00
	Verbindlichkeiten aus L.u.L.	Zunahme +	20.000,00
Bilanzsumme	verlängert sich um		20.000,00

4. Aktiv-Passiv-Minderung

Geschäftsfall	Wir zahlen eine Lieferantenschuld bar		4.000,00
Bilanzpositionen	Verbindlichkeiten aus L.u.L.	Abnahme –	4.000,00
	Kasse	Abnahme –	4.000,00
Bilanzsumme	verkürzt sich um		4.000,00

zu 3.3.3 **Übungen**

1 Stellen Sie für nachfolgende Geschäftsfälle fest, um welche Bilanzveränderungen es sich handelt! Ermitteln Sie die Zu- oder Abnahme der Bilanzpositionen und die Auswirkung auf die Bilanzsumme.

		€
1.	Ein Kunde zahlt eine Rechnung bar	2.500,00
2.	Wir verkaufen einen Bürocomputer auf Ziel	500,00
3.	Unsere Hausbank gewährt uns ein Darlehen	10.500,00
4.	Wir kaufen Waren gegen Banküberweisung	3.000,00
5.	Unsere Bank gewährt uns ein Hypothekendarlehen	50.000,00
6.	Unsere Bank wandelt ein Darlehen in eine Hypothek um	80.000,00
7.	Wir verkaufen Waren auf Ziel	12.000,00
8.	Wir zahlen eine Eingangsrechnung bar	500,00
9.	Wir verkaufen einen gebrauchten PKW gegen einen kleineren Neuwagen	20.000,00
10.	Wir legen Geld von der Kasse auf unser Bankkonto	1.000,00
11.	Ein Kunde begleicht eine Ausgangsrechnung über unser Postbankkonto	3.800,00
12.	Wir heben von unserem Postbankkonto ab und legen das Geld in die Geschäftskasse	500,00
13.	Wir tilgen ein Darlehen über unsere Bank	2.000,00
14.	Wir wandeln eine Hypothek in eine Darlehensschuld um	15.000,00

2 Welcher Geschäftsfall liegt der Bilanzveränderung zugrunde?

1. Aktivtausch	Waren	Zunahme	+
	Kasse	Abnahme	–
2. Aktiv-Passiv-Minderung	Bank	Abnahme	–
	Verbindlichkeiten aus L.u.L	Abnahme	–
3. Aktivtausch	Bank	Zunahme	+
	BGA	Abnahme	–
4. Aktiv-Passiv-Mehrung	PKW	Zunahme	+
	Verbindlichkeiten gegenüber Kreditinstituten	Zunahme	+
5. Passivtausch	Verbindlichkeiten gegenüber Kreditinstituten	Zunahme	+
	Hypothekenschuld	Abnahme	–
6. Aktiv-Passiv-Minderung	Darlehensschuld	Abnahme	–
	Bank	Abnahme	–

3.4 Buchen auf Bestands- und Erfolgskonten

Jeder Geschäftsfall ändert die Höhe von einzelnen Bilanzpositionen. Aus diesem Grunde müsste nach jedem Geschäftsfall die Bilanz geändert werden. Es werden zur Erfassung der Geschäftsfälle im laufenden Jahr Konten eingerichtet, die alle Änderungen aufnehmen. Am Anfang des Geschäftsjahres werden diese Konten eröffnet.
Im Laufe des Geschäftsjahres werden alle Geschäftsvorfälle darauf gebucht und am Ende des Geschäftsjahres werden die Konten abgeschlossen.

Konto = ital. „die Rechnung"

In Abhängigkeit davon, ob Geschäftsfälle das Eigenkapital ändern oder in seiner Höhe nicht beeinflussen, werden Bestands- oder Erfolgskonten eingerichtet.

Geschäftsfall

Keine Änderung des Eigenkapitals	Änderung des Eigenkapitals
Buchen auf Bestandskonten	**Buchen auf Erfolgskonten**

3.4.1 Buchen von Geschäftsfällen auf Bestandskonten

Grundlage für die Buchung eines Geschäftsfalles ist der Beleg und dessen **Vorkontierung** nach dem Kontenrahmen.
Jeder Geschäftsfall wird zweifach erfasst.

3.4.1.1 Die Doppik in der Buchführung

Jede Buchung erfordert mindestens **zwei Konten, eine Buchung** und eine **Gegenbuchung**.

Konto und **Gegenkonto**

Soll und **Haben**

Dabei gilt Summengleichheit der beiden Buchungsseiten im Buchungssatz:

Summe der Sollbuchungen = Summe der Habenbuchungen

Jeder Geschäftsfall wird zweifach **gebucht** im Grund- und im **Hauptbuch**. Vor Einführung der modernen Datenverarbeitung wurde zuerst das Grundbuch erstellt und danach das Hauptbuch. Heute entstehen aufgrund der schnellen Informationsverarbeitung Grund- und Hauptbuch gleichzeitig.

Grundbuch

Datum	Beleg-Nr.	Buchungstext	Soll	Haben

Im **Grundbuch** werden die Geschäftsfälle **zeitlich (chronologisch)** geordnet und **lückenlos** gebucht.

Der allgemeine Buchungssatz lautet

Konto	an	**Gegenkonto**
Soll	an	**Haben**

Das Wort „**an**" verbindet lediglich die Konten miteinander. Es besitzt keine umgangssprachliche Bedeutung im Sinne, dass ein Betrag von einem Konto zu einem anderen Konto gegeben wird.

Synonyme für das Grundbuch sind auch die Begriffe

- **Buchungsjournal**
- **Primanota**
- **Memorial.**

Hauptbuch

Soll	Konto	Haben

Die Geschäftsfälle werden im Hauptbuch nach sachlichen Gesichtspunkten erfasst. Es wird für jede gebuchte Kontennummer ein **Sachkonto**, ein sog. **T-Konto** (aufgrund der T-Form) angelegt.

Synonyme für das Hauptbuch sind deshalb

- **Sachkonten**
- **T-Konten.**

An Hand eines Beispiels soll der Zusammenhang verdeutlicht werden:

Geschäftsfall/Beleg

Kauf eines Bürocomputers bar

Preis:	999,00 €
Datum:	25. 03. 2020
Beleg Nr.:	20201
Computer-Modell:	ABX

Kontierung

Kontieren des Beleges mittels

Kontenrahmen
- Kurzfassung der Angaben
- Buchungssatz

Grundbuch/Grundbuchung

Buchungsjournal

Datum	Beleg-Nr.	Text	Soll	Haben
25.03.2020	20201	BGA an Kasse	999,00	999,00

Hauptbuch/ Hauptbuchung

Hauptbuch Sachkonten

S	BGA	H
AB 10.000,00 Kasse 999,00		

S	Kasse	H
AB 1.000,00		BGA 999,00

Für die ordnungsgemäße Buchung des Geschäftsfalles sind mindestens eine Grundbuchung mit Konto und Gegenkonto und im Hauptbuch mindestens zwei Sach- bzw. T-Konten notwendig.

3.4.1.2 › Die zeitliche Abfolge der Buchführung

Innerhalb eines Geschäftsjahres erfolgt die Buchung der Vorgänge auf Konten, um eine ständige Neuaufstellung der Bilanz nach jeder Veränderung zu vermeiden. Die Bilanz stellt eine Stichtagsaufnahme dar. Der Ablauf von der Bilanz des vergangenen Geschäftsjahres zur Bilanz des laufenden Geschäftsjahres richtet sich nach folgenden festen Schritten:

Kurzform	Inhalt
1. Aufstellung der Eröffnungsbilanz	Entsprechend den Gesetzmäßigkeiten ordnungsmäßiger Buchführung besteht **Bilanzidentität**

Werte der Schlussbilanz des Vorjahres	=	**Werte der Eröffnungsbilanz**

› Eröffnungsbilanzkonto

2. Vortragen der Anfangsbestände auf Aktiv- und Passivkonten	Übertragung der Anfangsbestände der Bilanz **(AB-Werte bzw. EB-Werte)** auf **Bestandskonten** mittels **Eröffnungsbilanzkonto (EBK)**

Auflösen der Bilanz in Konten/Saldenvortrag

› Aktive und passive Bestandskonten

3. Buchen der Geschäftsfälle	**Buchen** der Geschäftsfälle des Jahres im **Grund-** und im **Hauptbuch**

› Grund- und Hauptbuch

4. Abschluss der Konten **› Schlussbilanzkonto**	Ermittlung der **Schlussbestände (Salden)** der Konten mittels **Schlussbilanzkonto (SBK)**
5. Aufstellen der Schlussbilanz	**Abschluss** der **Konten** und **Übertragung** der **Schlussbestände** in die Schlussbilanz

› Schlussbilanz

3.4.1.3 › Vortragen der Anfangsbestände in Konten

Die Anfangsbestände der Bilanzpositionen werden vorgetragen. Für jede Bilanzposition wird ein Konto angelegt, ein **aktives** oder **passives Bestandskonto**.

Buchung im Grundbuch – allgemeiner Buchungssatz

Aktivkonten	**an**	**Eröffnungsbilanzkonto (EBK)**
Eröffnungsbilanzkonto (EBK)	**an**	**Passivkonten**

Buchung im Hauptbuch

Die Anfangsbestände der Bilanzpositionen, die im Aktiv stehen, werden auf der Sollseite der Aktivkonten gebucht.

Aktives Bestandskonto	
Soll	**Haben**
(EBK) Anfangsbestand	

Die **Anfangsbestände** der Bilanzpositionen der **Passiva** werden auf der **Habenseite der Passivkonten** gebucht.

Aktives Bestandskonto	
Soll	**Haben**
	(EBK) Anfangsbestand

Das **Eröffnungsbilanzkonto (EBK)** dient als **Gegenkonto** der Eröffnung der Bestandskonten. Es ist ein Hilfskonto, das nach Eröffnen der Konten wieder abgeschlossen wird und ein **Spiegelbild der Eröffnungsbilanz** darstellt.

Eröffnungsbilanzkonto (EBK)	
Soll	**Haben**
Anfangsbestände der passiven Bestandskonten	**Anfangsbestände der aktiven Bestandskonten**
Kontensumme	Kontensumme
= Bilanzsumme der Eröffnungsbilanz	**= Bilanzsumme der Eröffnungsbilanz**

Beispiele

Eröffnungsbilanz 1. Januar ....

Aktiva		**Passiva**	
I. Anlagevermögen		I. Eigenkapital	100.000,00
1. Grundstücke	80.000,00	II. Schulden	
2. BGA	40.000,00	1. Darlehensschulden	70.000,00
		2. Verbindlichkeiten a.L.u.L.	30.000,00
II. Umlaufvermögen			
1. Waren	30.000,00		
2. Forderungen a.L.u.L.	35.000,00		
3. Kasse	3.000,00		
4. Bank	12.000,00		
	200.000,00		200.000,00

Grundbuchungen für die Eröffnung der aktiven Bestandskonten:

	Soll	Haben
– **Grundstücke** an **EBK**	80.000,00	80.000,00
– **BGA** an **EBK**	40.000,00	40.000,00
– **Waren** an **EBK**	30.000,00	30.000,00
– **Forderungen aus L. u. L.** an **EBK**	35.000,00	35.000,00
– **Kasse** an **EBK**	3.000,00	3.000,00
– **Bank** an **EBK**	12.000,00	12.000,00

Grundbuchungen für die Eröffnung der passiven Bestandskonten:

	Soll	Haben
– **EBK** an Eigenkapital	100.000,00	100.000,00
– **EBK** an Darlehensschulden	70.000,00	70.000,00
– **EBK** an Verbindlichkeiten aus L.u.L.	30.000,00	30.000,00

Aus den aufgeführten Grundbuchungen ergeben sich folgende **Sachkonten (T-Konten) im Hauptbuch:**

Aktive Bestandskonten

Grundstücke

Soll		Haben
AB-Wert EBK	80.000,00	

Forderungen a. L. u. L.

Soll		Haben
AB-Wert EBK	35.000,00	

BGA

Soll		Haben
AB-Wert EBK	40.000,00	

Bank

Soll		Haben
AB-Wert EBK	12.000,00	

Waren			Kasse		
Soll		**Haben**	**Soll**		**Haben**
AB-Wert EBK	30.000,00		AB-Wert EBK	3.000,00	

Passive Bestandskonten

Eigenkapital			Verbindlichkeiten aus L.u.L.		
Soll		**Haben**	**Soll**		**Haben**
	AB-Wert EBK	100.000,0		AB-Wert EBK	30.000,00

Darlehensschulden		
Soll		**Haben**
	AB-Wert EBK	70.000,00

Das Eröffnungsbilanzkonto stellt wertmäßig das **Spiegelbild der Eröffnungsbilanz** dar.

Eröffnungsbilanz 1. Januar ....

Soll			**Haben**
Eigenkapital	100.000,00	Grundstücke	80.000,00
Darlehensschulden	70.000,00	BGA	40.000,00
Verbindlichk.a.L.u.L.	30.000,00	Waren	30.000,00
		Forderungen a.L.u.L.	35.000,00
		Kasse	3.000,00
		Bank	12.000,00
	200.000,00		200.000,00

3.4.1.4 › Buchen der laufenden Geschäftsfälle im Grund- und im Hauptbuch (Buchungsjournal und Sachkonten)

Für jeden Bilanzposten wurde ein aktives oder passives Bestandskonto eingerichtet,die Anfangsbestände sind vorgetragen.
Die Geschäftsvorfälle des laufenden Jahres werden auf den Konten gebucht. Die Bilanz wird nur zu bestimmten Zeitpunkten (Monatsende, Quartalsende, Endes des Geschäftsjahres) erstellt.

Jeder **Geschäftsfall** berührt mindestens **zwei Konten** und führt mindestens zu einer **Soll-** und einer **Habenbuchung**.
Vor jeder Buchung eines Geschäftsfalles sind folgende Überlegungen notwendig:

1. **Welche Konten (Aktiv- oder Passivkonten) werden durch den Geschäftsfall berührt?**
2. **Wo steht der Anfangsbestand (AB-Wert) bzw. um welche Kontoart handelt es sich?**
3. **Handelt es sich um einen Zugang oder Abgang zum Anfangsbestand?**
4. **Entscheidung, welcher Wert im „Soll" und im „Haben" gebucht wird! Aufstellen des Buchungssatzes!**

Buchungsregeln für das Buchen von Geschäftsfällen auf Bestandskonten:

Bei **aktiven Bestandskonten** werden

- **Anfangsbestand im Soll**
- **Zugänge im Soll**
- **Abgänge im Haben**
- **Schlussbestand im Haben gebucht.**

Aktivkonto

Soll	**Haben**
Anfangsbestand	– Abgänge
+ Zugänge	Schlussbestand
Kontensumme	Kontensumme

Bei **passiven Bestandskonten** werden

- **Anfangsbestand im Haben**
- **Zugänge im Haben**
- **Abgänge im Soll**
- **Schlussbestand im Soll gebucht.**

Passivkonto

Soll	**Haben**
– Abgänge	Anfangsbestand
Schlussbestand	+ Zugänge
Kontensumme	Kontensumme

Beispiele

Geschäftsfall 1:
Kauf eines Bürocomputers mit Drucker für 2.000,00 € bar.

Überlegungen:

1. Welche Konten werden berührt?

   BGA › aktives Bestandskonto
   Kasse › aktives Bestandskonto

2. Wo steht der Anfangsbestand?

   BGA › im Soll
   Kasse › im Soll

3. Handelt es sich um einen Zugang oder Abgang zum Anfangbestand?

   BGA › Zugang
   Kasse › Abgang

4. Aufstellen des Buchungssatzes!

   BGA › Zugang
   Buchung im Soll
   Kasse › Abgang
   Buchung im Haben

Grundbuchung:	**Soll**	**Haben**
BGA	**2.000,00**	
an Kasse		**2.000,00**

Buchung auf den Sachkonten:

BGA

Soll		**Haben**	
AB	40.000,00		
Zugang Kasse	2.000,00		

Kasse

Soll		**Haben**	
AB	3.000,00	Abgang BGA	2.000,00

Bei der Buchung auf den Sachkonten wird in Klammern ( ) das Konto der Gegenbuchung, mindestens jedoch die laufende Nummer des Geschäftsfalls, angegeben, um ein Auffinden des vollständigen Buchungssatzes zu ermöglichen.

Geschäftsfall 2:
Einkauf von Waren auf Ziel über 15.000,00 €.

Überlegungen (verkürzt):

1. Konten:

   Waren › aktives Bestandskonto
   Verbindlichkeiten aus L.u.L. › passives Bestandskonto

2. AB-Wert:

   Waren › im Soll
   Verbindlichkeiten aus L.u.L. › im Haben

3. Zugang oder Abgang:

   Waren › Zugang
   Verbindlichkeiten aus L.u.L. › Zugang

4. Aufstellen des Buchungssatzes:

   Waren › Buchung im Soll
   Verbindlichkeiten aus L.u.L. › Buchung im Haben

Grundbuchung:	**Soll**	**Haben**
Waren	**15.000,00**	
an Verbindlichkeiten aus L.u.L.		**15.000,00**

Buchung auf den Sachkonten:

Waren

Soll		**Haben**	
AB	30.000,00		
Verb. L.u.L.	15.000,00		

Verb. a.L.u.L

Soll		**Haben**	
		AB	30.000,00
		Waren	15.000,00

Geschäftsfall 3:
Ein Kunde begleicht eine Rechnung über 8.000,00 € mittels Bankscheck.

Überlegungen (verkürzt):

1. Konten:

Bank	› aktives Bestandskonto
Forderungen aus L.u.L.	› aktives Bestandskonto

2. AB-Wert:

Bank	› im Soll
Forderungen aus L.u.L.	› im Soll

3. Zugang oder Abgang:

Bank	› Zugang
Forderungen aus L.u.L.	› Abgang

4. Aufstellen des Buchungssatzes:

Bank	› Buchung im Soll
Forderungen aus L.u.L.	› Buchung im Haben

Grundbuchung:	**Soll**	**Haben**
Bank	**8.000,00**	
an Forderungen aus L.u.L.		**8.000,00**

Buchung auf den Sachkonten:

Bank

Soll		Haben	
AB	12.000,00		
Ford. L.u.L.	8.000,00		

Forderungen aus L.u.L.

Soll		Haben	
AB	35.000,00	Bank	8 .000,00

Geschäftsfall 4:
Umwandlung einer Lieferantenschuld in Höhe von 10.000,00 € in eine Darlehensschuld

Überlegungen (verkürzt):

1. Konten:

Darlehensschulden	› passives Bestandskonto
Verbindlichkeiten aus L.u.L.	› passives Bestandskonto

2. AB-Wert:

Darlehensschulden	› im Haben
Verbindlichkeiten aus L.u.L.	› im Haben

3. Zugang oder Abgang:

Darlehensschulden	› Zugang
Verbindlichkeiten aus L.u.L.	› Abgang

4. Aufstellen des Buchungssatzes:

Darlehensschulden › Buchung im Haben
Verbindlichkeiten aus L.u.L. › Buchung im Soll

Grundbuchung:	**Soll**	**Haben**
Verbindlichkeiten aus L.u.L.	**10.000,00**	
an Darlehensschulden		**10.000,00**

Buchung auf den Sachkonten:

Verbindlichkeiten aus L.u.L.

Soll		**Haben**	
Darlehen	10.000,00	AB	30.000,00
		Waren	15.000,00

Darlehensschulden

Soll		**Haben**	
		AB	70.000,00
		Verb. L.u.L.	10.000,00

3.4.1.5 › Der einfache und zusammengesetzte Buchungssatz

Der **Buchungssatz** ist die **kurzgefasste Anweisung** für die Erfassung des Geschäftsvorfalles in der Finanzbuchhaltung.
Es sind dabei Geschäftsfälle zu unterscheiden, die mit dem Aufruf von zwei Konten und einer Soll- und einer Habenbuchung vollständig gebucht sind.

Es genügt ein **einfacher Buchungssatz**

Beispiele

Ausgleich einer Lieferantenrechnung über 11.600,00 € durch Banküberweisung

Grundbuchung unter Einbeziehung des Kontenrahmens DATEV SKR 04 (SKR 03):

	Soll	**Haben**
3300 (1600) Verbindlichkeiten aus L.u.L.	**11.600,00**	
an 1800 (1200) Bank		**11.600,00**

Sachkonten:

3300 (1600)
Verbindlichkeiten aus L.u.L.

Soll		**Haben**	
Bank	11.600,00	AB	....

1800 (1200)
Bank

Soll		**Haben**	
AB	....	Verb. L.u.L.	11.600,00

Zusammengesetzte Buchungssätze entstehen, wenn der Geschäftsfall **mehr als zwei Konten** berührt.

Beispiele

Ausgleich der Lieferantenrechnung über 11.600,00 € durch Banküberweisung 6.600,00 € und 5.000,00 € Barzahlung

Grundbuchung:	Soll	Haben
3300 (1600) Verbindlichkeiten a. L.u.L	**11.600,00**	
an 1800 (1200) Bank		**6.600,00**
an 1600 (1000) Kasse		**5.000,00**

Sachkonten:

3300 (1600)
Verbindlichkeiten aus L.u.L.

Soll		Haben	
Bank	6.600,00	AB-Wert	....
Kasse	5.000,00		

1800 (1200)
Bank

Soll		Haben	
AB-Wert	....	Verb. L.u.L.	6.600,00

1600 (1000)
Kasse

Soll		Haben	
AB-Wert	....	Verb. L.u.L.	5.000,00

3.4.1.6 〉 Abschluss der Konten mittels Schlussbilanzkonto und Aufstellen der Schlussbilanz

Sind alle Geschäftsvorfälle der Abrechnungsperiode gebucht, werden die Konten abgeschlossen. Dazu werden die **Kontensummen** gebildet und die betragsmäßig kleinere Seite mit einem **Saldo**, dem **Schlussbestand, ausgeglichen**.

Die **Schlussbestände** der Konten werden vom **Schlussbilanzkonto** aufgenommen.

Das **Schlussbilanzkonto** dient als **Hilfskonto** lediglich dem Abschluss der Konten und ist betragsmäßig identisch mit der Schlussbilanz.

Buchung im Grundbuch (allgemeiner Buchungssatz):

Schlussbilanzkonto (SBK)	
	an Aktivkonten
Passivkonten	
	an Schlussbilanzkonto (SBK)

Buchung im Hauptbuch

Die **Salden** der **aktiven Bestandskonten** stehen im Schlussbilanzkonto (SBK) im **Soll** und die **Salden** der **passiven Bestandskonten** im **Haben**.

Schlussbilanzkonto (SBK)

Soll	Haben
Salden Schlussbestände der aktiven Bestandskonten	**Salden Schlussbestände der passiven Bestandskonten**
Kontensumme	Kontensumme
= Bilanzsumme der Schlussbilanz	**= Bilanzsumme der Schlussbilanz**

Beispiele

Abschluss der Sachkonten in folgenden Schritten:
- Bildung der Kontensummen
- Ermittlung der Schlussbestände
- Übernahme der Schlussbestände (Salden) ins SBK

Aktive Bestandskonten:

Grundstücke

Soll		Haben	
EBK	80.000,00	SBK	80.000,00
	80.000,00		80.000,00

Forderungen aus L.u.L.

Soll		Haben	
EBK	35.000,00	Bank	8.000,00
		SBK	27.000,00
	35.000,00		35.000,00

BGA

Soll		Haben	
EBK	40.000,00	SBK	42.000,00
Kasse	2.000,00		
	42.000,00		42.000,00

Bank

Soll		Haben	
EBK	12.000,00	SBK	20.000,00
Forder.	8.000,00		
	20.000,00		20.000,00

Waren

Soll		Haben	
EBK	30.000,00	SBK	45.000,00
Verb.	15.000,00		
	45.000,00		45.000,00

Kasse

Soll		Haben	
EBK	3.000,00	BGA	2.000,00
		SBK	1.000,00
	3.000,00		3.000,00

Passive Bestandskonten:

Eigenkapital

Soll		Haben	
SBK	100.000,00	EBK	100.000,00
	100.000,00		100.000,00

Verbindlichkeiten aus L.u.L.

Soll		Haben	
Darl.	10.000,00	EBK	30.000,00
SBK	35.000,00	Waren	15.000,00
	45.000,00		45.000,00

Darlehensschulden

Soll		Haben	
SBK	80.000,00	EBK	70.000,00
		Verb.	10.000,00
	80.000,00		80.000,00

Das **Schlussbilanzkonto** nimmt die **Salden (Schlussbestände)** der Bestandskonten auf. Es stimmt wertmäßig mit der Schlussbilanz überein.

Schlussbilanzkonto (SBK)

Soll		Haben	
Grundstücke	80.000,00	Eigenkapital	100.000,00
BGA	42.000,00	Darlehensschulden	80.000,00
Waren	45.000,00	Verbindl. aus L.u.L.	35.000,00
Forderungen	27.000,00		
Kasse	1.000,00		
Bank	20.000,00		
	215.000,00		215.000,00

Die Grundbuchungen zur Übernahme der Salden in das Schlussbilanzkonto sind:

Aktive Bestandskonten	**Soll**	**Haben**
SBK	**80.000,00**	
an Grundstücke		**80.000,00**
SBK	**42.000,00**	
an BGA		**42.000,00**
SBK	**45.000,00**	
an Waren		**45.000,00**
SBK	**27.000,00**	
an Forderungen aus L.u.L		**27.000,00**

	Soll	Haben
SBK	**1.000,00**	
an Kasse		**1.000,00**
SBK	**20.000,00**	
an Bank		**20.000,00**

Passive Bestandskonten

	Soll	Haben
Eigenkapital	**100.000,00**	
an SBK		**100.000,00**
Darlehensschulden	**80.000,00**	
an SBK		**80.000,00**
Verbindlichkeiten aus L.u.L	**35.000,00**	
an SBK		**35.000,00**

Schlussbilanz
31. Dezember ....

Aktiva			**Passiva**
I. Anlagevermögen		I. Eigenkapital	100.000,00
1. Grundstück	80.000,00	II. Schulden	
2. BGA	42.000,00	1. Darlehensschulden	80.000,00
II. Umlaufvermögen		2. Verbindlichkeiten	35.000,00
1. Waren	45.000,00		
2. Forderungen	27.000,00		
3. Kasse	1.000,00		
4. Bank	20.000,00		
	215.000,00		215.000,00

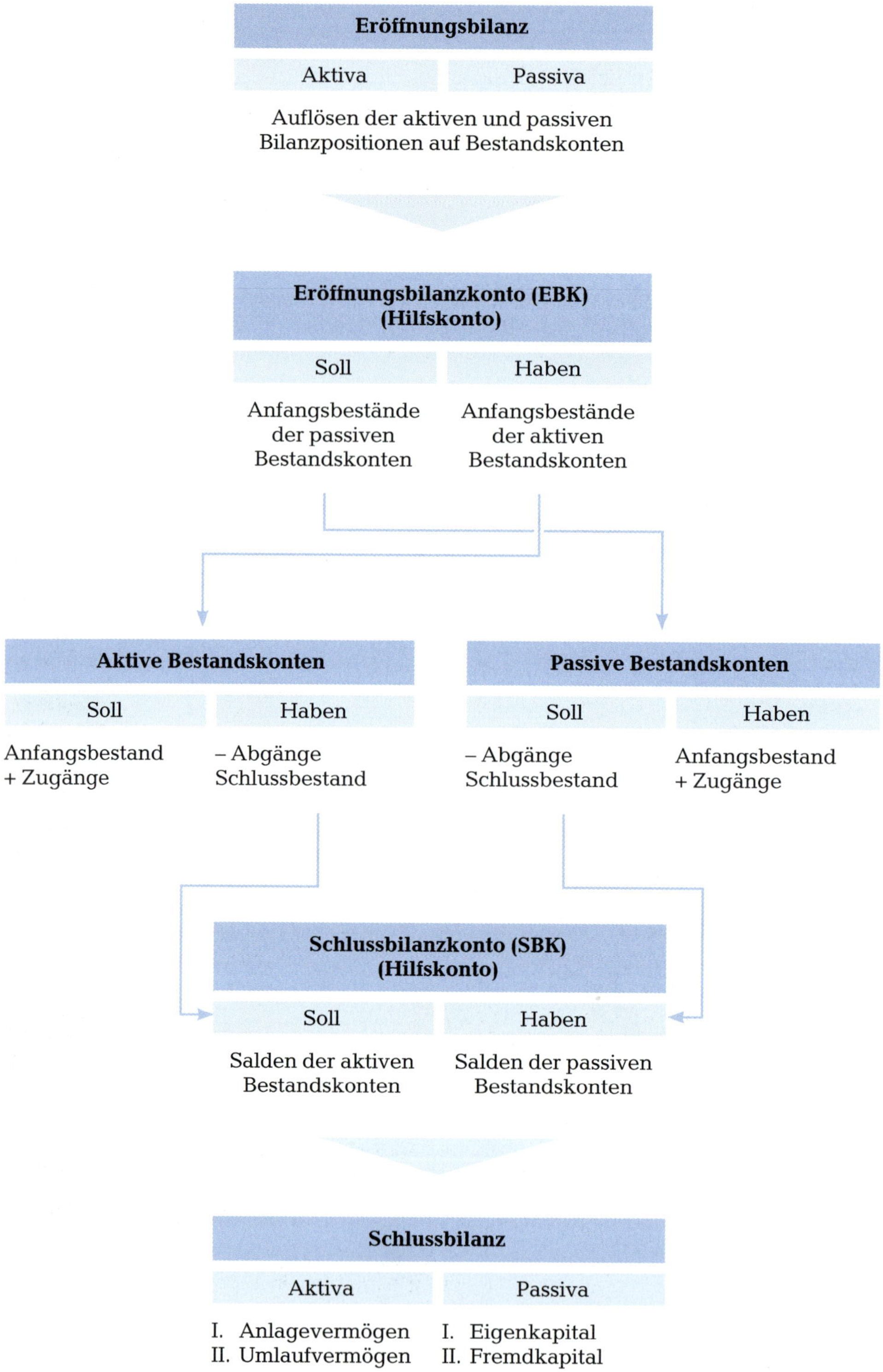
Eröffnungsbilanz
Aktiva
Passiva
Auflösen der aktiven und passiven Bilanzpositionen auf Bestandskonten
Eröffnungsbilanzkonto (EBK) (Hilfskonto)
Soll
Haben
Anfangsbestände der passiven Bestandskonten
Anfangsbestände der aktiven Bestandskonten
Aktive Bestandskonten
Soll
Haben
Anfangsbestand + Zugänge
– Abgänge Schlussbestand
Passive Bestandskonten
Soll
Haben
– Abgänge Schlussbestand
Anfangsbestand + Zugänge
Schlussbilanzkonto (SBK) (Hilfskonto)
Soll
Haben
Salden der aktiven Bestandskonten
Salden der passiven Bestandskonten
Schlussbilanz
Aktiva
Passiva
I. Anlagevermögen
II. Umlaufvermögen
I. Eigenkapital
II. Fremdkapital

Übungen

zu 3.4

1 Beantworten Sie folgende Fragen:

1.1 Welche Arten von Bestandskonten gibt es?

1.2 Welche Konten dienen als Hilfskonten der Eröffnung und dem Abschluss von Bestandskonten?

1.3 Welche Buchungen werden im Soll auf Aktivkonten vorgenommen?

1.4 Welche Buchungen werden im Soll auf Passivkonten vorgenommen?

1.5 Welche Buchungen werden im Haben auf Aktivkonten vorgenommen?

1.6 Welche Buchungen werden im Haben auf Passivkonten ausgeführt?

2 Buchen Sie die folgenden Geschäftsvorfälle nach dem aufgeführten Muster.

• Welche Konten werden berührt?	Aktivkonto/Passivkonto
• Wo stehen die Anfangsbestände der Konten?	Soll/Haben
• Handelt es sich um einen Zugang oder Abgang auf den Konten?	Zugang/Abgang
• Wie lautet der Buchungssatz?	Soll/Haben

			€
2.1	Barkauf von Waren		3.000,00
2.2	Verkauf eines gebrauchten PKW bar		7.500,00
2.3	Kauf eines Druckers auf Ziel		300,00
2.4	Kunde bezahlt eine Rechnung bar		500,00
2.5	Kauf von Waren auf Ziel		10.500,00
2.6	Verkauf von Waren auf Ziel		10.500,00
2.7	Wir begleichen eine Rechnung durch Banküberweisung		13.400,00
2.8	Bareinlage bei der Bank		2.000,00
2.9	Aufnahme eines Bankdarlehens		50.000,00
2.10	Überweisung vom Bankkonto auf das Postbankkonto		6.000,00
2.11	Verkauf einer Werkzeugmaschine auf Ziel		35.000,00
2.12	Tilgung eines Bankdarlehens		2.000,00
2.13	Umwandlung einer Liefererverbindlichkeit in ein Darlehen		8.000,00
2.14	Barabhebung vom Bankkonto		1.000,00
2.15	Rücksendung von Waren an den Lieferer		4.000,00
2.16	Ausgleich einer Liefererrechnung über		3.500,00
		Bank	3.000,00
		bar	500,00
2.17	Ein Kunde kauft Waren	bar	2.000,00
		und auf Ziel	8.000,00
2.18	Kunde bezahlt Rechnung per Postbanküberweisung		4.000,00
2.19	Kauf eines LKW auf Kredit		60.000,00
2.20	Tilgung einer Darlehensschuld		120.000,00
		durch Banküberweisung	20.000,00
		durch Aufnahme einer Hypothek	100.000,00

3 Eröffnen Sie die Konten im Grund- und im Hauptbuch für nachstehende Eröffnungsbilanz mittels Eröffnungsbilanzkonto. Schließen Sie das Eröffnungsbilanzkonto ab.

Eröffnungsbilanz zum 1. Januar …

Aktiva		**Passiva**	
I. Anlagevermögen		I. Eigenkapital	?
1. Gebäude	40.000,00		
2. Maschinen	60.000,00	II. Fremdkapital	
3. Büroausstattung	24.000,00	1. Darlehen	50.000,00
		2. Verbindlichkeiten	25.000,00
II. Umlaufvermögen			
1. Vorräte	15.000,00		
2. Forderungen aus L.u.L.	18.000,00		
3. Kasse	500,00		
4. Bank	2.500,00		
	?		?

4 Schließen Sie die vorgegebenen Sachkonten mittels Schlussbilanzkonto im Grund- und im Hauptbuch ab! Stellen Sie die Schlussbilanz zum 31. Dezember 2020 auf!

Darlehen (Verb. gegenü. KI)

Soll		**Haben**	
1. Postbank	5.000,00	EBK	70.000,00
		2. Bank	10.000,00
		3. Bank	20.000,00

Waren

Soll		**Haben**	
EBK	8.500,00	7. Verb.	4.000,00
4. Verb.	35.000,00	8. Ford.	18.000,00
5. Kasse	3.000,00		
6. Bank	20.000,00		

Bebaute Grundstücke

Soll		**Haben**	
EBK	80.000,00		
9. Bank	40.300,00		

BGA

Soll		**Haben**	
EBK	27.000,00	12. Kasse	12.000,00
10. Verb.	5.500,00		
11. Kasse	3.000,00		

Forderungen aus L.u.L.

Soll		**Haben**	
EBK	20.000,00		
8.Waren	18.000,00		

Bank (Kontokorrent)

Soll		**Haben**	
EBK	25.000,00	9. Beb. Grundst.	40.300,00
2. Darl.	10.000,00	6. Waren	20.000,00
3. Darl.	20.000,00		

Kasse

Soll		**Haben**	
EBK	1.500,00	5. Waren	3.000,00
12. BGA	12.000,00	11. BGA	3.000,00

Postbank

Soll		**Haben**	
EBK	7.000,00	1. Darl.	5.000,00

Verbindlichkeiten aus L.u.L.

Soll		**Haben**	
7. Waren	4.000,00	EBK	15.000,00
		4.War.	35.000,00
		10.BGA	5.500,00

Eigenkapital

Soll		**Haben**	
		EBK	84.000,00

5 Welche Geschäftsvorfälle liegen den Buchungen Nr. 1–12 aus der Aufgabe 4 zugrunde?

6 Erstellen Sie unter Beachtung der Geschäftsvorfälle unter 6.1., 6.2. und 6.3. die jeweilige Schlussbilanz.
Legen Sie die Werte der nachfolgenden Eröffnungsbilanz zum 1. Januar des Jahres … zugrunde.
Nehmen Sie alle notwendigen Buchungen von der Eröffnung bis zum Abschluss der Konten im Grund- und im Hauptbuch vor.

Eröffnungsbilanz zum 1. Januar …

Aktiva		Passiva	
I. Anlagevermögen		I. Eigenkapital	?
1. Grundstücke	75.000,00		
2. Geschäftsbauten	45.000,00	II. Fremdkapital	
3. Maschinen	60.000,00	1. Verbindlichkeiten geg. Kreditinstituten	150.000,00
4. Fuhrpark	80.000,00	2. Verbindlichkeiten a. L. u. L.	15.000,00
5. Büroausstattung	25.000,00		
II. Umlaufvermögen			
1. Waren	30.000,00		
2. Forderungen aus L. u. L.	10.000,00		
3. Kasse	5.000,00		
4. Postbank	3.000,00		
5. Bank	17.000,00		
	?		?

			€
6.1	a) Verkauf von Waren auf Ziel		15.000,00
	b) Kauf eines neuen Lieferwagens auf Ziel		45.000,00
	c) Bankabhebung für Geschäftskasse		2.000,00
	d) Kunde bezahlt eine Rechnung durch Banküberweisung		1.000,00
	e) Tilgung eines Bankdarlehens (Rate)		3.500,00
	f) Kauf von Handelswaren	bar	800,00
		und auf Ziel	3.000,00
	g) Verkauf eines gebrauchten Computers bar		400,00
	h) Verkauf eines Grundstückes auf Ziel		10.000,00
6.2.	a) Überweisung vom Postbankkonto auf unser Bankkonto		2.000,00
	b) Kauf von Waren	auf Ziel	9.000,00
		und gegen Bankscheck	3.000,00
	c) Wir begleichen eine Rechnung durch Banküberweisung		4.900,00
	d) Wir kaufen eine neue Maschine auf Ziel		12.000,00
	e) Wir verkaufen einen gebrauchten PKW		
		auf Ziel	8.000,00
		und bar	2.200,00
	f) Umwandlung eines Darlehens in eine Hypothek		100.000,00
	g) Kauf neuer Büromöbel auf Ziel		18.000,00
	h) Verkauf von Waren bar		500,00
	i) Kunde bezahlt eine Rechnung	bar	1.000,00
		und durch Postbanküberweisung	3.500,00
	j) Kauf eines Grundstückes durch Aufnahme eines Darlehens		?
	davon entfallen	– auf Grund und Boden	40.000,00
		– auf das Gebäude	25.000,00

6.3	a) Kauf von Waren	bar	3.500,00
		und auf Ziel	3.000,00
	b) Kauf eines LKW durch Aufnahme eines Darlehens		15.000,00
	durch Banküberweisung		10.000,00
	durch Postbanküberweisung		3.000,00
	c) Ausgleich einer Liefererrechnung	bar	1.000,00
		durch Banküberweisung	4.500,00
	d) Verkauf von Waren davon		20.000,00
		bar	2.000,00
		durch Postbanküberweisung	3.000,00
		durch Banküberweisung	6.500,00
		Rest auf Ziel	?
	e) Kunde begleicht eine Rechnung		?
		durch Postbanküberweisung	2.500,00
		durch Banküberweisung	5.500,00
		bar	4.000,00
	f) Bareinzahlung auf dem Bankkonto und		2.000,00
		auf dem Postbankkonto	2.000,00
	g) Tilgung eines Kredites über		11.000,00
		davon über Postbank	3.500,00
		Rest durch Banküberweisung	?

3.4.2 Buchen von Geschäftsfällen auf Erfolgskonten

Auf **Erfolgskonten** werden Geschäftsfälle gebucht, die das **Betriebsvermögen** nicht nur umschichten, sondern in seiner **Höhe ändern**.
Diese Geschäftsfälle **mindern oder erhöhen das Eigenkapital**.
Für die Buchungen der Vorgänge werden **Unterkonten des Eigenkapitalkontos** angelegt. Es erfolgt keine direkte Buchung der Geschäftsfälle auf dem Bilanzkonto „Eigenkapital". Dazu dienen die **Erfolgskonten „Aufwendungen"** und **„Erträge"**. Aufwendungen und Erträge dürfen **nicht** miteinander verrechnet werden.

Änderung des Bestandskontos Eigenkapital

Minderung des Eigenkapitals

- Privatentnahme
- Aufwendungen

Erhöhung des Eigenkapitals

- Erträge
- Privateinlagen

Erfolgskonten
Gemeinsames Merkmal: Kein Anfangsbestand

betriebliche Aufwendungen (Kosten)

Beispiele:

- Materialkosten
- Personalkosten
- Abschreibungen
- Raumkosten
  - Mietaufwendungen
  - Heizungskosten
  - Energiekosten
- Werbeaufwendungen
- Aufwendungen für Bürokommunikation
- sonstige betriebliche Kosten
  - Reparaturaufwendungen
  - betriebliche Versicherungsbeträge

sonstige (neutrale) Aufwendungen

Beispiele:

- Zinsaufwendungen
- Grundstücksaufwendungen

betriebliche Erträge (Leistungen)

Beispiele:

- Umsatzerlöse
- Provisionserträge
- Fiktive Lieferungen und Leistungen (z. B. unentgeltliche Wertabgaben)

sonstige (neutrale) Erträge

Beispiele:

- Zinserträge
- Grundstückserträge
- Erträge aus dem Verkauf von Finanzanlagen
- Versicherungsleistungen

Aufwandskonten als Unterkonten des Eigenkapitals

Ertragskonten als Unterkonten des Eigenkapitals

Buchungsvorschrift

Buchung der Zugänge in Aufwandskonten

Soll	Haben
Soll +	

Buchung der Zugänge in Ertragskonten

Soll	Haben
	Haben +

Beispiele

Grundbuchungen

1. Gehaltszahlung durch Banküberweisung 58.000,00 €

Konten	Kontenart	Zugang €	Buchung	Abgang €	Buchung
Lohn- u. Gehalt	Aufwands-konto	58.000,00	Soll		
Bank	aktives Bestands-konto			58.000,00	Haben
BS: Lohn- und Gehalt an Bank			Soll 58.000,00		Haben 58.000,00

2. Wir zahlen die Miete für unsere Geschäftsräume bar 3.000,00 €

Konten	Kontenart	Zugang €	Buchung	Abgang €	Buchung
Mietauf-wendungen	Aufwands-konto	3.000,00	Soll		
Kasse	aktives Bestands-konto			3.000,00	Haben
BS: Mietaufwendungen an Kasse			Soll 3.000,00		Haben 3.000,00

3. Wir erhalten für die Vermittlung eines Auftrages 4.500,00 € Provision auf unserem Geschäftskonto

Konten	Kontenart	Zugang €	Buchung	Abgang €	Buchung
Provisions-erlöse	Ertrags-konto	4.500,00	Haben		
Bank	aktives Bestands-konto	4.500,00	Soll		
BS: Bank an Provisionserlöse			Soll 4.500,00		Haben 4.500,00

4. Verkauf von Waren bar für 15.000,00 €

Konten	Kontenart	Zugang €	Buchung	Abgang €	Buchung
Kasse	aktives Bestands-konto	15.000,00	Soll		
Umsatz-erlöse	Ertrags-konto	15.000,00	Haben		
BS: Kasse an Umsatzerlöse			Soll 15.000,00		Haben 15.000,00

5. Verkauf von Waren auf Ziel für 85.000,00 €

Konten	Kontenart	Zugang €	Buchung	Abgang €	Buchung
Forderungen aus L.u.L.	aktives Bestandskonto	85.000,00	Soll		
Umsatzerlöse	Ertragskonto	85.000,00	Haben		
BS: Forderungen aus L.u.L. an Umsatzerlöse			Soll 85.000,00		Haben 85.000,00

6. Wir zahlen Aufwendungen für Bürokommunikation durch Banküberweisung 3.500,00 €

Konten	Kontenart	Zugang €	Buchung	Abgang €	Buchung
Aufwendungen für Bürokomm.	Aufwandskonto	3.500,00	Soll		
Bank	aktives Bestandskonto			3.500,00	Haben
BS:Haben Aufwendungen für Bürokommunikation an Bank			Soll 3.500,00		Haben 3.500,00

3.4.3 Abschluss von Erfolgskonten

Der Abschluss von Erfolgskonten erfolgt über das Gewinn- und Verlustkonto (**GuV-Konto**). Das GuV-Konto ist ein **Sammelkonto** für die Aufnahme der Salden der einzelnen Aufwands- und Ertragskonten. Das GuV-Konto ist ein **Unterkonto des Eigenkapitals** zur Ermittlung des Unternehmenserfolges.

Gewinn- und Verlustkonto (GuV)

Soll	**Haben**
Salden der Aufwandskonten	Salden der Ertragskonten

Der Saldo des GuV-Kontos (Gewinn oder Verlust) wird über das Eigenkapital-Konto abgeschlossen

Erträge > Aufwendungen → Gewinn → Mehrung des Eigenkapitals

Soll	GuV	Haben
Aufwendungen + Gewinn		**Erträge**
Kontensumme		Kontensumme

Abschlussbuchungen:

- **GuV** **an Aufwandskonten**
- **Ertragskonten** **an GuV**

Umbuchung des Gewinns auf das Bestandskonto Eigenkapital:

- **GuV** **an Eigenkapital › Eigenkapitalmehrung**

Aufwendungen > Erträge → Verlust → Minderung des Eigenkapitals

Soll	GuV	Haben
Aufwendungen		Erträge + Verlust
Kontensumme		Kontensumme

Abschlussbuchungen:

- **GuV** **an Aufwandskonten**
- **Ertragskonten** **an GuV**

Umbuchung des Verlustes auf das Bestandskonto Eigenkapital:

- **Eigenkapital** **an GuV › Eigenkapitalminderung**

Beispiele

Weiterführung: Haupt- und Abschlussbuchungen

Erfolgskonten

Aufwandskonten

Lohn- und Gehalt

Soll		**Haben**	
Bank	58.000,00	GuV	58.000,00
	58.000,00		58.000,00

Mietaufwendungen

Soll		**Haben**	
Kasse	3.000,00	GuV	3.000,00
	3.000,00		3.000,00

Aufwendungen für Bürokommunikation

Soll		**Haben**	
Bank	3.500,00	GuV	3.500,00
	3.500,00		3.500,00

Ertragskonten

Provisionserlöse

Soll		**Haben**	
GuV	4.500,00	Bank	4.500,00
	4.500,00		4.500,00

Umsatzerlöse

Soll		**Haben**	
GuV	100.000,00	Kasse	15.000,00
		Ford.	85.000,00
	100.000,00		100.000,00

GuV

Soll		**Haben**	
Lohn- und Gehalt	58.000,00	Provisionserlöse	4.500,00
Mietaufwendungen	3.000,00	Umsatzerlöse	100.000,00
Aufwendungen für Bürokommunikation	3.500,00		
EK › Gewinn	40.000,00		
	104.500,00		104.500,00

Kontenübersicht in der doppelten Buchführung

	Bestandskonten		Erfolgskonten	
	Aktive Bestandskonten	Passive Bestandskonten	Aufwandskonten	Ertragskonten
Buchungsgrundsatz	**Zugänge** im **Soll** **Abgänge** im **Haben**	**Zugänge** im **Haben** **Abgänge** im **Soll**	**Zugänge** im **Soll** **Abgänge** im **Haben**	**Zugänge** im **Haben** **Abgänge** im **Soll**
Merkmale	AB-Werte über EBK	AB-Werte über EBK	Keine AB-Werte Beginn des Gj: Wert 0	Keine AB-Werte Beginn des Gj: Wert 0
Abschluss der Konten	Abschluss über SBK	Abschluss über SBK	Abschluss über GuV	Abschluss über GuV

Eigenkapital → **SBK**

Schlussbilanz

zu 3.4.2–3.4.3

Übungen

1 Bilden Sie zu folgenden Geschäftsvorfällen die Buchungssätze:

		€
1.1	Begleichung einer Kopiererreparatur bar	350,00
1.2	Kauf von Büromaterial durch Bankscheck	420,00
1.3	Ein Mieter zahlt die Büromiete durch Banküberweisung	300,00
1.4	Die Energieversorgung bucht den Quartalsabschlag für den betrieblichen Strom ab	500,00
1.5	Wir verkaufen Waren auf Ziel	3.500,00
1.6	Wir zahlen Rechnungen durch Banküberweisung	12.200,00
1.7	Wir zahlen Geld aus der Geschäftskasse auf unser betriebliches Bankkonto ein	2.500,00
1.8	Wir kaufen Waren auf Ziel	4.400,00
1.9	Wir kaufen einen neuen LKW gegen Banküberweisung und den Rest auf Darlehen	6.000,00 54.000,00
1.10	Ein Kunde zahlt über Postbank	1.500,00

1.11	Wir zahlen für die Vermittlung eines Geschäftes Provision bar	500,00
1.12	Die Bank berechnet uns Gebühren	45,00
1.13	Ein Kunde zahlt Verzugszinsen durch Banküberweisung	200,00
1.14	Barzahlung von Postgebühren	12,00
1.15	Zinsgutschrift der Bank	65,00

2 Welche Geschäftsvorfälle liegen den folgenden Buchungssätzen zu Grunde?

Nr.	Buchungssatz	Soll €	Haben €
2.1	Bank	300,00	
	an Kasse		300,00
2.2	PKW	45.000,00	
	an Verbindlichkeiten aus L. u. L.		35.000,00
	an Kasse		5.000,00
	an Bank		5.000,00
2.3	Verbindlichkeiten aus L. u. L.	1.200,00	
	an Bank		1.200,00
2.4	Miete	300,00	
	an Kasse		300,00
2.5	Bank	45,00	
	an Zinsen		45,00
2.6	Forderungen a. L. u. L.	10.000,00	
	Kasse	600,00	
	Postbank	2.000,00	
	an Umsatzerlöse		12.600,00
2.7	Bank	500,00	
	an Miete		500,00
2.8	Bank	200,00	
	an BGA		200,00
2.9	Verbindlichkeiten a. L. u. L.	10.000,00	
	an Darlehen		10.000,00
2.10	Eigenkapital	5.000,00	
	an GuV		5.000,00
2.11	Kasse	1.000,00	
	an Postbank		1.000,00
2.12	Darlehen	1.500,00	
	Zinsen	50,00	
	an Bank		1.550,00
2.13	Provisionen	800,00	
	an Verbindlichkeiten a. L. u. L.		800,00

3 Buchen Sie im Grund- und im Hauptbuch von der Eröffnungsbilanz bis zur Schlussbilanz. Stellen Sie die Eröffnungs- und die Schlussbilanz auf.

Anfangsbestände	3.1 €	3.2 €
Bebaute Grundstücke	75.000,00	153.000,00
Maschinen	17.000,00	57.000,00
Fuhrpark	12.000,00	63.000,00
Büro- und Geschäftsausstattung	8.000,00	18.400,00
Waren	22.530,00	37.805,00
Forderungen aus L. u. L.	28.990,00	44.820,00
Kasse	3.100,00	2.900,00
Postbank	12.000,00	10.050,00
Bank	9.080,00	13.025,00
Verbindlichkeiten gegenüber KI	68.000,00	72.600,00
Verbindlichkeiten aus L. u. L.	33.850,00	46.100,00
Sonstige Verbindlichkeiten	850,00	1.300,00
Eigenkapital	?	?

Geschäftsfälle:

1. Kauf eines neuen Transporters gegen		
Banküberweisung	5.000,00	8.500,00
und auf Ziel	20.000,00	16.500,00
2. Verkauf eines Bürocomputers		
gegen Barzahlung	500,00	700,00
3. Banküberweisung der Diesel- und		
Benzinrechnung	450,00	680,00
4. Banküberweisung der Löhne und		
Gehälter	15.000,00	36.900,00
5. Die Bank schreibt uns Zinsen gut	800,00	2.200,00
6. Wir verkaufen Waren bar	2.200,00	3.000,00
gegen Bankscheck	8.400,00	16.500,00
auf Ziel	24.600,00	38.990,00
7. Kunden bezahlen Rechnungen		
durch Banküberweisung	12.500,00	28.200,00
durch Postbanküberweisung	7.000,00	6.000,00
8. Wir tilgen ein Darlehen und	3.000,00	4.000,00
zahlen Zinsen durch Banküberweisung	450,00	650,00
9. Wir kaufen Handelsware		
auf Ziel und	10.000,00	25.000,00
gegen Bankscheck	5.000,00	3.000,00
10. Wir kaufen ein unbebautes Grundstück und nehmen dazu		
ein Bankdarlehen auf	80.000,00	100.000,00
11. Die Energieversorgung bucht		
von unserem Geschäftskonto ab	1.500,00	2.300,00
12. Barzahlung von Postgebühren	43,00	80,00
13. Eingangsrechnung über Büromaterial	180,00	190,00

14. Wir bezahlen Verzugszinsen durch Postbanküberweisung	150,00	320,00
15. Unser Mieter zahlt die Miete für Geschäftsräume durch Banküberweisung	1.500,00	2.500,00

4 Buchen Sie im Grund- und im Hauptbuch von der Eröffnungsbilanz bis zur Schlussbilanz. Stellen sie die Eröffnungs- und die Schlussbilanz auf.
Verwenden Sie dazu den Kontenrahmen SKR 04 (SKR 03)!

Anfangsbestände			€
0215	(0065)	Unbebaute Grundstücke	80.000,00
0240	(0090)	Geschäftsbauten	102.000,00
0520	(0320)	PKW	45.000,00
0650	(0420)	Büro- und Geschäftsausstattung	31.000,00
1140	(3980)	Waren	35.000,00
1200	(1400)	Forderungen aus L. u. L.	75.000,00
1301	(1509)	Sonstige Forderungen	2.000,00
1600	(1000)	Kasse	1.500,00
1700	(1100)	Postbank	6.500,00
1800	(1200)	Bank	12.000,00
3170	(0690)	Hypothek	100.000,00
3150	(0640)	Verbindlichkeiten gegenüber KI	120.000,00
3300	(1600)	Verbindlichkeiten aus L. u. L.	40.000,00
2000	(0800)	Eigenkapital	?

Geschäftsfälle:		€
1.	Ein Kunde sendet Waren zurück	2.000,00
2.	Wir überweisen per Bank für die Vermittlung eines Auftrages eine Provision	3.500,00
3.	Die Bank belastet uns mit Zinsen	900,00
4.	Wir bezahlen eine Lieferantenrechnung durch Banküberweisung	11.000,00
5.	Wir zahlen eine Werbeanzeige bar	110,00
6.	Eingangsrechnung für Telefon- und Faxnutzung	350,00
7.	Wir begleichen eine Reparaturrechnung für den Kopierer per Postbank	400,00
8.	Kfz-Steuer wird per Banküberweisung beglichen	1.500,00
9.	Ein Kunde zahlt per Banküberweisung	8.000,00
10.	Wir verkaufen Waren bar und auf Ziel	500,00 15.000,00
11.	Eingangsrechnung der Reinigungsfirma	850,00
12.	Wir heben vom Bankkonto ab und legen das Geld in die Geschäftskasse	2.000,00
13.	Ein Kunde zahlt eine Ausgangsrechnung bar	3.500,00
14.	Wir tilgen eine Darlehensschuld bar	4.000,00
15.	Wir verkaufen ein unbebautes Grundstück gegen Bankscheck	20.000,00
16.	Wir erhalten Verzugszinsen per Postbank überwiesen	300,00

5 Buchen Sie im Grund- und im Hauptbuch von der Eröffnungsbilanz bis zur Schlussbilanz.
Stellen sie die Eröffnungs- und die Schlussbilanz auf.
Verwenden Sie dazu den Kontenrahmen SKR 04 (SKR 03)!

Anfangsbestände::			€
0235	(0085)	Bebaute Grundstücke	100.000,00
0250	(0100)	Fabrikbauten	80.000,00
0440	(0210)	Maschinen	60.000,00
0540	(0350)	LKW	120.000,00
0520	(0320)	PKW	75.000,00
0640	(0430)	Geschäftsausstattung	45.000,00
0650	(0420)	Büroausstattung	45.000,00
1140	(3980)	Waren	133.200,00
1200	(1400)	Forderungen aus L. u. L.	49.000,00
1600	(1000)	Kasse	3.100,00
1800	(1200)	Bank	12.700,00
3150	(0640)	Verbindlichkeiten gegenüber KI	185.000,00
3300	(1600)	Verbindlichkeien aus L. u. L.	87.000,00
2000	(0800)	Eigenkapital	?

Geschäftsfälle:			€
1.	Verkauf von Waren auf Ziel		14.000,00
		gegen Bankscheck	3.000,00
		bar	500,00
2.	Begleichung einer Eingangsrechnung über Bank		8.500,00
3.	Zahlung von Löhnen und Gehältern per Banküberweisung		28.000,00
4.	Darlehenstilgung		3.500,00
	und Zinsbelastung durch die Bank		450,00
5.	Einkauf von Waren	per Bankscheck	8.000,00
		und auf Ziel	16.000,00
6.	Kauf eines neuen LKW		85.000,00
	gegen Inzahlunggabe eines gebrauchten PKW		21.000,00
	und den Rest auf Ziel		?
7.	Ausgleich von Liefererrechnungen per Bank		24.000,00
8.	Eine Kunde begleicht eine Rechnung durch Banküberweisung		12.300,00
9.	Einkauf von Büromaterial bar		750,00
10.	Kauf einer neuen Maschine auf Kredit		42.000,00
11.	Verkauf eines gebrauchten Kopiergerätes bar		3.000,00
12.	Begleichung einer Instandhaltungsrechnung per Banküberweisung		7.000,00
13.	Verkauf von gebrauchten Büroschreibtischen auf Ziel		1.200,00
14.	Eingangsrechnung über einen Werbeauftrag		900,00
15.	Ausgleich der Tankrechnungen per Banküberweisung		1.700,00
16.	Ein Kunde kauft Waren bar		2.000,00
		und per Bankscheck	10.000,00

3.5 Buchen auf Privatkonten

Das **Eigenkapital** stellt rechnerisch in der Bilanz den Unterschiedsbetrag zwischen Vermögen und Schulden dar. Es ist die Summe der Vermögenswerte und finanziellen Mittel, die der oder die Eigentümer dem Unternehmen zum Wirtschaften zugeführt hat/haben.
Das Eigenkapital wird im Laufe des Geschäftsjahres durch erfolgswirksame Geschäftsvorfälle in seiner Höhe geändert. In Einzelunternehmen und Personengesellschaften tätigen die Unternehmer bzw. Gesellschafter für private Zwecke **Privatentnahmen** oder führen Privatvermögen dem Unternehmen zu; sogenannte **Privateinlagen**.
Privatentnahmen und Privateinlagen wirken sich nicht auf den Erfolg des Unternehmens aus, sondern beeinflussen nur die Höhe des Eigenkapitals.

> **Privatentnahmen:**
>
> „Entnahmen sind alle Wirtschaftsgüter (Barentnahmen, Waren, Erzeugnisse, Nutzungen und Leistungen), die der Steuerpflichtige dem Betrieb für sich, für seinen Haushalt oder für andere betriebsfremde Zwecke im Laufe des Wirtschaftsjahres entnommen hat."

§ 4(1) Satz 2 EStG

Privatentnahmen sind

- Geldentnahmen
- Sachentnahmen (s. Kap. 9.9.1.2)
- Nutzungsentnahmen (s. Kap. 9.9.1.4)
- nicht abzugsfähige Betriebsausgaben (s. Kap. 8.5 ff.)

> **Privateinlagen:**
>
> „Einlagen sind alle Wirtschaftsgüter (Bareinzahlungen und sonstige Wirtschaftsgüter), die der Steuerpflichtige dem Betrieb im Laufe des Wirtschaftsjahres zugeführt hat."

§ 4(1) Satz 8 EStG

Privateinlagen werden in Form von

- Geldeinlagen

und

- Sacheinlagen (s. Kap. 9.9.2)
  z. B. Grundstücke, PKW, Maschinen, Werkzeuge etc.

vorgenommen.

Zunächst sollen nur die reinen **Geldentnahmen und -einlagen** betrachtet werden.

Um die Übersichtlichkeit auf dem Eigenkapitalkonto zu wahren, werden für die Buchung von Privateinlagen und -entnahmen gesonderte **Privatkonten** als **Unterkonten des Eigenkapitals** angelegt.

Mögliche Unterkonten des Privatkontos

2100 (1800)	Privatentnahmen allgemein
2130 (1880)	Unentgeltliche Wertabgaben
2150 (1810)	Privatsteuern
2180 (1890)	Privateinlagen
2200 (1820)	Sonderausgaben beschränkt abzugsfähig
2230 (1830)	Sonderausgaben unbeschränkt abzugsfähig
2250 (1840)	Privatspenden
2280 (1850)	Außergewöhnliche Belastungen
2300 (1860)	Grundstücksaufwand
2350 (1870)	Grundstücksertrag

Bei Personengesellschaften können auf den Konten 2500–2750 (1900–1990) die Privatentnahmen und -einlagen weiterer Gesellschafter gebucht werden.

Detailliert gegliederte Privatkonten liefern für die Einkommenssteuererklärung des Einzelunternehmers oder der Gesellschafter der Personengesellschaft bereits aufbereitete Daten und Angaben, die ohne großen Aufwand übernommen werden können.

Der Abschluss der Privatkonten erfolgt direkt über das Konto Eigenkapital.
Da Privateinlagen und Privatentnahmen erfolgsneutral sind, werden sie nicht über das Gewinn- und Verlustkonto abgeschlossen.

Abschlussbuchungssätze allgemein:

- 2030 (0880) Eigenkapital
  an 2100 (1800) Privatentnahmen
- 2180 (1890) Privateinlagen
  an 2030 (0880) Eigenkapital

Aus Vereinfachungsgründen werden alle Privatvorgänge im nachfolgenden Beispiel auf den Unterkonten „Privatentnahme“ und „Privateinlage“ erfasst.

Beispiel

Einzelunternehmen Werner Guthmann e.Kfm., Kaiserslautern, Handel mit Antiquitäten

Eröffnungsbilanz zum 1. Januar 2020

Aktiva			**Passiva**		
0235 (0085)	Bebaute Grundstücke	80.000,00	2030 (0885)	Eigenkapital	250.000,00
0520 (0320)	Fuhrpark	40.000,00	3300 (1600)	Verbindlichk.	100.000,00
0690 (0490)	BGA	30.000,00			
1140 (3980)	Waren	145.000,00			
1200 (1400)	Forderungen	30.000,00			
1800 (1200)	Bank	20.000,00			
1600 (1000)	Kasse	5.000,00			
		350.000,00			350.000,00

Geschäftsvorfälle:

1. Entnahme von 3.000,00 € aus der Unternehmenskasse für eine Urlaubsreise.
2. Das Finanzamt überweist 1.500,00 € Einkommenssteuer auf das Geschäftskonto.
3. Der Unternehmer überführt seinen Privat-PKW im Wert von 30.000,00 € in das Betriebsvermögen.
4. Eine Privatspende in Höhe von 1.000,00 € wird vom Geschäftskonto überwiesen.
5. Der Unternehmer legt nach der Urlaubsreise 500,00 € wieder in die Geschäftskasse.

Buchungssätze (Grundbuchungen):

		Soll	Haben
1. 2100 (1800)	Privatentnahme	3.000,00	
	an 1600 (1000) Kasse		3.000,00
2. 1800 (1200)	Bank	1.500,00	
	an 2180 (1890) Privateinlage		1.500,00
3. 0520 (0320)	Fuhrpark	30.000,00	
	an 2180 (1890) Privateinlage		30.000,00
4. 2100 (1800)	Privatentnahme	1.000,00	
	an 1800 (1200) Bank		1.000,00
5. 1600 (1000)	Kasse	500,00	
	an 2180 (1890) Privateinlage		500,00

Sachkonten (Hauptbuchungen):

0235 (0085)
Bebaute Grundstücke

Soll		Haben	
EBK	80.000,00	SBK	80.000,00
	80.000,00		80.000,00

0520 (0320)
Fuhrpark

Soll		Haben	
EBK	40.000,00	SBK	70.000,00
(3)	30.000,00		
	70.000,00		70.000,00

0690 (0490)
BGA

Soll		Haben	
EBK	30.000,00	SBK	30.000,00
	30.000,00		30.000,00

1140 (3980)
Waren

Soll		Haben	
EBK	145.000,00	SBK	145.000,00
	145.000,00		145.000,00

1200 (1400) Forderungen

Soll		Haben	
EBK	30.000,00	SBK	30.000,00

1800 (1200) Bank

Soll		Haben	
EBK	20.000,00	(4)	1.000,00
(2)	1.500,00	SBK	20.500,00
	21.500,00		21.500,00

1600 (1000) Kasse

Soll		Haben	
EBK	5.000,00	(1)	3.000,00
(5)	500,00	SBK	2.500,00
	5.500,00		5.500,00

3300 (1600) Verbindlichkeiten

Soll		Haben	
SBK	100.000,00	EBK	100.000,00

2100 (1800) Privatentnahme

Soll		Haben	
(1)	3.000,00	EK	4.000,00
(4)	1.000,00		
	4.000,00		4.000,00

2180 (1890) Privateinlage

Soll		Haben	
EK	32.000,00	(2)	1.500,00
		(3)	30.000,00
		(5)	500,00
	32.000,00		32.000,00

Abschlussbuchungen:

		Soll	Haben
6. 2030 (0880)	Eigenkapital	4.000,00	
	an 2100 (1800) Privatentnahmen		4.000,00
7. 2180 (1890)	Privateinlagen	32.000,00	
	an 2030 (0880) Eigenkapital		32.000,00

2030 (0880) Eigenkapital

Soll		Haben	
Privatentnahme	4.000,00	EBK	250.000,00
SBK	278.000,00	Privateinlage	32.000,00
	282.000,00		282.000,00

Abschlussbuchung:

		Soll	Haben
8. 2030 (0880)	Eigenkapital	278.000,00	
	an 9998 (9998) SBK		278.000,00

Schlussbilanz zum 31. Dezember 2020

Aktiva			Passiva		
0235 (0085)	Bebaute Grundstücke	80.000,00	2030 (0885)	Eigenkapital	278.000,00
0520 (0320)	Fuhrpark	70.000,00	3300 (1600)	Verbindlichk.	100.000,00
0690 (0490)	BGA	30.000,00			
1140 (3980)	Waren	145.000,00			
1200 (1400)	Forderungen	30.000,00			
1800 (1200)	Bank	20.500,00			
1600 (1000)	Kasse	2.500,00			
		378.000,00			378.000,00

Privateinlagen führen zu einer Stärkung der Eigenmittel des Unternehmens.
Privatentnahmen entziehen dem Betrieb Kapital.
Übersteigen die getätigten Privatentnahmen, saldiert mit den Privateinlagen, den Jahresüberschuss eines Unternehmens, verringert sich das Eigenkapital. Dieses Verhalten sollte stets ein Kritikpunkt in der Wirtschaftsauswertung und der Betriebsanalyse sein.

Privatentnahmen und -einlagen dürfen den Betriebserfolg des Unternehmens nicht beeinflussen.
Aus diesem Grund müssen die privaten Vorgänge bei der Ermittlung des Unternehmenserfolges am Ende des Geschäftsjahres neutralisiert werden.

Ermittlung des Gewinns durch Betriebsvermögensvergleich unter Berücksichtigung von Privatentnahmen und Privateinlagen:

Betriebsvermögensvergleich

	Eigenkapital am Ende des Geschäftsjahres
–	Eigenkapital am Anfang des Geschäftsjahres bzw. am Ende des vorangegangenen Geschäftsjahres
=	Änderung des Eigenkapitals
+	Privatentnahmen
–	Privateinlagen
=	Gewinn/Verlust gemäß § 4 Abs. 1 EStG

Eigenkapitalentwicklung

	Eigenkapital am Anfang des Geschäftsjahres bzw. am Ende des vorangegangenen Geschäftsjahres
+/–	Reingewinn/Verlust lt. GuV
–	Privatentnahmen
+	Privateinlagen
=	Eigenkapital am Ende des Geschäftsjahres

zu 3.5 **Übungen**

1 Aus der Buchhaltung Ihres Mandanten Peter Paulus entnehmen Sie folgende Werte:

			€
Eigenkapital am	01. Januar	2020	185.185,00
Eigenkapital am	31. Dezember	2020	234.800,00
Privateinlagen			24.950,00
Privatentnahmen			41.335,00

Ermitteln Sie den Gewinn/Verlust des Unternehmens mittels Betriebsvermögensvergleich!

2 Für Ihre Mandantin Annemarie Müller, Einzelunternehmerin ergeben sich folgende Abschlusswerte:

			€
Eigenkapital am	31. Dezember	2019	165.300,00
Privatsteuern	insgesamt	2020	6.690,00
Sonstige Privatentnahmen		2020	42.700,00
Privateinlagen		2020	5.240,00
Aufwendungen		2020	317.020,00
Erträge		2020	346.870,00

2.1 Stellen Sie die gebuchten Werte auf T-Konten dar.

2.2 Schließen Sie die Konten im Grund- und im Hauptbuch ab.

2.3 Stellen Sie die Entwicklung des Eigenkapitals dar.

3 Ihr Mandant Sascha Lehner weist folgende Zahlen in der Buchführung nach:

			€
Eigenkapital am	31. Dezember	2019	410.400,00
Privateinlagen	insgesamt	2020	34.600,00
Privatentnahmen	insgesamt	2020	42.100,00
Anlagevermögen	31. Dezember	2020	422.300,00
Umlaufvermögen	31. Dezember	2020	410.900,00
Fremdkapital	31. Dezember	2020	385.100,00

Ermitteln Sie für das Jahr 2020 den Gewinn/Verlust für Ihren Mandanten nach Betriebsvermögensvergleich.

4 Für Ihren Mandanten Olaf Ringmann ergeben sich folgende Werte

Eröffnungsbilanz 1. Januar 2020

Aktiva		Passiva	
Büro- und Geschäftsausstattung	120.000,00	Eigenkapital	?
Warenbestand	64.000,00	Verbindlichkeiten	165.700,00
Forderungen	31.000,00		
Bank	10.400,00		
Kasse	4.600,00		
	?		?

Private Vorgänge:

	€
– Zahlung der Privatmiete für ein Wohnhaus über das betriebliche Bankkonto	12.500,00
– Überweisung eines Lottogewinns auf das betriebliche Bankkonto	10.000,00
– Begleichung von Privatrechnungen über das betriebliche Bankkonto	
• Strom, Gas, Wasser	850,00
• Heizung	2.440,00
• private Telefongebühren für Festnetz und Handy	1.330,00
– Zahlung einer Spende an das Rote Kreuz aus der Geschäftskasse	600,00
– Zahlung der Einkommenssteuer über das Geschäftskonto	3.500,00
– Abbuchung der Kfz-Steuer	230,00
und der Kfz-Versicherung für den privaten PKW vom Geschäftskonto	600,00
– Entnahme von Geldmitteln für die private Lebensführung	22.800,00
– Versicherungsentschädigung für den Privat-PKW aufgrund eines nicht verschuldeten Unfalls auf das betriebliche Bankkonto	4.500,00

4.1 Ermitteln Sie die Höhe des Eigenkapitals zum 1. Januar 2020 und die Bilanzsumme.

4.2 Stellen Sie die Konten Privatentnahme, Privateinlage, Eigenkapital und GuV dar.

4.3 Buchen Sie die privaten Vorgänge im Grund- und im Hauptbuch.

4.4 Schließen Sie die Konten ab. Die Aufwendungen im Jahr 2020 betragen 316.380,00 € und die Erträge 368.430,00 €.

4.5 Ermitteln Sie die Höhe des Eigenkapitals zum 31. Dezember 2020 und stellen Sie die Entwicklung des Eigenkapitals dar.

5 Die Buchhaltung Ihres Mandanten Gottfried Keller weist am 1. März des Jahres 2020 folgende Werte auf:

		€
3300 (1600)	Verbindlichkeiten aus L.u.L.	74.500,00
0235 (0085)	Bebaute Grundstücke	112.000,00
1600 (1000)	Kasse	2.000,00
1800 (1200)	Bankguthaben	27.000,00
3150 (0640)	Verbindlichkeiten gegenüber KI	90.500,00
0650 (0420)	BGA	31.000,00
0520 (0320)	Fuhrpark	37.000,00
1200 (1400)	Forderungen aus L.u.L.	54.000,00
1140 (3980)	Warenbestand	27.000,00
2000 (0800)	Eigenkapital	?

Für Monat März des Jahres 2020 sind folgende Geschäftsfälle zu berücksichtigen:

		€
1. Verkauf von Waren auf Ziel		15.500,00
2. Unser Mieter überweist die Miete für die Einliegerwohnung in unserem Wohnhaus auf unser Geschäftskonto		800,00
3. Wir begleichen die Rechnung der Telekom für das private Telefon über die Geschäftsbank		420,00
4. Abschreibungen auf	BGA	2.000,00
	Fuhrpark	2.500,00
5. Einkauf von Waren	auf Ziel	8.000,00
	und bar	2.000,00

6.	Erstattung der Einkommenssteuer auf unser Geschäftskonto	2.800,00
7.	Barverkauf eines gebrauchten Fahrzeuges, das nur betrieblich genutzt wurde	6.000,00
8.	Wir entnehmen der Geschäftskasse Geld für eine Urlaubsfahrt	4.500,00
9.	Ein Kunde überweist auf unser betriebliches Bankkonto	17.900,00
10.	Wir tilgen ein Bankdarlehen	2.500,00
	und zahlen Zinsen über unser Bankkonto	350,00
11.	Wir überweisen die Gewerbesteuer an die Stadtkasse	1.300,00
12.	Wir begleichen die Heizkosten per Banküberweisung von unserem betrieblichen Bankkonto (Anteil Wohnhaus 40 %)	3.200,00
13.	Wir erhalten eine Provision für die Vermittlung eines Auftrages bar	3.500,00
14.	Barverkauf von Waren	1.500,00
15.	Wir überweisen die Kfz-Versicherung über unser Geschäftskonto für unseren Privat-PKW	250,00
	und für das betriebliche Kfz	370,00

5.1 Stellen Sie die Eröffnungsbilanz auf.

5.2 Eröffnen Sie die Bestandskonten.

5.3 Buchen Sie die Geschäftsfälle im Grund- und im Hauptbuch.

5.4 Schließen Sie die Privatkonten ab.

5.5 Schließen Sie die Erfolgskonten und Bestandskonten ab.

5.6 Erstellen Sie die Schlussbilanz (Monatsbilanz).

3.6 Warenkonten

Groß- und Einzelhandelsbetriebe benötigen für die Abwicklung des Warenverkehrs in der Regel mindestens drei Warenkonten.

Konto 5200 (3200) Wareneingang **= Aufwandskonto**	Konto 4000 (8000) Umsatzerlöse **= Ertragskonto**	Konto 1140 (3980) Warenbestand **= Bestandskonto**

3.6.1 Buchungen auf den Warenkonten

Wareneinkäufe werden zu Einkaufspreisen auf dem Konto Wareneingang im Soll gebucht. Warenverkäufe werden zu Verkaufspreisen auf dem Konto Umsatzerlöse im Haben gebucht. Das Konto Warenbestand weist den Anfangs- und den Schlussbestand der Waren aus.

Beispiel

Ein Großhändler hat im Laufe des Geschäftsjahrs folgende Warenein- und -verkäufe getätigt:

Wareneinkäufe gegen Banküberweisung	260.000,00 €
Wareneinkäufe auf Ziel	420.000,00 €
Wareneinkäufe gegen Barzahlung	40.000,00 €
Warenverkäufe auf Ziel	610.000,00 €
Warenverkäufe gegen Banküberweisung	480.000,00 €
Warenverkäufe gegen Barzahlung	58.000,00 €

Buchungssätze		Soll	Haben
5200 (3200)	Wareneingang	260.000,00	
	an 1800 (1200) Bank		260.000,00
5200 (3200)	Wareneingang	420.000,00	
	an 3300 (1600) Verbindlichkeiten		420.000,00
5200 (3200)	Wareneingang	40.000,00	
	an 1600 (1000) Kasse		40.000,00
1200 (1400)	Forderungen	610.000,00	
	an 4000 (8000) Umsatzerlöse		610.000,00
1800 (1600)	Bank	480.000,00	
	an 4000 (8000) Umsatzerlöse		480.000,00
1600 (1000)	Kasse	58.000,00	
	an 4000 (8000) Umsatzerlöse		58.000,00

Darstellung auf den Warenkonten:

5200 (3200) Wareneingang

Soll		Haben	
Bank	260.000,00		
Verb.	420.000,00		
Kasse	40.000,00		

4000 (8000) Umsatzerlöse

Soll		Haben	
		Ford.	610.000,00
		Bank	480.000,00
		Kasse	58.000,00

Übung

Erstellen Sie die Buchungssätze für folgende Warenein- und -verkäufe und erfassen Sie die Geschäftsfälle auf den Konten Wareneingang und Umsatzerlöse.

a) Warenverkauf auf Ziel	18.000,00 €
b) Warenverkauf gegen Banküberweisung	12.000,00 €
c) Wareneinkauf gegen Banküberweisung	15.000,00 €
d) Warenverkauf auf Ziel	14.000,00 €
e) Warenverkauf gegen Barzahlung	1.000,00 €
f) Wareneinkauf gegen Barzahlung	1.500,00 €
g) Wareneinkauf auf Ziel	20.000,00 €

3.6.2 Abschluss der Warenkonten bei unverändertem Warenbestand

Nach § 246(2) HGB dürfen Aufwendungen nicht mit Erträgen verrechnet werden. In der GuV-Rechnung sind daher die Konten **Wareneingang (= Aufwendungen für Waren)** und **Umsatzerlöse (= Erträge aus dem Warenverkauf)** unsaldiert aufzuführen. Dieses Verfahren wird als Bruttoverfahren oder **Bruttoabschluss** bezeichnet.

Beispiel

Ein Computer-Fachgeschäft hat zu Beginn des Geschäftsjahrs 5 Laptops zu je 1000,00 € auf Lager. Im Laufe des Jahres werden wegen starker Nachfrage weitere 60 Laptops für insgesamt 60.000,00 € gegen Banküberweisung erworben. Die Kunden kauften im Geschäftsjahr 60 Laptops für insgesamt 90.000,00 € gegen Barzahlung. Laut Inventur sind am Bilanzstichtag noch 5 Laptops im Wert von je 1000,00 € auf Lager.

Buchung der Ein- und Verkäufe auf Konten:

Wareneingang

Soll		Haben	
Bank	60.000,00		

Umsatzerlöse

Soll		Haben	
		Kasse	90.000,00

Abschluss der Konten:

Wareneingang

Soll		Haben	
Bank	60.000,00	GuV	60.000,00

Umsatzerlöse

Soll		Haben	
GuV	90.000,00	Kasse	90.000,00

Warenbestand

Soll		Haben	
AB	5.000,00	SB	5.000,00

GuV-Konto

Soll		Haben	
Wareneingang **= Wareneinsatz**	60.000,00	Umsatzerlöse **= Warenumsatz**	90.000,00

Schlussbilanzkonto

Soll		Haben	
Warenbestand	5.000,00		

Der laut Inventur ermittelte Warenschlussbestand von 5.000,00 € wird über das Schlussbilanzkonto gebucht.

Buchungssätze für den Abschluss der Warenkonten		**Soll**	**Haben**
9999 (9999)	GuV-Konto an 5200 (3200) Wareneingang	60.000,00	60.000,00
4000 (8000)	Umsatzerlöse an 9999 (9999) GuV-Konto	90.000,00	90.000,00
9998 (9998)	Schlussbilanzkonto an 1140 (3980) Warenbestand	5.000,00	5.000,00

Der Saldo zwischen Warenumsatz und Wareneinsatz wird bezeichnet als

Rohgewinn = Warenumsatz = Wareneinsatz

Rohverlust = Warenumsatz = Wareneinsatz

	Warenverkäufe	60 Laptops zu je 1.500,00 €	= 90.000,00 €
–	Wareneinkäufe	60 Laptops zu je 1.000,00 €	= 60.000,00 €
=	**Rohgewinn**		**30.000,00 €**

3.6.3 Abschluss der Warenkonten bei vermindertem Warenbestand

Sind innerhalb eines Geschäftsjahres mehr Waren verkauft als eingekauft worden, vermindert sich der Warenschlussbestand gegenüber dem Anfangsbestand. In diesem Fall ist der auf dem Konto Wareneingang erfasste Aufwand und damit der Wareneinsatz zu niedrig. Um den periodengerechten Aufwand zu ermitteln muss der **Aufwand auf dem Konto Wareneingang um den Wert der Bestandsminderung erhöht werden.** Auf diese Weise stimmt die Menge der verkauften Waren wieder mit der Menge der eingesetzten Waren überein.

Beispiel

Im Geschäftsjahr betragen:
Wareneingang 60.000,00 €, Umsatzerlöse 93.000,00 €, Warenanfangsbestand 5.000.00 € (5 Laptops), Warenschlussbestand 3.000,00 € (3 Laptops)

Buchungssätze für den Abschluss der Warenkonten		Soll	Haben
9999 (9999)	GuV-Konto	60.000,00	
	an 5200 (3200) Wareneingang		60.000,00
4000 (8000)	Umsatzerlöse	93.000,00	
	an 9999 (9999) GuV-Konto		93.000,00
9998 (9998)	Schlussbilanzkonto	3.000,00	
	an 1140 (3980) Warenbestand		3.000,00
5200 (3200)	**Wareneingang**	**2.000,00**	
	an 1140 (3980) Warenbestand		**2.000,00**

Darstellung des Abschlusses in Konten

Wareneingang

Soll		Haben	
Bank	60.000,00	GuV	62.000,00
WB	**2.000,00**		

Umsatzerlöse

Soll		Haben	
GuV	93.000,00	Kasse	93.000,00

Warenbestand

Soll		Haben	
AB	5.000,00	**WE**	**2.000.00**
		SB	3.000,00

GuV-Konto

Soll		Haben	
Waren-eingang	62.000,00	Umsatz-erlöse	93.000,00
= Wareneinsatz		**= Warenumsatz**	

Schlussbilanzkonto

Soll		Haben	
Waren-bestand	3.000,00		

Ermittlung des Rohgewinns

	Wareneinkäufe	60 Laptops zu je 1.000,00 €	= 60.000,00 €
+	Bestandsminderung	2 Laptops zu je 1.000,00 €	= 2.000,00 €
=	Wareneinsatz		62.000,00 €
	Warenverkäufe	62 Laptops zu je 1.500,00 €	= 93.000,00 €
–	Wareneinsatz	62 Laptops zu je 1.000,00 €	= 62.000,00 €
=	**Rohgewinn**		**31.000,00 €**

3.6.4 Abschluss der Warenkonten bei erhöhtem Warenbestand

Wurden innerhalb eines Geschäftsjahres weniger Waren verkauft als eingekauft, erhöht sich der Warenschlussbestand gegenüber dem Anfangsbestand. In diesem Fall muss der **Wareneingang um den Wert der Bestanderhöhung vermindert werden**, da sonst der auf dem Konto Wareneingang gebuchte Aufwand zu hoch wäre.

Beispiel

Im Geschäftsjahr betragen:
Wareneingang 60.000,00 €, Umsatzerlöse 87.000,00 €,
Warenanfangsbestand 5.000,00 € (5 Laptops), Warenschlussbestand 7.000,00 € (7 Laptops)

Buchungssätze für den Abschluss der Warenkonten		Soll	Haben
9999 (9999)	GuV-Konto	58.000,00	
	an 5200 (3200) Wareneingang		58.000,00
4000 (8000)	Umsatzerlöse	87.000,00	
	an 9999 (9999) GuV-Konto		87.000,00
9998 (9998)	Schlussbilanzkonto	7.000,00	
	an 1140 (3980) Warenbestand		7.000,00
1140 (3980)	**Warenbestand**	**2.000,00**	
	an 5200 (3200) Wareneingang		**2.000,00**

Darstellung des Abschlusses in Konten

Wareneingang

Soll		Haben	
Bank	60.000,00	GuV	58.000,00
		WB	**2.000,00**

Umsatzerlöse

Soll		Haben	
GuV	87.000,00	Kasse	87.000,00

Warenbestand

Soll		Haben	
AB	5.000,00	SB	7.000,00
WE	**2.000.00**		

GuV-Konto

Soll		Haben	
Waren-eingang	58.000,00	Umsatz-erlöse	87.000,00
= Wareneinsatz		**= Warenumsatz**	

Schlussbilanzkonto

Soll		Haben	
Waren-bestand	7.000,00		

Ermittlung des Rohgewinns

	Wareneinkäufe	60 Laptops zu je 1.000,00 €	= 60.000,00 €
–	Bestandsmehrung	2 Laptops zu je 1.000,00 €	= 2.000,00 €
=	Wareneinsatz		58.000,00 €

	Warenverkäufe	58 Laptops zu je 1.500,00 €	= 87.000,00 €
–	Wareneinsatz	58 Laptops zu je 1.000,00 €	= 58.000,00 €
=	**Rohgewinn**		**29.000,00 €**

Übungen

1 Ein Fachgeschäft hat zum 31.12.2019 durch Inventur einen Warenbestand im Wert von 40.000,00 € ermittelt. Im Laufe des Geschäftsjahrs 2020 wurden Wareneinkäufe für insgesamt 260.000,00 € auf Ziel getätigt. Die Warenverkäufe auf Ziel betrugen in diesem Zeitraum insgesamt 504.000,00 €. Der Warenbestand laut Inventur beträgt zum 31.12.2020 20.000,00 €.

a) Eröffnen Sie die Konten Warenbestand, Wareneingang und Umsatzerlöse.
b) Buchen Sie die Vorgänge auf den Warenkonten und schließen Sie diese nach der Bruttomethode ab.
c) Ermitteln Sie den Wareneinsatz und den Rohgewinn.

2 Ein Einzelhandelsgeschäft hat zum 31.12.2019 einen Warenbestand von 124.600 € ermittelt. Im Geschäftsjahr 2020 kommt es zu folgenden Geschäftsfällen:

Verkauf von Waren auf Ziel für	162.400,00 €
Einkauf von Waren gegen Banküberweisung	150.000,00 €
Einkauf von Waren auf Ziel für	122.000,00 €
Verkauf von Waren gegen bar	134.000,00 €
Verkauf von Waren gegen Banküberweisung	158.500,00 €

Der Warenbestand beträgt zum 31.12.2020 laut Inventur 132.400 €.

a) Eröffnen Sie die Konten Warenbestand, Wareneingang und Umsatzerlöse.
b) Buchen Sie die Geschäftsfälle und schließen Sie die Warenkonten nach der Bruttomethode ab.
c) Berechnen Sie den Wareneinsatz und den Rohgewinn.

3 Am 02. März 2020 eröffnet eine junge Unternehmerin ein Computerfachgeschäft. Bereits im Januar und Februar 2020 erwarb sie Waren im Gesamtwert von 114.800,00 € auf Ziel. Während des Geschäftsjahrs wurden weitere Waren im Wert von 118.000,00 € auf Ziel hinzugekauft. Der Absatz betrug im laufenden Jahr

275.000,00 € gegen bar
80.400,00 € gegen Banküberweisung
12.600,00 € auf Ziel.

Der Warenschlussbestand laut Inventur beträgt zum 31.12.2020 12.800,00 €.

a) Buchen Sie die Geschäftsfälle auf den entsprechenden Warenkonten.
b) Schließen Sie die Konten nach der Bruttomethode ab und ermitteln Sie den Wareneinsatz und den Rohgewinn/-verlust.

3.7 Geschäftsfälle mit Umsatzsteuer und Vorsteuer buchen

3.7.1 Das System der Umsatzsteuer

SL 31ff.

Das Umsatzsteuergesetz nennt in § 1 **Leistungen (steuerbare Umsätze)**, die der Umsatzsteuer unterliegen.
Hierzu gehören:
- Lieferungen und sonstige Leistungen, die ein Unternehmer im Inland gegen Entgelt im Rahmen seines Unternehmens ausführt

- die Einfuhr von Gegenständen aus dem Drittland in das Inland
- der innergemeinschaftliche Erwerb im Inland gegen Entgelt

Besteuert wird der Leistungsaustausch zwischen einem Leistenden (Unternehmer) und einem Leistungsempfänger soweit keine Steuerbefreiung dafür besteht. Der Leistungsaustausch umfasst alles, was Gegenstand des Rechtsverkehrs sein kann. Der Leistung §§ 3 (1b + 9a) UStG muss eine Gegenleistung gegenüberstehen, ausgenommen unentgeltliche Wertabgaben, die den Lieferungen oder den sonstigen Leistungen gegen Entgelt gleichgestellt werden.

Steuerpflichtig ist i.d.R. der Unternehmer, der die Leistung erbringt.

Berechnungsschema für die Umsatzsteuer (vereinfacht):

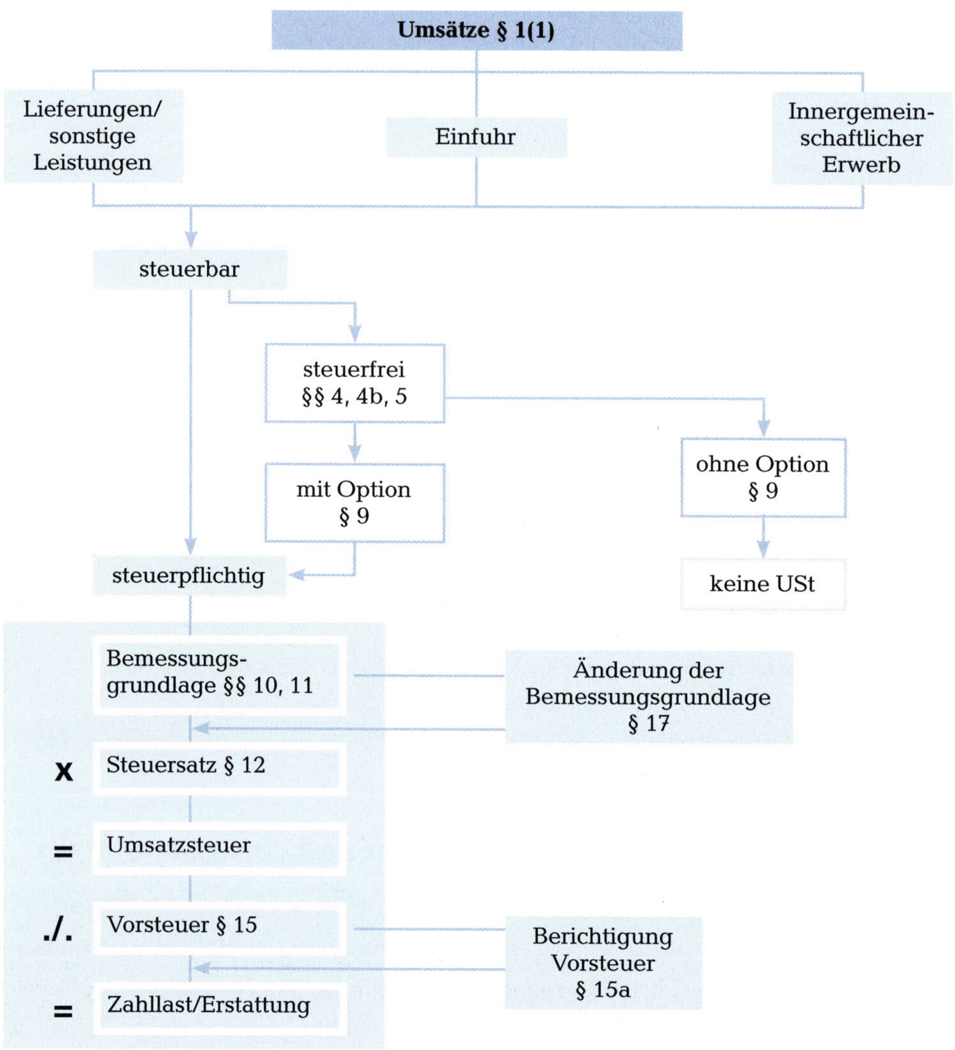

Zum Abzug der **Vorsteuer** sind nur Unternehmer im Rahmen ihrer unternehmerischen Tätigkeit berechtigt. § 15 UStG

Voraussetzungen für den Vorsteuerabzug:
- die Steuer wurde für eine Lieferung oder sonstige Leistung gesondert in Rechnung gestellt
- die Lieferung oder sonstige Leistung muss von einem Unternehmer ausgeführt worden sein
- der Leistungsempfänger muss Unternehmer und die Leistung für sein Unternehmen sein (nicht für das Unternehmen ausgeführt gilt die Lieferung eines Gegenstandes, den der Empfänger zu weniger als 10 % für sein Unternehmen nutzt)

Die Voraussetzungen müssen **alle erfüllt** sein, damit die Vorsteuer abgezogen werden kann. Abziehbar sind jedoch nur Steuerbeträge, die nach dem **deutschen Umsatzsteuergesetz** geschuldet werden. 15.2 (1) S. 3 UStAE

Beispiel

Der Urerzeuger liefert Rohstoffe für 400 € + 19 % USt an den Hersteller.
Der Urerzeuger selbst hat keine Vorlieferer.
Der Hersteller produziert aus den Rohstoffen eine Ware und veräußert sie für 1.000 € + 19 % USt an den Großhändler.
Der Großhändler verkauft die Ware an den Einzelhändler für 1.250 c + 19 % USt weiter.
Diese Ware wird von einem Kunden im Einzelhandelsgeschäft für insgesamt 1.666 € erworben.

Umsatzbewegung

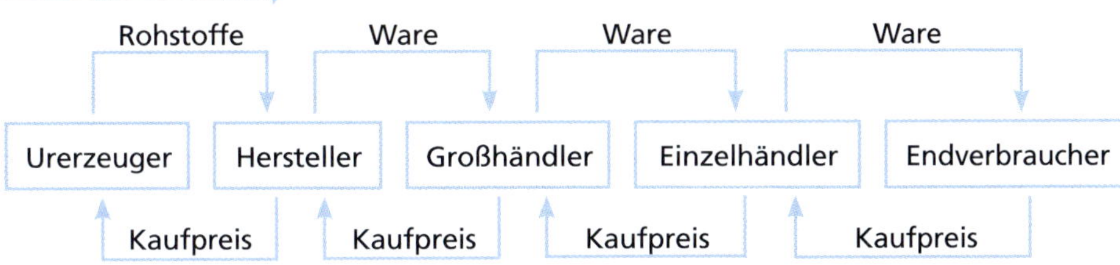

	Netto	400,00 €	1.000,00 €	1.250,00 €	1.400,00 €
+	USt	76,00 €	190,00 €	237,50 €	266,00 €
=	Brutto	476,00 €	1.190,00 €	1.487,50 €	1.666,00 €

Umsatzsteuerberechnung

	Urerzeuger	Hersteller	Großhändler	Einzelhändler
Ausgangs-USt.	76,00 €	190,00 €	237,50 €	266,00 €
./. Vorsteuer	0,00 €	76,00 €	190,00 €	237,50 €
= Zahllast	76,00 €	114,00 €	47,50 €	28,50 €

Die Zahllast aus der gesamten Unternehmerkette beträgt 266 € (76 € + 114 € + 47,50 € + 28,50 €), die letzlich immer der Endverbraucher mit der Zahlung des Kaufpreises (1.400 € + 266 € USt) trägt.

3.7.2 Buchen der Umsatzsteuer und Vorsteuer beim Ein- und Verkauf von Waren

Das System der Umsatzsteuer soll am Wareneinkauf und -verkauf erläutert werden.

Beispiele

Ein **Händler** erwirbt Waren von einem Hersteller für 1.000 € + 19 % Umsatzsteuer und verkauft diese Waren wieder an einen Kunden für 1.500 € + 19 % Umsatzsteuer jeweils auf Ziel.

Hersteller (Unternehmer)	⇄	Lieferung Zahlung	⇄	Händler (Unternehmer)	⇄	Lieferung Zahlung	⇄	Kunde (Privatperson)

Eingangsrechnung	
Nettopreis (Entgelt)	1.000,00 €
+ 19 % Umsatzsteuer	190,00 €
Bruttopreis	1.190,00 €

Umsatzsteuer, die beim Wareneinkauf zu entrichten ist, wird **Vorsteuer** genannt. Sie stellt beim Händler eine Forderung gegenüber dem Finanzamt dar. Die Buchung erfolgt auf dem **Konto Vorsteuer** im Soll.

Ausgangsrechnung	
Nettopreis (Entgelt)	1.500,00 €
+ 19 % Umsatzsteuer	285,00 €
Bruttopreis	1.785,00 €

Umsatzsteuer, die beim Warenverkauf berechnet wird, bezeichnet man als **Umsatzsteuer-Traglast**. Sie stellt beim Händler eine Verbindlichkeit gegenüber dem Finanzamt dar. Die Buchung erfolgt auf dem **Konto Umsatzsteuer** im Haben.

Konten für die Buchung der

Vorsteuer:	**1401 (1571) Abziehbare Vorsteuer**	**7 %**
	1406 (1576) Abziehbare Vorsteuer	**19 %**
Umsatzsteuer:	**3801 (1771) Umsatzsteuer**	**7 %**
	3806 (1776) Umsatzsteuer	**19 %**

§ 22(2) UStG Der Unternehmer ist verpflichtet, die Entgelte für die steuerpflichtigen Umsätze und die darauf entfallenden Steuerbeträge für Leistungen an sein Unternehmen aufzuzeichnen. Diese Aufzeichnungspflicht gilt auch für ausgeführte Leistungen (Lieferungen und sonstige Leistungen), dabei ist ersichtlich zu machen, wie sich die Entgelte auf die steuerpflichtigen Umsätze, getrennt nach Steuersätzen, und die steuerfreien Umsätze verteilen.

Buchungssatz für den Wareneinkauf	Soll	Haben
5200 (3200) Wareneingang	1.000,00	
1406 (1576) Vorsteuer 19 %	190,00	
an 3300 (1600) Verbindlichkeiten aus L&L		1.190,00

Buchungssatz für den Wareneinkauf	Soll	Haben
1200 (1400) Forderungen	1.785,00	
an 4000 (8000) Umsatzerlöse		1.500,00
3806 (1776) Umsatzsteuer 19 %		285,00

Selbstverständlich unterliegen nicht nur Warenein- und -verkäufe der Umsatzsteuer. Auch beim Verkauf von Anlagegegenständen und der Erbringung von Dienstleistungen, Werklieferungen oder Werkleistungen sowie bei unentgeltlichen Wertabgaben entsteht Umsatzsteuer. Vorsteuer fällt nicht nur beim Erwerb von Waren und von anderen Gegenständen für das Unternehmen an, sondern auch beim Bezug von sonstigen Leistungen, wie Transport-, Vermittlungs-, Beratungs-, Telekommunikations-, Reparaturleistungen.

Übung

Bei unserer Mandantin, Cornelia Frei, e. K., sind im laufenden Geschäftsjahr u. a. folgende Geschäftsfälle angefallen:

1	Wareneinkauf auf Ziel,	Warenwert	5.000,00 €
		+ 19 % USt	950,00 €
		Rechnungsbetrag	5.950,00 €
2	Wareneinkauf gegen Banküberweisung,	Warenwert	12.000,00 €
		+ 19 % USt	2.280,00 €
		brutto	14.280,00 €
3	Kauf von Büromaterial gegen Barzahlung,	brutto	119,00 €
		(Kleinbetragsrechnung)	
4	Reparaturrechnung für den Betriebs-Pkw,	netto	800,00 €
		+ 19 % USt	152,00 €
		brutto	952,00 €
5	Warenverkauf gegen Barzahlung,	Warenwert	300,00 €
		+ 19 % USt	57,00 €
		brutto	357,00 €
6	Warenverkauf auf Ziel, Warenwert 6.000,00 € + 1.140,00 € USt		
7	Warenverkauf gegen Banküberweisung, Warenwert 9.800,00 € + 1.862,00 € USt		
8	Kauf eines neuen Betriebsfahrzeugs,	Rechnungsbetrag	64.000,00 €
		+ 19 % USt	12.160,00 €
		brutto	76.160,00 €
9	Barzahlung einer Tankrechnung 95,20 € brutto (Kleinbetragsrechnung)		
10	Warenverkauf gegen Barzahlung 59,50 € brutto (Kleinbetragsrechnung)		

Aufgaben:

1. Erstellen Sie die Buchungssätze für die Geschäftsfälle.
2. Buchen Sie die Warenein- und Verkäufe sowie die Vorsteuer und die Umsatzsteuer auf den entsprechenden Konten im Hauptbuch.

3.7.3 Abschluss der Umsatzsteuerkonten

Die Umsatzsteuerkonten sind am Schluss des Geschäftsjahrs abzuschließen. Ergibt sich dabei eine noch zu begleichende **Umsatzsteuerschuld**, wird diese auf der Passivseite der Schlussbilanz als „**Sonstige Verbindlichkeit**" ausgewiesen. Ein **Vorsteuerguthaben** wird auf der Aktivseite als „**Sonstiger Vermögensgegenstand**" erfasst.

Wie die Umsatzsteuerkonten zum Bilanzstichtag 31.12. abgeschlossen werden und die USt-Zahllast für Dezember ermittelt wird, zeigt das folgende Beispiel:

Beispiele

Die Umsatzsteuerkonten weisen am Bilanzstichtag folgende Beträge aus:

1406 (1576) Vorsteuer 19 %

Soll	Haben
40.000,00	

3820 (1780) USt-Vorauszahlungen

Soll	Haben

3806 (1776) Umsatzsteuer 19 %

Soll	Haben
	120.000,00

Buchungssätze zum Abschluss der Konten	Soll	Haben
3820 (1780) USt-Vorauszahlungen	40.000,00	
an 1405 (1575) Vorsteuer 19 %		40.000,00
3806 (1776) Umsatzsteuer 19 %	120.000,00	
an 3820 (1780) USt-Vorauszahlungen		120.000,00
3820 (1780) USt-Vorauszahlungen	80.000,00	
an 3806 (1776) Umsatzsteuer		80.000,00
3806 (1776) Umsatzsteuer 19 %	80.000,00	
an Schlussbilanzkonto		80.000,00

Darstellung der Konten nach dem Abschluss

1406 (1576) Vorsteuer 19 %

Soll	Haben
40.000,00	40.000,00

3820 (1780) USt-Vorauszahlungen

Soll		Haben	
VSt	40.000,00	USt	120.000,00
USt	80.000,00		

3806 (1776) Umsatzsteuer 19 %

Soll		Haben	
USt-Vz	120.000,00		120.000,00
SBK	80.000,00	USt-VZ Zahllast	80.000,00

Schlussbilanzkonto

Soll	Haben
	Umsatzsteuer 80.000,00

Übungen

1 Buchen Sie folgende Geschäftsfälle im Grund- und Hauptbuch und ermitteln Sie rechnerisch die Umsatzsteuer-Zahllast bzw. das Vorsteuerguthaben:

a) Warenverkauf auf Ziel	18.000,00 € + 19 % USt
b) Warenverkauf gegen Barzahlung	500,00 € + 19 % USt
c) Kauf eines neuen Pkws gegen Banküberweisung für	32.000,00 € + 19 % USt
d) Wareneinkauf auf Ziel	15.000,00 € + 19 % USt
e) Wareneinkauf gegen Banküberweisung	4.600,00 € + 19 % USt
f) Barkauf von Büromaterial	40,00 € + 19 % USt

2 Bilden Sie die Buchungssätze für die Geschäftsfälle und ermitteln Sie rechnerisch die Umsatzsteuer-Zahllast:

a) Eingangsrechnung für den Bezug von Waren 5.000,00 € + 19 % USt auf Ziel
b) Ausgangsrechnung für den Verkauf von Waren auf Ziel 15.000,00 € + 19 % USt
c) Eingangsrechnung für den Kauf eines neuen Schreibtisches 950,00 € + 19 % USt gegen Banküberweisung
d) Eingangsrechnung für die Reparatur einer Schreibmaschine 150,00 € + 19 % USt. Der Betrag wird bar bezahlt.
e) Ausgangsrechnung für den Verkauf von Waren gegen Banküberweisung 8.400,00 € + 19 % USt.
f) Ermittlung der Zahllast

3 Bis zum Ende eines Voranmeldungszeitraumes sind auf den Umsatzsteuerkonten folgende Beträge gebucht worden:

Vorsteuer Soll	4.860,00 €	Vorsteuer Haben	160,00 €
Umsatzsteuer Haben	14.510,00 €	Umsatzsteuer Soll	80,00 €

Bilden Sie die Buchungssätze für die Ermittlung der Umsatzsteuer-Zahllast und berechnen Sie diese.

3.7.4 Ermittlung und Buchung der Umsatzsteuer-Vorauszahlung

Besteuerungszeitraum für die Umsatzsteuer ist das Kalenderjahr. Der Unternehmer hat jedoch bereits während des Kalenderjahrs Vorauszahlungen auf die Umsatzsteuerschuld des Kalenderjahrs zu entrichten. Diese Vorauszahlungen sind am 10. Tag nach Ablauf des **Voranmeldungszeitraums** fällig und an das Finanzamt abzuführen. Auf Antrag verlängert sich die Frist für die Voranmeldung und Vorauszahlung um einen Monat (Dauerfristverlängerung). § 18 UStG

Nach § 18 (2) UStG ist grundsätzlich das Kalendervierteljahr Voranmeldungszeitraum. Betrug die Umsatzsteuerschuld/der Vorsteuer-Überhang für das vorangegangene Kalenderjahr mehr als 7.500,00 € ist der Kalendermonat Voranmeldungszeitraum. Wird eine berufliche oder gewerbliche Tätigkeit aufgenommen, ist im laufenden und folgenden Kalenderjahr monatlich eine Voranmeldung abzugeben.

Hat die Umsatzsteuer-Schuld nicht mehr als 1.000,00 € betragen, kann das Finanzamt den Unternehmer von der Verpflichtung zur Abgabe der Voranmeldungen und Entrichtung der Vorauszahlungen befreien.

Die Ermittlung und Entrichtung der Umsatzsteuer-Vorauszahlung erfolgt über das Konto

3820 (1780) Umsatzsteuer-Vorauszahlungen

Eine Umsatzsteuer-Vorauszahlung ergibt sich jedoch nur dann, wenn in einem Voranmeldungszeitraum die Umsatzsteuer-Traglast höher ist als die im selben Zeitraum abziehbare Vorsteuer. Der Unterschiedsbetrag wird **Umsatzsteuer-Zahllast** genannt. Ist die Vorsteuer höher als die Umsatzsteuer-Traglast (Vorsteuer-Überhang) entsteht ein Erstattungsanspruch des Unternehmers gegenüber dem Finanzamt.

§ 18 (3) UStG Die zu entrichtende Steuer oder der Überschuss ist vom Unternehmer zu berechnen und an das Finanzamt zu übermitteln (Steueranmeldung).

Beispiele

Im Voranmeldungszeitraum haben betragen:

Umsatzsteuer auf Ausgangsrechnungen	14.600,00 € bzw.	12.400,00 €
Vorsteuer	5.400,00 € bzw.	14.800,00 €

Ermittlung der Umsatzsteuer-Zahllast		**Ermittlung des Vorsteuerüberhangs**	
Umsatzsteuer-Traglast	14.600,00 €	Umsatzsteuer-Traglast	12.400,00 €
– Vorsteuer	5.400,00 €	– Vorsteuer	14.800,00 €
= Umsatzsteuer-Zahllast	9.200,00 €	= Vorsteuerüberhang	2.400,00 €

Buchungssatz für die Abführung der Zahllast	Soll	Haben
3820 (1780) Umsatzsteuer-Vorauszahlungen	9.200,00	
an 1800 (1200) Bank		9.200,00

Buchungssatz für die Erfassung des Vorsteuerüberhangs	Soll	Haben
1420 (1545) Umsatzsteuerforderungen	2.400,00	
an 1406 (1576) Vorsteuer 19 %		2.400,00

Übungen

1 Die Umsatzsteuer-Konten eines Unternehmens weisen am Ende des Voranmeldungszeitraums Dezember folgende Beträge aus:

Vorsteuer 19 %	22.460,00 €/48.900,00 €
Umsatzsteuer 19 %	36.580,00 €/24.200,00 €
USt-Vorauszahlungen	0,00 €/0,00 €

a) Schließen Sie die Konten ab und berechnen Sie die Umsatzsteuerschuld zum Bilanzstichtag.
b) Wie lauten die Abschlussbuchungen?

2 Die Umsatzsteuer-Konten eines Mandanten weisen zum Monatsende folgende Zahlen aus:

3806 (1776) Umsatzsteuer

Soll	Haben
68,00	48,00
	960,00
	1.568,00
	3.400,00
	16.000,00

1406 (1576) Vorsteuer

Soll	Haben
800,00	307,20
1.920,00	
16,00	
128,00	
10.240,00	

3820 (1780) USt-Vorauszahlungen

Soll	Haben

a) Ermitteln Sie die USt-Zahllast für den abgelaufenen Voranmeldungszeitraum.
b) Schließen Sie die USt-Konten ordnungsgemäß ab.
c) Erstellen Sie alle erforderlichen Buchungssätze einschließlich der Abführung der Zahllast an das Finanzamt durch Banküberweisung.

3 Im letzten Voranmeldungszeitraum sind bei einem buchführenden Gewerbetreibenden folgende Geschäftsfälle angefallen:

a) Kauf von Waren auf Ziel		4.400,00		
	19 % USt	836,00	=	5.236,00 €
b) Kauf von Waren gegen bar		2.800,00		
	19 % USt	532,00	=	3.332,00 €
c) Kauf von Waren gegen Banküberweisung		5.300,00		
	7 % USt	371,00	=	5.671,00 €
d) Verkauf von Waren gegen Barzahlung		1.100,00		
	19 % USt	209,00	=	1.309,00 €
e) Verkauf von Waren gegen Banküberweisung		5.600,00		
	19 % USt	1.064,00	=	6.664,00 €
f) Verkauf von Waren auf Ziel		10.500,00		
	7 % USt	735,00	=	11.235,00 €
g) Kfz-Reparatur gegen Banküberweisung		2.300,00		
	19 % USt	437,00	=	2.737,00 €

h) Barkauf von Büromaterial 59,50 einschließlich 19 % USt (Kleinbetragsrechnung)

i) Kauf von zwei neuen Schreibtischen gegen Banküberweisung		2.100,00		
	19 % USt	399,00	=	2.499,00 €
j) Kauf eines neuen Betriebs-Pkw, der auch zu 25 % privat genutzt wird		38.000,00		
gegen Banküberweisung	19 % USt	7.220,00	=	45.220,00 €

k) Barzahlung der Tankrechnung 83,30 € einschließlich 19 % USt (Kleinbetragsrechnung)

Der Gewerbetreibende führt die Konten Umsatzsteuer 7 %, Umsatzsteuer 19 %, Vorsteuer 7 %, Vorsteuer 19 %, Umsatzsteuer-Vorauszahlungen. Das Konto Umsatzsteuer-Vorauszahlungen weist zu Beginn des neuen Voranmeldungszeitraums einen Saldo von 1.640,00 € (USt-Zahllast) aus dem vorletzten Voranmeldungszeitraum auf. Der Betrag wird durch Bank an das Finanzamt überwiesen.
Buchen Sie die Geschäftsfälle.
Schließen Sie die Umsatzsteuerkonten ab und ermitteln Sie die Umsatzsteuer-Zahllast bzw. den Vorsteuerüberhang für den letzten Voranmeldungszeitraum.

4 Ihr Mandant hat zum 31.12.2019 folgende Bestände ermittelt:

		€
0240 (0090)	Geschäftsbauten	480.000,00
0520 (0320)	Pkw	66.000,00
0640 (0430)	Ladeneinrichtung	78.000,00
0650 (0420)	Büroeinrichtung	34.000,00
1140 (3980)	Warenbestand	234.800,00
1200 (1400)	Forderungen aus L&L	42.300,00
1405 (1575)	Vorsteuer	
1600 (1000)	Kasse	15.400,00
1800 (1200)	Bankguthaben	48.200,00
2000 (0800)	Eigenkapital	921.200,00
2100 (1800)	Privat	
3300 (1600)	Verbindlichkeiten aus L&L	72.900,00
3805 (1775)	Umsatzsteuer	4.600,00

Neben den Bestandskonten werden noch weitere Konten geführt:

4000 (8000)	Umsatzerlöse	6325 (4240)	Strom
4500 (8500)	Provisionserlöse	6540 (4540)	Kfz-Reparaturen
5400 (3200)	Wareneingang	6815 (4930)	Bürobedarf
6020 (4120)	Gehälter	7100 (2650)	Zinserträge

Im Laufe des Geschäftsjahrs 2020 kommt es zu folgenden Geschäftsfällen: €

1.	Kauf von Waren auf Ziel	12.000 + 2.280 USt =	14.280,00
2.	Kauf von Waren gegen Banküberweisung	8.000 + 1.520 USt =	9.520,00
3.	Verkauf von Waren gegen Barzahlung	22.000 + 4.180 USt =	26.180,00
4.	Verkauf von Waren auf Ziel	35.000 + 6.650 USt =	41.650,00
5.	Verkauf von Waren gegen Banküberweisung	42.000 + 7.980 USt =	49.980,00
6.	Überweisung der USt-Zahllast durch Bank		4.600,00
7.	Ein Kunde begleicht eine Rechnung durch Banküberweisung		4.650,00
8.	Ihr Mandant begleicht eine Eingangsrechnung durch Bank		13.920,00
9.	Banküberweisung für Gehälter		48.000,00
10.	Bankgutschrift für Zinsen		1.000,00
11.	Provisionserträge werden bar bezahlt		2.000,00
12.	Barkauf von Büromaterial	200 + 38 USt =	238,00
13.	Banküberweisung für Kfz-Reparatur	1.500 + 285 USt =	1.785,00
14.	Die Stromrechnung wird durch Banküberweisung beglichen	1.800 + 342 USt =	2.142,00
15.	Private Geldentnahme, bar		500,00
16.	Warenschlussbestand laut Inventur		196.000,00

Aufgaben:
Eröffnen Sie die entsprechenden Konten. Buchen Sie die Geschäftsfälle.
Schließen Sie die Konten ordnungsgemäß ab und erstellen Sie eine GuV-Rechnung und eine Schlussbilanz.
Ermitteln Sie den Warenrohgewinn und den Erfolg des Unternehmens.

3.8 Hauptabschlussübersicht

3.8.1 Begriff und Aufgaben

Die Hauptabschlussübersicht (Betriebsübersicht) gibt einen zahlenmäßigen Überblick über die Entwicklung der Sachkonten eines Unternehmens innerhalb eines Geschäftsjahrs von der Anfangsbilanz bis zur Schlussbilanz.

Die Hauptabschlussübersicht (HAÜ) wird außerhalb der Buchführung erstellt. Sie dient der Vorbereitung des Jahresabschlusses und bildet die Grundlage für Bewertungs- und Korrekturmaßnahmen.

3.8.2 Aufbau der Hauptabschlussübersicht

Die ungekürzte HAÜ besteht aus folgenden Spalten:

Vorspalten

Kontonummer	Kontenbezeichnung

Bilanzspalten

Eröffnungsbilanz	Umsatzbilanz	Summenbilanz	Saldenbilanz I	Umbuchungen	Saldenbilanz II	Schlussbilanz	Erfolgsbilanz

Nur die Eröffnungsbilanz und die Schlussbilanz sind echte Bilanzen. Die übrigen Spalten werden nur als Bilanz bezeichnet.

Die Summen der Spalten der Eröffnungsbilanz bis zur Saldenbilanz II müssen im Soll und im Haben entsprechend der doppelten Buchführung gleich hoch sein. In den Spalten Schlussbilanz und Erfolgsbilanz ergibt sich jeweils zwischen der Soll- und Habenseite eine Differenz, die in beiden Spalten jedoch gleich hoch sein muss. Diese Differenz stellt den Gewinn bzw. den Verlust des Geschäftsjahrs dar.

Spalten **Erläuterungen**

Eröffnungsbilanz Diese Spalte enthält die Posten der Schlussbilanz des Vorjahres.

Umsatzbilanz In dieser Spalte werden die Summen der Soll- und Habenseiten aller Konten, die sich durch die laufenden Buchungen während eines Jahres ergeben haben, eingetragen.

Summenbilanz Die Soll- und Haben-Beträge dieser Spalte ergeben sich durch Addition der Anfangs-Bestände in der Eröffnungsbilanz und der Umsätze aus der Umsatzbilanz.

Eröffnungsbilanz		Umsatzbilanz		Summenbilanz	
Soll	Haben	Soll	Haben	Soll	Haben
100.000		20.000	10.000	120.000	10.000

Saldenbilanz I Diese Spalte entsteht durch Übernahme der Salden aller Konten der Summenbilanz. Der Saldo erscheint in der Saldenbilanz I auf der wertmäßig größeren Seite.

Summenbilanz		Saldenbilanz I	
Soll	Haben	Soll	Haben
120.000	10.000	110.000	

Umbuchungen Die Umbuchungsspalte enthält vorbereitende **Abschlussbuchungen**, z. B. Abschluss der Privatkonten, **Korrekturbuchungen**, z. B. Berichtigung von Fehlern, **Nachtragsbuchungen**, z. B. bisher nicht erfasste Geschäftsfälle.

Saldenbilanz II Diese Spalte wird gebildet aus der Saldenbilanz I und den Umbuchungen.

Saldenbilanz I		Umbuchungen		Saldenbilanz II	
Soll	Haben	Soll	Haben	Soll	Haben
110.000			10.000	100.000	

Schlussbilanz Die Schlussbilanz enthält die Salden der aktiven und passiven Bestandskonten der Saldenbilanz II und die durch Inventur ermittelten Bestände. Die Differenz zwischen der Summe der Sollseite und der Summe der Habenseite ergibt den Gewinn oder Verlust des Geschäftsjahrs.

Schlussbilanz		Schlussbilanz	
Soll	Haben	Soll	Haben
1.200.000	1.100.000	1.100.000	1.200.000
Gewinn	100.000	100.000	Verlust

Erfolgsbilanz

Die Erfolgsbilanz enthält die Salden der Aufwands- und Ertragskonten aus der Saldenbilanz II. Die Differenz zwischen der Summe der Sollseite und der Summe der Habenseite muss genau so hoch sein, wie in der Schlussbilanz.

Erfolgsbilanz		Erfolgsbilanz	
Soll	Haben	Soll	Haben
3.200.000	3.300.000	3.300.000	3.200.000
100.000	Gewinn	Verlust	100.000

Beispiel

Ein Einzelhandelsfachgeschäft hat zum 31.12.2020 die nachstehende Hauptabschlussübersicht erstellt, dabei wurden folgende Abschlussangaben berücksichtigt:

- Abschreibungen auf
  - Geschäftsbauten 14.400 €
  - Pkw 16.000 €
  - Ladeneinrichtung 15.000 €
  - Büroeinrichtung 4.000 €
- Warenbestand laut Inventur 44.000 €
- Ermittlung der USt-Zahllast
- Abschluss des Privatkontos über das Konto Eigenkapital

Konto Nr.	Kontenbezeichnung	Eröffnungsbilanz		Umsatzbilanz		Summenbilanz	
		Soll	Haben	Soll	Haben	Soll	Haben
0240	Geschäftsbauten	240.000				240.000	
0520	Pkw	80.000				80.000	
0640	Ladeneinrichtung	120.000				120.000	
0650	Büroeinrichtung	40.000				40.000	
1140	Warenbestand	56.000				56.000	
1200	Forderungen	12.000		34.000	20.500	46.000	20.500
1406	Vorsteuer			36.900	200	36.900	200
1600	Kasse	6.400		122.800	112.200	129.200	112.200
1800	Bank	22.600		386.800	364.700	409.400	364.700
2000	Eigenkapital		465.700				465.700
2100	Privat			60.000	5.000	60.000	5.000
3300	Verbindlichkeiten		96.500	85.700	132.000	85.700	228.500
3806	Umsatzsteuer		14.800	64.800	76.600	64.800	91.400
3820	USt-Vz						
4000	Umsatzerlöse			4.200	460.200	4.200	460.200
5200	Wareneingang			210.000	2.100	210.000	2.100
6000	Gehälter			144.000		144.000	
6220	Abschreibung auf SA						
6305	Raumkosten			3.100		3.100	
6500	Fahrzeugkosten			19.500		19.500	
6815	Bürobedarf			1.500		1.500	
		577.000	577.000	1.173.300	1.173.300	1.750.300	1.750.300

Konto Nr.	Kontenbezeichnung	Summenbilanz Soll	Summenbilanz Haben	Saldenbilanz I Soll	Saldenbilanz I Haben	Umbuchungen Soll	Umbuchungen Haben
0240	Geschäftsbauten	240.000		240.000			14.400
0520	Pkw	80.000		80.000			16.000
0640	Ladeneinrichtung	120.000		120.000			15.000
0650	Büroeinrichtung	40.000		40.000			4.000
1140	Warenbestand	56.000		56.000			12.000
1200	Forderungen	46.000	20.500	25.500			
1406	Vorsteuer	36.900	200	36.700			36.700
1600	Kasse	129.200	112.200	17.000			
1800	Bank	409.400	364.700	44.700			
2000	Eigenkapital		465.700		465.700	55.000	
2100	Privat	60.000	5.000	55.000			55.000
3300	Verbindlichkeiten	85.700	228.500		142.800		
3806	Umsatzsteuer	64.800	91.400		26.600	36.700	
3820	USt-Vz						26.600
						36.700	10.100
4000	Umsatzerlöse	4.200	460.200		455.800		
5200	Wareneingang	210.000	2.100	207.900		12.000	
6000	Gehälter	144.000		144.000			
6220	Abschreibung auf SA					49.400	
6305	Raumkosten	3.100		3.100			
6500	Fahrzeugkosten	19.500		19.500			
6815	Bürobedarf	1.500		1.500			
		1.750.300	1.750.300	1.090.900	1.090.900	189.800	189.800

Konto Nr.	Kontenbezeichnung	Saldenbilanz II Soll	Saldenbilanz II Haben	Schlussbilanz Soll	Schlussbilanz Haben	Erfolgsbilanz Soll	Erfolgsbilanz Haben
0240	Geschäftsbauten	225.600		225.600			
0520	Pkw	64.000		64.000			
0640	Ladeneinrichtung	105.000		105.000			
0650	Büroeinrichtung	36.000		36.000			
1140	Warenbestand	44.000		44.000			
1200	Forderungen	25.500		25.500			
1406	Vorsteuer						
1600	Kasse	17.000		17.000			
1800	Bank	44.700		44.700			
2000	Eigenkapital		410.700		410.700		
2100	Privat						
3300	Verbindlichkeiten		142.800		142.800		
3806	Umsatzsteuer	10.100		10.100			
4000	Umsatzerlöse		455.800				455.800
5200	Wareneingang	219.900				219.900	
6000	Gehälter	144.000				144.000	
6220	Abschreibung auf SA	49.400				49.400	
6305	Raumkosten	3.100				3.100	
6500	Fahrzeugkosten	19.500				19.500	
6815	Bürobedarf	1.500				1.500	
		1.009.300	1.009.300	571.900	553.500	437.400	455.800
Gewinn					**18.400**	**18.400**	
				571.900	571.900	455.800	455.800

Übungen

1 Der Einzelunternehmer Münch hat zum 31.12.2020 folgende Saldenbilanz I erstellt:

Konto-Nr.	Kontenbezeichnung	Saldenbilanz I Soll	Haben
0240 (0090)	Geschäftsbauten	320.000,00	
0520 (0320)	Pkw	64.800,00	
0640 (0430)	Ladeneinrichtung	134.600,00	
0650 (0420)	Büroeinrichtung	98.200,00	
1140 (3980)	Warenbestand	88.000,00	
1200 (1400)	Forderungen	76.500,00	
1406 (1576)	Vorsteuer	34.600,00	
1600 (1000)	Kasse	6.900,00	
1800 (1200)	Bank	45.700,00	
2000 (0800)	Eigenkapital		560.600,00
2100 (1800)	Privat	32.000,00	
3300 (1600)	Verbindlichkeiten		123.600,00
3806 (1776)	Umsatzsteuer		92.800,00
4000 (8000)	Umsatzerlöse		580.100,00
3820 (1780)	USt-Vorauszahlungen		
5200 (3200)	Wareneingang	232.400,00	
6020 (4120)	Gehälter	186.300,00	
6220 (4830)	Abschreibung auf SA		
6305 (4200)	Raumkosten	8.400,00	
6500 (4500)	Fahrzeugkosten	26.200,00	
6815 (4930)	Bürobedarf	2.500,00	
		1.357.100,00	1.357.100,00

Abschlussangaben:

Warenendbestand laut Inventur	56.000,00 €
Abschreibung auf Geschäftsbauten	24.000,00 €
Abschreibung auf Pkw	16.200,00 €
Abschreibung auf Ladeneinrichtung	16.800,00 €
Abschreibung auf Büroeinrichtung	12.200,00 €
Ermittlung der Umsatzsteuer-Zahllast	

Erstellen Sie die Hauptabschlussübersicht zum 31.12.2020.

2 Ein Elektrofachgeschäft hat zum 31.12.2020 die Saldenbilanz I erstellt. Ermitteln Sie in einer Hauptabschlussübersicht den Gewinn/Verlust des Geschäftsjahrs 2019.

Konto-Nr.	Kontenbezeichnung	Saldenbilanz I Soll	Haben
0520 (0320)	Pkw	48.000,00	
0640 (0430)	Ladeneinrichtung	162.000,00	
1140 (3980)	Warenbestand	154.000,00	
1200 (1400)	Forderungen	32.800,00	
1406 (1576)	Vorsteuer	6.800,00	
1600 (1000)	Kasse	12.400,00	
1800 (1200)	Bank	41.900,00	
2000 (0800)	Eigenkapital		231.520,00
2100 (1800)	Privat	59.000,00	
3300 (1600)	Verbindlichkeiten		75.000,00
3806 (1776)	Umsatzsteuer		14.160,00
3820 (1780)	USt-Vorauszahlungen		
4000 (8000)	Umsatzerlöse		896.000,00
4600 (8900)	Unentgeltliche Wertabgaben		5.000,00

5200 (3200)	Wareneingang	480.000,00	
6020 (4120)	Gehälter	186.200,00	
6220 (4830)	Abschreibung auf SA		
6305 (4200)	Raumkosten	22.100,00	
6500 (4500)	Fahrzeugkosten	16.480,00	
		1.221.680,00	1.221.680,00

Folgende Buchungen sind noch vorzunehmen:

Warenentnahme für den privaten Bedarf	1.000,00 €	+ 19 % USt
Geldentnahme für den privaten Bedarf	2.000,00 €	

Abschlussangaben:	138.000,00 €
Warenendbestand laut Inventur	12.000,00 €
AfA auf den Pkw	23.100,00 €
AfA auf die Ladeneinrichtung	
Abschluss der Privatkonten	
Ermittlung der Umsatzsteuer-Zahllast	

3 Ein Großhändler legt zum 31.12.2020 folgende Saldenbilanz vor:

Konto-Nr.	Kontenbezeichnung	Saldenbilanz I Soll	Haben
0240 (0090)	Geschäftsbauten	580.000,00	
0520 (0320)	Pkw	112.000,00	
0540 (0350)	Lkw	140.000,00	
0650 (0420)	Büroeinrichtung	86.000,00	
0670 (0480)	GWG	12.400,00	
1140 (3980)	Warenbestand	235.900,00	
1200 (1400)	Forderungen	165.000,00	
1406 (1576)	Vorsteuer	24.600,00	
1600 (1000)	Kasse	22.600,00	
1800 (1200)	Bank	75.200,00	
2000 (0800)	Eigenkapital		766.000,00
2100 (1800)	Privat	24.300,00	
3300 (1600)	Verbindlichkeiten		223.900,00
3806 (1776)	Umsatzsteuer		36.200,00
3820 (1780)	USt-Vorauszahlungen		
4000 (8000)	Umsatzerlöse		2.533.000,00
5200 (3200)	Wareneingang	1.540.000,00	
6020 (4120)	Gehälter	444.000,00	
6220 (4830)	Abschreibung auf SA		
6262 (4860)	Abschreibung auf GWG		
6305 (4200)	Raumkosten	56.800,00	
6500 (4500)	Fahrzeugkosten	34.500,00	
6815 (4930)	Bürobedarf	5.800,00	
		3.559.100,00	3.559.100,00

Ermitteln Sie den Erfolg des Unternehmens.

Folgende Buchungen sind noch zu berücksichtigen:

Kauf eines neuen Betriebs-Pkw, auf Ziel.	48.000,00 € + 9.120,00 € USt
Barkauf von Benzin für den neuen Pkw	120,00 € + 22,80 € USt

Abschlussangaben:

Abschreibung auf Geschäftsbauten	29.000,00 €
Abschreibung auf Pkw alt	22.400,00 €
Abschreibung auf Pkw neu	4.800,00 €
Abschreibung auf Lkw	42.000,00 €
Abschreibung auf Büroeinrichtung	10.750,00 €
Abschreibung GWG in voller Höhe	
Abschluss des Privatkontos	
Ermittlung der Umsatzsteuer-Zahllast	
Warenendbestand laut Inventur	240.000,00 €

4 Ein Handelsunternehmen erstellte zum 31.12.2020 die nachstehende Saldenbilanz I:

Konto-Nr.	Kontenbezeichnung	Saldenbilanz I Soll	Haben
0240 (0090)	Geschäftsbauten	186.000,00	
0520 (0320)	Pkw	74.200,00	
0640 (0430)	Ladeneinrichtung	144.000,00	
0650 (0420)	Büroeinrichtung	58.900,00	
1140 (3980)	Warenbestand	210.400,00	
1200 (1400)	Forderungen	32.100,00	
1406 (1576)	Vorsteuer	8.200,00	
1600 (1000)	Kasse	19.200,00	
1800 (1200)	Bank	65.700,00	
2000 (0800)	Eigenkapital		645.600,00
2100 (1800)	Privat	60.000,00	
3300 (1600)	Verbindlichkeiten		111.000,00
3806 (1776)	Umsatzsteuer		9.100,00
3820 (1780)	USt-Vorauszahlungen		1.400,00
4000 (8000)	Umsatzerlöse		685.900,00
4500 (8500)	Provisionserlöse		
5200 (3200)	Wareneingang	361.800,00	
6020 (4120)	Gehälter	196.800,00	
6220 (4830)	Abschreibung auf SA		
6305 (4200)	Raumkosten	14.400,00	
6500 (4500)	Fahrzeugkosten	17.800,00	
6815 (4930)	Bürobedarf	3.500,00	
7100 (2650)	Zinserträge		
		1.453.000,00	1.453.000,00

Ermitteln Sie den Erfolg des Unternehmens zum 31.12.2020.

Folgende Geschäftsfälle sind noch nicht gebucht:

Zinsgutschrift auf dem Bankkonto	1.200,00 €
Bankgutschrift für Provisionserträge	24.000,00 €
Privateinlage bar	5.000,00 €

Abschlussangaben:

Warenendbestand laut Inventur	198.000,00 €
Abschreibung auf:	
– Geschäftsbauten	25.100,00 €
– Pkw	24.500,00 €
– Ladeneinrichtung	24.000,00 €
– Büroeinrichtung	6.500,00 €

3.9 Buchen mit Hilfe der Datenverarbeitung

Die Finanzbuchführung wird in der Praxis mit Hilfe der Datenverarbeitung ausgeführt. Dabei werden branchenspezifische Anwenderprogramme eingesetzt. Diese erleichtern die Buchungs- und Abschlussarbeiten und bieten dem Anwender zahlreiche weitere Funktionen, z.B. betriebswirtschaftliche Auswertungen, Bilanz- und Unternehmensanalysen, Erstellung der Bilanz und GuV-Rechnung sowie der Umsatzsteuer-Voranmeldungen und der Zusammenfassenden Meldung.
Dieses Kapitel enthält eine Einführung in die Finanzbuchführung mittels Datenverarbeitung unter Verwendung des DATEV-Kontenrahmens SKR 04.

3.9.1 DATEV-Kontensystematik

Für die Buchungen stehen folgende Konten zur Verfügung:

Sachkonten (vierstellig)	**Personenkonten**	
	Debitoren (fünfstellig)	Kreditoren (fünfstellig)
Kontonummern 0001–9999	Kontonummern 10000–69999	Kontonummern 70000–99999

Viele Sachkonten sind mit Zusatzfunktionen versehen, die an den Buchstaben vor der jeweiligen Kontonummer zu erkennen sind.

Zusatzfunktion	Erläuterung
KU	aus diesem Konto kann keine Umsatzsteuer errechnet werden
M	aus diesem Konto kann nur Umsatzsteuer errechnet werden
V	aus diesem Konto kann nur Vorsteuer errechnet werden
AM	automatische Errechnung der Umsatzsteuer
AV	automatische Errechnung der Vorsteuer
S	Sammelkonto
F	Konto mit allgemeiner Funktion
R	dieses Konto darf erst bebucht werden, wenn ihm eine andere Funktion zugeteilt wurde

Die Symbole für die Zusatzfunktion sind im Programm bereits berücksichtigt und müssen daher bei der Kontierung nicht angegeben werden.
Die Eingabe der Buchungen erfolgt über eine Erfassungszeile (Buchungszeile), die unterschiedlich ausgestaltet sein kann.

Beispiel

Umsatz		B	U	Gegenkonto	Belegfeld 1	Datum	Konto
				Kontonummer			

Umsatz: hier ist stets ein Betrag einzutragen, dieser bezieht sich auf die Eingabe im Feld „Konto". Wird der Betrag mit **Return** bestätigt, handelt es sich um eine Sollbuchung, erfolgt die Bestätigung mit +, handelt es sich um eine **Habenbuchung**.

U = Steuerschüssel: sie bewirken, dass vom Programm automatisch der Umsatzsteuerbetrag berechnet und auf das entsprechende Sammelkonto gebucht wird; die wichtigsten Schlüssel sind:

1 = Umsatzsteuerfrei (mit Vorsteuerabzug)
2 = Umsatzsteuer 7 %
3 = Umsatzsteuer 19 %
8 = Vorsteuer 7 %
9 = Vorsteuer 19 %

B = Berichtigungsschlüssel: bewirken, dass bereits verarbeitete bzw. festgeschriebene Falschbuchungen so storniert werden, dass die Jahresverkehrszahlen nicht aufgebläht werden. Dies erfolgt durch eine Buchung mit negativem Vorzeichen auf der gleichen Kontoseite. Wichtige Berichtigungsschlüssel sind:

2 = Generalumkehr
3 = Generalumkehr bei aufzuteilender Vorsteuer
4 = Aufhebung der Automatik
5 = individueller Umsatzsteuer-Schlüssel
7 = Generalumkehr bei individuellem Umsatzsteuer-Schlüssel
8 = Generalumkehr bei Aufhebung der Automatik
9 = Aufzuteilende Vorsteuer

Gegenkonto: in dieses Feld wird die Sachkontonummer oder die Personenkontonummer eingetragen mit möglichen Steuer- oder Berichtigungsschlüsseln

Belegfeld 1: hier werden Belegnummern eingetragen, z. B. Kontoauszugsnummer

Datum: in diesem Feld wird das Buchungs- oder Belegdatum erfasst

Konto: das Feld Konto enthält die Kontonummer des Kontos, auf das sich der Umsatz bezieht

3.9.2 Die DATEV Buchungslogik

3.9.2.1 Die Erfassungszeile

Für jede Buchung gibt es zwei Eingabemöglichkeiten:

Beispiel

Am 28.06. überweist ein Mandant die Kfz-Versicherung über 320 € für den Zeitraum 01.07.–31.12. durch Bank.

Buchungs-Variante 1 (Erfassungszeile vereinfacht):

Umsatz		B	U	Gegenkonto	Belegfeld 1	Datum	Konto
320,00	**H**			6520	640	28.06.	**1800**

Der Betrag im Feld „Umsatz" bezieht sich auf die Eintragung im Feld „Konto", d.h. auf dem Konto 1800 Bank wird der Betrag im Haben und auf dem Gegenkonto 6520 Kfz-Versicherungen im Soll gebucht.

Buchungs-Variante 2:

Umsatz		B	U	Gegenkonto	Belegfeld 1	Datum	Konto
320,00	**S**			1800	640	28.06.	**6520**

Der Betrag im Feld „Umsatz" bezieht sich auf die Eintragung im Feld „Konto", d.h. auf dem Konto 6520 Kfz-Versicherungen wird der Betrag im Soll und auf dem Gegenkonto 1800 Bank im Haben gebucht.

Beide Eingabemöglichkeiten führen also zum selben Ergebnis.

3.9.2.2 Buchungskreise – Buchungsarten

Buchungskreise
Die Buchungen sollen möglichst rationell erfolgen. Sie werden daher nicht chronologisch, sondern in Buchungskreisen erfasst.

Buchungskreise sind: Kasse, Bank, Wareneinkauf, Warenverkauf und Löhne.

Innerhalb der einzelnen Buchungskreise werden die Belege nach dem Datum sortiert. Tragen die Belege das selbe Datum, erfolgt die Sortierung nach der Belegnummer.

Buchungsarten
Folgende Buchungsarten werden unterschieden:

Vollbuchung
Eine Vollbuchung erfordert zwingend Eingaben in den Feldern **Umsatz, Gegenkonto, Datum, Konto**. Die erste Buchung eines Vorlaufs oder nach der Bildung einer Gruppensumme muss immer eine Vollbuchung sein.

Kurzbuchung
Sind bei einer nachfolgenden Buchung Belegdatum und Kontonummer identisch mit der vorhergehenden Buchung, reicht die Eingabe von **Umsatz** und **Gegenkonto** die übrigen Angaben werden übernommen (geschleppt).

Folgebuchung
Ändert sich nach einer vorausgehenden Voll- oder Kurzbuchung nur das **Belegdatum**, handelt es sich um eine Folgebuchung.

Durch Kurz- und Folgebuchungen kann die Eingabe noch weiter beschleunigt werden.

3.9.2.3 › Buchungen auf Automatikkonten

Die Berechnung der Umsatzsteuer bzw. Vorsteuer wird vom Programm automatisch vorgenommen, wenn ein Konto mit der entsprechenden **Zusatzfunktion** AM bzw. AV angesprochen wird.

Beispiel

Ihr Mandant verkauft am 20.09. Waren für 10.000 € + 1.900 € USt = 11.900 € auf Ziel. Das Debitorenkonto des Kunden hat die Nummer: 10001. Die Ausgangsrechnung hat die Nr. 8845.

Umsatz		B	U	Gegenkonto	Belegfeld 1	Datum	Konto
11.900,00	**H**			10001	8845	20.09.	**4400**

In der Umsatzspalte wird der Bruttorechnungsbetrag eingetragen. Das Programm berechnet automatisch die Umsatzsteuer und bucht den Betrag auf dem entsprechenden Sammelkonto **3806 Umsatzsteuer 19 %** im Haben. Auf dem Konto **4400 Umsatzerlöse 19 %** wird der Nettobetrag im Haben gebucht. Das Personenkonto des Kunden wird im Soll mit dem Bruttorechnungsbetrag belastet.

Am 10.10. kauft Ihr Mandant Waren im Wert von 5.000 € + 950 € USt auf Ziel. Der Lieferer hat die Kreditoren-Nr. 70001, die Eingangsrechnung trägt die Belegnummer 4210.

Umsatz		B	U	Gegenkonto	Belegfeld 1	Datum	Konto
5.950,00	**S**			70001	4210	10.10.	**5400**

Das Programm berechnet automatisch die Vorsteuer und bucht den Betrag auf dem entsprechenden Sammelkonto **1406 Abziehbare Vorsteuer 19 %** im Soll. Auf dem Konto **Wareneingang 19 % Vorsteuer** wird der Nettobetrag im Soll und auf dem Personenkonto des Kreditors 70001 der Bruttorechnungsbetrag im Haben gebucht.

Beim **Abschluss der Personenkonten** werden die Summen der Debitorenkonten vom Programm auf das Sammelkonto **1200 Forderungen aus Lieferungen und Leistungen** und die Summen der Kreditorenkonten auf das Sammelkonto **3300 Verbindlichkeiten aus Lieferungen und Leistungen** übertragen.

3.9.2.4 › Buchen mit Umsatzsteuerschlüssel

Werden bei einem Geschäftsfall Konten berührt, die keine Zusatzfunktion ausweisen, sind die entsprechenden **Umsatzsteuerschlüssel** zu setzen.

Beispiel

Ihr Mandant kauft am 10.11. Büromaterial für 119 € gegen Barzahlung, Belegnummer: 5350.

Umsatz		B	U	Gegenkonto	Belegfeld 1	Datum	Konto
119,00	H		**9**	06815	5350	10.11.	1600

Das Konto 6815 Bürobedarf ist kein Automatikkonto. Damit das Programm die Vorsteuer richtig berechnet, muss daher der **Umsatzsteuerschlüssel 9** eingegeben werden. Zusätzlich ist eine Füllnull an fünfter Stelle von rechts beim Gegenkonto einzugeben.

Erfolgen Zahlungen unter Inanspruchnahme von Skonto kann dies in der Buchungsleiste wie folgt berücksichtigt werden:

Beispiel

Ihr Mandant erwirbt am 20.11. Waren im Wert von 15.000 € + 19 % USt auf Ziel. Bei Zahlung innerhalb von 14 Tagen gewährt der Lieferant 3 % Skonto. Der Mandant überweist am 03.12. nach Abzug von 535,50 € Skonto 17.314,50 € durch Bank an den Lieferanten, Kreditorenkonto 70002, Beleg-Nr. 4466.

Buchung beim Wareneingang:

Umsatz		B	U	Gegenkonto	Belegfeld 1	Datum	Konto
17.850,00	**S**			70002	4211	20.11.	5400

Buchung bei der Bezahlung:

Umsatz		B	U	Gegenkonto	Belegfeld 1	Datum	Konto
17.314,50	H			70002	4466	03.12.	**535,50**

Durch den Skontoabzug hat sich nachträglich der Einkaufspreis und damit die Bemessungsgrundlage für die Vorsteuer geändert. Dies zieht eine Vorsteuerkorrektur gemäß § 17(1) UStG nach sich.
In die Umsatzspalte wird der um den Skontobetrag verminderte Zahlungsbetrag eingetragen. Das Konto muss in diesem Fall immer ein Geldkonto, das Gegenkonto immer ein Personenkonto sein.
Der Bruttoskontobetrag wird in die Skontospalte eingetragen. Das Programm errechnet den Nettobetrag und bucht diesen, wenn es sich um Kreditoren handelt, auf das Konto **5736 Erhaltene Skonti 19 % VSt**. Auf dem Kreditorenkonto des Lieferanten wird der Rechnungsbetrag gebucht, der sich aus den Beträgen der Umsatzspalte und der Skontospalte ergibt.
Zahlt ein Kunde eine Rechnung unter Abzug von Skonto, wird der eingehende Betrag in der Umsatzspalte und der Skontobetrag in der Skontospalte erfasst. Das Programm bucht dann den Nettoskontobetrag auf dem Konto **4736 Gewährte Skonti 19 %** und korrigiert automatisch die Umsatzsteuer. Die Buchung auf dem entsprechenden Debitorenkonto ergibt sich wiederum aus dem Betrag der Umsatzspalte und dem Betrag der Skontospalte.

3.9.2.5 › Buchen mit Berichtigungsschlüssel

Sind die Buchungen bereits im Rechenzentrum verarbeitet, können diese nur noch durch Eingabe eines Berichtigungsschlüssels korrigiert werden.

Beispiel

Ihr Mandant erwarb am 15.02. einen neuen Schreibtisch für 892,50 € einschließlich 19 % USt gegen Banküberweisung. Gebucht wurde:

Umsatz		B	U	Gegenkonto	Belegfeld 1	Datum	Konto
892,50	H		9	0650	3200	15.02.	1800

Der Schreibtisch **kann** als GWG behandelt werden. Die Berichtigung wird wie eine Stornobuchung erfasst. Durch die Angabe des **Berichtigungsschlüssels 2** wird dem Programm mitgeteilt, dass eine **Generalumkehr**[1] erfolgen soll.

Umsatz		B	U	Gegenkonto	Belegfeld 1	Datum	Konto
750,00	H	**2**	0	01800	9000	30.12.	0650

Anschließend wird das GWG mit dem Nettobetrag eingebucht, da die Vorsteuer ja bereits am 15.02. vom Programm richtig gebucht wurde.

Umsatz		B	U	Gegenkonto	Belegfeld 1	Datum	Konto
750,00	H			0670	9001	30.12.	1800

Darstellung des Vorgangs in Kontoform:

0650 Büroeinrichtung

Soll		**Haben**	
15.02.	750.00		
30.12.	– 750,00		

1800 Bank

Soll		**Haben**	
		15.02.	892,50
		30.12.	– 750,00
		30.12.	750,00

1406 Abziehbare VSt

Soll		**Haben**	
15.02.	142,50		

0670 GWG

Soll		**Haben**	
30.12.	750,00		

Durch diese Art der Korrekturbuchung wird eine Aufblähung der Jahresverkehrszahlen auf den Konten 0650 und 1800 vermieden.

[1] Die Generalumkehr ist seit dem Buchungsjahr 2018 vom BU Schlüssel getrennt. Die seitherigen Berichtigungsschlüssel werden durch den Generalumkehrschlüssel (G) im Feld GU ersetzt. Wird beispielsweise im Feld BU der Schlüssel 29 erfasst, steht nach der automatischen Übernahme das Kennzeichen „G" im Feld GU und „9" im Feld BU. Die Eingabe wie bisher ist jedoch weiterhin möglich.

Übung

Besorgen Sie sich in Ihrer Kanzlei eine Buchungsliste und buchen Sie darauf folgende Geschäftsfälle Ihres Mandanten Felix Frank, für den Monat August:

Nr.	Datum	Beleg-Nr.	Geschäftsfall
1	01.08.	420	Wareneinkauf auf Ziel 12.000 € + 19 % USt, Kreditorenkonto: 72001
2	01.08.	421	Warenverkauf auf Ziel 10.000 € + 19 % USt, Debitorenkonto: 12001
3	02.08.	422	Kunde Kleinmann, Debitorenkonto 12002 begleicht eine Rechnung über 9.520,00 € unter Abzug von 2 % Skonto durch Postüberweisung
4	03.08.	423	Banküberweisung an Kreditor 72002 für Rechnung über 16.660,00 € unter Abzug von 3 % Skonto
5	05.08.	424	Warenverkauf gegen bar 595,00 € einschließlich 19 % USt
6	08.08.	425	Kauf von Büromaterial 71,40 € einschließlich 19 % USt gegen Barzahlung
7	10.08.	426	Banküberweisung der Umsatzsteuer-Vorauszahlung für Juli 12.460,00 €
8	10.08.	427	Barabhebung bei der Bank für die Kasse 2.000,00 €, Konten: Bank und Kasse
9	14.08.	428	Kunde sendet Waren im Wert von 1.190,00 € wegen Beschädigung zurück, Debitorenkonto 12001
10	15.08.	429	Kauf eines neuen Schreibtisches für das Büro 833,00 € gegen Banküberweisung
11	20.08.	430	Private Geldentnahme aus der Kasse 1.000,00 €
12	25.08.	431	Kauf eines neuen Pkw, der auch zu 20 % privat genutzt wird 59.500,00 € gegen Banküberweisung
13	30.08.	432	Banküberweisung für Gehälter 28.480,00 €
14	30.08	433	Bareinzahlung bei der Bank 5.000,00 €, Konten: Kasse und Bank ansprechen
15	30.08.	434	Im Januar wurde ein neuer Lkw für 120.000,00 € + 22.800,00 € USt gegen Banküberweisung angeschafft. Der Vorgang wurde wie folgt gebucht:

Erfassungszeile vereinfacht

Umsatz		B	U	Gegenkonto	Belegfeld 1	Datum	Konto
142.800,00	H		9	0440	3100	10.01.	1800

Korrigieren Sie die Buchung unter Verwendung des entsprechenden Berichtigungs-Schlüssels.

4 Beschaffung und Absatzwirtschaft

4.1 Buchungen beim Wareneinkauf

4.1.1 Anschaffungsnebenkosten

§ 255 (1) S. 2 HGB

Zu den Anschaffungskosten einer Ware gehören auch die Nebenkosten der Beschaffung. Typische Beispiele hierfür sind

Beförderungskosten | **Zölle** | **Vermittlungsgebühren**

4.1.1.1 Beförderungskosten

§ 269 BGB, § 448 (1) BGB

Der Lieferer ist verpflichtet dem Käufer die Kaufsache am Erfüllungsort bereitzustellen. Gesetzlicher Erfüllungsort ist der Geschäftssitz des Verkäufers. Der Käufer trägt also die Beförderungskosten zum Bestimmungsort, wenn vertraglich keine anderen Vereinbarungen getroffen wurden. Hier handelt es sich z. B. um

Fracht | **Rollgeld** | **Postgebühren** | **Verpackungskosten** | **Transportversicherung**

Beispiel

Ein Unternehmer hat Waren im Wert von 5.000,00 netto auf Ziel eingekauft. Der Verkäufer übernimmt den Transport und berechnet hierfür vereinbarungsgemäß 420,00 € + USt.

Buchung beim Wareneingang (lt. Eingangsrechnung)		Soll	Haben
5200 (3200)	Wareneingang	5.000,00	
5800 (3800)	Anschaffungsnebenkosten	420,00	
1406 (1576)	Vorsteuer	1.029,80	
	an 3300 (1600) Verbindlichkeiten		6.449,80

§ 15 (1) UStG

Beförderungskosten als Nebenkosten beim Wareneinkauf werden auf dem Konto **Anschaffungsnebenkosten**, einem Unterkonto des Wareneingangskontos erfasst. Die Umsatzsteuer, die der Verkäufer hierauf berechnet, ist beim Käufer als abziehbare Vorsteuer zu buchen.

Häufig vereinbaren Käufer und Verkäufer, dass die Verpackung (Flaschen, Kisten etc.) zwar zunächst berechnet, der Betrag aber bei **Rücksendung** (ganz oder teilweise) erstattet wird.

Beispiel

Die Metrologica GmbH erwirbt Waren für 10.000,00 € netto auf Ziel. Für 10 Leihfässer berechnet der Verkäufer netto 25,00 €/Stück, die bei Rückgabe erstattet werden.

Buchung beim Wareneingang (lt. Eingangsrechnung)	Soll	Haben
5200 (3200) Wareneingang	10.000,00	
5820 (3820) Leergut	250,00	
1406 (1576) Vorsteuer	1.947,50	
an 3300 (1600) Verbindlichkeiten		12.197,50

Besteht die Möglichkeit berechnete Verpackung zurückzugeben, werden die hierfür anfallenden Kosten bereits beim Wareneinkauf auf das Konto **Leergut** gebucht.

Beispiel

Die Metrologica GmbH schickt die Leihfässer aus der letzten Warenlieferung an den Lieferanten zurück und erhält vereinbarungsgemäß eine Gutschrift über brutto 297,50 €.

Buchung bei Rücksendung der Leihverpackung	Soll	Haben
3300 (1600) Verbindlichkeiten	297,50	
an 5820 (3820) Leergut		250,00
1406 (1576) Vorsteuer		47,50

Bei Rücksendung der berechneten Verpackung wird der Buchungssatz des Einkaufs **gespiegelt**.

4.1.1.2 › Zölle

Sie werden als **Einfuhrzölle** beim Import von Waren aus dem **Drittlandsgebiet** (= Länder, die nicht Mitglied der EU sind) erhoben. SL 75

Beispiel

Die Sofitex AG aus Ulm bezieht aus Korea Waren im Nettowert von 25.000,00 € auf Ziel. Den fälligen Einfuhrzoll von 3.750,00 € und die Einfuhrumsatzsteuer bezahlt sie durch Bankscheck.

Buchung bei Wareneinfuhr auf Ziel	Soll	Haben
5559 (3559) Steuerfreie Einfuhren	25.000,00	
an 3300 (1600) Verbindlichkeiten		25.000,00

Buchung bei Banküberweisung der Zollrechnung		Soll	Haben
5840 (3850)	Zölle und Einfuhrabgaben	3.750,00	
1433 (1588)	Enstandene Einfuhrumsatzsteuer	5.462,50	
	an 1800 (1200) Bank		9.212,50

§ 1 (1) 4 UStG
§ 255 (1) HGB
§ 11 UStG
§ 15 (1) 2 UStG

Die Einfuhr von Waren ist steuerbar und steuerpflichtig. Dabei anfallende Zölle werden auf dem Konto **Zölle und Einfuhrabgaben** erfasst. Sie erhöhen die Anschaffungskosten und damit die Bemessungsgrundlage für die anfallende Einfuhrumsatzsteuer (19 %). Diese wird auf das Konto **entstandene Einfuhrumsatzsteuer** gebucht. Sie ist als Vorsteuer abziehbar.

4.1.1.3 › Vermittlungsgebühren

Sie entstehen in Form von **Einkaufsprovisionen**, **Einkaufskommissionen** oder **Gebühren** und werden in der Regel an mit der Vermittlung beauftragte Handelsvertreter entrichtet.

Beispiel

Ein Unternehmer bezog von einer Firma aus Köln Waren (bereits gebucht). Für Vermittlungstätigkeit in Zusammenhang mit dieser Lieferung berechnet ein Handelsvertreter 1.190,00 €.

Buchung beim Rechnungseingang des HV		Soll	Haben
5800 (3800)	Anschaffungsnebenkosten	1.000,00	
1406 (1576)	Vorsteuer	190,00	
	an 3300 (1600) Verbindlichkeiten		1.190,00

§ 255 (1) HGB

Die Vermittlungsgebühr des Handelsvertreters erhöht die Anschaffungskosten der Waren. Sie wird auf dem Konto **Anschaffungsnebenkosten** bzw. einem einzurichtenden Unterkonto erfasst.

4.1.2 › Minderung der Anschaffungskosten

Die Anschaffungskosten von Waren mindern sich, wenn der Lieferer seinem Kunden einen Nachlass gewährt. Typische Nachlässe sind

SL 123 ff.

Rabatte | **Skonti** | **Boni**

4.1.2.1 › Erhaltene Rabatte

Hier handelt es sich insbesondere um

Mengenrabatte | **Treuerabatte** | **Wiederverkäuferrabatte**

Naturalrabatte | **Sonderrabatte**

Beispiel

Ein Gewerbetreibender erhält bei einer Warenlieferung (2.000 Stück) vereinbarungsgemäß auf den Nettokaufpreis von 5,00 €/Stück einen Rabatt von 20 %.

Buchung beim Wareneingang (lt. Eingangsrechnung)		Soll	Haben
5200 (3200)	Wareneingang	8.000,00	
1406 (1576)	Vorsteuer	1.520,00	
	an 3300 (1600) Verbindlichkeiten		9.520,00

Ein Rabatt ist ein Preisnachlass, der aus unterschiedlichen Anlässen gewährt und bei Vertragsschluss vereinbart wird. Es handelt sich dabei um Sofortrabatte, die auf der Rechnung erscheinen, jedoch **nicht gebucht** werden, da sie den Rechnungsbetrag entsprechend mindern.

4.1.2.2 › Erhaltene Skonti

Hier handelt es sich um einen **Preisnachlass**, der **bei der Bezahlung innerhalb einer vereinbarten Frist** gewährt werden kann. Der Lieferer möchte seine Kunden damit zu einer schnelleren Zahlung veranlassen.

Beispiel

Die Manfred Stemmer GmbH kauft Waren zum Bruttopreis von 11.900,00 € auf Ziel. Die Zahlung erfolgt nach 14 Tagen durch Banküberweisung unter Abzug von 3 % Skonto.

Buchung beim Wareneingang (lt. Eingangsrechnung)		Soll	Haben
5200 (3200)	Wareneingang	10.000,00	
1406 (1576)	Vorsteuer	1.900,00	
	an 3300 (1600) Verbindlichkeiten		11.900,00

Buchung bei Zahlung unter Skontoabzug		Soll	Haben
3300 (1600)	Verbindlichkeiten	11.900,00	
	an 1800 (1200) Bank		11.543,00
	5735 (3735) Erhaltene Skonti		300,00
	1406 (1576) Vorsteuer		57,00

Durch die Zahlung unter Skontoabzug mindern sich nachträglich die Anschaffungskosten der Waren (hier um 3 % des Netto-Warenwertes). Dies wird auf dem Konto **Erhaltene Skonti** gebucht. Der Vorsteuerabzug ist entsprechend zu berichtigen.

§ 255 HGB

§ 17 (1) UStG

4.1.2.3 › Erhaltene Boni

Hier handelt es sich um einen **nachträglich gewährten Rabatt**, den ein Lieferant seinem Kunden in der Regel am Jahresende in Form einer Gutschrift gewährt. Voraussetzung ist meist ein bestimmter Mindestumsatz bzw. das Überschreiten einer vereinbarten Abnahmemenge.

Beispiel

Die Martin Schmidt GmbH erhält am Jahresende von einem Warenlieferanten einen Bonus in Höhe von brutto 2.951,20 € gutgeschrieben.

Buchung bei Erhalt der Gutschrift	Soll	Haben
3300 (1600) Verbindlichkeiten	2.951,20	
an 5740 (3740) Erhaltene Boni		2.480,00
1406 (1576) Vorsteuer		471,20

Die Gewährung eines Bonus verringert die bestehenden Verbindlichkeiten gegenüber dem Lieferanten um den Bruttobetrag der Gutschrift. Gleichzeitig werden die Anschaffungskosten der bezogenen Waren vermindert. Dies wird wegen der besseren Übersicht nicht auf dem Konto Wareneingang, sondern im Haben des Kontos **Erhaltene Boni** mit dem Nettobetrag der Gutschrift gebucht. Die Minderung der Anschaffungskosten führt zu einer **Vorsteuerberichtigung**.

§ 255 (1) HGB

§ 17 (1) UStG

4.1.3 Rücksendungen und Gutschriften

Ursachen:

Falschlieferung	**Lieferung mangelhafter Ware**	**Zuviel gelieferte Ware**

Beispiel

Ein Gewerbetreibender hat Waren für 15.000,00 € zuzüglich USt auf Ziel gekauft. Beim Auspacken der Ware bemerkt er, dass ein Teil beschädigt ist. Nach Rücksprache mit dem Lieferer schickt er zwei Tage später die beschädigte Ware zurück und erhält eine Gutschrift über 3.570,00 € brutto.

Buchung beim Wareneingang (lt. Eingangsrechnung)	Soll	Haben
5200 (3200) Wareneingang	15.000,00	
1406 (1576) Vorsteuer	2.850,00	
an 3300 (1600) Verbindlichkeiten		17.850,00

Buchung der Rücksendung (lt. Gutschrift)	Soll	Haben
3300 (1600) Verbindlichkeiten	3.570,00	
an 5200 (3200) Wareneingang		3.000,00
1406 (1576) Vorsteuer		570,00

Erhält der Käufer aufgrund einer **Warenrücksendung** eine Gutschrift wird der Buchungssatz des Wareneinkaufs **gespiegelt**. Durch die Rücksendung werden die Verbindlichkeiten des Käufers um den Bruttobetrag der zurückgeschickten Waren reduziert und die Anschaffungskosten des Wareneingangs verringert. Es kommt auch zu einer Minderung der Vorsteuer.

§ 255 (1) HGB

§ 17 (1) UStG

Kann der Käufer die fehlerhafte Ware verwenden, **verzichtet** er unter Umständen auf eine Rücksendung und behält die Ware. Er wird zu einem solchen Entgegenkommen i.d.R. nur bereit sein, wenn er einen entsprechenden Preisnachlass in Form einer Gutschrift erhält.

Beispiel

Ein Steuerpflichtiger hat Waren für brutto 23.800,00 € auf Ziel gekauft. Obwohl er bei der Wareneingangskontrolle feststellte, dass die Lieferung fehlerhaft war, möchte er die Ware behalten und als Sonderangebot verkaufen. Mit dem Lieferer einigt er sich auf einen Preisnachlass von 25 %.

Buchung beim Wareneingang (lt. Eingangsrechnung)	Soll	Haben
5200 (3200) Wareneingang	20.000,00	
1406 (1576) Vorsteuer	3.800,00	
an 3300 (1600) Verbindlichkeiten		23.800,00

Buchung bei Eingang der Gutschrift	Soll	Haben
3300 (1600) Verbindlichkeiten	5.950,00	
an 5700 (3700) Nachlässe		5.000,00
1406 (1576) Vorsteuer		950,00

Auch ohne Warenrücksendung bewirkt der Preisnachlass eine Reduzierung der Verbindlichkeiten in Höhe des Bruttobetrages der Gutschrift. Gleichzeitig sind die Anschaffungskosten der eingekauften Waren zu verringern. Diese Verringerung wird nicht direkt über das Konto Wareneingang, sondern im Haben des Kontos **Nachlässe** erfasst. Die gebuchte Vorsteuer ist ebenfalls anteilig zu reduzieren.

§ 255 (1) HGB
§ 17 (1) UStG

Übungen

1 Ein Kaufmann aus Köln erwirbt von einem Lieferanten aus Bonn Waren für netto 12.500,00 € auf Ziel. Der Verkäufer stellt vertragsgemäß für Verpackung 120,00 € + USt in Rechnung.

2 Buchen Sie für einen Unternehmer folgende Eingangsrechnung:

Warenwert	12.000,00 €
Leihverpackung	320,00 €
Transport	400,00 €
	12.720,00 €
19 % USt	2.416,80 €
	15.136,80 €

3 Die Maria Schneider GmbH aus Stuttgart erwirbt von einem Lieferanten aus der Schweiz Handelswaren für netto 18.000,00 € auf Ziel. Der Einfuhrzoll von 1.800,00 € und die fällige Einfuhrumsatzsteuer werden durch Banküberweisung bezahlt.

4 Ein deutscher Möbelhändler bezieht von einem kanadischen Unternehmer Korbmöbel für 14.200,00 €. Die Rechnung liegt der Lieferung bei. An der Grenze hat der Importeur 426,00 € Zoll und die deutsche Einfuhrumsatzsteuer bar bezahlt.

5 Der Gewerbetreibende bezog Waren aus der Ukraine im Wert von 35.000,00 € netto auf Ziel. Der Einfuhrzoll von 2.800,00 € und die EUSt wurden per Bankscheck beglichen.

6 Ein deutscher Unternehmer importiert Waren aus Singapur im Wert von netto 54.000,00 USD auf Ziel. Der Hersteller stellt ihm für Verpackung und Transport 2.700,00 USD in Rechnung. Die Einfuhrabgaben werden aufgrund der Zollrechnung per Bank an das Zollamt überwiesen. Der Zoll beträgt 10 % des Warenwertes. Amtlicher Umrechnungskurs 1 € = 1,20 USD.

7 Die Franz Rott-HiFi GmbH bezieht 20 DVD-Player von einem Lieferanten aus Köln, Katalogpreis (netto) 490,00 €/Stück. Auf diesen Preis erhält der Käufer einen Mengenrabatt von 25 %. Buchen Sie den Kauf auf Ziel.

8 Ein Elektro-Großhändler bezieht von einem deutschen Lieferanten 10 Kühlschränke zum Nettopreis von 550,00 €/Stück. Für den Transport berechnet der Verkäufer 300,00 € + 19 % USt. Buchen Sie den Wareneingang und die Zahlung durch Banküberweisung unter Abzug von 3 % Skonto. Die Transportkosten sind nicht skontierfähig.

9 Ein Mandant hat eine Lieferantenrechnung (Warenlieferung) unter Abzug von 3 % Skonto beglichen. Die Bank belastet das Konto mit 8.101,44 €. Buchen Sie für den Mandanten.

10 Ein Fahrrad-Großhändler hat von einem deutschen Hersteller Fahrräder für 150.000,00 € netto gekauft. Die Lieferung wurde richtig gebucht. Nach 10 Tagen bezahlt der Großhändler unter Abzug von 2 % Skonto durch Banküberweisung. Buchen Sie die Zahlung!

11 Die AGT AG hat im Jahr 2020 Waren im Bruttowert von 1.415.664,00 € bezogen. Ende 2020 erhält die AGT AG einen Bonus in Höhe von 2 % dieses Betrages.

12 Der Unternehmer gewährt einem Kunden 3 % Bonus auf einen Umsatz von 320.000,00 € netto. Buchen Sie für den Kunden die Gewährung des Bonus.

13 Der Steuerpflichtige verkauft an einen Kunden in Ulm Waren im Wert von 28.400,00 € netto auf Ziel. Dieser Vorgang wurde korrekt gebucht. Aufgrund einer Rücksendung erteilt er dem Kunden eine Gutschrift in Höhe von 400,00 € + USt, die noch zu buchen ist. Den Restbetrag überweist der Kunde per Bank. Buchen Sie für den Kunden.

14 Ein Lieferant erteilt einem Kunden für eine Warenrücksendung eine Gutschrift von insgesamt 7.616,00 €. Buchen Sie für den Kunden den Erhalt der Gutschrift.

15 Der Steuerpflichtige hat im Zusammenhang mit einem Wareneinkauf auf Ziel folgende Rechnung erhalten (Auszug):

Listenpreis	24.000,00 €
– 15 % Rabatt	3.600,00 €
Nettopreis	20.400,00 €
+ 19 % USt	3.876,00 €
Rechnungsbetrag	24.276,00 €

a) Buchen Sie den Kauf der Ware.
b) Buchen Sie die Zahlung durch Banküberweisung unter Abzug von 3 % Skonto.

16 Ein Unternehmer hat Waren für 48.000,00 € netto auf Ziel eingekauft. Bei der Anlieferung wurde festgestellt, dass ein Teil der Lieferung schadhaft war. Mit dem Lieferanten konnte ein Preisnachlass von 10 % vereinbart werden.
a) Buchen Sie den Wareneingang.
b) Bilden Sie den Buchungssatz bei Eingang der Lieferantengutschrift.
c) Nehmen Sie die Buchung vor, wenn der Unternehmer den noch offenen Betrag durch Banküberweisung unter Abzug von 2 % Skonto begleicht.

17 Die Etimex GmbH hat mit der Warenlieferung folgende Rechnung erhalten

Listenpreis	22.500,00 €
+ Verpackung	400,00 €
+ Fracht	500,00 €
=	23.400,00 €
+ 19 % USt	4.446,00 €
=	27.846,00 €

a) Buchen Sie den Warenkauf auf Ziel.
b) Die Etimex GmbH bezahlt die Lieferantenrechnung unter Abzug von 3 % Skonto per Bank.
Fracht und Verpackung sind nicht skontierfähig.

18 Ein Großhändler erhält von einem Hersteller einen Wiederverkäuferrabatt von 30 %. Bei Bestellungen über 10.000,00 € wird ihm zusätzlich ein Mengenrabatt von 10 % eingeräumt. Der Großhändler kauft Waren für netto 30.000,00 € auf Ziel ein. Die Zahlungsbedingung lautet: „Bei Zahlung innerhalb von 14 Tagen nach Lieferung 2 % Skonto". Der Großhändler zahlt 10 Tage nach Eingang der Lieferung durch Banküberweisung.

a) Buchen Sie bei Lieferung und
b) bei Zahlung per Banküberweisung.

4.2 Buchungen beim Warenverkauf

4.2.1 Vertriebskosten

Zu den Kosten, die im Zusammenhang mit dem Absatz von Waren anfallen, gehören insbesondere

Transportkosten	**Zölle**	**Vermittlungsgebühren**

4.2.1.1 Transportkosten

Ebenso wie beim Einkauf von Waren entstehen auch beim Vertrieb Transportkosten. Hier handelt es sich insbesondere um:

Ausgangsfracht	**Postgebühren**
Versandverpackung	**Transportversicherung**

Hinsichtlich der Übernahme dieser Transportkosten sind zwei Fälle denkbar:

Der Verkäufer übernimmt die Transportkosten

Beispiel

Ein Unternehmer aus Bremen hat Waren an einen Kunden aus Passau verkauft. Als Lieferbedingung wurde „frei Haus" vereinbart. Der Verkäufer beauftragt einen Spediteur mit dem Transport der Waren zum Käufer. Dieser berechnet als Fracht 523,60 € brutto.

Buchung bei Eingang der Speditionsrechnung	Soll	Haben
6740 (4730) Ausgangsfrachten	440,00	
1406 (1576) Vorsteuer	83,60	
an 3300 (1600) Verbindlichkeiten		523,60

§ 15 (1) UStG

Vom Verkäufer übernommene Netto-Transportkosten als Nebenkosten beim Warenverkauf werden auf dem Konto **Ausgangsfrachten** erfasst. Die vom Spediteur berechnete Umsatzsteuer ist für den Auftraggeber (Verkäufer) abziehbare Vorsteuer.

Der Verkäufer berechnet die Transportkosten weiter

Beispiel

Ein Unternehmer aus Bremen hat erneut Waren an einen Kunden aus Passau verkauft. Als Lieferbedingung wurde „ab Werk" vereinbart. Der Verkäufer beauftragt einen Spediteur mit dem Transport, der 440,00 € + 19 % USt berechnet (bereits gebucht). Diese Kosten werden dem Kunden in Rechnung gestellt.

Buchung bei Weiterberechnung an den Kunden	Soll	Haben
1200 (1400) Forderungen	523,60	
an 4000 (8000) Erlöse		440,00
3806 (1776) Umsatzsteuer		83,60

§ 277 (1) HGB

Die dem Kunden in Rechnung gestellten Transportkosten (Nettobetrag) sind für den Verkäufer ein zusätzliches Entgelt, das auf dem Konto **Erlöse** zu buchen ist. Ein Unterkonto dafür ist nicht vorgesehen.
Räumt der Lieferer dem Kunden die Möglichkeit ein, berechnete **Verpackung zurückzugeben**, werden die dem Käufer zunächst berechneten Beträge auf einem gesonderten Erlöskonto **Leergut** gebucht.

Beispiel

Ein Unternehmer verkauft Waren im Nettowert von 14.500,00 € auf Ziel. Für die Verpackung berechnet er 450,00 € netto. Im Kaufvertrag wurde vereinbart, dass bei Rücksendung der Verpackung dieser Betrag erstattet wird.

Buchung bei Warenverkauf auf Ziel	Soll	Haben
1200 (1400) Forderungen	17.790,50	
an 4000 (8000) Erlöse		14.500,00
4520 (8540) Erlöse Leergut		450,00
3806 (1776) Umsatzsteuer		2.840,50

Buchung bei Rücksendung der Leihverpackung	Soll	Haben
4520 (8540) Erlöse Leergut	450,00	
3806 (1776) Umsatzsteuer	85,50	
an 1200 (1400) Forderungen		535,50

Schickt der Kunde berechnete Leihverpackung zurück, wird beim Lieferer das Konto **Erlöse Leergut** im Soll gebucht und die Umsatzsteuer ist zu berichtigen. Der Buchungssatz des Warenverkaufs wird **gespiegelt**. § 17 (1) UStG

4.2.1.2 › Zölle

Die Bundesrepublik Deutschland erhebt keine Ausfuhrzölle. Zölle können jedoch dann anfallen, wenn der Verkäufer Waren in Drittländer verkauft und mit dem Käufer vereinbart hat, den dort anfallenden Einfuhrzoll zu übernehmen.

Beispiel ›››

Ein Unternehmer aus Schwenningen verkauft Waren im Wert von 50.000,00 € netto auf Ziel an einen Kunden in Zürich (Schweiz). Der fällige Einfuhrzoll von 5.000,00 € wird vom Verkäufer bar bezahlt.

Buchung bei Warenverkauf auf Ziel		Soll	Haben
1200 (1400)	Forderungen	50.000,00	
	an 4120 (8120) Steuerfreie Umsätze § 4 Nr. 1a UStG		50.000,00

Buchung bei Barzahlung des Zolls		Soll	Haben
6700 (4700)	Kosten der Warenabgabe	5.000,00	
	an 1600 (1000) Kasse		5.000,00

Es liegt eine steuerfreie Ausfuhrlieferung vor. Der bezahlte Zoll wird auf dem Konto **Kosten der Warenabgabe** gebucht. § 4 Nr. 1a UStG

4.2.1.3 › Vermittlungsgebühren

Provisionen oder **Kommissionen**, die beim Warenverkauf anfallen, sind für den Verkäufer Aufwand. Werden sie dem Kunden weiterbelastet handelt es sich um Erlöse.

Beispiel ›››

Für die Vermittlung eines Warenverkaufs geht eine Rechnung eines Handelsvertreters über 3.570,00 € brutto ein.

Buchung bei Rechnungseingang		Soll	Haben
6700 (4700)	Kosten der Warenabgabe	3.000,00	
1406 (1576)	Vorsteuer	570,00	
	an 3300 (1600) Verbindlichkeiten		3.570,00

Vom Verkäufer gezahlte Vermittlungsgebühren werden auf dem Konto **Kosten der Warenabgabe** gebucht.

4.2.2 Erlösschmälerungen

Wie beim Einkauf kann es auch beim Verkauf zu Preisnachlässen kommen, die die Erlöse des Verkäufers schmälern. Hierbei handelt es sich um:

Rabatte	Skonti	Boni

4.2.2.1 Gewährte Rabatte

Preisnachlässe in Form von **Sofortrabatten** (Treuerabatt, Wiederverkäuferrabatt, Mengenrabatt etc.) mindern den Rechnungsbetrag.

Beispiel

Der Großhändler Otto Mahlke e.K., Pforzheim, verkauft Waren zu einem Nettopreis von 7,20 €/Stück. Er gewährt seinen Kunden zusätzlich einen gestaffelten Mengenrabatt:

Abnahmemenge 500 bis 1000 Stück	5 %
Abnahmemenge 1001 bis 3000 Stück	10 %
Abnahmemenge über 3000 Stück	15 %

Ein Kunde aus Kassel bestellt 2.000 Stück.

Buchung beim Warenverkauf auf Ziel	Soll	Haben
1200 (1400) Forderungen	15.422,40	
an 4000 (8000) Erlöse		12.960,00
3806 (1776) Umsatzsteuer		2.462,40

Der Buchungssatz entspricht einer normalen Verkaufsbuchung. Der Mengenrabatt als Sofortrabatt wird **nicht** gebucht.

4.2.2.2 Gewährte Skonti

Mit der Einräumung eines Skontos will der Lieferer den Käufer zu einem schnelleren Rechnungsausgleich bewegen.

Beispiel

Die Mastertech AG aus Bremerhaven verkauft Elektrogeräte (Waren) zum Nettopreis von 40.500,00 € auf Ziel. Bei Zahlung innerhalb von 8 Tagen nach Rechnungsdatum gewährt sie ihren Kunden 4 % Skonto.

Buchung beim Warenverkauf (lt. Ausgangsrechnung)	Soll	Haben
1200 (1400) Forderungen	48.195,00	
an 4000 (8000) Erlöse		40.500,00
3806 (1776) Umsatzsteuer		7.695,00

Buchung bei Zahlungseingang (Bank) unter Skontoabzug		Soll	Haben
1800 (1200)	Bank	46.267,20	
4735 (8735)	Gewährte Skonti	1.620,00	
3806 (1776)	Umsatzsteuer	307,80	
	an 1200 (1400) Forderungen		48.195,00

Durch die Bezahlung unter Skontoabzug mindern sich nachträglich die Umsatzerlöse der Waren (hier um 4 % des Netto-Warenwertes) und die Bemessungsgrundlage für die Umsatzsteuer. Die Umsatzsteuer ist entsprechend zu berichtigen. Der dem Kunden gewährte Skonto wird nicht auf dem Konto Erlöse sondern im Soll des Kontos **Gewährte Skonti** erfasst. § 255 HGB § 17 (1) UStG

4.2.2.3 › Gewährte Boni

Ein Lieferant gewährt seinen Kunden am Jahresende häufig einen **Bonus** (= nachträglich gewährter Rabatt), wenn ein bestimmten Umsatz erreicht bzw. eine vereinbarte Abnahmemenge überschritten wird.

Beispiel

Die Maria Kramer GmbH aus Saarbrücken hat an einen Kunden aus Dresden Waren im Wert von netto 860.000,00 € verkauft. Der Kunde erhält am Jahresende einen Bonus in Höhe von 2 % gutgeschrieben.

Buchung beim Warenverkauf (lt. Ausgangsrechnung)		Soll	Haben
4740 (8740)	Gewährte Boni	17.200,00	
3806 (1776)	Umsatzsteuer	3.268,00	
	an 1200 (1400) Forderungen		20.468,00

Die Gewährung eines Bonus verringert die Erlöse des Lieferanten. Diese Erlösschmälerung wird mit dem Nettobetrag auf dem Konto **Gewährte Boni** gebucht. Die Bemessungsgrundlage für die Umsatzsteuer reduziert sich entsprechend. Diese Minderung wird im Soll des Umsatzsteuerkontos gebucht (Umsatzsteuerberichtigung). § 17 (1) UStG

4.2.3 › Rücksendungen und Gutschriften

Falschlieferungen, die Lieferung **mangelhafter Ware** oder die **irrtümliche Auslieferung größerer Mengen** als tatsächlich bestellt wurden führen zu **Rücksendungen** durch den Kunden bzw. zur **Gewährung von Gutschriften**.

Beispiel

Ein Gewerbetreibender hat Waren für 25.000,00 € zuzüglich USt auf Ziel verkauft. Wegen einer unzureichenden Verpackung war ein Teil der Lieferung bei der Ankunft beim Käufer beschädigt. Der Gewerbetreibende vereinbarte mit dem Kunden die Rücknahme der beschädigten Ware und erteilte eine Gutschrift in Höhe von 5.000,00 € netto.

Buchung beim Warenverkauf (lt. Ausgangsrechnung)	Soll	Haben
1200 (1400) Forderungen	29.750,00	
an 4000 (8000) Erlöse		25.000,00
3806 (1776) Umsatzsteuer		4.750,00

Buchung der Rücksendung (lt. Gutschrift)	Soll	Haben
4000 (8000) Erlöse	5.000,00	
3806 (1776) Umsatzsteuer	950,00	
an 1200 (1400) Forderungen		5.950,00

Durch die **Rücksendung** werden die Forderungen des Verkäufers um den Bruttobetrag der zurückgeschickten Waren reduziert und die Erlöse des Warenverkaufs verringert. Der Buchungssatz des Warenverkaufs wird **gespiegelt**.
Häufig kann sich der Lieferer mit dem Käufer darauf einigen, dass dieser die mangelhafte Ware behält und auf eine Rücksendung verzichtet. Der Käufer wird jedoch eine entsprechende Gegenleistung in Form einer Gutschrift erwarten.

Beispiel

Ein Steuerpflichtiger hat Waren für brutto 8.330,00 € auf Ziel verkauft (bereits gebucht). Zehn Tage nach Lieferung reklamiert der Käufer einen versteckten Mangel. Er ist jedoch bereit die Ware zu behalten, wenn er einen Preisnachlass von 20 % erhält. Der Lieferer stimmt zu und erteilt eine entsprechende Gutschrift.

Buchung bei Gewährung der Gutschrift	Soll	Haben
4700 (8700) Erlösschmälerungen	1.400,00	
3806 (1776) Umsatzsteuer	266,00	
an 1200 (1400) Forderungen		1.666,00

Gewährt der Lieferant dem Käufer aufgrund einer Mängelrüge eine Gutschrift (ohne Warenrücksendung) erfolgt die Berichtigung nicht auf dem Konto Umsatzerlöse, sondern auf § 17 (1) UStG dem Konto **Erlösschmälerungen** (mit dem Netto-Gutschriftsbetrag). Da sich die Bemessungsgrundlage für die Umsatzsteuer geändert hat ist diese zu berichtigen.

Übungen

1 Ein Schmuckgroßhändler aus Idar-Oberstein verkauft Modeschmuck an einen Einzelhändler in Kiel:

Modeschmuck	850,00 €
Versandkosten	40,00 €
	890,00 €
+ 19 % USt	169,10 €
Rechnungsbetrag	1.059,10 €

a) Buchen Sie den Verkauf auf Ziel.
b) Buchen Sie den Zahlungseingang auf dem Bankkonto des Großhändlers.

2 Ein Steuerpflichtiger aus Duisburg verkauft Waren zum Katalogpreis von 29.750,00 € brutto an einen Abnehmer in Nürnberg. Der Kunde erhält hierauf einen Wiederverkäuferrabatt von 20 %.

3 Der Unternehmer Andreas Möbius gewährt einem Kunden einen Bonus von 2 % auf einen Umsatz von 240.000,00 € netto.
Buchen Sie die Gewährung des Bonus.

4 Die Martina Schmidt GmbH erteilt einem Kunden für eine Warenrücksendung eine Gutschrift von insgesamt 7.140,00 €.
Buchen Sie die Gutschrift.

5 Ein Kunde der Claudia Spann OHG bezahlt eine offene Rechnung (Warenlieferung) über 2.346,68 € unter Abzug von 2 % Skonto durch Banküberweisung. Buchen Sie den Zahlungseingang für die Claudia Spann OHG.

6 Auf dem Bankkonto eines Mandanten geht die Überweisung eines Kunden über 13.641,60 € ein. Es handelt sich um den Rechnungsausgleich für eine Warenlieferung unter Abzug von 2 % Skonto.
Buchen Sie den Zahlungseingang beim Mandanten.

7 Ein Steuerpflichtiger verkauft Waren für netto 50.000,00 € an einen deutschen Abnehmer auf Ziel. Er beauftragt einen Spediteur mit der Lieferung und bezahlt bei Übergabe der Ware Transportkosten von 600,00 € + USt bar. Diese Frachtkosten belastet er in seiner Ausgangsrechnung seinem Kunden weiter.
a) Buchen Sie die Zahlung an den Spediteur.
b) Wie lautet der Buchungssatz für die Ausgangsrechnung?
c) Der Kunde schickt mangelhafte Ware im Wert von 5.000,00 € netto zurück und erhält eine entsprechende Gutschrift. Den Restbetrag überweist er vereinbarungsgemäß unter Abzug von 2 % Skonto vom Warenwert (ohne Frachtkosten) auf das Bankkonto des Steuerpflichtigen. Nehmen Sie die erforderlichen Buchungen vor.

8 Die Firma Dagmar Alt e. Kfr., Leipzig, ist Großhändler für Elektrogeräte. Sie verkauft Mikrowellen für netto 10.000,00 € auf Ziel an einen Kunden in Niedersachsen. Nach zehn Tagen erhält sie beschädigte Ware im Nettowert von 2.000,00 € zurück und erteilt eine entsprechende Gutschrift. Der mit der Auslieferung zum Kunden beauftragte Spediteur schickt ihr für den Transport eine Rechnung über brutto 238,00 €.
Buchen Sie für die Dagmar Alt e. Kfr.
a) den Rechnungsausgang an den Kunden.
b) die Erteilung der Gutschrift.
c) die Rechnung des Spediteurs.
d) den Rechnungsausgleich des Kunden durch Überweisung auf das Bankkonto.

9 Ein Großhändler aus Hamburg verkaufte italienische Möbel für 4.400,00 € brutto an einen Einzelhändler in München (bereits gebucht). Der Kunde überweist den Rechnungsbetrag unter Abzug von 2 % Skonto auf das Bankkonto. Buchen Sie den Zahlungseingang für den Großhändler.

4.3 Buchungen im Fertigungsbereich

Beschaffung von Stoffen
Zur Herstellung seiner Erzeugnisse benötigt ein Industriebetrieb **Roh-, Hilfs-** und **Betriebsstoffe**.

Ein Unternehmen produziert Spielzeug aus Holz:

Rohstoffe	**Hauptbestandteil** des Produkts, z. B. Holz
Hilfsstoffe	**Nebenbestandteil** des Produkts, z. B. Leim
Betriebsstoffe	**Kein Produktbestandteil**, aber zur Herstellung erforderlich, z. B. Strom

Bei der Beschaffung von Stoffen erfolgt die Buchung auf den entsprechenden

Aufwandskonten

Aufwendungen für **Rohstoffe** 5000 (3000)	Aufwendungen für **Hilfsstoffe** 5010 (3010)	Aufwendungen für **Betriebsstoffe** 5020 (3020)

Auf den **Bestandskonten** für Roh-, Hilfs- und Betriebsstoffe werden nur die jeweiligen **Anfangs-** und **Schlussbestände** laut Inventur sowie die **Bestandsveränderungen** gebucht.

Beispiel

Ein Industriebetrieb hat Rohstoffe auf Ziel gekauft und erhält darüber folgende Eingangsrechnung (Auszug):

Warenwert	10.000,00 €
19 % USt	1.900,00 €
Rechnungsbetrag	11.900,00 €

Buchung bei Wareneingang		Soll	Haben
5000 (3000)	Aufwendungen für Rohstoffe	10.000,00	
1406 (1576)	Vorsteuer	1.900,00	
	an 3300 (1600) Verbindlichkeiten		11.900,00

Der Kauf von **Roh-, Hilfs-** und **Betriebsstoffen** wird auf den entsprechenden **Aufwandskonten** (hier: Aufwendungen für Rohstoffe) gebucht, da unterstellt wird, dass die entsprechenden Stoffe sofort in die Produktion eingehen (verbrauchssynchrone Beschaffung/ „just-in-time-Konzept").

Anschaffungsnebenkosten

Ebenso wie beim Wareneinkauf fallen auch bei der Beschaffung von Roh-, Hilfs- und Betriebsstoffen **Nebenkosten** (Fracht, Verpackung, etc.) an.

Beispiel

Für den Transport von Hilfsstoffen erhält der Steuerpflichtige eine Rechnung der Deutsche Bahn AG über 5.355,00 €.

Buchung beim Wareneingang (lt. Eingangsrechnung)		Soll	Haben
5802 (3802)	Anschaffungsnebenkosten Hilfsstoffe	4.500,00	
1406 (1576)	Vorsteuer	855,00	
	an 3300 (1600) Verbindlichkeiten		5.355,00

Nebenkosten der Beschaffung werden wegen der besseren Übersicht auf gesonderten Unterkonten, den **Anschaffungsnebenkosten-Konten** (hier für Hilfsstoffe) gebucht.

Übungen

1 Buchen Sie für ein Industrieunternehmen den Zieleinkauf von Hilfsstoffen, Rechnungsbetrag 32.130,00 €.

2 Ein Unternehmen hat Schmiermittel (Betriebsstoffe) eingekauft und den Rechnungsbetrag in Höhe von 297,50 € bar bezahlt.

3 Die Metallurgica AG hat Rohstoffe im Nettowert von 90.000,00 € von einem Unternehmen in Duisburg auf Ziel eingekauft.

4 Ein Mandant hat Hilfsstoffe im Listenpreis von 50.000,00 € netto auf Ziel eingekauft. Der Verkäufer gewährt auf den Listenpreis einen Mengenrabatt von 10 %.

5 Die Eingangsfracht für die Hilfsstofflieferung aus Nr. 4 in Höhe von 1.428,00 € wird bar bezahlt.

6 Das Großhandelsunternehmen Jennifer Safir OHG, Würzburg, hat an einen Unternehmer aus Bremen Waren im Nettowert von 40.380,00 € auf Ziel verkauft.
Buchen Sie für die Jennifer Safir OHG:
a) den Warenverkauf auf Ziel
b) die Rücksendung von fehlerhaften Waren im Nettowert von 8.000,00 € (Gutschriftserteilung des Verkäufers)
c) den Zahlungseingang auf dem Bankkonto unter Abzug von 3 % Skonto

7 Buchen Sie den Vorgang Nr. 6 für den Käufer aus Bremen.

8 Eine bereits als Verbindlichkeit gebuchte Wareneingangsrechnung über 16.200,00 € + USt wurde vom Unternehmer reklamiert, da der vom Verkäufer vertraglich zugesicherte Mengenrabatt von 30 % in der Rechnung nicht berücksichtigt wurde. Der gekürzte Betrag wurde nach Abzug von 2 % Skonto vom Postbankkonto überwiesen.

4.4 Handelskalkulation

Die Kalkulation dient der Ermittlung von

Einstandspreis (= Bezugspreis) und **Verkaufspreis einer Ware**

4.4.1 Kalkulationsschema

Bereich		Position	Vorwärtskalkulation (↓)	Rückwärtskalkulation (↑)	Differenzkalkulation (↓ bis Selbstkostenpreis, ↑ ab Listenverkaufspreis)
Verkaufskalkulation / Selbstkostenkalkulation / Bezugskalkulation		Bruttoeinkaufspreis einschl. USt			
	–	Umsatzsteuer (Vorsteuer)			
	=	Listeneinkaufspreis (netto)			
	–	Liefererrabatt	– v. H.	+ i. H.	– v. H.
	=	Zieleinkaufspreis			
	–	Liefererskonto	– v. H.	+ i. H.	– v. H.
	=	Bareinkaufspreis			
	+	Bezugskosten			
	=	Bezugspreis			
Verkaufskalkulation / Selbstkostenkalkulation	+	Handlungs- oder Geschäftskosten	+ v. H.	– a. H.	+ v. H.
	=	Selbstkostenpreis			
Verkaufskalkulation	+	Gewinn	+ v. H.	– a. H.	? €
	=	Barverkaufspreis			
	+	Kundenskonto	+ i. H.	– v. H.	– v. H.
	+	Vertreterprovision	+ i. H.	– v. H.	– v. H.
	=	Zielverkaufspreis			
	+	Kundenrabatt	+ i. H.	– v. H.	– v. H.
	=	Listenverkaufspreis (netto)			
	+	Umsatzsteuer	+ v. H.	– a. H.	– a. H.
	=	Listenverkaufspreis einschl. USt (= Bruttoverkaufspreis)			

Vorwärtskalkulation = Ausgehend vom Listeneinkaufspreis (netto) errechnet man den Listenverkaufspreis (netto).

Rückwärtskalkulation = Ausgehend von einem gegebenen Listenverkaufspreis (netto) errechnet man unter Beibehaltung der Zuschlagssätze aus der Vorwärtskalkulation den Listeneinkaufspreis (netto), zu dem höchstens eingekauft werden darf.

Differenzkalkulation = Bei einem gegebenen Listeneinkaufspreis (netto) und einem gegebenen Listenverkaufspreis (netto) errechnet man den verbleibenden Gewinn (Differenz) in € und %.

Berechnungen:
a. H. = auf Hundert: Wir schließen vom vermehrten Grundwert auf den Grundwert.
i. H. = im Hundert: Wir schließen vom verminderten Grundwert auf den Grundwert.
v. H. = von Hundert: Wir errechnen ausgehend vom Grundwert den Prozentwert.

4.4.2 Bezugskalkulation

Die Bezugskalkulation geht vom Listeneinkaufspreis ohne USt aus und ermittelt unter Abzug von Liefererrabatt und Liefererskonto und durch Hinzurechnung der Bezugskosten den Bezugspreis, auch Einstandspreis genannt. Dieser Wert stellt die Anschaffungskosten der eingekauften Waren nach Handels- und Steuerrecht dar.

Rabatte:	Sie werden als Prozentabzug vom Einkaufspreis gewährt. Mengen-, Treue-, Wiederverkäufer-, Sonder- und Naturalrabatte
Skonto:	Wird als Prozentabzug vom Zieleinkaufspreis gewährt, wenn der Käufer sofort oder innerhalb einer vereinbarten Zeit bezahlt.
Bezugskosten:	Verpackungskosten, Zoll, Fracht, Rollgeld, Porto, Verlade-, Wiege- und Entladekosten, Transportversicherung.

Beispiel

Ein Großhändler kauft Waren zum Listenpreis von 3.200,00 € ein. Er erhält 10 % Rabatt und 1 % Skonto. Die Frachtkosten betragen 178,80 €. Berechnen Sie den Bezugspreis.

	€
Listeneinkaufspreis	3.200,00
– Liefererrabatt 10 % (vom Listeneinkaufspreis)	320,00
Zieleinkaufspreis	2.880,00
– Liefererskonto 1 % (vom Zieleinkaufspreis)	28,80
Bareinkaufspreis	2.851,20
+ Bezugskosten	178,80
Bezugspreis = Einstandspreis	3.030,00

Übungen

1 Eine Schuhgroßhandlung kauft Schuhe der Marke „Tibet" zum Paarpreis von 60,00 € ein. Der Lieferer gewährt einen Mengenrabatt von 20 % und 2 % Skonto bei Zahlung innerhalb von 14 Tagen. Die Anlieferung durch den Paketdienst verursachte Kosten pro Paar in Höhe von 3,01 €.
Wie hoch ist der Einstandspreis für ein Paar Schuhe der Marke „Tibet"?

2 Ein Damenoberbekleidungsfachgeschäft kauft 52 Blusen zu insgesamt 5.200,00 €. Die Bezugskosten betragen 1 % des Warenwertes. Wie hoch ist der Einstandspreis einer Bluse, wenn auf den Gesamtkaufpreis 5 % Rabatt gewährt werden?

3 Aus der Buchführung eines Mandanten ergeben sich folgende Zahlen:

Warenbestand 01.01.	68.000,00 €
Warenbestand 31.12.	44.000,00 €
Warenzugänge im laufenden Jahr	112.000,00 €
Bezugskosten	7.400,00 €
Erhaltene Rabatte	4.500,00 €
Erhaltene Skonti	9.300,00 €

Wie hoch ist der Wareneinsatz?

4 Vergleichen Sie zwei Angebote:

Angebot I: Listeneinkaufspreis (netto) 220,00 €, Lieferung „ab Werk", Bezugskosten 16,00 €. Bei Zahlung innerhalb von 14 Tagen werden 2 % Skonto gewährt.

Angebot II: Listeneinkaufspreis (netto) 245,00 €, Lieferung „frei Haus", 10 % Treuerabatt, sofortige Zahlung ohne Abzug.

Wie hoch ist der jeweilige Bezugspreis?

4.4.3 Selbstkostenkalkulation

Bezugspreis (Einstandspreis)
+ Handlungs- oder Geschäftskostenzuschlag in % des Einstandspreises
= Selbstkostenpreis

Handlungs- oder Geschäftskosten entstehen bei der Lagerung und durch den Verkauf der Waren.
Solche Kosten sind z. B.:
Mieten und Raumkosten, Werbe- und Reisekosten, Personalkosten, Betriebssteuern, Abschreibungen, allgemeine Verwaltungskosten.

Handlungskosten sind Gemeinkosten. Sie lassen sich nicht dem Verkaufspreis eines Produktes einzeln zurechnen (Einzelkosten), sondern entstehen für die Gesamtheit aller bezogenen Waren und sind deshalb nur mittels eines Prozentzuschlages (= Handlungskostenzuschlag) dem Bezugspreis der Ware hinzuzurechnen.

$$\textbf{HKZ} = \frac{\textbf{Handlungskosten} \times 100}{\textbf{Einstandspreis der verkauften Waren (= Wareneinsatz)}}$$

Der Handlungskostenzuschlagssatz muss wegen der Kostenentwicklung regelmäßig überprüft werden.

Beispiel

Ermitteln Sie den Handlungskostenzuschlagsatz eines Unternehmens, wenn Ihnen folgende Zahlen aus der Buchhaltung vorliegen:

	€
Wareneinsatz	530.000,00
Personalkosten	98.000,00
Abschreibungen	47.000,00
Betriebssteuern	31.000,00
Zinsaufwand	13.000,00
Werbeaufwand	6.700,00
Allg. Verwaltungskosten	11.000,00

$$HKZ = \frac{206.700\ € \times 100}{530.000{,}00\ €} = 39\ \%$$

Die Gemeinkosten lassen sich jetzt mit Hilfe des errechneten HKZ jedem Produkt des Warensortimentes zuordnen.

Beispiel

Der Bezugspreis einer Handelsware beträgt pro Stück 175,00 €. Errechnen Sie den Selbstkostenpreis.

	€
Bezugspreis	175,00
+ HKZ 39 %	68,25
Selbstkostenpreis	243,25

Übungen

1 Die Buchführung eines Unternehmens weist einen Wareneinsatz von 82.000,00 € aus. Der Barverkaufspreis der Ware beträgt 156.702,00 €. Der Unternehmer rechnet mit einem Gewinnzuschlag von 30 %.
Errechnen Sie den Handlungskostenzuschlag in %.

2 Ein Großhändler kauft zu folgenden Bedingungen ein:

Listeneinkaufspreis (brutto)	357,00 €
Wiederverkäuferrabatt	20 %
Liefererskonto	3 %
Bezugskostensatz	5 %

Aus der Buchhaltung liegen folgende Zahlen zusätzlich vor:

Wareneinsatz	460.000,00 €
Geschäftskosten lt. Buchhaltung	216.200,00 €

Ermitteln Sie den Selbstkostenpreis!

3 Ein Mandant legt Ihnen für das Jahr 2020 folgende Zahlen vor:

Warenbestand	01.01.2020	238.000,00 €
Warenbestand	31.12.2020	160.000,00 €
Wareneingänge		917.000,00 €
Geschäftskosten des Jahres		288.000,00 €
Anschaffungsnebenkosten des Jahres		12.000,00 €
Nachlässe des Jahres		7.000,00 €

a) Berechnen Sie den Handlungskostenzuschlagsatz.
b) Errechnen Sie den Selbstkostenpreis.

4.4.4 Verkaufskalkulation

In der Verkaufskalkulation werden der Barverkaufspreis, der Zielverkaufspreis und der Listenverkaufspreis ermittelt.

4.4.4.1 Kalkulation des Barverkaufspreises

Selbstkostenpreis
+ Gewinnzuschlag in % der Selbstkosten
= Barverkaufspreis

Ein Gewinn ist nur erzielbar, wenn für die verkaufte Ware mehr als nur die Selbstkosten erzielt werden. Der Gewinnzuschlag wird vom Unternehmer errechnet; er wird aber auch durch die Konkurrenzsituation am Markt beeinflusst.

Der Gewinn der Unternehmung setzt sich zusammen aus:

Unternehmerlohn:	Arbeitsentgelt für geleistete Arbeit ≙ der Vergütung eines Angestellten in vergleichbarer Position in einem branchengleichen Unternehmen.
Kapitalverzinsung:	Verzinsung des im Unternehmen eingesetzten Kapitals. Sie sollte mindestens der Verzinsung durch eine Bank entsprechen.
Risikoprämie:	Finanzieller Ausgleich für eingegangenes unternehmerisches Risiko.

Beispiel

Ein mitarbeitender Unternehmer verlangt für seine Tätigkeit monatlich eine Vergütung von 4.000,00 €. Das eingesetzte Kapital in Höhe von 460.000,00 € soll mit 5 % verzinst werden. Für die Übernahme des unternehmerischen Risikos werden zusätzlich 3 % angesetzt. Die Selbstkosten insgesamt betragen 424.000,00 €

a) Ermitteln Sie den Gewinnzuschlagsatz!
b) Errechnen Sie den Barverkaufspreis!

Unternehmerlohn:	12 × 4.000,00 € =	48.000,00 €
Verzinsung des eingesetzten Kapitals:	5 % × 460.000,00 € =	23.000,00 €
Risikoprämie:	3 % × 460.000,00 € =	13.800,00 €
Erwarteter Gewinn		84.800,00 €

a) Gewinnzuschlagsatz:

$$\frac{84.800{,}00\ € \times 100}{424.000{,}00}\ € = 20\ \%$$

b) Barverkaufspreis:

Selbstkosten	424.000,00 €
+ Gewinnzuschlag 20 %	84.800,00 €
Barverkaufspreis	508.800,00 €

Übungen

1 In der Bilanz eines Unternehmens finden Sie folgenden Bilanzansatz:

Eigenkapital 400.000,00 €
Das Privatkonto weist Barentnahmen von monatlich 4.200,00 € aus.
Das Eigenkapital soll sich mit 5 % verzinsen. Als Risikoprämie sollen 2 % vom Eigenkapital gerechnet werden.
Wie hoch ist der zu kalkulierende Gewinn absolut und in %, wenn die Selbstkosten 185.000,00 € betragen?

2 Errechnen Sie Handlungskosten- und Gewinnzuschlag in %!

Bezugspreis/Einstandspreis der Ware	740,00 €
Geschäftskosten	281,20 €
Barverkaufspreis (netto)	1.256,08 €

3 Ein Unternehmen kalkuliert mit einem Gewinnzuschlagssatz von 16 %. Dies entspricht einem absoluten Gewinn in Höhe von 92.000,00 €.
Wie hoch sind die Selbstkosten?

4 Der Unternehmer Willi Müller e.K. erwirbt einen Artikel zu einem Listeneinkaufspreis von 3.000,00 €. Der Lieferer gewährt ihm hierauf 20 % Rabatt. Die Bezugskosten betragen 120,00 €. Die Rechnung wird unter Abzug von 2 % Skonto auf den Zieleinkaufspreis beglichen. Berechnen Sie den Barverkaufspreis, wenn der Unternehmer Müller mit 40 % Handlungskosten und 9 % Gewinn kalkuliert.

4.4.4.2 Kalkulation des Listenverkaufspreises

Werden dem Kunden Rabatt und Skonto gewährt, ist bei der Berechnung der Zuschläge so vorzugehen, dass der in unserer Kalkulation errechnete Rabatt- und/oder Skontobetrag dem späteren Abschlag in der Bezugskalkulation des Kunden wertmäßig entspricht.

Deshalb werden Rabatt und Skonto mittels der **Im-Hundert-Rechnung** dem Bar- bzw. Zielverkaufspreis hinzugerechnet.

Wird beim Vertrieb der Ware ein Vertreter eingeschaltet, muss auch seine Provision (Vertreterprovision) in die Berechnung des Verkaufspreises einbezogen werden.

Beispiel

Unser Barverkaufspreis beträgt wie oben berechnet 508.800,00 €. Dem Kunden sollen 10 % Rabatt und 2 % Skonto gewährt werden.
Errechnen Sie den Listenverkaufspreis!

Barverkaufspreis:	508.800,00 €	98 %	
+ 2 % Kundenskonto (i.H.)	10.383,67 €	2 %	
Zielverkaufspreis	519.183,67 €	100 %	90 %
+ 10 % Kundenrabatt (i.H.)	57.687,07 €		10 %
Listenverkaufspreis (netto)	576.870,74 €		100 %

Bei den bisherigen Berechnungen sind wir immer von einem vorsteuerabzugsberechtigten Unternehmen (also Industrieunternehmen, Großhändler oder Einzelhändler) ausgegangen. Ist der Käufer ein nichtvorsteuerabzugsberechtigter Kunde (also i.d.R. eine Privatperson), so wird der Listenverkaufspreis immer einschließlich Umsatzsteuer berechnet.

Beispiel

Im obigen Beispiel würde der Listenverkaufspreis (netto) um die Umsatzsteuer erhöht.

Listenverkaufspreis (netto)	576.870,74 €
+ 19 % Umsatzsteuer	109.605,44 €
Listenverkaufspreis (brutto) = Bruttoverkaufspreis	686.476,18 €

Übungen

1 Kalkulieren Sie den jeweiligen Listenverkaufspreis **(netto)**:

	a)	b)	c)
Barverkaufspreis	3,23 €	156,80 €	447,54 €
Kundenskonto	2 %	2 %	3 %
Vertreterprovision	–	5 %	10 %
Kundenrabatt	–	–	12 %

2 Kalkulieren Sie den jeweiligen Listenverkaufspreis **(brutto)**:

	a)	b)	c)
Bezugspreis	24,00 €	424,00 €	73,20 €
Handlungskostenzuschlag	47 %	25 %	22 %
Gewinnzuschlag	15 %	33 %	50 %
Kundenskonto	2 %	3 %	–
Vertreterprovision	–	10 %	–
Kundenrabatt	–	–	10 %

3 Einem Kunden werden 20 % Mengenrabatt und 2 % Skonto gewährt. Der Kunde zahlt innerhalb der vereinbarten Frist und überweist auf Ihr Bankkonto 9.520,00 €.
Wie hoch war der Listenverkaufspreis (netto)?

4 Eine Elektrohandlung kauft 30 Bohrmaschinen zum Preis von 2.458,00 € netto. Die Lieferung erfolgt frei Haus. Sie erhält beim Kauf 35 % Wiederverkäuferrabatt und 2 % Skonto. Ihre Geschäftskosten kalkuliert sie mit 25 %, den Gewinn mit 30 %. Ihren Kunden gewährt die Elektrohandlung 2 % Skonto bei sofortiger Zahlung.
Wieviel kostet eine Bohrmaschine einschließlich 19 % USt?

4.4.5 Rückwärtskalkulation

Angebot und Nachfrage bestimmen den Preis. Der Unternehmer kann also gezwungen sein, den errechneten Listenverkaufspreis wegen des günstigeren Angebotes eines Mitkonkurrenten zu senken.

Jetzt ist es seine Aufgabe, herauszufinden, zu welchem Listeneinkaufspreis (netto) er die Ware höchstens einkaufen darf, will er die bei der Errechnung des Verkaufspreises eingerechneten Zuschläge realisieren.

Großhandel	**Einzelhandel**
Bezugspreis ↑ Listenverkaufspreis (netto)	Bezugspreis ↑ Listenverkaufspreis (brutto)

Beispiel

Der von uns kalkulierte Listenverkaufspreis (netto) eines Artikels beträgt 349,86 €. Der Listeneinkaufspreis (netto) betrug 196,41 €. Für Bezugskosten wurden 10,00 € (netto) bezahlt.
Ein Konkurrent bietet den gleichen Artikel für 320,00 € an.
Zu welchem Preis dürfen wir den Artikel höchstens einkaufen?

Listeneinkaufspreis (netto)		178,69 €
+ 10 % Liefererrabatt	i.H.	17,87 €
= Zieleinkaufspreis		160,82 €
+ 1 % Liefererskonto	i.H.	1,61 €
= Bareinkaufspreis		159,21 €
– Bezugskosten		10,00 €
= Bezugspreis		169,21 €
– 39 % Handlungs- oder Geschäftskosten	a.H.	65,99 €
= Selbstkostenpreis		235,20 €
– 20 % Gewinn	a.H.	47,04 €
= Barverkaufspreis		282,24 €
– 2 % Kundenskonto	v.H.	5,76 €
= Zielverkaufspreis		288,00 €
– 10 % Kundenrabatt	v.H.	32,00 €
= Listenverkaufspreis (netto)		320,00 €

Rückwärtskalkulation

Der maximale Einkaufspreis beträgt 178,69 €.

Übungen

1 Für das Erzeugnis A einer Warengruppe wurde ein Listenverkaufspreis (netto) von 144,00 € berechnet. Der Lieferer gewährte einen Rabatt in Höhe von 20 % und Skonto in Höhe von 2 %. Für die Anlieferung der Ware mussten 10,00 € bezahlt werden. Handlungskosten waren mit 34 % und der Gewinn mit 23 % zu kalkulieren. Die Kunden erhalten beim Kauf der Ware grundsätzlich 2 % Skonto.
Wie hoch war der Listeneinkaufspreis (brutto)?

2 Eine Ware wurde mit dem ursprünglich kalkulierten Gewinnzuschlag von 29,0 % zum Preis von 55,47 € netto abgesetzt. Aufgrund einer Mängelrüge muss der Barverkaufspreis auf 49,00 € gesenkt werden.
Errechnen Sie den verbleibenden Gewinn absolut und in %!

3 Die Fa. Rado bietet ein Rennrad zu einem Listenverkaufspreis (brutto) von 1.983,14 € an. Das Konkurrenzunternehmen, Fa. Blitz, bietet ein bau- und ausstattungsgleiches Fahrrad für 1.550,00 € (netto) an.

Zu welchem Preis darf die Fa. Rado ihr angebotenes Fahrrad höchstens einkaufen, wenn sie den Preis des Konkurrenten halten möchte.
Bisher hat sie mit folgenden Größen kalkuliert:

Liefererrabatt	20 %
Lieferskonto	2 %
Bezugskostensatz	1 %
Handlungskostensatz	25 %
Gewinnzuschlagsatz	10 %
Kundenskonto	2 %

4.4.6 Differenzkalkulation

Gelingt es dem Unternehmer nicht, die Ware günstiger einzukaufen, wird er sie weiterhin zum höheren Einkaufspreis beziehen müssen.
Ist der Verkaufspreis durch den Markt vorgegeben, kann der Unternehmer nur überprüfen, ob bei Verkauf der Ware ein angemessener Gewinn erzielt werden kann. Dies geschieht durch Differenzkalkulation.

Beispiel

Der niedrigere Angebotspreis der Konkurrenz betrug 320,00 €. Da wir keinen günstigeren Lieferanten ermitteln konnten, müssen wir unsere Ware weiterhin zu 196,41 € einkaufen.

Wieviel Gewinn wird der Unternehmer beim Verkauf der Ware erzielen?

		Vorwärtskalk.	
Listeneinkaufspreis (netto)		196,41 €	
– 10 % Liefererrabatt	– v.H.	19,64 €	
= Zieleinkaufspreis		176,77 €	
– 1 % Liefererskonto	– v.H.	1,77 €	
= Bareinkaufspreis		175,00 €	
+ Bezugskosten	+ v.H.	10,00 €	
= Bezugspreis		185,00 €	
+ 39 % Handlungs- oder Geschäftskosten	+ v.H.	72,15 €	
= Selbstkostenpreis		257,15 €	
+ Gewinn	? v.H.	? €	25,09 € ≙ 9,76 %
= Barverkaufspreis		282,24 €	
+ 2 % Kundenskonto	– v.H.	5,76 €	
= Zielverkaufspreis		288,00 €	
+ 10 % Kundenrabatt	– v.H.	32,00 €	
= Listenverkaufspreis (netto)		320,00 €	
		Rückwärtskalk.	

Barverkaufspreis	–	Selbstkostenpreis	=	Gewinn
282,24 €	–	257,15 €	=	25,09 €

$$\text{Gewinnzuschlag in \%} = \frac{\text{Gewinn} \times 100}{\text{Selbstkostenpreis}} = \frac{25{,}09\ € \times 100}{257{,}15\ €} = 9{,}76\ \%.$$

Bei bestimmten Waren sind der Einkaufspreis und Verkaufspreis vom Hersteller vorgegeben. Dies sind sogenannte Richtpreise (= unverbindliche Preisempfehlungen). Bei solchen Waren kann der Einkäufer nur durch hohe Rabatte zu einem akzeptablen Gewinn gelangen.

Beispiel

Ein Artikel hat einen empfohlenen Richtpreis von 190,40 € einschließlich Umsatzsteuer.

Es ist zu rechnen mit:
40 % Wiederverkäuferrabatt
1 % Bezugskosten
30 % Handlungskosten
2 % Kundenskonto

Wieviel Gewinn bleibt dem Unternehmer beim Verkauf des Artikels, wenn der Verkaufspreis als Richtpreis feststeht?

Listeneinkaufspreis (brutto)	190,40 €	
– 19 % Umsatzsteuer	30,40 €	
Listeneinkaufspreis	160,00 €	
– 40 % Liefererrabatt	64,00 €	
Zieleinkaufspreis/Bareinkaufspreis	96,00 €	
+ 1 % Bezugskosten	0,96 €	
Bezugspreis	96,96 €	
+ 30 % Handlungskosten	29,09 €	
Selbstkostenpreis	126,05 €	
+ Gewinn ...?... %	? €	30,75 €
Barverkaufspreis	156,80 €	
– 2 % Kundenskonto	3,20 €	
Listenverkaufspreis (netto)/Zielverkaufspreis	160,00 €	
– 19 % Umsatzsteuer	30,40 €	
Listenverkaufspreis (brutto)	190,40 €	

$$\text{Gewinn in \%} = \frac{30{,}75\ € \times 100}{126{,}05\ €} = 24{,}4\ \%.$$

Übungen

1 Ein Händler erwirbt eine Ware zum Preis von 850,00 € (netto). Er verkauft diese Ware zu einem Bruttoverkaufspreis von 993,71 €. Seine Zuschlagssätze betragen für die Handlungskosten 20 % und für gewährte Kundenskonto 3 %. Der Hersteller gewährt ihm 10 % Rabatt und 2 % Skonto.
Wie hoch ist der verbleibende Gewinn oder Verlust in €?

2 Der Einkaufspreis einer Ware ist gleich dem Nettoverkaufspreis in Höhe von 500,00 €. Welchen Gewinn bzw. Verlust erzielt der Unternehmer, wenn er 40 % Liefererrabatt und und 3 % Skonto erhält, die Bezugskosten mit 12,00 € ansetzt und die Handlungskosten mit 29 % und Kundenskonto mit 2 % kalkuliert?

3 Berechnen Sie den Gewinn absolut und in %:

Bezugspreis / Einstandspreis	2.300,00 €
Geschäftskosten	690,00 €
Erlöse	3.500,00 €

4.4.7 Kalkulationsvereinfachungen

Einkaufsrabatte, Skonti und evtl. auch die Bezugskosten werden vom jeweiligen Lieferer einer Ware bestimmt. Der Bezugspreis verändert sich also. Geschäfts- oder Handlungskosten, Gewinnzuschlag, zu gewährende Kundenrabatte und Skonti werden hingegen vom kalkulierenden Unternehmer festgesetzt und bleiben i.d.R. über einen längeren Zeitraum konstant.
Deshalb kann man die Kalkulation durch Anwendung von **Kalkulationszuschlag (Kz), Kalkulationsfaktor (Kf)** und **Handelsspanne (Hsp)** vereinfachen.

4.4.7.1 Kalkulationszuschlag

Da die Zuschlagssätze häufig über einen längeren Zeitraum konstant bleiben, kann man den Listenverkaufspreis mittels eines **einheitlichen Zuschlagssatzes** (= Kalkulationszuschlag in %) errechnen. Dabei wird das **prozentuale Verhältnis des Rohgewinns zum Bezugspreis** errechnet.

Bezugspreis
+ Rohgewinn in € (= Kalkulationszuschlag in %)
= Listenverkaufspreis

Großhandel:	› **Rohgewinn = Listenverkaufspreis (netto) – Bezugspreis**
Einzelhandel:	› **Rohgewinn = Listenverkaufspreis (brutto) – Bezugspreis**

Beispiel

Ein Großhändler kalkuliert eine Ware mit 35 % Handlungskosten, 20 % Gewinn, 2 % Kundenskonto und 10 % Kundenrabatt. Der Bezugspreis beträgt 100 €.
Wie hoch ist der Kalkulationszuschlag in %?

Bezugspreis	100,00 €	
+ 35 % Handlungs- oder Geschäftskosten	35,00 €	
Selbstkostenpreis	135,00 €	
+ 20 % Gewinnzuschlag	27,00 €	Rohgewinn = 83,68 €
Barverkaufspreis	162,00 €	
+ 2 % Kundenskonto	3,31 €	
Zielverkaufspreis	165,31 €	
+ 10 % Kundenrabatt	18,37 €	
Listenverkaufspreis (netto)	183,68 €	

Rohgewinn = Listenverkaufspreis – Bezugspreis

$$\text{Kalkulationszuschlag} = \frac{\text{Rohgewinn} \times 100}{\text{Bezugspreis}}$$

$$= \frac{83{,}68\ € \times 100}{100{,}00\ €} = 83{,}68\ \%$$

Probe: 100 € × 83,68 % = 83,68 €

Bezugspreis	100,00 €
+ Rohgewinn	83,68 €
Listenverkaufspreis	183,68 €

4.4.7.2 › Kalkulationsfaktor

Oft rechnen Unternehmen an Stelle des Kalkulationszuschlages mit dem Kalkulationsfaktor. Diese Rechnung führt sofort zum Listenverkaufspreis. Dem Bezugspreis muss der Rohgewinn nicht gesondert hinzugerechnet werden.

Bezugspreis × Kalkulationsfaktor = Listenverkaufspreis

Beispiel

Unter Verwendung der Daten aus Aufgabe 4.4.7.1 errechnet sich folgender Kalkulationsfaktor.

$$\text{Kalkulationsfaktor} = 1 + \frac{Kz}{100}$$

$$= 1 + \frac{83{,}68}{100} = 1{,}8368$$

Probe: 100 € × 1,8368 = 183,68 €

4.4.7.3 › Handelsspanne

Die Handelsspanne wird im Rahmen der Rückwartskalkulation ermittelt. Dabei wird das prozentuale Verhältnis des Rohgewinns zum Listenverkaufspreis errechnet.

Listenverkaufspreis
– Handelsspanne in %
= Bezugspreis

Beispiel

Unter Verwendung der Daten aus Aufgabe 4.4.7.1 errechnet sich folgende Handelsspanne:

$$\text{Handelsspanne} = \frac{\text{Rohgewinn} \times 100}{\text{Listenverkaufspreis}}$$

$$= \frac{83{,}68 \times 100\ €}{183{,}68\ €} = 45{,}56\ \%.$$

Probe: 183,68 € × 45,56 % = 83,68 €

Listenverkaufspreis	183,68 €
– Rohgewinn	83,68 €
Bezugspreis	100,00 €

Übungen

1 Aus der Buchführung eines **Einzelhändlers** ergeben sich folgende Zahlen: zu 4.4.7.1–4.4.7.3

Warenzugänge (netto)	500.000,00 €
Bezugskosten (netto)	10.000,00 €
Warenverkäufe (brutto)	690.200,00 €
Warenbestand 01.01.	80.000,00 €
Warenbestand 31.12.	75.000,00 €

Berechnen Sie folgende Größen:
a) Kalkulationszuschlag in Prozent,
b) Kalkulationsfaktor,
c) Handelsspanne in %.

Die Aufgaben 2. bis 8. betreffen Großhandelsunternehmen.

2 Der Kalkulationszuschlagsatz beträgt 300 %.
Wie groß sind Kalkulationsfaktor und Handelsspanne?

3 Die Handelsspanne beträgt 70 %.
Berechnen Sie den Kalkulationszuschlagssatz und den Kalkulationsfaktor.

4 Der Kalkulationsfaktor beträgt 1,3.
Ermitteln Sie Kalkulationszuschlagssatz und Handelsspanne.

5 In einem Unternehmen wird zur Ermittlung der Verkaufspreise mit einem Kalkulationsfaktor von 1,8 gerechnet. Der Zulieferer hat die Preise um 20 % erhöht.
Ermitteln Sie den neuen Kalkulationsfaktor, wenn die Verkaufspreise des Unternehmens nicht verändert werden sollen.

6 Die Einstandspreise sind um 3 % gestiegen. Ihr Mandant erhöht deshalb seine Verkaufspreise um 2 %. Eine weitere Erhöhung der Preise lässt der Markt zur Zeit nicht zu.
Errechnen Sie den neuen Kalkulationsfaktor, wenn bisher mit einem Faktor von 2,1 gerechnet wurde.

7 Bei einem Bezugspreis von 200,00 € werden die Geschäftskosten mit 25 % und der Gewinn mit 30 % berechnet. Errechnen Sie den Kalkulationszuschlag, Kalkulationsfaktor und die Handelsspanne.

8 Einstandspreis 250,00 €
Listenverkaufspreis 425,00 €
Welcher Kalkulationsfaktor wurde bei der Berechnung des Listenverkaufspreises angewandt?

9 Am Ende eines Geschäftsjahres ergeben sich aus der Buchhaltung eines Einzelhändlers folgende Zahlen:

Warenbestand 01.01.	47.830,00 €
Warenbestand 31.12.	38.320,00 €
Warenzugänge	274.890,00 € (netto)
Bezugskosten	3.680,00 € (netto)
Warenausgänge	410.080,00 € (netto)

Berechnen Sie:
a) Kalkulationszuschlagssatz,
b) Kalkulationsfaktor,
c) Handelsspanne.

10 Der Listeneinkaufspreis für eine Heimsonnenbank beträgt 1.580,00 €. Der Großhändler muss zur Ermittlung des Listenverkaufspreises folgende Konditionen beachten:

Lieferrabatt 20 %, 2 % Skonto, Bezugskosten 61,28 € (netto) pro Stück, Handlungskostenzuschlagsatz 50 %, Gewinnzuschlagsatz 30 %.

a) Ermitteln Sie den Listenverkaufspreis (netto) für eine Sonnenbank.
b) Ermitteln Sie den Kalkulationszuschlag in %.
c) Bei einer der nächsten Lieferungen reduziert der Lieferer den bisher gewährten Rabatt auf 10 %. In der Zwischenzeit haben sich die Personalkosten verändert, wodurch der Handlungskostenzuschlagsatz auf 52 % gestiegen ist.
Ermitteln Sie den neuen Listenverkaufspreis (netto), den Rohgewinn und den Kalkulationsfaktor.

11 Eine Einzelunternehmung stellt Gartenbänke, Gartentische und Stühle aus Teakholz zum eigenen Verkauf her. Zur Abrundung des Sortiments werden große Sonnenschirme von einem fremden Anbieter erworben und den eigenen Kunden zum Verkauf angeboten. Der Angebotspreis eines Lieferanten beträgt 238,00 € (brutto). Der Lieferer gewährt nachträglich einen Sonderrabatt in Höhe von 10 % auf den Angebotspreis (netto). Dieser ist bei der Ermittlung des ursprünglichen Angebotspreises noch nicht berücksichtigt worden. Der Preis wurde berechnet bei einer Lieferung „frei Haus".

a) Die Sonnenschirme werden von Mitanbietern zu einem Listenverkaufspreis von 499,80 € (brutto) auf dem Markt angeboten. Der Einzelunternehmer möchte demnach seine Schirme für 449,82 € (brutto) seinen Kunden anbieten.

aa) Errechnen Sie den Rohgewinn in €!
ab) Welcher Kalkulationszuschlag liegt dieser Preisermittlung zugrunde?

b) Die branchenübliche Handelsspanne ähnlicher Unternehmen beträgt bei diesen Produkten i. d. R. lt. Statistik 49 %.

ba) Von welchem Bezugspreis kann bei dieser Rechnung ausgegangen werden.
bb) Wieviel € beträgt der Rohgewinn?
bc) Errechnen Sie den hier zugrundeliegenden Kalkulationszuschlag.

5 Personalwirtschaft

5.1 Überblick

Bruttoeinkommen	(Lohn, Gehalt, Überstundenvergütung, vermögenswirksame Leistungen des Arbeitgebers, Urlaubsgeld, Weihnachtsgeld, Fahrgeldzuschuss, etc.)
– **Steuern**	(Lohnsteuer, Kirchensteuer, Solidaritätszuschlag)
– **Sozialversicherungsbeiträge**	(Rentenversicherung, Arbeitslosenversicherung, Krankenversicherung, Pflegeversicherung)
= **Nettoverdienst**	
– **Nettoabzüge**	(Vorschüsse, vermögenswirksame Leistungen des Arbeitnehmers, Beiträge zur freiwilligen Kranken- und Pflegeversicherung, etc.)
= **Auszahlungsbetrag**	

Steuern

Lohnsteuer	abhängig von der Steuerklasse/eingetragenen Freibeträgen
Solidaritätszuschlag	5,5 % der Lohnsteuer
Kirchensteuer	8 % der Lohnsteuer (Baden-Württemberg, Bayern) 9 % der Lohnsteuer (übrige Bundesländer)

Die angeführten Steuern sind vom Arbeitgeber einzubehalten und bis zum 10. des Folgemonats an das **Finanzamt** abzuführen.

Lohnsteuerklassen

§ 38b EStG

Steuerklasse	Arbeitnehmer
I	Ledige, Verwitwete, Geschiedene ohne Kinder Verheiratete, die dauernd getrennt leben
II	Personen wie in Steuerklasse I, wenn bei ihnen der Entlastungsbetrag für Alleinerziehende zu berücksichtigen ist (mit Kind)
III	Verheiratete, die nicht dauernd getrennt leben, wenn – der Ehegatte in keinem Arbeitsverhältnis steht, oder – der Ehegatte die Steuerklasse V erhält (d.h. deutlich weniger verdient)

IV	Verheiratete, die unbeschränkt steuerpflichtig sind, nicht dauernd getrennt leben und annähernd gleich viel verdienen bzw. das Faktorverfahren nutzen
V	Verheiratete, die unbeschränkt steuerpflichtig sind, nicht dauernd getrennt leben und der Ehegatte Steuerklasse III erhält (deutlich mehr verdient)
VI	Personen mit einem zweiten oder weiteren Arbeitsverhältnis und Arbeitnehmer, die keine Lohnsteuerkarte vorgelegt haben

Beitragssätze der Sozialversicherung 2020[1]

Versicherungszweig	Beitragssatz		Beitragsbemessungsgrenze	
	West	Ost	West	Ost
§ Krankenversicherung	14,6 % [2]	14,6 %	4.687,50 €	4.687,50 €
Pflegeversicherung	3,05 % [3]	3,05 %	4.687,50 €	4.687,50 €
Rentenversicherung	18,6 %	18,6 %	6.900,00 €	6.450,00 €
Arbeitslosenversicherung	2,4 %	2,4 %	6.900,00 €	6.450,00 €
Unfallversicherung	Abhängig von Gefahrklasse/Lohnsumme		–	

Die Beiträge zur Sozialversicherung werden von Arbeitgeber und Arbeitnehmer je zur Hälfte bezahlt. Der Arbeitgeber führt sie bis zum drittletzten Bankarbeitstag des jeweiligen Monats an die zuständige **Krankenkasse** ab. Durch die frühe Überweisung der Sozialversicherungsbeiträge kann die voraussichtliche Beitragsschuld von der tatsächlichen Beitragsschuld abweichen. Diese Differenz wird mit der nächsten Beitragszahlung verrechnet. Seit 01.01.2005 bezahlen Kinderlose, die älter als 23 Jahre sind, einen um 0,25 Punkte erhöhten Beitragssatz zur **Pflegeversicherung**. Ein von der Krankenkasse § festgelegter einkommensabhängiger Zusatzbeitrag ist von **Arbeitnehmer und Arbeitgeber gemeinsam** zu tragen.
Bei der **Unfallversicherung** trägt **allein der Arbeitgeber** den Beitrag. Die Zahlung erfolgt aufgrund einer Rechnung der **Berufsgenossenschaft** als Träger der gesetzlichen Unfallversicherung.

5.2 Einfache Lohn- und Gehaltsbuchungen

§ 2 (1) LStDV **Arbeitslohn** sind alle Einnahmen, die dem Arbeitnehmer aus dem Dienstverhältnis zufließen.
SL 360 Es ist unerheblich, unter welcher Bezeichnung oder in welcher Form die Einnahmen gewährt werden. Für den Unternehmer handelt es sich um Aufwendungen.

---

[1] Auf eine Behandlung der Umlagen U1, U2 und die Insolvenzgeldumlage wird im gesamten Kapitel 5 verzichtet.

[2] Der durchschnittliche Zusatzbeitrag beträgt 1,1 %.

[3] für Kinderlose, die das 23. Lebensjahr vollendet haben, Zuschlag von 0,25 % (abweichende Regelung in Sachsen)

a) Grundbuchung

Beispiel

Für einen, 30 Jahre alten Arbeitnehmer ihres Mandanten fallen bei einem Bruttogehalt von 2.500 € für den Monat Februar 2020 voraussichtlich folgende Beiträge zur gesetzlichen Sozialversicherung an:

Arbeitnehmeranteil zur Sozialversicherung:	485,63 €
Arbeitgeberanteil zur Sozialversicherung:	485,63 €
Gesamtbeitrag zur Sozialversicherung:	971,26 €

Überweisung des voraussichtlichen Gesamtsozialversicherungsbeitrags vom betrieblichen Bankkonto.

Buchung bei Zahlung durch Banküberweisung		Soll	Haben
3759 (1759)	Voraus. Beitragsschuld gg. Sozialversicherungsträgern	971,26	
	an 1800 (1200) Bank		971,26

Die voraussichtliche Beitragsschuld muss bis zum 26.02.2020 (Fälligkeitstag = drittletzter Bankarbeitstag) auf dem Konto der zuständigen Krankenkasse eingehen, um einen Säumniszuschlag zu vermeiden. Die Krankenkasse übernimmt dann die Weiterverteilung an die übrigen Träger der Sozialversicherung.

b) Abweichung zwischen voraussichtlicher und tatsächlicher Beitragsschuld

Wegen unerwarteter Überstunden ergeben sich für den Monat Februar tatsächlich folgende Beiträge zur Sozialversicherung:

Arbeitnehmeranteil zur Sozialversicherung:	534,18 €	
Arbeitgeberanteil zur Sozialversicherung:	534,18 €	(Differenz zu 971,26 € = 97,10 €
Gesamtbeitrag zur Sozialversicherung:	1.068,36 €	ist im März auszugleichen)

Lohnsteuer, Kirchensteuer und Solidaritätszuschlag betragen bei dem tatsächlichen Bruttogehalt von 2.750,00 € nun insgesamt 395,36 €.
Die Gehaltszahlung durch Banküberweisung ist zu buchen.

Buchung der Gehaltszahlung durch Banküberweisung		Soll	Haben
6020 (4120)	Gehälter	2.750,00	
	an 3730 (1741) Verb. aus LSt und KiSt		395,36
	3740 (1742) Verb. i.R.d. soz. Sicherheit		534,18
	1800 (1200) Bank		1.820,46

Das Bruttogehalt wird auf dem Aufwandskonto **Gehälter** erfasst. Die noch abzuführende Lohnsteuer, der Solidaritätszuschlag und (bei Zugehörigkeit zu einer Religionsgemeinschaft) die Kirchensteuer sind **Verbindlichkeiten** gegenüber dem Finanzamt, deren genaue Höhe von der Steuerklasse des Arbeitnehmers abhängt. Der Arbeitnehmeranteil zur Sozialversicherung wird als **Verbindlichkeit im Rahmen der sozialen Sicherheit** erfasst.

c) Umbuchung „voraussichtliche Beitragsschuld Sozialversicherung" auf Konto „Verbindlichkeiten im Rahmen der sozialen Sicherung"

Umbuchung		Soll	Haben
3740 (1742)	Verb. i.R.d. soz. Sicherheit	971,26	
	an 3759 (1759) Voraus. Beitragsschuld gg. Sozialversicherungsträgern		971,26

d) Überweisung der voraussichtlichen Beitragsschuld für März 2020
Die voraussichliche Beitragsschuld für März einschließlich der **Nachzahlung für Februar** wird per Bank überwiesen.

Buchung bei Zahlung durch Banküberweisung		Soll	Haben
3759 (1759)	Voraus. Beitragsschuld gg Sozialversicherungsträgern	971,26	
3740 (1742)	Verb. i.R.d. soz. Sicherheit	97,10	
	an 1800 (1200) Bank		1.068,36

Im weiteren Verlauf wird unterstellt, dass voraussichtliche und tatsächliche Beitragsschuld übereinstimmen. Aus Vereinfachungsgründen erfolgt wie häufig in der Praxis keine Buchung auf das Konto 3759 (1759) Voraussichtl. Beitragsschuld Sozialversicherung, sondern es wird mit der Gehaltszahlung unmittelbar auf das Konto 3740 (1742) Verb. i. R. d. soz. Sicherheit gebucht.

e) Abführung der einbehaltenen Steuern

§ 41a (1) EStG

Hier handelt es sich um die einbehaltene **Lohn-** und **Kirchensteuer** sowie um den **Solidaritätszuschlag**, die mit einem amtlichen Vordruck anzumelden und an das zuständige **Betriebsfinanzamt** abzuführen sind. Die Meldung und Abführung der einbehaltenen Steuern hat spätestens am zehnten Tag nach Ablauf des jeweiligen **Voranmeldungszeitraumes** zu erfolgen. Der Lohnsteueranmeldungszeitraum (er ist auch für Kirchensteuer und Solidaritätszuschlag maßgebend) ist entweder der Kalendermonat, das Kalendervierteljahr oder das Kalenderjahr. Entscheidend hierfür ist die Höhe der abzuführenden Lohnsteuer im vorausgegangenen Kalenderjahr.

§ 41a (2) EStG

Beispiel

Ein Unternehmen führt einbehaltene Lohnsteuer, Kirchensteuer und Solidaritätszuschlag in Höhe von 128.890,00 € per Bank an das zuständige Finanzamt ab.

Buchung der Banküberweisung		Soll	Haben
3730 (1741)	Verb. aus LSt und KiSt	128.890,00	
	an 1800 (1200) Bank		128.890,00

5.3 Vorschüsse

Bei der Zahlung eines Vorschusses erhält der Arbeitnehmer vor Fälligkeit der Lohn- oder Gehaltszahlung eine Auszahlung auf die noch zu erbringende Arbeitsleistung.

Auszahlung des Vorschusses

Beispiel

Ein Arbeitnehmer erhält einen Vorschuss von 500,00 € bar ausgezahlt.

Buchung der Vorschusszahlung		Soll	Haben
1340 (1530)	Ford. gg. Personal	500,00	
	an 1600 (1000) Kasse		500,00

Der Vorschuss ist für den Arbeitgeber kein Aufwand sondern eine **Forderung gegen Personal**, der in der Regel mit der nächsten regulären Lohnzahlung voll oder teilweise verrechnet wird.

Verrechnung des Vorschusses

Beispiel

Ein kinderloser Angestellter, 20 Jahre, bezieht ein Bruttogehalt von 2.700,00 €. Lohnsteuer, Solidaritätszuschlag und Kirchensteuer betragen zusammen 388,17 €, der Arbeitnehmeranteil zur Sozialversicherung und der Arbeitgeberanteil je 542,02 €. Mit dieser Gehaltszahlung wird ein im letzten Monat ausgezahlter Vorschuss in Höhe von 200,00 € verrechnet.

Buchung der Gehaltszahlung durch Banküberweisung		Soll	Haben
6020 (4120)	Gehälter	2.700,00	
	an 3730 (1741) Verb. aus LSt und KiSt		388,17
	3740 (1742) Verb. i.R.d. soz. Sicherheit		542,02
	1340 (1530) Ford. gegen Personal		200,00
	1800 (1200) Bank		1.569,81

Buchung des Arbeitgeberanteils zur Sozialversicherung		Soll	Haben
6110 (4130)	Gesetzl. soz. Aufwend.	542,02	
	an 3740 (1742) Verb. i.R.d. soz. Sicherheit		542,02

Durch die Verrechnung des Vorschusses erlischt die Forderung gegenüber dem Arbeitnehmer und der Auszahlungsbetrag (Nettogehalt) vermindert sich entsprechend.

Übungen

1 Buchen Sie die Lohnzahlung durch Banküberweisung an einen Arbeiter, der einen Bruttolohn von 1.600,00 € erhält; Arbeitgeberanteil zur Sozialversicherung 332,40 €, Arbeitnehmeranteil 332,40 €; einbehaltene Steuern 116,92 €.

2 Ein Angestellter erhält einen Gehaltsvorschuss von 300,00 € bar ausgezahlt.

3 Buchen Sie folgende Banküberweisungen:
einbehaltene Sozialversicherungsbeiträge an die Krankenkasse: 8.412,00 €
einbehaltene Lohn-, Kirchensteuer, Solidaritätszuschlag an das Finanzamt: 9.450,00 €

4 Folgende Gehaltszahlung durch Banküberweisung ist zu buchen:

Bruttogehalt	2.538,00 €
– Lohnsteuer, Kirchensteuer, SoliZ	343,90 €
– Arbeitnehmeranteil zur Sozialversicherung	509,50 €
– Vorschuss	300,00 €
auszuzahlender Betrag	1.383,60 €
Arbeitgeberanteil zur Sozialversicherung	509,50 €

5 Einem Arbeiter wird auf Antrag ein Vorschuss in Höhe von 150,00 € auf sein Bankkonto überwiesen. Der Vorschuss wird mit der nächsten Lohnzahlung verrechnet.

6 Die Lohnzahlung per Banküberweisung an den Arbeiter aus Nr. 5 ist zu buchen. Der Bruttolohn beträgt 1.595,40 €, Lohn-, Kirchensteuer und Solidaritätszuschlag 115,52 €, Sozialversicherungsbeiträge des Arbeitnehmers und des Arbeitgebers je 331,44 €. Der gezahlte Vorschuss wird verrechnet.

7 Ein Auszubildender erhält eine monatliche Ausbildungsvergütung von 515,00 €, die vom Firmenkonto überwiesen wird. Steuern fallen nicht an. Der Sozialversicherungsbeitrag für den Arbeitgeber und den Arbeitnehmer beträgt jeweils 100,95 €.

8 Die Firma Waldegger hat noch folgendes Gehalt zu buchen:
Die kaufmännische Angestellte Monika Ahlswar bezieht ein monatliches Bruttogehalt von 2.300,00 €. Buchen Sie diese Gehaltszahlung per Bank, wenn ihnen noch folgende Angaben vorliegen:

Steuern	293,76 €
Arbeitnehmeranteil zur Sozialversicherung	477,83 €
Arbeitgeberanteil zur Sozialversicherung	477,83 €

9 Die Banküberweisung des Gehalts für einen Angestellten in Höhe von 1.249,89€ ist zu buchen. Der Arbeitgeber hat folgende Beträge einbehalten:

Steuern	35,18 €
Arbeitnehmeranteil zur Sozialversicherung	259,66 €
Arbeitgeberanteil zur Sozialversicherung	259,66 €

10 Die Barauszahlung eines Gehaltsvorschusses in Höhe von 400,00 € an einen Sachbearbeiter ist noch zu buchen. Der Vorschuss soll mit den nächsten vier Gehaltszahlungen verrechnet werden.

11 Die folgende Gehaltszahlung des Sachbearbeiters aus Nr. 10 liegt vor. Dabei sind vom ausgezahlten Vorschuss 100,00 € zu verrechnen.

Bruttogehalt	2.891,92 €
Steuern	457,77 €
Arbeitnehmeranteil zur Sozialversicherung	600,79 €
Arbeitgeberanteil zur Sozialversicherung	600,79 €

a) Buchen Sie die Gehaltszahlung durch Überweisung von der Postbank.
b) Die einbehaltenen Sozialversicherungsbeiträge werden per Bank überwiesen.
c) Buchen Sie die Banküberweisung der Steuern an das zuständige Finanzamt.

12 Die Gehaltszahlung der Flamex GmbH für den letzten Monat ist noch zu buchen:

Bruttogehälter	48.000,00 €
Steuern	14.480,20 €
Sozialversicherung (Arbeitnehmeranteil)	9.324,00 €
Sozialversicherung (Arbeitgeberanteil)	9.324,00 €

Die Überweisungen erfolgten vom betrieblichen Bankkonto.

13 Ihr Mandant hat den Beitrag zur gesetzlichen Unfallversicherung in Höhe von 780,00 € vom betrieblichen Bankkonto überwiesen.

5.4 Vermögenswirksame Leistungen

§ 1(1) VermBG § 2 VermBG

Die **Vermögensbildung** der **Arbeitnehmer** wird durch den Staat besonders gefördert. Die Förderung besteht im wesentlichen in der Gewährung von (unterschiedlich hohen) Arbeitnehmer-Sparzulagen, die **keine** steuer- und sozialversicherungspflichtigen Einnahmen darstellen. Die begünstigten Anlagemöglichkeiten sind im 5. Vermögensbildungsgesetz aufgeführt (z.B. Sparbeiträge auf Grund eines Sparvertrags, Bausparvertrags, Beiträge auf Grund eines Kapitalversicherungsvertrags, Wertpapier- und Vermögens-Beteiligungs-Sparvertrags etc.)
Voraussetzung für die Gewährung einer Arbeitnehmer Sparzulage ist ein zu versteuerndes Einkommen unter den **Einkunftsgrenzen** des § 13 VermBG. Sie wird auf Antrag des Arbeitnehmers jährlich vom Finanzamt festgesetzt und ausgezahlt. Sie ist steuer- und sozialabgabenfrei.

Der Arbeitgeber behält den Betrag, den der Arbeitnehmer vermögenswirksam anlegen will vom Lohn/Gehalt ein und überweist ihn an die betreffende Institution (Bank, Bausparkasse etc.). Häufig unterstützen auch Arbeitgeber aufgrund entsprechender Regelungen in Tarifverträgen, Betriebsvereinbarungen oder Arbeitsverträgen die Vermögensbildung ihrer Arbeitnehmer. Diese Zahlungen sind dann jedoch Bestandteil des Lohns/Gehalts und steuer- und sozialversicherungspflichtig. § 2 (7) VermBG R 19.3 LStR

Träger der vermögenswirksamen Leistungen ist also entweder

- der Arbeitgeber allein
- der Arbeitnehmer allein
- Arbeitgeber und Arbeitnehmer gemeinsam

5.4.1 Der Arbeitgeber trägt die vermögenswirksamen Leistungen allein

Bei dieser Variante bezahlt der Arbeitgeber die vermögenswirksamen Leistungen **zusätzlich** zum ohnehin geschuldeten Arbeitslohn. Meist handelt es sich hier um 40,00 € je Monat. Beamte erhalten vom Staat zusätzlich zu ihrem regulären Gehalt 6,65 € je Monat als vermögenswirksame Leistung.

Beispiel

Das per Banküberweisung auszuzahlende Nettogehalt eines kinderlosen Arbeitnehmers errechnet sich wie folgt:

	Bruttogehalt	1.980,00 €
+	Vermögenswirksame Leistung Arbeitgeber	40,00 €
=	Steuerpflichtiges Bruttogehalt	2.020,00 €
–	Steuern (LSt, KiSt, SolZ)	221,40 €
–	Arbeitnehmeranteil zur Sozialversicherung	419,66 €
		1.378,94 €
–	Vermögenswirksame Anlage	40,00 €
	auszuzahlender Betrag	1.338,94 €
	Arbeitgeberanteil zur Sozialversicherung	419,66 €

Buchung der Gehaltszahlung durch Banküberweisung	Soll	Haben
6020 (4120) Gehälter	1.980,00	
6080 (4170) Vermögenswirks. Leistg.	40,00	
an 3730 (1741) Verb. aus LSt und KiSt		221,40
3740 (1742) Verb. i.R.d. soz. Sicherheit		419,66
3770 (1750) Verbindl. aus Verm.bildung		40,00
1800 (1200) Bank		1.338,94

Buchung der Banküberweisung	Soll	Haben
6110 (4130) Gesetzl. soz. Aufwend.	419,66	
an 3740 (1742) Verb. i.R.d. soz. Sicherheit		419,66

Die vom **Arbeitgeber** getragenen vermögenswirksamen Leistungen werden auf dem Aufwandskonto **Vermögenswirksame Leistungen** erfasst und einbehalten. Bis zur Abführung an das Unternehmen, bei dem der Arbeitnehmer die vermögenswirksame Leistung angelegt hat, wird sie als **Verbindlichkeit aus Vermögensbildung** auf dem entsprechenden Konto gebucht.

5.4.2 Der Arbeitnehmer trägt die vermögenswirksamen Leistungen allein

Fehlen vertragliche Regelungen über eine Beteiligung des Arbeitgebers an den vermögenswirksamen Leistungen, so trägt der **Arbeitnehmer** die entsprechenden Aufwendungen alleine. Sein steuer- und sozialversicherungspflichtiges Bruttogehalt bleibt trotz der vermögenswirksamen Anlage unverändert, sein Nettogehalt verringert sich jedoch um den angelegten Betrag. Der Arbeitgeber ist gesetzlich verpflichtet diesen Betrag unmittelbar an das Unternehmen oder Institut abzuführen, bei dem die vermögenswirksame Anlage zu erfolgen hat.

Beispiel

Das per Banküberweisung auszuzahlende Nettogehalt eines Arbeitnehmers errechnet sich wie folgt:

	Bruttogehalt	2.857,40 €
+	Vermögenswirksame Leistung Arbeitgeber	0,00 €
=	Steuerpflichtiges Bruttogehalt	2.857,40 €
–	Steuern (LSt, SolZ, KiSt)	447,75 €
–	Arbeitnehmeranteil zur Sozialversicherung	593,63 €
		1.816,02 €
–	Vermögenswirksame Anlage	40,00 €
	auszuzahlender Betrag	1.776,02 €
	Arbeitgeberanteil zur Sozialversicherung	593,63 €

Buchung der Gehaltszahlung durch Banküberweisung		Soll	Haben
6020 (4120)	Gehälter	2.857,40	
	an 3730 (1741) Verb. aus LSt und KiSt		447,75
	3740 (1742) Verb. i.R.d. soz. Sicherheit		593,63
	3770 (1750) Verb. aus Verm.bildg.		40,00
	1800 (1200) Bank		1.776,02

Buchung des Arbeitgeberanteils zur Sozialversicherung		Soll	Haben
6110 (4130)	Gesetzl. soz. Aufwend.	593,63	
	an 3740 (1742) Verb. i.R.d. soz. Sicherheit		593,63

Da hier der Arbeitgeber keinen Beitrag zum vermögenswirksamen Sparen seines Arbeitnehmers leistet wird im Soll das Konto Vermögenswirksame Leistungen nicht benötigt. Die übrige Buchung ist analog zum vorhergehenden Beispiel.

5.4.3 Arbeitgeber und Arbeitnehmer tragen die vermögenswirksamen Leistungen gemeinsam

Unterstützt der Arbeitgeber auf Grund vertraglicher Verpflichtung oder als freiwillige Leistung eine entsprechende Sparform des Arbeitnehmers, so ist diese Zahlung Bestandteil des Lohns/Gehalts und damit **steuer-** und **sozialversicherungspflichtig**.

Beispiel

Arbeitgeber und Arbeitnehmer tragen die vermögenswirsame Sparleistung in Höhe von 40,00 € je zur Hälfte. Das per Banküberweisung auszuzahlende Nettogehalt eines Arbeitnehmers errechnet sich wie folgt:

	Bruttogehalt	1.980,00 €
+	Vermögenswirksame Leistung Arbeitgeber	20,00 €
=	Steuerpflichtiges Bruttogehalt	2.000,00 €
–	Steuern (LSt, KiSt, SolZ)	216,39 €
–	Arbeitnehmeranteil zur Sozialversicherung	415,50 €
		1.368,11 €
–	Vermögenswirksame Anlage	40,00 €
	auszuzahlender Betrag	1.328,11 €
	Arbeitgeberanteil zur Sozialversicherung	415,50 €

Buchung der Gehaltszahlung durch Banküberweisung	Soll	Haben
6020 (4120) Gehälter	1.980,00	
6080 (4170) Vermögenswirks. Leistg.	20,00	
an 3730 (1741) Verb. aus LSt und KiSt		216,39
3740 (1742) Verb. i.R.d. soz. Sicherheit		415,50
3770 (1750) Verb. aus Verm.bildung		40,00
1800 (1200) Bank		1.328,11

Buchung des Arbeitgeberanteils zur Sozialversicherung	Soll	Haben
6110 (4130) Gesetzl. soz. Aufwend.	415,50	
an 3740 (1742) Verb. i.R.d. soz. Sicherheit		415,50

Der Anteil des Arbeitgebers an den vermögenswirksamen Leistungen ist als betrieblicher Aufwand auf dem Konto **Vermögenswirksame Leistungen** zu buchen. Die gesamte vermögenswirksame Sparleistung des Arbeitnehmers wird vom Arbeitgeber einbehalten und stellt bis zur Weiterleitung eine **Verbindlichkeit aus Vermögensbildung** dar.

Die einbehaltenen vermögenswirksamen Leistungen (vwL) werden vom Arbeitgeber an den jeweiligen Empfänger (z.B. Bank, Lebensversicherung, Bausparkasse) überwiesen.

Beispiel

Die vermögenswirksamen Leistungen in Höhe von 4.160,00 € werden per Bank überwiesen.

Buchung der Überweisung	Soll	Haben
3770 (1750) Verb. aus Verm.bildg.	4.160,00	
an 1800 (1200) Bank		4.160,00

Mit der Überweisung an den Empfänger erlischt die **Verbindlichkeit aus Vermögensbildung**.

Übungen

1 Die Lohnzahlung an einen Arbeiter mit einem Bruttolohn von 2.846,32 € ist zu buchen. Folgende Informationen liegen noch vor:

Einbehaltene Steuern	444,53 €
Sozialversicherung (Arbeitnehmeranteil)	591,32 €
Sozialversicherung (Arbeitgeberanteil)	591,32 €

Der Arbeitnehmer hat 40,00 € vermögenswirksam angelegt. Der Arbeitgeber beteiligt sich an dieser Anlage nicht. Die Auszahlung erfolgt durch Banküberweisung.

2 Eine Angestellte des Unternehmens, geschieden, ein Kind, erhält ihr Gehalt per Bank überwiesen. Folgende Gehaltsabrechnung liegt vor und ist zu buchen:

	€
Bruttogehalt	2.850,05
Vermögenswirksame Leistung Arbeitgeber	40,00
Steuern	377,74
Arbeitnehmeranteil zur Sozialversicherung	584,39
Arbeitgeberanteil zur Sozialversicherung	584,39

Die Angestellte hat 40,00 € vermögenswirksam angelegt.

3 Ein Sachbearbeiter bezieht neben dem Bruttogehalt von 2.385,50 € auch einen Zuschuss des Arbeitgebers zu einer vermögenswirksamen Anlage in Höhe von 20,00 €. Folgende Beträge werden einbehalten:

	€
Vermögenswirksame Anlage	40,00
Steuern	309,34
Arbeitnehmeranteil zur Sozialversicherung	492,26
Arbeitgeberanteil zur Sozialversicherung	492,26

Das Gehalt wird per Bank überwiesen.
Buchen Sie

a) die Gehaltszahlung.
b) die Abführung der Sozialversicherungsbeiträge an die AOK.
c) die Überweisung der einbehaltenen Steuern an das Finanzamt.
d) die Überweisung der vermögenswirksamen Leistung an die Bausparkasse.

4 Die Altrex GmbH, ein Speditionsbetrieb aus Chemnitz, überweist die Ausbildungsvergütung an einen 17-jährigen, ledigen, katholischen Auszubildenden in Höhe von 290,00 € vom betrieblichen Bankkonto. Die Beitragssätze zur Sozialversicherung (gesamt) belaufen sich auf 39,65 %.

5 Ein Gehaltsvorschuss von 220,00 € wird bar ausgezahlt.

6 Das steuer- und sozialversicherungspflichtige Gehalt eines Arbeitnehmers beträgt 2.050,00 €, die einbehaltenen Steuern 213,47 € und die Beiträge zur Sozialversicherung insgesamt 839,48 €.

Buchen Sie die Überweisung des Gehalts vom Postbankkonto des Arbeitgebers.

7 Die Banküberweisung des Gehalts an einen Angestellten ist zu buchen. Folgende Angaben liegen vor:

	€
Bruttogehalt	?
Vermögenswirksame Leistung Arbeitgeber	40,00
Steuern	144,38
Arbeitnehmeranteil zur Sozialversicherung	359,13
Arbeitgeberanteil zur Sozialversicherung	359,13
Überweisungsbetrag	1.178,16

8 Ein verheirateter Arbeiter (1 Kind) hat im vergangenen Monat an 19 Arbeitstagen 152 Zeitlohnstunden gearbeitet. Sein Stundenlohn beträgt 12,80 €. Der Arbeitgeber hat sich an der vermögenswirksamen Anlage seines Arbeiters mit 20,00 € beteiligt. Die Gesamtsparleistung des Arbeiters beträgt 40,00 €. Neben Lohnsteuer und Solidaritätszuschlag in Höhe von 193,28 € wurde ein Arbeitnehmeranteil zur Sozialversicherung von 402,46 € einbehalten. Der Arbeitgeberanteil beträgt ebenfalls 402,46 €.

a) Buchen Sie die Lohnzahlung an den Arbeitnehmer durch Überweisung vom betrieblichen Bankkonto.
b) Die Weiterleitung der einbehaltenen Steuern, Sozialbeiträge und der vermögenswirksamen Leistungen erfolgt gleichfalls vom Bankkonto und ist zu buchen.

9 Ein Gehaltsvorschuss in Höhe von 125,00 € wird vom betrieblichen Bankkonto an einen Mitarbeiter überwiesen.

5.5 Sonderleistungen des Arbeitgebers

5.5.1 Sachbezüge

Häufig erhalten Arbeitnehmer im Rahmen ihres Arbeits- oder Dienstverhältnisses neben den Lohn- und Gehaltszahlungen auch sogenannte **Sachbezüge**. Hier handelt es sich unter anderem um: **SL 252**

- **freie Unterkunft, Wohnung**
- **Waren oder Dienstleistungen**
- **Fahrzeuggestellung**
- **Verpflegungszuschüsse**

5.5.1.1 Freie Unterkunft/Wohnung/Verpflegung

Bei der Gewährung einer **freien Unterkunft** bzw. einer **freien Wohnung** handelt es sich um einen **geldwerten Vorteil**, den der Arbeitnehmer für seine Arbeitsleistung erhält. Dieser geldwerte Vorteil ist beim Arbeitnehmer ein steuer- und sozialversicherungspflichtiger Teil seines Arbeitslohnes. Für die Höhe des geldwerten Vorteils ist zunächst zwischen Wohnung und Unterkunft zu unterscheiden: R 8.1 (5+6) LStR

Art	Erklärung	Geldwerter Vorteil
Wohnung	In sich geschlossene Einheit von Räumen, in denen ein selbstständiger Haushalt geführt werden kann (einschl. Wasserversorgung und -entsorgung, Kochgelegenheit, Toilette)	– Ortsübliche Miete – Nebenkosten (Energie, Wasser, etc.) mit dem ortsüblichen Preis am Abgabeort[1]
Unterkunft	Wohnraum bei dem Küche, Toilette und Bad mitbenutzt werden können (vgl. Untermiete)	Laut Sozialversicherungsentgeltverordnung (SvEV)

Die Gewährung einer kostenlosen oder verbilligten Unterkunft bzw. Wohnung ist **umsatzsteuerfrei**. § 4 Nr. 12a UStG

[1] Kein Ansatz des Sachbezugs, wenn das vom AN gezahlte Entgelt mind. ⅔ des ortsüblichen Mietwerts und dieser nicht mehr als 20 €/m² ohne umlagefähige Kosten beträgt. § 8 (2) EStG

In vielen Branchen ist es üblich, dass die Arbeitgeber ihren Beschäftigten neben dem Gehalt auch freie Unterkunft und Verpflegung gewähren (Gaststättenbetreiber, Hoteliers etc.).

§ Hierfür sind als geldwerter Vorteil die Werte der Sozialversicherungsentgeltverordnung (SvEV) anzusetzen, die jährlich aktualisiert werden. 2020 beträgt der Monatswert für die Verpflegung 258,00 € und für die Überlassung der Unterkunft 235,00 €.

Beispiel

Ein Hotelbesitzer aus Garmisch-Partenkirchen gewährt seinem Koch neben dem Gehalt von 3.293,00 €/Monat auch freie Unterkunft und Verpflegung. Der Koch ist 28 Jahre alt, verheiratet und hat ein Kind. Das Gehalt wird per Bank überwiesen.

				€
	Gehaltsabrechnung:			€
	Gehalt			3.293,00
	Unterkunft	235,00		
	Verpflegung	258,00		
+	Sachbezug		493,00	
	Steuer- und sozialvers.pfl. Arbeitslohn		3.786,00	
–	Steuern			341,89
–	Arbeitnehmeranteil zur Sozialversicherung			752,47
	Nettolohn			2.198,64
	Arbeitgeberanteil zur Sozialversicherung			752,47

Buchung der Gehaltszahlung		Soll	Haben
6020 (4120) Gehälter		3.786,00	
an	3730 (1741) Verb. aus LSt und KiSt		341,98
	3740 (1742) Verb. i.R.d. soz. Sicherheit		752,47
	4948 (8613) Verr. so. Sachbezüge 19 % USt		216,81
	3806 (1776) Umsatzsteuer		41,19
	4949 (8614) Verr. sonst. Sachbezüge o. USt		235,00
	1800 (1200) Bank		2.198,64

Buchung des Arbeitgeberanteils zur Sozialversicherung		Soll	Haben
6110 (4130) Gesetzl. soz. Aufwend.		752,47	
an	3740 (1742) Verb. i.R.d. soz. Sicherheit		752,47

§ 8 (1) EStG
§ 1 (1) 1 UStG
§ 4 Nr. 12a UStG

Freie Unterkunft und Verpflegung gehören als Sachbezüge zum Arbeitslohn und sind lohnsteuer- und sozialversicherungspflichtig. Der Sachbezug für die freie Verpflegung ist umsatzsteuerpflichtig, die freie Unterkunft dagegen ist umsatzsteuerfrei.

Beispiel

Ein Gewerbetreibender gewährt einem verheirateten Arbeitnehmer aufgrund arbeitsvertraglicher Regelungen neben dem tariflichen Arbeitslohn in Höhe von 1.500,00 € auch eine freie Wohnung, deren ortsübliche Miete 350,00 € beträgt. Das Gehalt wird per Bank überwiesen.

	Gehaltsabrechnung:		
	Gehalt	1.500,00	1.500,00
+	Sachbezug	350,00	
	Steuer- und sozialvers.pfl. Arbeitslohn	1.850,00	
–	Steuern		168,17
–	Arbeitnehmeranteil zur Sozialversicherung		366,77
	Nettolohn		965,06
	Arbeitgeberanteil zur Sozialversicherung		366,77

Buchung der Gehaltszahlung	Soll	Haben
6020 (4120) Gehälter	1.850,00	
an 3730 (1741) Verb. aus LSt und KiSt		168,17
3740 (1742) Verb. i.R.d. soz. Sicherheit		366,77
4949 (8614) Verr. sonst. Sachbezüge o. USt		350,00
1800 (1200) Bank		965,06

Buchung des Arbeitgeberanteils zur Sozialversicherung	Soll	Haben
6110 (4130) Gesetzl. soz. Aufwend.	366,77	
an 3740 (1742) Verb. i.R.d. soz. Sicherheit		366,77

Der ortsübliche Wert der freien Wohnung wird als steuer- und sozialversicherungspflichtiger Gehaltsbestandteil auf das Konto **Gehälter** gebucht. Im Haben erfolgt die Gegenbuchung auf dem Konto **Verrechnete sonstige Sachbezüge ohne Umsatzsteuer**.

Gewährt der Arbeitgeber seinem Arbeitnehmer Wohnung bzw. Unterkunft nicht kostenlos sondern **verbilligt**, so ist der **Unterschiedsbetrag** zwischen der ortsüblichen Miete (Wohnung) bzw. dem Wert der Sachbezugsverordnung (Unterkunft) und dem vom Arbeitnehmer gezahlten Preis als geldwerter Vorteil zu versteuern.

Beispiel

Der Gewerbetreibende aus dem obigen Beispiel überlässt die Wohnung seinem Arbeitnehmer nicht unentgeltlich sondern berechnet statt der ortsüblichen Miete von 600,00 € nur 300,00 €. Das Gehalt wird per Bank überwiesen, die Miete gesondert bezahlt.

	Gehaltsabrechnung:		
	Arbeitslohn	1.500,00	1.500,00
+	Sachbezug	300,00	
	Steuer- und sozialvers.pfl. Arbeitslohn	1,800,00	
–	Steuern		150,45
–	Arbeitnehmeranteil zur Sozialversicherung		362,25
	Nettolohn		987,30

Buchung der Gehaltszahlung	Soll	Haben
6020 (4120) Gehälter	1.650,00	
an 3730 (1741) Verb. aus LSt und KiSt		117,99
3740 (1742) Verb. i.R.d. soz. Sicherheit		327,12
4949 (8614) Verr. sonst. Sachbezüge o. USt		150,00
1800 (1200) Bank		1.054,89

Buchung des Arbeitgeberanteils zur Sozialversicherung	Soll	Haben
6110 (4130) Gesetzl. soziale Aufwend.	327,12	
an 3740 (1742) Verb. i.R.d. soz. Sicherheit		327,12

5.5.1.2 › Waren oder Dienstleistungen

§ 8 (2) EStG
§ 8 (3) EStG
R 8.2 LStR

Die kostenlose bzw. verbilligte Überlassung von Waren oder Dienstleistungen an den Arbeitnehmer (sogenannte Belegschaftsrabatte) stellt keinen steuer- und sozialversicherungspflichtigen Sachbezug dar, wenn ihr Wert eine Freigrenze von 44,00 € im Kalendermonat nicht übersteigt. Für die Ermittlung des steuer- und sozialversicherungspflichtigen Entgelts bei einer höherwertigen Überlassung von Waren und Dienstleistungen ist folgendes Berechnungsschema maßgebend:

	Endpreis im allgemeinen Geschäftsverkehr (brutto)
–	4 % dieses Endpreises
	geminderter Endpreis
–	vom Arbeitnehmer gezahlter Preis
	geldwerter Vorteil
–	1.080,00 € (Rabattfreibetrag)
	steuerpflichtiger geldwerter Vorteil

Typische Beispiele hierfür sind der Haustrunk im Brauereigewerbe, Freitabakwaren in der Tabakwarenindustrie, Deputate im Bergbau und in der Land- und Forstwirtschaft, verbilligte Abgabe von Fahrzeugen in der Automobilindustrie etc.

Beispiel ›››

Ein Autohändler verkauft einem seiner Angestellten einen gebrauchten Pkw dessen Anschaffungskosten 12.000,00 € betrugen für 15.000,00 € brutto gegen Bankscheck. Dieses Fahrzeug würde einem anderen Kunden für 18.000,00 € einschließlich USt verkauft.

Buchung des Verkaufs an den Mitarbeiter	Soll	Haben
1800 (1200) Bank	15.000,00	
an 4000 (8000) Erlöse		12.605,04
3806 (1776) Umsatzsteuer		2.394,96

	Berechnung des geldwerten Vorteils	
	Endpreis im allgemeinen Geschäftsverkehr	18.000,00
–	4 % dieses Endpreises	720,00
	geminderter Endpreis	17.280,00
–	vom AN gezahlter Preis	15.000,00
	geldwerter Vorteil	2.280,00
–	Rabattfreibetrag	1.080,00
	steuer- und sozialversicherungspfl. geldwerter Vorteil	1.200,00

Die Mindestbemessungsgrundlage wird nicht angewendet, weil der gezahlte Kaufpreis (das Entgelt 12.605,04) höher ist als die Wiederbeschaffungskosten (12.000,00), § 10 (5) i. V. m. (4) UStG. A 10.7 (1) S. 4 UStAE

Bei der nächsten Gehaltsabrechnung des Arbeitnehmers ist der geldwerte Vorteil als Sachbezug zu berücksichtigen.

Beispiel

Der Arbeitnehmer aus dem obigen Beispiel erhält seine nächste Gehaltsabrechnung. Das Gehalt wird per Bank überwiesen. Der Arbeitgeberanteil zur Sozialversicherung beträgt ebenfalls 555,10 €.

	Gehaltsabrechnung:	
	Arbeitslohn	1.600,00
+	Sachbezug	1.200,00
	Steuer- und sozialvers.pfl. Arbeitslohn	2.800,00
–	Steuern	415,98
–	Arbeitnehmeranteil zur Sozialversicherung	555,10
–	Sachbezug	1.200,00
	Auszahlungsbetrag	628,92

Buchung der Gehaltszahlung	Soll	Haben
6020 (4120) Gehälter	2.800,00	
an 3730 (1741) Verb. aus LSt und KiSt		415,98
3740 (1742) Verb. i.R.d. soz. Sicherheit		555,10
4679 (8949) Unentgeltl. Zuwendung von Waren ohne USt		1.200,00
1800 (1200) Bank		628,92

Buchung des Arbeitgeberanteils zur Sozialversicherung	Soll	Haben
6110 (4130) Gesetzl. soziale Aufwend.	555,10	
an 3740 (1742) Verb. i.R.d. soz. Sicherheit		555,10

Die verbilligte Abgabe des Pkw erhöht das steuer- und sozialversicherungspflichtige Bruttogehalt des Arbeitnehmers. Der Wert des Sachbezuges ist auf dem Konto unentgeltliche Zuwendung von Waren ohne Umsatzsteuer zu buchen.

5.5.1.3 › Fahrzeuggestellung

Erhält der Arbeitnehmer von seinem Arbeitgeber einen Firmenwagen zur privaten Nutzung so ist der geldwerte Vorteil beim Arbeitnehmer als Arbeitslohn zu versteuern.

Ermittlung des geldwerten Vorteils

R 8.1 (9) LStR

BMF-Schreiben v. 04.04.2018

Fahrtenbuchmethode **Individuelle Nutzungswertmethode**	**ohne Fahrtenbuch** **Pauschale Nutzungswertmethode**
Tatsächliche Kfz-Kosten × Privat-km / Gesamt-km	Privatfahrten: 1 % des Brutto-Listenpreises[1] je Monat plus Fahrten Wohnung – erste Tätigkeitsstätte: 0,03 % des Brutto-Listenpreises je Entfernungs-km und Monat bei Einzelbewertung 0,002 % je Fahrt, max. für 180 Fahrten im Jahr

R 8.1 (9) Nr. 3 LStR

Arbeitgeber und Arbeitnehmer müssen sich für jedes Kalenderjahr im voraus für eine dieser Methoden entscheiden. Die Methode darf bei demselben Kraftfahrzeug während des Kalenderjahres nicht gewechselt werden.

Ein Fahrtenbuch wird geführt

R 8.1 (9) Nr. 2 LStR

Ein ordnungsgemäß geführtes **Fahrtenbuch** erfordert laufende und zeitnahe Eintragungen. Die Beschränkung auf einen repräsentativen Zeitraum ist nicht ausreichend. Ein ordnungsgemäß geführtes Fahrtenbuch für dienstliche Fahrten muss folgende Eintragungen enthalten:
- Datum der Fahrt und Kilometerstand zu Beginn und am Ende jeder Auswärtstätigkeit
- Aufzeichnungen über Reiseziel bzw. -zweck (besuchte Geschäftspartner)

Für private Fahrten genügt jeweils die Kilometerangabe. Für Fahrten zwischen Wohnung und erster Tätigkeitsstätte reicht ein Vermerk im Fahrtenbuch.

Beispiel ›››

Ein Arbeitnehmer hat den Firmenwagen, der ihm kostenlos überlassen wurde, während des Jahres folgendermaßen genutzt:

Dienstfahrten	30.000 km
Fahrten Wohnung–Arbeitsstätte	5.000 km
Privatfahrten	5.000 km
Gesamtfahrleistung	40.000 km

1. Berechnung des geldwerten Vorteils (= Sachbezug/entgeltliche sonstige Leistung i.S.d. § 1 (2) Nr.1 S. 1 UStG)

Die Gesamtausgaben (Abschreibungen, Kfz-Steuer, Versicherung, Reparaturen etc.) für den Firmenwagen betragen im Jahr 14.000,00 €.

Formel: $\frac{14.000{,}00\ € \times 10.000\ \text{km}}{40.000\ \text{km}} = 3.500{,}00\ €$

15.23 (10+11) Nr. 2 UStAE

› Geldwerter Vorteil (netto) bei monatlicher Gehaltszahlung:

3.500,00 € : 12 =	291,67 €
19 % Umsatzsteuer	55,42 €
Brutto	347,09 €

[1] Für Elektro- und Hybridelektrofahrzeuge, die vom 01.01.2019 bis zum 31.12.2030 angeschafft werden, ist nur der halbierte inländische Bruttolistenpreis anzusetzen.

2. Gehaltsabrechnung

	Arbeitslohn	2.500,00	2.500,00
+	Sachbezug	347,09	
	Steuer- und sozialvers.pfl. Arbeitslohn	2.847,09	
–	Steuern		429,22
–	Arbeitnehmeranteil zur Sozialversicherung		564,44
	Nettolohn		1.506,34
	Arbeitgeberanteil zur Sozialversicherung		564,44

Buchung der Gehaltszahlung	Soll	Haben
6020 (4120) Gehälter	2.847,09	
an 3730 (1741) Verb. aus LSt und KiSt		429,22
3740 (1742) Verb. i.R.d. soz. Sicherheit		564,44
4947 (8611) verr. so. Sachbezüge 19 %		291,67
3806 (1776) Umsatzsteuer		55,42
1800 (1200) Bank		1.506,34

Buchung des Arbeitgeberanteils zur Sozialversicherung	Soll	Haben
6110 (4130) Gesetzl. soziale Aufwend.	564,44	
an 3740 (1742) Verb. i.R.d. soz. Sicherheit		564,44

Die kostenlose Pkw-Gestellung führt zu einem geldwerten Vorteil der als Sachbezug im Konto **Gehälter** zu buchen ist und den steuer- und sozialversicherungspflichtigen Arbeitslohn erhöht. Gegenkonten sind die Konten **verrechnete sonstige Sachbezüge 19 % Umsatzsteuer** mit dem Nettobetrag des geldwerten Vorteils und das Konto **Umsatzsteuer**.

Es wird kein Fahrtenbuch geführt

Der Brutto-Listenpreis ist die unverbindliche Preisempfehlung des Herstellers zum Zeitpunkt der Erstzulassung des Pkw. Er ist auf volle 100,00 € nach unten abzurunden. Die tatsächlichen Anschaffungskosten sind unerheblich. Der geldwerte Vorteil für Fahrten zwischen Wohnung und erster Tätigkeitsstätte kann vom Arbeitgeber in Höhe des Betrages, der vom Arbeitnehmer wie Werbungskosten angesetzt werden kann mit 15 % pauschal versteuert werden (vgl. Kap. 5.3).

Beispiel

Ein Angestellter der Deutschen Motorenwerke AG darf einen Firmenwagen laut arbeitsvertraglicher Regelung privat nutzen. Der Arbeitnehmer benutzt den Wagen auch für Fahrten zwischen Wohnung und Arbeitsstätte (einfache Entfernung 20 km, 15 Arbeitstage). Ein Fahrtenbuch wird nicht geführt. Der inländische Listenpreis des Pkw einschließlich Sonderausstattung beträgt brutto 28.700,00 €. Die Gehaltszahlung erfolgt per Banküberweisung.

1. Berechnung des geldwerten Vorteils (= Sachbezug)

	1 % des Bruttopreises	287,00 €	
+	0,03 % von 28.700 × 20 km	172,20 €	
	Geldwerter Vorteil (brutto)		459,20 €
›	Geldwerter Vorteil (netto)		385,88 €
	19 % Umsatzsteuer		73,32 €

15.23 (11) Nr. 1 UStAE

§ 8 (2) EStG R 8.1 (9) Nr. 1 LStR

Der geldwerte Vorteil von 1 % bzw. 0,5 % oder 0,25 %[1] des abgerundeten Bruttolistenpreises je Monat erhöht sich, wenn der Pkw auch für Fahrten zwischen Wohnung und Arbeitsstätte benutzt werden kann, um 0,03 % des Bruttolistenpreises je Entfernungskilometer. Übersteigt der pauschale Nutzungswert die Gesamtkosten für das Fahrzeug, sind höchstens die Gesamtkosten anzusetzen (Kostendeckelung).

2. Gehaltsabrechnung

	Arbeitslohn	2.404,80	2.404,80
+	Sachbezug	459,20	
	Steuer- und sozialvers.pfl. Arbeitslohn	2.864,00	
–	Steuern		433,95
–	Arbeitnehmeranteil zur Sozialversicherung		567,79
	Nettolohn		1.403,06
	Arbeitgeberanteil zur Sozialversicherung		567,79

Buchung der Gehaltszahlung	Soll	Haben
6020 (4120) Gehälter	2.864,00	
an 3730 (1741) Verb. aus LSt und KiSt		433,95
3740 (1742) Verb. i.R.d. soz. Sicherheit		567,79
4947 (8611) verr. so. Sachbezüge 19 % USt		385,88
3806 (1776) Umsatzsteuer		73,32
1800 (1200) Bank		1.403,06

Buchung des Arbeitgeberanteils zur Sozialversicherung	Soll	Haben
6110 (4130) Gesetzl. soziale Aufwend.	567,79	
an 3740 (1742) Verb. i.R.d. soz. Sicherheit		567,79

Der Buchung des geldwerten Vorteils aus der kostenlosen Pkw-Überlassung erfolgt analog zur Fahrtenbuch-Methode.

5.5.2 Steuerfreie Zahlungen

Arbeitgeber gewähren ihren Arbeitnehmern häufig Zuwendungen, die der Gesetzgeber steuerfrei gestellt hat (§ 3 EStG). Typische Beispiele hierfür sind:

- § 3 Nr. 13 — aus öffentlichen Kassen gezahlte Reisekostenvergütungen
- § 3 Nr. 30 EStG — Entschädigungen für die betriebliche Benutzung von Werkzeugen des Arbeitnehmers
- § 3 Nr. 31 EStG — Typische Berufskleidung, die der Arbeitgeber seinem Arbeitnehmer unentgeltlich oder verbilligt überlässt
- § 3b EStG — Zuschläge für Sonntags-, Feiertags- oder Nachtarbeit innerhalb gewisser Grenzen
- R19.5 (4) LStR — übliche Zuwendungen anlässlich von Betriebsveranstaltungen bis 110 € (brutto) je Arbeitnehmer (Freigrenze)
- § 3 Nr. 33 EStG — Kindergartenzuschuss an nicht schulpflichtige Kinder

[1] 0,5 % für Elektro- und Hybridelektrofahrzeuge, 0,25 % für Fahrzeuge ohne Kohlendioxidemissionen <= 40.000,00 €, die bis zum 31.12.2030 angeschafft werden.

Beispiel

Der Arbeitgeber zahlt einem Arbeiter für angeschaffte Arbeitskleidung nach Vorlage der Rechnung 250,00 € bar aus.

Buchung der Auszahlung	Soll	Haben
6130 (4140) Freiw. soz. Aufwend. (lohnsteuerfrei)	250,00	
an 1600 (1000) Kasse		250,00

Bei dem vom Arbeitgeber gezahlten Betrag handelt es sich um eine **freiwillige soziale Aufwendung**. Ein VSt-Abzug ist nicht möglich, da die Rechnung nicht auf den Arbeitgeber lautet.

Übungen

1 Der Angestellte Markus Ahlbeck erhält für den Kindergartenbesuch seines Sohnes von seinem Arbeitgeber monatlich eine Zuwendung in Höhe von 310,00 €. Der Betrag wird Herrn Ahlbeck per Bank überwiesen.

2 Ein Autohändler verkauft einem Angestellten einen Pkw, dessen Verkaufspreis 45.000,00 € beträgt, mit einem Nachlass von 20 %. Wie hoch ist der steuer- und sozialversicherungspflichtige geldwerte Vorteil?

3 Die Gehaltsabrechnung einer Angestellten ist zu buchen. Ihr Bruttoeinkommen beträgt 1.900,00 €. Sie bewohnt eine Werkswohnung des Arbeitgebers, für die sie statt der marktüblichen Miete von 550,00 € nur 300 € bezahlt. Die Miete wird bei jeder Gehaltszahlung einbehalten. Lohnsteuer, Kirchensteuer und Solidaritätszuschlag der Angestellten belaufen sich auf 237,84 €, der Arbeitnehmeranteil zur Sozialversicherung auf 440,21 €; der Arbeitgeberanteil ebenfalls auf 440,21 €.
Buchen Sie die Gehaltszahlung durch Banküberweisung.

4 Ein verheirateter Angestellter erhält von seinem Arbeitgeber laut Arbeitsvertrag neben dem Bruttogehalt von 2.513,00 € einen Firmenwagen zur Verfügung gestellt, den er auch privat und für Fahrten zwischen Wohnung und Arbeitsstätte nutzen darf. Die Entfernung zwischen der Wohnung des Arbeitnehmers und seiner Arbeitsstätte beträgt 8 km. Der Listenpreis des Pkw beträgt netto 25.098,00 €. Für die Sonderausstattung berechnete der Händler netto 3.000,00 €.

a) Berechnen Sie den geldwerten Vorteil.
b) Buchen Sie die Gehaltszahlung an den Angestellten, wenn vom Arbeitgeber unter Berücksichtigung der Pkw-Gestellung Steuern in Höhe von 190,61 € und 1.198,60 € Sozialabgaben abgeführt werden (Arbeitnehmeranteil 599,30 €).

5 Ein verheirateter Arbeitnehmer mit Kind bezieht ein Bruttogehalt von 2.089,62 €. Er darf einen Firmenwagen auch privat nutzen. Der geldwerte Vorteil hieraus beträgt brutto 298,59 €. Die vom Arbeitgeber einbehaltenen Steuern betragen 78,33 €, der Arbeitnehmeranteil zur Sozialversicherung 493,76 € (Arbeitgeberanteil: 493,76 €).

a) Buchen Sie die Gehaltszahlung durch Bankberweisung.
b) Die einbehaltenen Steuern werden an das Finanzamt überwiesen.
c) Die Sozialversicherungsbeiträge werden an die Krankenkasse abgeführt.

6 Der Angestellte Wöber bezieht ein monatliches Bruttogehalt von 2.000,00 €. Seine vermögenswirksame Leistung von monatlich 19,50 € hat er auf einem Bausparvertrag angelegt (kein Arbeitgeberzuschuss). Das Nettogehalt unter Berücksichtigung der Miete für eine Werkswohnung wird per Bank überwiesen. Buchen Sie diesen Vorgang, wenn folgende weitere Angaben vorliegen:

– Steuern	197,50 €
– Arbeitnehmeranteil zur Sozialversicherung	409,50 €
– Arbeitgeberanteil zur Sozialversicherung	409,50 €
– Miete für die Werkswohnung (ortsüblich)	300,00 €

7 Ein Arbeiter erhält für von ihm selbst beschaffte Arbeitsschutzkleidung 200,00 € in bar.

8 Die Banküberweisung des Dezembergehalts eines Angestellten erfolgt wegen eines EDV-Problems erst im Januar des nächsten Jahres. Das Bruttogehalt beträgt 1.980,00 €. Vom Gehalt einbehalten wird die Miete für die Werkswohnung in Höhe von 350,00 € (marktüblich sind 410,00 €) und ein zu verrechnender Vorschuss von 150,00 €. Der Arbeitnehmer erhält einen Zuschuss von 25,00 € zu seinen Aufwendungen für Fahrten zwischen Wohnung und Arbeitsstätte mit öffentlichen Verkehrsmitteln. Die einbehaltenen Steuern betragen 309,37 €, der Arbeitnehmeranteil und der Arbeitgeberanteil zur Sozialversicherung jeweils 396,27 €.
Buchen Sie zum 31. Dezember.

SL 389 ff.

5.5.3 Lohnsteuerpauschalierung

§ 40(2) EStG

Der Gesetzgeber erlaubt aus Vereinfachungsgründen in einigen Fällen, die Lohnsteuer pauschal zu erheben.

Beispiel

	Pauschale Lohnsteuer
Fahrtkostenzuschüsse	15 %
Essenszuschläge	25 %
Erholungsbeihilfen	25 %
Zuschüsse zu Betriebsveranstaltungen	25 %

Bei der Lohnsteuerpauschalierung sind nicht mehr die individuellen Besteuerungsmerkmale des einzelnen Arbeitnehmers ausschlaggebend, sondern der Arbeitgeber übernimmt die pauschale Lohnsteuer einschließlich der ebenfalls pauschal erhobenen Kirchensteuer in Höhe von 7 %[1] und des Solidaritätszuschlags (5,5 %). Die Darstellung erfolgt im folgenden am Beispiel der **Fahrtkostenzuschüsse.**

Zuschüsse des Arbeitgebers an den Arbeitnehmer zu dessen Fahrten mit eigenem Pkw zwischen Wohnung und Arbeitsstätte können nur dann pauschal versteuert werden, soweit sie den Betrag nicht übersteigen, den der Arbeitnehmer wie Werbungskosten geltend machen könnte, wenn die Bezüge nicht pauschal besteuert würden.

Beispiel

Ein Angestellter (katholisch) ihres Mandanten fährt mit seinem privaten Pkw zur Arbeit. Die einfache Entfernung zwischen Wohnung und Arbeitsstätte beträgt 25 km. Im letzten Monat hat der Angestellte an 18 Tagen gearbeitet. Ihr Mandant bezahlt laut Arbeitsvertrag zusätzlich zum tariflichen Arbeitslohn einen Fahrtkostenzuschuss in Höhe von 25,00 € und pauschaliert diesen Fahrtkostenzuschuss nach § 40 (2) EStG.
Buchen Sie die Banküberweisung des Fahrtkostenzuschusses und die Pauschalversteuerung.

[1] Dieser Satz wird im folgenden immer unterstellt. Einzelne Bundesländer berechnen andere Sätze.

Berechnung der Steuer			
	Lohnsteuer:	15 % von 25,00 = 3,75 €	
	Kirchensteuer:	7 % von 3,75 = 0,26 €	
	Solidaritätszuschlag:	5,5 % von 3,75 = 0,21 €	
	Gesamtbetrag	4,22 €	
Buchung der Auszahlung		**Soll**	**Haben**
6090 (4175)	Fahrtkostenerstattung Wohnung/Arbeitsstätte	25,00	
	an 1800 (1200) Bank		25,00
Buchung der Pauschalversteuerung		**Soll**	**Haben**
6069 (4149)	Pauschale Lohnst. auf sonst. Bezüge	4,22	
	an 3730 (1174) Verb. aus LSt und KiSt		4,22

Der ausgezahlte Fahrtkostenzuschuss liegt unter dem nach § 40(2) Satz 2 EStG zulässigen Höchstbetrag und kann deshalb pauschal versteuert werden. Ist der Abnehmer **konfessionslos entfällt die Erhebung der Kirchensteuer.**
Die Steuerpauschale wird hier vom Arbeitgeber getragen, dieser könnte sie jedoch auch auf den Arbeitnehmer übertragen.

Die vom Arbeitgeber zulässigerweise pauschalierten Fahrtkostenzuschüsse bleiben **sozialversicherungsfrei**. Die im Kontenplan eingerichteten Konten **Fahrtkostenerstattung Wohnung/Arbeitsstätte** sowie **Pauschale Lohnsteuer auf sonstige Bezüge** werden verwendet. § 2 (1) Nr. 1 ArEV
Der Arbeitgeber ist Schuldner der pauschalen Lohnsteuer (einschl. Kirchensteuer und Solidaritätszuschlag). Die Gegenbuchung erfolgt bis zur Abführung dieser Beträge im Konto **Verbindlichkeiten aus Lohnsteuer und Kirchensteuer**.

5.6 Kurzfristige und geringfügige Beschäftigungsverhältnisse

Kurzfristige Beschäftigungsverhältnisse	
Kennzeichen	**Nicht berufsmäßige Beschäftigung**, die maximal **3 Monate** bzw. **70 Arbeitstage** innerhalb eines **Kalenderjahres** seit ihrem Beginn ausgeübt wird.
Sozialversicherung	**Versicherungsfrei** in allen Sparten der Sozialversicherung. Keine Begrenzung bei der Höhe des Arbeitsentgelts.
Steuer	**Wahlrecht** des Arbeitgebers: Einbehaltung und Abführung von 25 % pauschaler Lohnsteuer bei Erfüllung der Voraussetzungen des § 40 a EStG zuzüglich pauschaler Kirchensteuer sowie Solidaritätszuschlag **oder** Vorlage einer Bescheinigung für den Lohnsteuerabzug

Beispiel

Ein Unternehmer aus Bayern beschäftigt während einer Grippeepidemie im November zwei Studentinnen als Aushilfe (kurzfristiges Beschäftigungsverhältnis). Die Aushilfen verdienen 1.610,00 €, die pauschal versteuert werden. Die Auszahlung erfolgt durch Banküberweisung.

Buchung der Lohnzahlung	Soll	Haben
6030 (4190) Aushilfslöhne	1.610,00	
6040 (4199) Lohnsteuer für Aushilfen	452,81	
an 3730 (1741) Verb. aus LSt und KiSt		452,81
1800 (1200) Bank		1.610,00

Die Voraussetzungen für ein sozialversicherungsfreies, kurzfristiges Beschäftigungsverhältnis sind gegeben. Der Betrag im Konto Lohnsteuer für Aushilfen umfasst die pauschale Lohn- und Kirchensteuer und den Solidaritätszuschlag.

SL 391

Geringfügige Beschäftigung im gewerblichen Bereich (Minijob/Midijob)

Die geringfügigen Beschäftigungsverhältnisse im gewerblichen Bereich sehen für den sog. Niedriglohnbereich (Minijobs) und für die Übergangszone (Midijobs) folgendes vor:

0–450 €/Monat		**450,01 €/Monat– 1.300 €/Monat**	
Arbeitnehmer	**Arbeitgeber**	**Arbeitnehmer**	**Arbeitgeber**
Sozialbeiträge: 3,6 % Rentenversicherung Steuern: keine **Brutto = Netto**	**30 %** Pauschalabgabe – 15 % Rentenvers. – 13 % Krankenvers. – 2 % Steuern	Sozialbeiträge: linear ansteigend von 4 % auf ca. 21 % (**„Übergangszone“**) Steuern: individuelle Besteuerung (Lohnsteuerkarte)	Sozialbeiträge: voller Arbeitgeberanteil zu allen Zweigen der Sozialversicherung Steuern: trägt der Arbeitnehmer
Voraussetzung: – keine versicherungspflichtige Hauptbeschäftigung **oder** – nur **eine** einzige geringfügige Beschäftigung neben einem rentenversicherungspflichtigen Hauptberuf **oder** – bei mehreren geringfügigen Beschäftigungsverhältnissen wird insgesamt die 450 €-Grenze **nicht** überschritten		**Voraussetzung:** keine versicherungspflichtige Haupttätigkeit mit einem Einkommen über 1.300 €/Monat	

Die Sozialversicherungspauschalen werden bei einem Entgelt bis 450,00 € an die **Deutsche Rentenversicherung Knappschaft-Bahn-See** als zentrale Einzugstelle abgeführt. Diese übernimmt die Weiterverteilung. Geringfügige Beschäftigungsverhältnisse, die ab 01.01.2013 geschlossen werden, sind rentenversicherungspflichig für die Beschäftigten. Es besteht jedoch die Möglichkeit sich befreien zu lassen (sog. „Opt.-out“-Regelung)[1]. Die Mindestbeitragsbemessungsgrundlage bei einem Minijob beträgt 175,00 € monatlich.

[1] Die Befreiung ist für die Dauer der Beschäftigung bindend.

Beispiel

Eine Unternehmerin beschäftigt seit Januar 2020 eine Aushilfe und entlohnt diese mit 380 €/Monat, die bar ausbezahlt werden (Minijob). Die Mitarbeiterin hat sich von der Rentenversicherungspflicht befreien lassen.

Buchung der Lohnzahlung an die Aushilfe		Soll	Haben
6035 (4195)	Löhne für Minijobs	380,00	
	an 1600 (1000) Kasse		380,00

Buchung der pauschalen Abgaben		Soll	Haben
6036 (4194)	Pauschale Steuern für Minijobber	7,60	
6171 (4144)	Soz. Abgaben für Minijobber	110,77	
	an 3740 (1742) Verb. i.R.d. soz. Sicherheit		110,77

Es handelt sich um einen so genannten „**Minijob**", für den **28 % pauschale Sozialversicherungsbeiträge** und **2 % pauschale Steuer** (inkl. KiSt und SolZ) anfallen, die vom Arbeitgeber zu tragen sind. Ohne Befreiung von der Rentenversicherungspflicht reduziert sich der Auszahlungsbetrag um 13,68 €. § 40 a (2) EStG
Ist der Arbeitnehmer privat krankenversichert, entfällt der pauschale Krankenversicherungsbeitrag.

Berechnung der Sozialbeiträge des Arbeitnehmers in der „Übergangszone" (Arbeitsentgelt zwischen 450,01 € und 1.300 €)

Formel (§ 226 Abs. 4 SGB V):

Bemessungsgrundlage für den Arbeitnehmer:
F × 450 + (1.300 : (1.300 – 450)) – (450 : (1.300 – 450)) × F × (AE – 450)

F = Jährlich neu berechneter Faktor, der auf vier Dezimalstellen gerundet wird. Er ergibt sich, wenn der Wert 25 % durch den durchschnittlichen Gesamtsozialversicherungsbeitragssatz dividiert wird. **Für 2020 gilt: F = 0,7547**.

Bei einem monatlichen Arbeitsentgelt von **600 €** ergibt sich durch Einsetzen in die Formel eine (ermäßigte) Bemessungsgrundlage für den Arbeitnehmer von **509,09 €**.
Daraus resultieren für einen Arbeitnehmer mit Kind 2020 folgende Beiträge zu den einzelnen Zweigen der Sozialversicherung (ohne Umlagen):

Sozialversicherungszweig	Beitragssatz	Arbeitnehmeranteil €	Arbeitgeberanteil €
Rentenversicherung	18,6 %	38,90	55,80
Arbeitslosenversicherung	2,4 %	5,02	7,20
Krankenversicherung[1]	15,7 %	32,82	47,10
Pflegeversicherung	3,05 %	6,37	9,15
Gesamt		83,11	119,25

[1] Für 2020 beträgt der durchschnittliche Zusatzbeitrag 1,1 %.

Beispiel

Ein Unternehmer beschäftigt zur Reinigung der Büroräume im August 2020 erstmals eine Putzfrau an 25 Stunden. Die Putzfrau erhält brutto 24,00 € je Stunde (Steuerklasse V). Die Auszahlung erfolgt durch Banküberweisung unter Abzug von 83,11 € Arbeitnehmeranteil zur Sozialversicherung und 55,83 € Steuern. Der Arbeitgeberanteil zur Sozialversicherung beträgt 119,55 €.

Buchung der Lohnzahlung	Soll	Haben
6030 (4190) Aushilfslöhne	600,00	
an 3730 (1741) Verb. aus LSt und KiSt		55,83
3740 (1742) Verb. i.R.d. soz. Sicherheit		83,11
1800 (1200) Bank		461,06

Buchung des Arbeitgeberanteils zur Sozialversicherung	Soll	Haben
6110 (4130) Gesetzl. soziale Aufwend.	119,25	
an 3740 (1742) Verb. i.R.d. soz. Sicherheit		119,25

Die Berechnung der LSt, KiSt und des Soli innerhalb der Gleitzone richtet sich nach den individuellen Lohnsteuerabzugsmerkmalen der Arbeitnehmerin. Der Beitrag der Arbeitnehmerin zur Sozialversicherung berechnet sich aus einer verminderten Bemessungsgrundlage von 509,09 €, die sich bei Anwendung der Formel ergibt, der (höhere) Arbeitgeberanteil dagegen vom vereinbarten Bruttogehalt von 600,00 €.

Übungen

1 Der Arbeitgeber ersetzt einem Angestellten die Aufwendungen für dessen Fahrten zwischen Wohnung und Unternehmen mit eigenem Pkw, soweit diese wie Werbungskosten geltend gemacht werden können per Banküberweisung. Die einfache Entfernung beträgt 28 km (18 Arbeitstage). Das Unternehmen pauschaliert die Fahrtkostenerstattung gemäß § 40 (2) EStG und trägt die Pauschalsteuern.
Nehmen Sie die erforderliche Buchung vor.

2 Ein Arbeitnehmer verdient brutto 2.601,00 €. Zusätzlich zu diesem Arbeitslohn erhält er einen Fahrtkostenzuschuss von 60,00 €, den der Arbeitgeber nach § 40 (2) EStG pauschal versteuert. Die vom Arbeitgeber einbehaltenen Steuern betragen 494,18 €, der Arbeitnehmeranteil zur Sozialversicherung 535,24 €, der Arbeitgeberanteil zur Sozialversicherung ebenfalls 535,24 €. Das Gehalt des Arbeitnehmers wird vom betrieblichen Bankkonto überwiesen.

3 Eine geringfügig beschäftigte Mitarbeiterin (gesetzlich krankenversichert, RV-befreit) bezieht monatlich 310,00 €. Nehmen Sie die erforderliche(n) Buchung(en) für Mai 2020 vor, wenn die Gehaltszahlung per Banküberweisung erfolgt.

4 Im Rahmen eines geringfügigen Beschäftigungsverhältnisses ist die Gehaltszahlung zu buchen. Die Beschäftigte (AOK-Mitglied, RV-befreit) übt keine weitere Beschäftigung aus. Im abzurechnenden Monat (Juni 2020) hat sie an 25 Stunden gearbeitet. Der Stundenverdienst beträgt 12,00 €. Die Auszahlung erfolgt bar.

5 Ihr Mandant hat zur Bewältigung eines Sonderauftrags im März Studenten im Vertrieb beschäftigt. Das Arbeitsentgelt der Aushilfskräfte betrug insgesamt 9.600,00 €. Der Arbeitgeber möchte die von ihm getragenen Steuern pauschal abführen. Die Voraussetzungen hierfür sind erfüllt. Nehmen Sie die erforderlichen Buchungen vor, wenn das Gehalt durch Banküberweisung ausgezahlt wird.

6 Für den Kindergartenbesuch von vier Mitarbeiterkindern werden jeweils 150,00 € vom betrieblichen Bankkonto überwiesen.

7 Der Unternehmer überweist durch die Bank 610,00 € als Beitrag an die zuständige Berufsgenossenschaft.

8 Für die Gehaltsbuchung eines Mandanten liegen die folgenden Angaben vor:

	€
Bruttogehälter:	280.000,00
Arbeitgeberanteil zu den vermögenswirksamen Leistungen:	2.800,00
Steuern:	82.920,00
Arbeitnehmeranteil zur Sozialversicherung:	54.390,00
Arbeitgeberanteil zur Sozialversicherung:	54.390,00
Vermögenswirksame Anlage:	5.600,00

Die Auszahlung erfolgt durch Banküberweisung.
a) Buchen Sie die Gehaltszahlung.
b) Buchen Sie die Überweisung der einbehaltenen Steuern an das Finanzamt.
c) Die Sozialversicherungsbeiträge werden an die Krankenkasse überwiesen.
d) Die einbehaltenen vermögenswirksamen Sparbeträge werden weitergeleitet.

9 Ein Gehaltsvorschuss in Höhe von 200,00 € wird bar ausgezahlt.

10 Die Gehaltsliste eines Mandanten für den letzten Monat enthält folgende Angaben:

	€
Bruttogehälter:	88.400,00
Lohnsteuer, Kirchensteuer, Solidaritätszuschlag:	13.260,00
Arbeitnehmeranteil zur Sozialversicherung:	17.471,00
Nettogehälter:	56.355,00
Arbeitgeberanteil zur Sozialversicherung:	17.171,00

Die Auszahlung der Gehälter erfolgt durch Banküberweisung.

11 Eine Angestellte kann Waren von ihrem Arbeitgeber beziehen. Sie erhält für diese Einkäufe einen Belegschaftsrabatt von 20 %. In diesem Jahr hat die Arbeitnehmerin für ihre Einkäufe 8.000,00 € brutto bezahlt.
Berechnen Sie den steuer- und sozialversicherungspflichtigen geldwerten Vorteil.

12 Die Bochumer Stahlwerke AG stellen einem Angestellten einen Firmen-Pkw zur Verfügung, den dieser auch für private Fahrten und für Fahrten zwischen Wohnung und Arbeitsstätte benutzen kann. Der Kaufpreis des Pkw betrug 35.000,00 €, der inländische Listenpreis im Zeitpunkt der Erstzulassung 41.760,00 €. Der Pkw wurde an 210 Tagen im Jahr für Fahrten zwischen Wohnung und Arbeitsstätte genutzt. Die einfache Entfernung beträgt 20 km.
Der Angestellte bezieht ein monatliches Bruttogehalt von 2.600 €. Die vom Gehalt einzubehaltenen Steuern betragen 649,75 € und der Arbeitnehmeranteil und Arbeitgeberanteil zur Sozialversicherung jeweils 634,65 €. Die Gehaltszahlung erfolgt durch Banküberweisung.

a) Berechnen Sie den geldwerten Vorteil aus der privaten Nutzung des Firmen-Pkw.
b) Buchen Sie die Gehaltszahlung an den Arbeitnehmer.

13 Eine 17-jährige Auszubildende, ledig, Steuerklasse I, bezieht eine monatliche Ausbildungsvergütung von brutto 515,00 €. Die Sozialversicherungsbeiträge für den Arbeitgeber und die Auszubildende betragen jeweils 100,95 €. Der Nettobetrag wird durch Bank überwiesen.

14 Ein Arbeiter zahlt einen im Vormonat ausgezahlten Vorschuss in Höhe von 150,00 € in bar zurück.

15 Buchen Sie die Gehaltszahlung per Bank an eine Arbeitnehmerin (geringfügiges Beschäftigungsverhältnis, RV-befreit). Der Arbeitslohn im Mai 2020 beträgt 400,00 €. Die Arbeitnehmerin ist privat krankenversichert.

16 Ein Arbeitnehmer erhält anlässlich seiner Hochzeit eine Sonderzahlung von 400 € bar.

6 Finanzwirtschaft

6.1 Kaufmännische Zinsrechnung

Zinsrechnung ist Prozentrechnung unter Berücksichtigung der Zeit. Zinsen werden für die Überlassung von Kapital für einen bestimmten Zeitraum berechnet.
Zinsen können Guthabenzinsen aber auch Schuldzinsen sein.
Überlassen wir eine Geldsumme der Bank, so erhalten wir Guthabenzinsen.
Nehmen wir bei der Bank einen Kredit auf, so wird unser Konto mit Sollzinsen belastet.

In der Zinsrechnung kennt man folgende Größen:

Kapital:	Ausgangsgröße für die Berechnung der Zinsen, entspricht dem Grundwert in der Prozentrechnung
Zinssatz oder Zinsfuß:	entspricht dem Prozentsatz in der Prozentrechnung und ist immer auf ein Jahr bezogen (p.a. = per anno)
Zeit:	Zeitraum für die Zinsberechnung. Basisgröße ist ein Jahr (= i.d.R. 360 Tage = 30 Tage pro Monat)
Zinsen:	Preis für die Überlassung oder Gewährung von Kapital, entspricht in der Prozentrechnung dem Prozentwert.

Prozentrechnung	**Zinsrechnung**
Grundwert	Kapital
Prozentsatz	Zinssatz
Prozentwert	Zinsen
	+
	Zeit

6.1.1 Zinsberechnung mit der allgemeinen Zinsformel

6.1.1.1 Berechnung von Jahres-, Monats- und Tageszinsen

Gegeben sind immer drei Größen, die vierte Größe muss errechnet werden.

Beispiel

Berechnen Sie die Zinsen bei einem Zinsfuß von 6 % für ein Kapital in Höhe von 15.000,00 € für verschiedene Zeiträume:

a) 2 Jahre,
b) 6 Monate,
c) 125 Tage.

Beispiel

a) Berechnung der Jahreszinsen:

$$Z = \frac{\text{Kapital (K)} \times \text{Zinsfuß (p)} \times \text{Jahre (t)}}{100 \times 1} = \frac{15.000{,}00\ € \times 6 \times 2}{100 \times 1} = 1.800{,}00\ €$$

b) Berechnung der Monatszinsen:

$$Z = \frac{K \times p \times \text{Monate}}{100 \times 12} = \frac{15.000{,}00\ € \times 6 \times 6}{100 \times 12} = 450{,}00\ €$$

c) Berechnung der Tageszinsen:

$$Z = \frac{K \times p \times \text{Tage}}{100 \times 360} = \frac{15.000{,}00\ € \times 6 \times 125}{100 \times 360} = 312{,}50\ €$$

Bei der Berechnung der Tageszinsen wird in den Ländern Deutschland, Schweden, Dänemark und der Schweiz nach der oben dargestellten Tageszinsformel gerechnet. Der Monat hat immer 30 Tage und somit das Jahr 360 Tage.

In anderen europäischen Ländern, wie z. B. Frankreich, Spanien, Niederlande und Österreich, wird nach der sogenannten „Euro-Zinsmethode“ gerechnet. Hierbei sind die Monate mit der tatsächlichen Anzahl an Tagen anzusetzen.

Beispiel

Monat	**Deutsche Zinsmethode**	**Euro-Zinsmethode**
	Tage	Tage
Januar	30	31
Februar	30[1)]	28 oder 29
März	30	31
April	30	30
Mai	30	31
Juni	30	30
Juli	30	31
August	30	31
September	30	30
Oktober	30	31
November	30	30
Dezember	30	31
Summe	360	365/366

Formel für die Berechnung der Tageszinsen nach der Euro-Zinsmethode:

$$\text{Zinsen} = \frac{K \times p \times \text{tatsächliche Tage}}{100 \times 360}$$ → Die Basiszahl bleibt bestehen!!!

1) Endet der Zinszahlungszeitraum am 28. (oder im Schaltjahr 29.) Februar, so ist der Monat Februar exakt mit 28 oder 29 Tagen anzusetzen. Ansonsten rechnet man für den Februar immer 30 Tage.

Übungen

1 Ermitteln Sie die Zinsen für folgende Darlehen. Berechnen Sie die Tage nach der **deutschen Methode**:

Darlehen in €	Zinsfuß	Zeit
a) 35.650,00	8,5 %	4 Jahre
b) 12.670,00	9,0 %	3,5 Jahre
c) 6.500,00	11,0 %	24.04.–19.06.
d) 5.300,00	8,5 %	4 Monate

2 Errechnen Sie die Sparguthaben einschließlich Zinsen. Berechnen Sie die Tage nach der **Euro-Zinsmethode**:

Guthaben in €	Zinsfuß	Zeit
a) 45.580,00	4 %	17.01.–03.04.
b) 25.439,00	3,5 %	18.05.–24.08.
c) 5.950,00	2,5 %	28.02.–01.06.
d) 13.650,00	5 %	01.09.–02.06.n.J.

3 Eine Eingangsrechnung lautet über 3.480,00 €. Sie ist zahlbar innerhalb von 14 Tagen unter Abzug von 2 % Skonto oder innerhalb 30 Tagen netto Kasse. Zur Skontoausnutzung nimmt der Unternehmer ein Darlehen zu 8 % auf. Lohnt sich die Darlehensaufnahme?

6.1.1.2 › Berechnung der Zinstage

Bei der Berechnung der Zinstage wird der erste Tag (Auszahlungstag) nicht mitgerechnet, dafür aber der letzte (Rückzahlungstag).y

Zwei Möglichkeiten zur Berechnung der Tage:

Beispiel

Für die Zeit vom 11. März 2020 bis 26. Juli 2020 werden 12.000,00 € auf ein Bankkonto eingezahlt.

1. Möglichkeit: Rechnen Sie zuerst ganze Monate zu je 30 Tagen, dann addieren oder subtrahieren Sie die restlichen Tage.

11.03.2020 – 11.07.2020 = 4 Monate = 120 Tage
11.07.2020 – 26.07.2020 = 15 Tage
____
135 Tage

2. Möglichkeit: Wir schreiben die Daten in der Anordnung TT.MM.JJ und ermitteln die Differenz:

26.07.2020
– 11.03.2020
____
Differenz › 15.04.0000 (Rechengröße/keine Jahresangabe)

Wir lösen das Ergebnis auf:
15 Tage
4 Monate a 30 Tage = 120 Tage
____
135 Tage

Übung

Berechnen Sie die Zinstage nach der deutschen und nach der Euro-Zinsmethode!

Gehen Sie bei der Berechnung nach der zweiten Möglichkeit vor.

05.01.–29.01.	30.06.2019–01.03.2020
19.03.–14.11.	31.10.2019–14.01.2020
02.03.–19.06.	26.11.2019–02.01.2020
01.01.–31.12.	15.09.2019–28.02.2020

6.1.2 Berechnung von Kapital, Zinsfuß und Zeit

Bei der Berechnung des Kapitals, des Zinsfußes oder der Zeit geht man von der allgemeinen Zinsformel aus. Durch Umstellung der Formel kann die gesuchte Größe ermittelt werden.

Beispiel

a) Formel zur Ermittlung des Kapitals (K):

$$K = \frac{Z \times 100 \times 360}{p \times t}$$

b) Formel zur Ermittlung des Zinsfußes / Zinssatzes (p):

$$p = \frac{Z \times 100 \times 360}{K \times t}$$

c) Formel zur Ermittlung der Zeit (t):

$$t = \frac{Z \times 100 \times 360}{K \times p}$$

Übungen

1 Ein Kapital in Höhe von 20.000,00 € wird für 3 Jahre fest angelegt.
Die gesamten Zinsen (ohne Zinseszinsen) betragen nach 3 Jahren 2.700,00 €.

Zu welchem Zinssatz wurde das Kapital festgelgt?

2 Wie hoch ist ein Kapital, das vom 25.04.–24.06. zu 6,5 % angelegt wird und dabei 133,16 € Zinsen bringt?

3 Die Verzugszinsen für eine Forderung betragen bei einem Zinssatz von 11 % für die Zeit von 8 Monaten 880,00 €.

Wie hoch ist die ursprüngliche Forderung?

4 Ein Unternehmer legt bei seiner Bank 2 Geldbeträge an. Der erste Geldbetrag wird der Bank 42 Tage überlassen und mit 6 % verzinst. Der zweite Geldbetrag wird mit 8 % verzinst und verbleibt 110 Tage.

Wie hoch sind beiden Geldbeträge, wenn die Zinsgutschrift über 330 € lautet. Berücksichtigen Sie dabei, dass der zweite Anlagenbetrag doppelt so viel Zinsen bringt wie der erste.

5 Ein Sparer zahlt 18.000,00 € auf sein Sparbuch ein. Zum Zeitpunkt der Einzahlung beträgt der Zinssatz 0,3 %. Ab 01. November 2020 rechnet die Bank mit 0,4 %. Die Zinsgutschrift am 31.12.2020 beträgt 21,00 €.
Wann wurden die 18.000,00 € eingezahlt?

6 Einen Kredit in Höhe von 3.000,00 € zahlen Sie nach 50 Tagen mit 3.025,00 € zurück. Ermitteln Sie den Kreditbetrag, wenn Sie diesen nach 90 Tagen zu den gleichen Konditionen in Anspruch nehmen und die zu zahlenden Zinsen 52,50 € betragen.

6.1.3 Kaufmännische Zinsrechnung (Summarische Zinsrechnung)

6.1.3.1 Kaufmännische Zinsformel

Sollen mehrere Beträge zum gleichen Zinssatz aber unterschiedlichen Laufzeiten abgerechnet werden, wird die allgemeine Zinsformel in eine „Kaufmännische Zinsformel" umgewandelt.

Allgemeine Zinsformel	Kaufmännische Zinsformel
$Z = \frac{K \times p \times t}{100 \times 360}$	Umwandlung in $Z = \frac{K \times t \times p}{100 \times 360}$ $Z = \frac{K \times t}{100} \times \frac{p}{360}$ $Z = \frac{K \times t}{100} : \frac{360}{p}$
	Zinsen = Zinszahl : Zinsteiler Zinsen = # : Zt

Wichtig:

- Ist das Kapital kein glatter €-Betrag, sind die Cent bei der Ermittlung der Zinszahl (#) nicht zu berücksichtigen.
- Die Zinszahl (#) ist immer eine ganze Zahl. Sie wird also nach der Errechnung auf- oder abgerundet.

Beispiel

Wieviel Zinsen ergeben 3.000,84 € in 90 Tagen bei einem Zinsfuß von 6 %?

$$\text{Zinsen} = \frac{3.000{,}00 \times 90}{100} : \frac{360}{6}$$

$$= \# 2.700 : 60$$

$$\text{Zinsen} = 45{,}00 \text{ €}$$

6.1.3.2 › Summarische Zinsrechnung

Anwendung findet die kaufmännische Zinsformel immer dann, wenn von mehreren Beträgen mit unterschiedlichen Laufzeiten die Verzinsung mit gleichbleibendem Zinssatz erfolgen soll.

Beispiel

Ein Kunde schuldet uns zum 30.06. folgende Beträge:

Rechnungsbetrag	fällig am
6.203,00 €	06.01.
1.415,34 €	25.02.
7.234,11 €	18.04.
435,07 €	03.06.

Berechnen Sie die Gesamtforderung zum 30.06. einschließlich 9 % Zinsen.

Lösung

Betrag in € (K)	Fälligkeit (Verfall)	Zinstage (t)	Zinszahlen (#)
6.203,00	06.01.	174	10.793
1.415,34	25.02.	125	1.769
7.234,11	18.04.	72	5.209
435,07	03.06.	27	118
15.287,52			17.889 : 40 = 447,23 €
+ 447,23			
15.734,75			

$$\text{Zinsteiler} = \frac{360}{9} = 40$$

Übungen

1 Eine Kundenrechnung über 24.000,00 € steht noch offen. Der Kunde zahlt in Teilbeträgen wie folgt: Nach 30 Tagen 4.000,00 €, nach 90 Tagen 8.000,00 € und den Rest nach 150 Tagen.
Für die verzögerte Zahlung stellen wir Ihm 8 % Zinsen in Rechnung. Welchen Betrag muss der Kunde noch zusätzlich zahlen?

2 Sie zahlen in unregelmäßigen Abständen Geld auf Ihr Sparkonto ein. Die Bank bietet 4,5 % Zinsen.

Betrag in €	Einzahlungstag
3.456,00	12.04.2020
1.240,00	09.08.2020
450,00	15.11.2020

Wie groß ist das angesparte Kapital einschließlich Zinsen zum 31.12.2020?

3 Die Zinsen für ein Kapital betragen 135,00 €, die Zinszahl # 5400.
Wie hoch ist der Jahreszinssatz?

4 Wie hoch ist ein Darlehen, wenn monatlich 250,00 € Zinsen dafür bezahlt werden müssen und die Bank von einem Zinsteiler von 30 ausgeht?

6.1.4 Effektivverzinsung

Neben der normalen Verzinsung fallen noch zusätzliche Kreditkosten an, wie:

- Gebühren bei Kreditauszahlung
- Disagio (Abgeld)
- Provisionen
- Courtage etc.

Unter Berücksichtigung dieser Größen erhält man dann die

- Realverzinsung,
- Rendite oder
- Effektivverzinsung.
- Formel: $\frac{\text{Reinertrag} \times 100}{\text{Kapital}}$

Übungen

1 Auf einer Rechnung steht vermerkt: „Zahlbar innerhalb von 10 Tagen unter Abzug von 2 % Skonto oder innerhalb 30 Tagen netto Kasse".
Wie hoch ist die effektive Verzinsung in %?

2 Die Bank nennt folgende Bedingungen zur Gewährung eines Darlehens:

0,6 % Zins pro Monat (p.m.)
1‰ Provision
5,00 € Auslagen

Errechnen Sie den Effektivzinssatz p.a. für ein Darlehen über 15.000,00 € und einer Laufzeit von 90 Tagen.

3 Ein Mandant kaufte ein Mietwohngrundstück im Wert von 480.000,00 €. Der Anteil des Grund und Bodens betrug 20 %. Er finanzierte den Kauf wie folgt:

1. Hypothek über 280.000,00 € zu 5,5 %
2. Hypothek über 100.000,00 € zu 6,5 %
3. Eigene Mittel in Höhe von 100.000,00 €.

Die Mieteinnahmen betragen monatlich 3.800,00 €.
Laufende Aufwendungen fallen in folgender Höhe an:

Gebühren und Steuern	1.900,00 € p.a.
Reparaturaufwand	6.000,00 € p.a.
Abschreibungen	7.680,00 € p.a.

Berechnen Sie die effektive Verzinsung des Eigenkapitals.

4 Im laufenden Jahr wurde von Ihrem Mandanten ein Mietwohngrundstück angeschafft. Die Anschaffungskosten betrugen 750.000,00 €. An eigenen Mitteln kann er 350.000,00 € aufbringen. Die Restsumme wird durch die Bank zu folgenden Konditionen finanziert:

1. Hypothek/Auszahlung 96 %/Zinssatz 6 %,
2. Hypothek/Auszahlung 100 %.

Die 1. Hypothek gewährt die Bank über 50 % der Restsumme. Zur rentablen Finanzierung ist es notwendig, die Gesamtzinsbelastung auf maximal 28.000,00 € zu beschränken.
Mit welchem Zinssatz darf die 2. Hypothek maximal verzinst werden?

6.2 Zahlungsverkehr

6.2.1 Geldverrechnungskonten

Buchungen erfolgen im Rahmen der EDV-Buchführung sortiert in Buchungskreisen.

Denkbare Buchungskreise

- Eingangsrechnungen
- Ausgangsrechnungen
- Bank
- Kasse
- sonstige Belege
  u. a.

Innerhalb der Buchungskreise werden die Belege nach Datum und Belegnummern geordnet.

Beispiel

Ein Gewerbetreibender entnimmt der betrieblichen Kasse 500,00 € und zahlt sie auf das unternehmenseigene Bankkonto ein. Durch diesen Geschäftsvorfall werden die Buchungskreise „Bank" und „Kasse" angesprochen.

Buchungssätze	Soll	Haben
Buchungskreis **Kasse**		
1800 (1200) Bank	500,00	
an 1600 (1000) Kasse		500,00
Buchungskreis **Bank**		
1800 (1200) Bank	500,00	
an 1600 (1000) Kasse		500,00

Um die doppelte Erfassung des Buchungsvorganges auf beiden Konten zu vermeiden, wird über ein zwischengeschaltetes Konto

1460 (1360) **Geldtransit**

gebucht.

Buchungssätze	Soll	Haben
Buchungskreis **Kasse**		
1460 (1360) Geldtransit	500,00	
an 1600 (1000) Kasse		500,00
Buchungskreis **Bank**		
1800 (1200) Bank	500,00	
an 1460 (1360) Geldtransit		500,00

Übung

Buchen Sie den folgenden Geschäftsvorfall unter Verwendung des Kontos „Geldtransit".

Wir füllen unsere Kasse mit Bargeld auf. Hierzu heben wir 1.200 € vom betrieblichen Bankkonto ab und legen den Betrag in die Kasse.

6.2.2 Kontokorrentkonten

R 5.2 (1) EStR Im Hauptbuch werden alle Geschäftsbeziehungen zu Kunden und Lieferanten auf den **Sachkonten** „1200 (1400) Forderungen aufgrund von Lieferungen und Leistungen" bzw. „3300 (1600) Verbindlichkeiten aus Lieferungen und Leistungen" erfasst.
Aus diesen Konten ist jederzeit der Gesamtbetrag aller Forderungen und Verbindlichkeiten ersichtlich. Will man den Forderungsstand gegenüber einem Kunden oder die Schulden gegenüber einem Lieferanten wissen, so sind diese Größen nicht sofort aus den Sachkonten abzulesen.
Hierzu werden in der Praxis für jeden Kunden und Lieferanten eigene Konten (**Personenkonten**) geführt.

Hauptbuch		Kontokorrentbuch (Nebenbuch)
Sachkonten		Personenkonten
– **Forderungen**	→	– **Debitoren** (Kundenkonten)
– **Verbindlichkeiten**	→	– **Kreditoren** (Lieferantenkonten)

Kreditorenkonten

Getätigte Wareneinkäufe auf Ziel werden auf dem jeweiligen Kreditorenkonto erfasst. Hierzu werden im Kontenrahmen für die Personenkonten Kontonummernbereiche reserviert.

Für die Kreditorenkonten sind es die Nummern **70000 bis 99999** (7–9 = Kreditor).

Beispiel

Wir kaufen Waren im Wert von 8.000,00 € + USt von unserem Lieferanten Emil Sude, Bonn. Emil Sude wird in unserem Nebenbuch mit der Kontonummer 70003 geführt.

Buchung der Vorschusszahlung		Soll	Haben
5200 (3200)	Wareneingang	8.000,00	
1406 (1576)	Vorsteuer	1.520,00	
	an **70003 Emil Sude, Bonn**		9.520,00

Debitorenkonten

Für den Debitorenbereich werden die Kontonummern **10000 bis 69999** verwendet (1–6 = Debitor).

Beispiel

Der Unternehmer Felix Kunz, Krefeld, erhält Ware im Wert von 12.000,00 € + USt geliefert. F. Kunz wird im Nebenbuch mit der Kontonummer 10018 geführt.

Buchungssatz	Soll	Haben
10018 Felix Kunz, Krefeld	14.280,00	
an 4000 (8000) Erlöse		12.000,00
3806 (1776) Umsatzsteuer		2.280,00

Der Rechnungsausgleich erfolgt jeweils über das Personenkonto.

Übungen

Bilden Sie die Buchungssätze unter Verwendung von Personenkonten:

1 Geschäftsvorfälle mit Lieferanten

a) Kauf von Waren im Wert von 10.710,00 € (brutto) auf Ziel. Lieferer ist die Fa. Werner Wolle e.K., die in unserer Buchführung unter der Kreditorennummer 71006 erfasst ist.
b) Obige Rechnung wird durch Banküberweisung beglichen.
c) Reparatur unseres betrieblichen Pkws durch Autowerkstatt Emil Schraube (Kto-Nr. 71009). Rechnungsbetrag 1.200 € + 228,00 € USt.
d) Banküberweisung an Fa. Wagner Getränkehandel (Kto-Nr. 71112) für ER 376 in Höhe von 840,00 € + 159,60 € USt.

2 Geschäftsvorfälle mit Kunden

a) Banküberweisung des Kunden Edgar Meyer (Kto-Nr. 11134) über 386,75 € einschl. USt.
b) Zielverkauf an den Kunden Rösch & Co. (Kto-Nr. 11027). Warenwert 11.000,00 € + 2.090,00 € USt.

6.2.3 Anzahlungen

Wird bei Abschluss von Verträgen über den Kauf von Vorräten eine Anzahlung vor Lieferung vereinbart, führt dies in der Buchführung zur Erfassung auf besonderen Konten.

Anzahlungen an Lieferer →	1180 (1510) Geleistete Anzahlungen →	Aktivkonto
Anzahlungen von Kunden →	3250 (1710) Erhaltene Anzahlungen →	Passivkonto

Durch die **geleisteten Anzahlungen** haben wir eine **Forderung** auf Warenlieferung **gegenüber dem Lieferanten**. Das Konto „Geleistete Anzahlungen" ist deshalb ein aktives Bestandskonto. Das Konto „**Erhaltene Anzahlungen**" ist ein passives Bestandskonto, da dem Kunden gegenüber eine **Verpflichtung (Schuld) zur Lieferung** der bestellten Ware besteht.

6.2.3.1 › Geleistete Anzahlungen

SL 126

Für geleistete Anzahlungen hat der zahlende Unternehmer (Kunde) die Möglichkeit, bereits vor Erhalt der Leistung die gezahlte Umsatzsteuer auf die Anzahlung als Vorsteuer abzuziehen.

§ 15 (1) S. 3 UStG

§§ 14, 14a UStG

Voraussetzung für den Vorsteuerabzug

- Es muss eine Anzahlungsrechnung **mit gesondertem Steuerausweis** vorliegen
  und
- die **Zahlung** erfolgt sein.

Beispiel ⟩⟩⟩

Im Vertrag vom 03.03.2020 über die Lieferung von Waren hat unser Mandant mit seinem Lieferanten eine Anzahlung in Höhe von 11.000,00 € + USt vereinbart. Zahltag ist der 01.04.2019. Die vom Lieferer ordnungsgemäß erstellte Endrechnung über 35.000,00 € + USt erhält der Mandant am 15.05.2020. Hierin wird er um Zahlung des Restbetrages gebeten.

Buchungssatz		Soll	Haben
Buchung der geleisteten Anzahlung			
1180 (1510)	Geleistete Anzahlungen	11.000,00	
1406 (1576)	Vorsteuer	2.090,00	
	an 1800 (1200) Bank		13.090,00
Buchung nach Eingang der Lieferung und Endrechnung			
5200 (3200)	Wareneingang	35.000,00	
1406 (1576)	Vorsteuer	6.650,00	
	an 3300 (1600) Verbindlichkeiten a. LuL		41.650,00
Umbuchung der Anzahlung			
3300 (1600)	Verbindlichkeiten a. LuL	13.090,00	
	an 1180 (1510) Geleistete Anzahlungen		11.000,00
	1406 (1576) Vorsteuer		2.090,00
Überweisung des Restbetrages			
3300 (1600)	Verbindlichkeiten a. LuL	28.560,00	
	an 1800 (1200) Bank		28.560,00

6.2.3.2 › Erhaltene Anzahlungen

§ 13 (1) Nr. 1a S. 4 UStG

Ist der Kunde verpflichtet, eine vertraglich vereinbarte Anzahlung zu leisten, stellt diese für den Empfänger der Zahlung eine Verbindlichkeit (Schuld) dar. Die vereinnahmte Anzahlung unterliegt beim Empfänger im Voranmeldungszeitraum der Vereinnahmung der Umsatzsteuer, obwohl die Leistung noch nicht ausgeführt wurde.

Beispiel

Ein Gewerbetreibender erhält von einem Kunden den Auftrag zur Lieferung eines größeren Warenpostens. Vereinbarungsgemäß leistet der Kunde am 12.03.2020 eine Anzahlung in Höhe von 15.000,00 € + USt per Bank. Die Auslieferung der Ware erfolgt am 03.05.2020 mit gleichzeitiger Übersendung der Endrechnung über 40.000,00 € + 7.600 €,– USt mit der Bitte um Zahlung innerhalb von 10 Tagen.

Buchungssatz		Soll	Haben
Buchung der erhaltenen Anzahlung			
1800 (1200)	Bank	17.850,00	
	an 3250 (1710) Erhaltene Anzahlungen		15.000,00
	3806 (1776) Umsatzsteuer		2.850,00
Buchung bei Lieferung und erteilter Endrechnung			
1200 (1400)	Forderungen a. LuL	47.600,00	
	an 4200 (8200) Erlöse		40.000,00
	3806 (1776) Umsatzsteuer		7.600,00
Umbuchung der Anzahlung			
3250 (1710)	Erhaltene Anzahlungen	15.000,00	
3806 (1776)	Umsatzsteuer	2.850,00	
	an 1200 (1400) Forderungen a. LuL		17.850,00
Erhalt des Restbetrages			
1800 (1200)	Bank	29.750,00	
	an 1200 (1400) Forderungen a. LuL		29.750,00

Übungen

1 Die Fa. Klein OHG erhält den Auftrag zur Lieferung einer großen Warenmenge im Wert von 83.300,00 € (brutto). Bei Vertragsabschluss wurde eine Anzahlung in Höhe von 23.800,00 € (brutto) vereinbart, die kurze Zeit später dem betrieblichen Bankkonto gutgeschrieben wurde. Es wurde eine Anzahlungsrechnung mit gesondertem Steuerausweis erstellt.

Bei Lieferung wurde dem Kunden folgende Rechnung zugestellt:

Warenwert		70.000,00 €
+ 19 % USt		13.300,00 €
		83.300,00 €
abzgl. erhaltene Anzahlung	20.000,00 €	
+ 19 % USt	3.800,00 €	23.800,00 €
Restsumme		59.500,00 €

Buchen Sie den Vorgang bei der Firma Klein.

2 Buchen Sie Übungsaufgabe 1 aus der Sicht des Kunden unter der Voraussetzung, dass der Lieferer eine ordnungsgemäße Anzahlungsrechnung erstellt hat.

3 Für die Lieferung von Gummidichtungen über 60.000,00 € + USt zum 16.06.2020 zahlte uns der Kunde am 28.04.2020 20 % der Rechnungssumme + USt durch Banküberweisung im voraus. Der Restbetrag ist 14 Tage nach Lieferung zu überweisen.
Bilden Sie die Buchungssätze bei Anzahlung, Lieferung und Überweisung des Restbetrages.

4 Buchen Sie Übungsaufgabe 3 aus Sicht des Kunden. Eine formgerechte Anzahlungsrechnung geht dem Kunden zu.

5 Einem Kunden wird über eine erhaltene Anzahlung eine Rechnung mit gesondertem USt-Ausweis ausgestellt. Der Überweisungsbetrag lautete 8.330,00 €. Der Zahlungseingang wurde auf dem Konto Erhaltene Anzahlungen brutto gebucht. Vier Wochen später wird die bestellte Ware an den Kunden ausgeliefert. Die Ausgangsrechnung lautet über 20.000,00 € + USt.
Buchen Sie den gesamten Vorgang.

6.3 Darlehen

Das Darlehen ist die Grundform der mittel- und langfristigen Fremdfinanzierung.

Beim Darlehen überlässt der Kreditgeber dem Schuldner Geld für eine fest vereinbarte Laufzeit. Innerhalb dieser Zeit muss der Schuldner (Kreditnehmer) den Darlehensbetrag zurückzahlen.

Langfristige Darlehen werden i.d.R. aufgenommen zur Finanzierung von Investitionen im Anlagevermögen. Gegenstände des Umlaufvermögens werden i.d.R. mit kurzfristigen Lieferanten- oder Kontokorrentkrediten finanziert. Für die langfristige Fremdfinanzierung sind Kontokorrentkredite in der Regel zu teuer.

Fremdfinanzierung	› kurzfristig	Kreditlaufzeit bis zu 1 Jahr
	› mittelfristig	Kreditlaufzeit zwischen 1 Jahr und 5 Jahren
	› langfristig	Kreditlaufzeit über 5 Jahre
Kapitalgeber können sein	› Kreditinstitute › Öffentliche Hand › Private Kapitalgeber	

Der Darlehensvertrag verpflichtet

den Darlehensgeber zur
- › Auszahlung des Darlehensbetrages und Überlassung für eine vertraglich festgesetzte Zeit.

den Darlehensnehmer zur
- › pünktlichen Rückzahlung des Darlehensbetrages,
- › pünktlichen Zahlung der berechneten Zinsen,
- › Zahlung der Gebühren für die Bearbeitung des Kreditvorganges.

Das Kreditinstitut z. B. geht mit der Überlassung des Darlehensbetrages ein Risiko ein. Um das Risiko unpünktlicher Zahlungen oder den Verlust des gesamten Geldbetrages gering zu halten, wird es zunächst die Kreditwürdigkeit des Darlehensnehmers überprüfen.

Persönliche Faktoren der Kreditwürdigkeit	Sachliche Faktoren der Kreditwürdigkeit
Der Unternehmer muss vertrauenswürdig und zuverlässig sein, über unternehmerische und fachliche Fähigkeiten verfügen.	Gute gegenwärtige und vor allem zukünftige Vermögens-, Liquiditäts- und Ertragslage. Abwicklung früherer Kredite Auskünfte von Auskunfteien Möglichkeiten der Kreditsicherung durch: – Bürgschaft – Sicherungsabtretung – Grundpfandrechte – Sicherungsübereignung

6.3.1 Darlehensaufnahme

Hat das Kreditinstitut den Antragsteller für kreditwürdig befunden, so erteilt es eine Kreditzusage in Form eines Vertrages. Danach wird die Auszahlung des Darlehens vorgenommen.

6.3.1.1 Darlehensaufnahme und 100 %ige Auszahlung

Die Aufnahme des Darlehens bewirkt eine Aktiv-Passiv-Mehrung (Bilanzverlängerung). Die Buchung lautet bei Gutschrift auf dem Bankkonto:

1800 (1200) Bank
an 3150 (0630) Verbindlichkeiten gegenüber Kreditinstituten

Beispiel

Ein Mandant nimmt zum 01.01.2020 bei einem Kreditinstitut ein Darlehen im Nennwert von 200.000,00 € zu einem Nominalzins von 9 % auf. Die Laufzeit beträgt 5 Jahre. Das Darlehen wird am Ende der Laufzeit in einer Summe getilgt.

Buchungssatz	Soll	Haben
1800 (1200) Bank	200.000,00	
an 3150 (0630) Verbindlichkeiten gegenüber Kreditinstituten		200.000,00

6.3.1.2 Behandlung von Geldbeschaffungskosten bei Darlehensaufnahme

Bei der Aufnahme des Darlehens kommt es vor, dass andere Personen bei der Vermittlung des Darlehens tätig waren (z. B. Kreditvermittler). Sie berechnen in der Regel Bearbeitungsgebühr oder Vermittlungsprovision. Diese stellen für den Unternehmer Aufwand (sofort abzugsfähige Betriebsausgaben) dar und werden auf dem Konto

6855 (4970) Nebenkosten des Geldverkehrs

erfasst.

Beispiel

Für die Darlehensvermittlung wurden 360,00 € Vermittlungsprovision zuzüglich Umsatzsteuer in Rechnung gestellt.

Buchungssatz		Soll	Haben
6855 (4970)	Nebenkosten des Geldverkehrs	360,00	
1406 (1576)	Vorsteuer	68,40	
	an 1800 (1200) Bank		428,40

6.3.1.3 › Darlehensaufnahme mit einer Auszahlung < 100 %

Wünscht der Kreditnehmer einen geringeren jährlichen Zinssatz für sein Darlehen als den Nominalzins, so wird die Bank diesen nur dann vereinbaren, wenn der Darlehensnehmer bei der Darlehensauszahlung auf einen bestimmten Betrag verzichtet. Diesen Betrag bezeichnet man als **Disagio (= Abgeld / Zinsvorauszahlung)**.

Beispiel

Darlehenssumme	Disagio	Auszahlung (Damnum)	Zinssatz p.a.
200.000,00 €	0 %	100 % = 200.000,00 €	z.B. 5 %
200.000,00 €	2 % = 4.000,00 €	98 % = 196.000,00 €	z.B. 4 %

Merke:

Je höher das Disagio, umso niedriger ist der Nominalzins (und umgekehrt).

6.3.2 › Behandlung des Disagios

In der Buchführung ist das Disagio als Zinsaufwand zu erfassen.

Das kann auf zwei verschiedene Arten geschehen:

Handelsrecht

§ 250 (3) HGB
1. Möglichkeit: Das Disagio wird auf der Aktivseite der Bilanz auf dem Konto „1940 (0986) Aktive Rechnungsabgrenzungsposten/Disagio" erfasst und anschließend durch planmäßige jährliche Abschreibung getilgt.

§ 250 (3) HGB
2. Möglichkeit: Der Disagiobetrag wird sofort bei Auszahlung des Darlehens als Aufwand gebucht.

Steuerrecht:

§ 5 (5) EStG
Das Steuerrecht verlangt gemäß 6.10 EStH die Aktivierung als Rechnungsabgrenzungsposten und gleichmäßige Verteilung auf die Laufzeit des Darlehens. Hier gibt es, im Gegensatz zum Handelsrecht, kein Wahlrecht.

Beispiel

Das dem Mandanten von der Bank zugesagte Darlehen über 200.000,00 € wird unter Abzug von 2 % Disagio mit 196.000,00 € am 01.01.2020 ausgezahlt. Die Laufzeit beträgt 5 Jahre, der Zinssatz 4 % p.a. Das Darlehen wird am Ende der Laufzeit in einer Summe getilgt.

Buchungssätze	Soll	Haben
Darlehensauszahlung am 01.01.2020:		
1800 (1200) Bank	196.000,00	
1940 (0986) Disagio (ARAP)	4.000,00	
an 3150 (0630) Verbindlichkeiten gegenüber Kreditinstituten		200.000,00
Abschreibung des Disagios am 31.12.2020: (⅕ von 4000,00 €)		
7320 (2120) Zinsaufwand	800,00	
an 1940 (0986) Disagio (ARAP)		800,00

Wird ein Darlehen während des Geschäftsjahres aufgenommen, so ist die Abschreibung des Disagios zeitanteilig (Monate der Laufzeit) vorzunehmen.

6.3.3 Behandlung der Darlehenszinsen

Der Zinssatz für das Darlehen ist immer als Jahreszinssatz vereinbart. Das bedeutet aber nicht, dass die Zinsen auch nur einmal im Jahr fällig werden. In der Regel wird monatlich, nach einem Quartal oder halbjährlich abgerechnet. Üblich ist die nachschüssige Zinszahlung, d.h. die Zinsen werden zum Ende einer Abrechnungsperiode bezahlt.

Beispiel

Im obigen Beispiel beträgt die Verzinsung des Darlehens 4 % p.a. Die Bank stellt die Zinsen vierteljährlich in Rechnung:

Die nachfolgende Buchung erfolgt jeweils am 31.03., 30.06., 30.09., 31.12.2020.

Buchungssatz	Soll	Haben
7320 (2120) Zinsaufwendungen	2.000,00	
an 1800 (1200) Bank		2.000,00

6.3.4 Darlehensarten, unterteilt nach der Tilgungsart

Nach der Art der Tilgung unterscheidet man drei Arten von Darlehen:

Darlehensart	Tilgungsart	Kosten während der Darlehenslaufzeit
Fälligkeitsdarlehen	Rückzahlung der gesamten Darlehenssumme am vereinbarten Fälligkeitstag	Zinszahlungen während der Laufzeit, Berechnung von der ursprünglichen Darlehenssumme
Abzahlungsdarlehen	Rückzahlung erfolgt in jährlich gleichbleibenden Tilgungsraten	fallende Zinsbeträge, Berechnung von der jeweiligen Restschuld
Annuitätendarlehen	gleichbleibende Rückzahlungsbeträge (Annuitäten); steigender Tilgungsanteil	fallende Zinsbeträge, Berechnung von der jeweiligen Restschuld

6.3.5 Darlehensrückzahlung

Bei der Buchung von Zinsen und Tilgung gibt es bei diesen drei genannten Darlehensarten keine grundsätzlichen Unterschiede. Die wesentliche Unterscheidung liegt in der Verteilung von Zinsen und Tilgung.

6.3.5.1 Festdarlehen

Das Festdarlehen wird am vereinbarten Fälligkeitstag (Ende der Laufzeit; endfälliges Darlehen) **in einer Summe** zurückgezahlt. Während der Laufzeit werden nur Zinsen gezahlt.

Beispiel

Ein Unternehmer nimmt ein Darlehen am 01.01.2020 in Höhe von 100.000,00 € zu 3 % Zinsen auf. Die Zinsen werden halbjährlich nachträglich entrichtet. Die Auszahlung erfolgt zu 100 %. Laufzeit 10 Jahre.

Buchungssätze		Soll	Haben
Auszahlung der Darlehenssumme:			
1800 (1200)	Bank	100.000,00	
	an 3150 (0630) Verbindlichkeiten gegenüber Kreditinst.		100.000,00
Buchung der 1. Zinszahlung am 01.07.2020:			
7320 (2120)	Zinsaufwand	1.500,00	
	an 1800 (1200) Bank		1.500,00
Rückzahlung des Darlehens am 31.12.2029:			
3150 (0630)	Verbindlichkeiten gegenüber Kreditinst.	100.000,00	
	an 1800 (1200) Bank		100.000,00

6.3.5.2 › Abzahlungsdarlehen

Beim Abzahlungsdarlehen zahlt der Darlehensnehmer **jährlich gleichbleibende Tilgungsraten**. Durch die Tilgungsraten vermindert sich die verbleibende Restschuld von Jahr zu Jahr gleichmäßig. Der Zinssatz wird immer auf die Restschuld angewandt. Dadurch **vermindern sich** auch **Zinszahlungen gleichmäßig**.

Beispiel ›››

Sachverhalt wie Beispiel unter 6.3.5.1. Die Zinsen werden jährlich entrichtet. Die Tilgung soll in gleichen Jahresbeträgen am Ende des jeweiligen Jahres erfolgen.

Jahr 2020	Darlehensbetrag	100.000,00 €	
	Zinsen	3.000,00 €	
	Tilgung	10.000,00 €	
	Annuität		13.000,00 €
Jahr 2021	Restschuld 01.01.2021	90.000,00 €	
	Zinsen	2.700,00 €	
	Tilgung	10.000,00 €	
	Annuität		12.700,00 €
Jahr 2022	Restschuld 01.01.2022	80.000,00 €	
	Zinsen	2.400,00 €	
	Tilgung	10.000,00 €	
	Annuität		12.400,00 €

Buchungssätze		Soll	Haben
Auszahlung der Darlehenssumme:			
1800 (1200)	Bank	100.000,00	
	an 3150 (0630)		
	Verbindlichkeiten gegenüber Kreditinst.		100.000,00
Buchung der 1. Zinszahlung am 31.12.2020:			
7320 (2120)	Zinsaufwand	3.000,00	
	an 1800 (1200) Bank		3.000,00
Buchung der 1. Tilgung am 31.12.2020:			
3150 (0630)	Verbindlichkeiten gegenüber Kreditinst.	10.000,00	
	an 1800 (1200) Bank		10.000,00

In den Jahren 2021 bis 2029 sind die Buchungen mit den Zahlen laut Tilgungsplan entsprechend vorzunehmen. Das Darlehen ist am Ende des 10. Jahres getilgt.

6.3.5.3 › Annuitätendarlehen

Beim Annuitätendarlehen werden **gleichbleibende Jahresbeträge** (Annuitäten) vereinbart. Sie bestehen ebenfalls aus einem Tilgungs- und Zinsanteil. Da der Zinsanteil immer geringer wird, steigt der Tilgungsanteil von Jahr zu Jahr.
Die Annuität lässt sich durch Multiplikation eines Annuitätenfaktors mit dem Darlehensbetrag ermitteln.

Beispiel

Sachverhalt wie Beispiel unter 6.3.5.2. Aufgrund der Angaben ergibt sich ein Annuitätenfaktor von 0,117. Die Annuität beträgt somit 11.700,00 € (100.000,00 € × 0,117).

Jahr 2020	Darlehensbetrag	100.000,00 €	
	Zinsen	3.000,00 €	
	Tilgung (11.700,00 €–3.000,00 €)	8.700,00 €	
	Annuität		11.700,00 €
Jahr 2021	Restschuld 01.01.2021	91.300,00 €	
	Zinsen	2.739,00 €	
	Tilgung	8.961,00 €	
	Annuität		11.700,00 €
Jahr 2022	Restschuld 01.01.2022	82.339,00 €	
	Zinsen	2.470,17 €	
	Tilgung	9.229,83 €	
	Annuität		11.700,00 €
⋮	⋮	⋮	⋮

Buchungssätze	Soll	Haben
Auszahlung der Darlehenssumme:		
1800 (1200) Bank	100.000,00	
an 3150 (0630) Verbindlichkeiten gegenüber Kreditinst.		100.000,00
Buchung der 1. Zinszahlung am 31.12.2020:		
7320 (2120) Zinsaufwand	3.000,00	
an 1800 (1200) Bank		3.000,00
Buchung der 1.Tilgung am 31.12.2020:		
3150 (0630) Verbindlichkeiten gegenüber Kreditinst.	8.700,00	
an 1800 (1200) Bank		8.700,00

Tabelle der Annuitätenfaktoren

↓n $\vec{p}$	2 %	3 %	4 %	5 %	6 %	7 %	8 %	9 %	10 %
1	1,020	1,030	1,040	1,050	1,060	1,070	1,080	1,090	1,100
2	0,515	0,523	0,530	0,538	0,545	0,553	0,561	0,568	0,576
3	0,347	0,354	0,360	0,367	0,374	0,381	0,388	0,395	0,402
4	0,263	0,269	0,275	0,282	0,289	0,295	0,302	0,309	0,315
5	0,212	0,218	0,225	0,231	0,237	0,244	0,250	0,257	0,264
6	0,179	0,185	0,191	0,197	0,203	0,210	0,216	0,223	0,230
7	0,155	0,161	0,167	0,173	0,179	0,186	0,192	0,199	0,205
8	0,137	0,142	0,149	0,155	0,161	0,167	0,174	0,181	0,187
9	0,123	0,128	0,134	0,141	0,147	0,153	0,160	0,167	0,174
10	0,111	0,117	0,123	0,130	0,136	0,142	0,149	0,156	0,163
11	0,102	0,108	0,114	0,120	0,127	0,133	0,140	0,147	0,154
12	0,095	0,100	0,107	0,113	0,119	0,126	0,133	0,140	0,147
13	0,088	0,094	0,100	0,106	0,113	0,120	0,127	0,134	0,141
14	0,083	0,089	0,095	0,101	0,108	0,114	0,121	0,128	0,136
15	0,077	0,084	0,090	0,096	0,103	0,110	0,117	0,124	0,131
16	0,074	0,080	0,086	0,092	0,099	0,106	0,113	0,120	0,128
17	0,070	0,074	0,082	0,089	0,095	0,102	0,110	0,117	0,125
18	0,067	0,073	0,079	0,086	0,092	0,099	0,107	0,114	0,122
19	0,064	0,070	0,076	0,083	0,090	0,097	0,104	0,112	0,120
20	0,061	0,067	0,074	0,080	0,087	0,094	0,102	0,110	0,117

Übungen

1 Ein buchführender Gewerbetreibender nimmt zum 01.10.2020 ein Bankdarlehen im Nennwert von 400.000,00 € auf. Das Darlehen wird mit 3 % verzinst und ist nach Ablauf von 8 Jahren in einer Summe zurückzuzahlen. Die Zinsen werden vierteljährlich gezahlt. Dem Gewerbetreibenden wurden 388.000,00 € ausgezahlt.

a) Buchen Sie zum Zeitpunkt der Darlehensaufnahme.
b) Buchen Sie die erste Zinszahlung am 31.12.2020 und schreiben sie das Disagio ab.

2 Die Fa. H.E. Schroers, die ein mit dem Kalenderjahr übereinstimmendes Wirtschaftsjahr hat, nimmt am 01.07.2020 zur Betriebserweiterung ein Darlehen von 80.000,00 € auf. Die Tilgung des Darlehens erfolgt jährlich zum 01.07. mit 10.000,00 €. Die Zinsen in Höhe von 4 % sind halbjährlich fällig.

a) Buchen Sie die Auszahlung der Darlehenssumme.
b) Buchen Sie die Zinszahlung zum 31.12.2020.
c) Buchen Sie Zinszahlung und Tilgung am 01.07.2021.

3 Die Creativ AG erweitert ihre Ausstellungsfläche und benötigt für den notwendigen Umbau ein Darlehen über 160.000,00 € für 5 Jahre.
Im Darlehensvertrag wird zusätzlich folgendes vereinbart:

Zinssatz:	4,5 %
Zinszahlung:	halbjährlich nachschüssig, erstmals am 01.10.2020
Auszahlung:	98 %
Tag der Auszahlung:	01.04.2020
Tilgung:	In einer Summe am 31.03.2025

Buchen Sie

a) bei Darlehensauszahlung,
b) am Bilanzstichtag 31.12.2020,
c) die Zinszahlung am 01.04.2020,
d) die Darlehenstilgung am 31.03.2025.

4 Einem Kaufmann wurde von einer Bank am 01.01.2020 ein Annuitätendarlehen in Höhe von 167.000,00 € gewährt. Es ist in 20 Jahren zu tilgen und mit 4 % zu verzinsen. Die Tilgung soll jährlich zum 01.01. erfolgen, ebenso die Zinszahlung. Der Annuitätenfaktor beträgt 0,074.
Die Auszahlung des Darlehens erfolgt zu 95 %.

Führen Sie folgende Buchungen durch:

a) Darlehensaufnahme am 01.01.2020,
b) Abschreibung des Disagios am 31.12.2020,
c) Tilgung und Zinszahlung zum 01.01.2021.

6.4 Leasing

Unternehmen beschaffen sich auf verschiedene Art und Weise das für den Betriebszweck erforderliche Anlagevermögen. Die Art der Finanzierung spielt dabei eine entscheidende Rolle. Kann oder will der Unternehmer den Gegenstand nicht kaufen, bietet sich ihm die Möglichkeit, den Gegenstand zu mieten. Dabei erfüllt die Anmietung von Gegenständen für den Mieter im wesentlichen folgende Funktionen:

- Nutzung eines Investitionsgutes und
- Finanzierung desselben ohne eigenen Kapitaleinsatz.

Leasing ist eine Sonderform der Finanzierung zur Beschaffung von Investitionsgütern. Deshalb ist es in einigen Kriterien mit der Finanzierung durch Darlehensaufnahme vergleichbar.

Bei beiden Möglichkeiten der Finanzierung

- trägt der Investor das Objektrisiko (beim Leasing evtl. auf eine Grundmietzeit begrenzt),
- gibt es konstante Zahlungsverpflichtungen durch Leasingraten oder Annuitäten (Zins- und Tilgungsraten),
- sind die Zahlungen i.d.R. abzugsfähige Betriebsausgaben gemäß § 4 EStG.

6.4.1 Arten des Leasing

Leasingverträge lassen sich unterscheiden nach

dem Leasingobjekt in	→	**– Mobilien und Immobilienleasing**
dem Verhältnis zwischen Leasingnehmer und Hersteller des Leasingobjektes in	→	**– direktes Leasing** **– indirektes Leasing**
dem Bindungscharakter in	→	**– Operating Leasing** **– Finanzierungsleasing**

Mobilienleasing

Kommt vor bei Leasen von Konsum- und Investitionsgütern.
Konsumgüterleasing findet man häufig bei Wirtschaftsgütern mit langer Lebensdauer, wie Pkws, Fernseher oder PC-Anlagen.
Der Leasinggeber übernimmt die Serviceleistungen wie Reparaturen und Wartung des Gegenstandes.
Investitionsgüterleasing bezieht sich auf bewegliche und unbewegliche Wirtschaftsgüter des Anlagevermögens.

Immobilienleasing

Diese Leasingform bezieht sich auf das Mieten von schlüsselfertigen Bürogebäuden, Sportstätten, Lagerhallen u. a.

Direktes Leasing

Der Hersteller des Leasinggegenstandes ist hier Leasinggeber (= Herstellerleasing).

Indirektes Leasing

Eine Leasinggesellschaft tritt zwischen Hersteller und Leasinggeber. Die Leasinggesellschaft ist jetzt Leasinggeber. Sie ist eine selbstständige Gesellschaft, die das Leasingobjekt vom Hersteller erwirbt und an den Leasinggeber verleast.

Operating Leasing

Hierbei handelt es sich um einen Mietvertrag, bei dem die **Vertragslaufzeit kürzer ist als die Nutzungsdauer des Gegenstandes**. Er kann jederzeit unter Einhaltung einer Kündigungsfrist gekündigt werden. Der Leasinggeber bleibt rechtlicher und wirtschaftlicher Eigentümer des Gegenstandes und hat damit weiterhin die Verfügungsmacht und Einwirkungsmöglichkeit auf das Wirtschaftsgut. Er trägt das Risiko des zufälligen Unterganges des Gegenstands und die Unterhaltungskosten wie Reparatur und Wartung.
Bilanzierender ist der Leasinggeber, dem auch die Abschreibungen zustehen.

Finanzierungsleasing (Financial-Leasing)
Finanzierungsleasing stellt eine besondere Variante der Fremdfinanzierung dar. Der Kapitalgeber (Leasinggeber oder Leasinggesellschaft) stellt statt Geldkapital das gewünschte Sachkapital zur Verfügung. Gegenstand sind meist langfristig laufende Verträge, bei denen während der Grundmietzeit (GMZ) die Kündigung durch die Vertragspartner ausgeschlossen ist.
Die GMZ wird durch die technische bzw. wirtschaftliche Nutzungsdauer bestimmt. Die Leasingrate ist so bemessen, dass alle Kosten des Leasinggebers für die Anschaffung und die Verwaltung des Gegenstandes während der GMZ gedeckt sind.
Dem Leasingnehmer kann für die Zeit nach Ablauf der GMZ eine Kauf- oder Anschlussmietoption angeboten werden. Dies ist meist dann der Fall, wenn die vereinbarte GMZ kürzer als die Nutzungsdauer des geleasten Gegenstandes ist.

Mögliche Vertragsvarianten beim Finanzierungsleasing

nach der Gestaltung für die Zeit nach der GMZ	Finanzierungsleasing – ohne Kauf- oder Mietverlängerungsoption – mit Kaufoptionsrecht – mit Mietverlängerungsoptionsrecht
nach der Gestaltung der Leasingraten in der GMZ	– Vollamortisationsverträge – Teilamortisationsverträge

6.4.2 Zurechnung des Leasinggegenstandes

Das Steuerrecht lässt die Bilanzierung beim Leasinggeber oder beim Leasingnehmer zu. Abhängig ist diese Zuordnung von der Ausgestaltung der Verträge für die Grundmietzeit und für die Zeit nach der GMZ.

Zurechnung des Leasinggegenstandes bei unterschiedlicher Ausgestaltung des Leasingvertrages

Leasingvertrag	Grundmietzeit	
	40 % bis 90 %	< 40 % oder > 90 %
	der betriebsgewöhnlichen Nutzungsdauer	
• ohne Kauf- oder Mietverlängerungsoptionsrecht	Leasinggeber	Leasingnehmer
• mit Kaufoptionsrecht:		
– Kaufpreis kleiner als die fortgeführten Anschaffungskosten am Ende der GMZ (bei linearer AfA)	Leasingnehmer	Leasingnehmer
– Kaufpreis größer oder gleich den fortgeführten Anschaffungskosten am Ende der GMZ (bei linearer AfA)	Leasinggeber	Leasinggeber

Zurechnung des Leasinggegenstandes bei unterschiedlicher Ausgestaltung des Leasingvertrages

• mit Mietverlängerungsoptionsrecht:		
– Summe der Anschlussmieten niedriger als AfA (Wertverzehr für den Zeitraum der Anschlussmiete)	Leasingnehmer	Leasingnehmer
– Summe der Anschlussmiete höher oder gleich der AfA (Werteverzehr für den Zeitraum der Anschlussmiete)	Leasinggeber	Leasingnehmer

Für die steuerliche Beurteilung des Leasing ist die Frage nach der Zurechnung des Wirtschaftsgutes von entscheidender Bedeutung, da sämtliche Konsequenzen bei den einzelnen Steuerarten hiervon abhängig sind. Im Steuerrecht kommt es bei der Zurechnung von Wirtschaftsgütern zum Vermögen eines Steuerpflichtigen auf die wirtschaftliche Zugehörigkeit an.

„Übt ein anderer als der Eigentümer die tatsächliche Herrschaft über ein Wirtschaftsgut in der Weise aus, dass er den Eigentümer im Regelfall für die gewöhnliche Nutzungsdauer von der Einwirkung auf das Wirtschaftsgut wirtschaftlich ausschließen kann, so ist ihm das Wirtschaftsgut zuzurechnen.“

§ 39 (2) AO
§ 246 (1) S. 2 HGB

Der rechtliche Eigentümer ist von der Einwirkung auf das Wirtschaftgut ausgeschlossen, wenn er keinen oder nur einen für ihn wertlosen Herausgabeanspruch hat. Diese Zurechnungsvorschrift wird in den von der Finanzverwaltung ergangenen Leasingerlassen durch Festlegung von Prozentgrößen konkretisiert.

Über die Zurechnung des Leasinggegenstandes entscheidet das für den Leasinggeber zuständige Finanzamt.

Leasingverträge ohne Kauf- oder Mietverlängerungsoptionsrecht

Der Leasingvertrag enthält keine Angaben über die Zeit nach der Grundmietzeit. Der Leasinggegenstand wird in der Regel dem Leasinggeber zugerechnet, wenn die GMZ mindestens 40 % und höchstens 90 % der betriebsgewöhnlichen Nutzungsdauer entspricht. Da der Leasinggeber nicht auf Dauer von der Einwirkung auf den Leasinggegenstand ausgeschlossen ist, ist die Zurechnung des Gegenstandes zum Leasingnehmer nicht möglich.

Der Leasinggeber hat keine Einwirkungsmöglichkeit auf den Leasinggegenstand, wenn die GMZ mehr als 90 % der betriebsgewöhnlichen Nutzungsdauer beträgt. Da der Leasingnehmer wirtschaftlicher Eigentümer ist, nutzt und verbraucht er somit das Leasingobjekt.

Beträgt die GMZ weniger als 40 % der betriebsgewöhnlichen Nutzungsdauer, wird der Leasinggegenstand dem Leasingnehmer zugerechnet.

Leasingverträge mit Kaufoptionsrecht

Das Leasingobjekt kann vom Leasingnehmer nach Ablauf der GMZ zu einem bei Vertragsabschluß festgelegten Preis erworben werden. Dieser liegt i.d.R. erheblich unter den fortgeführten Anschaffungskosten.

Leasingverträge mit Mietverlängerungsoptionsrecht

Nach Ablauf der GMZ besteht für den Leasingnehmer die Möglichkeit, den Leasinggegenstand weiterhin zu leasen. Die dann geltenden Mietbedingungen sind aber bei Vertragsabschluss zu Beginn der Mietzeit bereits festgelegt worden. Die Anschlussmieten die jetzt gelten, sind stark ermäßigt. Sie betragen i.d.R. 5 % bis 10 % der Mieten in der GMZ. Hat der Leasingnehmer das Recht, das Mietverhältnis auf die gesamte Nutzungsdauer des Leasingobjektes zu verlängern, so wird er auf Dauer den Leasinggeber von der Einwirkung auf den Leasinggegenstand ausschließen können. Für die genaue Beurteilung des Sachverhaltes kommt es auf das Verhältnis GMZ zu gewöhnlicher Nutzungsdauer und Höhe der Mietraten an. Der Leasinggeber ist wirtschaftlicher Eigentümer, wenn die GMZ 40 % bis 90 % der betriebsgewöhnlichen Nutzungsdauer entspricht und die Anschlussmiete höher oder gleich dem Werteverzehr ist.
In allen anderen Situationen bilanziert der Leasingnehmer den Leasinggegenstand.

Spezialleasing

Beim Spezialleasing ist das Leasingobjekt speziell auf die Bedürfnisse des Leasingnehmers zugeschnitten. Das Leasingobjekt ist deshalb unabhängig von der Grundmietzeit und den Optionsmöglichkeiten stets dem Leasingnehmer zuzurechnen.

Beispiele

1. Die Firma Robert Conze least bei der Gerätebau AG eine Maschine, deren Anschaffungskosten 40.000,00 € und deren betriebsgewöhnliche Nutzungsdauer 10 Jahre beträgt. Nach Ablauf der fünfjährigen Grundmietzeit kann der Vertrag um 3 Jahre verlängert werden.
   Wem ist die Maschine zuzuordnen, wenn die Anschlussmiete

   a) 4.000,00 €
   b) 2.000,00 €
   jährlich beträgt?

   a) Anschlussmiete = Werteverzehr von 4000,00 €.
   Die Maschine ist dem Leasinggeber zuzurechnen.

   b) Anschlussmiete < Werteverzehr.
   Die Maschine ist dem Leasingnehmer zuzurechnen.

2. Ihr Mandant, die Rost AG, least eine Maschine mit einer betriebsgewöhnlichen Nutzungsdauer von 10 Jahren. Wem ist die Maschine zuzurechnen, wenn die Grundmietzeit

   a) 3 Jahre,
   b) 5 Jahre
   beträgt, keinerlei Optionsrechte vereinbart wurden und auch kein Spezialleasing vorliegt?

   a) Grundmietzeit 30 %.
   Zurechnung erfolgt bei der Leasingnehmerin.
   b) Grundmietzeit 50 %.
   Zurechnung erfolgt beim Leasinggeber.

6.4.3 Vor- und Nachteile des Leasing für den Leasingnehmer

Vorteile	Nachteile
– keine sofortige Bezahlung des Kaufpreises, Investition ohne Eigenmittel – Leasing erfüllt die „pay-as-you-earn" Bedingung: monatliche Leasingzahlungen können aus den erwirtschafteten Erträgen geleistet werden – Leasingnehmer bringt keine weiteren Sicherheiten bei – Leasinggesellschaft bleibt Eigentümer des Gegenstandes – flexibles reagieren auf den technischen und wirtschaftlichen Wandel durch kurzfristige Verträge – Leasingraten sind steuerlich abzugsfähige Betriebsausgaben und mindern den Gewinn – Leasingraten bleiben während der GMZ unverändert und stellen somit eine klare Kalkulationsgröße dar – der Leasingnehmer zahlt keine investitionsbezogenen Steuern	– Bindung des Leasingnehmers an den Vertrag während der GMZ – die dadurch entstandenen Fixkosten belasten das Unternehmen bei Absatzschwierigkeiten und fallenden Absatzpreisen zusätzlich – wird der Leasingnehmer insolvent, kann der Leasinggeber sein Aussonderungsrecht geltend machen – der Gegenstand ist im Insolvenzfall Vermögensmasse des Leasinggebers

Zinsvergleich zwischen Kreditkauf und Finanzierungsleasing

Monatliche Rate bei

Kauf mit Fremdfinanzierung	Leasing
Tilgungs- und Refinanzierungsanteil + Zinsanteil	Kosten der Verwaltung, kalkulatorische Gewinne und Wagnisse Refinanzierungsaufwendungen der Leasinggesellschaft

Leasing ist i.d.R. teurer als viele Arten der Finanzierung durch Fremdkapital.
Bei der Entscheidung zwischen „Leasing" oder „Kauf" müssen auch die Prämissen Kapitaleinsatz, Vergleichszeitraum, Finanzierungskosten und Bezugszeitpunkt beachtet werden.

6.4.4 Buchungen bei Leasingverträgen

Das folgende Beispiel zeigt, welche Buchungen beim Leasinggeber bzw. Leasingnehmer vorzunehmen sind.

Beispiel

Eine Leasinggesellschaft kauft am 01. Februar 2020 eine Maschine, deren Anschaffungskosten sich auf netto 50.000,00 € belaufen. Die Nutzungsdauer der Maschine beträgt 10 Jahre. Die AfA soll linear vorgenommen werden. Die Grundmietzeit beträgt 5 Jahre. Optionsrechte wurden nicht vereinbart, es liegt auch kein Spezialleasing vor. Die Leasingraten in Höhe von 9.300 € plus 19 % USt sind jährlich im voraus zu zahlen. Die erste Zahlung erfolgt am 01. Februar 2020.
Welche Buchungen fallen im Jahre 2020
a) beim Leasinggeber,
b) beim Leasingnehmer an?

Die Maschine wird dem Leasinggeber zugerechnet, da die Grundmietzeit länger als 40 % und kürzer als 90 % der ND ist und keine Kauf- oder Mietverlängerungsoption und auch kein Spezialleasing vereinbart wurden.

a) **Buchungen beim Leasinggeber 2020:**

Kauf der Maschine:			Soll	Haben
01.02.	0440 (0210)	Maschinen	50.000,00	
	1406 (1576)	Vorsteuer	9.500,00	
		an 1800 (1200) Bank		59.500,00

Eingang der Leasingrate:			Soll	Haben
01.02.	1800 (1200)	Bank	11.067,00	
	an 4405 (8405)	Erlöse aus Leasing		9.300,00
	3806 (1776)	Umsatzsteuer		1.767,00

Abschreibung und Abgrenzung für einen Monat:			Soll	Haben
31.12.	4405 (8405)	Erlöse aus Leasing	775,00	
		an 0990 (3900) Passive Rechnungsabgrenzung		775,00
	6220 (4830)	Abschreibungen	4.583,33	
		an 0440 (0210) Maschinen		4.583,33

b) **Buchungen beim Leasingnehmer:**

Überweisung der Leasingrate:			Soll	Haben

Der Leasingvertrag enthält keine Angaben über die Zeit nach der Grundmietzeit.

			Soll	Haben
01.02.	6840 (4810)	Mietleasing	9.300,00	
	1406 (1576)	Vorsteuer	1.767,00	
		an 1800 (1200) Bank		11.067,00

Abgrenzung für einen Monat:			Soll	Haben
31.12.	0980 (1900)	Aktiver RAP	775,00	
	an 6840 (4810)	Mietleasing		775,00

Übungen

1 Ein Unternehmer mietet ab 01.01.2020 einen Lastkraftwagen für eine Grundmietzeit von 3 Jahren. Der Vertrag ist während der Grundmietzeit unkündbar. Die Nutzungsdauer des Lkws beträgt 4 Jahre. Es ist vereinbart, dass der Leasingnehmer den Lkw nach Ablauf der Grundmietzeit für 14.000,00 € erwerben kann. Die monatliche Leasingrate beträgt 1.800,00 € + USt. Die Anschaffungskosten des Lkws betrugen 60.000,00 €.

Wem ist der Leasinggegenstand zuzurechnen? Wie ist im Monat Januar 2020 zu buchen,

a) beim Leasinggeber,
b) beim Leasingnehmer?

2 Die Rado GmbH least ein neues Fahrzeug. Die Anschaffungskosten des Fahrzeugs betragen 66.000,00 €. Die betriebsgewöhnliche Nutzungsdauer des Fahrzeugs beträgt 5 Jahre, die mit dem Leasinggeber vereinbarte Grundmietzeit 48 Monate. Während der Grundmietzeit sind monatlich 2.500,00 € (netto) als Leasingrate zu zahlen.
Es ist nicht beabsichtigt, das Fahrzeug über die Grundmietzeit hinaus zu nutzen.

Bilden Sie die Buchungssätze

a) bei Erwerb des Fahrzeugs
b) bei Zahlung der ersten Leasingrate durch Banküberweisung.

6.5 Berechnungen und Buchungen im Wechselverkehr

6.5.1 Grundlagen

Wechsel dienen in der Praxis als **Zahlungsmittel**, **Kreditmittel** und **Sicherungsmittel**. Mit der Ausstellung des Wechsels fordert der Gläubiger (Aussteller) den Schuldner (Bezogener) auf, eine bestimmte Geldsumme an eine bestimmte Person zu bezahlen.
Durch seine Unterschrift nimmt der Bezogene den Wechsel an (akzeptiert den Wechsel) und verpflichtet sich damit, die vereinbarten Bedingungen einzuhalten.

Beispiel

Die Genitex KG liefert an einen Kunden Waren im Wert von 15.000,00 € + 2.850,00 € USt auf Ziel. Der Zahlungsausgleich soll vereinbarungsgemäß durch Wechsel erfolgen. Zusammen mit der Ausgangsrechnung sendet die KG einen Wechsel (Tratte) an den Kunden über 17.850,00 €, fällig in 90 Tagen. Der Kunde nimmt den Wechsel an und schickt diesen (Akzept) an die KG zurück.

Aus der **Warenforderung** des Lieferers wird durch das Akzept eine **Wechselforderung**.

Aus der **Warenverbindlichkeit** des Kunden wird durch das Akzept eine **Wechselverbindlichkeit**.

Buchungen beim Aussteller		Soll	Haben
Verkauf der Ware:			
1200 (1400)	Forderungen aus LuL	17.850,00	
	an 4000 (8000) Umsatzerlöse		15.000,00
	(1776) USt		2.850,00
Eingang des Akzepts:			
1230 (1300)	Wechsel aus LuL (**Besitzwechsel**)	17.850,00	
	an 1200 (1400) Forderungen aus LuL		17.850,00
Buchungen beim Bezogenen		**Soll**	**Haben**
Eingang der Ware:			
5200 (3200)	Wareneingang	15.000,00	
1406 (1576)	VSt	2.850,00	
	an 3300 (1600) Verbindlichkeiten		17.850,00
Akzeptierung des Wechsels:			
3300 (1600)	Verbindlichkeiten	17.850,00	
	an 3350 (1660) **Schuldwechsel**		17.850,00

6.5.2 › Verwendungsmöglichkeiten des Wechsels

Der Wechselinhaber kann den Besitzwechsel

- aufbewahren bis zum Verfalltag
- Die Wechselforderung begründet eine besondere Haftung = **Sicherungsmittel**)
- als Zahlungsmittel weitergeben
- bei einem Kreditinstitut diskontieren = **Kreditmittel**

6.5.2.1 › Aufbewahrung und Einlösung des Wechsels

Der Wechselinhaber kann den Wechsel am Verfalltag dem Schuldner zur Einlösung vorlegen oder den Wechsel einem Kreditinstitut zum Einzug übergeben. Diese belastet das Konto des Einreichers allerdings mit Einzugsgebühren (steuerfrei nach § 4 Nr. 8d UStG). Das Konto des Bezogenen wird mit einer entsprechenden Domizilprovision belastet.

Beispiel

Die Genitex KG übergibt den Besitzwechsel ihrer Bank zum Einzug. Die Bank erteilt folgende Abrechnung:

KG:		Bezogener:	
Wechselsumme	17.850,00 €	Wechselsumme	17.850,00 €
– Inkassoprovision	20,00 €	+ Domizilprovision	20,00 €
Gutschrift	17.830,00 €	Lastschrift	17.870,00 €

Buchung beim Wechseleinreicher	Soll	Haben
1800 (1200) Bank	17.830,00	
6855 (4970) Kosten des Geldverkehrs	20,00	
an 1230 (1300) Wechsel aus LuL		17.850,00

Buchung beim Bezogenen	Soll	Haben
3350 (1660) Schuldwechsel	17.850,00	
6855 (4970) Kosten des Geldverkehrs	20,00	
an 1800 (1200) Bank		17.870,00

6.5.2.2 › Weitergabe des Wechsels als Zahlungsmittel

Der Wechselinhaber kann den Wechsel zum Ausgleich offener Rechnungen weitergeben.

Beispiel

Die Genitx KG gibt den Besitzwechsel über 17.850,00 € an die Chemie AG zum Ausgleich einer offenen Warenrechnung in Höhe von 23.200,00 € weiter. Über den Differenzbetrag legt die KG einen Verrechnungsscheck bei.

Buchung bei der KG	Soll	Haben
3300 (1600) Verbindlichkeiten	23.200,00	
an 1230 (1300) Wechsel aus LuL		17.850,00
1550 (1330) Schecks		5.350,00

Buchung bei der AG	Soll	Haben
1230 (1300) Wechsel aus LuL	17.850,00	
1550 (1330) Schecks	5.350,00	
an 1200 (1400) Forderungen		23.200,00

6.5.2.3 › Diskontierung des Wechsels

Mit der Diskontierung eines Wechsels erhält der Wechselinhaber einen Wechseldiskontkredit vom Tag der Diskontierung bis zum Verfalltag des Wechsels. Das diskontierende Kreditinstitut berechnet dafür Zinsen (Diskont) und Auslagen. Die Leistung des Kreditinstituts ist umsatzsteuerfrei, gemäß § 4 Nr. 8a UStG.

Beispiel

Die Genitex KG reicht den in 90 Tagen fälligen Besitzwechsel über 17.850,00 € bei ihrer Hausbank zum Diskont ein. Die Bank berechnet 6 % Diskont und 30,00 € Spesen und schreibt den Barwert auf dem Konto der KG gut.

Wechselsumme	17.850,00 €
– Diskont 6 % für 90 Tage	267,75 €
– Spesen	30,00 €
Gutschrift (Barwert)	17.552,25 €

Buchung		Soll	Haben
1800 (1200)	Bank	17.552,25	
7340 (2130)	Diskontaufwendungen	267,75	
6855 (4970)	Kosten des Geldverkehrs	30,00	
	an 1230 (1300) Wechsel aus LuL		17.850,00

Berechnung der Zinsen

Bei der Berechnung der Tageszinsen nach der **kaufmännischen Zinsrechnung** wird in Deutschland das **Jahr mit 360 Tagen** und **jeder Monat mit 30 Tagen** angesetzt. Endet jedoch der Zinszahlungszeitraum am 28. oder im Schaltjahr am 29. Februar, ist dieser Monat mit 28 oder 29 Tagen anzusetzen. Ist der Monat Februar in einem Zinszahlungszeitraum enthalten, z. B. 10. Januar bis 20. März, rechnet man den Februar mit 30 Tagen.

In anderen europäischen Ländern, z. B. in Frankreich, Spanien, Österreich oder den Niederlanden, wird nach der **EURO-Zinsmethode** gerechnet. Hierbei sind die **Monate mit ihrer tatsächlichen Anzahl an Tagen** anzusetzen, z. B. der Januar mit 31 Tagen, der Februar mit 28 oder 29, der März mit 31 usw. **Das Jahr** wird allerdings, wie bei der kaufmännischen Zinsrechnung, **mit 360** Tagen angesetzt. **Siehe Seite 184 ff.**

Übungen

1 Ihr Mandant liefert Waren im Wert von 20.000,00 € + 19 % USt auf Ziel. Der Kunde begleicht 10.000,00 € durch Banküberweisung und akzeptiert über den Restbetrag einen Wechsel. Am Verfalltag lässt Ihr Mandant den Wechsel durch seine Bank einziehen. Diese berechnet für den Einzug 20,00 € Inkassoprovision.

a) Nehmen Sie alle erforderlichen Buchungen bei Ihrem Mandanten vor.
b) Wie bucht der Kunde, wenn seine Bank bei Einlösung des Wechsels 20,00 € Domizilprovision berechnet?

2 Zum Ausgleich seiner Verbindlichkeiten von 43.800,00 € übersendet ein Gewerbetreibender seinem Lieferanten einen Kundenwechsel in Höhe von 15.000,00 €. Außerdem akzeptiert der Gewerbetreibende einen Wechsel des Lieferanten über 10.000,00 €. Den Rest begleicht er durch Banküberweisung.

a) Welche Buchungen sind bei dem Gewerbetreibenden vorzunehmen?
b) Wie bucht der Lieferant bei Eingang der beiden Wechsel und der Banküberweisung?

3 Eine Mandantin reicht einen in 112 Tagen fälligen Wechsel über 18.000,00 € bei ihrer Hausbank zum Diskont ein. Die Bank berechnet 6,5 % Diskont und 18,00 € Spesen.

Berechnen Sie den Barwert des Wechsels und buchen Sie die Bankgutschrift.

4 Eine OHG reicht einen in 87 Tagen fälligen Wechsel über 15.080,00 € bei ihrer Bank zum Diskont ein. Die Bank berechnet 8 % Diskont und 15,00 € Spesen.

a) Berechnen Sie den Barwert des Wechsels.
b) Buchen Sie die Gutschrift.

5 Ihr Mandant übergibt seiner Bank einen Wechsel über 16.472,00 € zum Einzug. Die Bank schreibt nach Abzug von 20,00 € Inkassoprovision 16.452,00 € gut.

a) Buchen Sie den Vorgang bei Ihrem Mandanten.
b) Wie hat der Bezogene bei Einlösung des Wechsels durch seine Bank zu buchen, wenn diese 20,00 € Domizilprovision berechnet?

6 Eine OHG verkauft Waren für 50.000,00 € + 19 % USt auf Ziel. Der Kunde begleicht die Rechnung durch Banküberweisung von 21.500,00 € und Übersendung eines Kundenwechsels in Höhe von 38.000,00 €. Die OHG reicht den Wechsel zum Ausgleich einer Verbindlichkeit an ihren Lieferanten, die Chemie AG, weiter. Die AG lässt den Wechsel bei ihrer Bank diskontieren. Die Bank berechnet 380,00 € Diskont und 25,00 € Spesen und schreibt der AG den Restbetrag gut.

Welche Buchungen sind vorzunehmen

a) bei der OHG?
b) beim Kunden der OHG?
c) bei der Chemie AG?

Exkurs: Diskontierung mehrerer Wechsel

Reicht ein Unternehmer gleichzeitig mehrere Wechsel bei seiner Bank zum Diskont ein, berechnet diese den Barwert durch Anwendung der summarischen Zinsrechnung (siehe Kapitel 6.1.3.2).

Beispiel

Ein Gewerbetreibender reicht bei seiner Hausbank folgende Wechsel zum Diskont ein:

W1 2.800,00 € fällig in 10 Tagen
W2 3.825,50 € fällig in 98 Tagen
W3 1.620,00 € fällig in 133 Tagen
W4 5.780,00 € fällig in 183 Tagen

Die Bank berechnet 8 % Diskont. Der Mindestdiskont beträgt 15,00 €. Außerdem fallen 20,00 € Spesen an.
Bei der Diskontierung mehrerer Wechsel wird der Diskont mit Hilfe von Diskontzahlen für alle Wechsel in einem Rechengang berechnet:

$$\text{Diskont} = \frac{\text{Summe der Diskontzahlen} \times \text{Diskontsatz}}{360}$$

$$\text{oder Diskont} = \frac{\text{Summe der Diskontzahlen}}{\text{Diskontteiler}}$$

$$\text{Diskontzahl} = \frac{\text{Wechselsumme} \times \text{Diskonttage}}{100} \qquad \text{Diskontteiler} = \frac{360}{p}$$

Die Diskontzahlen sind ganze Zahlen. Die kaufmännischen Rundungsregeln sind zu beachten. Centbeträge bei der Wechselsumme bleiben unberücksichtigt.

Verlangt das diskontierende Kreditinstitut für jeden Wechsel einen **Mindestdiskont**, wird eine Mindest-Diskontzahl (MDZ) berechnet:

$$\text{MDZ} = \frac{\textbf{Mindestdiskont in €} \times \textbf{360}}{\textbf{Diskontsatz}}$$

oder MDZ = Mindestdiskont in € × Diskontteiler

Liegt die berechnete Diskontzahl unter der Mindestdiskontzahl, muss die Mindestdiskontzahl angesetzt werden. Diese ist immer aufzurunden.

Wechselbeträge in €	Diskonttage	Diskontzahlen MDZ: 675
2.800,00	10	675 (MDZ)
3.825,50	98	3.749
1.620,00	133	2.155
5.780,00	183	10.577
14.025,50		17.156 = 381,24
– 381,24 Diskont		45
– 20,00 Spesen		
13.624,26 Barwert		

7 Eine Mandantin reicht folgende Kundenwechsel bei der Bank zum Diskont ein:

W1 1.200,00 € fällig in 40 Tagen
W2 3.840,00 € fällig in 111 Tagen
W3 6.260,00 € fällig in 151 Tagen

Die Bank berechnet 7,5 % Diskont und 20 € Spesen. Der Mindestdiskont je Wechsel beträgt 10 €.

a) Wie hoch ist die Bankgutschrift?
b) Buchen Sie den Vorgang. Es handelt sich um selbstständige Wechselkredite.

8 Am 09.06. lässt ein Gewerbetreibender folgende Wechsel diskontieren:

W1 4.310,00 € fällig in 20 Tagen
W2 2.670,00 € fällig in 63 Tagen
W3 1.820,00 € fällig in 108 Tagen
W4 10.480,00 € fällig in 144 Tagen

Für Wechsel unter 10.000,00 € berechnet die Bank 8 % Diskont für Wechsel über 10.000,00 € 7,5 %. Der Mindestdiskont beträgt 15,00 € je Wechsel.

a) Wie hoch ist der Barwert am 09.06.?
b) Buchen Sie die Bankgutschrift.

6.5.3 Umsatzsteuerliche Besonderheiten im Wechselverkehr

6.5.3.1 Wechselkredit als unselbstständige Nebenleistung

Liegt dem Wechselgeschäft eine Lieferung oder sonstige Leistung zugrunde, stellt die vereinbarte **Bezahlung mittels Wechsel eine unselbstständige Nebenleistung** zur Hauptleistung dar. Die Nebenleistung ist dann wie die Hauptleistung zu behandeln. Nach 10.3(6) S. 1 UStAE **mindert der Wechseldiskont das Entgelt**. **Wechselspesen** dagegen sind Kosten des Zahlungseinzugs, die das **Entgelt nicht mindern**. Die **Weiterberechnung des Diskonts und der Spesen erhöht das Entgelt**.

Entgeltsminderungen bzw. Entgeltserhöhungen ziehen beim leistenden Unternehmer und beim Leistungsempfänger Korrekturen der Umsatzsteuer bzw. der Vorsteuer nach sich. Dazu ist erforderlich, dass der Lieferer dem Abnehmer die Entgeltsminderung und die darauf entfallende Umsatzsteuer mitteilt. Unterlässt der Lieferer die Mitteilung an den Abnehmer, schuldet er die auf den Wechseldiskont entfallende USt nach § 14c (1) UStG. UStAE 10.3 (6) S. 4

Beispiel

Die Genitex KG hat mit ihrem Kunden die Bezahlung der Warenlieferung in Höhe von 15.000,00 € + 2.850,00 € USt mittels Wechsel vereinbart. Die KG reicht den Wechsel bei ihrer Bank zum Diskont ein. Diese rechnet wie folgt ab:

	Wechselsumme	17.850,00 €
–	Diskont 6 % für 90 Tage	267,75 €
–	Spesen	30,00 €
	Gutschrift (Barwert)	17.552,25 €

Die KG macht die **Entgeltsminderung** geltend und teilt diese ihrem Kunden mit.

Berechnung der Entgeltsminderung

Diskontaufwendungen brutto	267,75 €	= 119 %
Diskontaufwendungen netto	225,00 €	= 100 %
Umsatzsteuer	42,75 €	= 19 %

Buchung der Entgeltsminderung bei der KG	Soll	Haben
4000 (8000) Umsatzerlöse	225,00	
3806 (1776) Umsatzsteuer	42,75	
an 7340 (2130) Diskontaufwendungen		267,75

Buchung beim Kunden nach Eingang der Mitteilung	Soll	Haben
5200 (3200) Wareneingang	42,75	
an 1406 (1576) Vorsteuer		42,75

Die KG stellt dem Kunden den Diskontaufwand und die Spesen in Rechnung:

	Diskontaufwendungen	225,00 €
+	Spesen	30,00 €
		255,00 €
+	19 % USt	48,45 €
	Rechnungsbetrag	303,45 €

Buchung bei der KG		Soll	Haben
1300 (1500)	Sonstige Vermögensgegenstände	303,45	
	an 7130 (2670) Diskonterträge		225,00
	4830 (2700) Sonstige betriebliche Erträge		30,00
	3806 (1776) USt		48,45
Buchung beim Kunden		**Soll**	**Haben**
7340 (2130)	Diskontaufwendungen	225,00	
6855 (4970)	Kosten des Geldverkehrs	30,00	
1406 (1576)	VSt	48,45	
	an 3500 (1700) Sonstige Verbindlichkeiten		303,45

Übungen

1 Ein Kunde zahlt vereinbarungsgemäß eine Warenlieferung über 12.000,00 € + 2.280,00 € USt mittels Wechsel. Ihr Mandant lässt den Wechsel diskontieren. Die Bank erteilt folgende Abrechnung:

Wechselsumme	14.280,00 €
Diskont	166,60 €
Spesen	15,00 €
Gutschrift	14.098,40 €

Ihr Mandant korrigiert die Umsatzsteuer und stellt dem Kunden die Diskontaufwendungen und die Spesen in Rechnung:

Diskont	140,00 €
Spesen	15,00 €
	155,00 €
+ 19 % USt	29,45 €
Gesamt	184,45 €

Buchen Sie den gesamten Vorgang sowohl bei Ihrem Mandanten als auch beim Kunden.

2 Bei der Diskontierung eines Kundenwechsels in Höhe von 9.520,00 € belastet die Bank den Gewerbetreibenden Bauer mit 76,16 € Diskont und 12,00 € Spesen. Der Gewerbetreibende bucht die Bankgutschrift und korrigiert die USt. Seinem Kunden berechnet der den verauslagten Diskont und die Spesen:

Diskont	64,00 €
Spesen	12,00 €
+ 19 % USt	14,44 €
Gesamtbetrag	90,44 €

a) Wie lautet die Buchung für die Wechseldiskontierung, wenn diese als unselbstständige Nebenleistung in Verbindung mit einer umsatzsteuerpflichtigen Lieferung anzusehen ist?
b) Welche Buchungen sind bei der Weiterbelastung des Diskonts und der Spesen sowohl beim Gewerbetreibenden Bauer als auch bei dessen Kunden vorzunehmen?
c) Der Kunde begleicht den Rechnungsbetrag durch Verrechnungsscheck. Erstellen Sie die Buchungssätze beim Kunden und beim Gewerbetreibenden Bauer.

6.5.3.2 › Wechselkredit als selbstständige Leistung

Gewährt ein Unternehmer im Zusammenhang mit einer Lieferung oder sonstigen Leistung einen Wechselkredit, der als gesonderte Leistung anzusehen ist, stellt diese Kreditvergabe eine umsatzsteuerfreie Leistung dar, § 4 Nr. 8a UStG, wenn folgende Voraussetzungen vorliegen:

- die Entgelte für die Lieferung oder sonstige Leistung und die Kreditgewährung müssen gesondert vereinbart worden sein
- in der Vereinbarung über die Kreditgewährung muss der Jahreszins angegeben werden
- die Entgelte für die beiden Leistungen müssen getrennt abgerechnet werden

UStAE 3.11 (1) S. 4 4.8.2 (1) S. 1

In diesem Fall stellt der **Abzug des Diskonts keine Entgeltsminderung** dar. Umsatzsteuer und Vorsteuerkorrekturen unterbleiben. Da hier die **steuerfreie Kreditgewährung als Hauptgeschäft** gilt, sind alle damit zusammenhängende **Nebenleistungen ebenfalls steuerfrei**.

UStAE 10.3 (6) S. 5

Beispiel ›››

Ein Kunde übersendet der Genitex KG zum Ausgleich einer Rechnung über 29.000,00 € einen Wechsel. Die KG reicht den Wechsel zum Diskont ein. Die Bank berechnet:

Wechselsumme	29.000,00 €
Diskont	290,00 €
Spesen	40,00 €
Gutschrift	28.670,00 €

Buchung bei der KG	Soll	Haben
1230 (1300) Wechsel aus LuL	29.000,00	
an 1200 (1400) Forderungen		29.000,00
1800 (1200) Bank	28.670,00	
7340 (2130) Diskontaufwendungen	290,00	
6855 (4970) Kosten des Geldverkehrs	40,00	
an 1230 (1300) Wechsel aus LuL		29.000,00

Die KG belastet den Kunden mit Diskont und Spesen.

Buchung bei der KG	Soll	Haben
1300 (1500) Sonstige Vermögensgegenstände	330,00	
an 7130 (2670) Diskonterträge		290,00
4830 (2700) Sonstige betriebliche Erträge		40,00

Buchung beim Kunden	Soll	Haben
7340 (2130) Diskontaufwendungen	290,00	
6855 (4970) Kosten des Geldverkehrs	40,00	
an 3500 (1700) Sonstige Verbindlichkeiten		330,00

Übungen

1 Ein Kunde begleicht eine Rechnung über 9.860,00 € durch Übergabe eines Kundenwechsels in Höhe von 8.000,00 € und Barzahlung des Restbetrages. Der Lieferant reicht den Wechsel zur Diskontierung bei seiner Bank ein. Diese berechnet 80,00 € Diskont und 10,00 € Spesen und schreibt auf dem Konto des Lieferanten 7.910,00 € gut. Der Lieferant stellt dem Kunden Diskont und Spesen in Rechnung.
Bilden Sie die Buchungssätze beim Lieferanten. Der Wechselkredit ist als selbstständige Leistung zu behandeln.

2 Ein Kunde sendet zum Ausgleich einer Rechnung über 29.000,00 € Ihrem Mandanten mehrere Wechsel. Es handelt sich um eine gesonderte Kreditgewährung:

Wechsel 1	14.500,00 € in 32 Tagen
Wechsel 2	10.500,00 € in 61 Tagen
Wechsel 3	4.000,00 € in 94 Tagen

Ihr Mandant reicht die Wechsel bei seiner Hausbank zum Diskont ein. Die Bank berechnet 8 % Diskont und insgesamt 30,00 € Spesen. Diskont und Spesen werden dem Kunden in Rechnung gestellt.

a) Buchen Sie die Diskontabrechnung der Bank.
b) Bilden Sie die Buchungssätze für die Nachbelastung des Kunden mit Diskont und Spesen.
c) Welche Buchung hat der Kunde beim Eingang der Rechnung vorzunehmen?

6.5.4 Wechselprolongation

Der Bezogene hat den Wechsel am Verfalltag einzulösen. Ist dies wegen finanzieller Schwierigkeiten nicht möglich, kann er den Aussteller des Wechsels um Verlängerung der Kreditlaufzeit bitten (= **Prolongation**). Dadurch vermeidet der Bezogene einen möglichen Wechselprotest.

6.5.4.1 Der Wechsel befindet sich beim Aussteller

Befindet sich der fällige Wechsel noch beim Aussteller, zieht dieser auf den Kunden einen neuen, später fälligen Wechsel (= **Prolongationswechsel**) und gibt dem Bezogenen den fälligen Wechsel zurück. Die dem Aussteller durch die Prolongation entstehenden Aufwendungen werden dem Bezogenen gesondert in Rechnung gestellt oder in den Prolongationswechsel einbezogen.

Beispiel

Ein Kunde der Genitex KG kann einen fälligen Wechsel über 12.460,00 € nicht einlösen. Er bittet die Genitex den Wechsel um 90 Tage zu prolongieren. Die Genitex stellt dem Kunden 8 % Diskont und 20,00 € + 19 % USt für Auslagen in Rechnung:

	Diskont 8 % für 90 Tage		249,20 €
+	Auslagen	20,00 €	
+	19 % USt	3,80 €	23,80 €
	Rechnungsbetrag		273,00 €

Da die Wechselsumme in diesem Fall unverändert bleibt, erfolgt in der Praxis keine Buchung bei Rückgabe des fälligen Wechsels an den Bezogenen und Akzeptierung des Prolongationswechsels. Gebucht werden nur die Aufwendungen.

Buchung bei der KG (Aussteller)		Soll	Haben
1300 (1500)	Sonstige Vermögensgegenstände	273,00	
	an 7130 (2670) Diskonterträge		249,20
	4830 (2700) Sonstige betriebliche Erträge		20,00
	3806 (1776) USt		3,80

Buchung beim Bezogenen		Soll	Haben
7340 (2130)	Diskontaufwendungen	249,20	
6855 (4970)	Kosten des Geldverkehrs	20,00	
1406 (1576)	VSt	3,80	
	an 3500 (1700) Sonstige Verbindlichkeiten		273,00

Rechnet der Aussteller die Aufwendungen in die Wechselsumme des Prolongationswechsels ein, ist diese wie folgt zu ermitteln:

Wechselsumme des Prolongationswechsels	12.738,57 €	= 100 %
– Diskont 8 % für 90 Tage	254,77 €	
Barwert	12.483,80 €	= 98 %
– Auslagen (Spesen)	20,00 €	
– 19 % USt	3,80 €	
Wechselsumme des fälligen Wechsels	12.460,00 €	

Umrechnung des Diskontsatzes in einen Prozentsatz:

360 Tage = 8 %
90 Tage = 2 %

Durch die Rückgabe des fälligen Wechsels an den Bezogenen lebt die ursprüngliche Forderung beim Aussteller bis zur Akzeptierung des Prolongationswechsels wieder auf, beim Bezogenen entsprechend die Verbindlichkeit.

Buchung bei der KG (Aussteller)		Soll	Haben
1200 (1400)	Forderungen	12.460,00	
	an 1230 (1300) Wechsel aus LuL		12.460,00
1230 (1300)	Wechsel aus LuL (Prolongationswechsel)	12.738,57	
	an 1200 (1400) Forderungen		12.460,00
	7130 (2670) Diskonterträge		254,77
	4830 (2700) Sonstige betriebliche Erträge		20,00
	3806 (1776) USt		3,80

Buchung beim Bezogenen		Soll	Haben
3350 (1660)	Schuldwechsel	12.460,00	
	an 3300 (1600) Verbindlichkeiten		12.460,00
3300 (1600)	Verbindlichkeiten	12.460,00	
7340 (2130)	Diskontaufwendungen	254,77	
6855 (4970)	Kosten des Geldverkehrs	20,00	
1406 (1576)	VSt	3,80	
	an 3350(1660) Schuldwechsel		12.738,57

6.5.4.2 › Der Wechsel befindet sich nicht mehr beim Aussteller

Hat der Aussteller den Wechsel bereits als Zahlungsmittel weitergegeben oder den Wechsel bei seiner Bank zum Diskont eingereicht, stellt er dem Bezogenen nach Eingang des Prolongationswechsels den zur Einlösung des fälligen Wechsels erforderlichen Geldbetrag zur Verfügung.

Beispiel

Die Genitex KG hat den Wechsel des Kunden bereits zahlungshalber an ihren Lieferanten, die Chemie AG, weitergegeben. Die KG stellt daher dem Kunden 12.460,00 € zur Einlösung des fälligen Wechsels durch Banküberweisung zur Verfügung.

Buchung bei der KG	Soll	Haben
1230 (1300) Wechsel aus LuL (Prolongationswechsel)	12.460,00	
an 1800 (1200) Bank		12.460,00

Buchung beim Bezogenen	Soll	Haben
1800 (1200) Bank	12.460,00	
an 3350 (1660) Schuldwechsel		12.460,00

Die dem Aussteller entstandenen Aufwendungen werden dem Bezogenen wieder gesondert in Rechnung gestellt. Die Kosten der Prolongation werden umsatzsteuerlich wie das zugrundeliegende Geschäft behandelt.

Übungen

1 Ein Kunde bittet Ihren Mandanten, einen fälligen Wechsel über 6.960,00 € zu prolongieren. Ihr Mandant hat den Wechsel bereits weitergegeben und stellt daher dem Kunden nach Eingang des akzeptierten Prolongationswechels 6.980,00 € durch Postüberweisung zur Verfügung. Ihr Mandant stellt dem Kunden folgende Rechnung:

Diskont		69,80 €
Spesen	15,00 €	
+ 19 % USt	2,85 €	17,85 €
Rechnungsbetrag		87,65 €

Bilden Sie die Buchungssätze für

a) Ihren Mandanten
b) den Kunden.

2 Zur Einlösung eines fälligen Schuldwechsels benötigt ein Kunde 9.280,00 €. Er wendet sich den Aussteller mit der Bitte um Prolongation für 60 Tage. Der Aussteller hat den Wechsel bereits bei seiner Bank zum Diskont eingereicht.

a) Über welche Summe ist der Prolongationswechsel auszustellen, wenn 8 % Diskont für 60 Tage und Auslagen von 25,00 € + 19 % USt in die Wechselsumme eingerechnet werden sollen?
b) Welche Buchungen sind beim Aussteller vorzunehmen?
c) Wie bucht der Bezogene den Vorgang?

3 Auf die Bitte eines Bezogenen wird ein fälliger Wechsel über 13.920,00 € für 91 Tage vom Aussteller prolongiert. Der Wechsel befindet sich noch beim Aussteller. Dieser berechnet für die Prolongation 6 % Diskont und Auslagen in Höhe von 18,00 € + 19 % USt und stellt die Aufwendungen dem Bezogenen gesondert in Rechnung.

a) Wie lauten die Buchungssätze beim Aussteller?
b) Welche Buchungen hat der Bezogene vorzunehmen?

6.5.5 Wechselprotest

Kann der Bezogene den Wechsel am Verfalltag nicht einlösen, muss der letzte Wechselinhaber am ersten oder zweiten Werktag nach dem Zahlungstag Protest mangels Zahlung erheben lassen. Erfolgt die Protesterhebung durch einen Notar, ist der Vorgang umsatzsteuerpflichtig. Die Protesterhebung durch einen Gerichtsbeamten ist dagegen nicht steuerbar.

Der Protest ist eine öffentliche Urkunde, in der bestätigt wird, dass der Wechsel zur Zahlung vorgelegt aber nicht eingelöst wurde. Der Wechselprotest ist Voraussetzung für den **Wechselrückgriff**. Art. 44 WG

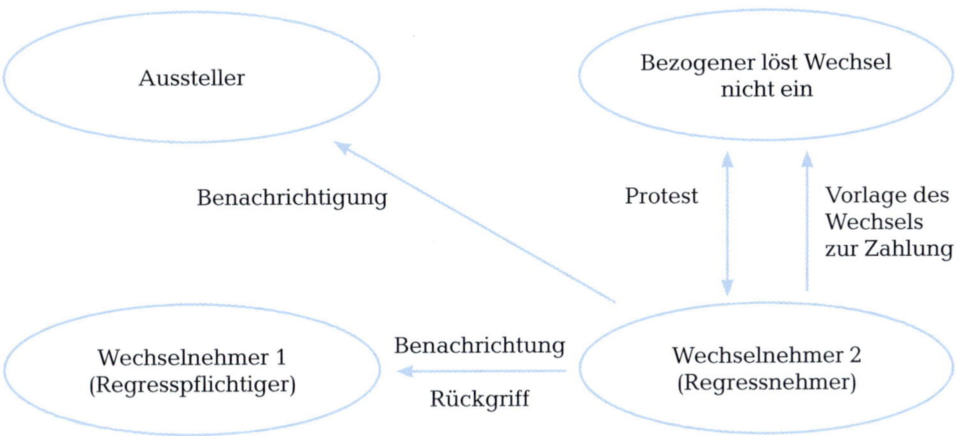

Alle Personen, die auf dem Wechsel eine Unterschrift geleistet haben, haften dem letzten Wechselinhaber als Gesamtschuldner. Der letzte Wechselinhaber kann daher gegen den Aussteller, jeden Indossant oder alle zusammen Rückgriffsansprüche geltend machen. Art. 43 WG

Die Höhe der Ansprüche richtet sich nach dem Wechselgesetz. Verlangt werden kann: Art. 48 WG

§

- die Wechselsumme
- Zinsen seit dem Verfalltag:
  Basiszinssatz ab 01.01.2020 – 0,88 % + Verzugszinsen 5 % (= 4,12 %) bzw. 9 % (= 8,12 %), § 288 BGB
- Kosten des Protests
- Auslagen
- Wechselprovision, maximal 1/3 % der Wechselsumme

USTAE 1.3 (6) S. 5

Die weiterberechneten **Protestkosten** sind als **echter Schadenersatz nicht steuerbar**.

Der zu Protest gegangene Wechsel wird wegen des erhöhten Risikos von den übrigen Wechselforderungen getrennt und auf das Konto

1240 (1460) Zweifelhafte Forderungen

umgebucht.

Beispiel

Ein fälliger Besitzwechsel über 6.000,00 € wird vom Bezogenen nicht eingelöst. Ihr Mandant lässt durch einen Notar Protest erheben. Dieser berechnet 80,00 € + 15,20 € USt. Der Betrag wird durch Banküberweisung beglichen.

Buchungen beim letzen Wechselinhaber		Soll	Haben
1240 (1460)	Zweifelhafte Forderungen	6.000,00	
	an 1230 (1300) Wechsel aus L&L		6.000,00
6855 (4970)	Kosten des Geldverkehrs	80,00	
1405 (1575)	VSt	15,20	
	an 1800 (1200) Bank		95,20

Ihr Mandant benachrichtigt den Aussteller des Wechsels und seinen unmittelbaren Vormann von der Protesterhebung und erteilt dem Vormann folgende Rückrechnung:

	Wechselsumme	6.000,00 €	
+	Protestkosten	80,00 €	
+	Zinsen für 10 Tage	13,53 €	Basiszinssatz – 0,88 % + Verzugszinsen 9 % (= 8,12 %), wenn Bezogener kein Endverbraucher
+	Auslagen	15,00 €	
+	Wechselprovision ⅓ %	20,00 €	
	Gesamtbetrag	6.128,53 €	

Buchung beim letzten Wechselinhaber		Soll	Haben
1300 (1500)	Sonstige Vermögensgegenstände	6.128,53	
	an 7110 (2650) Sonstige Zinserträge		13,53
	4830 (2700) Sonstige betriebliche Erträge		115,00
	1240 (1460) Zweifelhafte Forderungen		6.000,00

Buchung beim Vormann		Soll	Haben
1240 (1460)	Zweifelhafte Forderungen	6.000,00	
6855 (4970)	Kosten des Geldverkehrs	115,00	
7300 (2100)	Zinsaufwendungen	13,53	
	an 3500 (1700) Sonstige Verbindlichkeiten		6.128,53

Übungen

1 Ihr Mandant erhält als Regresspflichtiger folgende Rückrechnung:

Wechselsumme	4.290,00 €
Protestkosten	48,00 €
Zinsen	13,40 €
Provision	14,30 €
Auslagen	18,00 €
Gesamt	4.383,70 €

a) Welche Buchungen sind bei Ihrem Mandanten vorzunehmen?
b) Wie bucht der Regressnehmer?

2 Eine Gewerbetreibende hat vergeblich einen Besitzwechsel in Höhe von 12.260,00 € zur Zahlung vorgelegt. Sie beauftragt einen Notar mit der Protesterhebung. Dieser berechnet 86,00 € + 16,34 € für seine Leistung. Die Gewerbetreibende zahlt den Betrag bar und nimmt Rückgriff auf den Wechselaussteller.

Protestwechsel	5.800,00 €
Protestkosten	86,00 €
Zinsen	15,70 €
Provision ⅓ %	19,33 €
Auslagen	20,00 €
Forderung	5.941,03 €

Buchen Sie den Vorgang bei der Gewerbetreibenden.

3 Eine Mandantin erhält als Regresspflichtige einen Protestwechsel mit folgender Rückrechnung:

Wechselsumme	12.810,00 €
Protestkosten	120,00 €
Zinsen	26,67 €
Provision	42,70 €
Auslagen	25,00 €
Gesamtbetrag	13.024,37 €

Ihre Mandantin begleicht den Betrag durch Banküberweisung und nimmt ebenfalls Rückgriff auf Ihren Vormann. Diesem berechnet sie:

Wechselsumme	12.810,00 €
Protestkosten	120,00 €
Provision	85,40 €
Auslagen	40,00 €
Zinsen	53,34 €
Gesamtforderung	13.108,74 €

a) Buchen Sie den Vorgang bei Ihrer Mandantin und
b) bei deren Vormann

6.6 Wertpapiere

6.6.1 Arten und buchmäßige Einteilung von Wertpapieren

Wertpapiere = Urkunden mit verbrieften Vermögensrechten

↓

vertretbare Wertpapiere = Effekten

↓

Unterscheidung nach

den verbrieften Rechten | dem Zweck der Anlage

Arten	Zielsetzung	Buchmäßige Erfassung
Teilhaber- oder Dividendenpapiere (Aktien, Investmentzertifikate, Kuxe) verbriefen – einen Anteil am Eigenkapital; – Anspruch auf Anteile am Gewinn; – sind über den Kurswert sowohl am Zuwachs als auch Verlust des Vermögens beteiligt; – im Insolvenzfall haften sie für die Schulden des Unternehmens mit ihrer Einlage.	**Langfristige Anlage** Die Wertpapiere dienen dem Geschäftsbetrieb dauernd. Werden als – Beteiligungen oder – Wertpapiere des Anlagevermögens in der Bilanz ausgewiesen. **Beteiligungen:** Die erworbenen Wertpapiere werden als „Beteiligung" ausgewiesen, wenn der Erwerber eine Beteiligungsabsicht hat. Diese wird immer dann vermutet, wenn er aktiv Einfluss auf das Beteiligungsunternehmen ausüben will und mind. 20 % am Kapital der Gesellschaft in Form von Anteilsscheinen besitzt (§ 271 (1) S.3 HGB).	**0820 (0510) Beteiligungen**
Gläubiger- oder Zinspapiere (Pfandbriefe, Anleihen, Obligationen, Bankschuldverschreibungen, Rentenbriefe, Genusscheine). verbriefen – Gläubigerrechte; – feste Verzinsung unabhängig von der Ertragslage des Unternehmens; – Recht auf Rückzahlung.	**Wertpapiere des Anlagevermögens:** Der Erwerber will die Anteilsscheine auf Dauer halten, strebt jedoch zunächst keine „Beteiligung" an.	**0900 (0525) Wertpapiere des Anlagevermögens**
	Kurzfristige Anlage Die Wertpapiere werden als Liquiditätsreserve zur kurzfristigen Anlage gekauft. Sie sind i.d.R. jederzeit veräußerbar und werden als Wertpapiere des Umlaufvermögens erfasst.	**1510 (1348) Wertpapiere des Umlaufvermögens** = Sonstige Wertpapiere

6.6.2 › Buchungen beim Kauf und Verkauf von Wertpapieren

Kauf und Verkauf von Wertpapieren erfolgen an den Wertpapierbörsen durch dazu berechtigte Börsenmakler. Käufer und Verkäufer werden in der Praxis überwiegend von Geschäftsbanken vertreten. Diese nehmen Kundenaufträge entgegen und leiten sie an die Börse weiter.

Die Vorgänge verursachen Aufwendungen bei den beteiligten Instituten und Personen. Banken berechnen für ihre Leistung Spesen, z. B.

Spesen	Dividendenpapiere	Zinspapiere
Bankprovision:	1 % vom Kurswert,	0,5 % vom Nennwert[1)]
Courtage (Maklergebühr):	0,8 ‰ vom Kurswert,	0,75 ‰ vom Nennwert[1)]
Auslagen:	Aufwendungen für Porto, Telefon- und Faxgebühren	

Je nach Bankinstitut können die berechneten Spesen unterschiedlich hoch sein.
Sie werden dem Kunden mit dem Kaufpreis berechnet und seinem Bankkonto belastet.

Begriffe:

- **Nennwert:** Der auf dem Wertpapier angegebene Wert
- **Kurswert:** Der Preis, zu dem Wertpapiere an der Börse gekauft oder verkauft werden
- **Stückkurs:** Notierung der Dividendenpapiere an der Börse (€ je Stück)
- **Prozentkurs:** Notierung der Zinspapiere an der Börse (Prozent vom Nennwert)
- **Zinsen:** Stückzinsen
- **Handelstag:** Tag, an dem das Wertpapiergeschäft abgeschlossen wurde

6.6.2.1 › Kauf von Dividendenpapieren

Die Wertpapiere sind mit den Anschaffungskosten zu bilanzieren. § 255 (1) HGB

Anschaffungspreis	›	Kurswert
+ Anschaffungsnebenkosten	›	Bankprovision[2)]
	›	Maklergebühr (Courtage)[2)]
	›	Auslagen
= Anschaffungskosten	›	Banklastschrift

---

1) Wenn Nennwert > Kurswert, sonst Kurswert.

2) Die Umrechnung der Courtage in einen Prozentsatz ergibt bei den Dividendenpapieren 0,08 %, bei den Zinspapieren 0,075 %. Zusammen mit der Bankprovision betragen die Nebenkosten dann bei den Dividendenpapieren 1,08 % vom Kurswert, bei den Zinspapieren 0,575 % vom Nennwert. Nachfolgend wird vereinfacht mit diesen Prozentwerten gerechnet.

Beispiel

Kauf von 100 Stück A-Aktien zur vorübergehenden Anlage, Nennwert 100,00 €, Stückkurs 210,00 €, Kaufspesen 1,08 % vom Kurswert.

Ermittlung der Anschaffungskosten:

	Kurswert (100 × 210,00 €)	21.000,00 €
+	Anschaffungsnebenkosten	226,80 €
=	Anschaffungskosten (Lastschrift der Bank)	21.226,80 €

Buchungssatz		Soll	Haben
1510 (1348)	Sonstige Wertpapiere	21.226,80	
	an 1800 (1200) Bank		21.226,80

6.6.2.2 〉 Verkauf von Dividendenpapieren

§ 3 Nr. 40 EStG

Die beim Verkauf von Dividendenpapieren entstehenden Veräußerungsgewinne sind bei **Einzelunternehmen und Personalgesellschaften** zu **40 % steuerfrei** und zu **60 % steuerpflichtig (Teileinkünfteverfahren)**.

§ 3c (2) EStG

Betriebsausgaben, die mit der Veräußerung im Zusammenhang stehen, sind daher nur **zu 60 % abziehbar**. Außerbilanziell ist der Gewinn um 40 % zu kürzen.

Bei Kapitalgesellschaften sind diese Gewinne in voller Höhe steuerfrei, § 8b (2) KStG, allerdings gelten **5 % des Veräußerungsgewinns als nicht abziehbare Betriebsausgabe**, § 8b (3) KStG. Der Gewinn ist außerbilanziell wieder um 95 % des Veräußerungsgewinns zu kürzen.

Beispiel

Ein Einzelunternehmer/eine GmbH verkauft 20 Aktien aus dem Umlaufvermögen zum Stückkurs von 250,00 €. Die anfallenden Verkaufsspesen betragen 1,08 % vom Kurswert. Für diese Aktien sind Anschaffungskosten von 4.245,36 € angefallen.

Ermittlung des Verkaufspreises:

Kurswert 20 × 250,00 €	5.000,00 €
– Veräußerungskosten 1,08 %	54,00 €
Verkaufspreis	4.946,00 €

Berechnung des Kursgewinns:

Kurswert bei Veräußerung 20 × 250,00 € =	5.000,00 €
– Anschaffungskosten	4.245,36 €
Kursgewinn	754,64 €

Buchungssatz beim Einzelunternehmen	Soll	Haben
1800 (1200) Bank	4.946,00	
6857 (4976) Aufwendungen aus Veräußerung von Anteilen an Kapitalgesellschaften 40 % nicht abzugsfähig	54,00	
an 1510 (1348) Sonstige Wertpapiere		4.245,36
4901 (2723) Erträge aus Veräußerung von Anteilen an Kapitalgesellschaften 40 % steuerfrei		754,64

Buchungssatz bei der GmbH	Soll	Haben
1800 (1200) Bank	4.946,00	
6857 (4976) Aufwendungen aus Veräußerung von Anteilen an Kapitalgesellschaften 100 % nicht abzugsfähig	54,00	
an 1510 (1348) Sonstige Wertpapiere		4.245,36
4901 (2723) Erträge aus Veräußerung von Anteilen an Kapitalgesellschaften 100 % steuerfrei		754,64

Berechnung des Veräußerungsgewinns:

Kursgewinn	754,64 €
– Verkaufskosten	54,00 €
Veräußerungsgewinn	700,64 €

Außerbilanzielle Kürzung des Gewinns bei
Einzelunternehmen und Personalgesellschaften
40 % von 700,64 € = 280,26 €, damit sind 420,38 € steuerpflichtig (= 60 %)

Kapitalgesellschaften
95 % von 700,64 € = 665,61 €, damit sind 35,03 € steuerpflichtig (= 5 %)

Ergeben sich durch den Verkauf von Aktien **Veräußerungsverluste**, sind diese bei Einzelunternehmen und Personengesellschaften **zu 60 % als Betriebsausgaben** zu berücksichtigen, ebenso die anfallenden **Veräußerungskosten** § 3 c (2) EStG. Bei Kapitalgesellschaften sind sowohl die Veräußerungsverluste als auch die anfallenden Nebenkosten in **voller Höhe abzugsfähig**, allerdings gelten 5 % des Verlusts als nicht abziehbare Betriebsausgaben, § 8 (5) KStG. Letztendlich sind daher nur 95 % dem Gewinn außerbilanziell wieder hinzuzurechnen.

Beispiel

Verkauf von 20 Aktien aus dem Umlaufvermögen durch ein Einzelunternehmen/eine GmbH zum Stückkurs von 180,00 €. Die Aktien wurden zum Stückkurs von 210,00 € erworben. Beim Kauf und Verkauf sind jeweils Spesen von 1,08 % angefallen.

Ermittlung des Verkaufspreises:

Kurswert 20 × 180,00 €	3.600,00 €
– Verkaufskosten 1,08 %	38,88 €
Verkaufspreis	3.561,12 €

Berechnung des Kursverlustes:

Kurswert bei der Veräußerung	3.600,00 €
– Anschaffungskosten (20 × 210,00 € = 4.200,00 € + 1,08 %)	4.245,36 €
Kursverlust	645,36 €

Buchungssatz beim Einzelunternehmen		Soll	Haben
1800 (1200)	Bank	3.561,12	
6857 (4976)	Aufwendungen aus Veräußerung von Anteilen an Kapitalgesellschaften 40 % nicht abzugsfähig	684,24	
	an 1510 (1348) Sonstige Wertpapiere		4.245,36

Buchungssatz bei der GmbH		Soll	Haben
1800 (1200)	Bank	3.561,12	
6857 (4976)	Aufwendungen aus Veräußerung von Anteilen an Kapitalgesellschaften 100 % nicht abzugsfähig	684,24	
	an 1510 (1348) Sonstige Wertpapiere		4.245,36

Außerbilanzielle Hinzurechnung des Veräußerungsverlustes bei
Einzelunternehmen und Personalgesellschaften
40 % von 684,24 € = 273,70 €, damit sind 410,54 € (= 60 %) als Betriebsausgaben wirksam

Kapitalgesellschaften
95 % von 684,24 € = 650,03 €, damit sind 34,21 € steuerpflichtig (= 5 %) nicht als Betriebsausgabe abzugsfähig

6.6.2.3 › Buchen von Dividendenerträgen

SL 268 ff.

§ 23 KStG

Dividenden sind Erträge aus dem Besitz von Aktien oder GmbH-Anteilen. Sie unterliegen bei der ausschüttenden Gesellschaft als Gewinnanteil der Körperschaftsteuer (KSt) von 15 %. Der auszuschüttende Gewinnanteil nach Abzug der KSt ist die Bardividende. In der Regel wird die Dividende von einer Bank eingezogen und dem Dividendengläubiger gutgeschrieben.

Gewinnanteil vor KSt	100,000 %
– 15,0 % Körperschaftsteuer	15,825 %
– 5,5 % SolZ	
= Bardividende	84,175 %

Erträge aus Anteilen an Kapitalgesellschaften im Umlaufvermögen werden gebucht auf dem Konto:

7103 (2655) Laufende Erträge aus Anteilen an Kapitalgesellschaften 100 %/40 % steuerfrei

Dividendenausschüttungen unterliegen dem Teileinkünfteverfahren. Die zufließenden Dividendenerträge sind nur noch zu 40 % steuerfrei (Teileinkünfteverfahren). 60 % der Erträge unterliegen dem **persönlichen Einkommensteuersatz des Anteilseigners. Betriebsausgaben**, die mit der Veräußerung im Zusammenhang stehen, sind nur **bis zu 60 % abziehbar**. Bei Kapitalgesellschaften sind diese Erträge weiterhin in voller Höhe steuerfrei, § 8b (2) KStG. Da jedoch **5 % des Veräußerungsgewinns als nicht abziehbare Betriebsausgabe** gelten, § 8b (5) KStG, sind letztendlich 5 % des Dividendenertrags steuerpflichtig.

§ 3 Nr. 40 EStG
§ 3c (2) EStG

Beispiel

Im Betriebsvermögen eines Einzelunternehmens befinden sich 42 Aktien der A-AG, die Anfang 2019 erworben wurden. Im Jahr 2020 schüttet die A-AG eine Dividende von 10,00 € je Aktie aus.

Bardividende	420,00 €
davon	
60 % steuerpflichtig	252,00 €
40 % steuerfrei	168,00 €

Buchungssatz **2020**		Soll	Haben
1800 (1200)	Bank	420,00	
	an 7103 (2655) Laufende Erträge aus Anteilen an Kapitalgesellschaften **40 % steuerfrei**		420,00

Außerbilanziell wird der **Gewinn um 168,00 € vermindert.**

6.6.2.4 › Kauf von festverzinslichen Wertpapieren

Auch festverzinsliche Wertpapiere werden mit den Anschaffungskosten zum Zeitpunkt des Erwerbs erfasst.

Beim Kauf eines festverzinslichen Wertpapiers erhält man von der Bank **zwei** Urkunden über verbriefte Rechte:

das **Wertpapier** selbst und den **Zinsschein** (Coupon).

Gegen Vorlage eines Zinsscheins werden dem Inhaber des Wertpapiers die Zinsen halbjährlich oder jährlich nachträglich gutgeschrieben.

Häufige Zinszahlungstermine sind:

J/J	= Januar/Juli	A/O	= April/Oktober
F/A	= Februar/August	M/N	= Mai/November
M/S	= März/September	J/D	= Juni/Dezember

Beim Kauf erhält der Käufer den Zinsschein und nach Vorlage bei der Bank am Ende der Zinsperiode den gesamten Zinsbetrag für diese Zeit. Werden die Wertpapiere innerhalb eines Zinszeitraumes erworben, so stehen vom Beginn der Zinsperiode bis zum Verkaufstag dem Verkäufer die Zinsen zu. Beim Erwerb des Zinsscheines durch den Käufer muss dieser dem Verkäufer die ihm zustehenden Zinsen für die Zeit vom letzten Zinstermin bis zum Zeitpunkt des Kauf auszahlen.

Werden Wertpapiere mit Zinsschein erworben, so ist dieser in Höhe der Anschaffungskosten auf dem Konto „1511 (1349) Zinsscheine" zu aktivieren.

So ergibt sich folgende Abrechnungspraxis der Banken:

Erwerb festverzinslicher Wertpapiere durch die Bank

mit laufendem Zinsschein | **ohne laufenden Zinsschein**

Kurswert = (Nennwert : 100) × Kurs
\+ Bankprovision
\+ Maklergebühr (Courtage)
\+ Auslagen

= Anschaffungskosten

mit laufendem Zinsschein	ohne laufenden Zinsschein
+ Stückzinsen	– Stückzinsen
	+ 25 % KapESt
	+ SolZ (5,5 % v. KapESt)
= Lastschrift der Bank	= Lastschrift der Bank

§ 43a (1+2) EStG Die Kapitalertragssteuer beträgt 25 % des Kapitalertrags. Dem Steuerabzug unterliegen die vollen Kapitalerträge ohne jeden Abzug. Im Fall der Kirchensteuerpflicht ermäßigt sich die Kapitalertragsteuer bei 8 % Kirchensteuer auf 24,51 % und bei 9 % Kirchensteuer auf 24,24 % der Kapitalerträge, § 32d (1) EStG.

§ 43 (5) EStG Für Kapitalerträge, die zu den Einkünften aus Gewerbebetrieb gehören, ist die Einkommensteuer mit dem Steuerabzug **nicht abgegolten**.

Auf Antrag des Gläubigers werden Kapitalerträge i. S. d. § 20 EStG den Einkünften i.S.d. § 2 EStG hinzugerechnet und der tariflichen Einkommensteuer unterworfen, § 32d (6) EStG.

Bei den folgenden Beispielen wird ein solcher Antrag nicht unterstellt.

Kapitalertragsteuer und Solidaritätszuschlag werden bei Einzelunternehmen und Personengesellschaften als vorausgezahlte Einkommensteuer behandelt und auf die Einkommensteuerschuld angerechnet. Deshalb werden sie auf das Konto „2150 (1810) Privatsteuern" gebucht.

Bei der Berechnung der Stückzinsen und Aufteilung des Zinsanspruchs auf Verkäufer und Käufer gelten folgende Regeln:

- dem Käufer stehen nur die Zinsen ab dem 2. Tag nach dem Handelstag bis zum Zinszahlungstermin zu
- dem Verkäufer stehen die Zinsen vom letzten Zinszahlungstermin bis einschließlich einen Tag nach dem Handelstag zu

Beispiel

Letzter Zinszahlungstermin	J/J (Jahr 2020)
Handelstag	24.05.2020
Letzter Zinsanspruchtag des Verkäufers:	Handelstag + 2 Börsentage – 1 Kalendertag 22.05.2020 + 2 Tage – 1 Tag = 23.05.2020 (Valuta Stückzinsen)
Zinszeitraum für den Verkäufer:	31.12.2019– 23.05.2020 = 143 Tage
Erster Zinsanspruchtag des Käufers:	Handelstag + 2 Börsentage
Zinszeitraum für den Käufer:	24.05.2020–30.06.2020 = 37 Tage

Beispiel

Wertpapierkauf mit laufendem Zinsschein

Kauf von 7 % Anleihen am 29.04.2020 zur kurzfristigen Anlage zum Kurs von 98 % mit Zinsschein. Der Nennwert der Anleihen beträgt 5.000,00 €, Kaufspesen 0,575 %, Zinszahlungstermin J/J.

Lastschrift der Bank:

Kurswert	4.900,00 €
+ Anschaffungsnebenkosten	28,18 €
= Anschaffungskosten	4.928,18 €
+ Stückzinsen (7 % v. 5.000,00 € für 145 Tage)	140,97 €
Lastschrift der Bank	5.069,15 €

Buchungssatz		Soll	Haben
1510 (1348)	Sonstige Wertpapiere	4.928,18	
1511 (1349)	Zinsscheine	140,97	
	an 1800 (1200) Bank		5.069,15

Wertpapierkauf ohne laufenden Zinsschein

Kauf von 7 % Anleihen am 29.04.2020 zur kurzfristigen Anlage zum Kurs von 98 % ohne Zinsschein. Der Nennwert der Anleihen beträgt 5.000,00 €, Kaufspesen 0,575 %, Zinszahlungstermin J/J .

Lastschrift der Bank:

Kurswert	4.900,00 €
+ Anschaffungsnebenkosten	28,18 €
= Anschaffungskosten	4.928,18 €
– Stückzinsen (7 % v. 5.000,00 € für 35 Tage)	34,03 €
+ KapESt (25 %)	8,51 €
+ SolZ (5,5 %)	0,47 €
Lastschrift der Bank	4.903,14 €

Buchungssatz		Soll	Haben
1510 (1348)	Sonstige Wertpapiere	4.928,18	
2150 (1810)	Privatsteuern	8,98	
	an 1800 (1200) Bank		4.903,14
	7100 (2650) Zinserträge		34,03

6.6.2.5 › Verkauf von festverzinslichen Wertpapieren

Beim Verkauf festverzinslicher Wertpapiere werden die Verkaufkosten nicht gesondert gebucht.

Verkauf festverzinslicher Wertpapiere durch die Bank

mit laufendem Zinsschein | **ohne laufenden Zinsschein**

Kurswert = (Nennwert : 100) × Kurs
– Bankprovision
– Maklergebühr (Courtage)
– Auslagen

= Veräußerungserlös

mit laufendem Zinsschein	ohne laufenden Zinsschein
+ Stückzinsen	– Stückzinsen
– 25 % KapESt	
– SolZ (5,5 % v. KapESt)	
= Gutschrift der Bank	= Gutschrift der Bank
Veräußerungserlös	Veräußerungserlös
– Anschaffungskosten	– Anschaffungskosten
= Kursgewinn oder Kursverlust	= Kursgewinn oder Kursverlust

Beispiel ›››

Wertpapierverkauf mit Zinsschein
Verkauf von 7 %-Anleihen am 15.11.2020 zum Kurs von 101 % **mit Zinsschein**. Der Nennwert der Anleihen beträgt 2.500,00 €, Verkaufsspesen 0,575 %, Zinszahlungstermin J/J. Die Anschaffungskosten betrugen 2.464,08 € und wurden auf dem Konto 1510 (1348) Sonstige Wertpapiere gebucht.

Kurswert	2.525,00 €
– Verkaufsspesen	14,52 €
= Veräußerungserlös	2.510,48 €
+ Stückzinsen (7 % v. 2.500,00 € für 136 Tage)	66,11 €
– KapESt (25 %)	16,53 €
– SolZ (5,5 %)	0,91 €
= Gutschrift der Bank	2.559,15 €

Ermittlung des Kursgewinnes / -verlustes:

Veräußerungserlös	2.510,48 €
– Anschaffungskosten	2.464,08 €
= Kursgewinn	46,40 €

Buchungssatz	Soll	Haben
1800 (1200) Bank	2.559,15	
2150 (1810) Privatsteuern	17,44	
an 1510 (1348) Sonstige Wertpapiere		2.464,08
4905 (2725) Erträge aus dem Abgang von Gegenständen des Umlaufvermögens		46,40
7100 (2650) Zinserträge		66,11

Beispiel

Wertpapierverkauf ohne Zinsschein

Verkauf von 7 %-Anleihen am 15.11.2020 zum Kurs von 96 % ohne Zinsschein. Der Nennwert der Anleihen beträgt 2.500,00 €, Verkaufsspesen 0,575 %, Zinszahlungstermin J/J. Die Anschaffungskosten betrugen 2.464,08 € und wurden im Umlaufvermögen aktiviert.

Kurswert	2.400,00 €
– Verkaufsspesen	13,80 €
= Veräußerungserlös	2.386,20 €
– Stückzinsen (7 % v. 2.500,00 € für 44 Tage)	21,39 €
= Gutschrift der Bank	2.364,81 €

Ermittlung des Kursgewinnes/-verlustes:

Veräußerungserlös	2.386,20 €
– Anschaffungskosten	2.464,08 €
= Kursverlust	77,88 €

Buchungssatz		Soll	Haben
1800 (1200)	Ban	2.364,81	
7310 (2110)	Zinsaufwendungen	21,39	
6905 (2325)	Verluste aus dem Abgang von Gegenständen des Umlaufvermögens	77,88	
	an 1510 (1348) Sonstige Wertpapiere		2.464,08

6.6.2.6 › Buchen von Zinserträgen bei Einlösung des Zinsscheins

Die Verwaltung der erworbenen Wertpapiere wird in der Regel einer Bank übertragen. Am Fälligkeitstag der Zinsen löst die Bank den Zinsschein ein und schreibt die zu zahlenden Zinsen dem Inhaber des Zinsscheines gut.

Dabei werden von der Bank einbehalten

25 % Kapitalertragsteuer

zuzüglich 5,5 % Solidaritätszuschlag von der Kapitalertragsteuer

§ 43a EStG
§ 3 (1) Nr. 5 SolZG

Auch hier werden Kapitalertragsteuer und Solidaritätszuschlag bei Einzelunternehmen und Personengesellschaften als vorausgezahlte Einkommensteuer behandelt und auf die Einkommensteuerschuld angerechnet. Deshalb werden sie auf das Konto „2150 (1810) Privatsteuern“ gebucht.

Erhalten Kapitalgesellschaften Zinsen ausgezahlt, so werden die in Abzug gebrachte Kapitalertragsteuer und der Solidaritätszuschlag auf den Konten

„7630 (2210) Kapitalertragsteuer“
+
„7608 (2208) Solidaritätszuschlag“

gebucht.

Beispiel

Ein Einzelunternehmer erhält von seiner Bank am 01.07. eine Gutschrift über die halbjährlich abgerechneten Zinsen aus dem Zinszahlungszeitraum J/J.
Der Wertpapierbestand beträgt: Nominell 80.000,00 € 6 %ige-Pfandbriefe.

Errechnung der Zinsen und der Bankgutschrift:

80.000,00 € × 6 % für 180 Tage	=	2.400,00 € Zinsen
	–	600,00 € KapESt (25 %)
	–	33,00 € SolZ (5,5 %)
	=	1.767,00 € Gutschrift der Bank

Buchungssatz		Soll	Haben
1800 (1200)	Bank	1.767,40	
2150 (1810)	Privatsteuern	633,60	
	an 7100 (2650) Zinserträge		2.400,00

Sind im laufenden Jahr festverzinsliche Wertpapiere **mit Zinsschein** erworben worden, ergibt sich in Höhe der an den Verkäufer gezahlten Stückzinsen eine Sonstige Forderung. Diese wird auf dem Konto **1511 (1349) Zinsscheine** erfasst. Wird der Zinsschein noch im Anschaffungsjahr der Wertpapiere eingelöst, sind die Anschaffungskosten des Zinsscheines bei Erfassung der Zinszahlung auszubuchen.

Beispiel

Beim Kauf von 7 % Anleihen zur kurzfristigen Anlage wurden 116,67 € Stückzinsen gezahlt und auf das Konto Zinsscheine gebucht.
Nach Ablauf der ersten Zinsperiode erhalten wir von der Bank eine Gutschrift nach Abzug von 25 % Kapitalertragsteuer und 5,5 % Solidaritätszuschlag über 128,84 €. Die Zinsen betrugen 175,00 €.

Buchungssatz		Soll	Haben
1800 (1200)	Bank	128,84	
2150 (1810)	Privatsteuern	46,16	
	an 1511 (1349) Zinsscheine		116,67
	7100 (2650) Zinserträge		58,33

Übungen

1 Die Grund OHG kauft über ihre Hausbank 120 Aktien der A-AG im Nennwert von je 2,50 € zum Kurs von 12,00 € je Stück. Die Kaufspesen betragen 1,08 % vom Kurswert. Die Wertpapiere dienen der kurzfristigen Anlage. Die Bank belastet mit dem Gesamtbetrag das betriebliche Bankkonto der Grund OHG.
Buchen Sie den Aktienkauf.

2 Wie sind die Wertpapiere der obigen Aufgabe zu buchen, wenn sie
a) zum Zwecke der langfristigen Anlage erworben wurden,
b) wenn mit diesem Kauf die sich im Besitz der Grund OHG befindenden Aktien insgesamt die 20 %-Grenze übersteigen.

3 Die A-AG (siehe Aufgabe 1) beschließt eine Bardividende in Höhe von 1,00 € pro Aktie auszuzahlen. Die gesamte Bardividende beträgt demnach 120,00 €.
Buchen Sie den Vorgang.

4 Bei der Bauer KG ergeben sich im Laufe des Jahres 2019 folgende Sachverhalte:

a) Die Bauer KG erwirbt durch die Bank im Januar 150 B-Aktien im Nennwert von 100,00 € zur kurzfristigen Anlage. Der Kurs beträgt 210,00 € je Aktie. Die Bank berechnet 1,08 % Ankaufspesen.
b) Noch vor der Sitzung der Hauptversammlung der B-AG verkauft die Bauer KG 50 B-Aktien zu einem Kurs von 115 €. Verkaufsspesen werden ebenfalls mit 1,08 % berechnet.
c) Die Hauptversammlung der B-AG beschließt in ihrer Sitzung die Auszahlung einer Bardividende in Höhe von 5,00 € je Aktie. Die von der Bank erstellte Abrechnung (= Steuerbescheinigung) zeigt einen Überweisungsbetrag von 500,00 €.

Buchen Sie den An-, Verkauf der Aktien und die Dividendenzahlung.

5 Im laufenden Jahr werden von einem Gewerbetreibenden folgende festverzinsliche Wertpapiere zur kurzfristigen Anlage durch die Bank erworben bzw. verkauft:

a) Kauf von 5.000,00 € 6 %igen Obligationen zu 95 % mit Zinsschein am 30.06, Kaufspesen 0,575 %, Zinszeitraum A/O.
b) Verkauf aller unter a) erworbenen festverzinslichen Wertpapiere zum Kurs von 98 % ohne Zinsschein am 15.09., Verkaufspesen 0,575 %, Zinszeitraum A/O.
c) Der Mandant legt am 01.10. des Jahres seiner Bank den einbehaltenen Zinsschein zur Einlösung vor.

Buchen Sie den gesamten Vorgang.

6 Kauf von 8.000 € 7 %igen Anleihen zu 110 % ohne Zinsschein am 20.04. Kaufspesen 0,575 %, Zinszeitraum J/J. Zweck ist die kurzfristige Geldanlage.
Buchen Sie den Vorgang.

7 Die Hausbank schreibt unserem Mandanten, Einzelhändler Emil Knauer, Dividenden von 2.800,00 € gut.
Buchen Sie den Vorgang.

8 Kauffrau Marion Sonnenschein erwarb am 30.06.2020 für ihren Betrieb 8 %ige Pfandbriefe mit laufendem Zinsschein im Nennwert von 8.000,00 €. Der Kurs zum Zeitpunkt des Kaufs betrug 100 %. Ziel des Kaufs ist die kurzfristige Anlage flüssiger Mittel. Am 15.11.2018 verkauft Marion Sonnenschein die Hälfte ihrer 8 %igen Pfandbriefe zum Kurs von 102 %. Der Käufer erwirbt den laufenden Zinsschein mit. Die Bankabrechnung weist folgende Tatbestände auf:
Abzug von 25 % KapESt und 5,5 % SoLZ, sowie Verrechnung der bei Anschaffung der Pfandbriefe gezahlten Stückzinsen, An- und Verkaufspesen von jeweils 0,575 %, Zinszahlungszeitraum A/O.

Buchen Sie

a) Kauf der festverzinslichen Wertpapiere,
b) Verkauf des Teils der Wertpapiere und
c) die Zinsgutschrift zum 01.10.2020.

9 Bauunternehmer Willi Wühlmann werden von der Bank im Jahr 2020 Dividenden in Höhe von 2.100,00 € gutgeschrieben.
Buchen Sie die Gutschrift.

7 Anlagenwirtschaft

§ 266 (2) HGB Sachanlagen sind bewegliche und unbewegliche körperliche Gegenstände des Anlagevermögens, wie

> Grundstücke, grundstücksgleiche Rechte und Bauten einschließlich der Bauten auf fremden Grundstücken;
> technische Anlagen und Maschinen;
> andere Anlagen und Betriebs- und Geschäftsausstattung
> geleistete Anzahlungen;
> Anlagen im Bau.

7.1 Anschaffung von Sachanlagen

SL 199 f.

7.1.1 Begriff der Anschaffungskosten und Errechnung

§ 255 (1) HGB, H 6.2 EStH

Anschaffungskosten sind Aufwendungen, die geleistet werden, um einen Vermögensgegenstand zu erwerben und ihn in einen betriebsbereiten Zustand zu versetzen, soweit sie dem Vermögensgegenstand **einzeln zugeordnet** werden können. Zu den Anschaffungskosten gehören auch die Nebenkosten sowie die nachträglichen Anschaffungskosten. Anschaffungskostenminderungen, z. B. Rabatte, sind sofort, Skonti erst im Zeitpunkt ihrer tatsächlichen Inanspruchnahme abzusetzen.

Anschaffungskosten errechnen sich wie folgt:

Anschaffungspreis (Kaufpreis/ohne USt)
\+ Anschaffungsnebenkosten (ohne USt)
\+ nachträgliche Anschaffungskosten (ohne USt)
– Anschaffungspreisminderungen (ohne USt)

= **zu aktivierende Anschaffungskosten** (Bemessungsgrundlage für die Abschreibung)

§§ 253 u. 254 HGB
§ 7 EStG

H 21.2 EStH, § 9b EStG

Finanzierungskosten (Kreditzinsen, Kreditgebühren, Damnum, Wechseldiskont) sind keine Anschaffungsnebenkosten. Die beim Kauf in Rechnung gestellte Umsatzsteuer ist, soweit sie nach § 15 UStG als Vorsteuer abgezogen werden kann, kein Bestandteil der Anschaffungskosten.

	Sachanlagevermögen	
	unbewegliches	**bewegliches**
Anschaffungs-nebenkosten	– Notarkosten (ohne Kosten für die Eintragung eines Grundpfandrechts) – Gerichtskosten (ohne Kosten für die Eintragung eines Grundpfandrechts) – Maklerprovision – Abbruchkosten – Vermessungsgebühren – Grunderwerbsteuer – Aufwendungen zur Prüfung der Bodenbeschaffenheit – Auf dem Objekt noch ruhende Lasten – Noch nicht gezahlte Zinsen für eine Hypothek	– Eingangsfrachten – Transportkosten – gesondert berechnete Verpackungskosten – Fundamentierungsarbeiten – Sonderausstattung – Überführungskosten – Zulassungskosten – Kosten der erstmaligen Installation und Vernetzung – Entladekosten – Sonderlackierung
Nachträgliche Anschaffungskosten und anschaffungsnahe Anschaffungskosten §6 (1) Nr. 1a EStG	– Kosten für Um- oder Ausbauten – Instandsetzungs- und Modernisierungsmaßnahmen > 15% der Ak des Gebäudes, innerhalb von 3 Jahren nach Anschaffung des Gebäudes	– Kosten der Erweiterung oder wesentlichen Verbesserung bestehender selbstständig und nicht selbstständig nutzbarer Anlagegüter, soweit sie zeitlich mit der Anschaffung in Zusammenhang stehen
Anschaffungspreis-minderungen	– Rabatte, Skonti, Boni, Preisnachlässe aufgrund von Reklamationen, Gutschriften	

7.1.2 Buchung der Anschaffung von Sachanlagen

7.1.2.1 Anschaffung von unbeweglichen Sachanlagegütern

Bei unbeweglichen Sachanlagegütern, wie z.B. Grundstücke und Gebäude, unterliegt nur der Gebäudeteil einem Werteverzehr. Deshalb muss bei Anschaffung eines bebauten Grundstücks der Kaufpreis in einen „Grund- und Bodenanteil" und einen „Gebäudeanteil" getrennt werden.

Beispiel

Die Papierfabrik Elsner erwarb mit notariellem Vertrag am 04.10.2019 ein unbebautes Grundstück für 80.000,00 €. Die Maklergebühr beträgt 3 % vom Kaufpreis zuzüglich 19 % USt., die Grunderwerbsteuer 2.800,00 €. Der Notar berechnet für die Eigentumsübertragung am unbebauten Grundstück 850,00 € + USt und für die Eintragung des Eigentumswechsels in das Grundbuch berechnet das Amtsgericht 120,00 €.
Alle Zahlungen werden über das betriebliche Bankkonto abgewickelt.

Berechnung der Anschaffungskosten:

	€
Kaufpreis des Grundstücks	80.000,00
+ Maklergebühr (netto)	2.400,00
+ Grunderwerbsteuer	2.800,00
+ Notarkosten (netto)	850,00
+ Gerichtskosten	120,00
= Anschaffungskosten	86.170,00

Buchungssatz		Soll	Haben
0215 (0065)	Unbebaute Grundstücke	86.170,00	
1406 (1576)	Vorsteuer	617,50	
	an 1800 (1200) Bank		86.787,50

Beispiel

Am 26.08.2019 erwarb die Papierfabrik Elsner ein Geschäftsgebäude zum Kaufpreis von 650.000,00 € gegen Banküberweisung. Der Anteil des Grund und Bodens am Gesamtkaufpreis beträgt 30 %. Am 14.10.2019 gingen auch die Rechnungen über die Anschaffungsnebenkosten ein. Sie betrugen insgesamt 35.000,00 € netto und wurden ebenfalls durch Banküberweisung beglichen.

Berechnung der Anschaffungskosten:

Die Gesamtkosten sind auf Grundstück und Geschäftsgebäude prozentual aufzuteilen.

	gesamt €	Anteil Grund und Boden 30 % €	Anteil Gebäude 70 % €
Anschaffungspreis	650.000,00	195.000,00	455.000,00
Anschaffungsnebenkosten	35.000,00	10.500,00	24.500,00
Anschaffungskosten	685.000,00	205.500,00	479.500,00

Buchungssatz		Soll	Haben
26.08.2019:			
0210 (0060)	Bebaute Grundstücke	195.000,00	
0240 (0090)	Geschäftsbauten	455.000,00	
	an 1800 (1200) Bank		650.000,00
14.10.2019:			
0210 (0060)	Bebaute Grundstücke	10.500,00	
0240 (0090)	Geschäftsbauten	24.500,00	
	an 1800 (1200) Bank		35.000,00

7.1.2.2 › Anschaffung von beweglichen Sachanlagegütern

Beim Kauf von beweglichen Sachanlagegütern werden die Anschaffungsnebenkosten und Anschaffungspreisminderungen auf dem jeweiligen Sachanlagenkonto erfasst und nicht auf einem separaten Unterkonto gebucht.

Beispiel

Ein Unternehmer kauft einen neuen Lkw gegen Banküberweisung.
Die Rechnung lautet wie folgt:

1 Lkw, Modell „Twister"	70.000,00 €
– Rabatt 11 %	7.700,00 €
	62.300,00 €
Überführungskosten	700,00 €
Kosten des nachträglichen Einbaus der Freisprechanlage	300,00 €
	63.300,00 €
+ 19 % USt	12.027,00 €
Zulassung des Lkw's	100,00 €
Rechnungsbetrag	75.427,00 €
Berechnung der Anschaffungskosten:	
Anschaffungspreis (netto)	62.300,00 €
+ Anschaffungsnebenkosten (netto)	1.100,00 €
Anschaffungskosten	63.400,00 €

Buchungssatz		Soll	Haben
0540 (0350)	Lkw	63.400,00	
1406 (1576)	Vorsteuer	12.027,00	
	an 1800 (1200) Bank		75.427,00

Übungen

1 Ihr Mandant hat Anfang 2020 ein Grundstück mit Geschäftsgebäude zum Preis von 360.000,00 € erworben. Auf dem Grundstück lastet eine Hypothek mit eingetragener Grundschuld in Höhe von 50.000,00 €, die von ihrem Mandanten übernommen wird. Der Anteil des Grund und Bodens am Gesamtkaufpreis beträgt ein Drittel.
Zusätzlich fallen an:
3,5 % Grunderwerbsteuer, 2.600,00 € Notarkosten (netto) und 3,57 % Maklergebühren (brutto).

Berechnen Sie die Anschaffungskosten für den Grund und Boden sowie für das Gebäude. Buchen Sie den gesamten Vorgang einschließlich Zahlung durch die Bank.

2 Die Fa. Felix Lücker kauft einen Personenwagen zum Preis von 35.700,00 € (brutto), der zu 100 % betrieblich genutzt wird. Nebenkosten fallen in folgender Höhe an:
Überführungskosten = 450,00 € + USt, Zulassungskosten bei der Kfz-Zulassungsstelle = 40,00 €, Kfz-Steuer 330,00 €, Kfz-Versicherung 550,00 €.

Ermitteln Sie die Anschaffungskosten und buchen Sie den Vorgang. Die Zahlung erfolgt durch die Bank.

3 Ein Unternehmer kauft eine Kartoniermaschine auf Ziel zum Nettolistenpreis von 70.000,00 €. Die erforderlichen Montagekosten betragen 12.000,00 € + USt.
Der Preis für die Kartoniermaschine wird innerhalb von 14 Tagen unter Abzug von 2 % Skonto durch Banküberweisung beglichen.
Die Montagekosten werden sofort durch die Postbank überwiesen.

4 Der Autovermieter „Rent & Roll" kauft im August ein neues Transportfahrzeug. Der Händler berechnet das Fahrzeug wie folgt:

Listenpreis	80.500,00 € + USt
– 10 % Liefererrabatt	8.050,00 €
	72.450,00 €
Sonderlackierung mit Firmenlogo	2.550,00 € + USt
Zulassungskosten	110,00 €
Preis für die 1. Tankfüllung	160,00 € + USt
Überführungskosten	460,00 € + USt
Kosten für den Kfz-Brief	25,00 € + USt

Mit welchem Wert ist das Transportfahrzeug zu aktivieren?
Buchen Sie den Vorgang (Banküberweisung).

5 Ihr Mandant hat im laufenden Jahr einen neuen Computer angeschafft. Die Händlerrechnung lautet wie folgt:

1 Mini-Tower „Typ Flyer" Pentium III	4.800,00 €
1 Tintenstrahl-Drucker „Flex"	630,00 €
1 Bildschirm (strahlungsarm nach DIN)	1.200,00 €
Rechnungspreis (netto)	6.630,00 €
+ USt	1.259,70 €
Rechnungspreis (brutto)	7.889,70 €

Bei Zahlung innerhalb 14 Tagen nach Rechnungseingang werden 2 % Skonto gewährt. Der Händler hat den mit ihm mündlich vereinbarten Rabatt in Höhe von 10 % vom Nettorechnungspreis versehentlich in der Rechnung nicht ausgewiesen. Wir erhalten einige Tage später von ihm eine Gutschrift über 663,00 € zuzüglich USt.

Erstellen Sie alle notwendigen Buchungen. Die Zahlung erfolgt unter Abzug von Skonto durch die Bank.

6 Ein Einzelunternehmen plant den Bau eines Parkplatzes auf dem Betriebsgelände. Dazu kauft es am 24.03.2020 ein Grundstück von 20.000 m² mit einem daraufstehenden abbruchreifen Schuppen. Der Kaufpreis für das gesamte Grundstück einschließlich Schuppen beträgt 400.000,00 €. Die weiteren Ausgaben entfallen auf:

Gebühren 2.500,00 €, Grundschuldeintragung 600,00 €, Grunderwerbsteuer 14.000,00 €, Maklerprovision 13.920,00 € + USt, Grundsteuer 1.200,00 €, Abbruchkosten für den Schuppen 15.000,00 € + USt. Das Abbruchmaterial wird zum Pauschalpreis von 1.000,00 € + USt verkauft.

Ermitteln Sie die Anschaffungskosten für das Grundstück.

7 Ihr Mandant kauft am 16. Oktober einen neuen Büroschrank im Wert von 2.950,00 € + USt. Dieser Vorgang wurde korrekt gebucht. Die Bezahlung erfolgt am 26. Oktober unter Abzug von 2 % Skonto. Dem Lieferer wurden 3.440,29 € überwiesen.

Wie ist der Zahlungsvorgang zu buchen?

7.2 Herstellung von Sachanlagen

7.2.1 Begriff der Herstellungskosten und Berechnung

SL 202 f.

Mit den Herstellungskosten (HK) werden Wirtschaftsgüter aktiviert, die nicht erworben, sondern selbst hergestellt wurden.
Herstellungskosten sind Aufwendungen, die durch den Verbrauch von Gütern und die Inanspruchnahme von Diensten für die Herstellung eines Vermögensgegenstandes, seine Erweiterung oder für eine über seinen ursprünglichen Zustand hinausgehende wesentliche Verbesserung entstehen. Bestehen Bewertungswahlrechte, wie beispielsweise bei den allgemeinen Verwaltungsgemeinkosten, sind diese handels- und steuerrechtlich einheitlich auszuüben (Übereinstimmungsvorbehalt, § 6 (1) Nr. 1b S. 2 EStG), wenn der Gewinn nach § 5 EStG ermittelt wird. § 255 (2) Satz 1 HGB

Allgemeines Schema zur Ermittlung der Selbstkosten lt. Kostenrechnung

Materialeinzelkosten (MEK)
+ Materialgemeinkosten (MGK) in % der MEK
Fertigungseinzelkosten (= Fertigungslöhne / FL)
+ Fertigungsgemeinkosten (FGK) in % der FL
+ Sondereinzelkosten der Fertigung (SEK d. F.)

= Herstellungskosten (HK)
+ Verwaltungsgemeinkosten (VwGK) in % der HK
+ Vertriebsgemeinkosten (VtGK) in % der HK

= Selbstkosten (SK)

Wertgröße nach Handelsrecht	Wertgröße nach Steuerrecht
MEK + MGK + FL + FGK + SEK d. F.	MEK + MGK + FL + FGK + SEK. d. F.
Herstellungskosten (= Wertuntergrenze) + VwGK + Fremdkapitalzinsen + Entwicklungskosten[1]	Herstellungskosten (= Wertuntergrenze) + VwGK[2] + Fremdkapitalzinsen + Entwicklungskosten
Herstellungskosten (= Wertobergrenze)	Herstellungskosten (= Wertobergrenze)

Forschungs- und Vertriebskosten dürfen nicht in die HK einbezogen werden. § 255 (2) S. 4 HGB

Finanzierungs-(Geldbeschaffungs-)kosten gehören nicht zu den HK. Ebenso nicht die Zinsen für Fremdkapital, kalkulatorische Zinsen für Eigenkapital oder der Wert der eigenen Arbeitsleistung eines Einzelunternehmers. Wird jedoch in unmittelbarem wirtschaftlichen Zusammenhang mit der Herstellung eines Wirtschaftsgutes ein Kredit aufgenommen, so dürfen die Zinsen, soweit sie auf die Herstellung entfallen, bei der Berechnung der HK berücksichtigt werden. Sind handelsrechtlich Fremdkapitalzinsen in die HK einbezogen worden, sind sie auch steuerrechtlich als HK zu berücksichtigen. H 6.3 EStH § 255 (3) S. 2 HGB R 6.3 (5) EStR

[1] Können Forschungs- und Vertriebskosten nicht eindeutig getrennt werden, dürfen sie nicht aktiviert werden, § 255 (2a) S. 4 HGB.

[2] Übereinstimmungsvorbehalt, § 6 (1) Nr. 1b S. 2 EStG beachten

Erläuterung der einzelnen Kostenarten:	
Materialeinzelkosten	Einzelkosten sind Kosten, die durch die Erstellung eines Wirtschaftsgutes tatsächlich anfallen und diesem direkt zugerechnet werden können. Materialeinzelkosten stellen im wesentlichen der Verbrauch von Roh-, Hilfs- und Betriebsstoffen dar, soweit sie dem Produkt direkt zurechenbar sind.
R 6.3 EStR Materialgemeinkosten	Gemeinkosten sind Kosten, die dem zu erstellenden Produkt nicht direkt zugeordnet werden können, sondern nur indirekt über Zuschlagsätze. Sie fallen für alle Erzeugnisse des Unternehmens an. Zu ihnen gehören z.B. Aufwendungen für Lagerhaltung, Pflege, Ausgabe und Versicherung des Materials.
Fertigungseinzelkosten	Hierzu gehören die im Rahmen der Herstellung anfallenden Fertigungslöhne.
R 6.3 EStR Fertigungsgemeinkosten	Hierzu gehören alle im Produktionsprozess anfallenden Gemeinkosten, wie Gehälter für in der Fertigung tätige Arbeitnehmer (technische Angestellte, Meister), Abschreibungen auf Maschinen und maschinelle Anlagen, Energiekosten im Rahmen der Fertigung, Kosten der Sachversicherungen, Kosten der Unfallverhütungseinrichtungen u. a.
Sondereinzelkosten der Fertigung	Sie umfassen die Entwurfskosten und Lizenzgebühren, die Kosten für Modellentwürfe und der Materialprüfung sowie die Entwicklungskosten. Forschungskosten dürfen nicht angesetzt werden.
R 6.3 EStR Verwaltungsgemeinkosten	Hierunter fallen die Kosten der Geschäftsleitung und Verwaltung des Unternehmens, wie Gehälter für die Geschäftsleitung, Gehälter der Verwaltungsangestellten, Abschreibung der Vermögensgegenstände der Geschäftsausstattung, Aufwendungen für den Einkauf und Wareneingang, Kosten des Nachrichten-, Ausbildungs- und Rechnungswesens, Kosten des Werkschutzes, Büroaufwendungen u.a
Vertriebsgemeinkosten	Kosten, die mit dem Verkauf der fertigen Erzeugnisse zusammenhängen, z.B. Lagerkosten, Werbekosten, Verpackungskosten

Beispiel

Eine Maschinenfabrik in Viersen stellt Fräsmaschinen her. Eine dieser Maschinen soll für eigene betriebliche Zwecke verwendet werden und deshalb auf dem Konto „Techn. Anlagen u. Maschinen" aktiviert werden. Die Herstellungskosten für diese Maschine müssen noch bestimmt werden.

Aus der Betriebsbuchhaltung liegen uns folgende Angaben vor:

Einzelkosten:	Fertigungsmaterial	80.000,00 €
	Fertigungslöhne	66.000,00 €

Gemeinkostenzuschlagsätze für Material 15 %, Fertigung 160 %,
Verwaltung 10 %, Vertrieb 5 %

Ermittlung der Herstellungskosten:

	Handelsrecht		Steuerrecht	
	Obergrenze €	Untergrenze €	Obergrenze €	Untergrenze €
Materialeinzelkosten	80.000,00	80.000,00	80.000,00	80.000,00
Mgk 15 %	12.000,00	12.000,00	12.000,00	12.000,00
Fertigungslöhne	66.000,00	66.000,00	66.000,00	66.000,00
Fgk 160 %	105.600,00	105.600,00	105.600,00	105.600,00
Verwgk 10 %	26.360,00		26.360,00	
Herstellungskosten	289.960,00	263.600,00	289.960,00	263.600,00

§ 6 (1) Nr. 1b S. 2 EStG

Für die Buchung gehen wir davon aus, dass die Maschinenfabrik das Wirtschaftsgut mit dem höchstmöglichen Wert bilanzieren möchte.

Buchungssatz	Soll	Haben
0440 (0210) Maschinen	289.960,00	
an 4820 (8990) Aktivierte Eigenleistungen		289.960,00

Übungen

1 Ein Möbelhersteller entnimmt dem Lager »Fertige Erzeugnisse« für eigene betriebliche Zwecke zwei Regale. Die Herstellungskosten je Regal haben 1.200,00 € betragen.
Der Listenverkaufspreis wurde mit 2.200,00 € kalkuliert.
Buchen Sie den Vorgang.

2 In einem Unternehmen wird eine Maschine zur eigenbetrieblichen Nutzung hergestellt. Dazu sind folgende Kosten angefallen:
Fertigungsmaterial 30.000,00 €, Fertigungslöhne 22.000,00 €, Materialgemeinkosten 35 %, Fertigungsgemeinkosten 160 %, Vertriebsgemeinkosten 12 %, Verwaltungsgemeinkosten 10 %. In der Handelsbilanz wurden die Verwaltungsgemeinkosten aktiviert.

a) Ermitteln Sie die steuerrechtliche Untergrenze der Herstellungskosten.
b) Aktivieren Sie die Maschine mit dem steuerlich zulässigen Wert und buchen Sie diesen Vorgang.

3 Ihr Mandat fertigt zur eigengewerblichen Nutzung eine Maschine.
Den Listenverkaufspreis ermittelt er wie folgt:

Materialeinzelkosten	2.500,00 €
Fertigungslöhne	2.000,00 €
Sondereinzelkosten der Fertigung	500,00 €

Weiterhin wurde mit 20 % Materialgemeinkosten, 120 % Fertigungsgemeinkosten, 10 % Verwaltungsgemeinkosten, 12 % Vertriebsgemeinkosten und 25 % Gewinnzuschlag kalkuliert.
Es sollen die Herstellungskosten in der Handelsbilanz so niedrig wie möglich angesetzt werden.
Buchen Sie diesen Vorgang.

4 Ein dem Lager entnommener Staubsauger zur eigenbetrieblichen Verwendung kostet im Verkauf 540,00 € (netto). Die Herstellungskosten haben 380,00 € betragen. Die Kunden erhalten bei Kauf des Staubsaugers immer 2 % Skonto.
Mit welchem Wert ist der Gegenstand zu bilanzieren?

5 Ein Stahlbetonwerk baut mit seinen Arbeitnehmern eine Kantine für die Verpflegung des Personals. Für den Rohbau werden benötigt:
Materialeinzelkosten 80.000,00 €, Fertigungslöhne 65.000,00 €.
Die Zuschlagssätze für Gemeinkosten betragen: Materialgemeinkosten 22 %, Fertigungsgemeinkosten 220 %, Verwaltungsgemeinkosten 11 %, Vertriebsgemeinkosten 8 %.

Ermitteln Sie die handelsrechtliche Ober- und Untergrenze für die Aktivierung des Kantinenrohbaus.

6 Ein Unternehmen weist folgende Werte aus, die bei der Herstellung eines Produktes anfallen:
Fertigungsmaterial 5.000,00 €, Fertigungslöhne 4.000,00 €, Materialgemeinkosten 900,00 €, Maschinenkosten 6.000,00 €, Fertigungsgemeinkosten 4.900,00 €, Sondereinzelkosten der Fertigung 600,00 €, Allgemeine Verwaltungsgemeinkosten 400,00 €.
Dem Produkt direkt zurechenbar sind: Entwicklungskosten 600,00 € und Fremdkapitalzinsen 300,00 €. Das fertige Produkt wird nicht veräußert sondern im eigenen Unternehmen genutzt.

Berechnen Sie jeweils die handels- und steuerrechtliche Ober- und Untergrenze für die Aktivierung des Produktes.

7.3 Abschreibung von Sachanlagen

§ 253 (2) HGB
§ 6 (1) Nr. 1 EStG

Bei Vermögensgegenständen des Anlagevermögens, deren Nutzung zeitlich begrenzt ist, sind die Anschaffungs- oder Herstellungskosten um planmäßige Abschreibungen zu vermindern.
Die **Abschreibung ist Aufwand** und mindert somit den handels- und steuerrechtlichen Gewinn.

§ 7 (1) S. 4 EStG

Die AfA ist grundsätzlich zeitanteilig – pro rata temporis – vorzunehmen.

Wird ein Wirtschaftsgut im Laufe eines Monats angeschafft, kann es in diesem Monat voll abgeschrieben werden.

R 7.4 (9) S. 3 EStR

Nachträgliche Ak oder Hk werden bei der AfA so behandelt, als wären sie zu Beginn des Jahres aufgewendet worden.

Im Jahr der Anschaffung sind Nutzungsdauer und Methode festzulegen. Die Nutzungsdauer kann aufgrund von betrieblichen Erfahrungswerten geschätzt werden.
Will man den Nachweis einer besonderen betriebsgewöhnlichen Nutzung nicht erbringen, kann man die von der Finanzverwaltung in AfA-Tabellen festgelegten üblichen Nutzungszeiträume für Wirtschaftsgüter übernehmen.

R 7.4 (3) EStR

Die AfA ist grundsätzlich so zu bemessen, dass die Anschaffungs- oder Herstellungskosten nach Ablauf der betriebsgewöhnlichen Nutzungsdauer des Wirtschaftsgutes voll abgesetzt sind.

Auszug aus der AfA-Tabelle für allgemein verwendbare Anlagegüter:

Personenkraft- und Kombiwagen	6 Jahre	16⅔ %
Lastkraftwagen	9 Jahre	11⅑ %
Kühleinrichtungen	8 Jahre	12,5 %
Telekommunikationsanlagen (allgemein)	8 Jahre	12,5 %
Büromaschinen und Organisationsmittel	8 Jahre	12,5 %

Absetzungen für Abnutzungen (AfA) gem. § 7 EStG		
Methoden	**Lineare AfA § 7(1) EStG**	**Degressive AfA § 7(2) EStG**
Bemessungsgrundlage	Anschaffungskosten/ Herstellungskosten	Anschaffungskosten/ Herstellungskosten
AfA-Satz	richtet sich nach der betriebsgewöhnlichen Nutzungsdauer	richtet sich nach der betriebsgewöhnlichen Nutzungsdauer, er beträgt das **2,5-fache der linearen AfA, max. 25 %** für in den **Jahren 2009 und 2010 angeschaffte/hergestellte Wirtschaftsgüter**
AfA-Betrag	gleichbleibende Jahresbeträge	fallende Jahresbeträge
Voraussetzung	abnutzbares Wirtschaftsgut	abnutzbares bewegliches Wirtschaftsgut des Anlagevermögens
Gründe/Zweck	Abnutzung durch Gebrauch, natürlichen Verschleiß, technische Überalterung, wirtschaftliche Überholung, Substanzverringerung	

Für neue Elektronutzfahrzeuge und elektrisch betriebene Lastenfahrräder, die in den Jahren 2020–2030 angeschafft werden, kann neben der linearen AfA nach § 7 (1) eine Sonder-AfA in Höhe von 50 % der Ak im Jahr der Anschaffung vorgenommen werden, § 7c EStG. Die AfA in den Folgejahren ist gemäß § 7a (9) EStG gleichmäßig auf die Restnutzungsdauer zu verteilen.

Beispiel

für die lineare Abschreibung + Sonderabschreibung:

Ihr Mandant erwarb im Januar 2020 ein neues Elektrolieferfahrzeug zum Preis von 52.000,00 € + 9.880,00 € USt auf Ziel. Die betriebsgewöhnliche Nutzungsdauer beträgt 6 Jahre. Neben der linearen AfA, § 7 (1) EStG, soll auch die Sonder-AfA nach § 7c EStG geltend gemacht werden.

Abschreibungssatz § 7 (1) EStG in % $= \frac{100}{\text{Nutzungsdauer}} = \frac{100}{6} = 16\tfrac{2}{3}\,\%$ p.a. (per anno/pro Jahr)

Abschreibungsbetrag in € $= \frac{52.000{,}00\ €}{6} = 8.666{,}67\ €$ p.a.

Anschaffungskosten		52.000,00 €
– AfA § 7 (1) EStG 16 ⅔ % von 52.000,00 €	~	8.667,00 €
– Sonder-AfA § 7c EStG 50 % von 52.000,00 €	=	26.000,00 €
Buchwert 31.12. 2020		17.333,00 €

AfA ab 2021

Fortgeführte Ak 2020 (RW) / Restnutzungsdauer (RND) $= \frac{17.333{,}00\ €}{5} = 3.466{,}60\ €$ p.a.

Buchungssätze		Soll	Haben
Kauf des Elektrolieferfahrzeugs:			
0540 (0350)	Lkw	52.000,00	
1406 (1576)	Vorsteuer	9.880,00	
	an 3300 (1600) Verbindlichkeiten		61.880,00
Abschreibung am 31.12.2020 nach § 7 (1) EStG:			
6222 (4832)	Abschreibungen auf Kfz	8.667,00	
	an 0540 (0350) Lkw		8.667,00
Abschreibung am 31.12.2020 nach § 7c EStG:			
6222 (4832)	Sonder-AfA nach § 7c EStG:	26.000,00	
	an 0540 (0350) Lkw		26.000,00

§ 7 (2) EStG **Die degressive AfA ist für bewegliche Wirtschaftsgüter, die in den Kalenderjahren 2008 und nach dem 31.12.2010 angeschafft oder hergestellt wurden, steuerlich nicht zulässig.** Wirtschaftsgüter, die vor dem **01.01.2008** angeschafft oder hergestellt wurden, können nach den bisher geltenden Regelungen weiterhin degressiv abgeschrieben werden.
Für Wirtschaftsgüter, die in den **Jahren 2009 und 2010 angeschafft oder hergestellt** werden, beträgt die **degressive AfA das 2,5fache der linearen AfA, höchstens 25 %**.

Beispiel

für die degressive Abschreibung
(Anschaffung/Herstellung 2009 und 2010)

Eine am 01.03.2010 für 120.000 € netto gekaufte Maschine wird nicht linear, sondern degressiv abgeschrieben.

Abschreibungssatz der linearen AfA : 10 %

Abschreibungssatz der degressiven AfA:
Linearer AfA-Satz × 2,5, maximal = 25 %

Abschreibungsbetrag in €:

$$\text{fortgeführte Anschaffungskosten} \times \text{AfA-Satz in \%} = \frac{120.000,00 \times 25}{100} = 30.000,00\ €$$

Abschreibungsbetrag im Jahr 2010 (p.r.t):

$$\text{Zeitanteiliger Betrag:} \quad \frac{30.000,00 \times 10}{12} = 25.000,00\ €$$

Abschreibungsbetrag im Jahr 2011:

$$\frac{95.000,00 \times 25}{100} = 23.750,00\ €$$

Abschreibungsbetrag im Jahr 2012:

$$\frac{71.250,00 \times 25}{100} = 17.812,50\ €$$

Buchungssätze		Soll	Haben
Abschreibung am 31.12.10:			
6220 (4830)	Abschreibungen	25.000,00	
	an 0440 (0210) Maschinen		25.000,00
Abschreibung am 31.12.11:			
6220 (4830)	Abschreibungen	23.750,00	
	an 0440 (0210) Maschinen		23.750,00
Abschreibung am 31.12.12:			
6220 (4830)	Abschreibungen	17.812,50	
	an 0440 (0210) Maschinen		17.812,50

Der degressive Abschreibungsbetrag ist im Vergleich zum linearen Abschreibungsbetrag in den ersten Jahren nach der Anschaffung/Herstellung i.d.R. höher. Am Ende der betriebsgewöhnlichen Nutzungsdauer ist das Wirtschaftsgut aber nicht auf 0 abgeschrieben. Deshalb empfiehlt sich ein Wechsel von der degressiven zur linearen Abschreibung. Der optimale Zeitpunkt für den Wechsel ist dann, wenn der lineare Abschreibungsbetrag bezogen auf die verbleibende Restnutzungsdauer größer ist als der degressive Abschreibungsbetrag bei Fortführung der degressiven Methode.

Vom Zeitpunkt des Übergangs an ist die AfA von dem dann noch vorhandenen Restwert (RW) unter Berücksichtigung der Restnutzungsdauer (RND) zu berechnen.
Formel: RND in Jahren < 100 : degressiven AfA-Satz in Prozent

Der **Übergang von der degressiven AfA zur linearen AfA ist zulässig**. Ein Übergang von der **linearen AfA zur degressiven AfA ist nicht zulässig**. § 7 (3) EStG

Beispiel

für den Wechsel von der degressiven zur linearen Abschreibung:

Bei der im obigen Beispiel genannten Maschine soll von der degressiven zur linearen Methode gewechselt werden.

Abschreibungsverlauf:	€
Anschaffungskosten	120.000,00
Abschreibung im Jahr 10 / degressiv	25.000,00
fortgeführte AK	95.000,00
Abschreibung im Jahr 11 / degressiv	23.750,00
fortgeführte AK	71.250,00
Abschreibung im Jahr 12 / degressiv	17.812,50
fortgeführte AK	53.437,50
Abschreibung im Jahr 13 / degressiv	13.359,38
fortgeführte AK	40.078,12
Abschreibung im Jahr 14 / degressiv	10.019,53
fortgeführte AK	30.058,59

Abschreibung im Jahr 15 / degressiv	7.514,65	
fortgeführte AK	22.543,94	
Abschreibung im Jahr 16 / degressiv	5.635,99	
fortgeführte AK	16.907,95	
Abschreibung im Jahr 17 / linear	5.635,98	› Wechsel zur linearen AfA:
fortgeführte AK	11.271,97	16.907,95 : 3 =
Abschreibung im Jahr 18 / linear	5.635,98	5.635,98
fortgeführte AK	5.635,99	
Abschreibung im Jahr 19/linear	5.635,99	
fortgeführte AK	0,00	

Der Wechsel von der degressiven Abschreibung hin zur linearen ist im siebten Nutzungsjahr vorzunehmen, da hier der lineare AfA-Betrag den degressiven AfA-Betrag übersteigt.

Übungen

1 Ermitteln Sie den zulässigen linearen und degressiven AfA-Satz. Die Wirtschaftsgüter wurden alle im Januar 10 angeschafft. Die betriebsgewöhnliche Nutzungsdauer beträgt:

10 Jahre, 5 Jahre, 6 Jahre, 8 Jahre, 15 Jahre, 20 Jahre, 25 Jahre.

2 Am 01.07.2010 wurde von einem Mandanten eine Maschine zum Listeneinkaufspreis (netto) von 140.000,00 € erworben. Die betriebsgewöhnliche Nutzungsdauer der Maschine beträgt 10 Jahre.
a) Buchen Sie die Anschaffung.
b) Erstellen Sie den Abschreibungsplan für die degressive AfA bis zum 31.12.**2016**.
c) Mit welchem Wert wurde die Maschine am 31.12.2010 in der Bilanz ausgewiesen?
d) Mit welchem Wert wird die Maschine am 31.12.2020 in der Bilanz ausgewiesen, wenn ab 2017 zur linearen AfA gewechselt wurde?

3 Ermitteln Sie jeweils den zeitanteiligen Abschreibungsbetrag für das Jahr 2020 bei linearer AfA.

Anschaffungszeitpunkt	Anschaffungskosten in €	ND/Jahre
a) 08.06.2020	30.000,00	10
b) 16.11.2020	50.000,00	5
c) 22.12.2020	1.500,00	8

4 In der Anlagenkartei eines Unternehmens sind folgende Angaben enthalten:

Gegenstand	Anschaffungszeitpunkt	Anschaffungskosten in €	ND/Jahre
Maschine	24.01.2010	36.000,00	10
Pkw	18.09.2019	42.000,00	5
Computer	28.06.2019	8.400,00	3
Büroschrank	17.07.2020	12.000,00	3

Berechnen Sie jeweils die Abschreibungsbeträge

für die Wirtschaftsjahre	beim Wirtschaftsgut	AfA-Methode
2010/2020	Maschine	degressiv
2019/2020	Pkw	linear
2019/2020	Computer	linear
2020	Büroschrank	linear
2021	Büroschrank	linear

5 Ermitteln Sie den jeweiligen Abschreibungsprozentsatz für 2020.

Anschaffung eines beweglichen abnutzbaren Wirtschaftsgutes des Anlagevermögens (Nutzungsdauer 10 Jahre) am 03.01.; 17.02.; 01.08.

6 Richten Sie folgende Konten mit den genannten Anfangsbeständen für das Wirtschaftsjahr 2020 (= Kj) ein:

Maschinen 285.000,00 €, Lkw 183.333,00 €, Betriebs- und Geschäftsausstattung 86.458,00 €, erstellen Sie die Konten: Abschreibungen auf Sachanlagen, GuV-Konto, Schlussbilanzkonto zum 31.12.2020.

Nehmen Sie die noch nicht erfolgten linearen Abschreibungen zum Jahresende 2020 vor und schließen Sie die Konten ab.

Nutzungsdauer:	Maschinen	10 Jahre (AK 300.000,00 €)
	BGA	8 Jahre (AK 100.000,00 €)
	Lkw	9 Jahre (AK 200.000,00 €)

7 Ihr Mandant erwirbt am 16. September 2020 eine neue Computeranlage zum Preis von 17.731,00 € (brutto). Der Kauf erfolgt auf Ziel. Eine ordnungsgemäß erstellte Rechnung liegt vor. Die Anschaffungsnebenkosten betragen 100,00 € + USt. Sie werden bar bezahlt. Die Nutzungsdauer der Anlage beträgt 3 Jahre.

a) Buchen Sie den Kauf der Computeranlage.
b) Ermitteln und buchen Sie die Abschreibung für das laufende und das folgende Jahr, wenn in beiden Jahren der Gewinn so niedrig wie möglich ausgewiesen werden soll.

8 Eine Gemüsehändlerin erwarb im Januar 2020 einen neuen Elektrolieferwagen für 76.500,00 € zuzüglich USt gegen Banküberweisung. Die betriebsgewöhnliche Nutzungsdauer beträgt 9 Jahre.

a) Berechnen und buchen Sie die lineare AfA und die Sonder-AfA für 2020.
b) Wie hoch ist der AfA-Betrag ab 2021?

7.4 Veräußerung von Sachanlagen

7.4.1 Buchung von Anlageverkäufen

Die Konten der Vermögensgegenstände des abnutzbaren Anlagevermögens weisen zum Ende des Geschäftsjahres die fortgeführten Anschaffungskosten aus. Beim Verkauf der Gegenstände können die tatsächlichen fortgeführten AK/HK als Verkaufspreis erzielt oder Preise oberhalb oder unterhalb dieser Größe erlöst werden.

In allen Fällen liegen in der Regel umsatzsteuerbare und umsatzsteuerpflichtige Veräußerungstatbestände vor. Grundlage für die Berechnung der Umsatzsteuer ist das Entgelt für den veräußerten Gegenstand (Verkaufserlös netto).

Scheidet ein Wirtschaftgut im Laufe eines Geschäftsjahres aus, ist die Abschreibung bis zum **Zeitpunkt der Veräußerung zeitanteilig** vorzunehmen. Hierbei werden nur volle Monate der Nutzung als Abschreibung anerkannt. R 7.4 (8) S. 1 EStR

Verkauf von Sachanlagen		
zu fortgeführten AK/HK	**über fortgeführte AK/HK**	**unter fortgeführte AK/HK**
Nettoverkaufserlös = fortgeführte AK/HK	Nettoverkaufserlös > fortgeführte AK/HK	Nettoverkaufserlös < fortgeführte AK/HK
keine Gewinnauswirkung	Ertrag aus dem Anlagenabgang	Verlust aus dem Anlagenabgang
	Auflösung stiller Reserven	Korrektur von Scheingewinnen aufgrund früherer Zuschreibungen
	Konten: 4855 (2315) Anlageabgänge (Restbuchwert bei Buchgewinn) + 4845 (8800) Erlöse aus Anlageverkäufen (bei Buchgewinn)	Konten: 6895 (2310) Anlageabgänge (Restbuchwert bei Buchverlust) + 6885 (8801) Erlöse aus Anlageverkäufen (bei Buchverlust)

Beispiel

Eine Maschine wurde vor acht Jahren am 2. Januar erworben. Die Anschaffungskosten betrugen 12.000,00 € (netto). Die Maschine hat eine Nutzungsdauer von 10 Jahren und wurde linear abgeschrieben. Die fortgeführten Anschaffungskosten betrugen zu Beginn des neunten Nutzungsjahres (01.01.2020) 2.400,00 €.

Die Maschine wird am 18.05.2020 wie folgt veräußert:

Variante I:	2.600,00 € (netto)
Variante II:	1.600,00 € (netto)

Reihenfolge der Buchungen:

1. Rechnerische Ermittlung der AfA und Buchung
2. Ausbuchung der fortgeführten Anschaffungskosten (Anlagenabgang)
3. Buchung des Verkaufsvorganges

Variante I : Nettoverkaufserlös > fortgeführte AK

Die anteilige AfA für das Jahr 2020 beträgt (Januar bis April) 400,00 €.

Buchungssätze		Soll	Haben
Abschreibung:			
6220 (4830)	Abschreibung auf Sachanlagen	400,00	
	an 0440 (0210) Maschinen		400,00

Anlagenabgang:			
4855 (2315)	Anlageabgänge (bei Buchgewinn)	2.000,00	
	an 0440 (0210) Maschinen		2.000,00
Verkauf:			
1800 (1200)	Bank	3.094,00	
	an 4845 (8800) Erlöse aus Anlageverkäufen bei Buchgewinn		2.600,00
	an 3805 (1775) Umsatzsteuer		494,00

Variante II : Nettoverkaufserlös < fortgeführte AK

Buchungssätze		Soll	Haben
Abschreibung:			
6220 (4830)	Abschreibung auf Sachanlagen	400,00	
	an 0440 (0210) Maschinen		400,00
Anlagenabgang:			
6895 (2310)	Anlageabgänge (bei Buchverlust)	2.000,00	
	an 0440 (0210) Maschinen		2.000,00
Verkauf:			
1800 (1200)	Bank	1.904,00	
	an 6885 (8801) Erlöse aus Anlageverkäufen bei Buchverlust		1.600,00
	an 3805 (1775) Umsatzsteuer		304,00

7.4.2 Inzahlungnahme gebrauchter Sachanlagegüter

Beim Kauf eines neuen Sachanlagegutes werden häufig gebrauchte Sachanlagen in Zahlung gegeben. Es liegt eine Anschaffung und gleichzeitig ein Verkauf eines Gegenstandes vor. Hierbei werden die Listenverkaufspreise (brutto) des neuen und des alten Wirtschaftsgutes miteinander verrechnet.

Beispiel

Ein Gewerbetreibender erwirbt im Jahr 2020 einen Pkw zur betrieblichen Verwendung für 40.000,00 € + USt. Er gibt ein Gebrauchtfahrzeug in Zahlung. Der Händler zahlt dafür 6.800,00 € + USt. Die fortgeführten AK des Altfahrzeuges betrugen am 01.01.2020 4.800,00 €.
Die AfA bis zum Verkauf beträgt 1.200,00 €.

Buchungssätze		Soll	Haben
Kauf des neuen Pkws:			
0520 (0320)	Pkw	40.000,00	
1406 (1576)	Vorsteuer	7.600,00	
	an 3300 (1600) Verbindlichkeiten		47.600,00

Abschreibung des Altfahrzeugs:			
6222 (4832)	Abschreibung auf Kfz	1.200,00	
	an 0520 (0320) Pkw		1.200,00
Anlagenabgang:			
4855 (2315)	Anlagenabgänge bei Buchgewinn	3.600,00	
	an 0520 (0320) Pkw		3.600,00
Verkauf des Altfahrzeugs:			
3300 (1600)	Verbindlichkeiten	8.092,00	
	an 4845 (8800) Erlöse aus Anlageverkäufen bei Buchgewinn		6.800,00
	an 3806 (1776) USt		1.292,00
Zahlung der Restsumme:			
3300 (1600)	Verbindlichkeiten	39.508,00	
	an 1800 (1200) Bank		39.508,00

Übungen

1 Eine nicht mehr benötigte Produktionsmaschine, Anschaffung im Januar 2014, Anschaffungskosten 30.000,00 €, Nutzungsdauer 10 Jahre, wird linear abgeschrieben und nach 6 Jahren für 15.000,00 € + USt gegen Banküberweisung verkauft.

a) Wie hoch war die jährliche Abschreibung und wie lautete der Buchungssatz?
b) Wieviel betrugen die kumulierten Abschreibungen bis zum Ende des 6. Jahres?
c) Wie groß ist der Veräußerungsgewinn oder -verlust?
d) Bilden Sie alle notwendigen Buchungssätze.

2 Die fortgeführten Anschaffungskosten eines Lastkraftwagens betragen am Tag des Verkaufs 6.400,00 €.
Buchen Sie folgende Verkaufssituationen:

a) Verkaufspreis 8.400,00 € + USt,
b) Verkaufspreis 6.000,00 € + USt,
c) Verkaufspreis 4.400,00 € + USt.

Die Zahlung erfolgt jeweils durch Banküberweisung.

Bilden Sie alle möglichen Buchungssätze.

3 Ein Gewerbetreibender erwirbt im April 2020 einen neuen Pkw zur ausschließlichen betrieblichen Nutzung. Eine private Nutzung erfolgt nicht. Der Listenpreis beträgt 45.000,00 € + USt. Der Händler nimmt ein Altfahrzeug zum Preis von 4.760,00 € (brutto) in Zahlung. Die fortgeführten Anschaffungskosten des Altfahrzeuges betrugen am 01.01.2018 3.000,00 €. Die anteilige AfA bis zur Veräußerung beträgt 300,00 €. Der Restkaufpreis wird unter Abzug von 2 % Skonto vom Listenpreis durch Banküberweisung beglichen.

a) Buchen Sie Anschaffung des Neufahrzeuges, Inzahlungnahme des Altfahrzeuges und Zahlung des Restbetrages.
b) Buchen Sie die lineare AfA für 2020, betriebsgewöhnliche Nutzungsdauer 6 Jahre.

4 Wir verkaufen am 01.04.2020 aus dem Betriebsvermögen eine Maschine zum Preis von 24.000,00 € + USt gegen Banküberweisung.

Buchen Sie den Sachverhalt, wenn folgende Situation vorliegt:

AfA-Satz, -form	fortgeführte Anschaffungskosten/01.01.2020	
a)	10 %, linear	32.000,00 € (AK 40.000,00 €)
b)	20 %, linear	18.000,00 € (AK 45.000,00 €)
c)	25 %, degressiv	25.312,50 €
d)	25 %, degressiv	38.250,00 €

5 Eine im März 2016 für 8.000,00 € + USt gekaufte EDV-Anlage wird zum Preis von 1.500,00 € + USt wegen Unwirtschaftlichkeit beim Kauf einer neuen Anlage in Zahlung gegeben. Die Anlage wurde linear abgeschrieben. Die Nutzungsdauer betrug 5 Jahre. Die neue EDV-Anlage kostet 16.000,00 € + USt und wird am 01.05.2020 ausgeliefert, Nutzungsdauer 3 Jahre. Bei Bezahlung der Restsumme werden 2 % Skonto vom Neupreis abgezogen.
Erfassen Sie den gesamten Vorgang buchhalterisch.

6 Die Meier OHG kauft am 01.11.2020 einen neuen Pkw zum Listenpreis von 50.000,00 € + USt., der zu 100 % betrieblich genutzt wird. Ein gebrauchter Pkw wird mit 16.000,00 € + USt in Zahlung gegeben. Die fortgeführten Anschaffungskosten des Altfahrzeuges betragen am 01.01.2020 15.000,00 €. Die zu berücksichtigende Abschreibung auf das Altfahrzeug bis zum 01.11.2019 beträgt 4.000,00 €. Der Restbetrag wird unter Abzug von 2 % Skonto überwiesen. Für die Anmeldung des Neufahrzeuges sind 120,00 € Zulassungsgebühren und 40,00 € + USt für das Nummernschild bar bezahlt werden.
Die Nutzungsdauer des Neufahrzeuges beträgt 5 Jahre.

Buchen Sie den gesamten Vorgang.

7.5 Geringwertige Wirtschaftsgüter (GWG)

SL 213f.

Abnutzbare bewegliche Wirtschaftsgüter des Anlagevermögens, die einer selbstständigen Nutzung fähig sind und die nach dem **31.12.2017** angeschafft oder hergestellt werden, **können** im Jahr der Anschaffung, Herstellung oder Einlage des Wirtschaftsgutes oder der Eröffnung des Betriebes in **voller Höhe** bis zu den **Anschaffungs- oder Herstellungskosten von 800,00 € (netto)** abgeschrieben werden. Die Angaben zu diesen WG sind in einem besonderen Verzeichnis aufzunehmen, wenn sie nicht aus der Buchführung ersichtlich sind. § 6 (2) EStG

Alternativ zur Sofortabschreibung als GWG **kann** für **alle** abnutzbare bewegliche WG des Anlagevermögens, die selbstständig nutzungsfähig sind, und deren Wert mehr als 250,00 € (netto) und höchstens 1.000,00 € (netto) beträgt, ein jahrgangsbezogener **Sammelposten** gebildet werden. Dieser ist im Wirtschaftsjahr der Bildung und in den folgenden vier Wirtschaftsjahren zu je einem Fünftel (Poolabschreibung) gewinnmindernd aufzulösen. Voraussetzung hierfür ist die buchmäßige Erfassung der Wirtschaftsgüter (vgl. Seite 353 f.). § 6 (2a) EStG

Abnutzbare bewegliche Wirtschaftsgüter mit AK/HK über 1.000,00 € (netto) sind zu aktivieren und über die betriebsgewöhnliche Nutzungsdauer abzuschreiben.

§ 6 (2a) S. 4 EStG Geringwertige Wirtschaftsgüter bis zu 250 € netto, können im Jahr der Anschaffung/ Herstellung/Einlage in voller Höhe als Betriebsausgaben abgezogen werden. Die Einbeziehung dieser WG in einen Sammelposten ist nicht zulässig.

Beispiel

Ein Unternehmer, der zum Vorsteuerabzug berechtigt ist, kauft im Mai 2020 für seine Sekretärin einen neuen Schreibtisch für 750,00 € + USt und eine Schreibtischunterlage für 48,00 € + USt. Die Schreibtischunterlage bezahlt er bar, der Rest wird per Banküberweisung beglichen. Der Unternehmer wendet § 6 (2) EStG an.

Buchungssätze		Soll	Haben
Kauf des Schreibtischs:			
0670 (0488)	GWG	750,00	
1406 (1576)	Vorsteuer	142,50	
	an 1800 (1200) Bank		892,50
Abschreibung am 31.12.2020			
6262 (4855)	Abschreibung auf aktivierte GWG	750,00	
	an 0670 (0480) GWG		750,00
Kauf der Schreibtischunterlage:			
6815 (4930)	Bürobedarf	48,00	
1406 (1576)	Vorsteuer	9,12	
	an 1600 (1000) Kasse		57,12

Übungen

1 Ein buchführender Steuerpflichtiger der § 6 (2) EStG anwendet, kauft am 15.01.2020 für sein Büro einen Schreibtischstuhl im Wert von 397,00 € + USt und bezahlt mit der betrieblichen Bankkarte.

Buchen Sie am 15.01. und am 31.12.2020.

2 Ein Gewerbetreibender kauft im Oktober 2020 für sein Büro eine Schreibtischlampe für 309,40 € einschl. USt. Da er sofort bezahlt, gewährt der Händler ihm 2 % Skonto.

Buchen Sie die Anschaffung und am 31.12.2020, wenn § 6 (2) EStG anzuwenden ist.

3 Beim Besuch eines Büroartikelgroßhändlers kauft ein Unternehmer gegen Rechnung eine Metallpinnwand, die betrieblich genutzt werden soll. Der Großhändler berechnet hierfür 50,00 € + USt.

Wie ist der Vorgang in der Buchführung zu behandeln?

4 Unternehmer Ebert erwarb am 28.8.**2020** zwei gleiche Schreibtischsessel für insgesamt 1.927,80 € (brutto). Die Bezahlung der Rechnung erfolgt per Bankscheck.

a) Erfassen Sie den gesamten Sachverhalt buchhalterisch unter Beachtung von § 6 (2a) EStG.
b) Buchen Sie den Auflösungsbetrag zum 31.12.2020.

7.6 Anlagenspiegel

Kapitalgesellschaften müssen in der Bilanz oder im Anhang die Entwicklung der einzelnen Posten des Anlagevermögens darstellen.

§ 268 (2) HGB
§ 274a Nr. 1 HGB

Die Darstellung erfolgt in einem Anlagegitter (= Anlagespiegel). Dieses gibt Aufschlüsse über die Investitions- und Abschreibungspolitik des Unternehmens und lässt Rückschlüsse auf den aktuellen technischen Stand der Anlagen zu.

Das Anlagegitter (= Anlagespiegel) muss für jede Bilanzposition folgende Angaben enthalten:

(0)	(1)	(2)	(3)	(4)	(5)	(6)	(7)	(8)	(9)
Anlage vermögen	Bestand zu historischen AK/HK	Zugänge i. Gj.	Abgänge i. Gj.	Umbuchungen	Zuschreibungen	Abschreibungen insgesamt	davon Abschreibungen i. Gj.	Bestand 31.12.2020 zu fortgeführten AK/HK	Bestand 31.12.2019 zu fortgeführten AK/HK
Geschäftsbauten									
BGA									
Pkws									
…									

Beispiel

Darstellung von Sachkonten im Hauptbuch:

S	0230 (0080) Bauten auf eigenen Grundstücken		H
01.01.2020	400.000,00	Abschreibung	15.000,00
Umbuchung	80.000,00	31.12.2020	465.000,00
	480.000,00		480.000,00

S	0690 (0490) BGA		H
01.01.2020	113.000,00	Abgang	13.000,00
Zugang	60,000,00	Abschr.	22.000,00
		31.12.2020	138.000,00
	173.000,00		173.000,00

Darstellung dieser Zahlen im Anlagespiegel (Angaben in TDM):

(0)	(1)	(2)	(3)	(4)	(5)	(6)	(7)	(8)	(9)
Anlagevermögen	Bestand zu historischen AK/HK	Zugänge i. Gj.	Abgänge i. Gj.	Umbuchungen	Zuschreibungen	Abschreibungen insgesamt	davon Abschreibungen i. Gj.	Bestand 31.12.2020 zu fortgeführten AK/HK	Bestand 31.12.2019 zu fortgeführten AK/HK
Geschäftsbauten	600.000	–	–	+80.000	–	215.000	15.000	465.000	480.000
BGA	173.000	60.000	13.000	–	–	82.000	22.000	138.000	160.000

Übung

Erstellen Sie den Anlagespiegel zum 31.12.2020 für beide Bilanzpositionen!

S	0440 (0210) Maschinen		H
01.01.2020	600.000,00	Abschreibung	35.000,00
Umbuchung	40.000,00	31.12.2020	605.000,00
	640.000,00		640.000,00

S	0690 (0490) BGA		H
01.01.2020	85.000,00	Abgang	10.000,00
Umbuchung	5.000,00	Abschr.	17.000,00
		31.12.2020	103.000,00
	130.000,00		130.000,00

Die historischen Anschaffungskosten der Maschinen betragen 800.000,00 €, der BGA 130.000,00 €.

7.7 Geleistete Anzahlungen und Anlagen im Bau

R 7a (5) EStR

Anzahlungen sind Zahlungen, die vor der Lieferung eines Wirtschaftsguts auf die endgültigen Anschaffungskosten geleistet werden (Vorleistungen). Geleistete Anzahlungen und Anlagen im Bau sind nach § 266 (2) HGB gesondert auszuweisen. Der Hersteller eines Anlagegegenstandes erbringt über die gesamte Fertigungsdauer bis zur Auslieferung Vorleistungen (z. B. laufend zu zahlende Materialkosten, Fertigungskosten u. a.). Die Fertigung des Gegenstandes kann sich über mehrere Geschäftsjahre erstrecken. Um diese Aufwendungen (Kosten) bis zur Auslieferung des Gegenstandes zu decken, vereinbart der Lieferer bei Vertragsabschluss mit dem Kunden zu leistende Anzahlungen. Dieses Vorgehen ist besonders bei Großaufträgen üblich. Die geleistete Anzahlung stellt eine Forderung gegenüber dem Lieferer dar.

Rechnung des Auftragnehmers mit gesondertem Steuerausweis liegt vor
und
Anzahlung durch den Auftraggeber ist geleistet
=
Vorsteuerabzug durch den Auftraggeber

§ 15 (1) UStG

Eine Abschreibung durch den Auftraggeber kann im Zeitpunkt der Anzahlung noch nicht vorgenommen werden. Diese ist erst nach Fertigstellung/Lieferung des Gegenstandes möglich. R 7.4 (1) EStR

Beispiel

Ihr Mandant, der Getränkehersteller Durst & Co. in Köln, kauft im Januar 2020 eine neue Abfüllanlage für das Produkt „Topfit". Die Gesamtkosten der Anlage betragen 120.000,00 € + USt. Der Hersteller vereinbart mit dem Getränkehersteller im Vertrag folgende Teilzahlungen:

15.02.2020	40.000,00 € + USt
02.05.2020	30.000,00 € + USt
01.08.2020	35.000,00 € + USt

Restzahlung bei Fertigstellung.

Am 01.10.2020 ist die Anlage fertiggestellt und der Getränkehersteller erhält vom Lieferer eine Rechnung über den Gesamtkaufpreis mit gesondertem Steuerausweis. Alle Zahlungen werden über das betriebliche Bankkonto abgewickelt.

Buchungssätze		Soll	Haben
15.02.2020:			
0700 (0120)	Geleistete Anzahlungen und Anlagen im Bau	40.000,00	
1405 (1575)	Vorsteuer	7.600,00	
	an 1800 (1200) Bank		47.600,00
02.05.2020:			
0700 (0120)	Geleistete Anzahlungen und Anlagen im Bau	30.000,00	
1406 (1576)	Vorsteuer	5.700,00	
	an 1800 (1200) Bank		35.700,00
01.08.2020:			
0700 (0120)	Geleistete Anzahlungen und Anlagen im Bau	35.000,00	
1406 (1576)	Vorsteuer	6.650,00	
	an 1800 (1200) Bank		41.650,00
Buchung der Restzahlung nach Vorlage der Endrechnung:			
0700 (0120)	Geleistete Anzahlungen und Anlagen im Bau	15.000,00	
1406 (1576)	Vorsteuer	2.850,00	
	an 1800 (1200) Bank		17.850,00
Umbuchung auf das endgültige Sachanlagekonto:			
0440 (0210)	Maschinen	120.000,00	
	an 0700 (0120) Geleistete Anzahlungen und Anlagen im Bau		120.000,00

Übungen

1 Auf dem Fabrikgelände eines Mandanten soll eine Lagerhalle errichtet werden. Die beauftragte Bauunternehmung beginnt am 24.10.2019 mit den Fundamentierungsarbeiten und berechnet am 15.12.2019 eine Abschlagszahlung für erledigte Arbeiten in Höhe von 75.000,00 € + USt. Vertraglich ist weiterhin vereinbart worden, dass mit Baufortschritt Abschlagszahlungen zu leisten sind.

Die Bauunternehmung schickt uns Rechnungen über folgende Teilsummen:

23.02.2020	124.000,00 € + USt,
17.06.2020	74.000,00 € + USt,
04.08.2020	37.000,00 € + USt.

Die Lagerhalle ist Mitte Oktober 2020 fertig. Die Bauunternehmung teilt uns am 31.10.2020 mit, dass die Restsumme 40.000,00 € + USt beträgt. Die Rechnung liegt diesem Schreiben bei. Die Restsumme wird, wie alle anderen Zahlungen, durch Banküberweisung beglichen.

Buchen Sie

a) am 15.12.2019,
b) am 31.12.2019,
c) am 23.02., 17.06., 04.08.2020,
d) am 31.10.2019.

2 Die Ulmer-Goldsaft GmbH bestellt bei einem Saftpressenhersteller eine neue Presse, die spätestens am 15.11.2020 in Betrieb genommen werden soll. Der Hersteller berechnet der Ulmer-Goldsaft GmbH am 01.03.2020 eine Anzahlung in Höhe von 25.000,00 € + USt.
Die Fertigstellung und Auslieferung erfolgt am 05.11.2020 mit folgender Endrechnung:

Listenverkaufspreis	70.000,00 €
– 15 % Rabatt	10.500,00 €
	59.500,00 €
+ 19 % USt	11.305,00 €
Rechnungsbetrag	70.805,00 €
– Anzahlung	29.750,00 €
Restzahlung	41.055,00 €

Die Restsumme ist sofort fällig. Auf den Rechnungsbetrag gewährt der Hersteller noch 2 % Skonto. Alle Zahlungen erfolgen durch Banküberweisung.
Erstellen Sie alle erforderlichen Buchungen für die Ulmer-Goldsaft GmbH.

8 Buchungen im Steuerbereich

8.1 Betriebssteuern

8.1.1 Steuern als abzugsfähige Betriebsausgaben

Hierunter werden Steuern erfasst, die bei der Gewinnermittlung **sofort als Betriebsausgaben abzugsfähig** sind. Typische Beispiele sind:

Grundsteuer	Kfz-Steuer

Beispiel

Der Unternehmer überweist per Bank 295,00 € Grundsteuer für das Betriebsgrundstück und 1.800,00 € Kfz-Steuer.

Buchung		Soll	Haben
7680 (2375)	Grundsteuer	295,00	
7685 (4510)	Kfz-Steuer	1.800,00	
	an 1800 (1200) Bank		2.095,00

Betriebliche Steuern werden auf die jeweiligen **Aufwandskonten** (hier **Grundsteuer** und Kfz-Steuer) gebucht.

8.1.2 Steuern als nicht abzugsfähige Betriebsausgaben

Hier handelt es sich um Steuern, die **handelsrechtlich** zwar **Betriebsausgaben** sind, den **steuerlichen Gewinn aber nicht mindern** dürfen. Zur Ermittlung des steuerlichen Gewinns sind diese Steuern außerhalb der Buchführung dem Gewinn wieder hinzuzurechnen. Dabei handelt es sich um: R 6.3 (6) EStR

Körperschaftsteuer	Solidaritätszuschlag	Gewerbesteuer[1]

Beispiel

Die Anne Frei GmbH überweist die fällige Körperschaftsteuer in Höhe von 300,00 € und 16,50 € Solidaritätszuschlag per Bank an das Finanzamt.

Buchung		Soll	Haben
7600 (2200)	Körperschaftsteuer	300,00	
7608 (2208)	Solidaritätszuschlag	16,50	
	an 1800 (1200) Bank		316,50

Bei der zu buchenden **Körperschaftsteuer** und dem **Solidaritätszuschlag** handelt es sich um Steuern vom Einkommen und Ertrag, die steuerlich nicht abzugsfähige Betriebssteuern sind. § 12 Nr. 3 EStG

[1] seit 01.01.08

8.1.3 Aktivierungspflichtige Betriebssteuern

- **Grunderwerbsteuer**
- **Zölle und Einfuhrabgaben bei der Einfuhr von Gütern aus Nicht-EU-Staaten**

Grunderwerbsteuer

Beispiel

Die Kieler Metallwerke AG erwirbt in Bayern ein unbebautes Grundstück für 40.000,00 €. Das Grundstück soll als Lagerplatz genutzt werden. Der Kaufpreis wird per Banküberweisung bezahlt. 3,5 % Grunderwerbsteuer werden gleichfalls vom Bankkonto überwiesen.

Buchung des Grundstückskaufs		Soll	Haben
0215 (0065)	Unbebaute Grundstücke	40.000,00	
	an 1800 (1200) Bank		40.000,00

Buchung der Grunderwerbsteuer		Soll	Haben
0215 (0065)	Unbebaute Grundstücke	1.400,00	
	an 1800 (1200) Bank		1.400,00

§ 255 (1+2) HGB
H 6.4 EStH

Gegenstände des Anlage- und Umlaufvermögens sind mit ihren Anschaffungs- oder Herstellkosten zu bewerten. Die **Grunderwerbsteuer** (je nach Bundesland zwischen 3,5 % und 6,5 %) als Nebenkosten der Anschaffung muss **aktiviert** werden. Gleiches gilt für hier evtl. anfallende steuerliche Nebenleistungen, z. B. Säumniszuschläge.

Zölle und Einfuhrabgaben

Beispiel

Ein Unternehmer kauft von einem Hersteller aus Korea eine Fertigungsmaschine im Wert von netto 20.000,00 € auf Ziel. Der Zoll in Höhe von 2.000,00 € und die fällige Einfuhrumsatzsteuer werden per Bank an das Zollamt überwiesen.

Buchung der Lieferantenrechnung		Soll	Haben
0440 (0210)	Maschinen	20.000,00	
	an 1800 (1200) Bank		20.000,00

Buchung der Zollrechnung		Soll	Haben
0440 (0210)	Maschinen	2.000,00	
1433 (1588)	Einfuhrumsatzsteuer	4.180,00	
	an 1800 (1200) Bank		6.180,00

§ 1 (1) 4 UStG
§ 255 (1) HGB
§ 15 (1) 2 UStG
§ 11 UStG

Es liegt eine steuerbare und steuerpflichtige Einfuhr vor. Beim bezahlten Zoll handelt es sich um aktivierungspflichtige Anschaffungsnebenkosten. Die Einfuhrumsatzsteuer ist als Vorsteuer abziehbar. Bemessungsgrundlage für die EUSt sind der Wert der Ware einschl. Transportkosten (Zollwert) plus Zoll, ggf. Verbrauchsteuern und Beförderungskosten von der EU-Grenze bis zum ersten Bestimmungsort im Gemeinschaftsgebiet.

Übungen

1 Die Firma Anke Schmidt e.Kfr. kaufte am 01.04. diesen Jahres ein neu erstelltes Bürogebäude für 1.000.000,00 € das zu 100 % eigenbetrieblich genutzt wird. Der Kauf ist bereits gebucht. Vom Kaufpreis entfielen 40 % auf den Grund und Boden. Buchen Sie die Banküberweisung der GrESt (3,5 %).

2 Die fällige Körperschaftsteuervorauszahlung in Höhe von 6.400,00 € wird per Bank überwiesen.

3 Buchen Sie die Überweisung der Gewerbesteuervorauszahlung von 1.480,00 € vom Firmenkonto.

4 Die Umsatzsteuervorauszahlung in Höhe von 2.420 € wird vom betrieblichen Bankkonto überwiesen.

5 Ein Unternehmer hat Waren im Wert von 3.800 € aus Taiwan bezogen. Buchen Sie die Banküberweisung des Zolls (10 %) und der Einfuhrumsatzsteuer.

6 Vom betrieblichen Bankkonto wird die GrESt in Höhe von 3,5 % für ein unbebautes Grundstück überwiesen. Der Kaufpreis betrug 48.600 €.

7 Ein Pkw, der auch zu 30 % privat genutzt werden soll, wird für 15.000 € + USt von einem Händler erworben. Der Kaufpreis wird bar bezahlt.

8 Ein Unternehmer erwirbt von einem Privatmann ein Fahrzeug für 8.600 €. Er wird das Fahrzeug zu 25 % privat nutzen. Buchen Sie den Kauf gegen Barzahlung.

9 Ein Gewerbetreibender kauft eine Maschine in den USA. Der Ab-Werk-Rechnungspreis beträgt 10.000 €. Die Frachtkosten per Schiff bis Hamburg betragen 1.300 €, die Beförderungskosten von Hamburg zum Gewerbetreibenden nach Berlin 350 €. Der Zoll in Hamburg beträgt 2 %.
Wie hoch sind der Zoll und die Einfuhrumsatzsteuer?

10 Anhand des Betriebsergebnisses rechnet die Wulf Diepold GmbH für 2020 mit einer Gewerbesteuerschuld von insgesamt 20.200,00 €. Während des laufenden Jahres wurden die Vorauszahlungen in Höhe von insgesamt 16.000,00 € pünktlich entrichtet und korrekt gebucht. Buchen Sie – falls notwendig – auch zum 31.12.2020.

11 Ein Unternehmen erwarb zu Beginn des Jahres ein unbebautes Nachbargrundstück um es künftig als betrieblichen Parkplatz zu nutzen. Für dieses Grundstück wurde 4,5 % Grunderwerbsteuer = 4.780,00 € per Bank bezahlt.

a) Wie hoch waren die Anschaffungskosten des Grundstücks?
b) Buchen Sie die Banküberweisung der Grunderwerbsteuer.

12 Die vierteljährlich fällige Gewerbesteuervorauszahlung in Höhe von 620,00 € wird von ihrem Mandanten per Bank überwiesen.

8.2 Privatsteuern

Steuer	Betroffenes Konto
Zahlung	2100 (1800) Privatentnahmen
Erstattung	2180 (1890) Privateinlage

Zahlungen bzw. Erstattungen von Steuern die den **privaten Bereich** des Unternehmers betreffen (z. B. Einkommensteuer, Kirchensteuer, Solidaritätszuschlag, Erbschaftsteuer, Grundsteuer, Schenkungsteuer) werden über betriebliche Konten abgewickelt. Es handelt sich dann um **Privatentnahmen** bzw. **Privateinlagen**.

Zahlung

Beispiel

Ein Unternehmer überweist die vierteljährlich fällige Grundsteuer in Höhe von 18,75 € für eine Eigentumswohnung, die nicht zum Betriebsvermögen gehört, vom betrieblichen Bankkonto.

Buchung bei Zahlung	Soll	Haben
2100 (1800) Privatentnahmen	18,75	
an 1800 (1200) Bank		18,75

Die Zahlung der Grundsteuer für die Eigentumswohnung betrifft den privaten Bereich des Unternehmers und wird folglich als **Privatentnahme** (oder auf das Konto **Privatsteuern**) gebucht.

Erstattung

Beispiel

Eine Einkommensteuererstattung in Höhe von 4.570,50 € wird dem betrieblichen Bankkonto gutgeschrieben.

Buchung bei Gutschrift	Soll	Haben
1800 (1200) Bank	4.570,50	
an 2180 (1890) Privateinlagen		4.570,50

Der Eingang der Einkommensteuererstattung auf dem betrieblichen Bankkonto stellt eine **Privateinlage** des Unternehmers dar, da es sich bei der Einkommensteuer um eine private Steuer handelt.

Übungen

1. Die Kfz-Steuer für den Privatwagen wird vom betrieblichen Bankkonto überwiesen, 230,00 €.
2. Auf dem betrieblichen Bankkonto geht eine Rückzahlung des kath. Kirchensteueramtes über 720,00 € für Kirchensteuer ein.
3. Erbschaftsteuer in Höhe von 3.750,00 € wird vom Postbankkonto überwiesen.
4. Banküberweisung einer ESt-Nachzahlung von 2.345,00 €.

8.3 Steuerliche Nebenleistungen

Hierbei handelt es sich um: § 3 (4) AO

- **Verzögerungsgelder**
- **Verspätungszuschläge**
- **Zinsen**
- **Säumniszuschläge**
- **Zwangsgelder**
- **Kosten**

Steuerliche Nebenleistungen für

Aktivierungspflichtige Steuern	Nicht aktivierungspflichtige betriebliche Steuern	Privatsteuern
↓	↓	↓
Aktivieren	**Aufwand**	**Privatentnahme**

Aktivierungspflichtige steuerliche Nebenleistungen

Beispiel

Der Steuerpflichtige hat ein unbebautes Grundstück erworben, das als Lagerfläche genutzt werden soll. Im Zusammenhang mit der überfälligen Zahlung der Grunderwerbsteuer setzt das Finanzamt einen Säumniszuschlag von 1.200,00 € fest. H 6.4 EStH

Buchung bei Eingang des Bescheids		Soll	Haben
0215 (0065)	Unbebaute Grundstücke	1.200,00	
	an 3700 (1736) Verb. aus Betriebssteuern		1.200,00

Steuerliche Nebenleistungen als Aufwand

Beispiel

Ein Gewerbetreibender hat seine USt-Voranmeldung zu spät abgegeben. Das Finanzamt verhängt einen Verspätungszuschlag von 360,00 €.

Buchung bei Eingang des Bescheids		Soll	Haben
6436 (4396)	Verspätungszuschläge und Zwangsgelder, abzugsf.	360,00	
	an 3700 (1736) Verb. aus Betriebssteuern		360,00

Steuerliche Nebenleistungen als Privatentnahme

Beispiel

Der Unternehmer überweist die Einkommensteuer in Höhe von 8.400,00 € einschließlich gewährter Stundungszinsen von 504,00 € vom betrieblichen Bankkonto an das Finanzamt.

Buchung bei Zahlung		Soll	Haben
2150 (1810)	Privatsteuern an 1800 (1200) Bank	8.400,00	
2100 (1800)	Privatentnahmen	504,00	8.904,00

8.4 Steuerliche Sondefälle

SL 76 ff.

8.4.1 Innergemeinschaftliche Lieferung

Inland —innergemeinschaftliche Warenlieferung→ EU-Ausland

Inland: steuerbar und steuerfrei

EU-Ausland: steuerbar und steuerpflichtig

§ 6a UStG Eine **innergemeinschaftliche Lieferung** liegt vor, wenn bei einer Lieferung die folgenden Voraussetzungen erfüllt und nachgewiesen sind:

1. Der Unternehmer oder der Abnehmer hat den Gegenstand der Lieferung in das übrige Gemeinschaftsgebiet befördert oder versendet
2. der Abnehmer ist
   a) ein Unternehmer, der den Gegenstand der Lieferung für sein Unternehmen erworben hat,
   b) eine juristische Person, die nicht Unternehmer ist oder die den Gegenstand der Lieferung nicht für ihr Unternehmen erworben hat, oder
   c) bei der Lieferung eines neuen Fahrzeuges auch jeder andere Erwerber

und

3. der Erwerb des Gegenstandes der Lieferung unterliegt beim Abnehmer in einem anderen Mitgliedstaat den Vorschriften der Umsatzbesteuerung.

Beispiel

Ein Unternehmer aus Köln (deutsche USt-Id-Nr.) verkauft an einen Käufer in Frankreich (franz. USt-Id-Nr.) Waren im Wert von 28.000,00 € auf Ziel. Die Voraussetzungen für eine innergemeinschaftliche Lieferung sind erfüllt.

Buchung beim Warenverkauf (lt. Ausgangsrechnung)		Soll	Haben
1200 (1400)	Forderungen an 4125 (8125) steuerfreie innergem. Lieferung	28.000,00	28.000,00

Eine **innergemeinschaftliche Lieferung** ist **steuerbar** und **steuerfrei**. Der Lieferer muss in seiner Rechnung auf die Steuerfreiheit hinweisen und seine Umsatzsteuer-Identifikationsnummer (USt-Id-Nr.) sowie die des Käufers angeben.
Der Umsatzerlös wird auf das Konto **steuerfreie innergemeinschaftliche Lieferung** gebucht.

§ 4 Nr. 1b UStG
§ 14a UStG
§ 277 (1) HGB

Mängelrügen und Skonto

Wie bei jeder Lieferung kann es auch bei innergemeinschaftlichen Lieferungen zu **Mängelrügen** kommen.
Um die Kunden zu einer schnelleren Zahlung zu bewegen wird auch bei innergemeinschaftlichen Lieferungen die Gewährung eines **Skontoabzuges** genutzt. Beim Lieferanten kommt es bei Inanspruchnahme des Skontos dann zu einer entsprechenden **Entgeltsminderung**.

Beispiel

Ein deutscher Gewerbetreibender hat Waren für 50.000,00 € (Rechnungsbetrag) an einen Kunden in Österreich auf Ziel verkauft (bereits gebucht). Die Voraussetzungen für eine innergemeinschaftliche Lieferung sind erfüllt. Nach einer berechtigten Mängelrüge einigt er sich mit dem Kunden auf die Gewährung einer Gutschrift in Höhe von 12.000,00 €. Der Restbetrag wird unter Abzug von 2 % Skonto auf das Bankkonto des Lieferers überwiesen.

Buchung der Gutschrift		Soll	Haben
4724 (8724)	Erlösschmälerungen aus steuerfreien innergem. Lieferungen	12.000,00	
	an 1200 (1400) Forderungen		12.000,00

Buchung der Zahlung unter Skontoabzug		Soll	Haben
1800 (1200)	Bank	37.240,00	
4724 (8724)	Erlösschmälerungen aus steuerfreien innergem. Lieferungen	760,00	
	an 1200 (1400) Forderungen		38.000,00

Bei der Gutschriftsgewährung handelt es sich um eine Erlösschmälerung. Das Konto **Erlösschmälerungen aus steuerfreien innergemeinschaftlichen Lieferungen** wird im folgenden für alle Erlösschmälerungen, Skonti, etc. bei innergemeinschaftlichen Lieferungen verwendet.

§ 277 (1) HGB
§ 17(1) UStG

8.4.2 Lieferungen an private Abnehmer in der EU

Hier sind zwei Fälle zu unterscheiden:

SL 81 f.

§ 3 (6) UStG
§ 3c UStG

Ausländische Lieferschwelle wird überschritten (oder Option) (**großer** Versandhandel)	Ausländische Lieferschwelle wird n i c h t überschritten (**kleiner** Versandhandel)
Lieferung ist im **EU-Ausland** steuerpflichtig	Lieferung ist im **Inland** steuerpflichtig

Beispiel

Ein Unternehmer aus Saarbrücken (deutsche USt-Id-Nr.) liefert an einen Privatmann in Calais Waren im Nettowert von 2.000,00 € auf Rechnung. Der Unternehmer verkauft seit Jahren Waren im Wert von mehreren Millionen (an private Kunden in Frankreich.

Buchung beim Warenverkauf (lt. Ausgangsrechnung)			Soll	Haben
1200 (1400)	Forderungen		2.400,00	
	an 4320 (8320)	Erlöse aus im anderen EU-Land steuerpfl. Lieferungen		2.000,00
	3817(1767)	USt aus im anderen EU-Land steuerpfl. Lieferungen		400,00

§ 3c UStG Da der Lieferant die französische Lieferschwelle überschreitet liegt der Ort der Lieferung in Frankreich. Sie ist im anderen EU-Land (**Frankreich**) steuerbar und steuerpflichtig (**franz. USt-Satz 20 %**).

Beispiel

Ein Unternehmer aus Köln (deutsche USt-Id-Nr.) liefert an einen Privatmann in Paris Waren im Nettowert von 3.000,00 € auf Ziel. Der Unternehmer verkauft erstmals Waren an einen privaten Kunden in Frankreich.

Buchung beim Warenverkauf (lt. Ausgangsrechnung)			Soll	Haben
1200 (1400)	Forderungen		3.570,00	
	an 4315 (8315)	Erlöse aus im Inland steuerpfl. EU-Lieferungen		3.000,00
	3807(1777)	USt aus im Inland steuerpfl. EU-Lieferungen		570,00

§ 1 (1) 1 UStG § 3 (6) UStG Da der deutsche Unternehmer die französische Lieferschwelle **nicht** überschreitet handelt es sich um eine in Deutschland steuerbare und steuerpflichtige Lieferung (kleiner Versandhandel).

Mängelrügen und Skonto

Beispiel

Der Privatmann aus Calais bezahlt die Rechnung über 2.400,00 € an den Lieferanten aus Saarbrücken unter Abzug von 2 % Skonto durch Banküberweisung (großer Versandhandel).

Buchung beim Zahlungseingang		Soll	Haben
1800 (1200)	Bank	2.352,00	
4727 (8727)	Erlösschmälerungen aus im anderen EU-Land steuerpfl. Lieferungen	40,00	
3817 (1767)	USt aus im anderen EU-Land steuerpfl. Lieferungen	8,00	
	an 1200 (1400) Forderungen		2.400,00

Das Konto **Erlösschmälerungen aus im anderen EU-Land steuerpflichtigen Lieferungen** wird hier für alle Erlösschmälerungen, Skonti, etc. aus EU-Lieferungen verwendet, wenn die jeweilige Lieferschwelle überschritten wurde bzw. wenn der Lieferant optierte. § 17(1) UStG

Beispiel

Der Privatmann aus Paris bezahlt die Rechnung über 3.570,00 € an den Lieferanten aus Köln unter Abzug von 3 % Skonto durch Banküberweisung (kleiner Versandhandel).

Buchung beim Zahlungseingang		Soll	Haben
1800 (1200)	Bank	3.462,90	
4726 (8726)	Erlösschmälerungen aus im Inland steuerpflichtigen EU-Lieferungen	90,00	
3807 (1777)	USt aus im Inland steuerpflichtigen EU-Lieferungen	17,10	
	an 1200 (1400) Forderungen		3.570,00

Das Konto **Erlösschmälerungen aus im Inland steuerpflichtigen EU-Lieferungen** wird hier für alle Erlösschmälerungen, Skonti, etc. aus EU-Lieferungen verwendet, wenn die jeweilige Lieferschwelle nicht überschritten wurde. § 17(1) UStG

8.4.3 Innergemeinschaftlicher Erwerb

SL 77 ff.

EU-Ausland —innergemeinschaftliche Warenlieferung→ Inland

Ein **innergemeinschaftlicher Erwerb** setzt u. a. voraus, dass ein Gegenstand bei der Lieferung an den Käufer (Erwerber) aus dem Gebiet eines Mitgliedstaats in das Gebiet eines anderen Mitgliedstaats oder aus dem übrigen Gemeinschaftsgebiet in die in **§ 1 Abs. 3 UStG** bezeichneten Gebiete gelangt, auch wenn der Lieferer den Gegenstand in das Gemeinschaftsgebiet eingeführt hat. Jedem innergemeinschaftlichen Erwerb muss eine innergemeinschaftliche Lieferung vorausgehen. § 1a (1) 1 UStG

Beispiel

Ein Unternehmer aus Duisburg (deutsche USt-Id-Nr.) bezieht Handelswaren auf Ziel von einem dänischen Unternehmer (dänische USt-Id-Nr.) im Wert von netto 15.000,00 €. Der Däne verschickt die Waren mit der Bahn.

Buchung beim Warenkauf (lt. Eingangsrechnung)		Soll	Haben
5425 (3425)	Innergemeinschaftlicher Erwerb	15.000,00	
	an 3300 (1600) Verbindlichkeiten		15.000,00

Buchung der Steuer		Soll	Haben
1404 (1574)	Abziehbare VSt aus ig. Erwerb	2.850,00	
	an 3804 (1774) USt aus ig. Erwerb		2.850,00

§ 1 (1) 5 § 3d UStG § 13 (1) 6 UStG § 15 (1) 3 UStG

Es liegt ein steuerbarer und steuerpflichtiger **innergemeinschaftlicher Erwerb** vor. Bemessungsgrundlage für die Anschaffungskosten ist das Entgelt gemäß § 10 (1) UStG. Der deutsche Erwerber hat aus dem innergemeinschaftlichen Erwerb eine **Umsatzsteuerschuld** an das deutsche Finanzamt und kann gleichzeitig den **Vorsteuerabzug** geltend machen (Nulllösung).

Mängelrügen und Skonto

Beispiel

Der Unternehmer aus Duisburg (deutsche USt-Id-Nr.) bezahlt die Rechnung seines dänischen Lieferanten über 15.000,00 € nach Abzug von 2 % Skonto durch Banküberweisung.

Buchung der Zahlung		Soll	Haben
3300 (1600)	Verbindlichkeiten	15.000,00	
	an 1800 (1200) Bank		14.700,00
	5725 (3725) Nachlässe aus ig. Erwerb		300,00

Buchung der Steuerberichtigung		Soll	Haben
3804 (1774)	USt aus ig. Erwerb	57,00	
	an 1404 (1574) Abziehbare VSt aus ig. Erwerb		57,00

§ 17 (1) UStG

Das Konto **Nachlässe aus innergemeinschaftlichen Erwerb** wird hier für alle Erlösschmälerungen, Skonti, etc. aus innergemeinschaftlichen Lieferungen verwendet. Die gebuchte Steuer ist zu berichtigen.

Übungen

Bei allen folgenden Aufgaben haben und verwenden Unternehmer aus EU-Ländern eine Umsatzsteuer-Identifikationsnummer. Notwendige Rechnungen liegen vor und erfüllen die gesetzlichen Voraussetzungen.

1 Ein Unternehmer aus Lübeck liefert per Bahn Waren an einen Unternehmer aus Kopenhagen, Dänemark.

a) Buchen Sie die Rechnung über 120.000,00 €.
b) Buchen Sie den Zahlungseingang auf dem Bankkonto des deutschen Lieferers nach 14 Tagen ohne Abzug.

2 Ein Stahlhändler verkauft Walzstahl an einen Unternehmer aus Frankreich. Der Warenwert beträgt 46.400,00 €.

a) Der Verkauf auf Ziel ist bereits gebucht. Enthält die Rechnung USt?
b) Buchen Sie den Zahlungseingang auf dem Bankkonto, wenn der Kunde die Rechnung unter Abzug von 3 % Skonto begleicht.

3 Die Marlene Schreiner GmbH liefert Waren an einen Unternehmer in Dublin, Irland auf Ziel. Die Rechnung über 80.000,00 € ist zahlbar innerhalb von 4 Wochen netto oder in 10 Tagen mit 2 % Skonto.

a) Buchen Sie den Verkauf.
b) Der Käufer erhält wegen einer leichten Verunreinigung eines Teils der Lieferung einen Nachlass von 15 %.
c) Der Restbetrag geht unter Skontoabzug auf dem Bankkonto der Marlene Schreiner GmbH ein.

4 Der Bekleidungshersteller Säbler unterhält in München einen „ab-Werk-Verkauf". Er verkauft einen Herrenmantel an einen Touristen aus Wien. Der Tourist bezahlt 400,00 € bar.

5 Ein Gewerbetreibender aus München bietet seine Waren seit kurzem auch über das Internet an.

a) Er verkauft erstmals an eine Privatperson in Frankreich Waren im Wert von 1.000,00 €, die er per Bahn ausliefern lässt.
b) Der Absatz des Gewerbetreibenden in Frankreich hat sich ausgezeichnet entwickelt. Er hat in diesem Jahr bereits Waren für über 480.000,00 € nach Frankreich verkauft. Buchen Sie eine erneute Lieferung an eine Privatperson aus Frankreich über netto 1.500,00 €, Steuersatz 20 %.

6 Ein Steuerpflichtiger bezieht von einem finnischen Unternehmer Handelswaren im Nettowert von 30.000,00 €. Der Versand erfolgt per Bahn.
Buchen Sie den Einkauf auf Ziel.

7 Ein Reifenhändler aus Dresden erwirbt von einem schwedischen Hersteller Winterreifen im Nettowarenwert von 60.000,00 € auf Ziel.

8 Der Unternehmer Josef Lindner aus Deutschland kauft Waren von einem Unternehmer aus Österreich, Warenwert netto 3.000,00 €.

a) Buchen Sie die Rechnung bei Eingang der Ware.
b) Wie lautet der Buchungssatz bei Bezahlung der Rechnung unter Abzug von 3 % Skonto per Banküberweisung?

9 Ein Gewerbetreibender bezahlt eine Rechnung über eine Warenlieferung aus Portugal unter Abzug von 3 % Skonto durch Banküberweisung. Überweisungsbetrag 21.825,00 €.

10 Ein Mandant hat Waren von einem Unternehmer aus Spanien bezogen (Rechnungsbetrag 30.000,00 €). Der Vorgang ist bereits korrekt gebucht. Da ein Teil der Waren unbrauchbar ist einigt er sich mit dem Lieferanten über einen Preisnachlass von 25 %.
Buchen Sie den Preisnachlass.

8.5 Bewirtungsaufwendungen

SL 144

Bewirtungsaufwendungen sind Aufwendungen für den Verzehr von Speisen, Getränken, Genussmitteln für die Bewirtung von Personen aus geschäftlichem Anlass. Keine Bewirtung liegt vor, wenn bei betrieblichen Besprechungen oder Produkt- und Warenverkostungen bei Kunden, Händlern oder auf Messeveranstaltungen, Kaffee, Tee, Gebäck angeboten werden. R 4.10 (5) EStR

8.5.1 Angemessene und nachgewiesene Aufwendungen

Aufwendungen sind angemessen und nachgewiesen

70 % der Aufwendungen sind Betriebsausgaben	**100 %** der Vorsteuerbeträge sind abziehbar

Beispiel

Ein Ulmer Unternehmer bezahlt Bewirtungskosten für Geschäftsfreunde in Höhe von 1.190,00 € bar. Die Aufwendungen sind angemessen und durch ordnungsgemäße Belege nachgewiesen.

Buchung der Zahlung		Soll	Haben
6640 (4650)	Bewirtungskosten	700,00	
1406 (1576)	Vorsteuer	190,00	
6644 (4654)	Nicht abzugsf. Bewirtungsko.	300,00	
	an 1600 (1000) Kasse		1.190,00

§ 4 (5) 2 EStG **70 %** der **Bewirtungskosten** sind als solche **abziehbar**, 30 % sind einkommensteuerlich **nicht abzugsfähige Bewirtungskosten** und werden auf das entsprechende Konto gebucht.

Der nichtabziehbare Teil der Bewirtungsaufwendungen wird auf dem Konto **nicht abzugsfähige Bewirtungskosten** erfasst. Die in Rechnung gestellte Umsatzsteuer ist in **voller Höhe als Vorsteuer abziehbar**. Zur Ermittlung des Steuerbilanzgewinns müssen die nicht abzugsfähigen Bewirtungskosten außerhalb der Bilanz dem Gewinn hinzugerechnet werden.

8.5.2 Unangemessene bzw. nicht nachgewiesene Aufwendungen

R 4.10 (6+8) EStR; § 15 (1a) UStG

Werden aus betrieblichen Mitteln beglichene Bewirtungskosten von vornherein als **unangemessen** betrachtet, bzw. können sie **nicht** (oder nicht in der gesetzlich vorgeschriebenen Form) **nachgewiesen** werden, handelt es sich um nicht abzugsfähige Bewirtungskosten. Die auf diese Bewirtungskosten entfallene **Vorsteuer** kann gleichfalls **nicht abgezogen** werden.

Beispiel

Der Unternehmer bezahlt für die Bewirtung eines Geschäftsfreundes 119,00 € bar. Ein Beleg ist nicht vorhanden.

Buchung der Zahlung		Soll	Haben
6644 (4654)	Nicht abzugsf. Bewirtungsko.	119,00	
	an 1600 (1000) Kasse		119,00

Wegen des fehlenden Beleges sind die Bewirtungskosten nicht abzugsfähig.

Übungen

1 Ein Gewerbetreibender bezahlt Bewirtungskosten für Kunden in Höhe von brutto 357,00 € durch Bankscheck. Die Bewirtungskosten sind angemessen und nachgewiesen.

2 Der Unternehmer Wolfgang Schiefert, München, lädt Kunden aus Taiwan zu einem Geschäftsessen ein und bezahlt hierfür 714,00 € bar. Die Aufwendungen sind nur in Höhe von 476,00 € brutto angemessen.

3 Der Steuerpflichtige lädt einen Geschäftsfreund in ein Restaurant ein. Die Restaurantrechnung in Höhe von 174,00 € zahlt er bar. Ein ordnungsgemäßer Beleg liegt nicht vor.

4 Nach dem Abschluss eines Kaufvertrages hat ihr Mandant seinen Kunden zu einem gemeinsamen Abendessen eingeladen. Die Rechnung über 190,40 € zuzüglich 4,60 € Trinkgeld bezahlte er bar. Die Bewirtungskosten sind angemessen und nachgewiesen. Der Kellner quittierte das Trinkgeld auf der Rechnung.

5 Ein Unternehmer bezahlt Bewirtungskosten für mehrere Geschäftsfreunde durch Kreditkarte (betriebliches Konto) in Höhe von 400,00 € + USt. Die Aufwendungen sind angemessen und nachgewiesen.
Gebucht wurde:

6640 (4650) Bewirtungskosten	400,00	an 1800 (1200) Bank	476,00
1406 (1576) Vorsteuer	76,00		

Stellen Sie die Buchung gegebenenfalls richtig.

6 Der Gewerbetreibende lädt einen Geschäftsfreund zum Abendessen ein und bezahlt 200,00 € + USt mit der betrieblichen Kreditkarte. Die Bewirtungskosten sind angemessen und können nachgewiesen werden.

7 Ein deutscher Unternehmer (dt. USt-Id-Nr.) bezieht von einem Unternehmer aus Frankreich (franz. USt-Id-Nr.) Champagner zum Gesamtpreis von 1.440,00 €. Die Rechnung ging gemeinsam mit der Lieferung am 30. Juni beim Käufer ein. Am 10. Juli bezahlte er unter Abzug von 2 % Skonto durch Banküberweisung.

a) Wie bucht der Käufer am 30. Juni?
b) Buchen Sie die Zahlung am 10. Juli.

8 Die Bochumer Maschinenwerke AG (dt. USt-Id-Nr.) beziehen von einem Unternehmer aus Italien (ital. USt-Id-Nr.) ein neues Fahrzeug zum Kaufpreis von 45.000,00 € und bezahlen es per Bankscheck.

9 Ein deutscher Möbelhändler (dt. USt-Id-Nr.) aus Darmstadt bezieht von einem Hersteller aus Frankreich (franz. USt-Id-Nr.) Stühle im Gesamtwert von 40.000,00 €. Vereinbarungsgemäß berücksichtigt der Lieferant bei seiner Rechnungstellung einen Mengenrabatt von 25 % (Rechnungseingang bei Lieferung).

a) Buchen Sie die Lieferung auf Ziel.
b) Wie lautet der Buchungssatz für die Zahlung durch Banküberweisung nach 10 Tagen unter Abzug von 4 % Skonto?

10 Ein deutscher Großhändler (dt. USt-Id-Nr.) bezieht von einem Importeur aus Hamburg französische Weintrauben zum Rechnungsbetrag von 3.450,00 €.
Buchen Sie für den Großhändler den Kauf auf Ziel.

11 Bei der letzten Lieferung aus Spanien erhielt ihr Mandant schadhafte Waren im Wert von 9.280 €, die er auch sofort beim Lieferanten reklamierte. Käufer und Verkäufer einigten sich auf die Rücksendung der fehlerhaften Ware und die Erteilung einer entsprechenden Gutschrift.
Buchen Sie diese Gutschrift, wenn der Kauf auf Ziel ordnungsgemäß als innergemeinschaftlicher Erwerb gebucht wurde.

SL 144

8.6 Geschenke

8.6.1 Geschenke an Kunden bis 35,00 €

Einkauf des Geschenks

Wert des Geschenks
≤ 35,00 € netto

§ 4 (5) Nr. 1 EStG

Betriebsausgabe **Vorsteuerabzug ist möglich**

Betriebsausgabe

Beispiel

Ein Gewerbetreibender kauft gegen Barzahlung ein Geschenk für netto 25,00 €, das er einem Geschäftsfreund übergeben will.

Buchung beim Kauf		Soll	Haben
6610 (4630)	Geschenke abzugsfähig	25,00	
1406 (1576)	Vorsteuer	4,75	
	an 1600 (1000) Kasse		29,75

§ 15 (1) Nr. 1 UStG

Liegt der **Nettowert** eines Geschenkes unter **35,00 €** oder steht im Zeitpunkt des Erwerbs oder der Herstellung eines Gegenstands seine Verwendung als Geschenk noch nicht fest **kann der Vorsteuerabzug beansprucht werden**. Der Nettobetrag des Geschenks wird dann auf das Konto **Geschenke abzugsfähig** gebucht.

Weitergabe des Geschenks

Die **Weitergabe** eines **Geschenkes unter 35,00 €** löst **keine Buchung** aus.

8.6.2 Geschenke an Kunden über 35,00 €

Einkauf des Geschenks

Wert des Geschenks
> 35,00 € netto

Keine Betriebsausgabe **Kein Vorsteuerabzug möglich**

§ 15 (1a) Nr. 1 UStG

Die Umsatzsteuer für Aufwendungen für Geschenke an Personen, die nicht Arbeitnehmer des Unternehmers sind, ist **vom Vorsteuerabzug ausgeschlossen**, wenn die Anschaffungs- oder Herstellungskosten der Zuwendungen an einen Empfänger zusammengerechnet **35,00 € netto übersteigen**.

Beispiel

Ein Unternehmer kauft gegen Barzahlung einen Füllfederhalter für 120,00 € brutto, den er einem Geschäftsfreund schenken will.

Buchung beim Kauf		Soll	Haben
6620 (4635)	Geschenke nicht abzugsfähig	120,00	
	an 1600 (1000) Kasse		120,00

Der Bruttobetrag des eingekauften Geschenks wird im Soll des Kontos **Geschenke nicht abzugsfähig** gebucht. Die gezahlte Umsatzsteuer ist nicht als Vorsteuer abziehbar. § 15 (1a) 1 UStG

Weitergabe des Geschenks

Beispiel

Der Unternehmer hatte für einen Geschäftsfreund eine Uhr für 120,00 € als Geschenk erworben (korrekt gebucht), die er anlässlich eines Messetermins übergibt.

Buchung bei Übergabe	Soll	Haben
keine Buchung		

Bei einem Geschenk an einen Geschäftsfreund im Nettowert von mehr als 35,00 € handelt es sich um eine **nicht abzugsfähige Betriebsausgabe**. Die Weitergabe wird nicht gebucht, da das Konto 6620 (4635) außerhalb der Bilanz hinzugerechnet wird (steuerlich keine Gewinnminderung). § 4 (5) Nr. 1 EStG § 3 (1b) S. 2 UStG

8.6.3 Geschenke aus dem Warenbestand

Einkauf	Vorsteuer abziehbar
Weitergabe als Geschenk	Vorsteuerkorrektur (wenn über 35,00 €)

Kauf von Waren unter 35,00 €

Beispiel

Der Uhrenhändler Felix Schwarzenberger hat 50 Armbanduhren zum Stückpreis von 25,00 € + USt auf Ziel eingekauft.

Buchung bei Kauf der Armbanduhren auf Ziel		Soll	Haben
5200 (3200)	Wareneingang	1.250,00	
1406 (1576)	Vorsteuer	237,50	
	an 3300 (1600) Verbindlichkeiten		1.487,50

Steht im Zeitpunkt des Erwerbs oder der Herstellung eines Gegenstandes seine Verwendung als Geschenk **noch nicht** fest oder liegt der anzusetzende Wert unter der Freigrenze von 35,00 €, **kann der Vorsteuerabzug** nach § 15 (1) Nr. 1 UStG in vollem Umfang beansprucht werden.

Weitergabe von Waren unter 35,00 € als Geschenk

Beispiel

Der Uhrenhändler Felix Schwarzenberger hat eine der oben erworbenen Uhren an einen Geschäftsfreund als Geschenk übergeben.

Buchung bei Weitergabe als Geschenk		Soll	Haben
Keine Buchung			

Korrekturbuchung		Soll	Haben
6610 (4630)	Geschenke abzugsfähig	25,00	
	an 5200 (3200) Wareneingang		25,00

R 4.11 EStR

Die Weitergabe des Geschenks löst beim schenkenden Unternehmen keine Buchung aus. Um den Aufzeichnungspflichten zu genügen ist der Vorgang jedoch auf dem Konto **Geschenke abzugsfähig** zu erfassen.

Kauf von Waren über 35,00 €

Beispiel

Ein Schmuckhändler aus Stuttgart hat 100 Krawattennadeln zum Stückpreis von 145,00 € + USt auf Ziel von einem Großhändler aus Bremen eingekauft.

Buchung bei Kauf der Krawattennadeln auf Ziel		Soll	Haben
5200 (3200)	Wareneingang	14.500,00	
1406 (1576)	Vorsteuer	2.755,00	
	an 3300 (1600) Verbindlichkeiten		17.255,00

Steht im Zeitpunkt des Erwerbs oder der Herstellung eines Gegenstands seine Verwendung als Geschenk **noch nicht** fest, **kann der Vorsteuerabzug** analog zu Geschenken unter 35,00 (zunächst unter den allgemeinen Voraussetzungen des § 15 (1) Nr. 1 UStG beansprucht werden.

Weitergabe von Waren über 35,00 € als Geschenk

Beispiel

Der Schmuckhändler hat aus dem obigen Posten Krawattennadeln ein Stück an einen Geschäftsfreund als Geschenk übergeben.

Buchung bei Kauf der Krawattennadeln auf Ziel		Soll	Haben
6620 (4635)	Geschenke nicht abzugsfähig	172,55	
	an 5200 (3200) Wareneingang		145,00
	1406 (1576) Vorsteuer		27,55

Im Zeitpunkt der Hingabe des Geschenks ist eine **Vorsteuerkorrektur** vorzunehmen, wenn die Grenze von 35,00 € überschritten wird. Der Wert der weitergegebenen Ware ist auf das Konto **Geschenke nicht abzugsfähig** zu buchen. Das Geschenk ist eine **nicht abzugsfähige Betriebsausgabe**. Das Konto 6620 (4635) wird bereits entsprechend geführt. § 17 (2) Nr. 5 UStG

8.6.4 Mehrere Geschenke an dieselbe Person

Die **Freigrenze** von 35,00 € ist für Umsatzsteuerzwecke auf das **Kalenderjahr** zu beziehen. Bei der Prüfung des Überschreitens der Freigrenze sind **Geldgeschenke** und andere **geldwerte Vorteile** (z. B. Eintrittskarten zu kulturellen oder sportlichen Veranstaltungen) **einzubeziehen**.

Beispiel

Der Unternehmer A schenkt seinem Geschäftskunden B im April 2020 eine Uhr. Die Uhr hatte A im Januar 2020 für 30,00 € netto eingekauft und ordnungsgemäß als Geschenk unter 35,00 € mit Vorsteuerabzug gebucht. Im Dezember 2020 erhält B von A aus Anlass des Weihnachtsfestes ein Weinpräsent das A im Dezember 2020 für 70,00 € zuzüglich 13,30 € Umsatzsteuer gekauft hatte.

Buchung bei Übergabe der Uhr		Soll	Haben
Keine Buchung			

Buchung bei Kauf des Weinpräsents (Barzahlung)		Soll	Haben
6620 (4635)	Geschenke nicht abzugsfähig	83,30	
	an 1600 (1000) Kasse		83,30

Buchung bei Übergabe des Weinpräsents		Soll	Haben
keine Buchung			

Buchung der Vorsteuerkorrektur (Uhr)		Soll	Haben
6620 (4635)	Geschenke nicht abzugsfähig	35,70	
	an 6610 (4630) Geschenke abzugsfähig		30,00
	1406 (1576) Vorsteuer		5,70

Durch das erste Geschenk wurde die Freigrenze noch nicht überschritten. Der Unternehmer kann den Vorsteuerabzug zunächst unter den allgemeinen Voraussetzungen des **§ 15 UStG** beanspruchen. Das zweite Geschenk führt zu einem **Überschreiten der Freigrenze**. Damit werden auch die Aufwendungen für das erste Geschenk nicht abziehbar. § 4 (5) 1 EStG

Der Unternehmer hat in der Umsatzsteuer-Voranmeldung für Dezember eine Vorsteuerberichtigung vorzunehmen. Die gezahlte Umsatzsteuer für das zweite Geschenk ist gleichfalls **nicht als Vorsteuer abziehbar**. Da beim Kauf keine Vorsteuer abziehbar war ist auch die Weitergabe der Geschenke nicht steuerbar. § 17 (2) Nr. 5 UStG § 15 (1a) 1 UStG

Übungen

1 Ein Unternehmer, der im Maschinenbau tätig ist, kauft einen Satz Golfschläger für 1.190,00 € gegen Barzahlung. Er möchte sie einem Kunden als Geschenk zu dessen 50. Geburtstag überreichen.

Buchen Sie den Kauf.

2 Die Golfschläger aus Nr. 1 werden an den Kunden übergeben.

3 Der Steuerpflichtige kauft bei einem Herrenausstatter 50 Krawatten zu einem Stückpreis von 19,00 € + USt, die er verschiedenen Kunden auf einer Fachmesse als Geschenk überreichen will. Er bezahlt bar.

Buchen Sie den Kauf.

4 Felix März, Alleininhaber der Computer Felix März e.Kfm., hat für einen neuen Kunden einen Bildband (Goethe in Italien) für brutto 19,00 € als Geschenk erworben und bar bezahlt. Es handelt sich um das erste Geschenk für diesen Kunden im laufenden Jahr.

a) Buchen Sie den Kauf.
b) Buchen Sie die Weitergabe an den Kunden.

5 Der Kunde aus Nr. 4 soll zum Jahresende noch ein weiteres Geschenk erhalten. Felix März kauft deshalb eine Aktentasche aus Leder und bezahlt in einem Fachgeschäft 238,00 € bar.

Nehmen Sie alle erforderlichen Buchungen vor, die der Kauf und die Weitergabe dieses Geschenks mit sich bringen.

6 Ein Gewerbetreibender (Sanitäranlagen einschließlich Zubehör) mit Firmensitz in Düsseldorf entnimmt seinem Warenbestand einen Duschvorhang und schenkt ihn einem sehr guten Kunden, der ihn überraschend in seiner Firmenzentrale aufsucht. Der Duschvorhang wurde für 59,50 € brutto auf Ziel eingekauft.

Buchen Sie die Übergabe des Geschenks.

7 Ein Geschäftsfreund soll von ihrem Mandanten ein Mobiltelefon als Geschenk erhalten. Der Mandant kauft das Mobiltelefon gegen Barzahlung für 199,00 € + USt.

Buchen Sie Kauf und Übergabe des Geschenks.

8 Der Steuerpflichtige kauft Waren für 3.000,00 € + USt auf Ziel.

a) Buchen Sie den Kauf auf Ziel.
b) Buchen Sie die Weitergabe eines Stücks aus dieser Lieferung im Wert von brutto 29,75 € als Geschenk an einen Kunden.

9 Sonja Mahler betreibt ein Elektrofachgeschäft in Frankfurt. Frau Mahler kauft von einem Großhändler 10 Videorecorder zum Stückpreis von 350,00 € + USt auf Ziel. Die Geräte sollen im Rahmen einer Aktionswoche zu Ostern verkauft werden. Ein Gerät, das nach der Aktionswoche noch auf Lager liegt verschenkt sie an einen Geschäftsfreund.

a) Buchen Sie den Kauf der Videorecorder!
b) Wie lautet der Buchungssatz bei Zahlung mittels Banküberweisung nach 8 Tagen ohne Abzug?
c) Nehmen Sie alle erforderlichen Buchungen vor, die bei Weitergabe eines Videorecorders als Geschenk an einen Geschäftsfreund anfallen.

8.6.5 Geschenke an Arbeitnehmer bis 60,00 €

SL 50

Wert des Geschenks
bis 60,00 € brutto

1. Kein Arbeitslohn (Aufmerksamkeit)
2. Vorsteuerabzug möglich
3. Nicht steuerbar

Beispiel

Ein Unternehmer kauft eine DVD für 24,80 € einschließlich USt um sie einem Auszubildenden zum Geburtstag zu schenken. Er hat den Betrag aus der Kasse entnommen.

Buchung bei Kauf der DVD		Soll	Haben
6130 (4140)	Freiw. soziale Aufw., lohnsteuerfrei	20,84	
1406 (1576)	Vorsteuer	3,96	
	an 1600 (1000) Kasse		24,80

Buchung bei Weitergabe der DVD	Soll	Haben
Keine Buchung		

Sachleistungen des Arbeitgebers bis zu einem Bruttobetrag von **60,00 €**, die auch im gesellschaftlichen Verkehr üblicherweise ausgetauscht werden und zu keiner ins Gewicht fallenden Bereicherung der Arbeitnehmer führen z. B. Blumen, Bücher, Tonträger, gehören als bloße Aufmerksamkeiten nicht zum Arbeitslohn. Voraussetzung ist, dass sie dem Arbeitnehmer oder seinen Angehörigen aus Anlass eines besonderen persönlichen Ereignisses (Geburtstag, Jubiläum, etc.) zugewendet werden. Solche Aufmerksamkeiten sind auch Getränke und Genussmittel, die der Arbeitgeber den Arbeitnehmern zum Verzehr im Betrieb unentgeltlich oder teilentgeltlich überlässt. Sie werden auf dem Konto **Freiwillige soziale Aufwendungen, lohnsteuerfrei** gebucht. Die beim Kauf des Geschenks gezahlte Umsatzsteuer ist **als Vorsteuer abziehbar**.
Die Weitergabe des Geschenks ist **nicht steuerbar**. Sie wird nicht gesondert gebucht.

R 19.6 (1) LStR
§ 15 (1) 1 UStG
R 19.6 (2) LStR
§ 3 (1b) 2 UStG

8.6.6 Geschenke an Arbeitnehmer über 60,00 €

Wert des Geschenks
über 60,00 € brutto

1. Arbeitslohn
2. Vorsteuerabzug nicht möglich
3. Weitergabe nicht steuerbar

Beachte:

Geldzuwendungen gehören stets zum Arbeitslohn, auch wenn ihr Wert gering ist.

R 19.6 (1) LStR

Beispiel

Ein Unternehmer kauft für einen Mitarbeiter eine Aktentasche für 238,00 € einschließlich Umsatzsteuer als Geschenk und bezahlt mit einem Bankscheck.

Buchung beim Kauf der Aktentasche		Soll	Haben
6300 (4900)	Sonst. betriebl. Aufwendungen	238,00	
	an 1800 (1200) Bank		238,00

Buchung bei Weitergabe des Geschenks		Soll	Haben
6060 (4145)	Freiw. soziale Aufw., lohnsteuerpflichtig	238,00	
	an 4949 (8614) Verr. so. Sachbez. ohne USt		238,00

[§ 15 (1) 1 UStG; A 15.15. (1) UStAE; § 1 (1) 1 i.V.m. § 3 (1b) 2 UStG; R 8.1 (3) S. 2 LStR]

Der Kauf des Geschenks stellt einen **sonstigen betrieblichen Aufwand** dar. Die angefallene Umsatzsteuer kann nicht als Vorsteuer abgezogen werden, da die Verwendung der Tasche als Geschenk feststeht.

Die **unentgeltliche Zuwendung** der Aktentasche an sein Personal für dessen privaten Bedarf **ist nicht steuerbar**, da der Kauf des Geschenks nicht zum Vorsteuerabzug berechtigt hat, § 3 (1b) S. 2 UStG. Es liegt eine **freiwillige, lohnsteuerpflichtige soziale Aufwendung** vor.

Geschenke können auch in Anwendung der Sachbezugsfreigrenze von 44,00 € im Monat gem. § 8 Abs. 2 S. 11 EStG steuerfrei sein. Dabei sind mehrere Sachbezüge eines Monats zu addieren.

Sonderfall: Geschenke aus dem Warenbestand

[R 8.1 LStR; § 10 (4) 1 UStG]

Der steuerlichen Bewertung der **Sachbezüge aus dem Warenbestand** sind die **Endpreise** (einschließlich der Umsatzsteuer) zugrunde zu legen, zu denen der Arbeitgeber die Waren oder Dienstleistungen fremden Letztverbrauchern im allgemeinen Geschäftsverkehr anbietet. Der Vorsteuerabzug bleibt erhalten. Bemessungsgrundlage für die Umsatzsteuer ist dagegen der Einkaufspreis zum Zeitpunkt der Schenkung.

Übungen

1 Eine Angestellte erhält zu ihrem 40. Geburtstag eine Flasche Sekt für 19,90 €. Der Arbeitgeber hat den Sekt gekauft und bar (aus der Firmenkasse) bezahlt.

a) Buchen Sie den Kauf.
b) Buchen Sie die Weitergabe des Geschenks.

2 Ein Großhändler für Unterhaltungselektronik entnimmt aus seinem Lager einen CD-Player, Einkaufspreis 200,00 € + USt, Verkaufspreis 249,00 € + USt, und schenkt ihn einem Angestellten zur bestandenen Ausbildereignungsprüfung.

3 Ein Arbeitgeber kauft für einen langjährigen Mitarbeiter ein Buch im Wert von 23,00 € (Rechnungsbetrag), das er ihm zum Geburtstag schenken will. Der Kaufpreis wird aus der Firmenkasse entnommen.

Nehmen Sie alle erforderlichen Buchungen vor.

4 Anlässlich des 5-jährigen Firmenjubiläums möchte der Firmeninhaber allen acht Mitarbeitern ein kleines Geschenk machen. Er kauft deshalb auf Rechnung seiner Firma acht Seidenschals zum Stückpreis von 98,00 € + USt.

Buchen Sie den Kauf der Schals auf Ziel.

8.7 Reisekosten

SL 145 ff.

R 9.4 ff. LStR

Reisekosten	
(Fahrtkosten, Verpflegungsmehraufwendungen, Übernachtungskosten und Reisenebenkosten)	
eines **Arbeitnehmers**	des **Unternehmers**
=	=
Dienstreise	**Geschäftsreise**

Reisekosten ohne Vorsteuerabzug

Nicht abziehbar sind Vorsteuerbeträge, die auf Reisekosten des Personals entfallen, soweit es sich um **Verpflegungskosten** oder um **Fahrtkosten für Fahrzeuge des Personals (einschl. Parkgebühren und Garagenkosten)** handelt. Ein Vorsteuerabzug ist danach weder aus einzeln nachgewiesenen Reisekosten (z.B. aus Restaurantrechnungen) noch aus pauschalierten Reisekosten (z.B. aus Tage- oder Kilometergeldern) zulässig.

Beispiel

Ein Arbeitnehmer unternimmt eine zweitägige Dienstreise. Der Arbeitgeber erstattet die gezahlten Übernachtungskosten in Höhe von 140,00 € (einschl. USt) bar. Die Hotelrechnung lautet auf den Namen des Arbeitnehmers.

Buchung der Barzahlung		Soll	Haben
6660 (4666)	Reiseko. Arbeitnehmer Übernachtungsaufw.	140,00	
	an 1600 (1000) Kasse		140,00

Die Übernachtungskosten werden als Aufwand auf dem Konto **Reisekosten Arbeitnehmer Übernachtungsaufwand** gebucht. Ein Vorsteuerabzug ist nicht möglich, da die Rechnung nicht auf das Unternehmen lautet.

Reisekosten mit Vorsteuerabzug

Vorsteuerbeträge aus Übernachtungskosten und Verpflegungskosten des Unternehmers oder seines Personals sind abzugsfähig, wenn die **Rechnung auf den Unternehmer lautet**. Abzugsfähig ist auch die Vorsteuer auf Fahrtkosten mit öffentlichen Verkehrsmitteln, Übernachtungskosten und typische **Reisenebenkosten**, wie z. B. Eintrittskarten, Messekataloge, Telefonkosten, Garagenkosten und Parkgebühren (nur bei Firmenfahrzeugen) etc.

Der **Umsatzsteuersatz für Beherbergungsleistungen beträgt seit 01.01.2010 7 %**. Der ermäßigte Steuersatz umfasst die Umsätze des klassischen Hotelgewerbes aber auch die kurzfristige Beherbergung in Pensionen, Fremdenzimmern und vergleichbaren Einrichtungen. Die Abgabe von Speisen und Getränken (Frühstück) fällt nicht unter den ermäßigten Steuersatz. 12.16 (3) ff. UStAE

Beispiel

Einem Unternehmer auf Geschäftsreise berechnet das Hotel neben den Übernachtungskosten von 100,00 € einschließlich USt auch 15,00 € + USt für betrieblich veranlasste Telefonate und 10,00 € + USt für die Nutzung der Hotelgarage. Es handelt sich um ein neues, gemischtgenutztes Firmenfahrzeug. Der Unternehmer hat jeweils bar bezahlt.

Buchung der Zahlung		Soll	Haben
6673 (4673)	Reiseko. Unternehmer mit Vorsteuerabzug	118,46	
1406 (1576)	Vorsteuer 19 %	4,75	
1401 (1571)	Vorsteuer 7 %	6,54	
	an 1600 (1000) Kasse		129,75

Der Vorsteuerabzug ist möglich für Übernachtung, Telefonate, Hotelgarage, da ein Firmenfahrzeug benutzt wurde. Die Reisekosten mit Vorsteuerabzug werden auf das Konto **Reisekosten Unternehmer mit Vorsteuerabzug** gebucht.

Sonderfall: Pauschbeträge für Reisekosten

R 9.4 ff. LStR Häufig erstattet ein Arbeitgeber Kosten einer Dienstreise nach den in den Lohnsteuer-Richtlinien aufgeführten **Pauschalbeträgen** für Verpflegungsmehraufwendungen, Fahrtkosten mit dem Privat-Pkw und Übernachtungskosten. Diese Beträge sind als **Betriebsausgaben** (Reisekosten) abzugsfähig, ein Vorsteuerabzug ist jedoch nicht möglich. Für den Arbeitnehmer sind die entsprechenden Beträge steuerfrei.

Übungen

1 Der Arbeitgeber unternimmt eine zweitägige Geschäftsreise. Er bezahlt Übernachtungskosten in Höhe von 120,00 € + USt und Telefonkosten von 7,80 € einschl. USt. (Telefonate mit dem Büro) im Hotel zunächst privat und entnimmt dann die verauslagten 136,20 € aus der Firmenkasse.

2 Ein Arbeitnehmer der BST AG, München, besucht einen Kunden in Frankfurt. Nach Abschluss der Dienstreise sind folgende Zahlungen vom Arbeitgeber bar erstattet worden:

Taxifahrt in München:	14,80 €
Bahnfahrt (einschl. Zuschläge):	248,00 €
Taxifahrt in Frankfurt:	18,20 €

Es handelt sich jeweils um Bruttobeträge. Die vom Arbeitnehmer vorgelegten Belege entsprechen den gesetzlichen Vorschriften.

3 Ein Arbeitgeber unternimmt eine zweitägige Geschäftsreise Nach Beendigung der Geschäftsreise, die er mit dem Firmenwagen unternommen hat, entnimmt er folgende Beträge aus der Firmenkasse:

Strafzettel (Tempolimit überschritten)	60,00 €
Verpflegungskosten (brutto)	95,20 €
Übernachtungskosten (brutto)	149,80 €

Für Verpflegung und Übernachtung kann er Rechnungen vorlegen, die auf das Unternehmen lauten.

4 Ein Arbeitnehmer unternimmt eine dreitägige Dienstreise. Reiseantritt am ersten Tag ist um 17.15 Uhr, die Rückkehr in das Unternehmen am dritten Tag um 16.15 Uhr. Der Arbeitnehmer fährt mit dem eigenen Pkw insgesamt 500 km. Der Arbeitgeber erstattet für zwei Übernachtungen, Fahrtkosten und Verpflegungsmehraufwendungen die maximal zulässigen Pauschbeträge bar.

Nehmen Sie die erforderliche Buchung vor.

5 Der Unternehmer unternimmt mit dem ausschließlich betrieblich genutzten Pkw eine eintägige Geschäftsreise. Unterwegs tankt er für 55,68 € und bezahlt mit der betrieblichen Kreditkarte.

8.8 Nicht abzugsfähige Vorsteuer

SL 147

Voraussetzung für Vorsteuerabzug:

Der Unternehmer kann die Vorsteuerbeträge abziehen, wenn: § 15 (1) UStG

- sie in **Rechnungen** im Sinne des § 14 UStG gesondert ausgewiesen sind
- sie für **Lieferungen** oder **sonstige Leistungen** von **anderen Unternehmern** für **sein Unternehmen** in Rechnung gestellt werden.

Soweit der gesondert ausgewiesene Steuerbetrag auf eine Zahlung vor Ausführung dieser Umsätze entfällt, ist er bereits abziehbar, wenn die Rechnung vorliegt und die Zahlung geleistet worden ist.

Der nach § 15 UStG abziehbare Vorsteuerbetrag gehört nicht zu den Anschaffungs- oder Herstellungskosten des Wirtschaftsgutes auf dessen Anschaffung oder Herstellung er entfällt. § 9b (1) S. 1 UStG

Ist jedoch eine der angegebenen Voraussetzungen nicht erfüllt, ist die Vorsteuer nicht abzugsfähig und muss zu den Anschaffungs-/Herstellungskosten gerechnet werden bzw. erhöht die Aufwendungen bei sonstigen Leistungen.

Beispiel

Ein Unternehmen erwirbt einen neuen Schreibtisch für das Büro des Geschäftsführers. Die Zahlung erfolgt durch Bankscheck. Der Möbelhändler stellt folgende Rechnung (Auszug):

1 Schreibtisch „Modell Ramses" 2.975,00 € einschließlich 19 % USt.

Buchung des Kaufs		Soll	Haben
0650 (0420)	Büroeinrichtung	2.975,00	
	an 1800 (1200) Bank		2.975,00

Die Umsatzsteuer ist nicht gesondert ausgewiesen. Ein **Vorsteuerabzug** ist für den Käufer **nicht möglich**. Die nicht abziehbare Vorsteuer ist zu **aktivieren**. § 15 (1) UStG

Der Möbelhändler ist jedoch **verpflichtet** auf Verlangen des Käufers eine Rechnung auszustellen, in der **die Steuer gesondert ausgewiesen** ist. § 14 (1) S. 1 UStG

Beispiel

Der Möbelhändler stellt auf Verlangen des Käufers eine neue Rechnung aus, in der die Umsatzsteuer gesondert ausgewiesen ist

Korrekturbuchung		Soll	Haben
1406 (1576)	Vorsteuer	475,00	
	an 0650 (0420) Büroeinrichtung		475,00

Aufgrund des Vorliegens einer Rechnung, die den gesetzlichen Erfordernissen genügt, ist jetzt ein **Vorsteuerabzug möglich**. § 15 (1) UStG

SL 148 f.

Sonderfall: Teilweise abzugsfähige Vorsteuer

§ 15 (4) UStG Verwendet der Unternehmer einen für sein Unternehmen erworbenen Gegenstand nur **zum Teil** zur Ausführung von Umsätzen, die den Vorsteuerabzug ausschließen, so ist der Teil der jeweiligen Vorsteuerbeträge nicht abziehbar, der den zum Ausschluss vom Vorsteuerabzug führenden Umsätzen wirtschaftlich zuzurechnen ist. Der Unternehmer kann die nicht abziehbaren Teilbeträge im Wege einer sachgerechten Schätzung ermitteln. Der nicht abziehbare Teil der Vorsteuer gehört zu den Anschaffungskosten des Gegenstandes und ist zu aktivieren.

§ 9 b (1) EStG Der abziehbare Teil der Vorsteuer gehört nicht zu den Anschaffungskosten des erworbenen Gegenstandes sondern wird auf das Konto „abziehbare Vorsteuer" gebucht.

Beispiel

Ein Unternehmer kauft eine Maschine für 20.000,00 € + USt auf Ziel, die zu 20 % zur Ausführung von Ausschlussumsätzen verwendet wird.

Korrekturbuchung		Soll	Haben
0440 (0210)	Maschinen	20.760,00	
1406 (1576)	Vorsteuer	3.040,00	
	an 3300 (1600) Verbindlichkeiten		23.800,00

20 % der in Rechnung gestellten Steuer gehören zu den Anschaffungskosten und sind zu aktivieren. 80 % sind als Vorsteuer abziehbar. Sie werden auf das Konto „abziehbare Vorsteuer" gebucht.

SL 130

Der Leistungsempfänger als Steuerschuldner

§ 13 b (5) UStG Nach **§ 13 b UStG** schuldet der **Leistungsempfänger** (wenn er Unternehmer oder eine juristische Person des öffentlichen Rechts ist) beispielsweise die Umsatzsteuer für:

§ 13 b (1) + (2) UStG
- **Werklieferungen und sonstige Leistungen eines im Ausland ansässigen Unternehmers, die dieser im Inland an einen deutschen Unternehmer ausführt**
- Lieferungen von Sicherungsgegenständen vom Sicherungsgeber an den Sicherungsnehmer außerhalb eines Insolvenzverfahrens
- Umsätze, die unter das Grunderwerbsteuergesetz fallen
- Werklieferungen und sonstige Leistungen, die der Herstellung, Instandsetzung, Instandhaltung, Änderung oder Beseitigung von Bauwerken dienen. Ausnahme: Planungs- und Überwachungsleistungen (gilt nur, wenn der Leistungsempfänger als Unternehmer ebenfalls Bauleistungen erbringt)
- Strom- und Gaslieferungen ausländischer Lieferanten an inländische Unternehmer, sofern die Energie im Inland verbraucht wird
- Übertragen von Berechtigungen nach § 3 Absatz 4 des Treibhausgas-Emmissionshandelsgesetzes
- Steuerpflichtige Lieferungen von Gold, Industrieschrott, Altmetallen und sonstigen Abfallstoffen
- Steuerpflichtige Reinigung von Gebäuden und Gebäudeteilen
- Lieferung von Mobilfunkgeräten (Entgelt mindestens 5.000 €)

§ 15 (1) S. 1 Nr. 4 UStG Der ausländische Unternehmer weist in seiner Rechnung auf die Steuerschuldnerschaft des Leistungsempfängers hin und stellt eine Rechnung ohne Umsatzsteuer. Ist der Leistungsempfänger zum Vorsteuerabzug berechtigt kann er die auf ihn überwälzte Steuerschuld wieder als Vorsteuer abziehen. Fehlt der Hinweis auf die Steuerschuldnerschaft in der Rechnung, wird die Umsatzsteuer trotzdem vom Leistungsempfänger geschuldet.

Beispiel ⟩⟩⟩

Ein EDV-Unternehmer aus Frankfurt (deutsche USt-Id-Nr.) beauftragt einen Unternehmer aus Österreich (österreichische USt-Id-Nr.) mit dem Aufbau eines Messestandes in Hannover. Die Leistung des österreichischen Unternehmers wird im März 2020 erbracht. Am 26.03.2020 stellt er eine Rechnung über 20.000,00 €, in der er auf die Steuerschuldnerschaft des Leistungsempfängers hinweist.

Buchung des Rechnungseingangs	Soll	Haben
5920 (3120) Leistungen ausl. Untern.	20.000,00	
an 3300 (1600) Verbindlichkeiten		20.000,00

Buchung der Steuer	Soll	Haben
1407 (1577) Abziehbare Vorsteuer § 13 b UStG	3.800,00	
an 3837 (1787) Umsatzsteuer nach § 13 b UStG		3.800,00

Es handelt sich um eine **Werklieferung**, die der **deutschen Umsatzsteuer** unterliegt. Sie entsteht mit Ablauf des Monats März, da hier die Leistung ausgeführt worden ist. Da die Leistung für das Unternehmen der Firma aus Frankfurt erbracht wurde, kann die geschuldete Umsatzsteuer als Vorsteuer abgezogen werden.

§ 13 b (1) UStG
§ 15 (1) Nr. 4 UStG

Beispiel ⟩⟩⟩

Ein Unternehmer aus München (deutsche USt-Id-Nr.) erwirbt von einem Unternehmer aus Frankreich Handelswaren auf Ziel. Mit dem Transport der Waren nach München beauftragt er unter Angabe seiner deutschen USt-Id-Nr. eine Spedition aus Frankreich. Der deutsche Unternehmer erhält von Spediteur eine Rechnung über 500,00 €. Die Rechnung enthält keine Umsatzsteuer, jedoch einen Hinweis auf die Steuerschuldnerschaft des deutschen Unternehmens.

Buchung des Rechnungseingangs	Soll	Haben
5920 (3120) Leistungen ausl. Unternehmer	500,00	
an 3300 (1600) Verbindlichkeiten		500,00

Buchung der Steuer	Soll	Haben
1407 (1577) Abziehbare Vorsteuer § 13 b UStG	95,00	
an 3837 (1787) Umsatzsteuer nach § 13 b UStG		95,00

Bei der innergemeinschaftlichen Güterbeförderung handelt es sich um eine **sonstige Leistung**. Der Leistungsort ist gemäß § 3 a Abs. 2 UStG in Deutschland. Die Beförderungsleistung ist in Deutschland steuerbar und mit 19 % Umsatzsteuer steuerpflichtig. Der französische Spediteur stellt eine Rechnung nach § 14 a Abs. 5 UStG aus mit Hinweis auf die Steuerschuldnerschaft des Leistungsempfängers.
Die Umsatzsteuer für Leistungen im Sinne des § 13 b UStG ist nach § 15 (1) Nr. 4 UStG als Vorsteuer abziehbar. Statt dem Konto 5920 kann auch auf Anschaffungsnebenkosten gebucht werden.

8.9 Grundstücksaufwendungen und -erträge

Grundstücksaufwendungen	Grundstückserträge
z.B.	z.B.
gezahlte Miete Gebühren Grundsteuer Haushaftpflichtversicherung Reparaturen	erhaltene Miete Umlagefähige Nebenkosten

Grundstücksaufwendungen werden nur dann auf dem gleichnamigen Sammelkonto gebucht, wenn der Kontenplan kein spezielles Aufwandskonto vorsieht. Die erhaltene Miete wird dagegen ebenso wie vereinnahmte Umlagen auf das Konto Grundstückserträge gebucht.

Grundstücksaufwendungen bei gemieteten Räumen

Beispiel

Der Unternehmer betreibt sein Geschäft in gemieteten Räumen. Der Vermieter hat nach § 9 UStG optiert. Ein ordnungsgemäßer Mietvertrag ist vorhanden. Der Unternehmer überweist vom Bankkonto für die Miete 2.000,00 € und für Nebenkosten 300,00 €.

Buchung der Banküberweisung		Soll	Haben
6310 (4210)	Miete	1.932,77	
1406 (1576)	Vorsteuer	367,23	
	an 1800 (1200) Bank		2.300,00

R 8.1 (4) GewStR § 15 (1) UStG Die gezahlte Kaltmiete wird auf das Konto **Miete** gebucht. Miete und Nebenkosten sind wegen der Hinzurechnung zur Gewerbesteuer auf dem Konto Miete zu buchen. Die gezahlte Vorsteuer ist abziehbar.

Grundstücksaufwendungen bei eigenen Räumen

Beispiel

Der Steuerpflichtige besitzt ein Geschäftshaus, in dem er sein Unternehmen betreibt. Folgende Beträge werden vom Bankkonto abgebucht:
Grundsteuer 318,20 €; Haushaftpflichtversicherung 420,00 €.

Buchung der Banküberweisung		Soll	Haben
7680 (2375)	Grundsteuer	318,20	
6400 (4360)	Versicherungen	420,00	
	an 1800 (1200) Bank		738,20

Die im Kontenplan vorgesehenen Aufwandskonten für **Grundsteuer und Versicherungen** werden verwendet.

Grundstückserträge

Hier handelt es sich um Mieteinnahmen (einschließlich Nebenkosten) aus der Vermietung von Gebäuden, die zum Betriebsvermögen gehören.

Beispiel

Ihr Mandant hat ein gemischtgenutztes Geschäftshaus (Baujahr 1998) im Betriebsvermögen. Folgende Mietzahlungen gingen u.a. auf dem Bankkonto ein:
Erdgeschoss, komplett vermietet an ein Fachgeschäft für Damenbekleidung; monatliche Mieteinnahme 3.400,00 € + 400,00 € Nebenkosten; 1. Obergeschoss, Büro eines Bausparkassenvertreters, monatliche Mieteinnahme 2.200,00 € + 250,00 € Nebenkosten;
Der Vermieter hat soweit möglich nach § 9 UStG optiert.

Buchung der Miete Fachgeschäft		Soll	Haben
1800 (1200)	Bank	3.800,00	
	an 4860 (2700) Grundstückserträge		3.193,28
	3806 (1776) Umsatzsteuer		606,72

Buchung der Miete Bausparkassenvertreter		Soll	Haben
1800 (1200)	Bank	2.450,00	
	an 4860 (2700) Grundstückserträge		2.450,00

Gegenüber dem Fachgeschäft ist eine **Option möglich**. Die Nebenkosten als Nebenleistung teilen steuerlich das Schicksal der Hauptleistung. § 9 UStG
Der Bausparkassenvertreter führt nur steuerfreie Umsätze aus, die einen Vorsteuerabzug ausschließen. Eine Option ist nicht möglich. Auch hier teilen die Nebenkosten steuerlich das Schicksal der Hauptleistung. § 4 Nr. 11 UStG

Übungen

1 Ein Einzelhändler bezieht von einem Großhändler Tomaten. Der Verkäufer stellt 2.200,00 € + USt in Rechnung.

2 Der Unternehmer überweist für sein Geschäftshaus die Grundsteuer in Höhe von 320,00 € und 235,00 € Gebühren für die Abfallentsorgung vom Bankkonto an die Gemeinde.

3 Ihr Mandant hat ein Gebäude an gewerbliche Mieter vermietet und nach § 9 UStG optiert. Er bezahlt die Rechnung eines Elektrikers über 476,00 € einschl. USt für Reparaturarbeiten in diesem Gebäude durch eine Barentnahme aus der Firmenkasse.

4 Der Steuerpflichtige hat das Erdgeschoss seines Mietwohngrundstückes an einen Einzelhändler vermietet und nach § 9 UStG optiert. Wegen erheblicher Baumaßnahmen vor dem Gebäude und damit verbundener Umsatzeinbußen hat der Steuerpflichtige die Miete in Höhe von 12.000 € für einen Monat gestundet.

5 Am 01.12. diesen Jahres wird eine gebrauchte Maschine für 12.500,00 € + 19 % USt gegen Bankscheck gekauft. Die Maschine wird für steuerpflichtige und steuerfreie Umsätze, die den Vorsteuerabzug ausschließen, verwendet (75 % Abzugsumsätze, 25 % Ausschlussumsätze). Buchen Sie den Kauf der Maschine, wenn ein möglichst niedriger Gewinn ausgewiesen werden soll.

6 Für Renovierungsarbeiten im Geschäftshaus werden vom betrieblichen Bankkonto 25.228,00 € überwiesen. Vom Maler liegt dazu die folgende Rechnung vor:

Ausstellungs- und Verkaufsräume	17.400,00 €
Privaträume	3.800,00 €
Zwischensumme netto	21.200,00 €
+ 19 % USt	4.028,00 €
Gesamtbetrag brutto	25.228,00 €

Der Vorgang wurde bisher noch nicht gebucht.

7 Ein Mandant aus Gelsenkirchen bestellt am 24. Juni eine neue Fertigungsmaschine, Nutzungsdauer 8 Jahre, für 10.000,00 € + 19 % USt. Die Maschine wird im Juli 2020 geliefert, die Bezahlung erfolgt sofort durch Bankscheck. Die Maschine wird für steuerpflichtige Umsätze und für steuerfreie Umsätze, die den Vorsteuerabzug ausschließen verwendet (80 % Abzugsumsätze, 20 % Ausschlussumsätze).

Buchen Sie den Kauf der Maschine.

8 Unternehmer Friedrich aus Oberschleißheim (deutsche USt-Id-Nr.), lässt eine Fertigungsmaschine beim Hersteller in Graz (österreichische USt-Id-Nr.), überholen. Der österreichische Hersteller berechnet dem deutschen Kunden 4.500,00 € und stellt eine Rechnung gemäß § 14 a Abs. 5 UStG, in der er auf die Steuerschuldnerschaft der Leistungsempfänger hinweist.

a) Buchen Sie den Rechnungseingang.
b) Nach vier Wochen wird die Rechnung durch Banküberweisung ohne Abzug beglichen.
   Nehmen Sie die erforderliche Buchung vor.

9 Karl Schöller betreibt einen Groß- und Einzelhandel mit Trachtenkleidern. Er kauft jedoch auch gebrauchte Kleidung. Mitte September 2020 erwirbt er von einer guten Kundin ein nur einmal getragenes Designer-Dirndl für 550,00 € bar.

Wie ist zu buchen?

10 Der zum Vorsteuerabzug berechtigter Bauunternehmer Kleinschmidt aus Leipzig beauftragt einen Dachdeckerbetrieb aus Nürnberg mit der Reparatur des Daches seiner Lagerhalle, die zu seinem Betriebsvermögen gehört. Nach Beendigung der Bauarbeiten stellt der Dachdeckerbetrieb eine ordnungsgemäße Rechnung gemäß § 14a Abs. 5 UStG über 12.200,00 €. Gleichzeitig legt er die Freistellungsbescheinigung zum Steuerabzug bei Bauleistungen gemäß § 48b Abs. 1 S. 1 EStG vor.

Nehmen Sie alle erforderlichen Buchungen vor.

11 Ein Elektronikhändler aus Landsberg/Lech besitzt ein gemischtgenutztes Grundstück. Einen Teil des Erdgeschosses hat er an einen Drogeriemarkt vermietet. Den Rest des vierstöckigen Gebäudes nutzt der Elektronikhändler selbst.

Buchen Sie den Eingang der Monatsmiete in Höhe von 2.800 € und 300 € Nebenkosten auf dem Bankkonto, wenn der Elektronikhändler gemäß § 9 UStG optiert hat.

9 Abschlüsse nach Handels- und Steuerrecht

9.1 Der Jahresabschluss

Kaufleute müssen zum Schluss jedes Geschäftsjahrs einen Jahresabschluss nach den Grundsätzen ordnungsmäßiger Buchführung erstellen. **Einzelkaufleute,** die an den Abschlussstichtagen von zwei aufeinanderfolgenden Geschäftsjahren nicht **mehr als jeweils 600.000 € Umsatzerlöse und jeweils 60.000 € Jahresüberschuss** aufweisen, sind von dieser Verpflichtung befreit. Im Fall einer Neugründung gilt dies bereits, wenn die Werte am ersten Abschlussstichtag nicht überschritten werden. Der Jahresabschluss setzt sich zusammen bei

§ 242 (1) + (4) HGB
§ 241a HGB

Einzelunternehmen und Personengesellschaften (z. B. OHG, KG)	**Kapitalgesellschaften (z. B. AG, KG a.A., GmbH)**
Bilanz + Gewinn- und Verlustrechnung § 242 (3) HGB	Bilanz + Gewinn- und Verlustrechnung + Anhang § 264(1) HGB

+ Lagebericht

Mittlere und große Kapitalgesellschaften müssen zusätzlich einen Lagebericht aufstellen. Dieser dient jedoch nur der Berichterstattung und ist kein Bestandteil des Jahresabschlusses. Kapitalmarktorientierte Kapitalgesellschaften, die nicht verpflichtet sind einen Konzernabschluss zu erstellen, müssen den Jahresabschluss um eine Kapitalflussrechnung und einen Eigenkapitalspiegel erweitern. § 264 a HGB

Der Jahresabschluss von Personengesellschaften, an denen nicht mindestens eine natürliche Person als Gesellschafter beteiligt ist, entspricht dem Jahresabschluss von Kapitalgesellschaften.

Kapitalmarktorientierte Gesellschaften sollen ihre Konzernabschlüsse und/oder Jahresabschlüsse nach internationalen Rechnungslegungsvorschriften, den **IAS** (**International Accounting Standards**) bzw. IFRS (International Financial Reporting Standards) erstellen, s. Kap. 9.13.

Damit sollen die Jahresabschlüsse für Investoren, Kunden und Lieferanten besser vergleichbar werden. Während die Rechnungslegungsvorschriften nach dem **HGB** insbesondere dem **Gläubigerschutz** dienen, steht bei den IAS die Darstellung der **finanziellen Situation** und deren Entwicklung sowie die **Leistung des Unternehmens** als **Grundlage für wirtschaftliche Entscheidungen** im Vordergrund.

Kapitalmarktorientiert ist eine Kapitalgesellschaft, wenn sie einen organisierten Markt i. S. d. Wertpapierhandelsgesetzes durch ausgegebene Wertpapiere in Anspruch nimmt oder die Zulassung von Wertpapieren zum Handel an einem organisierten Markt beantragt hat. § 264 d HGB

Der **IAS-Jahresabschluss** setzt sich zusammen aus:

- Bilanz (balance sheet)
- GuV-Rechnung (income statement)
- Kapitalflussrechnung (statement of changes in financial position)
- Anhangangaben (notes)
- weitere Stellungnahmen und erläuternde Angaben

Der **Einzelabschluss nach HGB** bleibt für die Gewinnausschüttung und für steuerliche Zwecke erhalten, da die IAS insoweit keine geeignete Grundlage darstellen. Zur Information und bei der Offenlegung der Abschlüsse im Bundesanzeiger ist die Verwendung der IAS jedoch möglich.

9.1.1 Allgemeine Grundsätze zur Erstellung des Jahresabschlusses nach HGB

Bei der Erstellung des Jahresabschlusses haben alle Kaufleute i. S. d. HGB bestimmte allgemeine Grundsätze und Ansatzvorschriften zu beachten:

Aufstellungsgrundsatz § 243 HGB	**Vollständigkeit** § 246 (1) HGB
der Jahresabschluss muss – den GoB entsprechen – klar und übersichtlich gegliedert sein – innerhalb einer angemessenen Frist nach Ablauf des Geschäftsjahrs aufgestellt werden	der Jahresabschluss muss sämtliche – Vermögensgegenstände[1] – Schulden – Rechnungsabgrenzungsposten – Aufwendungen und Erträge enthalten
Verrechnungsverbot § 246 (2) HGB	**Inhalt der Bilanz** § 247 (1) HGB
Posten der Aktivseite dürfen nicht mit Posten der Passivseite, Aufwendungen nicht mit Erträgen verrechnet werden; **ausgenommen Vermögensgegenstände**, die der **Erfüllung von Schulden** aus **Altersvorsorgeverpflichtungen** dienen	Anlagevermögen Eigenkapital Umlaufvermögen Schulden Rechnungsabgrenzungsposten sind gesondert auszuweisen und hinreichend zu gliedern

§ 244 Der Jahresabschluss ist in deutscher Sprache und in Euro aufzustellen.
§ 245 HGB Er ist unter Angabe des Datums zu unterschreiben bei

- Einzelunternehmen vom Kaufmann
- Personengesellschaften von allen persönlich haftenden Gesellschaftern
- Kapitalgesellschaften vom gesetzlichen Vertreter (Geschäftsführer, Vorstand).

Die Vorschriften des HGB wurden durch das Bilanzrechtsmodernisierungsgesetz (BilMoG) an europäische und internationale Rechnungslegungsregeln angepasst. In diesem Zusammenhang soll insbesondere die Aussagekraft der HGB-Abschlüsse verbessert werden. Der HGB-Abschluss bildet weiterhin die Grundlage für die steuerliche Gewinnermittlung und die Ausschüttungsbemessung.

9.1.2 Der Jahresabschluss von Einzelunternehmen und Personengesellschaften

Für Einzelunternehmen und Personengesellschaften bestehen für die Bilanz und die GuV-Rechnung keine besonderen Gliederungsvorschriften soweit sie nicht nach dem Publizitätsgesetz zur Rechnungslegung verpflichtet sind. Kleinere Unternehmen verwenden in der Praxis für die Bilanz das Gliederungsschema für kleine Kapitalgesellschaften gem. § 266 (1) Satz 3 HGB. Die GuV-Rechnung kann in Konto- oder Staffelform nach dem Gesamtkosten- oder Umsatzkostenverfahren in Anlehnung an § 275 HGB erstellt werden, wobei jeweils unbesetzte Positionen entfallen.

---

§ 246 (1) HGB [1] Vermögensgegenstände sind in der **Bilanz des Eigentümers** aufzunehmen. Ist ein Vermögensgegenstand nicht dem Eigentümer, sondern **einem anderen wirtschaftlich zuzurechnen**, hat dieser ihn in **seiner Bilanz** auszuweisen.

Beispiel

für die Gliederung der Bilanz einer Kommanditgesellschaft:

Aktiva

A. Anlagevermögen

I. Immaterielle Vermögensgegenstände

II. Sachanlagen
1. Grundstücke, grundstücksgleiche Rechte und Bauten
2. Technische Anlagen und Maschinen
3. Andere Anlagen, Betriebs- und Geschäftsausstattung
4. Geleistete Anzahlungen und Anlagen im Bau

III. Finanzanlagen
1. Beteiligungen
2. Wertpapiere, Ausleihungen und sonstige Finanzanlagen

B. Umlaufvermögen

I. Vorräte
1. Roh-, Hilfs- und Betriebsstoffe
2. Unfertige Erzeugnisse
3. Fertige Erzeugnisse und Waren
4. Geleistete Anzahlungen

II. Forderungen
1. Forderungen aus Lieferungen und Leistungen
2. Forderungen an Gesellschafter
3. Sonstige Vermögensgegenstände

III. Wertpapiere

IV. Flüssige Mittel
1. Kassenbestand
2. Bundesbankguthaben
3. Guthaben bei Kreditinstituten und Schecks

C. Rechnungsabgrenzungsposten

D. Aktive latente Steuern

Passiva

A. Eigenkapital
1. Kapitaleinlagen unbeschränkt haftender Gesellschafter
2. Kapitaleinlagen der Kommanditisten

B. Rückstellungen

C. Verbindlichkeiten
1. Verbindlichkeiten gegenüber Kreditinstituten
2. Verbindlichkeiten aus Lieferungen und Leistungen
3. Erhaltene Anzahlungen
4. Verbindlichkeiten gegenüber Gesellschaftern
5. Sonstige Verbindlichkeiten

D. Rechnungsabgrenzungsposten

E. Passive latente Steuern

Für Unternehmen, die nicht als Kapitalgesellschaften zur Offenlegung des Jahresabschlusses verpflichtet sind, aber die Größenmerkmale des Publizitätsgesetzes übersteigen, gelten die Gliederungsvorschriften für mittelgroße und große Kapitalgesellschaften gem. § 266 Absätze 2 + 3 HGB. Dies ist der Fall, wenn an drei aufeinanderfolgenden Bilanzstichtagen mindestens zwei der nachstehenden Merkmale zutreffen:

Bilanzsumme	**> 65 Mio. € am Abschlussstichtag**	
Umsatzerlöse	**> 130 Mio. €**	in den letzten 12 Monaten vor dem Abschlussstichtag
Beschäftigtenzahl	**> 5000 Arbeitnehmer**	

§§ 1,11 PublG

9.1.3 Der Jahresabschluss von Kapitalgesellschaften

§ 264 (1) HGB

Der Jahresabschluss von Kapitalgesellschaften umfasst neben der Bilanz und der GuV-Rechnung auch den Anhang. Der Lagebericht gehört nicht zum Jahresabschluss. Kapitalmarktorientierte Kapitalgesellschaften, die nicht zur Erstellung eines Konzernabschlusses verpflichtet sind, müssen den Jahresabschluss um eine Kapitalflussrechnung und einen Kapitalspiegel erweitern.

9.1.3.1 Allgemeine Grundsätze

§ 264 (2) HGB

Der Jahresabschluss einer Kapitalgesellschaft hat ein den tatsächlichen Verhältnissen entsprechendes Bild der Vermögens-, Finanz- und Ertragslage der Gesellschaft zu vermitteln. Das HGB schreibt für die Bilanz und die GuV-Rechnung folgende allgemeinen Grundsätze für die Gliederung vor:

§§ 265/266 HGB

- Bilanz in Kontoform
- die Form der Darstellung sowie die Gliederung aufeinanderfolgender Bilanzen und GuV-Rechnungen ist beizubehalten
- eine weitere Untergliederung der Posten ist zulässig, wenn dabei die vorgeschriebene Gliederung beachtet wird
- zu jedem Posten ist der entsprechende Betrag des vorhergehenden Geschäftsjahrs anzugeben
- neue Posten dürfen hinzugefügt werden
- Posten, die keinen Betrag ausweisen, brauchen nicht geführt zu werden, wenn auch im Vorjahr kein Betrag vorhanden war (§ 275 (1) HGB)
- GuV-Rechnung in Staffelform

9.1.3.2 Gliederung der Bilanz

§ 267 HGB

Für die Gliederung der Bilanz ist maßgeblich, welcher Größenklasse die Kapitalgesellschaft zugeordnet werden kann. Die Beträge gelten für Geschäftsjahre, die nach dem 31.12.2015 beginnen.

Kapitalgesellschaft	Bilanzsumme[1] €	Umsatzerlöse[1] €	Anzahl der Arbeitnehmer
Kleine	bis 6 Mio.	bis 12 Mio.	bis 50
Mittelgroße	bis 20 Mio.	bis 40 Mio.	bis 250
Große	über 20 Mio.	über 40 Mio.	über 250

Eine kapitalmarktorientierte Kapitalgesellschaft i. S. d. § 264d HGB gilt stets als große Kapitalgesellschaft.

§ 266 (1) HGB

Große und mittelgroße Kapitalgesellschaften haben auf der Aktivseite die in § 266 Abs. 2 HGB und auf der Passivsseite die in Abs. 3 bezeichneten Posten gesondert und in der vorgeschriebenen Reihenfolge vorzunehmen.

§ 267 a HGB

Kleine Kapitalgesellschaften können eine verkürzte Bilanz aufstellen, in die nur die mit Buchstaben und römischen Ziffern bezeichneten Posten gesondert und in der vorgeschriebenen Reihenfolge aufgenommen werden. Kleinstkapitalgesellschaften (Bilanzsumme ≤ 350.000 €, Nettoumsatzerlöse ≤ 700.000 €, Anzahl der AN ≤ 10) können eine vereinfachte Bilanz nur mit den Buchstabenpositionen des § 266 HGB erstellen.

[1] Beträge nach dem Bilanzrichtlinie-Umsetzungsgesetz (BilRUG); die Bilanzsumme setzt sich aus den Posten A–E des § 266 (2) HGB zusammen

Bilanzgliederung für große und mittelgroße Kapitalgesellschaften

§ 266 (2+3) HGB

Aktiva

A. Anlagevermögen

I. Immaterielle Vermögensgegenstände
1. Selbst geschaffene gewerbliche Schutzrechte und ähnliche Rechte und Werte
2. entgeltlich erworbene Konzessionen, gewerbliche Schutzrechte und ähnliche Rechte und Werte sowie Lizenzen an solchen Rechten
3. Geschäfts- oder Firmenwert
4. geleistete Anzahlungen

II. Sachanlagen
1. Grundstücke, grundstücksgleiche Rechte und Bauten
2. technische Anlagen und Maschinen
3. andere Anlagen, Betriebs- und Geschäftsausstattung
4. geleistete Anzahlungen und Anlagen im Bau

III. Finanzanlagen
1. Anteile an verbundenen Unternehmen
2. Ausleihungen an verbundene Unternehmen
3. Beteiligungen
4. Ausleihungen an Unternehmen, mit denen ein Beteiligungsverhältnis besteht
5. Wertpapiere des Anlagevermögens
6. sonstige Ausleihungen

B. Umlaufvermögen

I. Vorräte
1. Roh-, Hilfs- und Betriebsstoffe
2. unfertige Erzeugnisse, unfertige Leistungen
3. fertige Erzeugnisse und Waren
4. geleistete Anzahlungen

II. Forderungen und sonstige Vermögensgegenstände
1. Forderungen aus Lieferungen und Leistungen
2. Forderungen gegen verbundene Unternehmen
3. Forderungen gegen Unternehmen, mit denen ein Beteiligungsverhältnis besteht
4. sonstige Vermögensgegenstände

III. Wertpapiere
1. Anteile an verbundenen Unternehmen
2. sonstige Wertpapiere

IV. Kassenbestand, Bundesbankguthaben, Guthaben bei Kreditinstituten und Schecks

C. Rechnungsabgrenzungsposten

D. Aktive latente Steuern

E. Aktiver Unterschiedsbetrag aus der Vermögensverrechnung

Passiva

A. Eigenkapital

I. Gezeichnetes Kapital

II. Kapitalrücklage

III. Gewinnrücklagen
1. gesetzliche Rücklage
2. Rücklage für Anteile an einem herrschenden oder mehrheitlich beteiligten Unternehmen
3. satzungsmäßige Rücklagen
4. andere Gewinnrücklagen

IV. Gewinnvortrag/Verlustvortrag

V. Jahresüberschuss/Jahresfehlbetrag

B. Rückstellungen
1. Rückstellungen für Pensionen
2. Steuerrückstellungen
3. Sonstige Rückstellungen

C. Verbindlichkeiten
1. Anleihen
2. Verbindlichkeiten gegenüber Kreditinstituten
3. erhaltene Anzahlungen
4. Verbindlichkeiten aus Lieferungen und Leistungen
5. Verbindlichkeiten aus Wechseln
6. Verbindlichkeiten gegenüber verbundenen Unternehmen
7. Verbindlichkeiten gegenüber Unternehmen, mit denen ein Beteiligungsverhältnis besteht
8. sonstige Verbindlichkeiten
   davon aus Steuern
   davon im Rahmen der soz. Sicherheit

D. Rechnungsabgrenzungsposten

E. Passive latente Steuern

9.1.3.3 ⟩ Gewinn- und Verlustrechnung

Einzelunternehmen und Personengesellschaften können die GuV-Rechnung in Kontoform oder in Staffel-Form darstellen. Kapitalgesellschaften müssen die Gewinn- und Verlustrechnung in Staffelform erstellen. Sie dürfen bei der Gliederung zwischen dem **Gesamtkostenverfahren** und dem **Umsatzkostenverfahren** wählen.
Große Kapitalgesellschaften müssen dabei die in § 275(2) bzw. § 275(3) HGB bezeichneten Posten in der angegebenen Reihenfolge und gesondert ausweisen.
Kleine und mittlere Kapitalgesellschaften dürfen bei der Anwendung des Gesamtkostenverfahrens die Posten des § 275 (2) Nr. 1–5 unter der Bezeichnung „**Rohergebnis**" zusammenfassen. Wird das Umsatzkostenverfahren angewendet, gilt dies für die Posten gem. § 275 (3) Nr. 1–3 und 6 HGB. Kleinstkapitalgesellschaften können die GuV-Rechnung verkürzt mit acht Zeilen darstellen, § 275 (5) HGB: Umsatzerlöse, sonstige Erträge, Material-, Personalaufwand, Abschreibungen, sonstige Aufwendungen, Steuern, Jahresüberschuss/Jahresfehlbetrag.

§ 275 (2) HGB

Gliederung der GuV-Rechnung bei Anwendung des Gesamtkostenverfahrens

1. Umsatzerlöse
2. +/– Erhöhung oder Verminderung des Bestands an fertigen und unfertigen Erzeugnissen
3. andere aktivierte Eigenleistungen
4. sonstige betriebliche Erträge
5. Materialaufwand
   a) Aufwendungen für Roh-, Hilfs- und Betriebsstoffe und für bezogene Waren
   b) Aufwendungen für bezogene Leistungen
6. Personalaufwand
   a) Löhne und Gehälter
   b) Soziale Abgaben und Aufwendungen für Altersversorgung
7. Abschreibungen
   a) auf immaterielle Vermögensgegenstände des Anlagevermögens und Sachanlagen sowie auf aktivierte Aufwendungen für die Ingangsetzung und Erweiterung des Geschäftsbetriebs
   b) auf Vermögensgegenstände des Umlaufvermögens, soweit diese die in der Kapitalgesellschaft üblichen Abschreibungen überschreiten
8. sonstige betriebliche Aufwendungen
9. Erträge aus Beteiligungen, davon aus verbundenen Unternehmen
10. Erträge aus anderen Wertpapieren und Ausleihungen des Finanzanlagevermögens, davon aus verbundenen Unternehmen
11. sonstige Zinsen und ähnliche Erträge, davon aus verbundenen Unternehmen
12. Abschreibungen auf Finanzanlagen und auf Wertpapiere des Umlaufvermögens
13. Zinsen und ähnliche Aufwendungen, davon an verbundene Unternehmen
14. Steuern vom Einkommen und Ertrag
15. Ergebnis nach Steuern
16. sonstige Steuern
17. Jahresüberschuss/Jahresfehlbetrag

Beim Gesamtkostenverfahren werden **alle Konten der Kostenarten** erfasst, die zur betrieblichen Leistungserstellung beigetragen haben und den Umsatzerlösen gegenübergestellt. Da sich die Kosten auf die erzeugte Leistung beziehen, die Erlöse dagegen auf die abgesetzte, sind Bestandsveränderungen zu berücksichtigen, um die Kosten der abgesetzten Leistung anzupassen.

Gliederung der GuV-Rechnung bei Anwendung des Umsatzkostenverfahrens § 275 (3) HGB

1. Umsatzerlöse
2. Herstellungskosten der zur Erzielung der Umsatzerlöse erbrachten Leistungen
3. **Bruttoergebnis vom Umsatz**
4. Vertriebskosten
5. allgemeine Verwaltungskosten
6. sonstige betriebliche Erträge
7. sonstige betriebliche Aufwendungen
8. Erträge aus Beteiligungen, davon aus verbundenen Unternehmen
9. Erträge aus anderen Wertpapieren und Ausleihungen des Finanzanlagevermögens, davon aus verbundenen Unternehmen
10. sonstige Zinsen und ähnliche Erträge, davon aus verbundenen Unternehmen
11. Abschreibungen auf Finanzanlagen und auf Wertpapiere des Umlaufvermögens
12. Zinsen und ähnliche Aufwendungen, davon an verbundene Unternehmen
13. Steuern vom Einkommen und Ertrag
14. Ergebnis nach Steuern
15. sonstige Steuern
16. Jahresüberschuss/Jahresfehlbetrag

Beim Umsatzkostenverfahren werden den Umsatzerlösen die Herstellungskosten der **abgesetzten** Leistung gegenübergestellt. Es kommt zum gleichen Ergebnis wie das Gesamtkostenverfahren, beinhaltet jedoch weniger Informationen. Mittlere und große Kapitalgesellschaften müssen daher im Anhang den Materialaufwand und den Personalaufwand wie beim Gesamtkostenverfahren gliedern. Bei kleinen Kapitalgesellschaften gilt das nur für den Personalaufwand.

§ 285 Nr. 8 HGB

9.1.3.4 › Anhang

§§ 284/285 HGB

Der Anhang ist nur von Kapitalgesellschaften und Personengesellschaften i.S.d. § 264a HGB, z.B. GmbH & Co. KG zu erstellen. In den Anhang sind Angaben aufzunehmen, die gesetzlich vorgeschrieben oder statt in der Bilanz oder GuV-Rechnung im Anhang gemacht werden können. Der Anhang soll die Bilanz und GuV-Rechnung erläutern. Eine Gliederung ist nicht vorgeschrieben. Kleine und mittlere Kapitalgesellschaften können bestimmte Angaben weglassen.

Beispiele für Pflicht- und Wahlangaben im Anhang

Pflichtangaben	Wahlangaben
– Bilanzierungs- und Bewertungsmethoden – Grundlagen für die Umrechnung von fremden Währungen – Gesamtbetrag der Verbindlichkeiten, die durch Pfandrechte gesichert sind – Gesamtbetrag der sonstigen finanziellen Verpflichtungen – Erläuterung der sonstigen Rückstellungen, wenn sie in der Bilanz nicht gesondert ausgewiesen sind	– Entwicklung der einzelnen Posten des Anlagevermögens – Abschreibungen – Disagio – Sonderposten mit Rücklageanteil – Haftungsverhältnisse aus der Bestellung von Sicherheiten für fremde Verbindlichkeiten

§ 289 HGB

9.1.3.5 › Lagebericht

Zusätzlich zum Jahresabschluss und dem Anhang müssen mittlere und große Kapitalgesellschaften sowie Kapitalgesellschaften u. Co. KG/OHG einen Lagerbericht erstellen. Im Lagebericht sind der Geschäftsverlauf und die Lage der Gesellschaft so darzustellen, dass ein den tatsächlichen Verhältnissen entsprechendes Bild vermittelt wird. Der Lagebericht soll eingehen auf die Vorgänge von besonderer Bedeutung, die nach dem Abschlussstichtag eingetreten sind, sowie auf die voraussichtliche Entwicklung der Kapitalgesellschaft und den Bereich Forschung und Entwicklung.

Beispiele für Angaben zum Geschäftsverlauf und der Lage

Geschäftsverlauf	Lage
Umsatzentwicklung Personalentwicklung Kostenentwicklung Kapazitätsauslastung	Marktstellung Auftragsbestand Beschäftigungsgrad Beteiligungen

9.1.4 › Fristen für die Erstellung des Jahresabschlusses

Der Jahresabschluss von Einzelunternehmen und Personengesellschaften, die nicht publizitätspflichhtig sind, ist innerhalb der einem ordnungsgemäßen Geschäftsgang entsprechenden Zeit aufzustellen, § 243 (3) HGB. Nach der Rechtsprechung ist dies maximal ein Zeitraum von 12 Monaten. Für Kapitalgesellschaften sind in § 264 (1) HGB genaue Fristen festgelegt, diese gelten auch für publizitätspflichtige Einzelunternehmen und Personengesellschaften, § 264 a HGB.

	Bilanz	GuV	Anhang	Lagebericht
Einzelunternehmen Personengesellschaften	12 Monate	12 Monate	–	–
Kapitalgesellschaften und Kapitalgesellschaften&Co.KG/OHG				
kleine	6 Monate	6 Monate	6 Monate	–
mittelgroße	3 Monate	3 Monate	3 Monate	3 Monate
große	3 Monate	3 Monate	3 Monate	3 Monate

9.1.5 › Prüfung des Jahresabschlusses

§ 316 HGB Der Jahresabschluss und der Lagebericht aller unter das Publizitätsgesetz fallenden Unternehmen sowie der mittleren und großen Kapitalgesellschaften muss durch einen Abschlussprüfer (z. B. Wirtschaftsprüfer) geprüft werden. Die Feststellung des Jahresabschlusses ist erst nach erfolgter Prüfung möglich.

§ 319 (3) HGB Das Handelsgesetzbuch sieht die Einschränkung und den Ausschluss von Wirtschaftsprüfern vor, die für das zu prüfende Unternehmen Rechts- und Beratungsleistungen erbringen oder bei der Buchführung oder Aufstellung des Jahresabschlusses mitgewirkt haben.

Die Prüfung erstreckt sich auf: § 317 HGB

Bilanz, GuV-Rechnung und Anhang	Buchführung	Lagebericht
Geprüft wird: ob die gesetzlichen Vorschriften und die ergänzenden Bestimmungen des Gesellschaftsvertrags oder der Satzung eingehalten wurden	u.a. die Ordnungsmäßigkeit der Buchführung und des Belegwesens sowie die sachliche Richtigkeit	ob der Lagebericht im Einklang steht mit dem Jahresabschluss und ob die sonstigen Angaben keine falsche Vorstellung von der Lage des Unternehmens erwecken

Werden vom Abschlussprüfer keine Einwendungen erhoben, ist der **Bestätigungsvermerk** zu erteilen. Bei Einwendungen hat der Prüfer den Vermerk einzuschränken oder zu versagen. Der uneingeschränkte Bestätigungsvermerk lautet: § 322 HGB

„Die Buchführung und der Jahresabschluss entsprechen nach meiner/unserer pflichtgemäßen Prüfung den gesetzlichen Vorschriften. Der Jahresabschluss vermittelt unter Beachtung der Grundsätze ordnungsmäßiger Buchführung ein den tatsächlichen Verhältnissen entsprechendes Bild der Vermögens-, Finanz- und Ertragslage der Kapitalgesellschaft. Der Lagebericht steht im Einklang mit dem Jahresabschluss."

9.1.6 Offenlegung des Jahresabschlusses

§ 325 HGB

Der festgestellte/gebilligte Jahresabschluss, der Lagebericht, der Bestätigungsvermerk und der Bericht des Aufsichtsrats sind spätestens ein Jahr nach dem Abschlussstichtag zu veröffentlichen. Als Veröffentlichungsorgane dient der Bundesanzeiger (BA). Bei Kapitalgesellschaften hängt der Umfang der Veröffentlichung von der Größe ab, §§ 326/327 HGB. Große Kapitalgesellschaften können statt des HGB-Abschlusses einen IFRS-Abschluss im Bundesanzeiger bekannt machen. Wird die Offenlegung unterlassen oder nicht rechtzeitig vorgenommen, kann das Bundesamt für Justiz Ordnungsgelder von 2.500 € bis 25.000 €[1] festsetzen. Bei Kleinstkapitalgesellschaften beträgt das Ordnungsgeld 500 € und bei kleinen Kapitalgesellschaften 1.000 €. § 335 (2–6) HGB

Unternehmensform/ Unternehmensgröße	Umfang der Offenlegung				Organ zur Veröffentlichung	Veröffentlichungsfristen
	Bilanz	GuV	Anhang	Lagebericht		
Einzelunternehmen, Personengesellschaften nach § 9 PublG	×	×	×	×	BA	12 Monate
Kapitalgesellschaften § 325 HGB Ges. nach § 264 a HGB kleine	×	–	×	–	BA	12 Monate
mittelgroße	×	×	×	×	BA	12 Monate
große	×	×	×	×	BA	12 Monate

[1] Für kapitalmarktorientierte Kapitalgesellschaften i. S. d. § 264 d HGB können weit höhere Beträge angesetzt werden, § 325 (1a) HGB.

Übungen

1 Erstellen Sie die Bilanz für eine kleine Kapitalgesellschaft nach § 266 (1) Satz 3 HGB:

	€
Vorräte	380.000,00
Gezeichnetes Kapital	400.000,00
Forderungen und sonstige Vermögensgegenstände	250.000,00
Gewinnrücklage	50.000,00
Wertpapiere	80.000,00
Flüssige Mittel	56.000,00
Verbindlichkeiten gegenüber Kreditinstituten	346.000,00
Finanzanlagen	152.000,00
Immaterielle Vermögensgegenstände	35.000,00
Passive Rechnungsabgrenzungsposten	12.000,00
Kapitalrücklage	80.000,00
Jahresüberschuss	?
Sonstige Verbindlichkeiten	42.000,00
Sachanlagen	445.000,00
Verbindlichkeiten aus Lieferungen und Leistungen	197.000,00
Rückstellungen	80.000,00
Aktive Rechnungsabgrenzungsposten	9.000,00

2 Die endgültige Saldenbilanz einer großen Kapitalgesellschaft enthält folgende Positionen:

	€
Gezeichnetes Kapital	6.000.000,00
Roh-, Hilfs-, Betriebsstoffe	950.000,00
Anzahlungen von Kunden	264.000,00
Fabrikgebäude	2.320.000,00
Postgiroguthaben	60.000,00
Kundenforderungen	340.000,00
Schuldwechsel	40.000,00
Bürogebäude	1.200.000,00
Kapitalrücklage	500.000,00
Betriebs- und Geschäftsausstattung	860.000,00
Sonstige Verbindlichkeiten	130.000,00
Pensionsrückstellungen	360.000,00
Kassenbestand	45.000,00
Verbindlichkeiten gegenüber Kreditinstituten	880.000,00
Aktive Rechnungsabgrenzung	24.000,00
Gewinnrücklage	90.000,00
Steuerrückstellungen	120.000,00
Guthaben bei Kreditinstituten	92.000,00
Verbindlichkeiten aus Lieferungen und Leistungen	780.000,00
Geleistete Anzahlungen	124.000,00
Besitzwechsel	54.000,00
Technische Anlagen und Maschinen	2.340.000,00
Anteile an verbundenen Unternehmen	1.000.000,00
Gewinnvortrag	5.000,00
Verbindlichkeiten gegenüber verbundenen Unternehmen	280.000,00
Jahresüberschuss	?
Passive Rechnungsabgrenzung	32.000,00
Sonstige Vermögensgegenstände	72.000,00
Sonstige Wertpapiere	244.000,00

Erstellen Sie die Bilanz.

3 Berechnen Sie das „Rohergebnis" einer mittleren Kapitalgesellschaft.

	€
Umsatzerlöse	1.500.000,00
Bestandserhöhung fertige Erzeugnisse	30.000,00
Bestandsminderung unfertige Erzeugnisse	10.000,00
Andere aktivierte Eigenleistungen	25.000,00
Aufwendungen für Roh-, Hilfs-, Betriebsstoffe	480.000,00
Sonstige betriebliche Erträge	50.000,00

4 Die Saldenbilanz einer AG enthält nachstehende Zahlen. Erstellen Sie eine GuV-Rechnung nach dem Gesamtkostenverfahren und ermitteln Sie

a) das Betriebsergebnis
b) das Ergebnis der gewöhnlichen Geschäftstätigkeit
c) den Jahresüberschuss/-fehlbetrag.

		€
Fertige Erzeugnisse	AB 120.000,00	EB 80.000,00
Unfertige Erzeugnisse	AB 90.000,00	EB 100.000,00
Umsatzerlöse		3.250.000,00
Materialaufwand		540.000,00
Sonstige betriebliche Erträge		120.000,00
Abschreibungen auf Anlagevermögen		210.000,00
Löhne und Gehälter		1.110.000,00
Steuern vom Einkommen und Ertrag		180.000,00
Zinserträge aus festverzinslichen Wertpapieren des AV		54.000,00
Sonstige betrieblichen Aufwendungen		490.000,00
Arbeitgeberbeiträge zur Sozialversicherung		260.000,00
Aufwendungen für bezogene Leistungen		130.000,00
Zinsaufwendungen		42.000,00

5 Welche Fristen gelten für die in Ziffer 1 und 2 genannten Kapitalgesellschaften hinsichtlich der

a) Aufstellung des Jahresabschlusses?
b) Offenlegung des Jahresabschlusses?

9.2 Zeitliche Abgrenzung von Aufwendungen und Erträgen

Bei der Erstellung des Jahresabschlusses sind nur diejenigen Aufwendungen und Erträge zu berücksichtigen, die wirtschaftlich auf das Geschäftsjahr entfallen, für das der Abschluss erstellt wird. § 252 (1) Nr. 5 HGB

Es werden nur verausgabte Aufwendungen (Betriebsausgaben) und vereinnahmte Erträge (Betriebseinnahmen), die als Gegenleistung für eine wiederkehrende Leistung nach dem Bilanzstichtag bestimmt sind berücksichtigt, z. B. Miet-, Pachtzahlungen, Darlehenszinsen, Versicherungsprämien.

9.2.1 Transitorische Posten

§ 250 (1) HGB § 5 (5) EStG Stellen Ausgaben vor dem Abschlussstichtag Aufwand für einen bestimmte Zeit nach diesem Tag dar, so sind sie als Rechnungsabgrenzungsposten auf der Aktivseite (ARAP) der Schlussbilanz auszuweisen.

§ 250 (2) HGB § 5 (5) EStG Einnahmen vor dem Bilanzstichtag, die Ertrag für eine bestimmte Zeit nach diesem Tag darstellen, sind als Rechnungsabgrenzungsposten auf der Passivseite (PRAP) der Schlussbilanz auszuweisen.

Ein Aktivierungs- bzw. Passivierungsgebot besteht sowohl für die Handels- als auch für die Steuerbilanz.

Sachverhalt	im alten Jahr		im neuen Jahr	Abgrenzung im alten Jahr
Leistungsforderung	Ausgabe		Aufwand	**Aktive Rechnungsabgrenzung**
Wir zahlen im voraus	Ausgabe	**Aufwand**		
Leistungsverbindlichkeit	Einnahme		Ertrag	**Passive Rechnungsabgrenzung**
An uns wird im voraus gezahlt	Einnahme	**Ertrag**		
		Bilanzstichtag		

9.2.1.1 Aktive Rechnungsabgrenzung

Die Ausgabe erfolgt im alten Jahr. Der Aufwand gehört voll ins neue Jahr.

Beispiel

Ein buchführender Gewerbetreibender zahlt im November 2020 Versicherungsprämien in Höhe von 8.000,00 € für Januar bis Juni des nächsten Geschäftsjahres.

Buchungssatz	Soll	Haben
Im alten Jahr:		
6400 (4360) Versicherungen	8.000,00	
an 1800 (1200) Bank		8.000,00
Am Bilanzstichtag:		
1900 (0980) Aktive Rechnungsabgrenzung	8.000,00	
an 6400 (4360) Versicherungen		8.000,00
Im neuen Geschäftsjahr nach Eröffnung der Konten:		
6400 (4360) Versicherungen	8.000,00	
an 1900 (0980) Aktive Rechnungsabgrenzung		8.000,00

Die Ausgabe erfolgt im alten Jahr. Der Aufwand gehört zum Teil ins alte und zum Teil ins neue Jahr.

Beispiel

Ein Unternehmer zahlt am 30.09.2020 die Lagermiete für die Monate Oktober 2020 bis März 2021 in Höhe von 6.000,00 € durch Banküberweisung.

Buchungssatz		Soll	Haben
Im alten Jahr:			
6310 (4210)	Mieten	6.000,00	
	an 1800 (1200) Bank		6.000,00
Am Bilanzstichtag:			
1900 (0980)	Aktive Rechnungsabgrenzung	3.000,00	
	an 6310 (4210) Mieten		3.000,00
Im neuen Geschäftsjahr nach Eröffnung der Konten:			
6310 (4210)	Mieten	3.000,00	
	an 1900 (0980) Aktive Rechnungsabgrenzung		3.000,00

9.2.1.2 › Passive Rechnungsabgrenzung

Die Einnahme erfolgt im alten Jahr. Der Ertrag gehört voll ins neue Jahr.

Beispiel

Ein Unternehmen erhält am 28.12.2020 eine Pachtzahlung für den Monat Januar 2021 in Höhe von 2.500,00 € durch Postgiroüberweisung.

Buchungssatz		Soll	Haben
Im alten Jahr:			
1700 (1100)	Postbank	2.500,00	
	an 4830 (2700) Sonstige betriebliche Erträge		2.500,00
Am Bilanzstichtag:			
4830 (2700)	Sonstige betriebliche Erträge	2.500,00	
	an 3900 (0990) Passive Rechnungsabgrenzung		2.500,00
Im neuen Geschäftsjahr nach Eröffnung der Konten:			
3900 (0990)	Passive Rechnungsabgrenzung	2.500,00	
	an 4830 (2700) Sonstige betriebliche Erträge		2.500,00

Einnahme erfolgt im alten Jahr. Der Ertrag gehört zum Teil ins alte und zum Teil ins neue Jahr.

Beispiel

Die Rolex GmbH erhält im September Provisionen in Höhe von 4.000,00 € für den Zeitraum 01.10.2020 bis 31.03.2021 auf das Bankkonto überwiesen.

Buchungssatz		Soll	Haben
Im alten Jahr:			
1800 (1200)	Bank	4.000,00	
	an 4500 (8500) Provisionserlöse		4.000,00
Am Bilanzstichtag:			
4500 (8500)	Provisionserlöse	2.000,00	
	an 3900 (0990) Passive Rechnungsabgrenzung		2.000,00
Im neuen Geschäftsjahr nach Eröffnung der Konten:			
3900 (0990)	Passive Rechnungsabgrenzung	2.000,00	
	an 4500 (8500) Provisionserlöse		2.000,00

Übungen

Buchen Sie folgende Geschäftsvorfälle. Erstellen Sie alle möglichen Buchungen:

1 Die Feuer- und Diebstahlversicherung ist für die Zeit vom 01.10.2020 bis 30.09.2021 zu bezahlen.
Wir überweisen am 30.09.2020 einen Betrag in Höhe von 840,00 €.

2 Geschäftsräume wurden von uns an eine Einzelhandelskette verpachtet. Das Unternehmen überweist am 28.11.2020 einen Betrag in Höhe von 12.000,00 € für die Monate Dezember 2020 und Januar 2021 auf unser Bankkonto.

3 Im Geschäftsgebäude sind mehrere Pkw-Stellplätze vermietet worden. Der Mietpreis für einen Stellplatz beträgt 90,00 €. Ein Mieter zahlt die Januarmiete bereits im Dezember 2020.

4 Wir überweisen am 03.11.2020 die Darlehenszinsen für die Zeit vom 01.11.2020 bis 31.01.2021 in Höhe von 5.000,00 € durch unsere Bank.

5 Die Garagenmiete für die Monate Januar, Februar und März 2021 wird von unserem Mieter Ende des Jahres 2020 in Höhe von insgesamt 1.200,00 € auf unser Bankkonto überwiesen.

9.2.2 Antizipative Posten

Antizipative Posten sind sogenannte „Sonstige Forderungen" und „Sonstige Verbindlichkeiten". Das Wort antizipativ stammt vom lateinischen *anticipare* (= vorwegnehmen). Die Erfolgsbuchung geht der Einnahme bzw. der Ausgabe voraus.

R 5.6 (3) S. 2 EStR

So sind Erträge und Aufwendungen des abgelaufenen Geschäftsjahres, die erst später zu Einnahmen und Ausgaben führen, als sonstige Forderungen oder sonstige Verbindlichkeiten im laufenden Jahr zu bilanzieren.

Für sonstige Forderungen und sonstige Verbindlichkeiten gibt es im HGB keine spezielle Vorschrift. Der Grundsatz der Bilanzklarheit (GoB) gebietet allerdings den Ansatz dieser Positionen.

Sachverhalt	im alten Jahr		im neuen Jahr	Abgrenzung im alten Jahr
Geldforderung	Ertrag		Einnahme	**Sonstige Forderung**
An uns wird nachträglich gezahlt		**Ertrag**	Einnahme	
Geldverbindlichkeiten	Aufwand		Ausgabe	**Sonstige Verbindlichkeit**
Wir müssen noch zahlen		**Aufwand**	Ausgabe	
		Bilanzstichtag		

9.2.2.1 › Sonstige Forderungen

Der Ertrag gehört voll ins alte Jahr. Die Einnahme erfolgt im neuen Jahr.

Beispiel

Ein Unternehmen hat noch die Dezember-Miete für die Überlassung von Geschäftsräumen in Höhe von 3.500,00 € an uns zu zahlen.

Buchungssatz		Soll	Haben
Am Bilanzstichtag:			
1300 (1500)	Sonstige Vermögensgegenstände	3.500,00	
	an 4860 (2750) Grundstückserträge		3.500,00
Im neuen Jahr nach Eröffnung der Konten und erfolgtem Zahlungseingang:			
1800 (1200)	Bank	3.500,00	3.500,00
	an 1300 (1500) Sonstige Vermögensgegenstände		

Der Ertrag gehört zum Teil ins alte und zum Teil ins neue Jahr. Die Einnahme erfolgt im neuen Jahr.

Beispiel

Für vermietete Räume haben wir noch Mieten für die Zeit vom 01.10.2020 bis 31.03.2021 in Höhe von 1.600,00 € zu bekommen.

Buchungssatz		Soll	Haben
Am Bilanzstichtag:			
1300 (1500)	Sonstige Vermögensgegenstände	800,00	
	an 4860 (2750) Grundstückserträge		800,00
Im neuen Jahr nach Eröffnung der Konten und erfolgtem Zahlungseingang:			
1800 (1200)	Bank	1.600,00	
	an 1300 (1500) Sonstige Vermögensgegenstände		800,00
	4860 (2750) Grundstückserträge		800,00

9.2.2.2 › Sonstige Verbindlichkeiten

Beispiel

Wir überweisen die uns in Rechnung gestellten Gebühren der Wach- und Schließgesellschaft für den Monat Dezember 2020 in Höhe von 480,00 € im Januar 2021.

Buchungssatz		Soll	Haben
Am Bilanzstichtag:			
6420 (4380)	Beiträge und Gebühren	480,00	
	an 3500 (1700) Sonstige Verbindlichkeiten		480,00
Im neuen Jahr nach Eröffnung der Konten und erfolgtem Zahlungsausgang:			
3500 (1700)	Sonstige Verbindlichkeiten	480,00	
	an 1800 (1200) Bank		480,00

Der Aufwand gehört zum Teil ins alte und zum Teil ins neue Jahr. Die Ausgabe erfolgt im neuen Jahr.

Beispiel

Wir müssen noch Pachten in Höhe von 3.600,00 € für die Zeit von Oktober 2020 bis März 2021 bezahlen. Die Zahlung erfolgt jeweils halbjährlich nachträglich am 01.04. bzw. 01.10. eines Jahres.

Buchungssatz		Soll	Haben
Am Bilanzstichtag:			
6315 (4210)	Pachten	1.800,00	
	an 3500 (1700) Sonstige Verbindlichkeiten		1.800,00
Im neuen Jahr nach Eröffnung der Konten und erfolgtem Zahlungsausgang zum 01.04.:			
3500 (1700)	Sonstige Verbindlichkeiten	1.800,00	
6315 (4210)	Mieten/Pachten	1.800,00	
	an 1800 (1200) Bank		3.600,00

Übungen

Buchen Sie folgende Geschäftsvorfälle. Bilden Sie alle Buchungssätze:

1. Ein Mieter ist mit der Zahlung der Dezembermiete in Höhe von 2.500,00 € für das Jahr 2020 in Verzug. Der Betrag wird am 24.01.2021 unserem Bankkonto gutgeschrieben.
2. Für ein am 01.03.2020 aufgenommenes Darlehen über 40.000,00 € sind jährlich Zinsen in Höhe von 1.800,00 € zu zahlen. Die nächste Zahlung erfolgt am 31.03.2021.
3. Die Kfz-Versicherung für die Zeit vom 15.12.2020 bis 14.12.2021 in Höhe von 1.280,00 € wird erst am 14.01.2021 bezahlt.
4. Lt. Vertrag muss der Mieter unserer Lagerhalle die Miete für die Monate Oktober, November und Dezember 2020 von jeweils 1.500,00 € erst im Januar 2021 bezahlen.

5 Ende Dezember 2020 stellt Ihr Mandant fest, dass er die Dezembermiete für den Fotokopierer noch nicht bezahlt hat. Die Überweisung in Höhe von 800,00 € + 19 % USt wird am 05.01.2021 nachgeholt.

6 Herr Schmitz schuldet Ihrem Mandanten noch Zinsen für ein am 02.01.2020 gewährtes Darlehen. Das Darlehen betrug 20.000,00 € und wird mit 7 % verzinst. H. Schmitz will die Zahlung im Februar 2021 nachholen.

7 Für einen Brandschaden im Lager, entstanden im Monat Oktober 2020, erhalten wir von der Feuerversicherung eine Entschädigung. Unserem Bankkonto ist am 12.01.2021 ein Betrag in Höhe von 17.400,00 € gutgeschrieben worden.

8 Der Handelskammerbeitrag in Höhe von 150,00 € für das letzte Quartal des Jahres 2020 wird von unserem Mandanten im Januar des neuen Jahres überwiesen.

9 Am 1. März 2021 erhalten wir die Pachtzahlung für die Monate Dezember 2020 bis Februar 2021 in Höhe von 4.200,00 € durch Banküberweisung.

10 Für ein Hypothekenschuld von 100.000,00 € nehmen wir die Zinszahlung nachträglich zum 01. März, 01. Juni, 01. September, 01. Dezember durch Banküberweisung vor. Der berechnete Zinssatz beträgt 6 % für den Zeitraum 01.01.–31.12.2020.

9.2.3 Abgrenzung der Umsatzsteuer

Die Konten Vorsteuer und Umsatzsteuer sind Bestandskonten und beeinflussen deshalb den Erfolg des Unternehmens nicht. Eine Abgrenzung für Zwecke der periodengerechten Gewinnermittlung kann also bei diesen Konten unterbleiben. Da es sich bei den Buchungen auf diesen Konten aber um steuerbare Leistungen im Sinne des § 1 UStG handeln kann, muss am Ende des Geschäftsjahres beachtet werden, ob die gebuchten Vorsteuer- und Umsatzsteuerbeträge bereits anrechenbar oder fällig sind.

9.2.3.1 Abzugrenzende Vorsteuer

Anrechenbare Vorsteuer

Voraussetzungen für den anrechenbaren Vorsteuerabzug gemäß § 15 UStG: § 15 (1) 1UStG

- Die Leistung muss ausgeführt sein. §§ 14, 14a UStG
- Eine Rechnung i.S.d. §§ 14, 14a muss vorliegen (entbehrlich bei einer Kleinbetragsrechnung oder einem Fahrausweis). § 33 UStDV § 34 UStDV

oder

SL 133 ff.

- Die Leistung ist noch nicht ausgeführt. A 15.2+3 UStAE
- Die Rechnung mit gesondert ausgewiesenem Steuerbetrag liegt vor.
- Die Zahlung ist erfolgt. (Die Zahlung kann auch als Teilentgelt geleistet werden.)

Beispiel

Die Leistung ist ausgeführt. Die Rechnung mit Steuerausweis liegt vor. Die Zahlung erfolgt im alten Jahr.
Ein buchführungspflichtiger Unternehmer erhält am 01.10.2020 die Rechnung über die Wartungskosten der gemieteten Kopierer für den Zeitraum 01.10.2020 bis 31.03.2021. Der Rechnungsbetrag lautet über 1.200,00 € + 228,00 € USt. Die Überweisung erfolgt am 03.10.2020.

Buchungssatz		Soll	Haben
Im alten Jahr:			
6470 (4805)	Instandhaltung	1.200,00	
1406 (1576)	Vorsteuer	228,00	
	an 1800 (1200) Bank		1.428,00
Die Vorsteuer ist im Voranmeldungszeitraum Oktober voll abzugsfähig (Rechnung liegt vor, Zahlung wurde geleistet, § 15 (1) S. 3 UStG).			
Am Bilanzstichtag:			
1900 (0980)	Aktive Rechnungsabgrenzung	600,00	
	an 6470 (4805) Instandhaltung		600,00
Im neuen Jahr nach Eröffnung der Konten:			
6470 (4805)	Instandhaltung	600,00	
	an 1900 (0980) Aktive Rechnungsabgrenzung		600,00

Beispiel

Die Leistung ist nicht ausgeführt. Die Rechnung mit offenem Steuerausweis liegt vor und die Zahlung ist erfolgt.
Bereits im November 2020 musste die Miete für einen Ausstellungstand auf der Frühjahrsmesse 2021 mit 2.000,00 € zuzüglich 380,00 € USt bezahlt werden.

Buchungssatz		Soll	Haben
Im alten Jahr:			
6310 (4210)	Mieten/Pachten	2.000,00	
1406 (1576)	Vorsteuer	380,00	
	an 1800 (1200) Bank		2.380,00
Die Vorsteuer ist im Voranmeldungszeitraum November voll abzugsfähig.			
Am Bilanzstichtag:			
1900 (0980)	Aktive Rechnungsabgrenzung	2.000,00	
	an 6310 (4210) Mieten/Pachten		2.000,00
Im neuen Jahr nach Eröffnung der Konten:			
6310 (4210)	Mieten/Pachten	2.000,00	
	an 1900 (0980) Aktive Rechnungsabgrenzung		2.000,00

Nicht anrechenbare Vorsteuer

Der Vorsteuerabzug gemäß § 15 UStG ist ausgeschlossen.

A 15 (3) UStAE

- Die Leistung ist ausgeführt.
- Die Rechnung ist in einem späteren Voranmeldungszeitraum zugegangen.

oder

- Die Leistung ist nicht ausgeführt.
- Die Rechnung mit gesondertem Steuerausweis liegt aber bereits vor, die Rechnungssumme ist jedoch noch nicht bezahlt worden.

Beispiel

Die Leistung ist ausgeführt. Rechnungserhalt und Zahlung erfolgen im neuen Jahr. Die einem Taxiunternehmen benachbarte Tankstelle übernimmt regelmäßig die Reinigung des Fuhrparks. Für die von Oktober und November 2020 ausgeführten Leistungen muss das Unternehmen noch 900,00 € +171,00 € USt zahlen. Die Rechnung wird dem Taxiunternehmen am 15.01.2021 zugestellt und von diesem am 17.01.2021 bezahlt.

Buchungssatz		Soll	Haben
Am Bilanzstichtag:			
6330 (4250)	Reinigung	900,00	
	an 3500/1700 Sonstige Verbindlichkeiten		900,00
Im neuen Jahr nach Eröffnung der Konten und erfolgtem Zahlungausgang am 17.01.2019:			
3500 (1700)	Sonstige Verbindlichkeiten	900,00	
1406 (1576)	Vorsteuer	171,00	
	an 1800 (1200) Bank		1.071,00

Die Vorsteuer ist erst im Voranmeldungszeitraum Januar 2020 abzugsfähig, da die Rechnung erst im neuen Jahr vorliegt (§ 15 (1) S. 2 UStG).

Alternative Buchungsmöglichkeiten zum vorherigen Fall:

Am Bilanzstichtag:			
6330 (4250)	Reinigung	900,00	
1434 (1548)	Vorsteuer im Folgejahr abziehbar	171,00	
	an 3500 (1700) Sonstige Verbindlichkeiten		1.071,00
Im neuen Jahr:			
3500 (1700)	Sonstige Verbindlichkeiten	1.071,00	
1406 (1576)	Vorsteuer	171,00	
	an 1800 (1200) Bank		1.071,00
	1434 (1548) Vorsteuer im Folgejahr abziehbar		171,00

Beispiel

Die Leistung ist im alten und neuen Jahr anteilig ausgeführt. Die Rechnung mit gesondertem Steuerausweis liegt im alten Jahr bereits vor. Die Zahlung erfolgt im neuen Jahr.
Für die Reinigungsarbeiten bittet der Tankstelleninhaber uns um Zahlung der Reinigungskosten. Für die Monate Dezember 2020 bis Januar 2021 sendet er uns im Dezember 2020 die Rechnung über 1.500,00 € + 285,00 € USt zu, die aber erst am 10.01.2021 bezahlt wird.

Buchungssatz		Soll	Haben
Am Bilanzstichtag:			
6330 (4250)	Reinigung	750,00	
1500 (1300)	Sonstige Vermögensgegenstände	750,00	
1406 (1576)	Vorsteuer	142,50	
1434 (1548)	Vorsteuer im Folgejahr abziehbar	142,50	
	an 3300 (1600) Verbindlichkeiten		1785,00

Die Vorsteuer ist nur für den im alten Jahr ausgeführten Teil der Leistung abzugsfähig. Der nicht abzugfähige Teil ist abzugrenzen.

Im neuen Jahr nach Eröffnung der Konten und erfolgtem Zahlungsausgang am 10.01.2021:

6330 (4250)	Reinigung	750,00	
1406 (1576)	Vorsteuer	142,50	
	an 1500 (1300) Sonstige Vermögensgegenstände		750,00
	1434 (1548) Vorsteuer im Folgejahr abziehbar		142,50
3300 (1600)	Verbindlichkeiten	1.785,00	
	an 1800 (1200) Bank		1.785,00

9.2.3.2 › Abzugrenzende Umsatzsteuer

SL 126 ff.

Fällige Umsatzsteuerschuld

§ 13 (1a) UStG

Die Umsatzsteuer entsteht

› bei der Berechnung nach vereinbarten Entgelten (§ 16 (1) S. 1 UStG) wenn:

- Der Unternehmer die Leistung (auch Teilleistung) ausgeführt hat. Eine Rechnung mit gesondertem Steuerausweis muss nicht erstellt worden sein.
  oder
- Der Unternehmer hat die Leistung noch nicht ausgeführt. Das Entgelt für die Leistung oder Teilleistung wurde aber bereits vereinnahmt.

§ 13 (1) b) UStG

› bei der Berechnung nach vereinnahmten Entgeten, § 20 UStG: mit Ablauf des Voranmeldungszeitraums, in dem die Entgelte vereinnahmt worden sind

Beispiel ›››

Leistung ist ausgeführt, aber noch nicht abgerechnet.

Unser Mandant, die Wach- und Schließgesellschaft, berechnet einem Kunden für die in der Zeit vom 01.12.2020 bis 31.12.2020 erfolgten Überwachungsarbeiten 2.400,00 € + 456,00 € USt. Die Rechnung erhält der Kunde am 12.01.2021.

Buchungssatz		Soll	Haben
Am Bilanzstichtag:			
1208 (1408)	Forderungen aus noch nicht abgerechneten Leistungen	2.856,00	
	an 4000 (8000) Erlöse		2.400,00
	3806 (1776) Umsatzsteuer		456,00
Im neuen Jahr nach Eröffnung der Konten und erfolgtem Rechnungseingang:			
1200 (1400)	Forderungen	2.856,00	
	an 1208 (1408) Forderungen aus noch nicht abgerechneten Leistungen		2.856,00

Beispiel

Die Leistung ist noch nicht ausgeführt. Die Rechnung wurde erstellt und der Kunde hat das Entgelt für die Leistung bereits ganz bezahlt.

Ein Unternehmer übersendet einem Kunden am 01.12.2020 eine Rechnung über 4.200,00 € + 798,00 € USt für Reinigungsarbeiten an der Glasfassade des Gebäudes. Abrechnungszeitraum ist der 01.12.2020 bis 28.02.2021. Der Kunde überweist den Betrag am 03.12.2020.

Buchungssatz		Soll	Haben
Im alten Jahr am 03.12.2020:			
1800 (1200)	Bank	4.998,00	
	an 4000 (8000) Erlöse		4.200,00
	3806 (1776) Umsatzsteuer		798,00

Der Gesamtbetrag an Umsatzsteuer ist im alten Jahr vereinnahmt worden. Deshalb ist die Umsatzsteuer in voller Höhe entstanden (§ 13 (1) a) S. 4 UStG).

		Soll	Haben
Am Bilanzstichtag:			
4000 (8000)	Erlöse	2.800,00	
	an 3900 (0990) Passive Rechnungsabgrenzung		2.800,00
Im neuen Jahr nach Eröffnung der Konten:			
3900 (0990)	Passive Rechnungsabgrenzung	2.800,00	
	an 4000 (8000) Erlöse		2.800,00

Noch nicht fällige Umsatzsteuerschuld

Die Umsatzsteuerschuld ist nicht entstanden, wenn:

- Die Leistung/Teilleistung nicht ausgeführt ist. (Auf die Rechnungserstellung kommt es nicht an.)
- Das Entgelt nicht vor Ausführung der Leistung/Teilleistung vereinnahmt worden ist

Beispiel

Die Leistung ist nicht ausgeführt. Die Rechnung geht im alten Jahr zu.
Die Zahlung erfolgt im neuen Jahr.
Ein Unternehmer sendet einem Kunden am 01.12.2020 eine Rechnung über 4.200,00 € + 798,00 € USt für Reinigungsarbeiten an der Glasfassade des Gebäudes. Abrechnungszeitraum ist der 01.12.2020 bis 28.02.2021. Der Kunde überweist den Gesamtbetrag am 27.02.2021.

Buchung der Banküberweisung		Soll	Haben
Im alten Jahr am 01.12.2020:			
1200 (1400)	Forderungen	4.998,00	
	an 4000 (8000) Erlöse		4.200,00
	3806 (1776) Umsatzsteuer		266,00
	3816 (1766) Umsatzsteuer nicht fällig		532,00

Nur für den ausgeführten Teil der Gesamtleistung ist die Umsatzsteuer im Voranmeldungszeitraum Dezember entstanden. Der Rest entsteht mit Ausführung der Leistung bzw. Bezahlung im neuen Jahr.

Am Bilanzstichtag:

4000 (8000)	Erlöse	2.800,00	
	an 3500 (1700) Sonstige Verbindlichkeiten		2.800,00

Im neuen Jahr nach Eröffnung der Konten und erfolgtem Zahlungseingang:

3500 (1700)	Sonstige Verbindlichkeiten	2.800,00	
3816 (1766)	Umsatzsteuer nicht fällig	532,00	
	an 4000 (8000) Erlöse		2.800,00
	3806 (1776) Umsatzsteuer		532,00
1800 (1200)	Bank	4.998,00	
	an 1200 (1400) Forderungen		4.998,00

Übungen

1 Der Malerbetrieb Pinsel & Co. hat bei Ihrem Mandanten die Fenster der Außenfassade gestrichen. Das verbindliche Angebot von Pinsel & Co. für die zu erledigenden Arbeiten betrug 9.000,00 € + USt. Die Arbeiten wurden Mitte Dezember 2019 abgeschlossen. Wie buchen Sie im alten Jahr, wenn sie am 16.01.2021 den Rechnungsbetrag überweisen.

a) Rechnungseingang am 22.12.2020.
b) Rechnungseingang am 05.01.2021.

2 Ein Unternehmen kauft am 28.12.2020 für einen Reisenden beim Händler einen Pkw-Kombi zum Preis von 42.000,00 € + USt inclusive Autotelefon und Freisprechanlage.
Die Rechnung in Höhe des vereinbarten Kaufpreises geht dem Unternehmen am 30.12.2020 zu. Da sich über Neujahr die Einbauarbeiten der Freisprechanlage verzögern, ist die Auslieferung des Fahrzeugs erst am 05.01.2021 möglich. Der Rechnungsbetrag wird sofort per Bankscheck beglichen.

Wie bucht der Händler?

9.3 Wertansätze der Vermögens- und Schuldposten

Durch die Bewertung sollen Wertansätze für Vermögensgegenstände und Schulden in der Bilanz ermittelt werden. Voraussetzung dafür ist

§ 246 (1) HGB
- die vollständige Erfassung aller bilanzierungsfähiger Vermögensgegenstände und Schulden, sowie der Rechnungsabgrenzungsposten in der Bilanz,

§§ 247 (1), 266 HGB
- dass die Bilanz alle vorgeschriebenen Bilanzposten enthält und diese hinreichend aufgegliedert sind,

§ 246 (2) HGB
- dass keine Verrechnung von Aktiv- und Passivposten erfolgt.

9.3.1 Bewertungsgrundsätze

Das HGB enthält in § 252 allgemeine Grundsätze für die Bewertung von Vermögensgegenständen und Schulden beim Jahresabschluss. SL 216

Grundsatz der	Erläuterung
Bilanzidentität	Die Eröffnungsbilanz eines Geschäftsjahres muss mit der Schlussbilanz des vorhergehenden Geschäftsjahres hinsichtlich der Wertansätze der einzelnen Bilanzposten und des Bilanzinhalts übereinstimmen.
Fortführung der Unternehmertätigkeit	Bei der Bewertung ist von der Weiterführung des Unternehmens/der Unternehmertätigkeit auszugehen (Going Concern-Prinzip).
Einzelbewertung	Die Vermögensgegenstände und Schulden sind grundsätzlich einzeln zu bewerten; **Ausnahmen:** Gruppenbewertung, Festbewertung (§ 240 (3+4) HGB, R 6.8 (4) R 5.4 (4) EStR).
Vorsicht	**Realisationsprinzip:** Gewinne dürfen erst ausgewiesen werden, wenn sie erzielt worden sind. **Imparitätsprinzip:** Verluste sind bereits zu berücksichtigen, wenn sie erkennbar sind. **Wertaufhellungsprinzip:** Vorgänge und Tatsachen, die bis zum Bilanzstichtag eingetreten sind, müssen berücksichtigt werden, auch wenn sie erst nach dem Bilanzstichtag bis zum Tag der Bilanzaufstellung bekannt werden.
Periodengerechte Abgrenzung von Aufwendungen und Erträgen	Aufwendungen und Erträge sind unabhängig vom Zeitpunkt der Bezahlung im Jahresabschluss zu berücksichtigen.
Bewertungsstetigkeit	Die auf den **vorhergehenden Jahresabschluss angewandten Bewertungsmethoden sind** beizubehalten.

Übungen

1 Der Jahresabschluss einer Werkzeugfabrik soll erstellt werden. Dabei ergeben sich folgende Fragen:

a) Roh-, Hilfs- und Betriebsstoffe sowie die unfertigen Erzeugnissen, die bisher getrennt ausgewiesen wurden, sollen in einer Position zusammengefasst werden. Ist dies zulässig?

b) Die Marktpreise von Handelswaren, die für 15.000,00 € angeschafft wurden, sind bis zum Bilanzstichtag auf 12.000,00 € gefallen. Nach dem Bilanzstichtag bis zur Aufstellung der Bilanz, fielen die Preise weiter auf 10.000,00 €. Mit welchem Wert sind die Handelswaren in der Handelsbilanz/Steuerbilanz zu aktivieren?

2 Der Gewinn einer OHG ist im laufenden Wirtschaftsjahr sehr hoch ausgefallen. Der Bilanzbuchhalter möchte daher bei der Bewertung der Fertigerzeugnisse bisher nicht angesetzte Verwaltungskosten berücksichtigen. Ist dies möglich?

3 Eine Farbenfabrik hat zum 31.12.2020 gegenüber einem Baumarkt Forderungen aus Warenlieferungen in Höhe von 23.800,00 €. Bei der Erstellung der Bilanz im Februar 2021 erfährt die Farbenfabrik, dass am 10.12.2020 das Insolvenzverfahren gegenüber dem Baumarkt eröffnet wurde und mit einer Zahlung nicht mehr zu rechnen ist.

a) Wie ist dic Forderung zum 31.12.2020 zu bewerten?
b) Angenommen die Fabrik hätte erst nach der Bilanzerstellung am 02.03.2021 von der Uneinbringlichkeit der Forderung erfahren. Könnte die Bilanz noch geändert werden?
c) Wie wäre die Forderung zum 31.12.2020 zu bewerten, wenn erst im Januar 2021 aufgrund einer Brandkatastrophe das Insolvenzverfahren über den Baumarkt eröffnet worden wäre?

9.3.2 Bewertungsmaßstäbe

SL 199 ff.

Bewertungsmaßstäbe sind Wertvorstellungen, an denen der Wert von Wirtschaftsgütern gemessen wird. Wichtige Bewertungsmaßstäbe sind:

Anschaffungskosten § 255 (1) HGB	**Herstellungskosten** § 255 (2) HGB	**Teilwert** § 6 (1) Nr. 1 ESt
Aufwendungen, die geleistet werden, um einen Vermögensgegenstand zu erwerben und ihn in einen betriebsbereiten Zustand zu versetzen, **zuzüglich Nebenkosten** und nachträgliche Anschaffungskosten, **abzüglich Anschaffungspreisminderungen**	Aufwendungen, die durch den Verbrauch von Gütern und die Inanspruchnahme von Diensten für die Herstellung, Erweiterung oder wesentliche Verbesserung eines Vermögensgegenstandes entstehen; siehe Seite 316	Betrag, den ein Erwerber eines ganzen Betriebs im Rahmen des Gesamtkaufpreises für das einzelne Wirtschaftsgut ansetzen würde unter der Voraussetzung, dass der Betrieb fortgeführt wird

9.3.2.1 Anschaffungskosten

Typische **Anschaffungskosten bei unbeweglichen Wirtschaftsgütern** sind neben dem Kaufpreis beispielsweise:

Grunderwerbsteuer	Notariatskosten	Grundbuchkosten
Maklergebühren	Gutachterkosten	Vermessungskosten

§ 9b (1) EStG **Die abziehbare Vorsteuer gehört nicht zu den Anschaffungskosten.**

Beispiel

Ein buchführungspflichtiger Unternehmer erwarb ein unbebautes Grundstück für 120.000,00 €, dabei sind folgende weiteren Aufwendungen angefallen: 5 % Grunderwerbsteuer, 1.200,00 € Notariatsgebühren + USt sowie 80,00 € Grundbuchgebühren. Alle Beträge wurden im Jahr der Anschaffung durch Banküberweisung beglichen.

Buchung bei Anschaffung des Grundstücks	Soll	Haben
0215 (0065) Unbebaute Grundstücke	127.280,00	
1406 (1576) Vorsteuer	228,00	
an 1800 (1200) Bank		127.508,00

Bei **beweglichen Wirtschaftsgütern** gehören insbesondere folgende Kosten zu den Anschaffungskosten:

Einfuhrzölle	Fracht	Rollgeld
Verpackungskosten	Wiegekosten	Überführungskosten
Zulassungskosten	Montagekosten	Fundamentierungskosten
Anschlüsse für Strom, Wasser, Gas		

Nebenkosten gehören zu den Anschaffungskosten, wenn sie dem Wirtschaftsgut einzeln zugeordnet werden können. Gemeinkosten gehören nicht zu den Anschaffungskosten. H 6.2 EStH

Beispiel

Ein vorsteuerabzugsberechtigter Unternehmer erwarb für 180.000,00 € + 19 % USt einen neuen Lkw. Der Händler berechnete für die Überführung 600,00 € + USt. Beide Beträge beglich der U durch Banküberweisung. Für die Zulassung des Fahrzeugs zahlte der Unternehmer 120,00 € bar an die Zulassungsstelle. Die Nummernschilder kaufte U bei einer nahegelegenen Schilderwerkstatt für 90,00 € + 19 % USt ebenfalls gegen bar.

Von einer Lackiererei ließ U noch einen Schriftzug am Lkw anbringen, der auf seine Firma hinweist. Die Kosten von 1.500,00 € + 19 % USt überwies U nach Eingang der Rechnung.

Berechnung der Ak:		
	Listenpreis	180.000,00 €
	+ Überführung	600,00 €
	+ Zulassung	120,00 €
	+ Nummernschilder	90,00 €
	+ Schriftzug	1.500,00 €
		182.310,00 €

Buchung der Anschaffung		Soll	Haben
0540 (0350)	Lkw	182.310,00	
1406 (1576)	Vorsteuer	34.616,10	
	an 1800 (1200) Bank		216.699,00
	an 1600 (1000) Kasse		227,10

Keine Anschaffungskosten sind Geldbeschaffungskosten (Finanzierungskosten), wie Damnum, Spesen, Bearbeitungsgebühren, Schuldzinsen. Diese Kosten entstehen durch die Aufnahme eines Kredits, mit dessen Hilfe ein Wirtschaftsgut angeschafft wird. H 6.3 EStH

Anschaffungspreisminderungen können sein:

Rabatte	Skonti	Boni
Preisnachlässe aufgrund von Mängelrügen u.a.		

Rabatte mindern sofort die Anschaffungskosten. Die übrigen Preisminderungen führen erst im **Zeitpunkt der tatsächlichen Inanspruchnahme** zu einer Kürzung der Anschaffungskosten. Sie führen außerdem zu einer Korrektur des Vorsteuerabzugs § 17 (1) UStG. Die Preisminderungen werden direkt auf den jeweiligen Sachkonten erfasst. H 6.2 EStH

Beispiel

Eine Gewerbetreibende kaufte Ende September eine neue Maschine für 100.000,00 € + 19 % USt auf Ziel.
Der Lieferant stellte folgende Rechnung:

Listenpreis	100.000,00 €
– 10 % Rabatt	10.000,00 €
	90.000,00 €
+ 19 % USt	17.100,00 €
Rechnungsbetrag	107.100,00 €

Bei Zahlung innerhalb von 14 Tagen gewährt der Lieferant 3 % Skonto vom Zieleinkaufspreis. Die Gewerbetreibende überwies Anfang Oktober den Rechnungsbetrag unter Abzug von 3 % Skonto.

Buchung bei Anschaffung		Soll	Haben
0440 (0210)	Maschinen	90.000,00	
1406 (1576)	Vorsteuer	17.100,00	
	an 3300 (1600) Verbindlichkeiten		107.100,00

Buchung bei Bezahlung		Soll	Haben
3300 (1600)	Verbindlichkeiten	107.100,00	
	an 1800 (1200) Bank		103.887,00
	0440 (0210) Maschinen		2.700,00
	1406 (1576) Vorsteuer		513,00

Bei der Anschaffung von Wertpapieren rechnen die Bankprovision, die Maklergebühr (Courtage) und die sonstigen Auslagen zu den Anschaffungskosten.

Beispiel

Eine buchführende Unternehmerin erwirbt zur kurzfristigen Geldanlage 500 Aktien der Ypsilon-AG; Kurs 60. Die Bank berechnet 1 % Bankprovision und 0,075 % Courtage jeweils vom Kurswert sowie 20,00 € Auslagen.
Die Kaufabrechnung lautet:

500 Stück Ypsilon-Aktien, Kurswert		30.000,00 €
+ Bankprovision 1 % von	30.000 €	300,00 €
+ Courtage 0,75‰ von	30.000 €	22,50 €
+ Auslagen		20,00 €
Lastschrift		30.342,50 €

Buchung bei Anschaffung des Grundstücks		Soll	Haben
1510 (1348)	Sonstige Wertpapiere	30.342,50	
	an 1800 (1200) Bank		30.342,50

Übungen

1 Ein buchführungspflichtiger Gewerbetreibender erwarb einen neuen Pkw, der auch zu 30 % privat genutzt wird. Der Händler erteilte folgende Rechnung:

Listenpreis	30.000,00 €
+ Anhängerkupplung	800,00 €
+ Überführung	300,00 €
+ Nummernschilder	40,00 €
+ Tankfüllung	50,00 €
	31.190,00 €
+ 19 % USt	5.926,10 €
+ Zulassung	50,00 €
Rechnungsbetrag	37.166,10 €

Der Rechnungsbetrag wurde durch Banküberweisung beglichen. Buchen Sie den Vorgang.

2 Eine GmbH kaufte ein bebautes Grundstück für 150.000,00 €. Davon entfallen 20 % auf den Grund und Boden. Nebenkosten sind folgende angefallen: 5 % Grunderwerbsteuer, Maklergebühren 4.500,00 € + 19 % USt, Notariatsgebühren 1.250,00 € + 19 % USt und 500,00 € für die Eintragung ins Grundbuch. Alle Beträge wurden über das Postgirokonto beglichen.

3 Ein regelbesteuerter Unternehmer kaufte Ende April eine Maschine für 120.000,00 € netto auf Ziel. Im Mai bezahlte er die Rechnung durch Banküberweisung unter Abzug von 2 % Skonto. Bilden Sie die Buchungssätze für die Anschaffung und Bezahlung der Maschine.

4 Eine GmbH erwirbt zur kurzfristigen Geldanlage 200 Aktien zum Stückkurs von 124,00 €. Dem betrieblichen Bankkonto werden zusätzlich 1 % Provision und 0,075 % Maklergebühr belastet.
Buchen Sie den Erwerb der Aktien.

5 Eine AG erwarb zur Betriebserweiterung ein Grundstück für 300.000,00 €, das mit einem wertlosen Schuppen bebaut war. Im Zusammenhang mit dem Erwerb sind folgende Kosten angefallen:
Notariatsgebühren für die Beurkundung des Kaufvertrages 2.200,00 € + 19 % USt und 500,00 € + 19 % USt für die Eintragung einer Grundschuld zur Finanzierung des Kaufpreises sowie 5 % Grunderwerbsteuer.
Für den Abbruch des Schuppens berechnete eine Baufirma 5.000,00 € + 19 % USt. Alle Beträge wurden durch Banküberweisung beglichen.

Ermitteln Sie die Anschaffungskosten für das Grundstück und buchen Sie den Vorgang.

6 Eine OHG erwarb im Juli einen neuen Drehautomaten für 75.000,00 € + 14.250,00 USt. Die Lieferung erfolgte durch eine Spedition, die für Frachtkosten und Transportversicherung 1.570,00 € + 298,30 USt berechnete. Um den Drehautomaten aufstellen zu können, musste ein Bauunternehmen ein Fundament errichten und ein Elektrounternehmen mehrere Anschlüsse legen. Die Bauunternehmung berechnete 8.000,00 € + 19 % USt, das Elektrounternehmen stellte 3.600,00 € + 19 % USt in Rechnung.

Buchen Sie die Anschaffungskosten der Maschine. Die Beträge wurden durch Postbank überwiesen.

SL 202 f.

9.3.2.2 › Herstellungskosten

H 6.3 EStH

Herstellungskosten entstehen, wenn ein Unternehmen Wirtschaftsgüter selbst herstellt. Die Bewertung solcher Wirtschaftsgüter ist **handels- und steuerrechtlich** einheitlich anzusetzen (Übereinstimmungsvorbehalt, § 6 (1) Nr. 1b EStG), wenn der Gewinn nach § 5 EStG ermittelt wird.

Herstellungskosten nach Handelsrecht § 255 (2) HGB und Steuerrecht R 6.3 EStR	**Ansatz in der Handels- und Steuerbilanz**
Materialkosten, Fertigungskosten, Sonderkosten der Fertigung, angemessene Teile der Materialgemeinkosten und der Fertigungsgemeinkosten, Werteverzehr des Anlagevermögens (AfA), soweit dieser durch die Fertigung veranlasst ist	**Aktivierungspflichtig**
angemessene Teile der allgemeinen Verwaltung, Aufwendungen für soziale Einrichtungen, freiwillige soziale Leistungen, betriebliche Altersversorgung, soweit sie auf den Zeitraum der Herstellung entfallen	**Aktivierungswahlrecht in der Handelsbilanz und Steuerbilanz**[1]
Forschungs- und Vertriebskosten	**Aktivierungsverbot**

§ 255 (2) S. 3 HGB
§ 6 (1) Nr. 1b EStG

Einzelkosten werden den hergestellten Vermögensgegenständen direkt zugerechnet, z. B. Materialkosten, Fertigungslöhne, Sondereinzelkosten der Fertigung (Entwicklungs-, Entwurfskosten, Patentgebühren, Lizenzen u. a.).

Die Einzelkosten werden während der Herstellung von Wirtschaftsgütern laufend erfasst und auf den jeweiligen Sachkonten gebucht z. B.

Fertigungsmaterial	auf den Konten	5100 (4000) Materialaufwand
Fertigungslöhne		6010 (4110) Löhne
Sondereinzelkosten		5900 (3100) Fremdleistungen

Nach ihrer Fertigstellung sind die Sachanlagen auf dem entsprechenden Anlagekonto zu aktivieren, z. B. Geschäftsbauten, Fabrikbauten, Garagen, Außenanlagen, Technische Anlagen, Maschinen.

Die Gegenbuchung erfolgt auf dem Konto:
4820 (8990) Andere aktivierte Eigenleistungen

Beispiel

Eine Maschinenfabrik lässt von eigenen Arbeitskräften eine Spezialmaschine herstellen. Der Buchhalter ermittelt folgende Kosten:
Fertigungsmaterial 40.000,00 €, Fertigungslöhne 60.000,00 €, 25 % Materialgemeinkosten, 260 % Fertigungsgemeinkosten, Konstruktionspläne 10.000,00 €, Verwaltungsgemeinkosten 10 %, Vertriebskosten 6 %. Die Maschine ist mit dem handelsrechtlich niedrigsten Wert zu aktivieren.

Fertigungsmaterial	40.000,00 €	
+ 25 % Materialgemeinkosten	10.000,00 €	
= Materialkosten		50.000,00 €
Fertigungslöhne	60.000,00 €	
+ 260 % Fertigungsgemeinkosten	156.000,00 €	
+ Sondereinzelkosten der Fertigung	10.000,00 €	226.000,00 €
= Herstellungskosten		276.000,00 €

[1] Übereinstimmungsvorbehalt, § 6 (1) Nr. 1b S. 2 EStG beachten

Buchung nach Fertigstellung		Soll	Haben
0440 (0210	Maschine an 4820 (8990) Andere aktivierte Eigenleistungen	276.000,00	276.000,00

Ist das Wirtschaftsgut am Ende des Wirtschaftsjahres noch nicht fertiggestellt, werden die Kosten umgebucht auf das entsprechende **Konto „im Bau"**. Die Gegenbuchung erfolgt ebenfalls auf dem Konto **Andere aktivierte Eigenleistungen**.

Voraussetzung/Wirtschaftsgut	bewegliches WG	Bauten
Wirtschaftsgut ist noch nicht fertiggestellt	0770 (0290) Technische Anlagen und Maschinen **im Bau**	0710 (0120) Geschäfts-, Fabrik- u. andere Bauten **im Bau**
	0785 (0498) Andere Anlagen, Betriebs- u. Geschäftsausstattung **im Bau**	0725 (0150) Wohnbauten **im Bau**

Die Bestandskonten **„im Bau"** werden in der Bilanz gesondert ausgewiesen. Eine AfA ist auf im Bau befindliche Anlagen noch nicht vorzunehmen.

Beispiel

Eine Maschinenfabrik erstellte mit eigenen Arbeitskräften eine neue Werkzeugmaschine für die Produktion. Dabei fielen folgende Einzelkosten an:
Material 40.000,00 €, Fertigungslöhne 90.000,00 €, Konstruktionskosten 20.000,00 €.
Die Zuschlagssätze für die Gemeinkosten betragen:
Material 20 %, Fertigung 140 %, Verwaltung 10 % Vertrieb 5 %.
Die Maschine ist am Bilanzstichtag, 31.12.2020, noch nicht fertiggestellt. Berechnen und buchen Sie die anteiligen Herstellungskosten zum Bilanzstichtag. Die Verwaltungskosten werden in die Herstellungskosten einbezogen.

Fertigungsmaterial	40.000,00 €	
+ 20 % Materialgemeinkosten	8.000,00 €	
Fertigungslöhne	90.000,00 €	
+ 140 % Fertigungsgemeinkosten	126.000,00 €	
+ Konstruktionskosten	20.000,00 €	284.000,00 €
+ 10 % Verwaltungsgemeinkosten		28.400,00 €
Herstellungskosten		312.400,00 €

Buchung zum 31.12.2020		Soll	Haben
0770 (0290)	Technische Anlagen und Maschinen im Bau an 4820 (8990) Andere aktivierte Eigenleistungen	312.400,00	312.400,00

Angenommen, die Werkzeugmaschine würde ab 30.03.2021 in der Produktion eingesetzt und die Herstellungskosten hätten dann insgesamt 400.000,00 € betragen.

Buchung zum 30.03.2021	Soll	Haben
0440 (0210) Maschinen	400.000,00	
an 0770 (0290) Technische Anlagen und Maschinen im Bau		400.000,00

Das Anlagekonto weist nun die gesamten Herstellungskosten des neuen Wirtschaftsguts aus.

§ 255 (2a) HGB

Handelsrechtlich und steuerrechtlich dürfen noch die **Entwicklungskosten** angesetzt werden, wenn sie eindeutig von den Forschungskosten unterschieden werden können.

Gemeinkosten sind Kosten, die zugleich für mehrere Wirtschaftsgüter anfallen. Sie können nur mit Hilfe von Verteilungsschlüsseln den einzelnen Wirtschaftsgütern zugerechnet werden. Hierzu gehören beispielsweise Lagerkosten, Raumkosten, Versicherungen, AfA für Maschinen und Gebäude, Betriebsstoffverbrauch.

Die aktivierungspflichtigen und aktivierungsfähigen Gemeinkosten werden auf den entsprechenden Aufwandskonten erfasst und beim Jahresabschluss ebenfalls aktiviert.

§ 255 (3) HGB
R 6.3 (5) EStR
H 6.3 EStH

Kosten der **allgemeinen Verwaltung**, z.B. Aufwendungen für die Geschäftsleitung, Betriebsrat, Personalbüro, Rechnungswesen, können in der HB und in der StB in die Herstellungskosten einbezogen werden (Übereinstimmungsvorbehalt § 6 (1) Nr. 1b S. 2 EStG beachten). Zinsen für Fremdkapital, das der Finanzierung der Herstellung des Wirtschaftsgutes dient soweit sie auf den Zeitraum der Herstellung entfallen, die handelsrechtlich in die Hk einbezogen werden, sind auch steuerrechtlich zu berücksichtigen (Maßgeblichkeitsgrundsatz), nicht jedoch Geldbeschaffungskosten.
Kalkulatorische Kosten, wie Zinsen für Eigenkapital oder der Wert der eigenen Arbeitsleistung (Unternehmerlohn) sind keine Herstellungskosten, weil sie tatsächlich nicht entstanden sind.

Übungen

1 Ein Gewerbetreibender ließ für eigenbetriebliche Zwecke durch seine Arbeitnehmer eine Maschine herstellen. Die Anschaffungskosten für das notwendige Fertigungsmaterial betrugen 22.000,00 €. Die Herstellung hat außerdem folgende Kosten verursacht:
Materialgemeinkosten 14.000,00 €, Fertigungsgemeinkosten 46.000,00 €, Sondereinzelkosten der Fertigung 4.500,00 €, Verwaltungsgemeinkosten 2.000,00 € und Fertigungslöhne von 86.000,00 €.
Welche Buchung ist nach Fertigstellung der Maschine vorzunehmen, wenn der Gewinn handelsrechtlich so niedrig wie möglich ausgewiesen werden soll?

2 Ein Bauunternehmen begann im Wirtschaftsjahr 2019 mit der Erstellung eines Bürogebäudes durch eigene Arbeitskräfte. Bis zum Bilanzstichtag sind laut Kostenrechnung angefallen:
Fertigungslöhne 96.800,00 €, Fertigungsgemeinkosten 140 %, Fertigungsmaterial 125.000,00 €, Materialgemeinkosten 15 %. Außerdem wurden noch Kosten für Baupläne in Höhe von 30.000,00 € + 19 % USt an einen betriebsfremden Architekten durch Banküberweisung gezahlt. Im September des Wirtschaftsjahrs 2019 wurde das Bürogebäude bezugsfertig. Bis zu diesem Zeitpunkt sind noch Fertigungslöhne von 74.000,00 €, Fertigungsgemeinkosten von 43.500,00 € und Bauleistungen fremder Unternehmen von insgesamt 198.400,00 € + 19 % USt angefallen, die durch Banküberweisung beglichen wurden.
Wie lauten die Buchungen zum 31.12.2019 bzw. zum Zeitpunkt der Fertigstellung des Bürogebäudes im Jahr 2020 in der Handelsbilanz?

3 Eine Werkzeugfabrik produzierte für die eigene Fertigung eine Spezialdrehbank. Aus der Kostenrechnung ergeben sich folgende Beträge:
Fertigungsmaterial 60.000,00 €, Materialgemeinkosten 6.600,00 €, Fertigungslöhne 38.500,00 €, Fertigungsgemeinkosten 64.800,00 €. Mit der Konstruktion der Drehbank wurde ein Ingenieurbüro beauftragt, das 23.800,00 € inclusive USt in Rechnung stellte. Die anteiligen Verwaltungskosten betragen 1.240,00 €. Im Falle des Verkaufs würde ein Gewinnzuschlag von 15 % erfolgen. Außerdem wären noch anteilige Vertriebskosten von 450,00 € zu berechnen.

Ermitteln Sie den jeweils niedrigsten Wertansatz in der Handels- bzw. Steuerbilanz.
Bilden Sie den Buchungssatz für die Erfassung der Spezialdrehbank als Anlagevermögen in der Steuerbilanz.

4 Ein Fahrzeughersteller fertigte mit eigenen Arbeitskräften ein Lackiergerät. Dazu wurden Materialien im Wert von 48.000,00 € + 19 % USt gegen Banküberweisung bezogen. Die Fertigungslöhne beliefen sich auf insgesamt 84.500,00 €, die Fertigungsgemeinkosten betrugen 124.200,00 €, die anteiligen Verwaltungskosten schlugen mit 2.400,00 € zu Buch. Die im eigenen Konstruktionsbüro entworfenen Pläne verursachten Kosten von 22.200,00 €. Die Materialgemeinkosten sind mit 13.700,00 € anzusetzen.

Buchen Sie die niedrigsten handelsrechtlichen Herstellungskosten des Lackiergeräts.

5 Eine buchführungspflichtige Landschaftsgärtnerei erstellte mit eigenen Mitarbeitern die Außenlagen um die Betriebsgebäude. Die Anschaffungskosten für Pflastersteine, Kies, Sand und Zement aus dem eigenen Baustofflager beliefen sich auf insgesamt 68.400,00 €. Die Fertigungslöhne betrugen 116.200,00 €.
Aus der Kosten- und Leistungsrechnung ergeben folgende Zuschlagssätze:
Materialgemeinkosten 10 %, Fertigungsgemeinkosten 120 %, Verwaltungsgemeinkosten 5 %. Aus dem Unternehmen wurden zusätzlich Pflanzen mit Anschaffungskosten von 36.000,00 € verwendet.

Mit welchem Wert sind die Außenanlagen steuerrechtlich zu aktivieren, wenn handelsrechtlich die allgemeinen Verwaltungskosten in die Hk einbezogen wurden. Buchen Sie den Vorgang.

9.3.2.3 › Teilwert

SL 204 f.

Der Teilwert ist ein objektiver Wert, der von der Marktlage am Bilanzstichtag bestimmt wird. Als Obergrenze gelten die Wiederbeschaffungskosten bzw. die Wiederherstellungskosten, die Untergrenze bildet der Einzelveräußerungspreis. § 6 (1) Nr. 1 EStG
Der Begriff „Teilwert" kommt nur im Steuerrecht vor.
Zur Ermittlung des niedrigeren Teilwerts hat die Rechtsprechung bestimmte Teilwertvermutungen entwickelt.

R 6.7 EStR
H 6.7 EStH

Teilwertvermutungen		
TW = Ak/Hk	**TW = Ak/Hk – AfA**	**TW = Wiederbeschaffungskosten**
im Zeitpunkt des Erwerbs oder der Fertigstellung; bei **nicht abnutzbaren WG** des Anlagevermögens gilt dies auch an späteren Bewertungsstichtagen	bei abnutzbaren WG des Anlagevermögens, dabei ist die lineare AfA anzusetzen	bei WG des Umlaufvermögens und zum Verkauf bestimmter Waren, hängt der TW vom voraussichtlichen Verkaufserlös (Börsen- oder Marktpreis) ab

§ 6 (1) Nr. 1+2 EStG

Eine **Teilwertabschreibung** kann **nur zum Bilanzstichtag** vorgenommen werden. Sie ist nur zulässig wenn die **Wertminderung von Dauer** ist. Wertminderungen aus besonderem Anlass, z. B. Katastrophen oder technischer Fortschritt, sind regelmäßig von Dauer.
Die Teilwertabschreibung ist sowohl beim abnutzbaren und nicht abnutzbaren Anlagevermögen als auch beim Umlaufvermögen zulässig.

Eine **voraussichtlich dauernde Wertminderung** liegt beim abnutzbaren Anlagevermögen vor, wenn der Wert des Anlagegutes am Bilanzstichtag **mindestens für die halbe Restnutzungsdauer unter dem planmäßigen Restbuchwert** liegt.

Bei Wirtschaftsgütern des nichtabnutzbaren Anlagevermögens wird darauf abgestellt, ob die **Gründe für die Teilwert-AfA voraussichtlich anhalten** werden.

Für die Wirtschaftsgüter des Umlaufvermögens ist eine voraussichtlich dauernde Wertminderung anzunehmen, wenn die **Minderung bis zum Zeitpunkt der Bilanzerstellung** oder bis zu einem kurz **davor liegenden Verkaufstermin oder Verbrauchszeitpunkt** anhält. Eine Teilwertabschreibung ist bei nicht kostendeckend kalkulierten Produkten (Verlustprodukten) nicht zulässig.
Bei börsennotierten Aktien muss der Kursverlust im Vergleich zu den Anschaffungskosten die Bagatellgrenze von 5 % überschreiten.

Für die **Teilwertabschreibung** stehen folgende **Konten** zur Verfügung:

6210 (4826)	**Außerplanmäßige Abschreibungen auf immaterielle Vermögensgegenstände**
6230 (4840)	**Außerplanmäßige Abschreibungen auf Sachanlagen**
6270 (4880)	**Abschreibungen auf Vermögensgegenstände des Umlaufvermögens (ohne Wp)**
7200 (4870)	**Abschreibungen auf Finanzanlagen**
7210 (4875)	**Abschreibungen auf Wertpapiere des Umlaufvermögens**

Beispiel

Die Anschaffungskosten einer im Januar 2018 angeschafften Maschine betrugen 80.000,00 €. Sie hat eine betriebsgewöhnliche Nutzungsdauer von 8 Jahren. Die AfA wurde linear vorgenommen. Im Jahr 2020 sinken die Wiederbeschaffungskosten dauerhaft auf 20.000,00 €. Die Nutzungsdauer wird davon nicht berührt.
Mit welchem Wert ist die Maschine zum 31.12.2020 in der Bilanz anzusetzen? Bilden Sie die Buchungssätze für die AfA im Jahr 2020.

Ermittlung des Buchwerts zum 31.12.2020

Anschaffungskosten	80.000,00 €
– AfA 2018	10.000,00 €
Buchwert 31.12.2018	70.000,00 €
– AfA 2019	10.000,00 €
Buchwert 31.12.2019	60.000,00 €
– AfA 2020	10.000,00 €
– Teilwert-AfA	**30.000,00 €**
Buchwert 31.12.2020	20.000,00 €

Eine Teilwert-AfA im Jahr 2020 kann nur vorgenommen werden, wenn der Wert der Maschine am Bilanzstichtag für die halbe Restnutzungsdauer unter dem planmäßigen Restbuchwert liegt.

Die Restnutzungsdauer beträgt nach dem 31.12.2020 noch 5 Jahre. Der Restbuchwert in den folgenden Jahren entwickelt sich wie folgt:

Buchwert bei planmäßiger AfA 31.12.2020	50.000,00 €
AfA 2021	10.000,00 €
Buchwert 31.12.2021	40.000,00 €
AfA 2022	10.000,00 €
Buchwert 31.12.2022	30.000,00 €
AfA 2023	10.000,00 €
Buchwert 31.12.2023	20.000,00 €

Die Voraussetzung für eine Teilwert-AfA zum 31.12.2020 ist erfüllt, da der Buchwert nach Vornahme der Teilwert-AfA unter dem planmäßigen Restbuchwert liegt (30.06.2023 Buchwert 25.000,00 €).

Buchungssatz für die AfA im Jahr 2020		Soll	Haben
6220(4830)	Abschreibungen auf Sachanlagen	10.000,00	
6230(4840)	Außerplanmäßige AfA auf Sachanlagen	30.000,00	
	an 0440 (0210) Maschinen		40.000,00

Entfällt der Grund für die Abschreibung auf den niedrigeren Teilwert besteht sowohl **handelsrechtlich** als auch **steuerrechtlich** bei **allen Unternehmensformen** die **Pflicht zur Zuschreibung bei abnutzbaren WG** bis zur Höhe der fortgeführten Anschaffungs- oder Herstellungskosten, bei nichtabnutzbaren WG höchstens bis zu den ursprünglichen Ak/Hk (Wertaufholungsgebot). § 6 (1) Nr. 1 S. 4, Nr. 2 S. 3 EStG

Die Zuschreibungen erfolgen auf den jeweiligen Bestandskonten im Soll. Die durch die Zuschreibungen entstandenen Erträge werden beispielsweise auf folgenden Konten im Haben erfasst:

4910 (2710)	**Erträge aus Zuschreibungen des Sachanlangevermögens**
4911 (2711)	**Erträge aus Zuschreibungen des immateriellen Anlagevermögens**
4912 (2712)	**Erträge aus Zuschreibungen des Finanzanlagevermögens**
4915 (2715)	**Erträge aus Zuschreibungen des Umlaufvermögens**

Übungen

1 Eine KG erwarb im Januar 2018 eine Maschine für 60.000,00 € + USt. Die betriebsgewöhnliche Nutzungsdauer beträgt 12 Jahre. Die Maschine wird linear abgeschrieben. Im Jahr 2020 sinkt der Wert der Maschine als Folge einer Neuentwicklung dauerhaft um 25.000,00 €. Mit welchem Wert ist die Maschine zum 31.12.2020 zu bilanzieren? Buchen Sie die AfA für das Jahr 2020.

2 Eine Gewerbetreibende kaufte im Mai 2019 einen neuen Lkw für 120.000,00 € + USt. Die betriebsgewöhnliche Nutzungsdauer beträgt 9 Jahre. Das Fahrzeug wird linear abgeschrieben. Im Dezember 2020 wird der Lkw bei einem Unfall so sehr beschädigt, dass sich eine Reparatur nicht mehr lohnt. Ein amtlicher Sachverständiger schätzt den Schrottwert auf 5.000,00 €.
Wie hoch ist die Teilwert-AfA zum 31.12.2020? Bilden Sie den Buchungssatz.

3 Ein bisher betrieblich genutztes unbebautes Grundstück einer GmbH darf aus Umweltschutzgründen künftig nur noch eingeschränkt genutzt werden. Das Grundstück ist mit den Anschaffungskosten von 36.000,00 € bilanziert. Die Nutzungsbeschränkung führte zu einer dauerhaften Wertminderung von 40 %.
Buchen Sie die Wertminderung.

4 Das Finanzanlagevermögen einer AG enthält eine Beteiligung an einer anderen Kapitalgesellschaft, die für 50.000,00 € angeschafft wurde. Im Jahr 2018 sank der Wert der Beteiligung wegen nicht nur vorübergehender wirtschaftlicher und finanzieller Probleme des Unternehmens voraussichtlich dauerhaft auf 30.000,00 €.
Wegen der unerwartet guten Ertragslage im Jahr 2020 stieg der Wert der Beteiligung auf 60.000,00 €. Wie lauten die erforderlichen Buchungen zum 31.12.2018 und 2020?

9.3.3 Berücksichtigung von Zuschüssen bei der Anschaffung von Wirtschaftsgütern

R 6.5 EStR **Zuschüsse** sind Zuwendungen in Form von Geld oder Sachwerten ohne Rückzahlungsverpflichtung bzw. Rückgabeverpflichtung, die von öffentlichen oder privaten Zuschussgebern geleistet werden und in das Vermögen des Zuschussempfängers übergehen. Zuschüsse dienen der Anschaffung oder Herstellung von Wirtschaftgütern oder der Förderung eines bestimmten Zwecks.
Ein wirtschaftlicher Zusammenhang mit einer Leistung des Zuschussempfängers darf nicht gegeben sein.

9.3.3.1 Zuschuss wird im Jahr der Anschaffung oder Herstellung gewährt

Erhält ein Steuerpflichtiger für die Anschaffung oder Herstellung von Wirtschaftsgütern einen Zuschuss, hat er grundsätzlich ein **Wahlrecht**, wie er diesen Zuschuss buchhalterisch behandeln will:

R 6.5 (2) EStR

- der Zuschuss wird als **Betriebseinnahme** gebucht, dies führt zu einer Gewinnerhöhung, die Ak/Hk des begünstigten Wirtschaftsguts werden davon nicht berührt, **Konto**: 4975 (2743) Investitionszuschüsse (steuerpflichtig)
- der Zuschuss wird **erfolgsneutral** gebucht, die Ak/Hk des begünstigten Wirtschaftsguts werden um den Zuschuss gemindert.

Zulagen nach dem Investitionszulagengesetz (InvZulG) sind **Subventionen** und gelten nicht als Zuschüsse.
Zulagen mindern nicht die Ak/Hk der begünstigten Wirtschaftsgüter. Sie sind auf dem **Konto**: 4980 (2744) Investitionszulagen (steuerfrei) zu buchen, damit erhöhen sie nicht den steuerpflichtigen Gewinn.

Beispiel

Für die Anschaffung einer neuen Maschine erhält eine GmbH im Juni 2020 einen Zuschuss von 50.000,00 € und eine Investitionszulage von 20.000,00 € aus öffentlichen Mitteln. Die Anschaffungskosten der bereits im Mai 2020 erworbenen Maschine betrugen 200.000,00 € + 38.000,00 € USt. Die Maschine hat eine betriebsgewöhnliche Nutzungsdauer von 12 Jahren. Sie wird linear abgeschrieben.

Buchungssatz bei Anschaffung der Maschine	Soll	Haben
0440 (0210) Maschinen	200.000,00	
1406 (1576) Vorsteuer	38.000,00	
an 3300 (1600) Verbindlichkeiten		238.000,00

Buchungssätze bei Eingang des Zuschusses und der Zulage	Soll	Haben
1800 (1200) Bank	70.000,00	
an 0440 (0210) Maschinen		50.000,00
4980 (2744) Investitionszulagen		20.000,00
oder:		
1800 (1200) Bank	70.000,00	
an 4975 (2743) Investitionszuschüsse (steuerpflichtig)		50.000,00
4980 (2744) Investitionszulagen (steuerfrei)		20.000,00

Berechnung der AfA-Bemessungsgrundlage bei erfolgsneutraler Buchung des Zuschusses: R 7.3 (4) EStR

Anschaffungskosten	200.000,00 €		
– Zuschuss	50.000,00 €		
BMG	150.000,00 €, davon 8⅓ %	=	12.500,00 €
	für 8 Monate	=	8.333,33 €

Buchung der AfA		Soll	Haben
6220 (4830)	AfA Sachanlagen	8.333,33	
	an 0440 (0210) Maschinen		8.333,33

9.3.3.2 〉 Nachträglich gewährter Zuschuss

Werden Zuschüsse, die erfolgsneutral behandelt werden sollen, nachträglich gewährt, sind sie ab dem Zeitpunkt der Gewährung von den Anschaffungs- oder Herstellungskosten des begünstigten Wirtschaftsguts abzusetzen. Die weitere AfA bemisst sich bei Gebäuden nach den um den Zuschuss verminderten Ak/Hk. Bei beweglichen Wirtschaftsgütern nach dem um den Zuschuss geminderten Buchwert/Restwert. R 6.5 (3) R 7.3 (4) Satz 2 EStR

Beispiel

Angenommen der Investitionszuschuss von 50.000,00 € wäre der GmbH erst im Januar 2021 ausgezahlt worden.

Buchungssatz bei Auszahlung		Soll	Haben
1800 (1200)	Bank	50.000,00	
	an 0440 (0210) Maschinen		50.000,00

Berechnung der AfA-Bemessungsgrundlage im Jahr 2020

Anschaffungskosten	200.000,00 €
– AfA 8⅓ % (8/12)	11.111,11 €
Restbuchwert 31.12.2020	188.888,89 €
– Zuschuss	50.000,00 €
BMG für AfA 2021	138.888,89 €
– AfA 8⅓ %	11.574,07 €

Buchung der AfA in 2021		Soll	Haben
6220 (4830)	AfA Sachanlagen	11.574,07	
	an 0440 (0210) Maschinen		11.574,07

9.3.3.3 〉 Im voraus gewährter Zuschuss

Wird ein Zuschuss vor der Anschaffung oder Herstellung eines Wirtschaftsguts gewährt, kann in Höhe des nicht verwendeten Zuschussbetrages in der **Steuerbilanz** eine **steuerfreie Rücklage** gebildet werden, die im Wirtschaftsjahr der Anschaffung oder Herstellung auf das Anlagegut zu übertragen ist. R 6.5 (4) EStR

Beispiel

Eine KG erhielt im Jahr 2019 für die geplante Anschaffung einer Maschine einen Investitionszuschuss aus öffentlichen Mitteln in Höhe von 100.000,00 €. Die Maschine wird Anfang Mai 2020 geliefert. Die Anschaffungskosten von 300.000,00 € werden durch Banküberweisung beglichen. Die Maschine hat eine betriebsgewöhnliche Nutzungsdauer von 10 Jahren. Sie wird linear abgeschrieben.

Buchung des Zuschusses in 2019		Soll	Haben
1800 (1200)	Bank	100.000,00	
	an 4975 (2743) Investitionszuschüsse		100.000,00

Bildung der Rücklage am 31.12.2019 (Steuerbilanz)		Soll	Haben
6925 (2340)	Einstellung in Sonderposten mit Rücklageanteil	100.000,00	
	an 2980 (0930) Sonderposten mit Rücklageanteil		100.000,00

Buchung beim Kauf der Maschine in 2020		Soll	Haben
0440 (0210)	Maschinen	300.000,00	
1406 (1576)	Vorsteuer	57.000,00	
	an 1800 (1200) Bank		357.000,00

Übertragung der Rücklage bei Anschaffung		Soll	Haben
2980 (0930)	Sonderposten mit Rücklageanteil	100.000,00	
	an 0440 (0210) Maschinen		100.000,00

Berechnung der AfA-Bemessungsgrundlage:

Anschaffungskosten	300.000,00 €		
– Investitionszuschuss	100.000,00 €		
BMG	200.000,00 €,	davon 10 %	= 20.000,00 €
		für 8 Monate	= 13.333,33 €

Buchung der AfA in 2020		Soll	Haben
6220 (4830)	AfA Sachanlagen	13.333,33	
	an 0440 (0210) Maschinen		13.333,33

Die Anschaffungskosten können auch in voller Höhe aktiviert werden und als Basis für die planmäßige AfA dienen. In diesem Falle ist der Sonderposten mit Rücklageanteil als Ertrag zu buchen und über die Nutzungsdauer der Maschine abzuschreiben.

Beispiel

Wie oben

Berechnung der AfA in 2020 und 2021

Anschaffungskosten	300.000,00 €
– AfA 10 % für 8 Monate	20.000,00 €
Buchwert 31.12.2020	280.000,00 €
– AfA 10 %	30.000,00 €
Buchwert 31.12.2021	250.000,00 €

Anteilige Auflösung des Sonderpostens in 2020 und 2021

Sonderposten	100.000,00 €
10 % für 8 Monate	6.666,67 €
Buchwert 31.12.2020	93.333,33 €
10 %	10.000,00 €
Buchwert 31.12.2021	83.333,33 €

Buchung der Abschreibung in 2020	Soll	Haben
6220 (4830) AfA Sachanlagen	20.000,00	
an 0440 (0210) Maschinen		20.000,00
Auflösung des Sonderpostens in 2020 (Steuerbilanz)	**Soll**	**Haben**
2980 (0930) Sonderposten mit Rücklageanteil	6.666,67	
an 4935 (2740) Erträge aus der Auflösung von Sonderposten mit Rücklageanteil		6.666,67
Buchung der Abschreibung in 2021	**Soll**	**Haben**
6220 (4830) AfA Sachanlagen	30.000,00	
an 0440 (0210) Maschinen		30.000,00
Auflösung des Sonderpostens in 2021 (Steuerbilanz)	**Soll**	**Haben**
2980 (0930) Sonderposten mit Rücklageanteil	10.000,00	
an 4935 (2740) Erträge aus der Auflösung von Sonderposten mit Rücklageanteil		10.000,00

Übungen

1 Eine AG in Thüringen erhielt im Wirtschaftsjahr 2019 aus öffentlichen Mitteln einen Zuschuss in Höhe von 30.000,00 € für die Anschaffung einer neuen Maschine. Die Maschine wurde im Januar 2020 auf Ziel geliefert. Die Anschaffungskosten betrugen 150.000,00 € + USt. Die Maschine hat eine betriebsgewöhnliche Nutzungsdauer von 10 Jahren und wird linear abgeschrieben.

a) Wie lauten die Buchungssätze in der Steuerbilanz im Jahr 2019 wenn der Gewinn so niedrig wie möglich ausgewiesen werden soll?
b) Welche Buchungen sind im Jahr 2020 vorzunehmen?

2 Eine KG erwarb im Juli 2020 ein Spezialgerät für 1.400,00 € + 266,00 € USt gegen Banküberweisung. Am 30.10.2020 wurde für die Anschaffung ein Zuschuss aus Mitteln der öffentlichen Hand in Höhe von 650,00 € überwiesen.

Welche Buchungen sind in der Steuerbilanz vorzunehmen, wenn der Gewinn so niedrig wie möglich ausfallen soll?

3 Ein Unternehmen des fotografischen Gewerbes erhielt im August 2020 für die Anschaffung neuer technischer Anlagen im Wert von 100.000,00 € + (19.000,00 € USt) eine **Investitionszulage nach dem Investitionszulagengesetz** von 20.000,00 €.

a) Buchen Sie die Anschaffung der technischen Anlagen auf Ziel, Anschaffungsdatum 31.08.2020.
b) Buchen Sie den Eingang der Investitionszulage auf dem betrieblichen Bankkonto.
c) Die Anlagen werden linear abgeschrieben. Berechnen und buchen Sie die AfA.

Die betriebsgewöhnliche Nutzungsdauer der Anlagen beträgt 10 Jahre

SL 206 ff.

9.4 Die Bewertung des nicht abnutzbaren Anlagevermögens

Zum nicht abnutzbaren Anlagevermögen gehören **Wirtschaftsgüter, deren Nutzung zeitlich nicht begrenzt** ist, insbesondere Grundstücke, gründstücksgleiche Rechte, Beteiligungen, Wertpapiere des Anlagevermögens, Ausleihungen aber auch immaterielle Wirtschaftsgüter, wie Konzessionen, Lizenzen, die dem Unternehmen dauerhaft zur Verfügung stehen.

9.4.1 Bewertungsvorschriften

Die Wirtschaftsgüter des nicht abnutzbaren Anlagevermögens sind folgendermaßen zu bewerten:

Handelsbilanz	Steuerbilanz
Anschaffungskosten, § 253 (1) HGB	Anschaffungskosten, § 6 (1) Nr. 2 EStG
bei **vorübergehender Wertminderung** ist der Ansatz des niedrigeren beizulegenden Werts nur bei **Finanzinstrumenten** möglich, § 253 (3) S. 6 HGB bei **dauernder Wertminderung** ist der niedrigere Wert zwingend anzusetzen, § 253 (3 S. 5) HGB	der Ansatz des niedrigeren Teilwerts ist nur möglich bei **voraussichtlich dauernder Wertminderung**, § 6 (1) Nr. 2 Satz 2 EStG

§ 253 (5) HGB

Steigt der Wert in den Folgejahren wieder, darf der niedrigere Wert **nicht** beibehalten werden. Bei **allen Unternehmensformen muss** eine **Zuschreibung** auf den höheren Wert (**Wertaufholung**) vorgenommen werden, höchstens jedoch auf die Anschaffungs- oder Herstellungskosten. **Handelsrechtlich** ist jedoch bei einem entgeltlich erworbenen Geschäfts- oder Firmenwert der niedere Wert beizubehalten.

Die **Wertminderungen** werden gebucht bei

immateriellen Wirtschaftsgütern	auf **6210 (4826) Außerplanmäßige Abschreibungen auf immaterielle Vermögensgegenstände**
Grundstücken	auf **6230 (4840) Außerplanmäßige Abschreibungen auf Sachanlagen**
Beteiligungen	auf **7200 (4870) Abschreibungen auf Finanzanlagen**
Wertpapieren	auf **7200 (4870) Abschreibungen auf Finanzanlagen oder**
	auf **6880 (2150) Aufwendungen aus Kursdifferenzen**

Die durch die Zuschreibung entstehenden Erträge werden erfasst auf den Konten:

4910 (2710) Erträge aus Zuschreibungen des Sachanlagevermögens
4911 (2711) Erträge aus Zuschreibungen des immateriellen Anlagevermögens
4912 (2712) Erträge aus Zuschreibungen des Finanzanlagevermögens

9.4.2 Bewertung von immateriellen Wirtschaftsgütern

Immaterielle Wirtschaftsgüter sind nicht körperliche Gegenstände eines Unternehmens, z. B. Rechte, rechtsähnliche Werte und sonstige Vorteile, die selbstständig bewertet werden können. Hierzu gehören insbesondere Patente, Lizenzen, Markenrechte, Urheberrechte, Verlagsrechte, Firmenwert, Computerprogramme, Know-how. R 5.5 (1+2) EStR H 5.5 EStH

Immaterielle Wirtschaftsgüter gehören nur dann zum nicht abnutzbaren Anlagevermögen, wenn sie dem Unternehmen in ihrem Bestand und Wert auf Dauer zur Verfügung stehen und entgeltlich erworben wurden.

Selbst geschaffene immaterielle Anlagegegenstände können nur in der HB aktiviert werden, ausgenommen hiervon sind jedoch selbst geschaffene Marken, Drucktitel, Verlagsrechte, Kundenlisten oder vergleichbare immaterielle Vermögensgegenstände des Anlagevermögens, § 248 (2) HBG. Der selbstgeschaffene Geschäfts- oder Firmenwert gilt nicht als Vermögensgegenstand und darf daher weder in der Handels- noch in der Steuerbilanz aktiviert werden. Originäre immaterielle Vermögensgegenstände sind mit den Entwicklungkosten anzusetzen. Forschungs- und Vertriebskosten dürfen nicht aktiviert werden, § 255 (2a) HGB. Die Einlage eines solchen Wirtschaftsguts ist mit dem Teilwert im Zeitpunkt der Zuführung zum Betriebsvermögen anzusetzen. § 5 (2) EStG

Geht dem Unternehmen ein immaterielles Wirtschaftsgut durch ein außergewöhnliches Ereignis verloren, z. B. Entzug einer Konzession, ist dies durch eine Teilwertabschreibung zu berücksichtigen.

Beispiel

Einem Transportunternehmen wird wegen Verstoßes gegen das Außenwirtschaftsgesetz die Güterfernverkehrskonzession im Wert von 20.000,00 € entzogen.

Buchung bei Entzug der Konzession		Soll	Haben
6210 (4826)	Außerplanmäßige Abschreibung auf immaterielle Vermögensgegenstände	20.000,00	
	an 0110 (0015) Konzessionen		20.000,00

9.4.3 Bewertung von Grund und Boden

Steuerrechtlich ist unter Grund und Boden nur der nackte Grund und Boden zu verstehen. Anlagen auf oder im Grund und Boden, z. B. Gebäude, Betriebsvorrichtungen oder Außenanlagen, sind grundsätzlich als eigenständige Wirtschaftsgüter zu aktivieren. Dies gilt auch für im Grund und Boden ruhende Bodenschätze.

Der Grund und Boden ist mit den **Anschaffungskosten** zu bewerten. Dazu gehören auch die **Anschaffungsnebenkosten**, wie Grunderwerbsteuer, Notarkosten für den Eigentumserwerb, Grundbuchgebühren, Erschließungs- und Straßenanliegerbeiträge sowie andere auf das Grundstückseigentum bezogene kommunale Beiträge. § 6 (1) Nr. 2 EStG

Beispiel

Ein buchführender Unternehmer kaufte im März 2020 ein unbebautes Grundstück für 120.000,00 €, um darauf einen Parkplatz zu errichten. Die Nebenkosten betrugen einschließlich 5 % Grunderwerbsteuer 9.000,00 €.
Alle Beträge wurden durch Banküberweisung beglichen.

Buchung der Anschaffung		Soll	Haben
0215 (0065)	Unbebaute Grundstücke	129.000,00	
	an 1800 (1200) Bank		129.000,00

Als mit dem Bau im Oktober 2020 begonnen wurde, stellte sich heraus, dass umfangreiche Sanierungsarbeiten durchzuführen sind. Der Wert des Grundstücks sank daraufhin nachhaltig auf 50.000,00 €.

Buchung der Wertminderung	Soll	Haben
6230 (4840) Außerplanmäßige AfA auf Sachanlagen	79.000,00	
an 0215 (0065) Unbebaute Grundstücke		79.000,00

Nach Durchführung der Sanierungsarbeiten, Anfang 2021, steigt der Wert des Grundstücks wieder auf 110.000,00 €.

Buchung der Wertaufholung in 2021	Soll	Haben
0215 (0065) Unbebaute Grundstücke	60.000,00	
an 4910 (2710) Erträge aus Zuschreibungen des Anlagevermögens		60.000,00

9.4.4 Bewertung von Finanzanlagen

§ 253 (1) HGB, § 6 (1) Nr. 2 EStG

Zu den Finanzanlagen gehören alle Wertpapiere und Unternehmensanteile, die dazu geeignet sind, **dauernd** dem Geschäftsbetrieb zu dienen. Dazu rechnen Anteile an verbundenen Unternehmen, Beteiligungen, Wertpapiere des Anlagevermögens und Ausleihungen. Die Bewertung der Finanzanlagen erfolgt grundsätzlich mit den **Anschaffungskosten einschließlich Nebenkosten (z. B. Bankprovision, Maklergebühr, Auslagen)**.

§ 253 (3) HGB, § 6 (1) Nr. 2 S. 2 EStG, § 8 b (3) KStG

Bei dauernder Wertminderung **muss** handelsrechtlich der niedrigere beizulegende Wert durch eine außerplanmäßige Abschreibung angesetzt werden. Steuerrechtlich kann eine Abschreibung auf den niedrigeren Teilwert vorgenommen werden. Bei börsennotierten Aktien des Anlagevermögens ist von einer dauernden Wertminderung auszugehen, wenn der Börsenwert am Bilanzstichtag unter den Wert der Anschaffungskosten gesunken ist und der Kursverlust die Bagatellgrenze von 5 % der Notierung bei der Anschaffung überschreitet. Der Betrag der außergewöhnlichen Abschreibung ist bei Kapitalgesellschaften zu 95 % dem steuerlichen Gewinn außerhalb der Buchführung wieder hinzuzurechnen, weil 5 % als nichtabziehbare Betriebsausgaben gelten.

§ 3 c (2) EStG

Die Abschreibung auf den niedrigeren Teilwert darf bei Einzelunternehmen und Personengesellschaften **seit dem 01.01.2009 nur zu 60 % als Betriebsausgabe** abgezogen werden.

Die Buchung der Abschreibung erfolgt über das Konto **7204 (4871) Abschreibungen auf Finanzanlagen 100 %/40 % nicht abzugsfähig**. Außerhalb der Buchführung ist der Gewinn wieder um 40 % bzw. 100 % des Abschreibungsbetrages zu erhöhen.

§ 3 Nr. 40 EStG, § 8 b (3) KStG

Entfallen nachträglich die Gründe für eine Teilwertabschreibung, ist eine Zuschreibung, höchstens bis zur Höhe der Anschaffungskosten, vorzunehmen. Die dadurch entstehende **Betriebsvermögensvermehrung ist bei Einzelunternehmen und Personengesellschaften seit dem 01.01.2009 zu 40 % bei Kapitalgesellschaften in voller Höhe steuerfrei**. Die Zuschreibung erfolgt auf dem Konto **4912 (2712) Erträge aus Zuschreibungen des Finanzanlagevermögens**.
Der steuerfreie Anteil der Zuschreibung ist außerhalb der Buchführung vom Gewinn abzuziehen.

Beispiel

Eine Maschinenbau KG erwarb Anfang 2018 eine 25 %ige Beteiligung an einer Vertriebs-GmbH in Höhe von 500.000,00 €. Die vermittelnde Bank berechnet 5.000,00 € Provision und 500,00 € für Auslagen.

Buchung bei Anschaffung der Beteiligung	Soll	Haben
0820 (0510) Beteiligungen	505.500,00	
an 1800 (1200) Bank		505.500,00

Der Wert der Beteiligung **sank** im Laufe des Jahres 2018 **dauerhaft** um 20.000,00 €.

Buchung der Wertminderung zum 31.12.2018	Soll	Haben
7204 (4871) Abschreibungen auf Finanzanlagen 40 % nicht abzugsfähig	20.000,00	
an 0820 (0510) Beteiligungen		20.000,00

Der Gewinn der KG ist außerhalb der Buchführung um 8.000,00 € zu erhöhen.
Ende 2020 erholt sich der Wert der Beteiligung wieder. Sie könnte für 600.000,00 € verkauft werden. Die KG will die Beteiligung aber nicht veräußern.

Zuschreibung im Jahr 2020	Soll	Haben
0820 (0510) Beteiligungen	20.000,00	
an 4912 (2712) Erträge aus Zuschreibungen des Finanzanlagevermögens		20.000,00

Der Gewinn ist außerhalb der Buchführung um 40 % der Zuschreibung = 8.000,00 € zu kürzen.

Eine Zuschreibung über die Anschaffungskosten hinaus ist unzulässig. Dies wäre ein Verstoß gegen das **Realisationsprinzip**. § 252 (1) Nr. 4 HGB

Übungen

1 Im Anlagevermögen einer OHG ist die Beteiligung an einer GmbH mit 180.000,00 € ausgewiesen. Im Jahr 2019 sank der Wert der Beteiligung dauerhaft um 20 %.

a) Mit welchem Wert ist die Beteiligung in der Bilanz der OHG zum 31.12.2019 anzusetzen? Buchen Sie den Vorgang.

Wegen guter Ertragsaussichten stieg der Wert Ende 2020 wieder auf 160.000,00 € bzw. 190.000,00 €.

b) Mit welchem Wert ist die Beteiligung zum 31.12.2020 jeweils zu bewerten?

c) Wie lauten die entsprechenden Buchungssätze?

2 Zum Betriebsvermögen einer AG gehört seit Jahren ein unbebautes Grundstück, das für Erweiterungsbauten vorgesehen ist. Das Grundstück ist mit den Anschaffungskosten von 96.000,00 € aktiviert. Im Jahr 2018 änderte die Gemeinde den Bebauungsplan. Dadurch ergab sich eine erhebliche Einschränkung der künftigen Nutzung des Grundstücks.

Der Bilanzbuchhalter der AG setzte das Grundstück in der Steuerbilanz zum 31.12.2018 mit 50.000,00 € an. Wider Erwarten wird die Einschränkung im Jahr 2020 wieder aufgehoben. Der Grundstückswert steigt auf 110.000,00 €.

a) Mit welchem Wert ist das Grundstück in der Steuerbilanz zum 31.12.2020 anzusetzen?

b) Nehmen Sie die erforderliche Buchung vor.

3 Ein buchführender Gewerbetreibender erwarb im März 2020 Bundesanleihen im Nennwert von 100.000,00 € zur langfristigen Geldanlage. Die Anschaffung erfolgte zum Kurs von 98 %, die Nebenkosten betrugen insgesamt 750,00 €. Zum Bilanzstichtag fiel der Kurs auf 95,5 %.

a) Buchen Sie die Anschaffung durch Banküberweisung.
b) Wie lauten die Buchungssätze zum 31.12.2020, wenn die Wertminderung vorübergehend/von Dauer ist?

4 Eine GmbH weist in den Finanzlagen Aktien der Neptun-AG mit den Anschaffungskosten von 146.500,00 € aus. Zum 31.12.2018 stieg der Kurswert auf 158.400,00 €. Im Jahr 2020 sinkt der Kurs der Aktien wegen finanzieller Probleme der AG voraussichtlich dauerhaft um 28.100,00 €, bezogen auf den Kurs zum 31.12.2018.
Mit verschiedenen Rationalisierungsmaßnahmen und mehreren Großaufträgen gelingt es der Neptun-AG im Jahr 2021 wieder Tritt zu fassen. Der Aktienkurs erholt sich und steigt zum 31.12.2021 auf 160.000,00 €.

a) Mit welchem Wert waren die Aktien zum 31.12.2018 zu bilanzieren?
b) Bilden Sie die Buchungssätze zum 31.12.2020 und 31.12.2021.

5 Ein Transportunternehmen bilanziert im nicht abnutzbaren Anlagevermögen eine Güterfernverkehrskonzession mit 20.000,00 €. Wegen verschiedener Unregelmäßigkeiten wird dem Unternehmen ein Teil der Konzession entzogen. Zum Bilanzstichtag ist die Konzession nur noch 15.000,00 € wert.
Wie ist die voraussichtlich dauerhafte Wertminderung zu buchen?

6 Eine Unternehmerin erwarb im Jahr 2014 von einem Hersteller das Alleinvertretungsrecht für dessen Produktpalette. Das Recht wurde bisher mit 150.000,00 € als immaterielles Anlagegut bilanziert. Durch anhaltende Umsatzsteigerungen stieg der Wert des Vertretungsrechts im Jahr 2017 zunächst auf 180.000,00 €. Im Jahr 2019 kam es durch steigende Konkurrenz zu massiven Umsatzeinbrüchen. Der Wert des Vertretungsrechts sank dadurch auf 120.000,00 €. Anfang des Jahres 2021 wurde über das Vermögen des Herstellers das Insolvenzverfahren eröffnet. Das Vertretungsrecht ist wertlos.

a) Wie war die Wertsteigerung in der Bilanz zum 31.12.2017 zu berücksichtigen? Welche Buchungen waren ggf. vorzunehmen?
b) Wie ist das Vertretungsrecht zum 31.12.2019 und 31.12.2020 zu bewerten? Begründen Sie Ihre Entscheidung und nehmen Sie die notwendigen Buchungen vor.

SL 206 ff.

9.5 Die Bewertung des abnutzbaren Anlagevermögens

9.5.1 Bewertung von immateriellen Vermögensgegenständen

Immaterielle Wirtschaftsgüter sind Rechte, rechtsähnliche Werte und sonstige Vorteile. Sie sind in der **Steuerbilanz** nur zu aktivieren, wenn sie **entgeltlich** erworben wurden. Für selbstgeschaffene immaterielle Vermögensgegenstände (Firmenwert, Software) gilt ein Aktivierungsverbot.

§ 5 (2) EStG
§ 248 (2) HGB

9.5.1.1 Software

Wird Systemsoftware, z. B. Windows, gemeinsam mit der Hardware zu einem **Gesamtpreis** erworben (Bundling), liegt ein einheitliches bewegliches Wirtschaftsgut vor. Die Software ist Bestandteil des Computers (Hardware). Sie wird nicht gesondert gebucht. Bemessungsgrundlage für die AfA ist der **Gesamtpreis**.

Nach der **Art** der erworbenen Software sind folgende Fälle zu unterscheiden:

Software

Anwender-Software		**Betriebswirtschaftliche Software**
Sie wurde nicht speziell für den Kunden entwickelt (= Standardsoftware)		Sie wurde speziell für die individuellen Bedürfnisse des Kunden entwickelt
Anschaffungskosten bis 800,00 € netto	Anschaffungskosten zwischen 250,01 € und 1.000,00 € (netto)[1]	
oder		
Geringwertiges Wirtschaftsgut (0670/0480)	Jährliche Gruppierung möglich	Immaterielles Wirtschaftsgut (0135/0027)
Sofort-Abschreibung	Pauschale Abschreibung über 5 Jahre	Nutzungsdauer: 5 Jahre

Beispiel

Ein Unternehmer kauft ein PC-Programm zur Überwachung seiner Außenstände für 750,00 € + 19 % USt gegen Barzahlung.

Buchung der Anschaffung		Soll	Haben
0670 (0480)	GWG bis 800,00 €	700,00	
1406 (1576)	Vorsteuer	133,50	
	an 1600 (1000) Kasse		833,00

Buchung zum Bilanzstichtag		Soll	Haben
6262 (4855)	Abschreibung auf aktivierte GWG	700,00	
	an 0670 (0480) GWG bis 800,00 €		700,00

Sind die Anschaffungskosten höher, ist sie zu bilanzieren, wenn sie **entgeltlich erworben** wurde.

Kauf einer Standardsoftware

Beispiel

Ein Unternehmer hat am 01. Oktober ein Standardprogramm für die Finanzbuchhaltung für 2.400,00 € + USt gegen Bankscheck erworben.

Buchung der Anschaffung		Soll	Haben
0135 (0027)	EDV-Software	2.400,00	
1406 (1576)	Vorsteuer	456,00	
	an 1800 (1200) Bank		2.856,00

Die Anschaffungskosten des Programms sind auf dem Konto **EDV-Software** zu erfassen. Die gezahlte Vorsteuer ist abziehbar. § 255 (1) HGB § 15 (1) 1 UStG

[1] vgl. 9.5.3.7

Abschreibung am Jahresende

Beispiel

Die angeschaffte Standardsoftware, Nutzungsdauer drei Jahre, wird im Anschaffungsjahr erstmals abgeschrieben.

Buchung der Abschreibung		Soll	Haben
6200 (4822)	Abschr. auf immat. Vermögensgegenst.	200,00	
	an 0135 (0027) EDV-Software		200,00

Die Nutzungsdauer von Standardsoftware mit Anschaffungskosten über 1.000,00 € orientiert sich an der betriebsgewöhnlichen Nutzungsdauer der Hardware. Sie ist deshalb wie diese auf drei Jahre abzuschreiben. Die Abschreibung erfolgt linear und im Anschaffungsjahr zeitanteilig. Wurde ein Computer mit Anwendersoftware zu einem Gesamtpreis erworben, ist der Wert der Software herauszurechnen und getrennt zu buchen.

Kauf einer betriebswirtschaftlichen Software

Beispiel

Die Heinrich Bühler GmbH hat nach einer umfassenden Bedarfsanalyse von einem Softwarehaus ein auf ihre speziellen Bedürfnisse zugeschnittenes Softwaresystem entwickeln und installieren lassen. Mit der Installation am 02.03.2020 ging die Rechnung in Höhe von 48.000,00 € + USt ein. Die Anschaffung wurde auf dem Konto 0135 (0027) EDV-Software gebucht.

Buchung der Abschreibung		Soll	Haben
6200 (4822)	Abschr. auf immat. Vermögensgegenst.	8.000,00	
	an 0135 (0027) EDV-Software		8.000,00

Hier handelt es sich um eine umfassende Software-Lösung, die nach einer EDV-Beratung für die individuellen Bedürfnisse des Unternehmens entwickelt wurde. Die Abschreibung erfolgt linear und zeitanteilig mit einer Nutzungsdauer von fünf Jahren.

Wird ein Update entgeltlich erworben, handelt es sich um steuerlich sofort abziehbaren Instandhaltungsaufwand. Die Buchung beim Erwerb erfolgt auf dem Konto 6495 (4806) Wartungskosten für Hard- und Software.

Liegt der tatsächliche Wert der Software am Bilanzstichtag unter dem Buchwert, so darf der niedrigere Wert angesetzt werden, wenn es sich um eine dauernde Wertminderung handelt.

Die Bildung eines Investitionsabzugsbetrages und Sonderabschreibungen nach § 7g EStG sind bei Software nicht möglich, weil es sich nicht um ein materielles und damit auch nicht um ein bewegliches Wirtschaftsgut handelt.

9.5.1.2 › Geschäfts- oder Firmenwert

Der Geschäfts- oder Firmenwert ist der Unterschiedsbetrag, um den die für die Übernahme eines Unternehmens bewirkte Gegenleistung den Wert der einzelnen Vermögensgegenstände des Unternehmens abzüglich der Schulden im Zeitpunkt der Übernahme übersteigt. Der Käufer ist demnach bereit, für den Ruf des Unternehmens, den Kundenkreis, die qualifizierten Mitarbeiter, usw. mehr zu bezahlen, als es dem Wert der einzelnen Wirtschaftsgüter einschließlich ihrer stillen Reserven entspricht. § 255 (4) HGB

Selbst geschaffener Firmenwert[1] (originärer Firmenwert)	Entgeltlich erworbener Firmenwert (derivativer Firmenwert)
nicht aktivierungsfähig	**aktivierungspflichtig**

Der **entgeltlich erworbene Geschäfts- oder Firmenwert** ist handels- und steuerrechtlich mit den Anschaffungskosten zu aktivieren und als immaterielles Wirtschaftsgut **linear abzuschreiben**. Dabei wird beim Firmenwert eine Nutzungsdauer von **15 Jahren (steuerrechtlich)** bzw. von i. d. R. **10 Jahren (handelsrechtlich)** unterstellt. Beim Praxiswert eines Freiberuflers sind 3–5 Jahre anzusetzen. § 253 (3) S.3f. HGB § 7 (1) S. 3 EStG

Kauf einer Unternehmung

Beispiel ›››

Ein Unternehmer hat am 01. Juni ein Unternehmen gegen Bankscheck erworben. Die Anschaffungskosten des Firmenwerts betragen 150.000,00 €.

Buchung der Banküberweisung		Soll	Haben
0150 (0035)	Geschäfts- oder Firmenwert	150.000,00	
	an 1800 (1200) Bank		150.000,00

Die Anschaffungskosten des Firmenwerts sind auf dem Konto 0150 (0035) Geschäfts- oder Firmenwert zu erfassen. § 255 (1) HGB § 15 (1) 1 UStG

Steuerliche Abschreibung des Firmenwerts am Jahresende

Beispiel ›››

Der entgeltlich erworbene Firmenwert wird im Anschaffungsjahr abgeschrieben.

Buchung der Banküberweisung		Soll	Haben
6205 (4824)	AfA auf Geschäfts- oder Firmenwert	5.833,33	
	an 0150 (0035) Geschäfts- oder Firmenwert		5.833,33

Die Anschaffungskosten des Geschäfts- oder Firmenwertes sind **linear** abzuschreiben, Konto **Abschreibung auf den Geschäfts- oder Firmenwert**.

[1] Weitere immaterielle Wirtschaftsgüter sind z. B. Belieferungsrechte, Konzessionen, Lizenzen und Patente.

Übungen

1 Ein Steuerpflichtiger hat am 02. Januar diesen Jahres ein Programm für die Lagerverwaltung seines Unternehmens gegen Bankscheck erworben, das speziell für seine Anforderungen entwickelt worden ist. Die Anschaffungskosten für dieses Programm betrugen 10.000,00 € + USt. Die Nutzungsdauer des Programms beträgt 5 Jahre.

a) Buchen Sie den Kauf.
b) Wie lautet der Buchungssatz der höchstmöglichen Abschreibung am 31.12.?

2 Das Unternehmen erwirbt am 13. Mai eine Anwender-Standardsoftware (ND 5 Jahre) für brutto 1.364,00 € gegen Barzahlung.

a) Buchen Sie den Kauf.
b) Wie lautet der Buchungssatz der höchstmöglichen Abschreibung am 31.12.?

3 Die Macrotex GmbH erwirbt am 01. Oktober diesen Jahres von einem Softwareunternehmen für 8.400,00 € + USt ein Steuerungsprogramm für die Produktion, das speziell für sie entwickelt wurde.

a) Buchen Sie den Kauf am 01.Oktober.
b) Die Macrotex GmbH bezahlt die Rechnung nach 14 Tagen ohne Abzug durch Banküberweisung.
c) Nehmen Sie am Jahresende die Abschreibung vor, wenn eine Nutzungsdauer von fünf Jahren angenommen werden kann.

4 Monika Nagel kaufte am 01. Oktober diesen Jahres ein Einzelhandelsgeschäft in Landshut und musste für den Firmenwert 20.000,00 € bezahlen.

Nehmen Sie die zum 31.12. notwendige Buchung nach Steuerrecht vor.

5 Ein Steuerpflichtiger hat am 01. Oktober des Vorjahres einen Industriebetrieb erworben.

Kaufpreis:	6,8 Millionen €
Wert der Aktiva:	8,0 Millionen €
Wert der Passiva:	1,8 Millionen €.

Der Firmenwert wurde aktiviert.

Buchen Sie die steuerliche Abschreibung des Firmenwertes zum 31.12. des laufenden Jahres. Mit welchem Betrag wird der Firmenwert in diesem Jahr bilanziert?

6 Der Steuerpflichtige ist seit 2005 Inhaber einer Metallwarenfabrik, die er selbst gegründet hat. Er hat den Wert seines Unternehmens zum 31.12. ermitteln lassen. Der Gesamtwert beträgt demnach 3.750.000,00 €. In diesem Betrag ist auch der Firmenwert in Höhe von 125.000,00 € enthalten.

Wie ist dieser Firmenwert in der Steuerbilanz zu behandeln?

7 Ihr Mandant hat Mitte August diesen Jahres ein Standardprogramm für die Buchhaltung zum Bruttopreis von 2.142,00 € gekauft und bar bezahlt.

Buchen Sie den Kauf und die Abschreibung des Programms, wenn die betriebsgewöhnliche Nutzungsdauer drei Jahre beträgt.

8 Ein Steuerpflichtiger erwirbt ein Update für ein Computerprogramm und bezahlt 149,00 € bar.

9 Im Rahmen des Erwerbs eines Zulieferunternehmens zu Jahresbeginn wendet ein Automobilhersteller für den Geschäfts- oder Firmenwert 125.000,00 € auf.

Wie hoch ist die Abschreibung für den Geschäfts- oder Firmenwert im Jahr des Kaufs nach Handels- und Steuerrecht?

10 Die Egon Jilg KG, Memmingen, erwirbt für 968,00 € + USt ein Office-Paket gegen Banküberweisung § 6 (2a) EStG ist anzuwenden.

11 Der Unternehmer Anton Mang kauft Anfang April einen neuen Computer (ND 3 Jahre) für 2.200,00 € + USt. Im Kaufpreis ist neben dem Betriebssystem auch ein Anwenderpaket enthalten, das beim Kauf eines Computers üblicherweise mit 149,00 € + USt berechnet wird.

a) Buchen Sie den Kauf auf Ziel.
b) Die Zahlung erfolgt nach drei Wochen ohne Abzug durch Banküberweisung.

12 Ein Gewerbetreibender erwirbt eine Einzelplatzlizenz eines Software-Programmpaketes für 390,00 € gegen Barzahlung.

a) Buchen Sie den Kauf auf Ziel.
b) Nehmen Sie die Abschreibung am Jahresende vor.

13 Ein Unternehmer erhält für ein von ihm genutztes Programmpaket eine Update-Version für 238,00 € brutto. Eine Zahlung ist noch nicht erfolgt.

14 Am 15. Juli wird eine Standardsoftware für 2.100,00 € netto auf Ziel angeschafft, deren Nutzungsdauer drei Jahre beträgt.

a) Buchen Sie den Kauf auf Ziel.
b) Nehmen Sie die Abschreibung am Jahresende vor.

15 Anfang August wurde ein Programm für brutto 476,00 € gegen Barzahlung erworben. Der Kauf ist bereits auf das Konto 0670 (0480) gebucht.

Nehmen Sie die Abschreibung zum Jahresende vor, wenn die Nutzungsdauer des Programms vier Jahre beträgt.

16 Ein Unternehmen erwirbt Anfang April ein Standardprogramm für die Finanzbuchhaltung gegen Bankscheck, Rechnungsbetrag 999,00 € + USt.

Buchen Sie den Kauf und die höchstmögliche Abschreibung am Jahresende, wenn § 6 (2a) EStG anzuwenden ist.

17 Steuerberater Schneider übernimmt zum 01.07. die Kanzlei seines Kollegen Wolfgang Miller. Herr Miller arbeitet nach dem Verkauf seiner Kanzlei nicht weiter mit. Der Käufer bezahlt für den Praxiswert 216.000 €. Wie hoch ist die Abschreibung im Jahr des Kaufs nach Steuerrecht?

9.5.2 Bewertung von Gebäuden

R 7.2 EStR Ein **Gebäude** ist ein Bauwerk auf eigenem oder fremdem Grund und Boden, das Menschen oder Sachen durch räumliche Umschließung Schutz gegen äußere Einflüsse gewährt, den Aufenthalt von Menschen gestattet, fest mit dem Grund und Boden verbunden, von einiger Beständigkeit und standfest ist.

§ 253 (1) HGB H 7.2 EStR Gebäude als **abnutzbare Wirtschaftsgüter des Anlagevermögens** sind mit den Anschaffungs- oder Herstellungskosten (vgl. Kap. 9.3.2.1/9.3.2.2), vermindert um die Abschreibung zu bewerten. Bei Anschaffung eines bebauten Grundstückes sind die Anschaffungskosten nach dem Verhältnis der Verkehrs- oder Teilwerte auf die Bilanzpositionen „bebaute Grundstücke" und „Gebäude" aufzuteilen. Nur das Gebäude, nicht der Grund und Boden, unterliegt der Abnutzung und kann abgeschrieben werden.

Dabei sind **zwei Abschreibungsarten** zu unterscheiden:

Abschreibungsarten

Lineare Abschreibung	Degressive Abschreibung

SL 232

9.5.2.1 Lineare Abschreibung bei Gebäuden

Gehört das Gebäude zu einem Betriebsvermögen und dient nicht Wohnzwecken und wurde der Bauantrag nach dem 31.03.1985 gestellt?

Nein	Ja
Fertigstellung nach dem 31.12.1924 › 2 % Fertigstellung vor dem 01.01.1925 › 2,5 %	3 % (bis 2000: 4 %)

R 7.4 (2) EStR Wird ein Gebäude im Verlauf eines Jahres angeschafft, hergestellt oder verkauft ist die lineare AfA in diesem Jahr **zeitanteilig** vorzunehmen.

Beispiel

Mit beurkundetem Kaufvertrag vom 05.12.2020 erwirbt ein Unternehmer ein Grundstück mit einem Wohngebäude (Baujahr 1991) bei gleichzeitigem Übergang von Nutzen und Lasten. Der Kauf und die anfallenden Nebenkosten wurden bereits gebucht. Das Konto Geschäftsbauten enthält einen Betrag von 330.000,00 €.

Buchung der Abschreibung		Soll	Haben
6221 (4831)	Abschreibungen auf Gebäude	550,00	
	an 0240 (0090) Geschäftsbauten		550,00

§ 6 (1) 1 EStG § 7 (4) 2a EStG Das Betriebsgebäude ist mit den um die planmäßige Abschreibung verminderten AHK in der Bilanz auszuweisen. Es kann nur linear und zeitanteilig mit 2 % abgeschrieben werden.

Beispiel

Der Steuerpflichtige hat zum 01. Juli 2020 eine im Vorjahr fertiggestellte Lagerhalle erworben. Für die Anschaffung der Halle sind Aufwendungen von insgesamt 850.000,00 € (ohne Grund und Boden) entstanden. Der Kauf wurde korrekt gebucht. Die Abschreibung zum Jahresende 2020 ist vorzunehmen.

Buchung der Abschreibung		Soll	Haben
6221 (4831)	Abschreibungen auf Gebäude	12.750,00	
	an 0250 (0100) Fabrikbauten		12.750,00

Bei **Wirtschaftsgebäuden**, das sind Gebäude, die zu einem Betriebsvermögen gehören und die nicht Wohnzwecken dienen, unterstellte der Gesetzgeber eine Nutzungsdauer von 25 Jahren. Hier war **bis 2000** ein jährlich gleichbleibender AfA-Satz von **4 %** der Anschaffungs- bzw. Herstellungskosten anzusetzen, der **ab 2001 auf 3 %** reduziert wurde. Der Abschreibungsbetrag wird im Soll des Kontos **Abschreibungen auf Sachanlagen** gebucht. Die Gegenbuchung erfolgt im Konto **Fabrikbauten** im Haben. § 7 (4) Nr. 1 EStG

Bei **Wohngebäuden** ist der Zeitpunkt der **Fertigstellung** (nicht etwa das Kaufdatum) für die Höhe der linearen Gebäude-AfA ausschlaggebend. Ein Gebäude dient Wohnzwecken, wenn es dazu bestimmt und geeignet ist, Menschen auf Dauer Aufenthalt und Unterkunft zu ermöglichen. Wohnzwecken dienen Wohnungen, die aus besonderen betrieblichen Gründen an Betriebsangehörige überlassen werden, z. B. Wohnungen für den Hausmeister, für das Fachpersonal, für Angehörige der Betriebsfeuerwehr und für andere Personen, wenn diese aus betrieblichen Gründen unmittelbar im Werksgelände ständig einsatzbereit sein müssen.[1] R 7.2 EStR

Beispiel

In der Bilanz der Norddeutschen Metallbau AG ist ein Wohngebäude ausgewiesen, das am 31.03.1985 fertiggestellt wurde und der Unterbringung eigener Arbeitnehmer dient. Die Herstellungskosten betrugen 600.000,00 €. Das Gebäude wird linear abgeschrieben.

Buchung der Abschreibung		Soll	Haben
6221 (4831)	Abschreibungen auf Gebäude	12.000,00	
	an 0300 (0140) Wohnbauten		12.000,00

Das Gebäude wurde **nach dem 31.12.1924** fertiggestellt. Folglich ist eine Nutzungsdauer von 50 Jahren anzunehmen und damit ein AfA-Satz von **2 %** pro Jahr. Bei einer Fertigstellung vor dem 01.01.1925 beträgt die Nutzungsdauer 40 Jahre und der AfA-Satz jährlich 2,5 %. § 7 (4) Nr. 2 EStG

9.5.2.2 › Degressive Abschreibung bei Gebäuden

SL 233 f.

Bei Anwendung der degressiven Gebäudeabschreibung werden **fallende Abschreibungssätze** angewendet. Hier kommen unterschiedliche **Abschreibungsstaffeln** zur Anwendung. Die degressive Gebäudeabschreibung kann bei einer **Anschaffung/Herstellung nach dem 31.12.2005 nicht mehr angewendet** werden. § 7 (5) EStG

[1] Für vermietete Wohnungen, für die der Bauantrag nach dem 31.08.2018 und vor dem 01.01.2022 gestellt wurde, kann zusätzlich zur linearen AfA eine Sonder-AfA von 5% im Jahr der Anschaffung/Herstellung und in den folgenden 3 Jahren in Anspruch genommen werden. § 7b EStG

Kriterien für die Wahl der AfA-Staffel	Abschreibungssätze		
Wirtschaftsgebäude, die vom Stpfl. aufgrund eines vor dem 01.01.1994 gestellten Bauantrags hergestellt, bzw. die vor diesem Zeitpunkt angeschafft wurden	Anschaffungsjahr + 3 Folgejahre in den darauf folgenden 3 Jahren in den darauf folgenden 18 Jahren	je je je	10 % 5 % 2,5 %
Übrige Gebäude, die vom Stpfl. aufgrund eines vor dem 01.01.1995 gestellten Bauantrags hergestellt, bzw. die vor diesem Zeitpunkt angeschafft wurden	Anschaffungsjahr + 7 Folgejahre in den darauf folgenden 6 Jahren in den darauf folgenden 36 Jahren	je je je	5 % 2,5 % 1,25 %
Übrige Gebäude, soweit sie Wohnzwecken dienen, die auf Grund eines nach dem 28.02.1989 und vor dem 01.01.1996 gestellten Bauantrags hergestellt oder die nach dem 28.02.1989 auf Grund eines nach dem 28.02.1989 und vor dem 01.01.1996 geschlossenen Vertrages angeschafft wurden	Anschaffungsjahr + 3 Folgejahre in den darauf folgenden 6 Jahren in den darauf folgenden 6 Jahren in den darauf folgenden 24 Jahren	je je je je	7 % 5 % 2 % 1,25 %
Übrige Gebäude, soweit sie Wohnzwecken dienen, bei denen der Bauantrag nach dem 31.12.1995 gestellt wurde, bzw. die nach diesem Zeitpunkt und vor dem 01.01.2004 angeschafft wurden	Anschaffungsjahr + 7 Folgejahre in den darauf folgenden 6 Jahren in den darauf folgenden 36 Jahren	je je je	5 % 2,5 % 1,25 %
Übrige Gebäude, soweit sie Wohnzwecken dienen, die aufgrund eines nach dem 31.12.2003 und vor dem 01.01.2006 geschlossenen obligatorischen Vertrages angeschafft/hergestellt wurden	Fertigstellungsjahr + 9 Folgejahre in den darauf folgenden 8 Jahren in den darauf folgenden 32 Jahren	je je je	4 % 2,5 % 1,25 %

§ 7 (5) Nr.1 EStG

Eine degressive Abschreibung von Wirtschaftsgebäuden ist nur zulässig, wenn das Gebäude selbst hergestellt oder im Jahr der Fertigstellung gekauft wurde. Der Bauantrag bzw. der Kaufvertrag muss vor dem 01.01.1994 gestellt bzw. geschlossen worden sein.

Mietwohngebäude, für die der Bauantrag nach dem 31.12.2005 gestellt wurde oder die nach dem 31.12.2005 aufgrund eines rechtswirksam abgeschlossenen obligatorischen Vertrags angeschafft werden, können nur noch linear mit 2 % abgeschrieben werden.[1)]

R 7.2 (5) EStR

Ein Gebäude gilt zu dem Zeitpunkt als **angeschafft**, zu dem ein **rechtswirksamer obligatorischer Vertrag abgeschlossen** und **notariell berurkundet** ist.

Beispiel

Die Geltinger GmbH erwarb im August 1994 eine Lagerhalle. Die Anschaffungskosten der Halle, die auf Grund eines 1993 gestellten Bauantrags in den Jahren 1993/1994 errichtet wurde, betrugen 1.750.000,00 €.
Sie wird degressiv abgeschrieben. Nehmen Sie die Abschreibung zum Ende des Jahres 2020 vor.

1) vgl. Seite 337 (Fußnote) Sonder-AfA für Mietwohnungsneubau, § 7b EStG neu.

Buchung der Abschreibung	Soll	Haben
6221 (4831) Abschreibungen auf Gebäude	21.875,00	
an 0250 (0100) Fabrikbauten		21.875,00

Berechnungsbasis für die degressive Gebäude-AfA sind jeweils die **Anschaffungs- bzw. Herstellungskosten**. Der maßgebliche Abschreibungssatz ist hier 1,25 %. § 7 (5) Nr. 1 EStG
Eine **zeitanteilige Kürzung** im Jahr der Fertigstellung/des Kaufs erfolgt bei der **degressiven Gebäude-AfA nicht**. Bei der **Veräußerung** eines Gebäudes kann die degressive AfA nach § 7 (5) EStG **nur zeitanteilig** abgezogen werden (siehe H 7.4 EStH, Teil des auf ein Jahr entfallenden AfA-Betrags).

Übungen

1 Eine Maschinenfabrik erwirbt im November diesen Jahres eine neue, im gleichen Jahr fertiggestellte Lagerhalle zum Kaufpreis von 1.200.000,00 €. In diesem Preis (ohne Grund und Boden) sind aktivierungspflichtige Anschaffungsnebenkosten bereits enthalten.

Mit welchem Betrag ist die Lagerhalle im Anschaffungsjahr abzuschreiben?

2 Die Elektronica AG hat am 02. Mai diesen Jahres eine Fabrikhalle erworben, die 1996 errichtet wurde. Der Kaufpreis der Halle einschließlich Grund und Boden sowie Anschaffungsnebenkosten betrug 1.700.000,00 €. Auf den Grund und Boden entfallen 20 %.

Nehmen Sie die lineare Abschreibung zum Jahresende vor.

3 Ein Steuerpflichtiger hat mit notariellem Kaufvertrag vom 13. Juli diesen Jahres ein neues Verwaltungsgebäude für 8.400.000,00 € erworben. Dabei entstanden an weiteren Kosten 3,5 % Grunderwerbsteuer, 240.000,00 € Maklerprovision + 19 % USt, 6.000,00 € Notarkosten + 19 % USt und 2.800,00 € Grundbuchgebühren. Vom Kaufpreis entfallen 15 % auf den Grund und Boden.

a) Wie hoch ist der Abschreibungsbetrag im Anschaffungsjahr, wenn das Gebäude linear abgeschrieben wird?
b) Buchen Sie die Abschreibung.
c) Könnte das Gebäude degressiv abgeschrieben werden?

4 Der Unternehmer hat 1993 ein Wirtschaftsgebäude für 260.000,00 € auf eigenem Grund und Boden erstellt, das seither als Lager für eigene Fertigerzeugnisse genutzt wird. Das Gebäude, für das der Bauantrag 1991 gestellt wurde, ist am 10. Oktober 1993 fertiggestellt worden. Der Unternehmer hat zulässigerweise die degressive Abschreibung gewählt.

a) Berechnen Sie den Abschreibungsbetrag in diesem Jahr.
b) Buchen Sie die Abschreibung.
c) Welcher Abschreibungsbetrag hätte sich ergeben, wenn der Unternehmer die lineare Abschreibung gewählt hätte?

9.5.3 Bewertung von beweglichen Wirtschaftsgütern

Bewegliche Wirtschaftsgüter des **Anlagevermögens**, die der **Abnutzung** unterliegen, sind höchstens mit den Anschaffungs- oder Herstellungskosten, vermindert um Abschreibungen anzusetzen. § 253 (1) HGB § 6 (1) 1 EStG

Bemessungsgrundlage für die Abschreibung

Gekaufte Wirtschaftsgüter	Selbst hergestellte Wirtschaftsgüter
Anschaffungskosten	**Herstellungskosten**

R 7.4 (3) EStR Die AfA ist grundsätzlich so zu bemessen, dass die Anschaffungs- oder Herstellungskosten nach Ablauf der **betriebsgewöhnlichen Nutzungsdauer** (ND) des Wirtschaftsguts voll abgesetzt sind. Die Finanzverwaltung hat für die unterschiedlichen Wirtschaftszweige sogenannte **AfA-Tabellen** aufgestellt, in denen die Nutzungsdauer der verschiedenen Anlagegüter aufgrund von Erfahrungswerten festgelegt ist.

Beginn und Ende der Abschreibung

Beginn der Abschreibung	Ende der Abschreibung
=	=
Lieferung/Herstellung R 7.4 (1) EStR	**Veräußerung/Entnahme/Ende der ND** R 7.4 (8) EStR

Für die Vornahme der Abschreibung können unterschiedliche **Abschreibungsarten** zur Anwendung kommen.

SL 222 ff.

9.5.3.1 › Lineare Abschreibung

Abschreibungssatz in Prozent: $\frac{100}{\text{Nutzungsdauer}}$

Abschreibungsbetrag in €/Jahr: $\frac{\text{Anschaffungs-/Herstellungskosten}}{\text{Nutzungsdauer}}$

§ 7 (1) EStG Bei der linearen Abschreibung wird der Abschreibungssatz von den Anschaffungs-/Herstellungskosten berechnet und führt zu **jährlich gleichbleibenden Abschreibungsbeträgen**. Die lineare Abschreibung ist bei allen Wirtschaftsgütern zulässig.

Besonderheit bei einer Anschaffung/Herstellung im Laufe des Jahres:

Zeitanteilig (pro rata temporis)

=

monatsweise genau

Wird ein bewegliches Wirtschaftsgut im Laufe eines Monats angeschafft, kann dieser Monat aus Vereinfachungsgründen voll abgeschrieben werden.

Beispiel

Anschaffung einer neuen Maschine am 25.10.2020;
Anschaffungskosten (AK) 12.000,00 €; Nutzungsdauer 8 Jahre.

	Zeitanteilig
AK	12.000,00
AfA 2020 (3/12)	375,00
Restbuchwertwert Ende 2020	11.625,00
AfA 2021	1.500,00
Restbuchwert Ende 2021	10.125,00
AfA 2022	1.500,00
Restbuchwert Ende 2022	8.625,00
AfA 2023	1.500,00
Restbuchwert Ende 2023	7.125,00
AfA 2024	1.500,00
Restbuchwert Ende 2024	5.625,00
AfA 2025	1.500,00
Restbuchwert Ende 2025	4.125,00
AfA 2026	1.500,00
Restbuchwert Ende 2026	2.625,00
AfA 2027	1.500,00
Restbuchwert Ende 2027	1.125,00
AfA 2028	1.125,00
Restbuchwert Ende 2028	0,00

Beispiel

Für die oben beschriebene Maschine, AK 12.000,00 €, ist die lineare Abschreibung im Jahr der Anschaffung zu buchen.

Buchung der Abschreibung		Soll	Haben
6220 (4830)	Abschreibungen auf Sachanl.	375,00	
	an 0440 (0210) Maschinen		375,00

Nach Ablauf der betriebsgewöhnlichen Nutzungsdauer der Maschine sind die Anschaffungskosten voll abgesetzt. Die Maschine ist auf Null (bzw. einen Erinnerungswert von 1,00 €) abgeschrieben.

Für die Anschaffung neuer Elektrolieferfahrzeuge wird von 2020–2030 neben der linearen AfA nach § 7 (1) EStG eine Sonder-AfA in Höhe von 50 % der Anschaffungskosten im Jahr der Anschaffung gewährt, § 7c EStG; siehe Seite 247.

SL 223

9.5.3.2 › Degressive Abschreibung

§ 7 (2) EStG Bei beweglichen Wirtschaftsgütern des Anlagevermögens konnte der Steuerpflichtige statt der Absetzung für Abnutzung in gleichen Jahresbeträgen die Absetzung für Abnutzung in fallenden Jahresbeträgen bemessen.

Anschaffungs-/Herstellungsjahr	Relativregel	Höchstsatz
bis einschl. 2000	3× lineare AfA	maximal 30 %
2001 bis 2005	2× lineare AfA	maximal 20 %
2006 und 2007	3× lineare AfA	maximal 30 %
2008	Abschaffung der degressiven Abschreibung	
2009 und 2010	2,5× lineare AfA	maximal 25 %

Die degressive Abschreibung führt zu einer Abschreibung in fallenden Jahresbeträgen, da ein gleichbleibender Abschreibungssatz in Prozent auf den jeweiligen Restbuchwert bezogen wird. Bei einer Nutzungsdauer von über drei Jahren ergibt sich **zunächst ein höherer Abschreibungsbetrag** als bei der linearen Abschreibung.

Beispiel

Anschaffung einer neuen Maschine am 25.10.2010;
Anschaffungskosten (AK) 12.000,00 €; Nutzungsdauer 8 Jahre.
Abschreibungssatz: 25 %

	Zeitanteilig
AK	12.000,00
AfA 2010 (3/12)	750,00
Restbuchwert Ende 2010	11.250,00
AfA 2011	2.812,50
Restbuchwert Ende 2011	8.437,50
AfA 2012	2.109,38
Restbuchwert Ende 2012	6.328,12
AfA 2013	1.582,03
Restbuchwert Ende 2013	4.746,09
AfA 2014	1.186,52
Restbuchwert Ende 2014	3.559,57
AfA 2015	889,89
Restbuchwert Ende 2015	2.669,68
AfA 2016	667,42
Restbuchwert Ende 2016	2.002,26
AfA 2017	500,57
Restbuchwert Ende 2017	1.501,69
AfA 2018	1.501,69
Restbuchwert Ende 2018	0,00

Da bei Anwendung der degressiven Abschreibung am Ende der Nutzungsdauer nicht der Restbuchwert 0 € erreicht wird, empfiehlt sich auch aus diesem Grund ein **Umstieg** zur linearen Abschreibung. Der Restbuchwert kann im letzten Jahr der Nutzung auch vollständig (bzw. bis zum Erinnerungswert von 1,00 €) abgeschrieben werden.

Beispiel

Für die oben beschriebene Maschine, AK 12.000,00 €, ist die degressive Abschreibung im Jahr der Anschaffung zu buchen.

Buchung der Abschreibung		Soll	Haben
6220 (4830)	Abschreibungen auf Sachanl. an 0440 (0210) Maschinen	750,00	 750,00

Da die Anschaffung 2010 erfolgt, ist eine (zeitanteilige) degressive Abschreibung möglich. Die begonnene degressive Abschreibung kann 2011 und in den Folgejahren fortgeführt werden. **Bei einer Anschaffung/Herstellung ab 2011 ist eine degressive Abschreibung nicht mehr möglich.**

Übungen

1 Eine Maschine, ND 12 Jahre, wurde am 05. März 2016 für 50.000,00 € netto angeschafft und linear abgeschrieben.

a) Berechnen Sie jeweils die Höhe der Abschreibung im Anschaffungsjahr und in den beiden folgenden Jahren.
b) Buchen Sie die Abschreibung im Jahr 2020.

2 Ein Unternehmen erwarb am 06. April 2020 ein Vervielfältigungsgerät, ND 5 Jahre, für netto 2.000,00 €.

a) Wie hoch ist die lineare Abschreibung im Jahr der Anschaffung?
b) Buchen Sie die zeitanteilige Abschreibung im Anschaffungsjahr.

3 Ein Chemieunternehmen hat am 26. März 2020 für seine Forschungsabteilung mehrere neue Kühlschränke zum Preis von 4.200,00 € je Stück erworben. Der Verkäufer gewährte auf diesen Preis einen Mengenrabatt von 20 %. Gemäß der AfA-Tabelle für allgemein verwendbare Anlagegüter beträgt die Nutzungsdauer eines Kühlschrankes 10 Jahre.

Wie hoch ist der Abschreibungsbetrag 2020 und 2021 je Kühlschrank?

4 Ein Unternehmen hat Anfang Dezember 2019 eine Nietmaschine, Nutzungsdauer 10 Jahre, angeschafft und linear abgeschrieben. Zum 01. Januar 2020 beträgt der Buchwert der Maschine 11.900,00 €.

Wie hoch waren die Anschaffungskosten der Nietmaschine?

5 Eine Maschine wird am 30. April 2020 verkauft. Der Buchwert am 31. Dezember des letzten Jahres betrug 42.000,00 €, die Anschaffungskosten 52.500,00 €. Die Maschine wurde mit 20 % linear abgeschrieben. Buchen Sie die Abschreibung.

6 Das Konto Büroeinrichtung enthält ein Zeiterfassungsgerät. Der Unternehmer hat es im Februar 2019 für 12.000,00 € netto angeschafft und linear abgeschrieben. Die ND beträgt 12 Jahre. Buchen Sie die Abschreibung 2020.

7 Ein Unternehmer kauft am 10. Dezember 2020 einen Teppich für die Vertriebsabteilung für 1.200,00 € netto auf Ziel. Die Nutzungsdauer des Teppichs beträgt acht Jahre, die Zahlung wird erst Anfang Januar des nächsten Jahres erfolgen.

a) Buchen Sie die lineare Abschreibung im Anschaffungsjahr.
b) Wie lautet der Buchungssatz für die degressive Abschreibung im Anschaffungsjahr?

8 Der Steuerpflichtige erwirbt am 02. April 2020 ein Materialprüfgerät zum Preis von 21.420,00 € brutto. Die Nutzungsdauer dieses Gerätes beträgt lt. AfA-Tabelle 10 Jahre.

a) Berechnen Sie die lineare Abschreibung im Anschaffungsjahr.
b) Wie lautet der Buchungssatz für die lineare Abschreibung im Anschaffungsjahr und 2020?

9 Ein Unternehmen erwirbt Anfang Oktober 2020 eine neue Maschine, deren Nutzungsdauer zwölf Jahre beträgt, zum Bruttopreis von 4.760,00 €.

a) Berechnen und buchen Sie die Abschreibung im Anschaffungsjahr, wenn die Kehrmaschine linear abgeschrieben werden soll.
b) Buchen Sie die lineare Abschreibung im Jahr 2021.

10 Im September 2020 wurde eine Maschine für 23.800,00 € brutto angeschafft. Die Maschine mit einer Nutzungsdauer von 8 Jahren wurde linear abgeschrieben. Buchen Sie die lineare Abschreibung für 2020.

SL 224

9.5.3.3 › Umstieg von degressiver AfA zu linearer AfA

§ 7 (3) EStG

Der Wechsel von der degressiven zur linearen Abschreibung ist zulässig. Der Abschreibungsbetrag wird vom Übergangszeitpunkt an vom dann noch vorhandenen **Restwert** und der **Restnutzungsdauer** des Wirtschaftsguts berechnet.

Der Übergangszeitpunkt sollte dann erfolgen, wenn der ermittelte lineare Abschreibungsbetrag mindestens so hoch ist wie der degressive Abschreibungsbetrag.

Formel zur Berechnung des Umstiegszeitpunkts

$$\textbf{Restnutzungsdauer in Jahren (RND)} < \frac{\textbf{100}}{\textbf{degressiver Abschreibungssatz in Prozent}}$$

$$\textbf{Linearer Abschreibungsbetrag nach dem Umstieg:} \quad \frac{\textbf{Restbuchwert}}{\textbf{Rest-ND}}$$

Ein Übergang von der linearen zur degressiven Abschreibung ist **nicht** zulässig.

Beispiel

Eine Fertigungsmaschine, ND 10 Jahre, ist für 50.000,00 € netto angeschafft worden und wird degressiv abgeschrieben. Das Unternehmen möchte einen möglichst niedrigen Gewinn ausweisen.
Wann wird von der degressiven AfA auf die lineare AfA umgestiegen, wenn die Anschaffung Anfang März 2010 erfolgte?
Wie hoch ist der lineare Abschreibungsbetrag nach dem Umstieg?

Berechnung des Umstiegstermins und des linearen AfA-Betrages

RND < 4 Jahre

Die letzten 3 Jahre und 2 Monate (3,17 Jahre < 4) sind linear abzuschreiben.

Restbuchwert nach 7 Jahren Abschreibung = 7.045,00 €

› 2.225,00 (linearer AfA-Betrag im Umstiegsjahr (2017)

Linearer Abschreibungsbetrag nach dem Umstieg: $\frac{7.045,00\ €}{38\ \text{Monate}} = 185,39\ €$

185,39 € × 12 Monate = 2.225,00 €

9.5.3.4 › Leistungs-AfA

SL 225

§ 7 (1) S. 6 EStG

Bei beweglichen Wirtschaftsgütern des Anlagevermögens, bei denen es wirtschaftlich begründet ist die Absetzung für Abnutzung nach Maßgabe der Leistung des Wirtschaftsguts vorzunehmen, kann der Steuerpflichtige dieses Verfahren statt der Absetzung für Abnutzung in gleichen Jahresbeträgen anwenden, wenn er den auf das einzelne Jahr entfallenden Umfang der Leistung nachweist.

$$\text{Abschreibungsbetrag in €} = \frac{\text{Anschaffungs-/Herstellungskosten} \times \text{Jahresleistung}}{\text{Gesamtleistung}}$$

Der **Abschreibungsbetrag je Leistungseinheit** (Maschinenstunde, km, etc.) **bleibt hier gleich**, die Jahresbeträge schwanken je nach Umfang der Leistung.

Beispiel

Ein Unternehmen hat eine neue Stanzmaschine mit einer Nutzungsdauer von 8 Jahren und einer Gesamtleistung von 19.000 Stunden für 57.000,00 € netto erworben. Im Anschaffungsjahr wird die Maschine 2.200 Stunden genutzt.
Wie hoch ist der Abschreibungsbetrag im Anschaffungsjahr, wenn die Maschine nach Maßgabe der Leistung abgeschrieben werden soll?

Berechnung des Abschreibungsbetrages

$$\frac{57.000,00\ € \times 2.200\ \text{Std.}}{19.000\ \text{Std.}} = 6.600,00\ €$$

Übungen

1 Eine Maschine, Nutzungsdauer 10 Jahre, wurde für netto 12.000,00 € Anfang Oktober 2010 angeschafft und degressiv abgeschrieben.

Wann ist ein Wechsel der Abschreibungsmethode sinnvoll?

2 Die Unternehmerin Monika Bader kauft am 01. August 2020 eine Produktionsmaschine (ND 12 Jahre) für 42.500,00 € + 19 % USt. Der Spediteur berechnet ihr für die Anlieferung 2.500,00 € + 19 % USt. Monika Bader bezahlt die Maschine nach 10 Tagen unter Abzug von 3 % Skonto.

a) Buchen Sie die Lieferung der Maschine.
b) Wie lautet der Buchungssatz bei Zahlung der Fracht mit Bankscheck?
c) Buchen Sie die Zahlung der Maschine durch Banküberweisung.
d) Am Jahresende ist die Abschreibung vorzunehmen. Frau Bader möchte einen möglichst niedrigen Gewinn ausweisen.

3 Der Unternehmer erhält für ein neu einzurichtendes Verwaltungsbüro am 26. Juni 2020 die Lieferung und folgende Rechnung (Auszug):

1 Computer	2.300,00 €
zuzüglich USt	437,00 €
Rechnungsbetrag	2.737,00 €

Die Nutzungsdauer des Computers beträgt vier Jahre. Buchen Sie

a) den Kauf auf Ziel.
b) die Zahlung durch Banküberweisung unter Abzug von 4 % Skonto.
c) die Abschreibung am Jahresende, wenn ein möglichst niedriger Gewinn ausgewiesen werden soll.

4 Der Fabrikant Müller schloss am 03.07.2020 einen Kaufvertrag über eine Fertigungsmaschine für 100.000,00 € + 19 % USt, die am 01.09.2020 geliefert wurde. Müller bezahlte die Rechnung nach 14 Tagen unter Abzug von 3 % Skonto.

a) Buchen Sie, falls erforderlich zum 03.07.2020!
b) Wie lautet der Buchungssatz zum 01.09.2020?
c) Buchen Sie die Zahlung der Rechnung durch Banküberweisung.
d) Berechnen und buchen Sie die Abschreibung im Anschaffungsjahr, wenn die Nutzungsdauer der Maschine acht Jahre beträgt.
e) Wie hoch ist der Abschreibungsbetrag 2021?

5 Ein Unternehmen hat Anfang Januar 2020 einen neuen Tresor, der ausschließlich betrieblich genutzt wird, Nutzungsdauer 23 Jahre, für 40.000,00 € + USt erworben. Kauf und Zahlung wurden im Januar ordnungsgemäß gebucht.

a) Buchen Sie die Abschreibung im Anschaffungsjahr, wenn das Unternehmen einen möglichst niedrigen Gewinn ausweisen möchte.
b) Mit welchem Wert steht der Tresor in der Schlussbilanz 2020?

6 Ein Gewerbetreibender hat zu Beginn des Jahres 2020 einen neuen Lkw angeschafft, dessen Anschaffungskosten 125.000,00 € betrugen. Die geschätzte Gesamtleistung des Fahrzeugs beträgt 300.000 km. Im Anschaffungsjahr wurden mit dem Lkw 45.000 km zurückgelegt. Im nächsten Jahr sind es 55.000 km.

Wie hoch ist die Abschreibung in den Jahren 2020 und 2021 wenn sie nach Maßgabe der Leistung vorgenommen werden soll?

7 Ein ausschließlich betrieblich genutzter Geschäfts-Pkw, Nutzungsdauer 6 Jahre, wurde am 01. Juli 2019 angeschafft. Zum 01.01.2020 hat der Pkw einen Buchwert von 28.875,00 €. Das Unternehmen hat linear abgeschrieben. Die Voraussetzungen für eine Sonderabschreibung waren nicht gegeben.

Berechnen Sie die Anschaffungskosten des Geschäfts-Pkw.

8 Eine Produktionsmaschine wird linear abgeschrieben. Der Abschreibungsbetrag beträgt in diesem Jahr 4.000,00 €.

Buchen Sie die Abschreibung.

9 Die Anschaffungskosten einer Maschine betrugen 300.000,00 €. Die technische Kapazität dieser Maschine liegt bei einer Stückzahl von 4.000.000. Die Produktion im Jahr des Kaufs lag bei 200.000 Stück.

a) Berechnen Sie den Abschreibungsbetrag im Kaufjahr.
b) Wie hoch ist der Restbuchwert der Maschine nach erfolgter Abschreibung?

10 Am 20. August 2020 wird für das Lohnbüro der Meditex GmbH eine neue Tresoranlage, Nutzungsdauer 25 Jahre, angeschafft. Der Verkäufer gewährte auf den Katalogpreis von 12.500,00 € netto einen Rabatt in Höhe von 20 %. Der Tresor wird linear abgeschrieben.
Berechnen Sie den Abschreibungsbetrag im Jahr des Kaufs und 2021 und buchen Sie jeweils.

11 Ein Gewerbetreibender erwarb am 02.08.2020 (= Lieferdatum) eine neue Fertigungsmaschine für 50.000,00 € + USt. Der Hersteller berechnete für Montagekosten 2.000,00 € + USt. An den Spediteur wurden 4.000,00 € Transportkosten + USt bezahlt. Die Rechnung des Lieferanten wurde am 04.10.2020 unter Abzug von 2 % Skonto vom Maschinenwert bezahlt. Die entsprechenden Buchungen sind erfolgt.

a) Buchen Sie die lineare Abschreibung der Maschine 2020, wenn die Nutzungsdauer 10 Jahre beträgt.
b) Wie hoch ist der Abschreibungsbetrag 2021?

12 Ein Unternehmer erwirbt am 02.05.2020 eine neue Kehrmaschine (Nutzungsdauer 9 Jahre) für brutto 16.660,00 €.

Ermitteln und buchen Sie die Abschreibungsbeträge für die Jahre 2020, 2021 und 2022.

13 Ihr Mandant, ein zum Vorsteuerabzug berechtigter Unternehmer aus Schwerin, hat am 01.09.2020 einen neuen Pkw (ND 6 Jahre) angeschafft.

Neuwagen	(Listenpreis)	52.000,00 €	
	– Rabatt	2.000,00 €	50.000,00 €
	Autoradio		1.200,00 €
	Überführung		300,00 €
	netto		51.500,00 €
		USt 19 %	9.785,00 €
		Gesamt	61.285,00 €

Zwei Kassenbelege wegen der Zulassung des Pkw liegen noch vor:
Zulassungsgebühren 75,00 €
Nummernschilder 41,65 € (19 % USt sind enthalten)

a) Wie hoch ist der maximale Abschreibungsbetrag im Anschaffungsjahr und 2021, wenn der Pkw ausschließlich betrieblich genutzt wird?
b) Wie ändern sich die Lösungen bei a), wenn der Unternehmer den Pkw zu 30 % privat nutzt?

SL 227 ff. 9.5.3.5 › Investitionsabzugsbetrag nach § 7g EStG

§ 7g (1) EStG Steuerpflichtige können für die **künftige** Anschaffung oder Herstellung von neuen oder gebrauchten **beweglichen Wirtschaftsgütern des Anlagevermögens** einen gewinnmindernden Abzug vornehmen.

Der Investitionsabzugsbetrag darf **40 %** der Anschaffungs- oder Herstellungskosten des begünstigten Wirtschaftsguts nicht überschreiten, das der Steuerpflichtige in einem dem Wirtschaftsjahr des Abzugs folgenden Wirtschaftsjahr anschaffen oder herstellen wird. Ein Investitionsabzugsbetrag kann nur in Anspruch genommen werden, wenn:

1. folgende Größenmerkmale des Betriebs am Schluss des Wirtschaftsjahrs, in dem der Abzug vorgenommen wird, nicht überschritten werden:
   - Betriebsvermögen bei Gewinnermittlung nach § 4 (1) oder § 5 EStG ≤ 235.000,00 €
   - bei Gewinnermittlung nach § 4 (3) EStG, Gewinn vor Berücksichtigung des Investitionsabzugsbetrags ≤ 100.000,00 €

2. der Steuerpflichtige die Abzugsbeträge nach amtlich vorgeschriebenen Datensätzen durch Datenfernübertragung übermittelt

3. das begünstigte WG mindestens bis zum Ende des dem Wirtschaftsjahr der Anschaffung oder Herstellung folgenden Wirtschaftsjahrs in einer inländischen Betriebsstätte ausschließlich oder fast ausschließlich (zu mindestens 90 %) betrieblich genutzt wird.

§ 7g (1) EStG S. 3 u. S. 4 EStG Ein Investitionsabzugsbetrag kann auch gebildet werden, wenn dadurch ein **Verlust** entsteht bzw. sich erhöht. Insgesamt darf er jedoch im Wirtschaftsjahr des Abzugs und in den drei vorangegangenen Wirtschaftsjahren 200.000,00 € nicht übersteigen.

Zu beachten ist, dass auch die geplante Anschaffung geringwertiger Wirtschaftsgüter mit Anschaffungskosten zwischen 250,01 € und 1.000,00 € (GWG-Sammelposten) zur Beanspruchung eines Investitionsabzugsbetrages berechtigen.

Beispiel

Ein Unternehmen, das die Voraussetzungen des § 7g EStG erfüllt, plant im Jahr 2020 die Anschaffung einer neuen Fertigungsmaschine für das Jahr 2022 zum Nettopreis von 20.000,00 €.

Lösung: Gewinnminderung außerhalb der Bilanz um 40 % = 8.000,00 €

Durch die Bildung des Investitionsabzugsbetrages wird der steuerliche Gewinn des Jahres 2020 um 8.000,00 € gemindert. Ein Buchungssatz wird nicht gebildet, da der Abzug bei Gewinnermittlung nach § 4 (1) oder § 5 EStG außerhalb der Bilanz erfolgt.

Die Regelungen des § 7g EStG sind nur in der Steuerbilanz anzuwenden. Wertansätze und Buchungen in Handels- und Steuerbilanz sind damit nicht identisch.

Beispiel

Ein Gewerbetreibender aus Flensburg, der die Voraussetzungen des § 7g EStG erfüllt, plant im Jahr 2019 die Anschaffung einer neuen Fertigungsmaschine (ND 5 Jahre) für das Jahr 2020. Der Kaufpreis wird gemäß einem vorliegenden Angebot des Maschinenherstellers bei 40.000,00 € + USt liegen. Der höchstmögliche Investitionsabzugsbetrag soll angesetzt werden. Am 10.01.2020 erfolgt die Anschaffung der Maschine zum geplanten Preis. Der Gewerbetreibende möchte einen möglichst niedrigen Gewinn ausweisen. Der Unternehmer entscheidet sich dafür, den höchstmöglichen Betrag des gebildeten IAB hinzuzurechnen und die Ak entsprechend zu kürzen.

Investitionsabzugsbetrag

Gewinnminderung außerhalb der Bilanz um 40 % = 16.000,00 €

Buchung der Anschaffung auf Ziel		Soll	Haben
0440 (0210)	Maschinen	40.000,00	
1406 (1576)	Vorsteuer	7.600,00	
	an 3300 (1600) Verbindlichkeiten		47.600,00

Investitionsabzugsbetrag

Außerhalb der Bilanz sind 16.000,00 € gewinnerhöhend hinzuzurechnen

Buchung der Abschreibung im Anschaffungsjahr		Soll	Haben
6221 (4831)	Steuerliche Ak-Kürzung	16.000,00	
	an 0440 (0210) Maschinen		16.000,00
6220 (4830)	Abschreibungen auf Sachanlagen	4.800,00	
	an 0440 (0210) Maschinen		4.800,00
6240 (4850)	Abschreibungen auf Sachanlagen aufgrund steuerl. Sondervorschriften	4.800,00	
	an 0440 (0210) Maschinen		4.800,00

Im Wirtschaftsjahr der Anschaffung/Herstellung können bis zu 40 % der AHK außerbilanziell gewinnerhöhend hinzugerechnet werden (Wahlrecht). § 7g (2), S. 1

Die Anschaffungs-/Herstellungskosten des erworbenen bzw. hergestellten Wirtschaftsgutes können um bis zu **40 %**, höchstens jedoch um den Betrag der Hinzurechnung (= Investitionsabzugsbetrag) **gewinnmindernd herabgesetzt werden**. Dadurch **vermindert sich die Bemessungsgrundlage** für die planmäßige Abschreibung und die Sonderabschreibung nach § 7g Abs. 5 EStG auf 24.000 € (vgl. Kap. 9.5.3.6). § 7g (2), S. 2

Wird die geplante Investition bis zum Ende des dreijährigen Investitionszeitraums nicht oder nur teilweise vorgenommen, ist der Investitionsabzugsbetrag nach § 7g (3) bei der Veranlagung rückgängig zu machen, bei der der Abzug vorgenommen wurde. Wurde der Gewinn des maßgebenden Wirtschaftsjahres bereits einer Steuerfestsetzung oder einer gesonderten Feststellung zugrundegelegt, ist der entsprechende Bescheid insoweit zu ändern, auch wenn er bestandskräftig geworden ist. § 233a Absatz 2a der Abgabenordnung ist nicht anzuwenden. § 7g (3)

9.5.3.6 › Sonderabschreibung nach § 7g Abs. 5 EStG[1)]

Sie kann unabhängig von der Inanspruchnahme eines Investitionsabzugsbetrags bei der Anschaffung/Herstellung beweglicher Wirtschaftsgüter des Anlagevermögens neben der linearen Abschreibung vorgenommen werden.

Bemessungsgrundlage sind die gegebenenfalls um einen Investitionsabzugsbetrag **geminderten AHK**.

Voraussetzungen für die Inanspruchnahme einer Sonderabschreibung nach § 7g EStG:

1. Der Betrieb muss zum Schluss des dem Wirtschaftsjahr der Anschaffung oder Herstellung vorangegangenen Wirtschaftsjahres die Größenkriterien des § 7g Abs. 1 Satz 2 Nr. 1 EStG einhalten;

2. Das Wirtschaftsgut muss im Jahr der Anschaffung oder Herstellung sowie im darauf folgenden Wirtschaftsjahr in einer inländischen Betriebsstätte des Betriebs des Steuerpflichtigen **ausschließlich oder fast ausschließlich** (d.h. zu mindestens 90 %) **betrieblich genutzt** werden (§ 7g Abs. 1 Satz 1 EStG).

§ 7g (5) EStG

Die Sonderabschreibung nach § 7g EStG kann **zusätzlich** zur planmäßigen Abschreibung gebildet werden. Sie darf **maximal 20 %** der Anschaffungs- oder Herstellungskosten betragen und kann **im Jahr der Anschaffung oder Herstellung und in den vier folgenden Jahren** in Anspruch genommen werden.

Beabsichtigt ein Unternehmer im Jahr der Anschaffung/Herstellung des Wirtschaftsgutes einen möglichst niedrigen Gewinn zu erzielen, wird er die Sonderabschreibung nach § 7g (5) EStG sofort voll beanspruchen.

Im Jahr der Anschaffung eines begünstigten Wirtschaftsgutes sind folglich immer folgende Vorgänge zu berücksichtigen:

1. **Buchung des Kaufs**
2. **Gegebenenfalls außerbilanzielie Hinzurechnung eines beanspruchten Investitionsabzugsbetrages (Wahlrecht)**
3. **Gewinnmindernde Herabsetzung der Anschaffungskosten um max. 40 % (höchstens beanspruchter Investitionsabzugsbetrag)**
4. **Buchung der regulären Abschreibung**
5. **Buchung der Sonderabschreibung nach § 7g (5) EStG**

1) nur in der Steuerbilanz zulässig

Beispiel

Ein Unternehmer, der die Voraussetzungen des § 7g EStG erfüllt, hat im letzten Jahr einen Investitionsabzugsbetrag für den geplanten Kauf einer neuen Produktionsmaschine in Höhe von 24.000,00 € beansprucht. Am 02. Januar wird diese Maschine (ND 10 Jahre) für brutto 71.400,00 € tatsächlich angeschafft. Das Unternehmen will im Anschaffungsjahr einen möglichst niedrigen Gewinn erzielen.

Buchung des Kaufs auf Ziel		Soll	Haben
0440 (0210)	Maschinen	60.000,00	
1406 (1576)	Vorsteuer	11.400,00	
	an 3300 (1600) Verbindlichkeiten		71.400,00

Investitionsabzugsbetrag	Soll	Haben
Außerhalb der Bilanz werden 24.000,00 € gewinnerhöhend hinzugerechnet		

§ 7g (2) EStG

Buchung der Abschreibung im Anschaffungsjahr		Soll	Haben
6243 (4853)	Ak-Kürzung nach § 7g (2) EStG	24.000,00	
	an 0440 (0210) Maschinen		24.000,00
6220 (4830)	Abschreibungen auf Sachanl.	3.600,00	
	an 0440 (0210) Maschinen		3.600,00

Buchung der Sonderabschreibung nach § 7g EStG		Soll	Haben
6240 (4850)	Abschreibungen auf Sachanl. aufgrund steuerl. Sondervorschriften	7.200,00	
	an 0440 (0210) Maschinen		7.200,00

Der in Anspruchung genommene Investitionsabzugsbetrag ist nach Vornahme der Investition außerbilanziell wieder gewinnerhöhend hinzurechnen. Er war keine Voraussetzung für die Sonderabschreibung nach § 7g (5) EStG, führt nun aber zu einer gewinnmindernden Herabsetzung der AHK und damit zu einer Reduzierung der Bemessungsgrundlage für die Abschreibung nach § 7 (1) EStG und die Sonderabschreibung nach § 7g (5) EStG. Die Bemessungsgrundlage beträgt 36.000 €. Sie errechnet sich aus den Nettoanschaffungskosten von 60.000 € minus des Kürzungsbetrages im Anschaffungsjahr in Höhe von 24.000 €.

Übungen

Die Voraussetzungen des § 7g EStG sind jeweils erfüllt.

1. Eine Aktiengesellschaft, die die Voraussetzungen des § 7g EStG erfüllt plant im nächsten Jahr die Anschaffung eines neuen Pkw für die Vertriebsabteilung zu einem Nettopreis von 45.000,00 €. Buchen Sie falls erforderlich.

2. Monika Schrader hat im Januar 2020 ein Einzelhandelsunternehmen eröffnet. Sie plant im Jahr 2021 einen neuen Schreibtisch, Anschaffungskosten 900,00 €, anzuschaffen. Nehmen Sie eine evtl. erforderliche Buchung vor.

3. Ein Gewerbetreibender will im nächsten Jahr eine Fertigungsmaschine für die Produktion erwerben. Aus Kostengründen soll eine gebrauchte Maschine von einem befreundeten Unternehmer gekauft werden. Die Anschaffungskosten werden bei ca. 40.000,00 € liegen.
Nehmen Sie eine eventuell erforderliche Buchung vor.

4 Ein Gewerbetreibender hat 2018 einen Investitionsabzugsbetrag für die geplante Anschaffung einer Büromaschine gebildet (10.000,00 €). Anfang Juli 2020 hat er wie geplant eine neue Maschine für 30.000,00 € netto angeschafft. Die Nutzungsdauer dieser Büromaschine beträgt 5 Jahre. Der Gewerbetreibende möchte ab dem Anschaffungsjahr und in den drei folgenden Jahren jeweils eine Sonderabschreibung von 5 % beanspruchen.

Zeigen Sie den Abschreibungsverlauf über die gesamte Nutzungsdauer der Maschine, wenn sie im übrigen linear abgeschrieben werden soll.

5 Ein Steuerpflichtiger hat im Vorjahr einen Gewerbebetrieb in Braunschweig eröffnet. Er plant im nächsten Jahr ein Grundstück für 50.000,00 € als Lagerfläche zu erwerben.

Wie hoch ist der Investitionsabzugsbetrag, den der Steuerpflichtige in diesem Jahr ansetzen kann?

6 Ein Mandant, der die Voraussetzungen des § 7g EStG erfüllt, hat am 01. Dezember diesen Jahres eine neue Maschine (Nutzungsdauer 8 Jahre) für 12.500,00 € + 19 % USt erworben, die zu 75 % für Abzugsumsätze und zu 25 % für Ausschlussumsätze verwendet wird. Die Anschaffung wurde mit dem Ziel einen möglichst niedrigen Gewinn auszuweisen korrekt gebucht. Ein Investitionsabzugsbetrag wurde nicht geltend gemacht.

Buchen Sie zum 31.12.

7 Ein Mandant, der Schreiner Franz Schlechinger, hat seine Büromöbel teilweise selbst hergestellt. Die Möbel, deren Nutzungsdauer 10 Jahre beträgt, wurden am 10. September 2020 fertiggestellt. Herr Schlechinger hat mit folgenden Werten gerechnet:

Materialkosten (Holz)	3.200,00 €
Lohnkosten	4.700,00 €
Materialgemeinkosten	40 %
Fertigungsgemeinkosten	150 %
Verwaltungsgemeinkosten	10 %
Vertriebsgemeinkosten	7 %

Ermitteln Sie die Herstellungskosten der Büromöbel und deren Buchwert zum 31. Dezember des Herstellungsjahres.

8 Der Steuerpflichtige erwirbt am 01. Oktober 2020 eine gebrauchte Fertigungsmaschine für 10.000,00 € + 19 % USt auf Ziel.

a) Buchen Sie den Kauf.
b) Berechnen und buchen Sie die Abschreibung, im Anschaffungsjahr, wenn die Nutzungsdauer der Maschine zehn Jahre beträgt.

9 Ihr Mandant hat am 01. Juli diesen Jahres eine neue Maschine für 40.000,00 € netto auf Ziel gekauft. Die Zahlung erfolgt nach sechs Wochen ohne Abzug durch Banküberweisung. Die Maschine hat lt. AfA-Tabelle eine Nutzungsdauer von vier Jahren und soll im übrigen linear abgeschrieben werden.

Nehmen Sie alle im Jahr der Anschaffung anfallenden Buchungen vor, wenn ein Investitionsabzugsbetrag von 16.000,00 € beansprucht wurde.

9.5.3.7 › Bewertung geringwertiger Wirtschaftsgüter (GWG)

SL 213 f.

Bei beweglichen abnutzbaren Wirtschaftsgütern des Anlagevermögens sind in Abhängigkeit von der Höhe der Anschaffungs- oder Herstellungskosten drei Fälle zu unterscheiden:

Anschaffungs-/Herstellungskosten		
bis zu 800,00 €	**ab 250,01 € bis 1.000,00 €**	**über 1.000,00 €**
Betriebsausgabe im Jahr des Kaufs	Bildung eines Sammelpostens (Pool) Lineare Abschreibung auf 5 Jahre	lineare Abschreibung verteilt auf die Nutzungsdauer

Die Anschaffungs- oder Herstellungskosten von abnutzbaren, beweglichen Wirtschaftsgütern des Anlagevermögens, die selbstständig nutzungsfähig sind, können im Jahr der Anschaffung/Herstellung als **Betriebsausgaben** abgezogen werden, wenn die Anschaffungs- oder Herstellungskosten netto nicht mehr **als 800 €** betragen (= Geringwertige Wirtschaftsgüter). § 6 (2) S. 1 EStG

GWG deren Wert **250 €** übersteigt, sind entweder buchmäßig oder in einem laufend zu führenden Verzeichnis zu erfassen. § 6 (2) S. 4+5 EStG

Alternativ kann für alle abnutzbaren, beweglichen Wirtschaftsgüter, die selbstständig nutzungsfähig sind und deren Anschaffungs- oder Herstellungskosten **250 € übersteigen aber nicht mehr als 1.000 €** betragen, ein **jahrgangsbezogener Sammelposten (Pool)** gebildet werden. Jeder Sammelposten ist wie ein einzelnes Wirtschaftsgut zu behandeln und im Jahr der Bildung und in den folgenden vier Jahren **mit 20 % abzuschreiben (Pool-Abschreibung).** § 6 (2a) EStG

Der Stpfl. hat ein **wirtschaftsjahrbezogenes Wahlrecht.** Er kann entweder für **alle begünstigten WG bis 800 € den Sofortabzug** oder für alle WG von **mehr als 250 € bis 1.000 € die Pool-Abschreibung** vornehmen. **Beide Regelungen können nicht nebeneinander geltend gemacht werden.**

Beispiel ›››

Ein Gewerbetreibender erwarb Anfang Oktober **2020** einen neuen Schreibtisch, ND 10 Jahre, zum Preis von 1.071,00 € brutto auf Ziel. Die Rechnung wurde nach 14 Tagen ohne Abzug durch Banküberweisung beglichen. Alle im Anschaffungsjahr anfallenden Buchungen wurden vorgenommen. Der Gewerbetreibende nahm die Pool-Abschreibung vor. Wie lauteten die Buchungen im Jahr 2020?

Buchung beim Kauf		Soll	Haben
0675 (0485)	Wirtschaftsgüter (Sammelposten)	900,00	
1406 (1576)	Vorsteuer	171,00	
	an 3300 (1600) Verbindlichkeiten		1.071,00

Buchung der Zahlung		Soll	Haben
3300 (1600)	Verbindlichkeiten	1.071,00	
	an 1800 (1200) Bank		1.071,00

Buchung der Abschreibung		Soll	Haben
6264 (4856)	Abschreibung auf Sammelposten WG	180,00	
	an 0675 (0485) GWG-Sammelposten		180,00

Steht beim Kauf bereits fest, dass ein Wirtschaftsgut des Sammelpostens erworben wurde, für das die 20 %ige AfA in Anspruch genommen wird, so erfolgt die Buchung im Soll des Kontos **Wirtschaftsgüter (Sammelposten)**. Am Jahresende erfolgt dann die Abschreibung über das Konto **Abschreibung auf Sammelposten Wirtschaftsgüter**.

R 6.13 (3) EStR Die Bewertungsbesonderheit für geringwertige Wirtschaftsgüter bis 1.000,00 € kann auch bei einer Gewinnermittlung nach § 4 (3) EStG in Anspruch genommen werden.

Ein Sonderfall ergibt sich, wenn ein angeschafftes Wirtschaftsgut erst **nachträglich** zum **GWG oder Wirtschaftsgut (Sammelposten)** wird. Mögliche Gründe hierfür sind:

- **Zahlung unter Abzug von Skonto**
- **Nachträglicher Preisnachlass wegen Mängelrüge**
- **Beanspruchung eines Investitionsabzugsbetrages**

Beispiel

Die Orgalux GmbH hat im Juli 2020 einen neuen Aktenschrank für 1.200,00 € + USt gegen Bankscheck erworben. Nach einer Mängelrüge wegen mehrerer deutlich sichtbarer Kratzer erhielt die Orgalux GmbH vom Lieferanten einen Preisnachlass in Höhe von 30 %. Der Gutschriftsanzeige, die am 16. August einging, lag ein Bankscheck in entsprechender Höhe bei.

Buchung des Kauf auf Ziel		Soll	Haben
0650 (0420)	Büroeinrichtung	1.200,00	
1406 (1576)	Vorsteuer	228,00	
	an 1800 (1200) Bank		1.428,00

Buchung des Preisnachlasses		Soll	Haben
1800 (1200)	Bank	428,40	
	an 0650 (0420) Büroeinrichtung		360,00
	1406 (1576) Vorsteuer		68,40

Umbuchung auf Wirtschaftsgüter (Sammelposten)		Soll	Haben
0675 (0485)	Wirtschaftsgut (Sammelposten)	840,00	
	an 0650 (0420) Büroeinrichtung		840,00

Abschreibung am Jahresende		Soll	Haben
6264 (4856)	Abschreibung auf Sammelposten Wirtschaftsgüter	168,00	
	an 0675 (0485) Wirtschaftsgüter (Sammelposten)		168,00

Durch den nachträglichen Preisnachlass wird aus dem ursprünglich auf dem Konto **Büroeinrichtung** gebuchten Aktenschrank ein **Wirtschaftsgut des Sammelpostens**, das nach der **Umbuchung** auf dieses Konto zum Jahresende **mit 20 % abgeschrieben** werden kann.

9.5.3.8 › Außerplanmäßige Abschreibungen für außergewöhnliche Abnutzungen

Das Einkommensteuergesetz erlaubt beim Vorliegen einer außergewöhnlichen **technischen** oder **wirtschaftlichen** Abnutzung die Vornahme einer zusätzlichen **Absetzung für außergewöhnliche Abnutzung**. Dies gilt jedoch nicht für Wirtschaftsgüter, bei denen die Absetzung für Abnutzung nach fallenden Jahresbeträgen bemessen wird. Soweit der Grund für die außerplanmäßige Abschreibung in späteren Wirtschaftsjahren entfällt, ist in den Fällen der Gewinnermittlung nach § 4 Abs. 1 oder nach § 5 eine entsprechende Zuschreibung vorzunehmen.

§ 7 (1) S. 5 EStG
§ 7 (2) S. 4 EStG

Außergewöhnliche technische Abnutzung
Eine solche Abnutzung liegt vor, wenn das Wirtschaftsgut beschädigt oder zerstört wurde. Ursachen können z. B. Feuer, Hochwasser, Unglücksfälle, etc. sein. Das Wirtschaftsgut ist in seiner Substanz beeinträchtigt.

Außergewöhnliche wirtschaftliche Abnutzung
Eine Beeinträchtigung der wirtschaftlichen Nutzungsfähigkeit liegt vor, wenn das Wirtschaftsgut selbst oder die mit seiner Hilfe hergestellten Produkte durch neuere Entwicklungen überholt sind. Beispiele sind der technische Fortschritt in der Computertechnologie, Biotechnologie, etc.
Das Wirtschaftsgut ist in seiner Funktion beeinträchtigt.

Die Höhe der außerplanmäßigen Abschreibung für außergewöhnliche Abnutzung richtet sich nach dem Einzelfall und ist zum Ende des Jahres vorzunehmen, in dem das entsprechende Ereignis eingetreten ist.

Übungen

Die Voraussetzungen des § 7g EStG sind bei den folgenden Aufgaben nicht erfüllt.
Es handelt sich jeweils um unterschiedliche Unternehmen. Wählen Sie bei der Buchung auf 0670 bzw. 0675 die für das Unternehmen günstigste Variante.

1 Der Unternehmer kauft am 01. Dezember ein Diktiergerät für 345,00 € + 19 % USt und bezahlt mit der betrieblichen Kreditkarte.

a) Buchen Sie den Kauf des Diktiergerätes.
b) Wie lautet der Buchungssatz für die Abschreibung am Jahresende, wenn das Unternehmen einen möglichst niedrigen Gewinn ausweisen will.

2 Der Steuerpflichtige kaufte im Dezember 2020 für das Büro einen Teppich zum Nettopreis von 1.099,00 €. Er erhält 10 % Rabatt und bezahlt bar.

a) Buchen Sie den Kauf.
b) Buchen Sie die Abschreibung am Jahresende (Nutzungsdauer 10 Jahre).

3 Ein Gewerbetreibender erwirbt Anfang Juli fünf Drehstühle für die Verwaltung zum Preis von 460,00 € + 19 % USt je Stück. Der Verkäufer gewährt 25 % Rabatt. Kauf und Zahlung nach 14 Tagen ohne Abzug wurden ordnungsgemäß gebucht. Die Nutzungsdauer eines Drehstuhles beträgt 13 Jahre.

Buchen Sie die maximal zulässige Abschreibung zum Jahresende.

4 Ein Steuerpflichtiger kaufte im November 2020 einen Schreibtisch für netto 998,00 € für sein Büro. Die Bezahlung erfolgt nach zehn Tagen unter Abzug von 3 % Skonto per Banküberweisung.

a) Buchen Sie den Kauf.
b) Wie lautet der Buchungssatz für die Zahlung?
c) Nehmen Sie die erforderlichen Buchungen am Jahresende vor, wenn die Nutzungsdauer des Schreibtisches 8 Jahre beträgt und der Steuerpflichtige einen Sammelposten bilden möchte.

5 Die Blauberg GmbH erwarb für die Sekretärin des Geschäftsführers einen neuen Laptop zum Rechnungspreis (brutto) 1.188,81 €.

a) Buchen Sie den Kauf des Laptops auf Ziel.
b) Wie lautet der Buchungssatz für die Banküberweisung, die nach 10 Tagen unter Abzug von 4 % Skonto erfolgt?
c) Nehmen Sie die erforderlichen Buchungen am Jahresende vor, wenn die Nutzungsdauer des Laptops 3 Jahre beträgt und der Steuerpflichtige einen Sammelposten ausweisen möchte.

6 Die Anschaffungskosten einer Maschine betrugen netto 30.000,00 €. Die Maschine wurde Anfang Juli 2020 angeschafft, ordnungsgemäß gebucht und bei einer Nutzungsdauer von fünf Jahren linear abgeschrieben. Im Januar 2021 sinkt der Wert dieser Maschine wegen einer technischen Neuentwicklung dauerhaft auf 10.000,00 €. Die Nutzungsdauer der Maschine wird beibehalten.

Wie hoch ist die **reguläre Abschreibung** im Jahr 2020 und im Jahr 2021?

7 Das Konto 0240 (0090) Geschäftsbauten enthält den Buchwert eines Gebäudes:

Herstellungskosten	250.000,00 €
Buchwert 31.12.	140.000,00 €
lineare Abschreibung	2 %

Buchen Sie die Abschreibung zum 31.12.2020.

8 Ein zum Vorsteuerabzug berechtigter Unternehmer hat am 09. Juli diesen Jahres eine Maschine für brutto 23.800,00 € angeschafft und per Bankscheck bezahlt. Der Kauf wurde bereits gebucht. Die betriebsgewöhnliche Nutzungsdauer der Maschine beträgt 10 Jahre.

Buchen Sie die lineare Abschreibung zum 31.12.2020.

9 Für die Ausbildungsabteilung wird am 22. April ein neuer Computer angeschafft, dessen Preis einschließlich Monitor, Tastatur und Maus netto 3.900,00 € beträgt. Die Nutzungsdauer beträgt drei Jahre.

a) Buchen Sie den Kauf auf Ziel.
b) Buchen Sie die lineare Abschreibung am Jahresende.

10 Der Wert eines im Jahr 2019 gebildeten GWG-Sammelpostens betrug 4.250,00 €. Im März 2020 wurde ein im Sammelposten enthaltener Laptop im Wert von 950,00 € gestohlen.

Buchen Sie die Auflösung des Sammelpostens (Abschreibung) zum Jahresende 2020.

9.6 Bewertung des Umlaufvermögens

Vermögensgegenstände des Umlaufvermögens sind Wirtschaftsgüter, die zum Verkauf, zur Verarbeitung oder Verbrauch angeschafft oder hergestellt worden sind, z.B. Waren, Erzeugnisse, Roh-, Hilfs-, Betriebsstoffe, Forderungen, Guthaben bei Kreditinstituten, Kassenbestände. § 266 (2) B. HGB R 6.1 (2) EStR
Sie sind gemäß § 253 Abs. 3 HGB mit den Anschaffungs-/Herstellungskosten oder dem Zeitwert am Bilanzstichtag anzusetzen.

Zeitwert kann der Börsen- und Marktpreis sein. Ist ein solcher nicht festzustellen und übersteigen die Anschaffungs- oder Herstellungskosten den Wert, der den Vermögensgegenständen am Abschlussstichtag beizulegen ist, so ist auf diesen Wert abzuschreiben (**strenges Niederstwertprinzip**/§ 253 Abs. 3 Satz 2 HGB).

Steuerlich ist bei einer Wertminderung statt des Börsen- oder Marktpreises der niedrigere Teilwert anzusetzen. Ist die Wertminderung nur vorübergehend, ist eine Abschreibung auf den niedrigeren Teilwert nicht möglich. Ist die Wertminderung dauerhaft, so besteht im Steuerrecht eine Wahlmöglichkeit zwischen dem Ansatz der AK/HK oder dem niedrigeren Teilwert am Bilanzstichtag. § 6 (1) 2 EStG

Beispiel

Ein Mandant, der gemäß § 5 EStG buchführt und seinen Gewinn ermittelt, hat Vorräte im Wert von 20.000 € (Anschaffungskosten) gekauft. Am Bilanzstichtag beträgt der Börsen-/Marktpreis bzw. Teilwert 19.000,00 €.

In der Bilanz können die Vorräte lt. Steuerrecht nur bei dauernder Wertminderung mit 19.000,00 € ausgewiesen werden.
Nach den Vorschriften des HGB sind sie zwingend mit 19.000,00 € anzusetzen.

9.6.1 Bewertung der Vorräte

Gesetzliche Grundlage für die Bewertung von Vorräten sind die §§ 253 Abs. 3 HGB, 256 HGB und 6 Abs. 1 Nr. 2 EStG. Vorräte sind grundsätzlich mit den Anschaffungs- oder Herstellungskosten zu bewerten.

Am Bilanzstichtag ist der Wert eines einzelnen Vermögensgegenstandes anzugeben (**Prinzip der Einzelbewertung**). § 240 (1) HGB

Gleichartige Gegenstände des Vorratsvermögens können jeweils zu einer Warengruppe zusammengerechnet und mit dem gewogenen Durchschnitt angesetzt werden. § 240 (4) HGB

Es handelt sich hierbei um R 6.8 (4) EStR

- gleichartige Gegenstände (gleiche Warengattung),
- funktionsgleiche Güter,
- Güter mit annähernder Preisgleichheit.

Methoden der Sammelbewertung

- Durchschnittsmethode
- Verbrauchsfolgebewertung

Ausgangssituation

Ein Gewerbetreibender hat in der Lagerbuchhaltung folgende Daten für den Rohstoff „RO1" erfasst:

Tag	Monat	Text	Beleg	Zugang kg	Bestand Abgang kg	Bestand kg	Wert Preis je kg in €
01.	Januar	Inventurbestand	SA 1			200	35,00
05.	Januar	Nack KG, Köln	ER 3	500		700	30,00
14.	März		ME 12		300	400	
09.	Juni	Klever, Augsburg	ER 15	400		800	35,00
10.	August		ME 72		500	300	
15.	Oktober	Nack KG, Köln	ER 93	150		450	40,00
20.	Dezember		ME 97		200	250	

Dieser Rohstoff wurde während des Geschäftsjahres zu unterschiedlichen Zeitpunkten und zu verschiedenen Anschaffungswerten erworben. Die Ware wurde nicht nach Lieferungen getrennt gelagert. Zum Bilanzstichtag ist somit nicht feststellbar, aus welchen Zugängen der Endbestand stammt und zu welchen Preisen er angeschafft wurde.
Der Bestand beträgt am Bilanzstichtag 250 kg.

9.6.1.1 › Durchschnittsbewertung

Die Durchschnittmethode kennt zwei mathematische Verfahren zur Ermittlung der Anschaffungskosten.

- gewogene Durchschnittsmethode
- gleitende Durchschnittsmethode

Gewogene Durchschnittsmethode:

R 6.8 (3) EStR Die zu Beginn des Wirtschaftsjahrs vorhandenen und die im Laufe des Wj erworbenen Wirtschaftsgüter werden mit den jeweiligen Einstandspreisen multipliziert.
Den Durchschnittspreis erhält man, indem man die Summe aller Einstandspreise in € durch die Gesamtmenge dividiert. Der laut Inventur ermittelte Endbestand multipliziert mit dem Durchschnittspreis ergibt dann den Bilanzansatz.

Lösung

Anfangsbestand	200 kg à 35,00 €	= 7.000,00 €
+ Zugang	500 kg à 30,00 €	= 15.000,00 €
+ Zugang	400 kg à 35,00 €	= 14.000,00 €
+ Zugang	150 kg à 40,00 €	= 6.000,00 €
	1.250 kg à	42.000,00 €
Durchschnittspreis	1,00 kg = 33,60 €	(42.000,00 : 1.250 = 33,60)
Endbestand	250 kg à 33,60 €	= 8.400,00 € = AK am Bilanzstichtag

Gleitende Durchschnittsmethode
(verfeinerte Form der gewogenen Durchschnittsrechnung):

Bei der gleitenden Durchschnittsmethode wird nach jedem Zugang und vor jedem Abgang ein neuer Durchschnittspreis ermittelt.

Lösung

01.01.	Anfangsbestand	200 kg à 35,00 € =	7.000,00 €
05.01.	Zugang	500 kg à 30,00 € =	15.000,00 €
	Bestand	700 kg	22.000,00 €

$$\text{Durchschnittspreis} = \frac{22.000,00}{700} = 31,43\ €$$

14.03.	Abgang	300 kg à 31,43 € =	9.429,00 €
	Bestand	400 kg	12.571,00 €
09.06.	Zugang	400 kg à 35,00 € =	14.000,00 €
	Bestand	800 kg	26.571,00 €

$$\text{Durchschnittspreis} = \frac{26.571,00}{800} = 33,21\ €$$

19.08.	Abgang	500 kg à 33,21 € =	16.605,00 €
	Bestand	300 kg	9.966,00 €
15.10.	Zugang	150 kg à 40,00 € =	6.000,00 €
	Bestand	450 kg	15.966,00 €

$$\text{Durchschnittspreis} = \frac{15.966,00}{450} = 35,48\ €$$

20.12.	Abgang	200 kg à 35,48 € =	7.096,00 €
31.12.	Endbestand	250 kg à 35,48 € =	8.870,00 € = AK am Bilanzstichtag

9.6.1.2 › Verbrauchsfolgebewertung

Soweit es den Grundsätzen ordnungsmäßiger Buchführung entspricht, kann für den Wertansatz gleichartiger Vermögensgegenstände des Vorratsvermögens unterstellt werden, dass die zuerst oder zuletzt angeschafften oder hergestellten Vermögensgegenstände zuerst oder in einer sonstigen bestimmten Folge verbraucht oder veräußert worden sind. Hierbei handelt es sich um angenommene Verbrauchsfolgen. Durch Anwendung dieser Verbrauchsfolgen wird der Wert (= AK) des Endbestandes ermittelt. § 256 HGB

§ 256 HGB **Entwickelt haben sich u.a. folgende Verfahren:**

	Bewertung des Verbrauchs	Bewertung des Endbestandes
Fifo-Methode (First in – first out)	Zuerst angeschaffte/hergestellte Wirtschaftsgüter werden zuerst verbraucht/veräußert.	Am Bilanzstichtag sind die zuletzt eingegangenen Wirtschaftsgüter auf Lager.
Lifo-Methode (Last in – first out)	Zuletzt angeschaffte/hergestellte Wirtschaftsgüter werden zuerst verbraucht/veräußert.	Am Bilanzstichtag sind die ältesten Wirtschaftsgüter auf Lager.

R 6.9 EStR

Anwendung der Fifo-Methode

Verbrauch:

200 kg à	35,00 €	=	7.000,00 €
500 kg à	30,00 €	=	15.000,00 €
300 kg à	35,00 €	=	10.500,00 €
1.000 kg		=	32.500,00 €

Endbestand:

100 kg à	35,00 €	=	3.500,00 €
150 kg à	40,00 €	=	6.000,00 €
250 kg		=	9.500,00 € = AK am Bilanzstichtag

Anwendung der Lifo-Methode

Verbrauch:

150 kg à	40,00 €	=	6.000,00 €
400 kg à	35,00 €	=	14.000,00 €
450 kg à	30,00 €	=	13.500,00 €
1.000 kg		=	33.500,00 €

Endbestand:

50 kg à	30,00 €	=	1.500,00 €
200 kg à	35,00 €	=	7.000,00 €
250 kg à		=	8.500,00 € = AK am Bilanzstichtag

§ 253 (1) HGB
§ 6 (2) 1 EStG

Mittels dieser Verfahren werden die Anschaffungskosten zum Bilanzstichtag bestimmt. Dies ist aber nicht in jedem Fall der zulässige Bilanzansatz. Es muss geprüft werden, ob nicht ein nach § 253 (3) HGB niedrigerer Wertansatz anzusetzen ist.

Beispiel

Annahme › Der Börsen-/Marktpreis bzw. Teilwert am Bilanzstichtag beträgt bei dauernder Wertminderung:

	a) 40,00 € je kg	b) 29,90 € je kg
Gewogene Durchschnittsmethode:		
Anschaffungskosten	8.400,00 €	8.400,00 €
Börsen- oder Marktpreis/Tw	10.000,00 €	7.475,00 €
Anzusetzender Bilanzwert	8.400,00 €	7.475,00 €
Fifo-Methode:		
Anschaffungskosten	9.500,00 €	9.500,00 €
Börsen- oder Marktpreis/Tw	10.000,00 €	7.475,00 €
Anzusetzender Bilanzwert	9.500,00 €	7.475,00 €
Lifo-Methode:		
Anschaffungskosten	8.500,00 €	8.500,00 €
Börsen- oder Marktpreis/Tw	10.000,00 €	7.475,00 €
Anzusetzender Bilanzwert	8.500,00 €	7.475,00 €

§ 253 (3) HGB
§ 6 (2) 1 EStG

Ob nun die errechneten Anschaffungskosten als Bilanzansatz übernommen werden können, oder ob eine Korrektur auf den niedrigeren Börsen-/Marktpreis oder Teilwert notwendig ist, wird auch durch die Preisentwicklung der Ware im Laufe des Jahres bestimmt.

Preisentwicklung	**Durchschnittsmethode**	**Fifo-Methode**	**Lifo-Methode**
monoton steigend	Wertansatz zulässig	Wertansatz zulässig	Wertansatz zulässig
monoton fallend	Wertansatz unzulässig	Wertansatz unzulässig	Wertansatz unzulässig
	Korrektur auf den niedrigeren Börsen-/Marktpreis oder Teilwert ist erforderlich		
schwankend	Hierzu ist keine generelle Norm zu entwickeln. Es ist immer zu prüfen, ob nicht der Ansatz eines niedrigeren Wertes (Niederstwertprinzip) nach § 253 Abs. 3 HGB und § 6 Abs. 1 Nr. 2 EStG erforderlich ist.		

Nach Handelsrecht sind die Verbrauchsfolgeverfahren „FIFO“ und „LIFO“ zulässig. Steuerrechtlich ist nur das **Lifo-Verfahren** als Bewertungsverfahren für gleichartige Wirtschaftsgüter des Vorratsvermögens zugelassen, das sind Roh-, Hilfs- und Betriebsstoffe, unfertige Erzeugnisse, fertige Erzeugnisse und Waren. Vorraussetzung hierfür ist allerdings der Nachweis der tatsächlichen Verbrauchsfolge im betrieblichen Geschehen. Bei verderblicher Ware ist dieses Verfahren nicht zulässig, weil es dem betrieblichen Geschehensablauf widerspricht, es sei denn, die Haltbarkeit beträgt mindestens ein Jahr.

§ 256 HGB
§ 6 (1) Nr. 2a EStG
R 6.9 (1) EStR

Übungen

1 Der Leiter des Rechnungswesens stellt Ihnen folgende Unterlagen für eine Sammelbewertung zum Bilanzstichtag zur Verfügung:

Anfangsbestand	am 01.01.	150 Stück à 42,00 €
Zugang	am 19.01.	250 Stück à 40,00 €
Abgang	am 01.03.	100 Stück
Zugang	am 05.07.	200 Stück à 38,00 €
Abgang	am 25.07.	400 Stück
Zugang	am 12.10.	150 Stück à 36,00 €
Abgang	am 22.11.	50 Stück

Mit welchen Werten sind Verbrauch und Endbestand am 31.12. zu bewerten, wenn

a) die gewogene Durchschnittmethode zugrunde gelegt wird,
b) die Fifo-Methode zur Anwendung gelangt oder
c) die Lifo-Methode verwendet wird?

Wie ist jeweils der Endbestand am 31.12. nach Handels- und Steuerrecht zu bewerten, wenn der Börsen-/Marktpreis bzw. Teilwert am 31.12.

a) 36,00 €
b) 42,00 €
beträgt?

2 In einem metallverarbeitenden Unternehmen werden im Laufe des Jahres mehrere Bleche für die Herstellung von Erzeugnissen gekauft:

Kaufdatum	Menge	Anschaffungskosten je m^2 €
15.01.	100 m^2	25,00
16.04.	220 m^2	23,00
16.06.	86 m^2	24,10
30.10.	110 m^2	25,20

Zu Beginn des laufenden Jahres betrug der Anfangsbestand 50 m^2 zu je 24,80 € pro m^2. Am 31.12. des Jahres befinden sich noch 65 m^2 im Lager. Der Preis am Bilanzstichtag für Bleche dieser Art beträgt 25,00 €.
Ermitteln Sie die Anschaffungskosten des Endbestandes am 31.12., wenn nach folgenden Methoden der Verbrauch ermittelt wurde:

a) gewogene Durchschnittsmethode
b) Lifo-Methode
c) Fifo-Methode

Mit welchem Wert ist der Bestand in Handels- bzw. Steuerbilanz anzusetzen, wenn das Unternehmen einen möglichst niedrigen Gewinnausweis wünscht?

9.6.2 Bewertung der Forderungen

Forderungen werden nach der Sicherheit des Zahlungseingangs unterschieden:

- Einwandfreie (vollwertige) Forderungen
- Zweifelhafte (dubiose) Forderungen
- Uneinbringliche Forderungen

§ 253 (4) HGB Die Forderungen (=Debitoren) sind einzeln zu prüfen und zu bewerten.
§ 252 (1) Nr. 3 HGB, § 6 (1) Nr. 2 EStG Die Wertberichtigungen in der HB sind aufgrund des Maßgeblichkeitsprinzips auch in die StB zu übernehmen.

Vorhersehbare Risiken und Verluste, die bis zum Abschlussstichtag entstanden sind, sind bei der Bewertung der Forderungen am Bilanzstichtag zu berücksichtigen, auch wenn diese erst zwischen dem Abschlussstichtag und dem Tag der Aufstellung des Jahresabschlusses bekannt werden (**› Wertaufhellung**). § 252 (1) Nr. 4 HGB

Nach dem Bilanzstichtag bis zur Bilanzaufstellung eintretende Ereignisse haben auf die Festsetzung des Wertansatzes keinen Einfluss.

Bewertung der Forderungen des Umlaufvermögens

nach HGB		**nach EStG**
Kaufleute		Gewerbetreibende
		Buchführende Gewinnermittler nach § 5 EStG und Bilanzierende nach § 4 (1) EStG
Wertobergrenze	AK/Nennwert	AK/Nennwert oder der an deren Stelle tretende Wert
Niedrigerer Wertansatz:		
– Abwertungsgebot	Bei niedrigerem Wert am Aschlussstichtag (strenges Niederstwertprinzip/§ 253 (3) HGB)	AK/HK vermindert um Abzüge nach § 6b EStG und ähnliche Abzüge
– Abwertungsvorschriften:		
bei voraussichtlich dauernder Wertminderung	Niedrigerer Wertansatz zwingend (strenges Niederstwertprinzip)	Niedrigerer Teilwert kann angesetzt werden (Abwertungswahlrecht) § 6 (1) Nr. 2 S. 2 EStG
bei vorübergehender Wertminderung	Niedrigerer Wertansatz zwingend Abschreibungen im Rahmen vernünftiger kaufm. Beurteilung zulässig Ausnahme: Kapitalgesellschaften § 279 I HGB	AK/HK vermindert um Abzüge nach § 6b EStG und ähnliche Abzüge. Ein **niedrigerer Wertansatz ist unzulässig**.
– Aufwertungswahlrecht	Der niedrigere Wertansatz darf beibehalten werden	Bei am letzten Bilanzstichtag bereits vorhandenen Wirtschaftsgütern kann der niedrigere Teilwert beibehalten werden, wenn die dauernde Wertminderung weiterhin nachgewiesen wird, sonst ist eine Wertaufholung vorzunehmen

Bei einer voraussichtlich dauernden Wertminderung wird aus dem Abwertungswahlrecht im Steuerrecht wegen der Maßgeblichkeit des Handelsrechts ein Abwertungsgebot.

Methoden zur Buchung der Wertkorrektur	Konten für die Wertkorrektur	
Direkte Buchungsmethode: (direkte Abschreibung)	6930 (2400)	Forderungsverluste
Indirekte Buchungsmethode: (indirekte Abschreibung = Wertberichtigung)	1246 (0998) 1248 (0996)	Einzelwertberichtigung auf Forderungen Pauschalwertberichtigung auf Forderungen

9.6.2.1 › Uneinbringliche Forderungen

§ 17 (2) Nr. 1 UStG
17.1 (5) UStAE

Forderungsausfall in voller Höhe steht am Bilanzstichtag endgültig fest	Volle Abschreibung	Komplette USt-Korrektur

Uneinbringlichkeit i.S.d.UStG liegt beispielsweise vor, wenn der Schuldner zahlungsunfähig ist, das Bestehen bzw. die Höhe des Entgelts bestreitet oder die Einrede der Verjährung geltend macht.

Beispiel

Wir erfahren Ende 2020, dass die Eröffnung des Insolvenzverfahrens gegen einen Kunden vom Amtsgericht mangels Masse abgelehnt wurde.
Unsere Forderung an den Kunden beträgt 3.000,00 € + USt.

Buchungssatz		Soll	Haben
Ausbuchung der Forderung (direkte Buchungsmethode):			
6930 (2400)	Forderungsverluste	3.000,00	
3806 (1776)	Umsatzsteuer	570,00	
	an 1200 (1400) Forderungen		3.570,00

§ 17 (2) Nr. 1 S. 2 UStG

Geht eine abgeschriebene Forderung zu einem späteren Zeitpunkt wieder ganz oder teilweise ein, wird das vereinnahmte Entgelt auf dem Konto „Erträge aus abgeschriebenen Forderungen" und die wieder auflebende Umsatzsteuerschuld auf dem Konto „Umsatzsteuer frühere Jahre" erfasst.

Beispiel

Auf die oben abgeschriebene Forderung geht im Jahr 2021 ein Betrag in Höhe von 400,00 € + USt auf unser betriebliches Bankkonto ein.

Buchungssatz		Soll	Haben
1800 (1200)	Bank	476,00	
	an 4925 (2732) Erträge aus abgeschriebenen Forderungen		400,00
	3845 (1791) Umsatzsteuer frühere Jahre		76,00

9.6.2.2 › Zweifelhafte Forderungen

Der Forderungsausfall steht dem Grunde nach fest. Die Höhe des Ausfalls ist jedoch noch unklar.	Umbuchung der Gesamtforderung auf „Zweifelhafte Forderungen" Schätzung des wahrscheinlichen Ausfalls + Wertberichtigung der „Zweifelhaften Forderung" in Höhe des wahrscheinlichen Ausfalls (netto)	Mit der Eröffnung des Insolvenzverfahrens sind die noch ausstehenden Entgelte aus Rechtsgründen uneinbringlich. Die darauf entfallende USt ist in voller Höhe zu berichtigen, § 17 (1) S. 1, (2) Nr. 1 UStG + A17.1 (5) UStAE[1].

Folgende Situationen sind denkbar:

Wahrscheinlicher Forderungsausfall	=	tatsächlicher Forderungsausfall
Wahrscheinlicher Forderungsausfall	>	tatsächlicher Forderungsausfall
Wahrscheinlicher Forderungsausfall	<	tatsächlicher Forderungsausfall

Beispiel

Ein Kunde gerät im Jahr 2020 in Zahlungsschwierigkeiten. Unsere Forderung gegenüber dem Kunden beträgt brutto 9.520,00 €. Wir rechnen mit einem Forderungsausfall von 80 %. Im März 2021 geht eine Abschlusszahlung von

Variante I:	1.904,00 (brutto),
Variante II:	2.380,00 (brutto),
Variante III:	1.428,00 (brutto),

auf unser Bankkonto ein.

Grundsätzliche Buchungen bei allen Varianten:

Buchungssatz		Soll	Haben
Ausweis als „Zweifelhafte Forderung":			
1240 (1460)	Zweifelhafte Forderungen	9.520,00	
	an 1200 (1400) Forderungen		9.520,00
Erfassung des Forderungsverlustes (indirekte Buchungsmethode):			
6910 (4886)	Abschreibung auf Umlaufvermögen	6.400,00	
	an 1246 (0998) Einzelwertberichtigung auf Forderungen		6.400,00

Die Forderung wird im Schlußbilanzkonto am 31.12.2020 mit 9.520,00 €, die Einzelwertberichtigung mit 6.400,00 € ausgewiesen.

[1] Die umsatzsteuerliche Beurteilung der Uneinbringlichkeit ist unabhängig von ertragsteuerlichen Gesichtspunkten vorzunehmen. Bei nachträglicher Vereinnahmung des Entgelts kommt es zu einer zweiten Berichtigung, § 17(2) Nr.1 S. 2 UStG.

In der Schlussbilanz zum 31.12.2020 muss die Einzelwertberichtigung auf Forderungen mit den Forderungen verrechnet (aktivisch abgesetzt) werden. Das Aktivkonto „Forderungen" weist dann 3.120,00 € aus.

Zusätzliche Buchungen

bei Variante I: Der wahrscheinliche Forderungsausfall entspricht dem tatsächlichen Forderungsausfall

Buchungssatz		Soll	Haben
Zahlungseingang:			
1800 (1200)	Bank	1.904,00	
	an 1240 (1460) Zweifelhafte Forderungen		1.904,00
Auflösung der Wertberichtigung:			
1246 (0998)	Einzelwertberichtigung auf Forderungen	6.400,00	
	an 1240 (1460) Zweifelhafte Forderungen		6.400,00
Umsatzsteuerberichtigung:			
3806 (1776)	Umsatzsteuer	1.216,00	
	an 1240 (1460) Zweifelhafte Forderungen		1.216,00

bei Variante II: Wahrscheinlicher Forderungsausfall ist größer als der tatsächliche Forderungsausfall

Buchungssatz		Soll	Haben
Zahlungseingang:			
1800 (1200)	Bank	2.380,00	
	an 1240 (1460) Zweifelhafte Forderungen		2.380,00
Auflösung der Wertberichtigung:			
1246 (0998)	Einzelwertberichtigung auf Forderungen	6.400,00	
	an 1240 (1460) Zweifelhafte Forderungen		6.400,00
Umsatzsteuerberichtigung:			
3806 (1776)	Umsatzsteuer	1.140,00	
	an 1240 (1460) Zweifelhafte Forderungen		1.140,00
Differenzbuchung:			
1240 (1460)	Zweifelhafte Forderungen	400,00	
	an 4925 (2732) Erträge aus abgeschriebenen Forderungen		400,00

bei Variante III: Wahrscheinlicher Forderungsausfall ist kleiner als der tatsächliche Forderungsausfalll

Buchungssatz		Soll	Haben
Zahlungseingang:			
1800 (1200)	Bank	1.428,00	
	an 1240 (1460) Zweifelhafte Forderungen		1.428,00
Auflösung der Wertberichtigung:			
1246 (0998)	Einzelwertberichtigung auf Forderungen	6.400,00	
	an 1240 (1460) Zweifelhafte Forderungen		6.400,00
Umsatzsteuerberichtigung:			
3806 (1776)	Umsatzsteuer	1.292,00	
	an 1240 (1460) Zweifelhafte Forderungen		1.292,00
Differenzbuchung:			
6930 (2400)	Forderungsverluste	400,00	
	an 1240 (1460) Zweifelhafte Forderungen		400,00

9.6.2.3 › Einwandfreie Forderungen (Bildung einer Pauschalwertberichtigung)

Einwandfrei erscheinende Forderungen sind solche, die weder zweifelhaft noch uneinbringlich sind. Auch sie sind am Bilanzstichtag daraufhin zu überprüfen, ob nicht ein niedrigerer Wertansatz (Teilwert) angesetzt werden muss.

Dieser kann notwendig sein wegen des bestehenden allgemeinen Ausfallrisikos, entstandener Zinsverluste durch verspäteter Zahlungseingänge, unberechtigter Skontiabzüge durch Kunden, gezahlter Inkasso- und Mahnkosten u.a.

Ertragssteuerrechtlich zulässige pauschale Wertberichtigungen führen nicht zu einer Berichtigung nach § 17 (2) UStG. A 17.1 (5) S. 8 UStAE

Gesamtforderungsbestand
- Uneinbringliche Forderungen
- Zweifelhafte Forderungen
- Forderungen ohne Ausfallrisiko (z. B. Forderungen gegen den Bund, Forderungen, die durch Bürgschaften oder Versicherungen abgedeckt sind u.a)

= verbleibender Forderungsbestand (brutto)
- USt

= Berechnungsgrundlage für die Pauschalwertberichtigung

› hierauf Anwendung eines geschätzten Prozentsatzes, der sich aus Erfahrungswerten der Vergangenheit und den Verhältnissen am Bilanzstichtag ableitet.

Der Gesamtforderungsbestand am Bilanzstichtag 31.12.2020 beträgt 59.500,00 €. Darin enthalten sind 19 % USt. Das allgemeine Kreditrisiko wird mit 1 % berücksichtigt.

Buchungssatz		Soll	Haben
6920 (2450)	Einstellung in die Pauschalwertberichtigung z. F.	500,00	
	an 1248 (0996) Pauschalwertberichtigung z. F.		500,00

Eintretende Forderungsverluste im nächsten Jahr werden entweder direkt abgeschrieben oder durch teilweise Inanspruchnahme der „Pauschalwertberichtigung z. F." erfasst. Dabei ist der Umsatzsteuerausfall auf dem Konto „Umsatzsteuer" zu berichtigen.

Beispiel

Eine am letzten Bilanzstichtag einwandfreie Forderung über 1.785,00 € (brutto) wird im laufenden Jahr in voller Höhe uneinbringlich. Das Ausfallrisiko dieser Forderung ist im letzten Jahr durch eine Pauschalwertberichtigung erfasst worden.

Buchungssatz		Soll	Haben
1248 (0996)	Pauschalwertberichtigung z. F.	1.500,00	
3806 (1776)	Umsatzsteuer	285,00	
	an 1200 (1400) Forderungen		1.785,00

Das in der betrieblichen Praxis am häufigsten angewandte Verfahren ist die „Direktabschreibung" der Forderungsverluste.

Buchungssatz		Soll	Haben
6930 (2400)	Forderungsverluste	1.500,00	
3806 (1776)	Umsatzsteuer	285,00	
	an 1200 (1400) Forderungen		1.785,00

Zum Jahresabschluss wird geprüft, ob die gebildete Pauschalwertberichtigung noch dem neuen Bestand an einwandfreien Forderungen entspricht.

Anpassung der Pauschalwertberichtigung (Pwb)

Auflösungsmethode	**Anpassungsmethode**	
	Zuführung zur Pwb	**Herabsetzung der Pwb**
Bestehende Pwb wird in voller Höhe erfolgswirksam aufgelöst	Neue Pwb – bestehende alte Pwb = Differenzbetrag	
Neu berechnete Pwb wird gebucht	Erfassung auf dem Konto	
	6920 (2450) Einstellung in die Pwb	4920 (2730) Erträge aus Herabsetzung der Pwb

Beispiel

Der Gesamtforderungsbestand beträgt am Bilanzstichtag 100.000,00 € + USt. Das allgemeine Kreditrisiko wird weiterhin mit 1 % berücksichtigt. Die Pwb des Vorjahres betrug 500,00 €.

Buchungssatz		Soll	Haben
1248 (0996)	Pauschalwertberichtigung. z. F.	500,00	
	an 4920 (2730) Erträge aus Herabsetzung der Pwb		500,00
6920 (2450)	Einstellung in die Pauschalwertberichtigung z. F.	1.000,00	
	an 1248 (0996) Pauschalwertberichtigung z. F.		1.000,00

Beispiel

Der Sachverhalt im vorgenannten Beispiel lässt sich auch mittels der Anpassungsmethode buchen. Dabei ist die bestehende Pwb um 500,00 € zu erhöhen.

Buchungssatz		Soll	Haben
6920 (2450)	Einstellung in die Pauschalwertberichtigung	500,00	
	an 1248 (0996) Pauschalwertberichtigung z. F.		500,00

Beispiel

Unser Gesamtforderungsbestand beträgt am Bilanzstichtag 40.000,00 € + USt. Das allgemeine Kreditrisiko wird weiterhin mit 1 % berücksichtigt. Die Pwb des Vorjahres betrug (ausgehend von einen Bestand an einwandfreien Forderung von 50.000,00 €) 500,00 €. Die bestehende Pwb ist jetzt um 100,00 € zu vermindern.

Buchungssatz		Soll	Haben
1248 (0996)	Pauschalwertberichtigung z. F.	100,00	
	an 4920 (2730) Erträge aus Herabsetzung der Pwb		100,00

§ 266 HGB sieht den Ausweis von Pauschalwertberichtigungen auf Forderungen nicht vor. Deshalb werden diese in der Bilanz mit dem Forderungsbestand saldiert.

Übungen

1 Der Kunde Knut Hansen hat am 2. November beim zuständigen Amtsgericht das **Insolvenzverfahren** beantragt. Gegen den Kunden haben wir eine Forderung in Höhe von 7.140,00 € (brutto). Am 26. November erhalten wir die Mitteilung, dass die Insolvenzeröffnung mangels Masse abgelehnt wurde.
Buchen Sie diesen Vorgang.

2 Über das Vermögen des Kunden Rudi Hirsch ist am 15.10.2020 beim zuständigen Amtsgericht das **Insolvenzverfahren** eröffnet worden. Unsere Forderung beträgt 11.900,00 € einschl. USt.
Die Ausfallquote beträgt

a) 80 %,
b) 70 %.

Erstellen Sie alle erforderlichen Buchungen.

3 Auf eine im Vorjahr in voller Höhe direkt abgeschriebene Forderung von 5.950,00 € einschl. USt erhalten wir am 25. März des laufenden Jahres unerwartet 1.190,00 € einschl. USt auf unser betriebliches Bankkonto überwiesen.
Buchen Sie den Vorgang.

4 Gegenüber unserem langjährigen Kunden Fa. Walter Grüneberg & Co., bestehen am 31.12.2020 Forderungen in Höhe von 178.500,00 € (brutto). Alle Forderungen gelten zu diesem Zeitpunkt als einwandfrei und nicht risikobehaftet.
Wir bilden deshalb eine Pauschalwertberichtigung in Höhe von 2 % des Forderungsbestandes zum 31.12.2020 für das allgemeine Ausfallrisiko.

Buchen Sie die Pauschalwertberichtigung.

5 Unser Forderungsbestand beträgt zum 31.12.2020 476.000,00 €. Die Forderung gegenüber unserem Kunden Martin Rost in Höhe von 30.940,00 € (brutto) gilt wegen eines beantragten **Insolvenzverfahrens** als zweifelhaft. Der Ausfall der Forderung wird ca. 70 % betragen.
Auf den Restbestand ist eine Pauschalwertberichtigung in Höhe von 2 % zu bilden. Der Bestand auf dem Konto „1248 (0996) Pauschalwertberichtigung z. F." beträgt 6.000,00 €.

Führen Sie alle notwendigen Buchungen zum 31.12.2020 durch.

6 Der Gesamtforderungsbestand beträgt zum 31.12.2020 1.011.500,00 €. Folgende Forderungen sollen einzeln wertberichtigt werden:

Fa. Emil Bonze, Viersen	33.320,00 € (brutto)	geschätzter Ausfall 80 %
Fa. Hein Röhlen, Flensburg	11.900,00 € (brutto)	geschätzter Ausfall 70 %
Maria Ortega, Koblenz	8.330,00 € (brutto)	geschätzter Ausfall 50 %

Für das allgemeine Ausfallrisiko soll auf den Restbestand eine Pauschalwertberichtigung in Höhe von 1 % gebildet werden.
Im Jahr 2021 stehen die endgültigen Forderungsausfälle zu den genannten Forderungen fest: Fa. Emil Bonze 90 %, Fa. Hein Röhlen 65 % und Maria Ortega 55 %.

Erstellen Sie alle notwendigen Buchungen zum 31.12.2020 und für das Jahr 2021.

7 Unser gesamter Forderungsbestand zum 31.12.2020 beläuft sich auf 952.000,00 €. Folgende Sachverhalte sind bei der Erstellung des Jahresabschlusses noch zu berücksichtigen:

a) Über das Vermögen des Kunden Peter Pöhler ist das Insolvenzverfahren eröffnet worden. Die Forderung unsererseits beträgt 23.800,00 €. Der Forderungsausfall, mit dem zu rechnen ist, wird voraussichtlich 65 % betragen.
b) Eine Lieferung in Höhe von 70.000,00 € + USt an einen ostdeutschen Abnehmer wurde durch eine Bundesbürgschaft abgesichert.
c) Anfang des Jahres 2020 haben wir einen Kunden in Polen mit Waren beliefert. Die Rechnung lautete über 12.000,00 €. Es ist davon auszugehen, dass der Kunde die Rechnungssumme nicht zahlen wird. Die Forderung kann deshalb als uneinbringlich angesehen werden.

Im Jahre 2019 haben wir für das allgemeine Ausfallrisiko eine Pauschalwertberichtigung in Höhe von 2 % der einwandfreien Forderungen (= 25.520,00 €) gebildet.

Nehmen Sie alle erforderlichen Buchungen vor.

8 Ihr Arbeitgeber, Steuerberater Emsig, legt ihnen den vorläufigen Jahresabschluss des Mandanten Fa. Eisenhart & Co. zur weiteren Bearbeitung vor. Dieser wurde vom Buchhalter der Fa. Eisenhart & Co. erstellt. Folgende Fälle sind noch zu bearbeiten:

a) Das gegen den Kunden Flach eröffnete Insolvenzverfahren ist mangels Masse eingestellt worden. Fa. Eisenhart hat eine Forderung in Höhe von 6.366,50 € gegen Flach. Diese ist somit uneinbringlich. Der Buchhalter der Fa. Eisenhart hat bereits gebucht:

1246 (0998)	Einzelwertberichtigung a. F.	6.366,50 €	
	an 1240 (1460) Zweifelhafte Forderungen		6.366,50 €

b) Die Forderung gegen den Kunden R. Mutter ist voraussichtlich 60 % uneinbringlich. Der Buchhalter hat bereits die Forderung auf Zweifelhafte Forderungen umgebucht und dann noch folgende Buchung vorgenommen:

6910 (4886)	Abschreibungen a. UV	6.000,00 €	
3806 (1776)	Umsatzsteuer	1.140,00 €	
an 1240 (1460) Zweifelhafte Forderungen			7.140,00 €

c) Die restlichen vermeintlich einwandfreien Forderungen betragen 345.100,00 € und werden mit 1 % pauschal wertberichtigt. Hierzu hat der Buchhalter wie folgt gebucht:

6910 (4886)	Abschreibungen a. UV	2.900,00 €	
3806 (1776)	Umsatzsteuer	951,00 €	
an 1248 (0996) Pauschalwertberichtigung z. F.			3.451,00 €

Die im Vorjahr gebildete Pauschalwertberichtigung betrug 3.500,00 €.

Führen Sie die erforderlichen Buchungen und evtl. Korrekturbuchungen zum Jahresabschluss durch.

9 Der Saldenbilanz zum 31.12.2020 entnehmen wir folgende Kontenstände:

Forderungen	Soll	238.000,00 €
EWB zu Forderungen	Haben	2.200,00 €
PWB zu Forderungen	Haben	5.700,00 €

Zum Forderungsbestand gehören:

a) die Forderung gegenüber Kunde Martinek über 14.280,00 €. Das Insolvenzverfahren wurde im Dezember mangels Masse nicht eröffnet.
b) die Forderung gegenüber Kunde Müller in Höhe von 5.950,00 €. Da Müller sich in Zahlungsschwierigkeiten befindet, können wir nur mit einem voraussichtlichen Zahlungseingang in Höhe von 30 % rechnen.

Bilden Sie die erforderlichen Einzelwertberichtigungen zu Forderungen und eine Pauschalwertberichtigung in Höhe von 2 % der noch einwandfreien Forderungen

9.7 Maßgeblichkeitsgrundsatz

Buchführungspflichtige Gewerbetreibende und Gewerbetreibende, die freiwillig Bücher führen und regelmäßig Abschlüsse machen, müssen ihr Betriebsvermögen nach handelsrechtlichen Grundsätzen ordnungsmäßiger Buchführung ausweisen. Eine nur nach handelsrechtlichen Vorschriften erstellte Bilanz bezeichnet man als **Handelsbilanz**.

9.7.1 Maßgeblichkeit der Handelsbilanz für die Steuerbilanz

§ 5 (1) EStG

Die Wertansätze der Handelsbilanz sind grundsätzlich auch für die **Steuerbilanz** maßgebend, soweit dem keine steuerlichen Vorschriften entgegenstehen (**Maßgeblichkeit der Handelsbilanz für die Steuerbilanz**). Verstößt die Handelsbilanz jedoch gegen zwingende Vorschriften des Handelsrechts oder die Grundsätze ordnungsmäßiger Buchführung, ist sie nichtig und damit für die Steuerbilanz nicht bindend.

Entspricht ein Ansatz in der Handelsbilanz nicht zwingenden steuerlichen Bilanzierungs- und Bewertungsvorschriften, ist dieser **Ansatz den steuerlichen Vorschriften anzupassen, § 60 (2) EStDV**, wenn die Bilanz als Unterlage zur Steuererklärung dienen soll. Stattdessen kann auch eine Steuerbilanz beigefügt werden.

9.7.1.1 Maßgeblichkeit beim Ansatz

Die handelsrechtlichen Vorschriften der Bewertung dienen überwiegend dem Gläubigerschutz. Die steuerrechtlichen Vorschriften dienen der Ermittlung der Besteuerungsgrundlagen, z.B. Gewinn, Umsatz.

Handelsbilanz	**Steuerbilanz**
Bilanzansätze nach handelsrechtlichen Vorschriften ordnungsmäßiger Buchführung	Bilanzansätze nach handelsrechtlichen und steuerrechtlichen Vorschriften

Der Grundsatz der Maßgeblichkeit wird durch folgende steuerliche Ansatz- und Bewertungsvorbehalte durchbrochen: § 5 (1a–4b, 6), § 6, § 6a und § 7 EStG.
Daraus ergeben sich unterschiedliche Bilanzierungspflichten bzw. Bilanzierungswahlrechte in der Handelsbilanz und in der Steuerbilanz.

Handelsbilanz §§ 248, 249 HGB	**Steuerbilanz § 5 EStG**
Aktivierungsverbote Aufwendungen für – die Gründung eines Unternehmens – die Beschaffung des Eigenkapitals – den Abschluss von Versicherungsverträgen – Marken, Drucktitel, Verlagsrechte, Kundenlisten oder vergleichbare immaterielle WG des Anlagevermögens, die selbst geschaffen wurden – Forschungsaufwand	**Aktivierungsverbote** wie Handelsbilanz Für selbst geschaffene immaterielle Vermögensgegenstände des Anlagevermögens besteht ein Aktivierungsverbot, § 5 (2) EStG

Handelsbilanz §§ 248, 249 HGB	Steuerbilanz § 5 EStG
Aktivierungspflicht – derivativer (entgeltlich erworbener) Geschäfts-, Firmenwert **Aktivierungswahlrechte** – selbst geschaffene immaterielle Vermögensgegenstände des Anlagevermögens, **ausgenommen** der selbst geschaffene Geschäfts- oder Firmenwert – Entwicklungsaufwand – Disagio – Ansatz der Verbrauchfolgeverfahren Fifo und Lifo – aktive latente Steuern	**Aktivierungspflicht** – derivativer Geschäfts-, Firmenwert **Als Rechnungsabgrenzungsposten** – Damnum, Disagio – als Aufwand berücksichtigte Zölle und Verbrauchsteuern auf WG des Vorratsvermögens – Umsatzsteuer auf Anzahlungen **Aktivierungswahlrechte** steuerliche Wahlrechte können unabhängig vom handelsrechtlichen Wertansatz ausgeübt werden, z. B. – Teilwertabschreibung – Lifo
Passivierungspflichten Rückstellungen für – ungewissen Verbindlichkeiten – drohende Verluste aus schwebenden Geschäften – Instandhaltungsaufwendungen, die im folgenden Geschäftsjahr innerhalb von drei Monaten nachgeholt werden – passive latente Steuern	**Passivierungspflichten** wie Handelsbilanz **ohne** drohende Verluste aus schwebenden Geschäften
Passivierungswahlrechte keine	**Passivierungswahlrechte** Rücklage nach § 6b
Passivierungsverbote – Instandhaltungsaufwendungen, die innerhalb des folgenden Jahres nach dem dritten Monat nachgeholt werden – Aufwandsrückstellungen	**Passivierungsverbote** wie Handelsbilanz

9.7.1.2 › Maßgeblichkeit bei der Bewertung

Besteht handelsrechtlich ein Bewertungswahlrecht, trifft der Unternehmer für die Handelsbilanz eine Entscheidung. Diese bindet ihn auch für die Steuerbilanz, wenn keine **eigenständige steuerliche Regelung besteht**

Beispiel

Bei der Bewertung von Vermögensgegenständen des Sachanlangevermögens sowie bei Roh-, Hilfs- und Betriebsstoffen kann handelsrechtlich ein Festwert angesetzt werden, § 240 (3) HGB. Außerdem können gleichartige Vermögensgegenstände des Vorratsvermögens zu einer Gruppe zusammengefasst und mit dem gewogenen Durchschnittswert (**Gruppenbewertung**) bewertet werden, § 240 (4) HGB. Steuerliche Regelungen bestehen hierzu nicht. Bei Anwendung dieser Bewertungsvereinfachungsverfahren in der Handelsbilanz sind die Wertansätze auch in die Steuerbilanz zu übernehmen, § 5 (1) EStG.

Steuerliche Bewertungswahlrechte, die sich aus dem EStG, den EStR oder BMF-Schreiben ergeben, können jedoch unabhängig vom handelsrechtlichen Wertansatz ausgeübt werden. Die Ausübung des Wahlrechts wird nicht nach § 5 Abs. 1 EStG beschränkt. Steuerrechtliche Wahlrechte sind z. B. die

- Übertragung von stillen Reserven, § 6b (1) EStG oder nach R 6.6 EStR
- Bildung einer Rücklage gem. § 6b (3) EStG oder die Rücklage für Ersatzbeschaffung R 6.6 (4) EStR
- Teilwertabschreibungen

Beispiel

Nach § 253 Absätze 3 + 4 HGB **sind** Vermögensgegenstände des Anlange- und Umlaufvermögens bei voraussichtlich dauernder Wertminderung **außerplanmäßig abzuschreiben.** Nach § 6 Abs. 1 EStG **kann** in diesen Fällen der **Teilwert angesetzt** werden. Die Vornahme einer außerplanmäßigen Abschreibung in der Handelsbilanz ist **nicht zwingend durch eine Teilwertabschreibung** in der Steuerbilanz **nachzuvollziehen**.

Handelsrechtliche und steuerliche Wahlrechte können in der Handelsbilanz und in der Steuerbilanz unterschiedlich ausgeübt werden, § 5 (1) S. 1, Halbsatz 2 EStG.

Beispiel

Ein Gewerbetreibender schreibt in der Handelsbilanz mehrere selbstständig nutzungsfähige WG, deren Wert jeweils ≧ 250 € ≦ 1.000 € beträgt, entsprechend der Nutzungsdauer mit jeweils 10 % linear ab. In der Steuerbilanz kann er für diese WG einen Sammelposten bilden und muss diesen mit 20 % abschreiben.

Keine Bindung der Steuerbilanz an die Handelsbilanz besteht beispielsweise auch, wenn die handelsrechtlichen Abschreibungen nicht mit der steuerlichen AfA identisch sind.

Beispiel

Eine GmbH hat die Anschaffungskosten für mehrere geringwertige Wirtschaftsgüter i.S.d. § 6 (2) EStG in Höhe von insgesamt 6.000,00 € aktiviert und entsprechend der betriebsgewöhnlichen Nutzungsdauer mit 12,5 % abgeschrieben.

In der Steuerbilanz kann die GmbH die Anschaffungskosten der GWG in voller Höhe als Betriebsausgaben abziehen, § 6 (2) S.1 EStG.

Übungen

1 In der Handelsbilanz einer GmbH werden die Warenvorräte mit dem Marktpreis zum Bilanzstichtag bewertet. Dieser liegt über den Anschaffungskosten. Welcher Wert ist in der Steuerbilanz anzusetzen?

2 Ein buchführender Gewerbetreibender möchte in der Steuerbilanz eine steuerfreie Rücklage gem. § 6b EStG bilden. Welche Auswirkung hat dies auf die Handelsbilanz?

3 Um sein Betriebskapital zu stärken plant ein Unternehmer Wertpapiere des Privatvermögens als gewillkürtes Betriebsvermögen in die Steuerbilanz aufzunehmen. Unter welcher Voraussetzung ist dies möglich?

4 In der Handelsbilanz einer AG sind die Anschaffungskosten für GWGs aktiviert. Wie ist dieser Vorgang in der Steuerbilanz zu behandeln?

5 Prüfen Sie, wie die folgenden Vorgänge in der Handelsbilanz und in der Steuerbilanz eines buchführungspflichtigen Unternehmers zu berücksichtigen sind:

a) Aufwendungen für den Abschluss eines Versicherungsvertrags
b) selbst geschaffener Firmenwert
c) drohende Verluste aus schwebenden Geschäften
d) Kauf eines neuen PCs für netto 900 €
e) Ein neues WG Ak ≤ 800 € soll als GWG behandelt werden.

9.7.2 Wertbeibehaltung – Wertaufholung

Wurden in der Vergangenheit Wirtschaftsgüter in der Handelsbilanz mit einem niedrigeren Wert angesetzt, der

- ihnen am Abschlussstichtag beizulegen ist oder
- der sich am Abschlussstichtag aus einem Börsen- oder Marktpreis ergibt oder
- nach vernünftiger kaufmännischer Beurteilung notwendig ist

darf der niedrige Wertansatz in der **Handelsbilanz nicht mehr** beibehalten werden, wenn die Gründe dafür nicht mehr bestehen **(Wertaufholung)**, § 253 (5) HGB.
Der **niedrigere Wert eines entgeltlich erworbenen Geschäfts- oder Firmenwerts ist** jedoch **beizubehalten**.

In der Steuerbilanz gilt dieses Wertaufholungsgebot ebenfalls, wenn die Voraussetzungen für eine Teilwertabschreibung wegen voraussichtlich dauernder Wertminderung nicht nachgewiesen werden, § 6 (1) Nr. 1+2 EStG, oder der Grund für die außergewöhnliche technische oder wirtschaftliche AfA entfällt. § 7 (1) S. 7 EStG

Die Zuschreibung macht zuvor erfolgte Teilwertabschreibungen bzw. außerordentliche Abschreibungen (nicht realisierte Verluste) wieder rückgängig. Die sich ergebenden Erträge werden erfasst auf den Konten:

4910 (2710) Erträge aus Zuschreibungen des Sachanlagevermögens
4911 (2711) Erträge aus Zuschreibungen des immateriellen Anlagevermögens
4912 (2712) Erträge aus Zuschreibungen des Finanzanlagevermögens
4915 (2715) Erträge aus Zuschreibungen des Umlaufvermögens

Durch die Zuschreibung/Wertaufholung i. S. d. § 6 (1) Nr. 1 Satz 4 EStG erhöht sich die Bemessungsgrundlage für die AfA vom folgenden Kalenderjahr/Wirtschaftsjahr an um den Betrag der Zuschreibung/Wertaufholung, § 11c (2) S. 3 EStDV.

Beispiel

Eine buchführende Gewerbetreibende kaufte im Januar 2017 eine Maschine für 100.000,00 € netto. Die betriebsgewöhnliche Nutzungsdauer beträgt 10 Jahre. Die Maschine wurde linear abgeschrieben. Der Teilwert betrug zum 31.12.2019 28.000,00 €. Es handelt sich um eine dauernde Wertminderung. Im Jahr 2020 entfallen die Gründe für die vorgenommene Teilwert-AfA. Die Maschine hat zum 31.12.2020 einen nicht zu beanstandenden Wert von 60.000,00 €.

a) Wie hoch ist die Teilwert-AfA im Jahr 2019?
b) Berechnen Sie die AfA für 2020.
c) Buchen Sie die Zuschreibung im Jahr 2020.
d) Wie hoch ist die BMG für die AfA ab 2021? Buchen Sie die AfA für 2021.

Berechnung der Teilwert-AfA im Jahr 2019

Anschaffungskosten	100.000,00 €	
– AfA 2017	10.000,00 €	
– AfA 2018	10.000,00 €	
– AfA 2019	10.000,00 €	
– Teilwert-AfA 2019	42.000,00 €	a)
Buchwert 31.12.2019	28.000,00 €	
– AfA 2020 28.000 : 7	4.000,00 €	b)
Buchwert 31.12.2020	24.000,00 €,	Zuschreibung bis max. fortgeführte Ak = 60.000,00 € Zuschreibung 36.000,00 € c)

Buchung der Zuschreibung c)	Soll	Haben
0440 (0210) Maschinen	36.000,00	
an 4910 (2710) Erträge aus Zuschreibungen des Sachanlagevermögens		36.000,00

Bemessungsgrundlage für die AfA 2021	Soll	Haben

Bemessungsgrundlage:	60.000,00
Restnutzungsdauer	6 Jahre
AfA jährlich	10.000,00

Buchung der AfA 2021	Soll	Haben
6220 (4830) AfA auf Sachanlagen	10.000,00	
an 0440 (0210) Maschinen		10.000,00

Übungen

1 Im Betriebsvermögen eines Unternehmens befindet sich eine Maschine, die zu Beginn des Jahres 2015 für 120.000,00 € + USt angeschafft wurde. Die betriebsgewöhnliche Nutzungsdauer beträgt 12 Jahre. Die Maschine wurde linear abgeschrieben. Zum 31.12.2017 betrug der Teilwert nur noch 42.000,00 €. Es handelte sich um eine voraussichtlich dauernde Wertminderung. Im Jahr 2020 entfallen die Voraussetzungen für die Teilwert-AfA.

Mit welchem Wert ist die Maschine in der Bilanz zum 31.12.2020 zu bewerten? Buchen Sie die Zuschreibung.

2 Eine GmbH weist im Anlagevermögen eine Beteiligung an der Y-AG mit den Anschaffungskosten von 100.000,00 € aus. Am Bilanzstichtag 31.12.2018 betrug der Wert 110.000,00 € und am Bilanzstichtag 31.12.2019 nur noch 80.000,00 €. Es handelt sich um eine voraussichtlich dauernde Wertminderung.
Im Laufe des Jahres 2020 steigt der Wert der Beteiligung durch verbesserte Ertragsaussichten bei der Y-AG. Ein Verkauf der Beteiligung am Bilanzstichtag 31.12.2020 würde der GmbH 105.000,00 € einbringen.

a) Mit welchem Wert ist die Beteiligung an den jeweiligen Bilanzstichtagen zu bilanzieren?
b) Nehmen Sie ggf. die erforderlichen Buchungen vor.

3 Eine OHG hat im Januar 2016 eine Hebebühne für 75.000,00 € mit einer betriebsgewöhnlichen Nutzungsdauer von 15 Jahren angeschafft und linear abgeschrieben. Im Wirtschaftsjahr 2017 wurde eine außerplanmäßige AfA von 33.000,00 € vorgenommen. Im Jahr 2020 ist der Grund für die außerplanmäßige AfA weggefallen. Der Wert der Hebebühne beträgt Ende 2020 50.000,00 €.

a) Mit welchem Wert ist die Hebebühne zum 31.12.2020 zu bewerten?
b) Buchen Sie die Zuschreibung.
c) Wie hoch ist die lineare AfA ab 2021?

4 Zum Bilanzstichtag 31.12.2019 betragen die Forderungen eines Einzelunternehmers an eine GmbH noch 120.000,00 € netto. Vor der Bilanzerstellung im März 2020 wird bekannt, dass sich die GmbH seit Ende 2019 in erheblichen Zahlungsschwierigkeiten befindet. Es wird mit einem Forderungsausfall von 60.000,00 € netto gerechnet. Im Dezember 2020 gewährt die Hausbank der GmbH dieser eine Sicherheit für die fälligen Forderungen des Einzelunternehmers in Höhe von 100.000,00 € netto.

a) Welche Buchung ist zum 31.12.2019 noch vorzunehmen?
b) Wie ist zum 31.12.2020 zu buchen?

5 Eine GmbH hat bei einer amerikanischen Bank am 30.11.2019 ein Darlehen über USD 100.000 zu einem Zinssatz von 2 % aufgenommen, das in einer Summe am 30.11.2021 zurückzuzahlen ist. Bei Vertragsabschluss betrug der Kurs 1 € = USD 1,10. Am 31.12.2019 lag der Kurs des USD bei 1,08 und fiel bis zum 31.12.2020 auf 1,12 USD für 1 €.
Mit welchem Wert ist das Darlehen zum 31.12.2019 und 2020 in der Steuerbilanz zu bilanzieren?

SL 209 f.

9.8 Bewertung der Verbindlichkeiten

Für die Bewertung der Verbindlichkeiten gilt das **Höchstwertprinzip**.

Als Wertansätze kommen in Betracht nach

Handelsrecht § 253 (1) HGB	**Steuerrecht** §§ 5 (1) Satz 1, 6 (1) Nr. 3 EStG
Erfüllungsbetrag Künftige Kosten- und Preissteigerungen sind zu berücksichtigen	**Anschaffungskosten** (= Nennwert/Rückzahlungsbetrag) oder der höhere Teilwert am Bilanzstichtag (nur bei voraussichtlich **dauernder Werterhöhung**)

Beträgt die Laufzeit der Verbindlichkeit am Bilanzstichtag noch 12 und mehr Monate, ist der Rückzahlungsbetrag bei **unverzinslichen Verbindlichkeite**n, die nicht auf einer Anzahlung oder Vorleistung beruhen, in der **Steuerbilanz mit 5,5 %**, § 6 (1) Nr. 3 EStG, und in der **Handelsbilanz** mit dem ihrer Restlaufzeit entsprechenden **durchschnittlichen Marktzinssatz der vergangenen sieben Geschäftsjahre abzuzinsen**, § 253 (2) S. 1 HGB.

Beispiel

Ein Gewerbetreibender erwarb am 01.06.2019 eine neue Maschine für 60.000,00 € + 11.400,00 € USt, zahlbar in einer Summe am 01.06.2021. Mit welchem Betrag ist die Verbindlichkeit am 31.12.2019 und am 31.12.2020 in der **Steuerbilanz** zu bewerten? Wie hoch sind die Anschaffungskosten der Maschine? Buchen Sie die Anschaffung der Maschine, die jeweiligen Zinsanteile und die Bezahlung der Maschine am 01.06.2021.

Lösung:
Die Abzinsung ist grundsätzlich nach finanz- oder versicherungsmathematischen Methoden vorzunehmen.
Das **unverzinsliche Fälligkeitsdarlehen** ist am 31.12.2019 und am 31.12.2020 jeweils mit dem Gegenwartswert (Barwert) zu bewerten. Der Abzinsungsfaktor ergibt sich aus der Kapitalabzinsungstabelle.
Der zum 01.06.2019 abgezinste Wert stellt gleichzeitig die Anschaffungskosten für die Maschine dar.
Anschaffungskosten am 01.06.2019 71.400,00 € × 0,898 (Abzinsungsfaktor bei 5,5 % und 2 Jahre Abzinsungszeit) = 64.117,20 € = Wert der Verbindlichkeit

Wert der Verbindlichkeit am 31.12.2019 71.400,00 € × 0,927 = 66.187,80 €
Wert der Verbindlichkeit am 31.12.2020 71.400,00 € × 0,978 = 69.829,20 €

Buchung der Anschaffung am 01.06.2019		Soll	Haben
0440 (0210)	Maschinen	52.717,20	
1406 (1576)	Vorsteuer	11.400,00	
	an 3300 (1600) Verbindlichkeiten		64.117,20

Buchung am 31.12.2019		Soll	Haben
7300 (2100)	Zinsen	2.070,60	
	an 3300 (1600) Verbindlichkeiten		2.070,60

(Berechnung des Zinsanteils: 66.187,80 – 64.117,20 = 2.070,60)

Buchung am 31.12.2020		Soll	Haben
7300 (2100)	Zinsen	3.641,40	
	an 3300 (1600) Verbindlichkeiten		3.641,40

(Berechnung des Zinsanteils: 69.829,20 – 66.187,80 = 3.641,40)

Buchungen am 01.06.2021		Soll	Haben
7300 (2100)	Zinsen	1.570,80	
	an 3300 (1600) Verbindlichkeiten		1.570,80
3300 (1600)	Verbindlichkeiten	71.400,00	
	an 1800 (1200) Bank		71.400,00

9.8.1 Bewertung kurzfristiger Verbindlichkeiten

Kurzfristige Verbindlichkeiten, die nicht dazu dienen, das Betriebskapital auf Dauer zu verstärken, werden in der Steuerbilanz mit den **Nennwert/Rückzahlungsbetrag** und in der Handelsbilanz mit dem Erfüllungsbetrag angesetzt, z. B. Verbindlichkeiten des laufenden Geschäftsverkehrs, die nicht der Anschaffung oder Herstellung von WG des Anlagevermögens dienen, aus Lieferungen und Leistungen, Kontokorrentkredite.

Beispiel

Eine GmbH erwarb Mitte Dezember 2020 Waren für 20.000,00 € zuzüglich 19 % USt, zahlbar in 60 Tagen. Der Rechnungsbetrag wird Mitte Februar 2021 durch Banküberweisung beglichen.

Die Verbindlichkeit ist am 31.12.2020 **einschließlich USt** mit 23.800,00 € als betriebliche Schuld auszuweisen.

9.8.2 Verbindlichkeiten in ausländischer Währung

Fremdwährungsverbindlichkeiten/Valutaverbindlichkeiten sind mit dem **Devisenkassamittelkurs** am Abschlussstichtag zu bewerten. Bei gestiegenem Kurs zwischen Entstehung der Verbindlichkeit und Bilanzstichtag, **muss handelsrechtlich der höhere Zeitwert** angesetzt werden (nicht realisierter Verlust). § 256 a S. 1 HGB

Steuerrechtlich ist dies nur möglich bei **voraussichtlich dauernder Werterhöhung**. § 6 (1) Nr. 3 EStG

Von einer dauernden Werterhöhung ist auszugehen, wenn bei Verbindlichkeiten des laufenden Geschäftsverkehrs die Erhöhung des Wechselkurses bis zur Bilanzaufstellung oder bis zum vorangegangenen Tilgungszeitpunkt andauert. Übliche Wechselkursschwankungen sind nicht zu berücksichtigen. Bei einer **Restlaufzeit von einem Jahr oder weniger sind das Anschaffungskostenprinzip** und das **Realisations- und Impaitätsprinzip nicht zu beachten**. § 256a S. 2 HGB

Beispiel

Ein buchführungspflichtiger Unternehmer bezog im November 2020 für USD 120.000,00 Handelswaren aus den Vereinigten Staaten, Kurs 1 € = 1,10 USD, Zahlungsziel 6 Monate. In welcher Höhe ist die Verbindlichkeit in der Bilanz zum 31.12.2020 auszuweisen, wenn der Devisenkassamittelkurs am Abschlussstichtag 1,08 beträgt?

Valtutaverbindlichkeit USD 120.000,00

Bilanzansatz 31.12.2020 bei

bei Kurs 1,10	109.090,90 €	Anschaffungskosten
bei Kurs 1,08	111.111,11 €	höherer Zeitwert (**Ansatz in der Handelsbilanz**)
bei Kurs 1,08	109.090,90 €	Anschaffungskosten (**Ansatz in der Steuerbilanz**), weil voraussichtlich keine dauernde Werterhöhung vorliegt

Der Unterschiedsbetrag zwischen Anschaffungskosten und Erfüllungsbetrag ist als Aufwand zu erfassen.

Buchungssatz zum Bilanzstichtag in der **Handelsbilanz**	Soll	Haben
6880 (2150) Aufwendungen aus Kursdifferenzen	2.020,21	
an 3300 (1600) Verbindlichkeiten aus L.u.L.		2.020,21

Ist der Kurs der ausländischen Währung zwischen Anschaffung der Verbindlichkeit und Bilanzstichtag gefallen, sind mindestens die Anschaffungskosten anzusetzen. Ein Ansatz darunter würde zu einem nicht realisierten Gewinn führen. Dies verbietet das **Imparitätsprinzip**.

Beachte:

steigender €-Kurs = sinkender Kurs der Auslandswährung
sinkender €-Kurs = steigender Kurs der Auslandswährung

Der tatsächliche Wert einer Schuld ergibt sich erst im Zeitpunkt der Zahlung.
Dabei sind folgende Situationen möglich:

gezahlter Betrag	=	bilanzierte Verbindlichkeit	›	**keine Auswirkung**
gezahlter Betrag	>	bilanzierte Verbindlichkeit	›	**Aufwendungen aus Kursdifferenzen**
gezahlter Betrag	<	bilanzierte Verbindlichkeit	›	**Erträge aus Kursdifferenzen**

Beispiel

Bei Zahlung der Verbindlichkeit über USD 120.000,00 beträgt der Kurs für 1 € = 1,12 USD/1,06 USD, letzter Bilanzansatz 111.111,11 v in der Handelsbilanz.

Buchungssatz bei gestiegenem €-Kurs	Soll	Haben
3300 (1600) Verbindlichkeiten aus L.u.L.	111.111,11	
an 1800 (1200) Bank		107.142,85
4840 (2660) Erträge aus Kursdifferenzen		3.968,26

Buchungssatz bei gesunkenem €-Kurs	Soll	Haben
3300 (1600) Verbindlichkeiten aus L.u.L.	111.111,11	
6880 (2150) Aufwendungen aus Kursdifferenzen	2.096,43	
an 1800 (1200) Bank		113.207,54

Übungen

1 Eine Gewerbetreibende hat im Oktober 2020 elektronische Geräte für JPY 6.600.000,00 aus Japan bezogen. Die Eingangsrechnung soll bis Ende Januar 2021 in JPY beglichen werden. Bei der Lieferung betrug der Kurs für 1 € = 132 JPY. Am Bilanzstichtag notierte der Yen mit 130 (= dauernde Werterhöhung).

a) Buchen Sie die Anschaffung der Waren. Die Gewerbetreibende zahlt 6.000,00 € Zoll und 10.640,00 € EUSt durch Bank.
b) Mit welchem Wert ist die Verbindlichkeit in der Bilanz zum 31.12.2020 auszuweisen? Führen Sie die erforderliche Buchung durch.

2 Eine KG hat am 10.09.2020 Waren aus den USA für USD 80.000 bezogen, Zahlungsziel 120 Tage. Der Kurs betrug im Zeitpunkt der Lieferung 1 € = 1,10 USD. Die Verbindlichkeit ist in USD zu begleichen.

a) Wie lautet die Buchung bei der Anschaffung der Waren ohne Zoll und EUSt?
b) Welche Buchung ist zum 31.12.2020 vorzunehmen, wenn der Kurs für USD 1,15 beträgt?

3 Eine buchführende Gewerbetreibende bezog am 30.10.2020 eine Maschine aus der Schweiz für CHF 110.000, Zahlungsziel 90 Tage. Der Kurs für 1 € betrug bei der Anschaffung 1,10 CHF. Am 31.12.2020 notierte der Schweizer Franken mit 1,08.

Mit welchem Betrag ist die Verbindlichkeit gegenüber dem schweizerischen Unternehmen in der Steuerbilanz zu bewerten? Nehmen Sie ggf. die erforderliche Buchung vor, wenn es sich um eine **dauernde Werterhöhung** des Schweizer Franken handelt.

4 Am 11.05.2020 erwarb ein Kfz-Händler 20 Kleinwagen von einem japanischen Hersteller zum Preis von insgesamt JPY 32.172.000. Der Kaufpreis soll in JPY in zwei Raten beglichen werden und zwar am 11.11.2020 die erste Hälfte und am 11.05.2021 die zweite Hälfte. Der Kurs für 1 € betrug am 11.05.2020 134,05 JPY, am 11.11.2020 133,8 JPY, am 31.12.2020 133,6 JPY und am 11.05.2021 134,00 JPY.

Nehmen Sie zu den genannten Terminen die erforderlichen Buchungen vor.

5 Eine GmbH nahm am 31.01.2020 bei einer Schweizer Bank ein Darlehen über CHF 158.000 auf, das am 31.01.2021 einschließlich 3 % Zinsen in Schweizer Franken zurückzuzahlen ist.

Wie lauten die Buchungssätze in der Handelsbilanz zum 31.01.2020, 31.12.2020 und 31.01.2021? Die Kurse betragen zu den genannten Terminen 1 € = 1,12 CHF, 1,10 CHF und 1,16 CHF.

9.8.3 Bewertung langfristiger Verbindlichkeiten

Verzinsliche langfristige Verbindlichkeiten (Darlehen), sind mit dem Rückzahlungsbetrag anzusetzen. Unverzinsliche langfristige Verbindlichkeiten sind mit 5,5 % abzuzinsen. § 6 (1) Nr. 3 EStG

Ist der Ausgabebetrag eines Darlehens niedriger als der Rückzahlungsbetrag, kann der Unterschiedsbetrag handelsrechtlich sofort in voller Höhe als Aufwand gebucht werden. Steuerrechtlich ist der Unterschiedsbetrag, der als **Disagio/Damnum** bezeichnet wird, als **Rechnungsabgrenzungsposten zu aktivieren und auf die Laufzeit des Darlehens zu verteilen; bei Tilgungs- und Abzahlungsdarlehen nach der Zinsstaffelmethode und bei Endfälligkeitsdarlehen linear.** § 250 (3) HGB H 5.6 EStH H 6.10 EStH

Beispiel

Zur Finanzierung einer Lagerhalle nahm eine Gewerbetreibende zum 01.01.2020 ein Darlehen über 150.000,00 € zu folgenden Konditionen auf:
Auszahlung 94 %, Zinssatz 2 %, Laufzeit 10 Jahre. Das Darlehen soll in einer Summe zum 01.01.2030 zurückgezahlt werden.

Auszahlungsbetrag	Rückzahlungsbetrag
141.000,00 €	150.000,00 €
Disagio/Damnum	
9.000,00 €	

Buchungssatz bei Auszahlung des Darlehens		Soll	Haben
1800 (1200)	Bank	141.000,00	
1940 (0986)	Damnum	9.000,00	
	an 3170 (0650) Verbindlichkeiten Kreditinstitute		150.000,00

Die Verteilung (Abgrenzung) des Disagios/Damnums richtet sich nach der Art des Darlehens. Die Anwendung einer bestimmten Methode ist jedoch nicht vorgeschrieben.

Fälligkeitsdarlehen	Abzahlungsdarlehen	Annuitätendarlehen
Das Darlehen wird in einer Summe am Ende der Laufzeit getilgt.	Das Darlehen wird in jährlich gleichbleibenden Raten getilgt.	Das Darlehen wird mit einem jährlich steigenden Tilgungsanteil getilgt.
Das Damnum wird linear abgeschrieben.	Das Damnum wird arithmetisch-degressiv (digital) abgeschrieben.	Das Damnum wird geometrisch-degressiv abgeschrieben.
Abschreibungsbetrag im ersten Jahr:	Abschreibungsbetrag im ersten Jahr:	Abschreibungsbetrag im ersten Jahr
$A = \frac{\text{Damnum}}{\text{Laufzeit}}$	$A = \frac{\text{Damnum} \times \text{Anzahl der Jahre}}{\text{Summe aller Jahre}}$	$A = \frac{\text{Damnum} \times \text{Jahreszins}}{\text{Gesamtzins}}$

Ermittlung des Abschreibungsbetrags im ersten Jahr:

Darlehenshöhe 150.000,00 €, Damnum 9.000,00 €, Laufzeit 10 Jahre, Zinssatz 5 % [1)]

Lineare Abschreibung	arithmetisch-degressive Abschreibung	geometrisch degressive Abschreibung
$A = \frac{9.000}{10} = 900{,}00$	$A = \frac{9.000 \times 10}{55} = 1.636{,}36$	$A = \frac{9.000 \times 7.500}{45.000^{1)}} = 1.500{,}00$

[1)] Die jährliche Annuität (Zins + Tilgung) beträgt: 150.000,00 × 0,130 (Annuitätenfaktor) = 19.500,00
Der Gesamtzins beläuft sich auf: 19.500,00 × 10 (Jahre) = 195.000,00 – 150.000,00 = 45.000,00.
Der Annuitätenfaktor wurde der **Annuitätenfaktorentabelle**, Seite 203, entnommen.

Beispiel

Ein Stpfl. nahm am 01.07.2020 ein Abzahlungsdarlehen in Höhe von 150.000,00 € auf. Laufzeit 10 Jahre, Zinssatz 2 %, Auszahlung auf das betriebliche Bankkonto 94 %. Das Darlehen ist in halbjährlichen Raten zu tilgen. Die zum 31.12.2020 fällige Lastschrift beträgt für Zinsen 1.500,00 € und Tilgung 7.500,00 €.

Bilden Sie die Buchungssätze zum 01.07. und zum 31.12.
Das Damnum soll linear bzw. arithmetisch-degressiv abgegrenzt werden.

Buchungssatz zum 01.07.			Soll	Haben
01.07.	1800 (1200)	Bank	141.000,00	
	1940 (0986)	Damnum	9.000,00	
		an 3170 (0650) Verbindlichkeiten Kredit I		150.000,00

Buchungssätze zum 31.12.			Soll	Haben
31.12.	3170 (0650)	Verbindlichkeiten Kredit I	7.500,00	
	7320 (2120)	Zinsaufwendungen	1.500,00	
		an 1800 (1200) Bank		9.000,00
Abgrenzung des Damnums linear:				
7320 (2120)		Zinsaufwendungen	450,00	
		an 1940 (0986) Damnum		450,00
Abgrenzung des Damnums arithmetisch-degressiv:				
7320 (2120)		Zinsaufwendungen	499,50	
		an 1940 (0986) Damnum		499,50

Übungen

1 Zur Finanzierung einer Maschine nahm ein Mandant am 01.04.2020 ein Darlehen von 140.000,00 € auf. Das Darlehen hat eine Laufzeit von 8 Jahren und wird mit 3 % verzinst. Auf dem betrieblichen Bankkonto wurden bei der Auszahlung 134.400,00 € gutgeschrieben. Die Tilgung des Darlehens erfolgt am Ende der Laufzeit in einer Summe. Die Zinsen sind halbjährlich nachträglich durch Banküberweisung zu entrichten.

Buchen Sie

a) die Auszahlung des Darlehens;
b) die Zinszahlung zum 30.09.2020;
c) die Zinsbelastung am 31.12.2020;
d) die lineare Abgrenzung des Damnums zum 31.12.2020.

2 Eine Gewerbetreibende nahm am 01.07.2020 ein Darlehen in Höhe von 180.000,00 € zu folgenden Konditionen auf: Auszahlung 96 %, Zinssatz 2 %, Laufzeit 10 Jahre. Das Darlehen ist vierteljährlich nachträglich zu verzinsen und mit jeweils 4.500,00 € zu tilgen.

Wie lauten die Buchungssätze

a) bei Auszahlung des Darlehens?
b) zum 30.09.2020 (erste Rate für Zins und Tilgung)?
c) zum 31.12.2020 (zweite Rate Zins und Tilgung sowie digitale Abgrenzung des Disagios)?

3 Eine OHG hat zum Kauf eines unbebauten Grundstücks am 31.03.2020 einen Kredit über 120.000,00 € aufgenommen. Das Kreditinstitut hat bei der Auszahlung des Kredits ein Disagio von 6.000,00 € und Bearbeitungsgebühren von 0,75 % der Kreditsumme einbehalten. Die Laufzeit beträgt 6 Jahre (Endfälligkeitsdarlehen).

a) Buchen Sie die Auszahlung des Kredits auf das betriebliche Bankkonto.
b) Berechnen und buchen Sie die Abgrenzung der Einbehaltungen zum 31.12.2020.

4 Ein buchführender Gewerbetreibender hat am 01.09.2020 ein Annuitätendarlehen von 300.000,00 € aufgenommen. Das Darlehen wird mit 3 % verzinst. Es ist in 20 Jahren, beginnend ab 01.09.2021 zu tilgen. Die jährliche Annuität beträgt 20.100,00 €. Der Annuitätenfaktor ist 0,067. Bei der Auszahlung des Darlehens wurden 12.000,00 € als Damnum einbehalten.

a) Berechnen und buchen Sie die geometrisch-degressive Abschreibung des Damnums zum 31.12.2020.
b) Wie lautet die Buchung für die bis zum 31.12.2020 angefallenen Zinsen?

5 Eine GmbH erhält von ihrer Hausbank am 15.06.2020 einen Kredit über 100.000,00 € zu folgenden Bedingungen: Agio 3 %, Auszahlung 100 % Zinssatz 2,5 % Laufzeit 5 Jahre, Zinszahlung halbjährlich nachträglich. Der Kredit wird nach Ablauf der 5 Jahre in einer Summe zurückgezahlt.

Erstellen Sie die erforderlichen Buchungen bei

a) der Auszahlung und
b) zum 31.12.2020.

6 Für ein am 31.03.2020 aufgenommenes Hypothekendarlehen von 150.000,00 € wird eine KG halbjährlich nachträglich mit 2,5 % Zinsen belastet. Die Tilgung erfolgt ebenfalls halbjährlich nachträglich mit 7.500,00 €. Die Auszahlung des Darlehens erfolgte nach Eintragung einer Sicherheit im Grundbuch, wofür 120,00 € + 19 % USt an einen Notar und 80,00 € Gerichtsgebühren angefallen sind. Beide Beträge wurden durch Postbank überwiesen. Außerdem wurde das Bankkonto bei Auszahlung des Darlehens mit einem Aufgeld von 4 % belastet. Die Laufzeit des Darlehens beträgt 10 Jahre.

a) Buchen Sie die Sicherstellung des Darlehens im Grundbuch und die Auszahlung.
b) Welche Buchungen sind zum 30.09.2020 vorzunehmen?
c) Grenzen Sie das Aufgeld zum 31.12.2020 linear ab.
d) Wie lautet die Buchung für die Zinsen zum 31.12.2020?

9.9 Bewertung der Entnahmen und Einlagen

§ 4 (1) EStG

SL 210

Entnahmen sind alle Wirtschaftsgüter, die ein Steuerpflichtiger dem Betrieb im Laufe eines Wirtschaftsjahres für sich, seinen Haushalt oder für andere betriebsfremde Zwecke entnommen hat. Sie vermindern das **Vermögen und das Eigenkapital**.
Einlagen sind alle Wirtschaftsgüter, die der Steuerpflichtige dem Betrieb im Laufe eines Wirtschafsjahres zugeführt hat. Sie **erhöhen das Vermögen und das Eigenkapital**.

9.9.1 Die Bewertung der Entnahmen

Entnahmen sind mit dem **Teilwert** zum Zeitpunkt der Entnahme zu bewerten. Der Teilwert kann nur im Wege der Schätzung nach den Verhältnissen des Einzelfalls ermittelt werden. § 6 (1) Nr. 4 EStG

9.9.1.1 Geldentnahmen

Geldentnahmen sind mit dem **Nennwert** des entnommenen Geldbetrages anzusetzen.

Beispiel

Ein Unternehmer entnimmt seiner Ladenkasse 2.500,00 € für eine Urlaubsreise.

Buchung		Soll	Haben
2100 (1800)	Privatentnahme	2.500,00	
	an 1600 (1000) Kasse		2.500,00

9.9.1.2 Sachentnahmen

Die Sachentnahme stellt umsatzsteuerrechtlich eine **unentgeltliche Wertabgabe** aus dem Unternehmen dar. Diese wird einer **Lieferung gegen Entgelt** gleichgestellt und ist, wenn die Anschaffung oder Herstellung zum vollen oder teilweisen Vorsteuerabzug berechtigt hat, der Umsatzbesteuerung zu unterwerfen. § 3 (1b) UStG

SL 48, 113

Bemessungsgrundlage ist der **Einkaufspreis zuzüglich Nebenkosten** (Wiederbeschaffungskosten) oder bei selbst erstellten Erzeugnissen die **Selbstkosten** (Herstellungskosten) jeweils zum Zeitpunkt der Entnahme. § 10 (4) Nr. 1 UStG

Beispiel

Eine Einzelhändlerin entnimmt ihrem Lager Waren, die sie für 140,00 € netto eingekauft hat. Zur Zeit der Entnahme haben die Waren einen Wert von 165,00 € netto.

Buchung		Soll	Haben
2100 (1800)	Privatentnahmen	196,35	
	an 4600 (8900) Unentgeltliche Wertabgaben		165,00
	an 3806 (1776) Umsatzsteuer 19 %		31,35
oder:			
2130 (1880)	Unentgeltliche Wertabgaben	196,35	
	an 4620 (8910) Entnahme durch den Unternehmer für Zwecke außerhalb des Unternehmens		165,00
	an 3806 (1776) Umsatzsteuer 19 %		31,35

Werden Gegenstände des **abnutzbaren Anlagevermögens entnommen**, ist die zeitanteilige AfA zu berücksichtigen. Entsteht bei der Entnahme ein Buchgewinn oder Buchverlust, ist dieser entsprechend zu berücksichtigen. Der Anlageabgang wird auf dem Konto

4855 (2315) Anlageabgänge bei Buchgewinn oder
6895 (2310) Anlageabgänge bei Buchverlust

gebucht. Das Gegenkonto ist das entsprechende Anlagekonto, aus dem das Wirtschaftsgut ausscheidet.

Beispiel

Ein Elektrofachhändler schenkt seiner Tochter am 30.04. einen gebrauchten Betriebs-Pkw. Der Buchwert des Fahrzeugs betrug am 01.01. 3.200,00 €. Die jährliche lineare AfA belief sich auf 2.400,00 €. Bei einem Gebrauchtwagenhändler hätte das Fahrzeug zum selben Zeitpunkt für 3.000,00 € netto beschafft werden können.

Buchung der Entnahme		Soll	Haben
2100 (1800)	Privatentnahmen	3.570,00	
	an 4600 (8900) Unentgeltliche Wertabgaben		3.000,00
	an 3806 (1776) Umsatzsteuer 19 %		570,00

Buchung der AfA und des Anlageabgangs		Soll	Haben
6220 (4830)	AfA Sachanlagen	800,00	
	an 0520 (0320) Pkw		800,00
4855 (2315)	Anlageabgänge bei Buchgewinn	2.400,00	
	an 0520 (0320) Pkw		2.400,00

Unentgeltliche Wertabgaben sind grundsätzlich einzeln aufzuzeichnen. Bei Unternehmen wie Bäckereien, Fleischereien, Gastwirtschaften wären Einzelaufzeichnungen unzumutbar. Hier genügt es, wenn der Unternehmer am Schluss des Voranmeldungszeitraums auf der Grundlage einer **sachgerechten Schätzung** die unentgeltlichen Wertabgaben pauschal ermittelt.
Dazu setzt die Finanzverwaltung **jährlich Pauschbeträge** fest. Sie beruhen auf Erfahrungswerten und bieten dem Stpfl. die Möglichkeit, die Warenentnahmen pauschal zu buchen.
Die Pauschbeträge sind **Jahreswerte für eine Person**. Für Kinder von 2 bis 12 Jahren ist die Hälfte des jeweiligen Werts anzusetzen. Bei **gemischten Betrieben**, z. B. Metzgerei oder Bäckerei mit Lebensmittelangebot oder Gastwirtschaft, ist **nur der jeweils höhere Pauschbetrag** anzusetzen.

Pauschbeträge für unentgeltliche Wertabgaben 2020 (Jahreswerte ohne Umsatzsteuer)

§

Gewerbezweig	ermäßigter Steuersatz	voller Steuersatz	insgesamt
Bäckerei	1.218,00	406,00	1.624,00
Fleischerei/Metzgerei	891,00	865,00	1.756,00
Gast- u. Speisewirtschaft			
a) Abgabe von kalten Speisen	1.126,00	1.087,00	2.213,00
b) Abgabe von warmen Speisen	1.689,00	1.768,00	3.457,00
Getränkeeinzelhandel	105,00	302,00	407,00
Café u. Konditorei	1.179,00	642,00	1.821,00
EZH mit Milch, Milcherzeugnissen, Fettwaren und Eiern	590,00	79,00	669,00

Gewerbezweig	ermäßigter Steuersatz	voller Steuersatz	insgesamt
EZH mit Nahrungs- und Genussmitteln	1.140,00	681,00	1.831,00
EZH mit Obst, Gemüse, Südfrüchte, Kartoffeln	275,00	236,00	511,00

Die Vereinfachungsregel lässt keine Zu- und Abschläge wegen individueller Ess- und Trinkgewohnheiten zu; ebenso nicht für Krankheit und Urlaub. Soweit Tabakwaren entnommen werden, sind die Werte durch eine sachgerechte Schätzung entsprechend zu erhöhen.

Beispiel

Ein Unternehmer betreibt eine Metzgerei mit Gastwirtschaft, in der sowohl kalte als auch warme Speisen abgegeben werden. Mit welchem Wert ist der private Verbrauch von Waren im Monat Mai 2020 anzusetzen, wenn zur Familie der Unternehmer, seine Frau und zwei Kinder im Alter von 11 und 15 Jahren gehören?
Buchen Sie den Vorgang.

Bemessungsgrundlage 19 %	3 Personen à 1.768,00	= 5.304,00	: 12 =	442,00
	1 Person à 884,00		: 12 =	73,67
				515,67
			19 %	97,98
Bemessungsgrundlage 7 %	3 Personen à 1.689,00	= 5.067,00	: 12 =	422,25
	1 Person à 840,00		: 12 =	70,38
				492,63
			7 %	34,48

Buchung der Entnahme i. S. d. § 3 (1 b) Nr. 1 UStG	Soll	Haben
2100 (1800) Privatentnahme	1.140,76	
an 4600 (8900) unentgeltliche Wertabgaben		492,63
an 3801 (1771) USt 7 %		34,48
an 4600 (8900) unentgeltliche Wertabgaben		515,67
an 3806 (1776) USt 19 %		97,98

Übungen

1 Bürogerätehändler Huber schenkt seinem Sohn zum bestandenen Abitur einen neuen PC, der im Geschäft für 900,00 € brutto angeboten wird. Der Einkaufspreis des Geräts betrug 450,00 €, die anteiligen Bezugskosten beliefen sich auf 50,00 € jeweils netto. Der Hersteller bietet den PC inzwischen für 300,00 € netto an.
Buchen Sie die Privatentnahme.

2 Am 30.06.2020 entnahm ein Gewerbetreibender seinem Betriebsvermögen einen Pkw. Das Fahrzeug stand zu Beginn des Wirtschaftsjahrs (01.01.) mit 12.000,00 € zu Buche. Die Anschaffungskosten betrugen im Januar 2016 30.000,00 € + 5.700,00 € USt. Die Nutzungsdauer des Fahrzeugs beträgt 5 Jahre. Es wurde linear abgeschrieben. Zum Zeitpunkt der Entnahme könnte für den Pkw ein Verkaufspreis von 11.900,00 € inkl. 19 % USt erzielt werden.
Nehmen Sie die erforderlichen Buchungen vor.

3 Eine Mandantin überlässt ihrer Tochter für die Unterstellung ihres privaten Fahrzeugs dauerhaft eine bisher betrieblich genutzte Garage sowie einen Stellplatz. Der Buchwert der Garage beträgt 2.000,00 €, der Wert des Grund und Bodens 6.000,00 €. Ein Sachverständiger schätzt den Wert der Garage zur Zeit der Entnahme auf 500,00 € und den Grund und Boden auf 7.000,00 €.
Buchen Sie den Entnahmevorgang.

4 Ein Juwelier schenkt seiner Gattin zum Hochzeitstag ein Collier, das er selbst angefertigt hat. Das Collier würde er im Geschäft für 11.900,00 € anbieten. Bei der Anfertigung sind ihm folgende Kosten entstanden: Fertigungsmaterial 6.000,00 €, Materialgemeinkosten 10 %.
Die eigene Arbeitsleistung setzt er mit 1.400,00 € an.
Wie lautet der Buchungssatz für die Entnahme des Colliers?

5 Ein Obst- und Gemüsehändler betreibt zusammen mit seiner Ehefrau in Magdeburg ein Einzelhandelsgeschäft. Ermitteln Sie für den Monat September 2020 den Wert der unentgeltlichen Wertabgabe und buchen Sie den Vorgang.

6 Die Familie Baum betreibt in Friedrichshafen eine Konditorei mit Café. Die Familie hat drei Kinder im Alter von einem, acht und 14 Jahren. Buchen Sie die unentgeltliche Wertabgabe für Januar 2020.

9.9.1.3 › Entnahme von Anteilen an Körperschaften

Führt die Entnahme von Aktien oder GmbH-Anteilen aus dem Betriebsvermögen eines Einzelunternehmens zu einer Betriebsvermögensmehrung **sind 40 % der Betriebsvermögensmehrung** nach § 3 Nr. 40 a EStG steuerfrei. Eventuell anfallende Betriebsausgaben im Zusammenhang mit der Entnahme sind daher nur zu 60 % abzugsfähig, § 3 c (2) EStG.

Beispiel

Eine Gewerbetreibende entnimmt 100 Aktien des Umlaufvermögens und schenkt sie ihrer Tochter. Der Buchwert der Aktien beträgt zum Zeitpunkt der Entnahme einschließlich Spesen 12.200,00 €. Der Teilwert (Kurswert + Spesen) im Zeitpunkt der Entnahme beläuft sich auf 15.800,00 € bzw. 10.800,00 €.

Buchungssätze		Soll	Haben
2100 (1800)	Privatentnahme	15.800,00	
	an 1510 (1348) Sonstige Wertpapiere		12.200,00
	an 7120 (2680) Zinsähnliche Erträge steuerpfl.	60 %	2.160,00
	an 7121 (2681) Zinsähnliche Erträge steuerfrei	40 %	1.140,00

Der Gewinn ist außerhalb der Buchführung um 1.140,00 € zu kürzen.

2100 (1800)	Privatentnahme	10.800,00	
7214 (4876)	AfA auf Wertpapiere des UV 40 % nicht abzugsf.	1.400,00	
	an 1510 (1348) Sonstige Wertpapiere		12.200,00

Außerhalb der Buchführung ist der Gewinn um 560,00 € zu erhöhen.

Übung

Ein Unternehmer schenkt seinem Enkel zur Geburt 1000 Aktien, die am 01.01. im Umlaufvermögen des Unternehmens mit 50.000,00 € bilanziert wurden.
Der Kurswert einschließlich Spesen beträgt im Zeitpunkt der Entnahme 48.500,00 €/ 52.000,00 €.
Buchen Sie die Entnahme der Aktien zum jeweiligen Teilwert.

9.9.1.4 › Nutzungsentnahmen

Die private Verwendung von Gegenständen des Unternehmens wird umsatzsteuerlich einer **sonstigen Leistung gegen Entgelt** gleichgestellt. Dies gilt auch für andere sonstige Leistungen für Zwecke außerhalb des Unternehmens. § 3 (9a) UStG

Als **Bemessungsgrundlage** für die private Nutzung betrieblicher Gegenstände und die anderen sonstigen Leistungen sind die **entstandenen Ausgaben** anzusetzen. § 10 (4) S. 1 Nr. 2 UStG

Private Nutzung von Betriebsfahrzeugen

Für Fahrzeuge, die sowohl betrieblich als auch privat genutzt werden, stellt die private Nutzung eine **unentgeltliche sonstige Leistung** dar, die zu versteuern ist, wenn die **Vorsteuer bei der Anschaffung abgezogen worden ist**. § 3 (9a) Nr. 1 UStG

SL 115

Als **Bemessungsgrundlage sind die entstandenen Ausgaben** anzusetzen, soweit sie zum vollen oder teilweisen Vorsteuerabzug berechtigt haben. § 10 (4) UStG

Zu den **Ausgaben gehören auch die Anschaffungs- oder Herstellungskosten** eines Wirtschaftsguts, die gleichmäßig auf den Zeitraum verteilt werden, der dem **Berichtigungszeitraum nach § 15a UStG** für diesen Gegenstand entspricht. Das sind bei beweglichen Wirtschaftgütern 5 Jahre, bei Grundstücken und Gebäuden 10 Jahre. 15.23 (5) UStAE
Dabei ist die „pro rata temporis"-Regelung zu beachten. Der umsatzsteuerliche Zeitraum deckt sich **nicht mit dem handels- und ertragssteuerlichen Abschreibungszeitraum**.

Beispiel

Ein regelbesteuerter Unternehmer erwarb im Mai 2020 von einem Kfz-Händler einen neuen Pkw für 42.000,00 € + 7.980,00 € USt gegen Banküberweisung. Die betriebsgewöhnliche Nutzungsdauer beträgt 6 Jahre.
Das Fahrzeug wird zu 70 % betrieblich und zu 30 % privat genutzt. Die nachgewiesenen Ausgaben, die zum VSt-Abzug berechtigten, betrugen 2.400,00 €. Die lineare AfA beträgt 4.666,67 €. Die Kfz-Steuer und die Kfz-Versicherung beliefen sich auf insgesamt 1.200,00 €. Ein ordnungsgemäßes Fahrtenbuch wurde geführt.

Buchung bei der Anschaffung des Fahrzeugs	Soll	Haben
0520 (0320) Pkw	42.000,00	
1406 (1576) Abziehbare VSt	7.980,00	
an 1800 (1200) Bank		49.980,00

Bemessungsgrundlage für die **umsatzsteuerliche unentgeltliche Wertabgabe:**

Ausgaben	2.400,00 €	
+ anteilige Ak	5.600,00 €	(42.000,00 : 5 = 8.400,00 × 8/12 = 5.600,00)
	8.000,00 €	
davon 30 %	2.400,00 €	
+ 19 % USt	456,00 €	

Wert des **ertragsteuerlichen Eigenverbrauchs:**

steuerfreier Anteil		steuerpflichtiger Anteil	
Kfz-Steuer / Kfz-Versicherung	1.200,00 €	lfd. Betriebskosten	2.400,00 €
davon 30 %	360,00 €	AfA 16 2/3 % p. r. t.	4.666,67 €
			7.066,67 €
		davon 30 %	2.120,00 €

Buchung des privaten Nutzungsanteils		Soll	Haben
2130 (1880)	Unentgeltliche Wertabgaben	2.576,00	
	an 4645 (8921) Verwendung von Gegenständen mit USt		2.120,00
	an 3806 (1776) USt 19 %		456,00
2130 (1880)	Unentgeltliche Wertabgaben	360,00	
	an 4639 (8924) Verwendung von Gegenständen ohne USt		360,00

Voraussetzung für diese Regelung ist, dass die insgesamt entstandenen Aufwendungen durch **Belege** nachgewiesen werden und der Unternehmer ein **Fahrtenbuch** führt, in dem das Verhältnis der privaten zu den übrigen Fahrten aufgezeichnet wird.

§ 6 (1) Nr. 4 EStG

Führt der Unternehmer kein Fahrtenbuch, ist die **1 %-Regelung** anzuwenden, wenn das Fahrzeug zu **mehr als 50 % betrieblich genutzt** wird. Danach ist die private Nutzung eines betrieblichen Kraftfahrzeugs mit **monatlich 1 % des inländischen Listenpreises im Zeitpunkt der Erstzulassung** anzusetzen zuzüglich Sonderausstattung und **einschließlich Umsatzsteuer**.
Der Betrag ist auf **volle 100,00 € abzurunden**. Überführungs- und Zulassungskosten gehören **nicht** zum Listenpreis. Preisnachlässe dürfen den Listenpreis **nicht mindern**.
Nutzt der Unternehmer ein **Elektrofahrzeug** für private Zwecke, wird **ertragsteuerlich** sowohl bei der 1 %-Regelung als auch bei der Fahrtenbuchmethode 2018 ein Abschlag von 250,00 € kWh Batteriekapazität vom inländischen Listenpreis abgezogen, maximal 7.500,00 € (**Nachteilsausgleich**). Für umsatzsteuerliche Zwecke erfolgt keine pauschale Kürzung des inländischen Listenpreises. Werden Elektro- und Hybridelektrofahrzeuge vom 01.01.2019 bis 31.12.2030 angeschafft, ist nur der halbierte Bruttolistenpreis anzusetzen. Der bisherige Nachteilsausgleich entfällt.

15.23 (5) Nr. 1 a)+b) UStAE

Beispiel

Der Bruttolistenpreis eines Elektrofahrzeugs beträgt 46.464,00 €. Das im Januar **2018/2019** angeschaffte Fahrzeug mit einer Batteriekapazität von 25 Kilowattstunden (kWh) wird zu 60 % betrieblich genutzt.

Berechnung des privaten Nutzungsanteils	**2018**	**2019**
Bruttolistenpreis – Minderung (25 kWh × 250,00 = 6.250,00 €)		
abgerundet auf volle 100,00 = 40.200,00/23.200,00 × 12 % =	4.824,00 €	2.784,00 €
Bemessungsgrundlage für USt (2018) 46.400,00 × 12 % =	5.568,00 €	
– 20 % Abschlag	1.113,60 €	556,80 €
BMG für Umsatzsteuer	4.454,40 €	2.227,20 €
+ 19 % Umsatzsteuer	846,34 €	423,17 €

Buchung der privaten Verwendung des Pkw		2018	2019
2130 (1880)	Unentgeltliche Wertabgaben	5.670,34	3.207,17
	an 4645 (8921) Verwendung mit USt	4.454,40	2.227,20
	3806 (1776) Umsatzsteuer 19 %	846,34	423,17
	4639 (8924) Verwendung ohne USt	369,60	556,80

Führt der Unternehmer kein Fahrtenbuch, kann er statt der 1 %-Regelung auch die 50 %-Kostenschätzmethode anwenden, wenn dies für ihn günstiger ist. In Anlehnung an das Beispiel Seite 389 würde dies bedeuten:

Ausgaben mit VSt 7.066,67 €,	
davon 50 %	3.533,34 €
+ 19 % USt	671,33 €
+ Ausgaben ohne VSt 1.200,00 €,	
davon 50 %	600,00 €
Privatentnahme	4.804,67 €

15.23 (5) Nr. 3 UStAE

Fahrten zwischen Wohnung und erster Betriebsstätte

Wird ein Fahrzeug, das **überwiegend betrieblich** genutzt wird (notwendiges Betriebsvermögen), für Fahrten zwischen Wohnung und erster Betriebsstätte genutzt, stellen diese Fahrten betriebliche Fahrten dar. Die Aufwendungen für diese Fahrten sind in Höhe der Entfernungspauschale **als Betriebsausgaben** abziehbar, § 4 (5) Satz 1 Nr. 6 i.V.m. § 9 (1) Nr. 4 Sätze 2–6 EStG.

Die **nichtabzugsfähigen Betriebsausgaben** sind wie folgt zu ermitteln und dem steuerlichen Ergebnis außerbilanziell wieder hinzuzurechnen:

0,03 % des inländischen Listenpreises × Entfernungskilometer × Monate
– Betrag, der nach 4 (5) S. 1 Nr. 6 EStG zum Abzug als Betriebsausgabe zugelassen ist
= nicht abziehbare Betriebsausgabe

§ 4 (5) Nr. 6 EStG

oder

tatsächliche Kosten je km × gefahrene km × Tage
– Betrag, der nach § 4 (5) S. 1 Nr. 6 EStG zum Abzug als Betriebsausgabe zugelassen ist
= nicht abziehbare Betriebsausgabe

Beispiel

Eine Unternehmerin nutzte das zum Betriebsvermögen gehörende Fahrzeug im vergangenen Jahr für 180 Fahrten zwischen Wohnung und Betrieb. Die Entfernung Wohnung – Betrieb beträgt 30 km. Der Listenpreis des Fahrzeugs einschließlich Umsatzsteuer im Zeitpunkt der Erstzulassung betrug 38.000,00 €. Die belegmäßig nachgewiesenen Kfz-Kosten für das Fahrzeug beliefen sich auf 0,40 € pro km.

Alternative 1:	38.000 € × 0,03 % × 30 × 12	= 4.104,00 €
	– 180 × 30 × 0,30	= 1.620,00 €
	nicht abziehbare BA	= 2.484,00 €

Buchung	Soll	Haben
6688 (4678) Fahrten zw. Wohnung u. Betriebsstätte (abziehbar)	1.620,00	
6689 (4679) Fahrten zw. Wohnung u. Betriebsstätte (nicht abziehbar)	2.484,00	
an 6690 (4680) Fahrten zw. Wohnung u. Betriebsstätte (Haben)		4.104,00

Alternative 2:	0,40 € × 2 × 30 × 180	= 4.320,00 €
	– 180 × 30 × 0,30	= 1.620,00 €
nicht abziehbare BA		= 2.700,00 €

Buchung	Soll	Haben
6688 (4678) Fahrten zw. Wohnung u. Betriebsstätte (abziehbar)	1.620,00	

6689 (4679)	Fahrten zw. Wohnung u. Betriebsstätte (nicht abziehbar)	2.700,00	
	an 6690 (4680) Fahrten zw. Wohnung u. Betriebsstätte (Haben)		4.320,00

Die Fahrten zwischen weiteren Betriebsstätten sind in voller Höhe als Betriebsausgaben abziehbar.

Private Nutzung unternehmerischer Telekommunikationsmittel

Zieht ein Unternehmer bei der Anschaffung unternehmerisch genutzter Telekommunikationsgeräte die Vorsteuer ab, unterliegt die private Nutzung dieser Geräte als unentgeltliche Wertabgabe nach § 3 (9a) Nr. 1 UStG der Umsatzsteuer.

UStAE 10.6 (3) **Bemessungsgrundlage** für die private Nutzung sind die anteiligen AK gem. § 15a (1) UStG der jeweiligen Geräte. **Nicht zur Bemessungsgrundlage** gehören die **Grund- und Gesprächsgebühren**. Die auf diese Gebühren entfallenden Vorsteuerbeträge sind in einen abziehbaren und einen nicht abziehbaren Anteil aufzuteilen, UStAE 3.4 (4) S. 4+5.

UStAE 15.2c (1) Nr. 1 S. 2 UStAE Die Vorsteuer auf den privaten Nutzungsanteil ist daher nicht abziehbar.

Beispiel

Ein Unternehmer kauft im Mai 2020 eine neue Telefonanlage für 1.500,00 € + 19 % USt gegen Banküberweisung. Die betriebsgewöhnliche Nutzungsdauer der Anlage beträgt 8 Jahre. Die Anlage wird linear abgeschrieben. Der private Nutzungsanteil beträgt nachweislich 20 %.

Buchung bei Anschaffung		Soll	Haben
0690 (0490)	BGA	1.500,00	
1406 (1576)	Vorsteuer 19 %	285,00	
	an 1800 (1200) Bank		1.785,00

Die private Nutzung der Telefonanlage ist eine unentgeltliche sonstige Leistung. Die Bemessungsgrundlage für die USt beträgt: 20 % von 1.500,00 € = 300,00 €, davon 20 % privater Anteil = 60,00 €, für 8 Monate = 40,00 €. Der ertragsteuerliche Eigenverbrauch wird wie folgt berechnet: 12,5 % AfA von 1.500,00 € = 187,50 € × 8/12 × 20 % privater Anteil = 25,00 €.

Buchung des privaten Nutzungsanteils im Jahr 2020		Soll	Haben
2130 (1880)	Unentgeltliche Wertabgaben	32,60	
	an 4640 (8920) Verwendung von Gegenständen für Zwecke außerhalb des U		25,00
	an 3806 (1776) Umsatzsteuer 19 %		7,60

Die Grund- und Gesprächsgebühren für den Monat Mai 2020 betragen 400,00 € + 76,00 € USt. Sie werden durch die Postbank beglichen.

Buchung der Grund- u. Gesprächsgebühren für Mai 2020		Soll	Haben
6805 (4920)	Telefon	400,00	
1406 (1576)	Vorsteuer 19 % (80 % von 76 €)	60,80	
2100 (1800)	Privatentnahme (20 % von 76 €)	15,20	
	an Postbank 1700 (1100) Postbank		476,00

2130 (1880)	Unentgeltliche Wertabgaben an 4639 (8922) Verwendung von Gegenständen für Zwecke außerhalb des U ohne Umsatzsteuer	80,00	80,00
oder:			
6805 (4920)	Telefon	320,00	
1406 (1576)	VSt	60,80	
2100 (1800)	Privatentnahme	95,20	
	an 1700 (1100) Postbank		476,00

Private Verwendung eines dem Unternehmensvermögen zugeordneten Gebäudes

Die teilweise **private Nutzung** eines nach dem **30.06.04** und vor dem **01.01.2011** angeschafften oder hergestellten Gebäudes stellt eine steuerbare und steuerpflichtige **unentgeltliche Wertabgabe** i.S.d § 3 (9a) Nr. 1 UStG dar, wenn das **gesamte Grundstück/Gebäude umsatzsteuerlich dem Unternehmen zugeordnet** ist und die unternehmerische Nutzung **zum vollen oder teilweisen Vorsteuerabzug** berechtigt hat. Die unternehmerische Nutzung muss jedoch mindestens 10 % betragen. UStAE 3.4 (7) UStAE 15.2 (21c) S. 2

Ertragsteuerlich ist jedoch nur der betrieblich benutzte Teil zu bilanzieren. R 4.2 EStR
Das eigengenutzte Gebäude gehört zum notwendigen Privatvermögen.

Die private Nutzung ist steuerbar und steuerpflichtig. Bemessungsgrundlage für die unentgeltliche Wertabgabe sind die **Ausgaben i.S.d § 10 (4) Satz 1 Nr. 2 UStG** für den laufenden Betrieb und die Unterhaltung sowie die auf **10 Jahre verteilten Anschaffungs- oder Herstellungskosten** soweit sie zum vollen oder teilweise Vorsteuerabzug berechtigt haben.
In die Bemessungsgrundlage **nicht einzubeziehen** sind beispielsweise die bei der Anschaffung anfallende Grunderwerbssteuer oder die Grundbuchkosten sowie die Finanzierungskosten. Bei den Angaben für den laufenden Betrieb bleiben z. B. die Grundsteuer und die Gebäudeversicherung außer Ansatz.

Beispiel

Ein Unternehmer hat am 03.01.2010 ein Dreifamilienhaus, Baujahr 2008, einschließlich Grundstücksanteil von 10 % für 600.000,00 € + 114.000,00 € USt gegen Banküberweisung erworben. Das EG und das erste OG verwendet er als Büro. Das zweite OG dient eigenen Wohnzwecken. Alle drei Geschosse sind gleich groß. Das **Gebäude ist umsatzsteuerlich ganz dem Unternehmen zugeordnet**. Die im Jahr 2020 insgesamt angefallenen vorsteuerbehafteten und als Betriebsausgaben gebuchten Ausgaben betrugen 9.600,00 €.

Buchung bei Anschaffung im Jahr 2010		Soll	Haben
0235 (0085)	Bebaute Grundstücke	40.000,00	
0240 (0090)	Geschäftsbauten	360.000,00	
2100 (1800)	Privatentnahmen (ertragsteuerlich kein BV)	200.000,00	
1406 (1576)	**VSt**	**114.000,00**	
	an 1800 (1200) Bank		714.000,00

Bemessungsgrundlage für die **umsatzsteuerliche unentgeltliche Wertabgabe** 2019:

Laufende Ausgaben	3.200,00 €	(9.600,00 : 3 = 3.200,00)
Anteilige Ak	20.000,00 €	(600.000,00 : 3 = 200.000,00 : 10 = 20.000,00)
BMG	23.200,00 €	
davon 19 %	4.408,00 €	

UStAE 15.2 (21c) S. 3

Wert des ertragsteuerlichen Eigenverbrauchs

steuerpflichtige laufende Ausgaben
33 ⅓ % von 9.600,00 € = 3.200.00 €
keine AfA, weil die eigengenutzte Wohnung ertragsteuerlich nicht zum BV gehört

Buchung des privaten Nutzungsanteils	Soll	Haben
2130 (1880) Unentgeltliche Wertabgaben	7.608,00	
an 4640 (8920) Verwendung von Gegenständen für Zwecke außerhalb des Unternehmens		3.200,00
an 3806 (1776) USt 19 %		4.408,00

§ 15 (1b), § 27 (16) UStG

Bei gemischt genutzten Grundstücken, die nach dem **31.12.10** angeschafft oder hergestellt werden, **entfällt der Vorsteuerabzug für den nichtunternehmerisch genutzten Anteil**, auch wenn das gemischt genutzte Grundstück in vollem Umfang dem Unternehmen zugeordnet wurde.
Für die private, nichtunternehmerische Verwendung ist daher auch keine unentgeltliche Wertabgabe nach § 3 (9a) Nr. 1 UStG zu versteuern, UStAE 3.4 (5a).

Übungen

1 Ein Unternehmer kaufte im Mai 2020 einen neuen Betriebs-Pkw für 45.000,00 € + 8.550,00 € USt. Das Fahrzeug wird laut Fahrtenbuch zu 30 % für private Fahrten genutzt. Im Jahr 2020 sind Ausgaben von 5.200,00 € angefallen, die dem VSt-Abzug unterlagen. Die anteiligen Ak sind darin nicht erhalten. Die ertragsteuerliche AfA beträgt 5.000,0 €. Wie lautet die Buchung für die private Nutzung?

2 Eine Gewerbetreibende verwendete im Jahr 2020 den betrieblichen Pkw auch für Privatfahrten. Das Fahrzeug wurde 2017 für 40.000,00 € + 19 % USt angeschafft. Laut Fahrtenbuch wurden im Jahr 2020 insgesamt 24.500 km zurückgelegt, davon 6.125 km privat. Von den privaten Fahrten fielen 1.235 km auf das Ausland.
Im Jahr 2019 sind für den Pkw folgende Ausgaben angefallen:

Kfz-Versicherung	580,00 €	Benzin, Reparaturen	4.860,00 €
Kfz-Steuer	360,00 €	AfA	6.667,00 €

Buchen Sie die private Verwendung des Pkw.

3 Ein Gewerbetreibender hat im Wirtschaftsjahr den betrieblichen Pkw für 180 Fahrten zwischen Wohnung und Betrieb genutzt. Die einfache Entfernung beträgt 25km. Mit dem Fahrzeug wurden im selben Jahr insgesamt 22.000 km zurückgelegt, die Kosten einschließlich AfA beliefen sich auf 17.600,00 €.
Buchen Sie die Fahrten zwischen Wohnung und Betrieb.

4 Ein buchführender Unternehmer erwarb am 01.02.**2020** ein neues Elektrofahrzeug einschließlich USt für 47.600,00 €, das er auch zu 20 % privat nutzt, gegen Banküberweisung.
Buchen Sie den Anschaffungsvorgang und die private Verwendung für das Jahr 2020 nach der pauschalen Nutzungswertmethode.

5 Eine Gewerbetreibende nutzte den betrieblichen Pkw im Jahr 2020 auch zu 25 % für private Fahrten und für 200 Fahrten zwischen Wohnung und Betrieb (einfache Entfernung 12 km). Den Pkw hatte sie im Jahr 2015 von einer Privatperson als Jahreswagen für 20.000,00 € gekauft. Der Brutto-Listenpreis des Fahrzeugs hätte im Zeitpunkt der Erstzulassung 52.000,00 € + 8.320,00 € USt betragen.
Buchen Sie die privaten Fahrten für das Wj 2020 und die Fahrten zwischen Wohnung und Betrieb für 200 Fahrten.

6 Ein buchführender Gewerbetreibender hat im Januar 2020 einen neuen Betriebs-Pkw für 52.360,00 € (brutto) erworben. Im Jahr 2020 wurden mit dem Pkw insgesamt 26.800 km zurückgelegt, davon privat 8.576 km. Ein ordnungsgemäßes Fahrtenbuch wurde geführt. Aus der Buchführung ergeben sich für das Jahr folgende Ausgaben:

Kfz-Steuer	420,00 €	laufende Betriebskosten	6.400,00 €
Kfz-Versicherung	680,00 €	AfA	7.334,00 €

Prüfen Sie, welche Berechnungsmethode für die private Nutzung anzuwenden ist, wenn der Gewinn so niedrig wie möglich ausgewiesen werden soll. Buchen Sie den Vorgang.

7 Ein Unternehmer kaufte im Januar diesen Jahres eine neue Telefonanlage für 400,00 € + 76,00 € USt gegen bar. Die Anlage, deren betriebsgewöhnliche Nutzungsdauer 8 Jahre beträgt, wird zu 25 % privat genutzt.

Buchen Sie den Erwerbsvorgang und die unentgeltliche sonstige Leistung.

9.9.2 Bewertung der Einlagen

Einlagen sind grundsätzlich mit dem **Teilwert im Zeitpunkt der Zuführung** zum Betriebsvermögen anzusetzen (Einlagewert). § 6 (1) Nr. 5 EStG

Ausnahmen

R 6.12 (1) EStR

Die Einlagen sind höchstens mit den Anschaffungs- oder Herstellungskosten anzusetzen, wenn das Wirtschaftsgut **innerhalb der letzen drei Jahre** vor dem Zeitpunkt der Zuführung angeschafft oder hergestellt wurde oder es sich um einen Anteil an einer Kapitalgesellschaft i. S. d. § 17 (1 oder 6) EStG handelt.

Bei der Einlage abnutzbarer Wirtschaftsgüter sind die Ak/Hk um die AfA-Beträge, die auf den Zeitraum zwischen Anschaffung/Herstellung und Einlage entfallen, zu kürzen.

Werden Wirtschaftsgüter aus einem Betriebsvermögen entnommen und später wieder eingelegt, ist die Einlage mit dem früheren Entnahmewert anzusetzen abzüglich der inzwischen eingetretenen AfA. Ist der Einlagewert geringer als die ursprünglichen Ak/Hk, aber nicht geringer als die fortgeführten Ak/Hk, wird die AfA von den fortgeführten Ak/Hk berechnet. Liegt der Einlagewert unter den fortgeführten Ak/Hk ist vom Einlagewert abzuschreiben.

Beispiel

Ein Gewerbetreibender erwarb im Mai 2018 für private Zwecke ein unbebautes Grundstück in der Nähe seines Betriebs für 124.000,00 € einschließlich aller Nebenkosten. Im Juli 2020 legt er das Grundstück in den Betrieb ein. Der Teilwert beträgt mittlerweile: a) 136.000,00 €; b) 116.000,00 €.

Buchung a)		Soll	Haben
0215 (0065)	Unbebaute Grundstücke	124.000,00	
	an 2180 (1890) Privateinlage		124.000,00

Buchung b)		Soll	Haben
0215 (0065)	Unbebaute Grundstücke	116.000,00	
	an 2180 (1890) Privateinlage		116.000,00

Beispiel

Eine Steuerpflichtige erwarb im Januar 2018 privat einen Pkw für 25.560,00 € brutto. Das Fahrzeug nutzte sie als Arbeitnehmerin für Fahrten zwischen Wohnung und Arbeitsstätte. Die betriebsgewöhnliche Nutzungsdauer beträgt 6 Jahre. Im Mai 2020 legte sie das Fahrzeug in ihren neu gegründeten Betrieb ein. Ein Kfz-Händler bot für das Fahrzeug zu diesem Zeitpunkt: a) 14.000,00 € b) 16.000,00 € jeweils netto (= Teilwert).

Berechnung der fortgeführten Anschaffungskosten:

Listenpreis 25.560 € (brutto, da privat angeschafft)

– AfA 2018	4.260,00 €	
– AfA 2019	4.260,00 €	
– AfA 2020 (zeitanteilig)	1.420,00 €	
fortgeführte Ak	15.620,00 €	
Einlagewert:	a) 14.000,00 €	b) 16.000,00 €
BMG für die AfA nach der Einlage:	a) 14.000,00 €	b) 15.620,00 €

Buchung a)	Soll	Haben
0520 (0320) Pkw	14.000,00	
an 2180 (1890) Privateinlage		14.000,00

Buchung b)	Soll	Haben
0520 (0320) Pkw	15.620,00	
an 2180 (1890) Privateinlage		15.620,00

Übungen

1 Eine Mandantin kaufte im September 2017 in der Nähe ihres Betriebs ein unbebautes Grundstück für 115.000,00 € einschließlich Nebenkosten, um darauf ein Einfamilienhaus zu errichten. Durch einen Beschluss der Gemeinde muss sie ab März 2020 für ihren Betrieb mehr Parkplätze ausweisen. Aus diesem Grund legt sie das Grundstück **zur Hälfte** in das Betriebsvermögen ein. Der Teilwert des gesamten Grundstücks wird zu diesem Zeitpunkt auf 140.000,00 € geschätzt.
Buchen Sie die Einlage.

2 Nach bestandener Meisterprüfung macht sich ein Maler selbstständig. Zu diesem Zweck legt er im Mai 2020 seinen privaten Pkw in das Betriebsvermögen ein. Das Fahrzeug hatte er am 01.07.2018 für 23.160,00 € brutto erworben. Die betriebsgewöhnliche Nutzungsdauer beträgt 6 Jahre. Der Teilwert beträgt zum Einlagezeitpunkt 15.000,00 €/ 17.000,00 €.
Wie lauten jeweils die Buchungen für die Einlage des Pkws?
Wie hoch ist jeweils die AfA-Bemessungsgrundlage nach der Einlage?

3 Zur vorübergehenden Verstärkung des Betriebskapitals legt ein Unternehmer Aktien, die er im Dezember 2017 für 60.000,00 € einschließlich Spesen erworben hatte im Januar 2020 in das Betriebsvermögen ein. Der Kurswert der Aktien beträgt am Tag der Einlage 96.000,00 €, für Spesen müssten 1.440,00 € bezahlt werden.
Buchen Sie die Einlage der Wertpapiere.

4 Ein buchführender Gewerbetreibender hat von seiner Mutter ein Geschäftsgrundstück geerbt. Der Wert des Grundstücks wurde beim Erbanfall vom Finanzamt mit 280.000,00 € für Zwecke der Erbschaftsteuer angesetzt. Ein Sachverständiger schätzt den Verkehrswert auf 320.000,00 €, davon entfallen auf den Grund und Boden 120.000,00 €. Die Mutter hatte den Grund und Boden vor 10 Jahren für 60.000,00 € erworben und darauf das Geschäftsgebäude für 240.000,00 € errichtet, das bis zum Erbfall auf 196.800,00 € abgeschrieben wurde.
Buchen Sie die Einlage des Geschäftsgrundstücks in das Betriebsvermögen des Gewerbetreibenden.

5 Zum 50. Geburtstag eines Unternehmers erhielt dieser von seinem Vater einen antiken Schreibtisch geschenkt, den dieser vor 20 Jahren in einem Antiquitätengeschäft für umgerechnet 5.800,00 € erworben hatte. Der Schreibtisch stand bisher in der Privatwohnung des Vaters. Der Unternehmer lässt den Schreibtisch in sein Betriebsbüro stellen. Der Antiquitätenhändler bietet einen gleichen Schreibtisch für 8.000,00 € + USt in seinem Geschäft an.
Bilden Sie den Buchungssatz für die Einlage.

6 Eine Gewerbetreibende hat vor 6 Jahren eine 30 %-ige Beteiligung an einer GmbH für 100.000,00 € ihrem Betriebsvermögen entnommen. Im März 2020 legt sie diese Beteiligung zur dauernden Verstärkung des Betriebskapitals wieder in das Betriebsvermögen ein. Der Teilwert beträgt inzwischen 150.000,00 €.
Buchen Sie den Einlagevorgang.

9.10 Bewertung von Rückstellungen

Rückstellungen werden gebildet für Verbindlichkeiten/Verpflichtungen, die ihre Ursache im laufenden Wirtschaftsjahr haben, die jedoch erst in späteren Wirtschaftsjahren zu Ausgaben, nicht jedoch zu Anschaffungs- oder Herstellungskosten eines Wirtschaftsguts führen. Dabei kann sowohl der Zeitpunkt der Ausgaben als auch deren betragsmäßige Höhe am Bilanzstichtag ungewiss sein.
Die nach § 249 HGB anzusetzenden Rückstellungen sind auch in der Steuerbilanz zu bilden, soweit dem nicht steuerliche Sondervorschriften entgegenstehen, z.B. § 5 Absätze 2a, 3, 4 ,4a ,6 + § 6a EStG; siehe auch R 5.7 und H 5.7 zu § 5 EStG. R 5.7 (1) EStR
Die Bilanzierung der Rückstellung dient der periodengerechten Erfolgsermittlung und dem Gläubigerschutz. Sie wirkt gewinnmindernd und stärkt die Investitionskraft des Unternehmens.

9.10.1 Rückstellungsarten

Beispiele	Handelsbilanz	Steuerbilanz
Ungewisse Verbindlichkeiten Gewerbesteuerrückstellung Rückstellung für Jahresabschlusskosten Garantierückstellung Kulanzleistungen Prozesskostenrückstellung Wechselobligo Pensionsrückstellungen Rückstellung für Urlaubsansprüche Rückstellungen wegen Patentverletzungen Rückstellungen für unterlassene Instandhaltungsmaßnahmen	Pflicht § 249 (1) HGB	§ 5 (1), (3),(4) Die **Bildung einer GewSt-Rückstellung** darf **nicht** zu einer **Betriebsausgabe** führen, § 4 (5b) EStG. Der Gewinn/Verlust ist daher außerhalb der Bilanz um die gebildete Rückstellung wieder zu erhöhen/zu vermindern. R 5.7 (1) S. 2 EStR

drohende Verluste aus schwebenden Geschäften	Pflicht § 249 (1) HGB	Verbot § 5 (4a) EStG
unterlassene Instandhaltung bei Nachholung innerhalb von 3 Monaten	Pflicht § 249 (1) HGB	Pflicht § 5 (1) EStG
Gewährleistung ohne rechtliche Verpflichtung	Pflicht § 249 (1) HGB	zulässig R 5.7 (12) EStH
unterlassene Abraumbeseitigung innerhalb von 12 Monaten	Pflicht § 249 (1) HGB	Pflicht R 5.7 (11) EStR

9.10.2 Buchung und Bilanzierung von Rückstellungen

Für die Bilanzierung von Rückstellungen kommen z. B. folgende Konten in Betracht:

3000 (0950) Rückstellungen für Pensionen und ähnliche Verpflichtungen	**3020 (0955) Steuerrückstellungen**	**3070 (0970) Sonstige Rückstellungen**

Der Buchungssatz für die Bildung der Rückstellung lautet:

Aufwandskonto an Rückstellungskonto

Beispiel

Ein Einzelunternehmer will für die Kosten des Jahresabschlusses 2020 eine Rückstellung in Höhe von 4.800,00 € bilden.

Buchung der Rückstellung		Soll	Haben
6827 (4957)	Abschluss- und Prüfungskosten	4.800,00	
	an 3095 (0977) Rückstellungen für Abschluss- und Prüfungskosten		4.800,00

9.10.3 Ermittlung des Rückstellungsbetrages

§ 253 (1) HGB Rückstellungen sind in Höhe des **Erfüllungsbetrags** anzusetzen, der nach vernünftiger kaufmännischer Beurteilung notwendig ist. Rückstellungen in der StB dürfen den zulässigen Ansatz in der HB nicht überschreiten, ausgenommen Pensionsrückstellungen nach § 6a EStG. **Handelsrechtlich** sind **künftige Preis- und Kostensteigerungen** bei der Rückstellungsbewertung **zu berücksichtigen**. In der **Steuerbilanz** sind diese **nicht** anzusetzen. Abziehbare Vorsteuer, die bei der späteren Inanspruchnahme anfällt, darf nicht berücksichtigt werden.

Künftige Vorteile, die mit der Erfüllung der Verpflichtung voraussichtlich verbunden sein § 6 (1) Nr. 3a EStG werden, sind wertmindernd zu berücksichtigen, außerdem sind sie in der Steuerbilanz mit 5,5 % abzuzinsen, wenn ihre Laufzeit am Bilanzstichtag mehr als 12 Monate beträgt.

§ 253 (2) S. 1 HGB Handelsrechtlich sind Rückstellungen mit einer Restlaufzeit von mehr als einem Jahr mit dem ihrer Restlaufzeit entsprechend den durchschnittlichen Marktzinsatz der vergangenen sieben Geschäftsjahre abzuzinsen.

9.10.3.1 › Garantierückstellung (Gewährleistungsrückstellung)

Garantierückstellungen kommen insbesondere bei Industrie- und Handwerksbetrieben durch die Erweiterung der gesetzlichen Gewährleistungspflicht in Betracht. **Einzelgarantierückstellungen** sind zu bilden, wenn am Bilanzstichtag der Eintritt eines Schadens vom Kunden geltend gemacht wurde oder bis zum Tag der Bilanzaufstellung bekannt geworden ist.

Pauschalrückstellungen können gebildet werden, wenn aufgrund von Erfahrungen aus der Vergangenheit oder branchenüblichen Erfahrungen mit einer gewissen Wahrscheinlichkeit mit Garantieansprüchen gerechnet werden muss. H 5.7 (5) ESTH

Bemessungsgrundlage für die Pauschalrückstellung ist der garantiebehaftete Umsatz. Hierzu gehören nicht die Umsätze, bei denen die Garantiepflicht bereits abgelaufen ist oder die nicht unter die Garantiepflicht fallen. Ebenso sind Erlösschmälerungen, gewährte Skonti, Boni und Rabatte auszuscheiden. Voraussetzung für die Bildung einer Pauschalwertberichtigung ist, dass auf Grund früherer Erfahrungen mit einer gewissen Wahrscheinlichkeit der Inanspruchnahme gerechnet werden muss oder dass sich aus der branchenmäßigen Erfahrung die Wahrscheinlichkeit ergibt, Garantieleistungen erbringen zu müssen.

Beispiel

Der Sollumsatz eines Industrieunternehmens betrug im laufenden Jahr insgesamt 2.480.000,00 €. Von diesem Umsatz fallen 480.000,00 € nicht unter eine Garantieverpflichtung. Die Erlösschmälerungen beliefen sich auf 12.000,00 €. Den Kunden des Unternehmens wurden außerdem 18.000,00 € Skonti gewährt.
Aufgrund betrieblicher Erfahrungen ist mit einer Inanspruchnahme von 0,5 % zu rechnen.

Berechnung des Rückstellungsbetrages

Sollumsatz	2.480.000,00 €
– Nicht garantiepflichtige Umsätze	480.000,00 €
– Erlösschmälerungen	12.000,00 €
– Gewährte Skonti	18.000,00 €
garantiepflichtiger Umsatz	1.970.000,00 € × 0,5 % = 9.850,00 € (= Aufwand für Gewährleistungen)

Buchungssatz	Soll	Haben
6790 (4790) Aufwand für Gewährleistungen	9.850,00	
an 3090 (0974) Rückstellungen für Gewährleistungen		9.850,00

Wie Garantieleistungen werden auch **Kulanzleistungen**, das sind Gewährleistungen ohne rechtliche Verpflichtung, behandelt, denen sich der Unternehmer aus geschäftlichen Gründen nicht entziehen kann. Diese Rückstellungen werden sehr häufig auch in Handelsbetrieben vorgenommen. R 5.7 (12) EStR § 249 (1) Nr. 2 HGB

9.10.3.2 › Gewerbesteuerrückstellung

SL 435

Die Gewerbesteuer und die auf sie entfallenden Nebenleistungen dürfen nicht als Betriebsausgabe abgezogen werden, § 4 (5b) EStG.

Ungeachtet dieses Abzugsverbots ist **in der Steuerbilanz eine Gewerbesteuerrückstellung** zu bilden. Die dadurch verursachten Gewinnauswirkungen sind außerbilanziell zu neutralisieren (R 5.7 (1) Satz 2 EStR).

Berechnungsschema für die Rückstellung

Vorläufiger Gewinn aus Gewerbebetrieb i. S. d. § 7 GewStG	310.000,00 €
+ Hinzurechnungen	48.000,00 €
– Kürzungen	33.500,00 €
= Vorläufiger Gewerbeertrag	324.500,00 €
– Freibetrag (bei Einzelunternehmen, und Personengesellschaften)	24.500,00 €
Verbleiben	300.000,00 €
× Steuermesszahl 3,5 %	
= Steuermessbetrag	10.500,00 €
× Hebesatz, angenommen 400 %	
= Gewerbesteuerschuld	42.000,00 €
– Vorauszahlungen	40.000,00 €
Rückstellung	2.000,00 €

Beispiel

Der vorläufige **Gewerbeertrag** eines Einzelunternehmens beträgt 340.000,00 €. Wie hoch ist die Gewerbesteuerrückstellung, wenn der Hebesatz der Gemeinde 440 % beträgt und die GewSt-Vorauszahlungen sich auf 40.000,00 € beliefen?

Berechnung der GewSt-Rückstellung

Vorläufiger Gewerbeertrag	340.000,00 €
– Freibetrag (bei Einzelunternehmen,	24.500,00 €
Verbleiben	315.500,00 €
× 3,5 % Steuermesszahl	11.042,50 €
× 440 % Hebesatz	48.587,00 €
– Vorauszahlungen	40.000,00 €
Rückstellung	8.587,00 €

Buchung der Gewerbesteuerrückstellung		Soll	Haben
7610 (4320)	Gewerbesteuer	8.587,00	
	an 3030 (0957) Gewerbesteuerrückstellung		8.587,00

Der sich nach Bildung der Gewerbesteuer-Rückstellung ergebende Gewinn ist außerhalb der Bilanz um 8.587,00 € zu erhöhen. Dies gilt jedoch nur für die **steuerliche Gewinnermittlung**.

9.10.4 Auflösung der Rückstellung

Die Rückstellung ist aufzulösen soweit der Grund für ihre Bildung entfallen ist. § 249 (2) HGB

Dabei sind drei Situationen möglich: R 5.7 (13) EStR

Rückstellung = Ausgabe die Auflösung wirkt erfolgsneutral	**Rückstellung < Ausgabe es entsteht zusätzlicher Aufwand**	**Rückstellung > Ausgabe die Auflösung wirkt gewinnerhöhend**
Die Zahlung ist auf ein Geldkonto zu buchen.	Der zusätzliche Aufwand ist bei Steuern auf das Konto **Steuernachzahlungen Vorjahre** zu buchen, sonst auf ein entsprechendes **Aufwandskonto.**	Der Ertrag ist auf das Konto **Erträge aus der Auflösung von Rückstellungen** zu buchen.

Beispiel

Eine GmbH hat in der Steuerbilanz für die zu erwartende Gewerbesteuer-Nachzahlung im Jahr 2018 eine Rückstellung in Höhe von 8.000,00 € gebildet. Aus dem im März 2020 bekanntgegebenen Gewerbesteuerbescheid ergibt sich eine Nachzahlung von a) 8.000,00 € b) 8.800,00 € c) 7.600,00 €. Der jeweilige Betrag wird im April 2020 durch Banküberweisung beglichen.

Buchungssatz zu a)		Soll	Haben
3030 (0957)	Gewerbesteuerrückstellung	8.000,00	
	an 1800 (1200) Bank		8.000,00

Buchungssatz zu b)		Soll	Haben
3030 (0957)	Gewerbesteuerrückstellung	8.000,00	
7640 (2280)	Steuernachzahlungen Vorjahre	800,00	
	an 1800 (1200) Bank		8.800,00

Buchungssatz zu c)		Soll	Haben
3030 (0957)	Gewerbesteuerrückstellung	8.000,00	
	an 1800 (1200) Bank		7.600,00
	an 4930 (2735) Erträge aus der Auflösung von Rückstellungen		400,00

Übungen

1 Am 05.12.2019 ging bei der Metallbau-GmbH der Gewerbesteuerbescheid für den Erhebungszeitraum 2016 ein. Aus dem Bescheid ergibt sich eine Nachzahlung von 4.500,00 €. Die GmbH überweist den Betrag Anfang Januar 2020 durch Postbank. Für das Jahr 2015 hatte die GmbH eine Gewerbesteuer-Rückstellung von 12.000,00 € gebildet.

Welche Buchungen sind zum 31.12.2019 und im Januar 2020 in der Handelsbilanz vorzunehmen?

2 Bei der Berechnung der Gewerbesteuer-Rückstellung für 2020 ergeben sich bei einer OHG folgende Zahlen:

vorläufiger Handelsbilanzgewinn 328.000,00 €, Hinzurechnungen 32.600,00 €, Kürzungen 24.200,00 €, als Aufwand gebuchte Gewerbesteuervorauszahlungen 44.000,00 €. Der Hebesatz der Gemeinde beträgt 460 %. Der Steuermessbetrag ist mit 3,5 % anzusetzen.
a) Berechnen Sie die Höhe der Rückstellung.
b) Buchen Sie die Rückstellung in der Steuerbilanz.
c) Welche Auswirkung auf den ertragsteuerlichen Gewinn hat die Bildung der Rückstellung?

3 Für einen laufenden Prozess bildete ein Einzelunternehmer zum 31.12.2018 eine Rückstellung für zu erwartende Gerichtskosten in Höhe von 20.000,00 €. Im Oktober 2020 wird das Urteil rechtskräftig. Danach muss der Unternehmer die Gerichtskosten von 18.000,00 €, Gutachterkosten von 2.000,00 € + 19 % USt sowie die Kosten des gegnerischen Anwalts in Höhe von 3.800,00 € + 19 % USt tragen. Der eigene Rechtsanwalt stellt dem Unternehmer 3.600,00 € + 19 % USt in Rechnung.
Buchen Sie den Vorgang. Alle Beträge werden Ende November 2020 durch Bank überwiesen.

4 Ein Elektrofachhändler beabsichtigt wegen häufiger Reklamationen zum 31.12.2020 erstmals eine Rückstellung für Gewährleistungen zu bilden. Die Rückstellung soll 0,5 % der Umsatzerlöse abzüglich Erlösschmälerungen und gewährte Skonti betragen. Aus der Buchhaltung entnimmt er folgende Zahlen:
Umsatzerlöse 840.600,00 €, Erlösschmälerungen 3.420 €, gewährte Skonti 5.180,00 €.
Bilden Sie die Rückstellung für Gewährleistungen.

5 Eine Gewerbetreibende beauftragt ihren Steuerberater mit der Erstellung des Jahresabschlusses 2020. Zum 31.12.2020 bildet die Gewerbetreibende eine Rückstellung für Abschluss- und Prüfungskosten über 6.500,00 €. Am 15.02.2021 trifft die Rechnung des Steuerberaters ein. Dieser berechnet für die Erstellung

des Jahresabschlusses	5.680,00 €
der Gewerbesteuererklärung	420,00 €
der Umsatzsteuererklärung	360,00 €
und der Einkommensteuererklärung einschließlich verschiedener Anlagen	1.240,00 €
	7.700,00 €
+ 19 % USt	1.463,00 €
	9.163,00 €

Welche Buchungen sind durchzuführen
a) bei der Bildung der Rückstellung?
b) beim Rechnungseingang?

6 Eine KG beauftragt im November 2019 nach Eingang eines Kostenvoranschlags über 60.000,00 € einen Maschinenhersteller mit der Generalüberholung mehrerer Werkzeugmaschinen. Wegen starker Auslastung beginnt der Maschinenhersteller mit der Generalüberholung erst im Januar 2020. Mitte März 2020 werden die Arbeiten abgeschlossen. Die im Mai 2020 eingehende Rechnung lautet über 58.000,00 € + 19 % USt.
Wie ist am 31.12.2019 und bei Rechnungseingang zu buchen?

7 Ein Unternehmen verpflichtet sich innerhalb von drei Jahren nach dem Erwerb seiner Produkte auftretende Mängel auf eigene Kosten zu beseitigen. Erfahrungsgemäß sind hierfür 1,5 % des garantiebehafteten Umsatzes aufzuwenden. Am 31.12.2020 betrug der Sollumsatz 12.640.800,00 €.
Die Erlösschmälerungen beliefen sich auf 12.600,00 €. Die gewährten Skonti betrugen 24.200,00 € und die keiner Garantieverpflichtung unterliegenden Umsätze 104.000,00 €. Das Konto Rückstellungen für Gewährleistungen weist zum 31.12.2019 bereits einen Betrag von 190.000,00 € aus.
Nehmen Sie die erforderliche Buchung zum 31.12.2020 vor.

9.11 Rücklagen

Rücklagen sind Teile des Eigenkapitals. Offene Rücklagen werden als Passivposten in der Bilanz ausgewiesen, stille Rücklagen sind in der Bilanz nicht erkennbar.

9.11.1 Arten der Rücklagen

Offene Rücklagen in der Handels- und Steuerbilanz		**Stille Rücklagen in der Handels- und Steuerbilanz**	**nur in der Steuerbilanz**
Kapitalrücklagen	**Gewinnrücklagen**		
Agio bei Ausgabe von Aktien über dem Nennwert Agio bei Ausgabe von Wandelschuldverschreibungen und Optionsanleihen Zuzahlungen von Gesellschaftern wegen Gewährung eines Vorzugs andere Zuzahlungen in das Eigenkapital	– Gesetzliche Rücklage – satzungsmäßige Rücklage – andere Gewinnrücklagen – Rücklage für Anteile an einem herrschenden oder mit Mehrheit beteiligten Unternehmen	stille Reserven ergeben sich durch Unterbewertung von Aktivposten und Überbewertung von Passivposten	– Rücklage für Ersatzbeschaffung, R 6.6 EStR – Rücklage für Investitionen, § 6b EStG

9.11.2 Kapitalrücklagen

Kapitalrücklagen werden aus Mitteln gebildet, die dem Unternehmen von **außen** zufließen. § 272 (2) HGB

Beispiel

Eine AG erhöht durch Ausgabe neuer Aktien ihr „Gezeichnetes Kapital“ um 500.000,00 €. Die neuen Aktien werden mit einem Agio von 60 % ausgegeben. Die Hausbank schreibt der AG nach Durchführung der Emission 800.000,00 € gut.

Buchung		Soll	Haben
1800 (1200) Bank		800.000,00	
	an 2900 (0800) Gezeichnetes Kapital		500.000,00
	an 2925 (0841) Kapitalrücklage durch Ausgabe von Anteilen über Nennbetrag		300.000,00

9.11.3 Gewinnrücklagen

§ 272 (3) HGB Gewinnrücklagen werden aus **einbehaltenen und versteuerten Gewinnen** gebildet. Sie sind ein Mittel der Selbstfinanzierung.
Aktiengesellschaften müssen nach § 150 AktG so lange jährlich 5 % des um einen eventuellen Verlustvortrag geminderten Jahresüberschusses in die gesetzliche Rücklage einstellen bis diese und die Kapitalrücklage 10 % des Grundkapitals oder einen in der Satzung bestimmten höheren Teil erreichen.

Beispiel

Das Grundkapital einer AG beträgt 10.000.000,00 €. Der im Geschäftsjahr erzielte Jahresüberschuss beläuft sich auf 6.000.000,00 €. Aus dem Vorjahr ist ein Verlustvortrag von 400.000,00 € vorhanden. Die bisherige Kapitalrücklage beträgt 500.000,00 € und die gesetzliche Rücklage 200.000,00 €.

Berechnung der Einstellung in die gesetzliche Rücklage:

Jahresüberschuss	6.000.000,00 €
– Verlustvortrag aus dem Vorjahr	400.000,00 €
Bemessungsgrundlage	5.600.000,00 €
davon 5 %	280.000,00 €

Buchung der Rücklage		Soll	Haben
7765 (2496)	Einstellung in die gesetzliche Rücklage	280.000,00	
	an 2930 (0846) Gesetzliche Rücklage		280.000,00

9.11.4 Rücklage für Anteile an einem herrschenden Unternehmen

§ 272 (4) HGB Die Rücklage für Anteile an einem herrschenden oder mit Mehrheit beteiligten Unternehmen darf aus frei verfügbaren Rücklagen gebildet werden. Sie muss dem aktivierten Betrag für diese Anteile entsprechen.
Die Rücklage ist aufzulösen, soweit die Anteile veräußert, ausgegeben, eingezogen oder auf der Aktivseite ein niedrigerer Betrag angesetzt wird.

9.11.5 Stille Rücklagen

Stille Rücklagen (stille Reserven) ergeben sich durch Unterbewertung von Aktivposten und Überbewertung von Passivposten. Sie sind in der Bilanz nicht erkennbar.

Beispiel

Ein Gewerbetreibender hat vor Jahren zur Betriebserweiterung ein unbebautes Gundstück einschließlich Nebenkosten für 100.000,00 € erworben und entsprechend aktiviert. Durch zwischenzeitliche Preissteigerungen ist der Verkehrswert auf 150.000,00 € gestiegen. Bilanziert wird es jedoch mit den Anschaffungskosten von 100.000,00 €.
Die stille Reserve beträgt 50.000,00 €.

Beispiel

Eine KG hat im Oktober einen Kredit von einer Schweizer Bank für umgerechnet 80.000,00 € aufgenommen, Laufzeit 3 Jahre, Rückzahlung in einer Summe.
Der Wert der Verbindlichkeit zum Devisenkassamittelkurs beträgt 78.000,00 €. In der Bilanz muss die Verbindlichkeit jedoch mit den Anschaffungskosten von 80.000,00 € angesetzt werden.
Die stille Reserve beträgt 2.000,00 €.

9.11.6 Rücklage für Ersatzbeschaffung

Eine Rücklage für Ersatzbeschaffung kann nur in der **Steuerbilanz** gebildet werden, wenn

- ein Wirtschaftsgut des Anlage- oder Umlaufvermögens infolge höherer Gewalt (Brand, Sturm, Überschwemmung, Diebstahl) oder R 6.6 (1) EStR H 6.6 EStH
- wegen eines behördlichen Eingriffs (Enteignung)

gegen Entschädigung aus dem Betriebsvermögen ausgeschieden ist und ein **funktionsgleiches Wirtschaftsgut erst in einem späteren Wirtschafsjahr angeschafft oder hergestellt** wird. Die Ersatzbeschaffung muss ernsthaft geplant sein. Außerdem sind zwingende Dokumentationspflichten zu beachten, da der steuerliche Wertansatz vom handelsrechtlichen abweicht. Durch die Bildung einer steuerfreien Rücklage wird die Gewinnrealisation durch Aufdeckung stiller Reserven verhindert. § 5 (1) EStG

Der **Rücklagebetrag** ergibt sich aus der **Differenz zwischen Entschädigung und Buchwert** des ausgeschiedenen Wirtschaftsgutes. Als Entschädigung ist nur der Betrag, der für das ausgeschiedene Wirtschaftsgut gezahlt wird anzusetzen. Beträge, die Folgeschäden wie Abbruchkosten oder Aufräumungsarbeiten betreffen, sind nicht rücklagefähig.

Auf das ausgeschiedene Wirtschaftsgut ist eine außerplanmäßige AfA vorzunehmen. Die Entschädigungsleistung ist auf ein entsprechendes Geldkonto zu buchen.

Beispiel

Durch einen Kurzschluss wird im Oktober 2020 eine Maschine, Buchwert 20.000,00 € zerstört. Die Versicherung leistet noch im selben Jahr eine Entschädigung von 100.000,00 € durch Banküberweisung. Die im November 2020 bestellte Ersatzmaschine wurde Anfang März 2021 geliefert.

Buchungen im Jahr 2020 in der **Steuerbilanz**		Soll	Haben
6230 (4840)	Außerplanmäßige AfA auf Sachanlagen	20.000,00	
	an 0440 (0210) Maschinen		20.000,00
1800 (1200)	Bank	100.000,00	
	an 4970 (2790) Versicherungsentschädigung		100.000,00
6925 (2340)	Einstellung in Sonderposten mit Rücklageanteil	80.000,00	
	an 2980 (0930) Sonderposten mit Rücklageanteil		80.000,00

R 6.6 (4) S. 8 EStR Die Rücklage ist im Zeitpunkt der Ersatzbeschaffung auf die Anschaffungs- oder Herstellungskosten zu übertragen. Sie mindert die Anschaffungskosten und damit bei abnutzbaren Wirtschafsgütern die Bemessungsgrundlage für die AfA.

Beispiel

Der Listenpreis der Anfang März 2021 gelieferten neuen Maschine beträgt 150.000,00 € + USt. Die betriebsgewöhnliche Nutzungsdauer der Maschine ist 8 Jahre. Sie wird linear abgeschrieben.

Die **Bemessungsgrundlage für die AfA** wird folgendermaßen ermittelt:

Anschaffungskosten der Ersatzmaschine	150.000,00 €	
– Rücklage für Ersatzbeschaffung	80.000,00 €	
Bemessungsgrundlage	70.000,00 €	
davon 12,5 %	8.750,00 €	für 10 Monate 7.291,67 €

Buchungen im Jahr 2021 in der **Steuerbilanz**	Soll	Haben
0440 (0210) Maschinen	150.000,00	
1406 (1576) Vorsteuer 19 %	28.500,00	
an 3300 (1600) Verbindlichkeiten		178.500,00
2980 (0930) Sonderposten mit Rücklageanteil	80.000,00	
an 0440 (0210) Maschinen		80.000,00
6220 (4830) AfA auf Sachanlagen	7.291,67	
an 0440 (0210) Maschinen		7.291,67

Beispiel

Wegen des Baus einer Umgehungsstraße enteignete eine Gemeinde im Januar 2019 der Holzmann KG ein unbebautes Grundstück, das mit 50.000,00 € zu Buche stand gegen eine Entschädigungsleistung von 68.000,00 €. Der Betrag wurde auf das betriebliche Bankkonto überwiesen. Im März 2020 erwarb die KG ein Ersatzgrundstück für 70.000,00 € einschließlich Nebenkosten gegen Banküberweisung.

Buchungen im Jahr 2019 in der **Steuerbilanz**	Soll	Haben
1800 (1200) Bank	68.000,00	
an 0215 (0065) Unbebaute Grundstücke		50.000,00
4900 (2729) Erträge aus dem Abgang von Gegenständen des AV		18.000,00
6925 (2340) Einstellung in Sonderposten mit Rücklageanteil	18.000,00	
an 2980 (0930) Sonderposten mit Rücklageanteil		18.000,00

Buchungen im Jahr 2020 in der **Steuerbilanz**	Soll	Haben
0215 (0065) Unbebaute Grundstücke	70.000,00	
an 1800 (1200) Bank		70.000,00
2980 (0930) Sonderposten mit Rücklageanteil	18.000,00	
an 0215 (0065) Unbebaute Grundstücke		18.000,00

Sind die Ak/Hk des Ersatzwirtschaftsgutes niedriger als die Entschädigung oder wird die erhaltene Entschädigung nicht in vollem Umfang für die Beschaffung eines Ersatzwirtschaftsgutes verwendet, dürfen die aufgedeckten **stillen Reserven nur anteilig auf das Ersatzwirtschaftsgut übertragen** werden. H 6.6 (3) EStH

Berechnung der zu übertragenden stillen Reserve:

$$\frac{\textbf{Anschaffungskosten Ersatzwirtschaftsgut} \times \textbf{Rücklage}}{\textbf{Entschädigung}}$$

Beispiel

Der Buchwert einer im Jahr 2019 wegen eines Brandschadens ausgeschiedenen Maschine betrug 20.000,00 €. Die Entschädigungsleistung beträgt 100.000,00 €. Die Anschaffungskosten für das Ersatzwirtschaftsgut belaufen sich im Jahr 2020 auf 60.000,00 €.

Berechnung der zu übertragenden stillen Reserve: $\frac{60.000 \times 80.000}{100.000} = 48.000{,}00$ €

Der nicht übertragbare Restbetrag ist als Ertrag auf dem Konto

4955 (2740) Erträge aus der Auflösung von Sonderposten mit Rücklageanteil

zu buchen.

Buchungen bei Anschaffung der neuen Maschine in 2020		Soll	Haben
0440 (0210)	Maschinen	60.000,00	
1406 (1576)	Vorsteuer 19 %	11.400,00	
	an 3300 (1600) Verbindlichkeiten		71.400,00

Auflösung der steuerfreien Rücklage:

		Soll	Haben
2980 (0930)	Sonderposten mit Rücklageanteil	80.000,00	
	an 0440 (0210) Maschinen		48.000,00
	an 4935 (2740) Erträge aus der Auflösung von Sonderposten mit Rücklageanteil		32.000,00

Die für ein bewegliches Wirtschaftsgut gebildete Rücklage ist am Schluss des ersten auf ihre Bildung folgenden Wirtschaftsjahrs aufzulösen, wenn bis dahin kein Ersatzwirtschaftsgut angeschafft oder hergestellt wurde. R 6.6 (4) EStR
Die Frist von einem Jahr verlängert sich bei Grund und Boden und Gebäuden auf vier Jahre, bei neu hergestellten Gebäuden auf sechs Jahre.

Beispiel

Angenommen die oben geplante Ersatzbeschaffung der Maschine ist nicht erfolgt. Die Rücklage in Höhe von 80.000,00 € ist deshalb am Ende des Wirtschaftsjahrs 2020 aufzulösen.

Buchung im Jahr 2020	Soll	Haben
2980 (0930) Sonderposten mit Rücklageanteil	80.000,00	
an 4935 (2740) Erträge aus der Auflösung von Sonderposten mit Rücklageanteil		80.000,00

Übungen

Buchen Sie die folgenden Geschäftsfälle nach **ertragsteuerlichen** Gesichtspunkten.

1 Der Betriebs-Pkw einer Gewerbetreibenden wurde bei einem Unwetter im November 2020 durch einen umstürzenden Baum völlig zerstört. Der Buchwert des Fahrzeugs betrug zu diesem Zeitpunkt 9.000,00 €. Die Versicherung überwies Ende Dezember 2020 12.500,00 € auf das betriebliche Bankkonto. Die Gewerbetreibende bestellte noch im Dezember einen neuen Pkw gleichen Typs. Der neue Wagen wird im März 2021 geliefert. Er hat eine betriebsgewöhnliche Nutzungsdauer von 6 Jahren und wird linear abgeschrieben. Die Rechnung lautete über 38.000,00 € + 7.220,00 € USt.

Buchen Sie den gesamten Vorgang. Der Gewinn in 2020 soll so niedrig wie möglich ausgewiesen werden. Berechnen und buchen Sie die lineare AfA für 2020.

2 Durch Blitzeinschlag brannte am 31.05.2020 die Lagerhalle einer GmbH völlig ab. Die Halle stand am 01.01.2020 mit 124.800,00 € zu Buche. Die jährliche Abschreibung beträgt 9.600,00 €. In der Halle lagerten Rohstoffe im Wert von 300.000,00 € (Anschaffungskosten). Zur Regulierung des Schadens überwies die Versicherung im August 2020 600.000,00 €, davon entfielen 310.000,00 € auf die Rohstoffe (Wiederbeschaffungskosten) und der Rest auf die Lagerhalle.
Im weiteren Verlauf des Jahres 2020 kaufte die GmbH neue Rohstoffe für 340.000,00 € + 19 % USt und lagerte diese bei einem anderen Unternehmen ein. Im Februar 2021 wurde mit dem Bau einer neuen Lagerhalle begonnen, die am 30.12.2021 bezogen werden konnte. Die Herstellungskosten von 360.000,00 € werden mit 3 % abgeschrieben.

a) Erstellen Sie die Buchungssätze für das Ausscheiden der Lagerhalle, die Vernichtung der Rohstoffe, die Entschädigungszahlung und die Rücklage für Ersatzbeschaffung im Jahr 2020.
b) Mit welchem Wert ist die neue Lagerhalle in der Bilanz zum 31.12.2021 zu bewerten? Nehmen sie die erforderlichen Buchungen vor.

3 Im November 2020 wurde in einen Elektromarkt eingebrochen. Dabei wurden Geräte mit Anschaffungskosten von 80.000,00 € gestohlen. Die Versicherung leistet am 30.12.2020 Ersatz in Höhe von 100.000,00 € durch Banküberweisung. Die gestohlenen Geräte sollen so rasch wie möglich durch neue Geräte ersetzt werden. Die Lieferung trifft am 15.01.2021 ein. Der Rechnungsbetrag lautet über 90.000,00 € + 17.100,00 € USt.

Bilden Sie die Buchungssätze für 2020 und 2021. Der Gewinn in der Steuerbilanz 2020 soll so niedrig wie möglich ausgewiesen werden.

4 Wegen des Baus einer Umgehungsstraße enteignet die Gemeinde im Januar 2020 400 qm eines unbebauten Grundstücks einer KG. Das ganze Grundstück war 1000 qm groß und ist in der Bilanz zum 31.12.2019 mit 60.000,00 € bilanziert. Im Mai 2020 zahlte die Gemeinde eine Entschädigung in Höhe von 32.000,00 €. Im Lauf des Jahres 2021 erwirbt die KG von einem benachbarten Unternehmen mehrere Kfz-Stellplätze für 24.000,00 € einschließlich Nebenkosten gegen Banküberweisung.

Bilden Sie alle mit der Enteignung des Teilgrundstücks und dem Kauf der Stellplätze zusammenhängenden Buchungssätze.

9.11.7 Rücklage für Investitionen nach § 6b EStG

Steuerpflichtige, die ihren Gewinn nach § 4(1) oder nach § 5 EStG ermitteln, können für die **aufgedeckten stillen Reserven**, die bei der Veräußerung eines Wirtschaftsguts entstehen im Wirtschaftsjahr der Veräußerung in der Steuerbilanz eine **gewinnmindernde Rücklage** bilden soweit sie die stillen Reserven nicht bereits bei der Anschaffung oder Herstellung eines anderen Wirtschaftsguts zum Abzug gebracht haben. § 6b (3) EStG

Voraussetzungen	
freiwillige oder unfreiwillige Veräußerung von begünstigten Wirtschaftsgütern: – Grund und Boden – Gebäude die **mindestens 6 Jahre zum Anlagevermögen einer inländischen Betriebsstätte** gehört haben	begünstigte Reinvestition – Grund und Boden – Gebäude, Erweiterungen, Ausbauten, Umbauten Das neu beschaffte WG muss nicht funktionsgleich sein und kann auch einem anderen inländischen Betrieb des Stpfl. zuzurechen sein.

§ 6b (1, 4) EStG

Die Übertragung der stillen Reserven aus der Veräußerung von Grund und Boden ist auf reinvestierten Grund und Boden sowie auf Gebäude zulässig. Die stillen Reserven aus der Veräußerung von Gebäuden können jedoch nur auf Gebäude übertragen werden. Bei der Veräußerung eines bebauten Grundstücks muss daher der anteilig auf Grund und Boden und Gebäude entfallende Gewinn im Verhältnis der jeweiligen Teilwerte ermittelt werden.

Berechnung der Rücklage:		**Veräußerungspreis**
	–	**Buchwerte**
	–	**Veräußerungskosten**
	=	**Gewinn (Höhe der Rücklage)**

§ 6b (2) EStG

Die Rücklage kann von den Ak/Hk der in den folgenden 4 Jahren angeschafften oder hergestellten Wirtschaftsgüter abgezogen werden. Bei neu hergestellten Gebäuden beträgt die Frist 6 Jahre, wenn mit der Herstellung vor dem Ende des vierten auf die Bildung der Rücklage folgenden Wirtschaftsjahrs begonnen worden ist. § 6b (3) EstG

Für jedes Wirtschaftsjahr, in dem die Rücklage bestanden hat, ist der Gewinn des Wirtschaftsjahrs, in dem die Rücklage aufgelöst worden ist, um 6 % des aufgelösten Rücklagebetrags zu erhöhen, soweit die Rücklage nicht bei der Anschaffung oder Herstellung eines neuen Wirtschaftsguts abgezogen wurde. Der Gewinnzuschlag erfolgt außerhalb der Bilanz. § 6b (7) EStG H 6b.2 EStH

Beispiel

Ein Gewerbetreibender verkaufte Ende 2018 ein seit 10 Jahren zum Betriebsvermögen gehörendes unbebautes Grundstück für 330.000,00 €. Die bereits durch Banküberweisung bezahlten und gebuchten Veräußerungskosten betrugen 10.000,00 €. Das Grundstück stand mit 100.000,00 € in der Bilanz. Der Verkaufserlös soll für die Errichtung eines Büro-Gebäudes genutzt werden, das voraussichtlich im August des Jahres 2020 fertiggestellt wird.

Buchungen im Jahr der Veräußerung	Soll	Haben
1800 (1200) Bank	330.000,00	
an 0215 (0065) Unbebaute Grundstücke		100.000,00
an 4900 (2720) Erträge aus dem Abgang von Gegenständen des AV		220.000,00
an 6825 (4950) Rechts- und Beratungskosten		10.000,00

Bildung der steuerfreien Rücklage 2018:

6925 (2340)	Einstellung in Sonderposten mit Rücklageanteil	220.000,00	
	an 2980 (0930) Sonderposten mit Rücklageanteil		220.000,00

Das Bürogebäude wird im September 2020 fertiggestellt. Die Herstellungskosten in Höhe von 800.000,00 € + USt werden durch Banküberweisung beglichen.

Der Sonderposten mit Rücklageanteil ist in voller Höhe auf das neue WG zu überragen. Dadurch mindert sich die AfA-Bemessungsgrundlage um 220.000,00 €.

Buchungen im Jahr 2020		Soll	Haben
0240 (0090)	Geschäftsbauten	800.000,00	
1405 (1575)	Vorsteuern 19 %	152.000,00	
	an 1800 (1200) Bank		952.800,00
2980 (0930)	Sonderposten mit Rücklageanteil	220.000,00	
	an 0240 (0096) Geschäftsgebäude		220.000,00

R 6b. 2 (5) EStR, § 6b (7) EStR

Wird der Abzug von den Anschaffungs-/Herstellungskosten nicht oder nur teilweise vorgenommen und wird der Rücklagenbetrag aufgelöst, ist ein **Gewinnzuschlag** von 6 % des aufgelösten Rücklagenbetrags vorzunehmen. Dies gilt auch bei vorzeitiger Auflösung der Rücklage.

Beispiel

Der Plan, ein Bürogebäude zu errichten, wurde Ende 2020 aufgegeben. Die Rücklage ist daher zum 31.12.2020 gewinnerhöhend aufzulösen.

Berechnung des Gewinnzuschlags:

Rücklagenbetrag in Jahr 2018	220.000,00 €
Auflösung Ende 2020 (vier volle Jahre: 2 × 6 % = 12 %) =	26.400,00 €

Der Gewinnzuschlag erfolgt außerhalb der Bilanz. Eine Buchung ist nicht vorzunehmen. Die Auflösung der Rückstellung erfolgt über das Konto:

4935 (2740) Erträge aus der Auflösung von Sonderposten mit Rücklageanteil

Buchung		Soll	Haben
2980 (0930)	Sonderposten mit Rücklagenanteil	220.000,00	
	an 4935 (2740) Erträge aus der Aufl. von Sonderposten mit Rücklageanteil		220.000,00

Übungen

1 Die Betreiberin eines Supermarktes plant wegen zu geringer Parkmöglichkeiten eine Standortverlagerung. Aus diesem Grunde erwarb sie im März 2018 ein unbebautes Grundstück am Stadtrand, um darauf einen neuen Markt zu errichten mit mehr Parkmöglichkeiten. Das Grundstück kostete einschließlich aller Nebenkosten 125.400,00 €. Der Betrag wurde durch Banküberweisung beglichen.

Ende Oktober 2018 konnte sie das alte Gebäude samt Grundstück für 800.000,00 € verkaufen. Von dem Betrag fielen 150.000,00 € auf den Grund und Boden und der Rest auf das Gebäude. In der Bilanz zum 31.12.2017 war das Grundstück mit 75.000,00 € und das Gebäude mit 345.000,00 € ausgewiesen. Das Gebäude wurde jährlich mit 30.000,00 € abgeschrieben.
Mit dem Käufer des Supermarktes schloss die Betreiberin einen Pachtvertrag bis zur Eröffnung des neuen Marktes ab. Die Pacht in Höhe von 24.000,00 € wurde am 01.11.2018 für ein Jahr im voraus überwiesen.
Am 02.11.2020 wird der neue Markt bezogen. Die Herstellungskosten betrugen insgesamt 1.200.000,00 €. Sie wurden bereits gebucht. Die Abschreibung soll mit 3 % vorgenommen werden.

Bilden Sie die Buchungssätze für die Jahre 2018 und 2020.

2 Welche Buchung wäre in der Bilanz zum 31.12.2019 bei der Betreiberin vorzunehmen, wenn diese keinen neuen Markt errichten würde und stattdessen weiterhin Pächterin des alten Marktes bliebe? Wie hoch ist der Gewinnzuschlag?

Rücklagenbildung nach § 6 b (10) EStG

Bei Kapitalgesellschaften ist die Veräußerung von Beteiligungen in voller Höhe steuerfrei, § 8 b (2) KStG. Aus diesem Grunde wurde für Einzelunternehmen und Personengesellschaften für Gewinne aus dem **Verkauf von Anteilen an Kapitalgesellschaften** die Bildung einer steuerfreien Rücklage bis zu einem Betrag von **500.000 €** ermöglicht. In die Rücklage kann, **ohne Berücksichtigung des Teileinkünfteverfahrens, der volle Gewinn eingestellt** werden.

Die **Rücklage (der Veräußerungsgewinn) kann übertragen werden** auf neu angeschaffte/hergestellte

- Anteile an Kapitalgesellschaften in **voller Höhe**, im Jahr der Veräußerung und in den folgenden zwei Jahren § 6b (10) S. 2+3 EStG
- Gebäude im Jahr der Veräußerung oder in den folgenden vier Jahren bis zu 60 %
- abnutzbare bewegliche Wirtschaftsgüter im Jahr der Veräußerung oder in den folgenden zwei Jahren bis zu 60 %

Beispiel

Eine Gewerbetreibende verkaufte am 30.10.2019 eine GmbH-Beteiligung, die seit mehr als sechs Jahren zum Betriebsvermögen gehörte mit 200.000,00 € Gewinn. Im Januar 2020 wurde mit dem Bau einer Lagerhalle begonnen, die im Dezember 2020 fertiggestellt wurde. Die Herstellungskosten betrugen 400.000,00 €.

Buchung bei Bildung der Rücklage zum 31.12.2019		Soll	Haben
6925 (2340)	Einstellung in Sonderposten mit Rücklagenanteil	200.000,00	
	an 2980 (0930) Sonderposten mit Rücklageanteil		200.000,00

Buchung bei Übertragung der Rücklage 2020		Soll	Haben
2980 (0930)	Sonderposten mit Rücklagenanteil	200.000,00	
	an 0240 (0090) Geschäftsbauten		120.000,00
	an 4953 (2740) Erträge aus der Auflösung von Sonderposten mit Rücklageanteil		80.000,00

60 % der Rücklage sind auf die Hk der Lagerhalle zu übertragen. Die anderen 40 % sind gewinnerhöhend aufzulösen.
Außerhalb der Buchführung sind vom Gewinn 80.000,00 € abzuziehen.

Die Bemessungsgrundlage für die AfA der Lagerhalle beträgt 400.000,00 € – 120.000,00 € = 280.000,00 €

§ 6b (10) S. 8 EStG

Wird die Rücklage nicht bis zum Ende des vierten auf ihre Bildung folgenden Wirtschaftsjahrs auf ein Ersatzwirtschaftsgut übertragen, ist sie gewinnerhöhend aufzulösen.
Für jedes volle Wirtschaftsjahr, in dem die Rücklage bestanden hat, ist der Gewinn um **6 % des nicht steuerbefreiten aufgelösten Rückstellungsbetrags** zu erhöhen. Der Gewinnzuschlag wird außerhalb der Buchführung berücksichtigt.

Beispiel

Auflösung der Rücklage, s. o., in Höhe von 200.000,00 € zum 31.12.2023

Buchung	Soll	Haben
2980 (0930) Sonderposten mit Rücklageanteil	200.000,00	
an 4935 (2740) Erträge aus der Auflösung von Sonderposten mit Rücklageanteil		200.000,00

Außerhalb der Buchführung sind folgende Gewinnanpassungen vorzunehmen:
- der steuerfreie Anteil der Rücklage (40 %) 80.000,00 € ist vom Gewinn abzuziehen
- Gewinnzuschlag 6 % von 120.000,00 € für 4 Jahre = 28.800,00 €

9.12 Abschlüsse von Gesellschaften

9.12.1 Der Abschluss der offenen Handelsgesellschaft (OHG)

Die OHG ist eine Personengesellschaft, deren Zweck auf den Betrieb eines Handelsgewerbes ausgerichtet ist. Die Gesellschaft ist Kaufmann i. S. d. § 1 HGB. Sie ist verpflichtet Bücher zu führen und einen Jahresabschluss zu erstellen. §§ 238ff HGB

9.12.1.1 Die Kapitalkonten der OHG

An einer OHG sind mindestens zwei Gesellschafter beteiligt, die unbeschränkt haften. Für jeden Gesellschafter wird ein Kapitalkonto und ein Privatkonto eingerichtet. Die Kapitalkonten drücken handelsrechtlich die Rechtsverhältnisse zwischen den Gesellschaftern aus. Sie dienen beispielsweise als Berechnungsgrundlage für die Gewinnverteilung und als Bezugsgröße für die Privatentnahmen während des Geschäftsjahrs. §§ 121/122 HGB

Im Gesellschaftsvertrag kann vereinbart werden, dass das Eigenkapital aus zwei Konten besteht:

Kapitalkonto I
= festes Kapital

Kapitalkonto II
= variables Kapital

Die Höhe des Kapitalkontos I bleibt gleich. Das Kapitalkonto II ändert sich durch Entnahmen und Einlagen sowie durch Gewinn- und Verlustanteile. Das variable Kapitalkonto kann durch hohe Entnahmen und Verluste auch negativ sein. Beide Konten sind in der Schlussbilanz auszuweisen.

Beispiel

Aktiva	Bilanz einer OHG Passiva
A. Anlagevermögen	A. Eigenkapital
I. Sachanlagen	I. Kapital A
II. Finanzanlagen	1. festes Kapital
B. Umlaufvermögen	2. variables Kapital
I. Vorräte	II. Kapital B
II. Forderungen	1. festes Kapital
III. Flüssige Mittel	2. variables Kapital
C. Rechnungsabgrenzungsposten	B. Rückstellungen
	C. Verbindlichkeiten
	D. Rechnungsabgrenzungsposten

9.12.1.2 〉 Die Gewinn- und Verlustverteilung

Der im Geschäftsjahr erzielte Erfolg wird entweder nach den im Gesellschaftsvertrag enthaltenen Bestimmungen oder mangels solcher nach den Vorschriften des HGB verteilt.

Verteilung von Gewinn oder Verlust nach § 121 HGB

Gewinn	Verlust
Jeder Gesellschafter erhält zunächst vom Jahresgewinn 4 % seines Kapitalanteils. Reicht der Gewinn nicht aus, ist ein entsprechend niedrigerer Satz zu wählen. Der Rest wird gleichmäßig (nach Köpfen) verteilt.	Der Verlust wird gleichmäßig auf die Gesellschafter verteilt.
Entnahmen und Einlagen werden zeitanteilig verzinst.	

Beispiel 》

Herr Altmann und Frau Bertram sind Gesellschafter der Altmann OHG. Die Kapitalanteile betrugen zu Beginn des Geschäftsjahrs 2020 bei Herrn A 150.000,00 €, bei Frau B 250.000,00 €. Im Laufe des Geschäftsjahrs wurden folgende Entnahmen und Einlagen vorgenommen:

Herr A: Entnahme am 30.06. 20.000,00 €; Einlage am 31.08. 15.000,00 €
Frau B: Entnahme am 30.09. 30.000,00 €; Einlage am 30.11. 18.000,00 €
Die Zinsen auf die Entnahmen wurden bei der OHG als Erträge, die Zinsen für die Einlagen als Aufwendungen gebucht. Der Gewinn belief sich auf 168.460,00 €. Die Gewinnverteilung erfolgt nach den Bestimmungen des HGB.

Gewinnverteilung

Ges.	Kapital 01.01.2020	4 % Zinsen auf Kapitalanteil	Entnahmen	4 % Zinsen auf Entnahmen	Einlagen	4 % Zinsen auf Einlagen	Restgewinn	Gesamtgewinn	Kapital 31.12.2020
A	150.000,00	6.000,00	20.000,00	400,00	15.000,00	200,00	76.450,00	82.250,00	227.250,00
B	250.000,00	10.000,00	30.000,00	300,00	18.000,00	60,00	76.450,00	86.210,00	324.210,00

Berechnung des Restgewinns

Gesamtgewinn	168.460,00
– 4 % Zinsen vorweg	16.000,00
– Zinsen auf Einlagen	260,00
+ Zinsen auf Entnahmen	700,00
Restgewinn	152.900 : 2 = 76.450,00

Berechnung des Gesamtgewinns

	A	B
4 % Zinsen vorweg	6.000,00	10.000,00
+ Zinsen auf Einlagen	200,00	60,00
– Zinsen auf Entnahmen	400,00	300,00
+ Restgewinn	76.450,00	76.450,00
Gesamtgewinn	82.250,00	86.210,00

Berechnung des Kapitals zum 31.12.2020

	A	B
Kapital zum 01.01.2020	150.000,00	250.000,00
– Entnahmen	20.000,00	30.000,00
+ Einlagen	15.000,00	18.000,00
+ Gesamtgewinn	82.250,00	86.210,00
Kapital zum 31.12.2020	227.250,00	324.210,00

9.12.1.3 › Abschluss der Privatkonten und Buchung von Gewinn- und Verlustanteilen

Die Privatkonten sowie die Gewinn- oder Verlustanteile werden über das variable Kapitalkonto des jeweiligen Gesellschafters abgeschlossen.

Beispiel ›››

Die Privatkonten weisen im Geschäftsjahr 2020 in Anlehnung an das vorangehende Beispiel folgenden Stand aus:

Privatentnahmen A

Soll	Haben
20.000,00	

Privateinlagen A

Soll	Haben
	15.000,00

Privatentnahmen B

Soll	Haben
30.000,00	

Privateinlagen B

Soll	Haben
	18.000,0

Buchungssätze für den Abschluss der Privatentnahmen und der Privateinlagen		Soll	Haben
2010 (0880)	variables Kapital A	20.000,00	
	an 2100 (1800) Privatentnahmen A		20.000,00
2011 (0881)	variables Kapital B	30.000,00	
	an 2101 (1801) Privatentnahmen B		30.000,00
2580 (1890)	Privateinlagen A	15.000,00	
	an 2010 (0880) variables Kapital A		15.000,00
2581 (1891)	Privateinlagen B	18.000,00	
	an 2011 (0881) variables Kapital B		18.000,00

Buchungssätze für die Gewinnanteile		Soll	Haben
9999 (9999)	GuV	82.250,00	
	an 2010 (0880) variables Kapital A		82.250,00
9999 (9999)	GuV	86.210,00	
	an 2011 (0881) variables Kapital B		86.210,00

Nach dem Abschluss der Privatkonten und der Buchung der Gewinnanteile ergibt sich auf den variablen Kapitalkonten folgendes Bild:

variables Kapitalkonto A

Soll		Haben	
Entnahmen	20.000,00	Einlagen	15.000,00
		Gewinnanteil	82.250,00

variables Kapitalkonto B

Soll		Haben	
Entnahmen	30.000,00	Einlagen	18.000,00
		Gewinnanteil	86.210,00

Abschluss der variablen Kapitalkonten

variables Kapital A

Soll		**Haben**	
Entnahmen	20.000,00	Einlagen	15.000,00
SBK	**77.250,00**	GuV	82.250,00
	97.250,00		97.250,00

variables Kapital B

Soll		**Haben**	
Entnahmen	30.000,00	Einlagen	18.000,00
SBK	**74.210,00**	GuV	86.210,00
	104.210,00		104.210,00

Buchungssätze für den Abschluss der variablen Kapitalkonten	Soll	Haben
2010 (0880) variables Kapital A	77.250,00	
an 9998 (9998) Schlussbilanzkonto		77.250,00
2011 (0881) variables Kapital B	74.210,00	
an 9998 (9998) Schlussbilanzkonto		74.210,00

Kapitalausweis in der Bilanz zum 31.12.2020

Schlussbilanz zum 31.12.2020

Aktiva	**Passiva**		
....	A. Eigenkapital		
	I. Kapital A		
	1. Festes Kapital	150.000,00	
	2. Variables Kapital	**77.250,00**	227.250,00
	II. Kapital B		
	1. Festes Kapital	250.000,00	
	2. Variables Kapital	**74.210,00**	324.210,00

Übungen

1 Zu Beginn des Geschäftsjahrs 2020 sind an einer OHG die Gesellschafter Maier mit 100.000,00 €, Koch mit 120.000,00 € und Zapf mit 150.000,00 € beteiligt. Der Gewinn in Höhe von 142.000,00 € soll nach den Vorschriften des HGB verteilt werden. Entnahmen und Einlagen wurden nicht getätigt.

Berechnen Sie die auf die Gesellschafter entfallenden Eigenkapitalbeträge zum 31.12.2020.

2 An einer OHG sind die Gesellschafter Moser mit 145.000,00 € und Ulmer mit 165.000,00 € beteiligt. Der Handelsbilanzgewinn in Höhe von 168.020,00 € soll nach dem Verhältnis der Kapitalanteile verteilt werden. Moser hat im Laufe des Geschäftsjahrs insgesamt 40.000,00 € entnommen, Ulmer hat eine Einlage von 25.000,00 € getätigt. Die Entnahmen und Einlagen werden nicht verzinst.

Wie hoch ist das Kapital der Gesellschafter am Ende des Geschäftsjahrs?

3 Die Gesellschafter Huber, Kaim und Sollner sind an einer OHG wie folgt beteiligt: H mit 98.000,00 €, K mit 122.000,00 € und S mit 86.000,00 €. Im Laufe des Geschäftsjahrs haben die Gesellschafter Entnahmen und Einlagen vorgenommen:

H 20.000,00 € Entnahme am 31.03. 12.000,00 € Einlage am 31.10.
K 42.000,00 € Entnahme am 30.05.
S 18.000,00 € Entnahme am 30.06. 20.000,00 € Einlage am 30.09.

Berechnen Sie die Zinsbelastungen/Gutschriften für die Gesellschafter. Laut Gesellschaftsvertrag sind die Kapitalanteile mit 8 % zu verzinsen.

4 Eine OHG weist in der Bilanz zum 31.12.2019 die Kapitalanteile ihrer Gesellschafter wie folgt aus:

- Festes Kapital A 140.000,00 €, variables Kapital A 96.000,00 €
- Festes Kapital B 120.000,00 €, variables Kapital B 56.000,00 €

Im Geschäftsjahr 2020 entnahm A insgesamt 56.000,00 € bar. B legte 36.000,00 € bar ein. Nach dem Gesellschaftsvertrag soll das feste Kapital zum 01.01. mit 6 % verzinst werden. Ein verbleibender Gewinn ist im Verhältnis der Kapitalanteile zum 01.01. zu verteilen. Ebenso ein möglicher Verlust. Die OHG erwirtschaftete im Geschäftsjahr 2020 einen Gewinn von 156.806,00 €.

a) Erstellen Sie eine Gewinnverteilungstabelle.
b) Bilden Sie die Buchungssätze für den Abschluss der Privatkonten sowie für die Gewinnanteile der Gesellschafter.
c) Stellen Sie den Kapitalausweis zum 31.12.2020 auf den variablen Kapitalkonten und in der Bilanz dar.

9.12.2 Der Abschluss der Kommanditgesellschaft (KG)

Die KG ist ebenfalls eine Personengesellschaft an der mindestens zwei Gesellschafter allerdings mit unterschiedlichen Haftungsverhältnissen beteiligt sind. Die **Komplementäre** (Vollhafter) haften wie bei der OHG unbeschränkt, unmittelbar und solidarisch. Die **Kommanditisten** (Teilhafter) haften nur mit ihrer Vermögenseinlage. § 161 (1) HGB

9.12.2.1 Die Kapitalkonten der KG

Die Kapitalkonten der Komplementäre werden wie bei der OHG als feste oder variable Konten geführt. Die Einlage des Kommanditisten ist auf einem Festkonto auszuweisen. Wurde die Kapitaleinlage noch nicht oder nicht voll geleistet, ist auf der Aktivseite der Bilanz der noch fehlende Betrag als „**Ausstehende Einlage**“ vor dem Anlagevermögen anzusetzen.

Beispiel

Kommanditeinlage wurde voll eingezahlt.

Aktiva		**Passiva**	
A. Anlagevermögen		A. Eigenkapital	
I. Sachanlagen	300.000,00	I. Kapital (Komplementär)	
II. Finanzanlagen	100.000,00	1. festes Kapital	250.000,00
....		2. variables Kapital	50.000,00
		II. Kommanditkapital	100.000,00

Beispiel

Kommanditeinlage wurde nur zu 50 % eingezahlt.

Aktiva		Passiva	
A. Ausstehende Einlagen	50.000,00	A. Eigenkapital	
B. Anlagevermögen		I. Kapital (Komplementär)	
I. Sachanlagen	300.000,00	1. festes Kapital	250.000,00
II. Finanzanlagen	100.000,00	2. variables Kapital	50.000,00
....		II. Kommanditkapital	100.000,00

9.12.2.2 › Die Gewinn- und Verlustverteilung

Der Gewinn/Verlust wird nach den Bestimmungen im Gesellschaftsvertrag oder nach den gesetzlichen Vorschriften verteilt.

Verteilung von Gewinn oder Verlust nach § 168 HGB

Gewinn	Verlust
Komplementäre und Kommanditisten erhalten zunächst vom Jahresgewinn 4 % ihrer Kapitalanteile. Reicht der Gewinn nicht aus, wird ein niedrigerer Satz angewendet. Der Rest wird in einem **angemessenen Verhältnis** verteilt.	Der Verlust wird in einem **angemessenen Verhältnis** auf die Gesellschafter verteilt.
Entnahmen und Einlagen werden zeitanteilig verzinst.	

Beispiel

An einer KG sind die Komplementäre Abt mit 200.000 €, Braun mit 100.000 € und die Kommanditistin Carla mit 50.000 € beteiligt. Im Geschäftsjahr wurde ein Gewinn von 198.800 € erzielt, der laut Gesellschaftsvertrag folgendermaßen zu verteilen ist: 6 % Zinsen auf das Kapital zu Beginn des Geschäftsjahrs, der Rest im Verhältnis 4 : 2 : 1. Entnahmen und Einlagen wurden nicht getätigt.

Ges.	Kapital 01.01.	6 % Zinsen	V	Restgewinn	Gesamtgewinn	Kapital 31.12.
A	200.000,00	12.000,00	4	101.600,00	113.600,00	313.600,00
B	100.000,00	6.000,00	2	50.800,00	56.800,00	156.800,00
C	50.000,00	3.000,00	1	25.400,00	28.400,00	50.000,00
	350.000,00	21.000,00	7	177.800,00	198.800,00	520.400,00

Berechnung des Restgewinns

Gesamtgewinn	198.800,00
6 % Zinsen auf Kapital	21.000,00
	177.800,00 : 7 = 25.400,00

9.12.2.3 › Buchung von Gewinn- und Verlustanteilen

Die Gewinn- und Verlustanteile der Komplementäre werden wie bei der OHG auf das variable Kapitalkonto gebucht. Der **Gewinnanteil** des Kommanditisten wird, wenn die Einlage voll geleistet ist, ausgezahlt oder dem Unternehmen als Darlehen zur Verfügung gestellt. Soll der Gewinnanteil ausgezahlt werden, ist eine sonstige Verbindlichkeit in der Bilanz auszuweisen.

Beispiel

Geschäftsjahr 2020:

Gesamtgewinn Komplementär A	113.600,00 €
Gesamtgewinn Komplementär B	56.800,00 €
Gesamtgewinn Kommanditistin	28.400,00 €

die Kommanditeinlage wurde voll geleistet, der Gewinnanteil soll ausgezahlt werden

Buchungssätze für die Gewinnanteile		Soll	Haben
9999 (9999)	GuV	113.600,00	
	an 2010 (0880) variables Kapital A		113.600,00
9999 (9999)	GuV	56.800,00	
	an 2011 (0881) variables Kapital B		56.800,00
9999 (9999)	GuV	28.400,00	
	an 3501 (1701) Verbindlichkeiten Kommanditist		28.400,00

Kapitalausweis in der Bilanz zum 31.12.2020

Aktiva	Passiva		
....	A. Eigenkapital		
	I. Kapital A		
	1. festes Kapital	200.000,00	
	2. variables Kapital	113.600,00	313.600,00
	II. Kapital B		
	1. festes Kapital	100.000,00	
	2. variables Kapital	56.800,00	156.800,00
	III. Kommanditkapital		50.000,00
	B. Rückstellungen		
	C. Verbindlichkeiten		
	1.		
	2.		
	3. Sonstige Verbindlichkeiten		28.400,00

Verlustanteile des Kommanditisten mindern dessen Kapitalkonto. Künftige Gewinnanteile werden in diesem Fall so lange dem Kapitalkonto gutgeschrieben, bis die vertraglich vereinbarte Vermögenseinlage wieder erreicht ist.

Beispiel

Im Geschäftsjahr 2020 erzielte die KG einen Verlust von 84.700,00 €, davon entfallen auf den Komplementär A 48.400,00 €, auf B 24.200,00 € und auf die Kommanditistin C 12.100,00 €. Entnahmen und Einlagen wurden nicht getätigt.

Buchungssätze für die Verlustanteile		Soll	Haben
2010 (0880)	variables Kapital A	48.400,00	
	an 9999 (9999) GuV		48.400,00
2011 (0881)	variables Kapital B	24.200,00	
	an 9999 (9999) GuV		24.200,00
2050 (0900)	Kommanditkapital	12.100,00	
	an 9999 (9999) GuV		12.100,00

Das Konto Kommanditkapital hat nach der Buchung des Verlustanteils folgendes Aussehen:

Kommanditkapital

Soll			**Haben**
Verlustanteil	12.100,00	AB	50.000,00
SBK	37.900,00		
	50.000,00		50.000,00

Kapitalausweis in der Bilanz zum 31.12.2020

Aktiva	**Passiva**		
....	A. Eigenkapital		
	I. Kapital A		
	1. festes Kapital	200.000,00	
	2. variables Kapital	65.200,00	265.600,00
	II. Kapital B		
	1. festes Kapital	100.000,00	
	2. variables Kapital	32.600,00	132.600,00
	III. Kommanditkapital		37.900,00

Würde im Geschäftsjahr 2021 auf den Kommanditisten ein Gewinnanteil von 15.000,00 € entfallen, müsste sein Kommanditanteil wieder auf 50.000,00 € aufgestockt werden, dazu wären 12.100,00 € nötig. Der Restbetrag von 2.900,00 € könnte dann wieder ausgezahlt werden.

Kommanditkapital

Soll			**Haben**
SBK	50.000,00	AB	37.900,00
		Teilgewinn	**12.100,00**

Verbindlichkeiten Kommanditist

Soll			**Haben**
SBK	2.900,00	**Restgewinn**	**2.900,00**

Übungen

1 An einer KG sind die Komplementäre A mit 200.000,00 € und B mit 150.000,00 € beteiligt. Die Beteiligungen sind in der Bilanz zum 31.12.2019 als Festkapital ausgewiesen. Die Höhe des variablen Kapitals beträgt bei A 19.600,00 € und bei B 38.400,00 €. Die vereinbarte Kommanditeinlage des Kommanditisten C beträgt 80.000,00 €, davon sind 60.000,00 € eingezahlt.
Im Geschäftsjahr 2020 die KG einen Gewinn von 178.600,00 €, der laut Gesellschaftsvertrag wie folgt zu verteilen ist:
- die Kapitalanteile zu Beginn des Geschäftsjahrs sind mit 5 % zu verzinsen,
- ein verbleibender Rest im Verhältnis 2:2:1.

a) Führen Sie die Gewinnverteilung durch.
b) Stellen Sie den Kapitalausweis in der Bilanz zum 31.12.2020 dar.
A hat im Laufe des Geschäftsjahrs 60.000,00 €, B 48.000,00 € entnommen. Der Gewinnanteil des Kommanditisten C soll, soweit möglich, nach Feststellung des Jahresabschlusses ausgezahlt werden.

2 Eine KG erzielte im Geschäftsjahr 2020 einen Verlust von 146.940,00 €. Laut Gesellschaftsvertrag ist ein Verlust im Verhältnis der Kapitalanteile zu Beginn des Geschäftsjahrs zu verteilen. Die Festkapitalanteile der Komplementäre betrugen zu diesem Zeitpunkt bei A 120.000,00 € und bei B 140.000,00 €. Das variable Kapitalkonto von A wies zum 01.01.2020 60.000,00 € und das variable Kapitalkonto von B 70.000,00 € aus. Der Kommanditist hat seine vereinbarte Einlage in Höhe von 50.000,00 € voll geleistet.

a) Berechnen Sie die Verlustanteile der Gesellschafter für das Gj 2020.
b) Buchen Sie die Verlustanteile.
c) Stellen Sie die Kapitalentwicklung in der Bilanz zum 31.12.2020 dar.

9.12.3 Ermittlung des steuerlichen Ergebnisses von Personengesellschaften

Der Handelsbilanzgewinn/-verlust ist nur dann mit dem Steuerbilanzgewinn identisch, wenn die **Vorwegvergütungen** und die Zinsen für Einlagen nicht als Aufwand und die Zinsen für Entnahmen nicht als Erträge der Gesellschaft gebucht wurden. Sind entsprechende Aufwendungen und Erträge gebucht worden, ist der Steuerbilanzgewinn wie folgt zu ermitteln:

Handelsbilanzgewinn
\+ Vorwegvergütungen
\+ Zinsen für Einlagen
– Zinsen für Entnahmen
= Steuerbilanzgewinn

Nach § 15 (1) Nr. 2 EStG sind bei der OHG, KG und anderen Mitunternehmerschaften neben dem Gewinnanteil auch **Vergütungen** für die

- Tätigkeit im Dienst der Gesellschaft (Gehalt, Tantieme)
- Hingabe von Darlehen (Zinsen)
- Überlassung von Wirtschaftsgütern (Miete, Pacht)

Einkünfte aus Gewerbebetrieb. Dies muss bei der Ermittlung des steuerlichen Ergebnisses berücksichtigt werden.

Beispiel

Eine OHG, an der die Gesellschafter Weber mit 180.000,00 € und Quandt mit 140.000,00 € beteiligt sind, hat im Geschäftsjahr 2020 einen handelsrechtlichen Gewinn von 174.600,00 € erwirtschaftet. Im Laufe des Jahres wurden folgende Beträge als Aufwand gebucht:
5.000,00 € monatlich Geschäftsführergehalt für Weber
550,00 € monatlich Zinsen für ein Darlehen von Quandt.

a) Wie hoch ist der steuerliche Gewinn der OHG?
b) Berechnen Sie die steuerlichen Gewinnanteile (Einkünfte aus Gewerbebetrieb) der Gesellschafter. Die Gewinnverteilung soll im übrigen nach handelsrechtlichen Vorschriften erfolgen.

Gewinn laut Handelsbilanz	174.600,00 €
Gehalt für Geschäftsführer	60.000,00 €
Zinsen für Darlehen	6.600,00 €
Steuerbilanzgewinn	**241.200,00 €**

Ges.	Kapital 01.01.	4 % Zinsen	Restgewinn	Vorweg-vergütungen	Einkünfte aus Gewerbebetrieb
W	180.000,00	7.200,00	80.900,00	60.000,00	148.100,00
Q	140.000,00	5.600,00	80.900,00	6.600,00	93.100,00
	320.000,00	12.800,00	161.800 ,00	66.400,00	241.200,00

Nutzt eine Personengesellschaft Wirtschaftsgüter, die einem oder mehreren Gesellschaftern gehören oder dient ein Wirtschaftsgut der Mitunternehmerstellung eines Gesellschafters, stellen diese Wirtschaftsgüter **Sonderbetriebsvermögen** dar, die in einer **Sonderbilanz** auszuweisen sind.

Aufwendungen, die ein Sondereigentümer selbst getragen hat, sind in einer **ergänzenden GuV-Rechnung** aufzuführen. In der Sonderbilanz sind diese Aufwendungen dem Mehrkapital als Einlage hinzuzurechnen. Vorwegvergütungen, die dem Sondereigentümer für die Nutzung von Wirtschaftsgütern gezahlt werden, werden in der ergänzenden GuV-Rechnung als Erträge erfasst und in der Sonderbilanz als Entnahmen vom Mehrkapital abgezogen.

Beispiel

Die Gesellschafterin einer OHG stellt dieser ab Januar 2020 ein Bürogebäude zur Nutzung zur Verfügung. Die OHG zahlt dafür monatlich 9.000,00 € Miete.
Die Herstellungskosten des Gebäudes haben 600.000,00 € betragen, die Anschaffungskosten des dazugehörigen Grund und Bodens beliefen sich einschließlich aller Nebenkosten auf 150.000,00 €. Im Jahr 2019 sind neben der AfA von 3 % Aufwendungen in Höhe von 46.000,00 € angefallen, die von der Gesellschafterin selbst getragen wurden.

Ergänzende GuV-Rechnung

Soll		Haben	
Grundstücksaufwendungen	46.000,00	Grundstückserträge	108.000,00
AfA Sachanlagen	18.000,00		
Gewinn	44.000,00		
	108.000,00		108.000,00

Sonderbilanz zum 31.12.2020

Aktiva		Passiva	
Bebautes Grundstück	150.000,00	Mehrkapital 01.01	750.000,00
Bürogebäude	582.000,00	+ Einlagen	46.000,00
		– Entnahmen	108.000,00
		+ Gewinn	44.000,00
	732.000,00		732.00,00

Übungen

1 An einer KG sind die Komplementäre Weber mit 145.000,00 € und Xaver mit 160.000,00 € sowie die Kommanditistin Zeier mit 40.000,00 € beteiligt. Die vereinbarte Einlage wurde voll geleistet. Weber bezog als Geschäftsführer im Wirtschaftsjahr ein Gehalt von monatlich 6.000,00 €, außerdem wurden ihm Zinsen für ein Darlehen in Höhe von insgesamt 4.800,00 € gutgeschrieben. Xaver erhielt für die Vermietung von Büroräumen an die KG 36.000,00 € Miete. Der handelsrechtliche Gewinn betrug nach Berücksichtigung der Vergütungen 124.200,00 €.
Der Gewinn ist wie folgt zu verteilen:

6 % Zinsen für das zu Beginn des Wj 01.01. vorhandene Kapital
ein verbleibender Restgewinn im Verhältnis der zum 01.01. ausgewiesenen Kapitalanteile

a) Wie hoch ist der steuerliche Gewinn der KG?
b) Ermitteln Sie die Einkünfte aus Gewerbebetrieb der Gesellschafter.

2 Eine OHG ermittelte für das Geschäftsjahr einen handelsrechtlichen Verlust von 114.510,00 €. Als Aufwendungen wurden während des Jahres gebucht:
- Geschäftsführergehalt von A 60.000,00 €
- Miete für die Überlassung eines Pkw von B 6.000,00 €
- Zinsen für ein Darlehen von C 3.600,00 €

Die Kapitalkonten der Gesellschafter enthalten zum 01.01. des Geschäftsjahrs folgende Beträge:
Kapital A: 100.000,00 €, Kapital B 150.000,00 €, Kapital C 200.000,00 €.

a) Berechnen Sie das steuerliche Ergebnis für die OHG.
b) Wie hoch sind die Einkünfte aus Gewerbebetrieb der einzelnen Gesellschafter, wenn die Verteilung des Gewinn/Verlustes nach handelsrechtlichen Vorschriften erfolgt?

3 An einer OHG ist der Gesellschafter Altmann mit 180.000,00 € beteiligt. Als Geschäftsführer bezog er im Gj 2020 ein Gehalt von 72.000,00 €. A hat der OHG ein Geschäftsgebäude zur Verfügung gestellt, das er Anfang 2018 für 420.000,00 € auf eigenem Grund und Boden errichtet hatte. Der Wert des Grund und Bodens beträgt 60.000,00 €. Die OHG zahlte an A im Gj 2020 insgesamt 36.000,00 € Miete. Im Zusammenhang mit der Vermietung fielen für Grundstücksaufwendungen 3.200,00 € und für AfA 16.800,00 € an. Diese Aufwendungen wurden von A getragen. Der Handelsbilanzgewinn der OHG betrug im Gj 2020 210.000,00 €, davon entfallen auf A 100.000,00 €.

a) Wie hoch ist der steuerliche Gewinn des A im Geschäftsjahr? Eine Verzinsung des Kapitals ist nicht vorgesehen.
b) Erstellen Sie für Altmann die ergänzende GuV-Rechnung und die Sonderbilanz zum 31.12.2020.

9.12.4 Der Jahresabschluss der Gesellschaft mit beschränkter Haftung (GmbH)

§ 1 GmbHG Die GmbH ist eine Kapitalgesellschaft, bei der die Haftung gegenüber den Gläubigern auf das Gesellschaftsvermögen beschränkt ist. Die Gesellschaft kann zu jedem gesetzlich zulässigen Zweck von einer oder mehreren Personen errichtet werden. Sie ist Formkaufmann i. S. d. § 6 HGB mit eigener Rechtspersönlichkeit. Die GmbH ist verpflichtet, Bücher zu führen und einen Jahresabschluss zu erstellen (s. Kapitel 9.1).

9.12.4.1 Die Kapitalkonten der GmbH

§ 266 (3) HGB Das Eigenkapital einer GmbH besteht aus folgenden Posten:

kleine GmbH	mittelgroße/große GmbH
I. Gezeichnetes Kapital II. Kapitalrücklage III. Gewinnrücklagen IV. Gewinnvortrag/Verlustvortrag V. Jahresüberschuss/Jahresfehlbetrag	I. Gezeichnetes Kapital II. Kapitalrücklage III. Gewinnrücklagen 1. gesetzliche Rücklage 2. Rücklage für Anteile an einem herrschenden oder mehrheitlich beteiligten Unternehmen 3. satzungsmäßige Rücklage 4. andere Gewinnrücklagen IV. Gewinnvortrag/Verlustvortrag V. Jahresüberschuss/Jahresfehlbetrag

Gezeichnetes Kapital

Das gezeichnete Kapital ist das **Haftkapital**, auf das die Haftung der Gesellschafter für die Verbindlichkeiten der Kapitalgesellschaft gegenüber den Gläubigern beschränkt ist. Bei der GmbH ist hier das **Stammkapital** anzusetzen, bei der AG das **Grundkapital**. Das gezeichnete Kapital ist ein konstantes Kapital, das sich nur bei Kapitalerhöhungen oder Kapitalherabsetzungen ändert. Es ist mit dem Nennbetrag anzusetzen.

§ 272 (1) HGB Die nicht **eingeforderten ausstehenden Einlagen** auf das gezeichnete Kapital sind von dem Posten „Gezeichnetes Kapital" offen abzusetzen (=**Nettoausweis**); der verbleibende Betrag ist als Posten „Eingefordertes Kapital" in der Hauptspalte der Passivseite auszuweisen. Der eingeforderte, aber noch nicht eingezahlte Betrag ist unter den Forderungen gesondert auszuweisen und entsprechend zu bezeichnen.
Der Bruttoausweis ist nicht mehr möglich.

Eigene Anteile

§ 272 (1a) HGB Der Nennbetrag oder, falls ein solcher nicht vorhanden ist, der rechnerische Wert von **erworbenen eigenen Anteilen** ist in der Vorspalte offen vom „Gezeichneten Kapital" abzusetzen. Der Unterschiedsbetrag zwischen dem Nennbetrag oder dem rechnerischen Wert und den Anschaffungskosten der eigenen Anteile ist mit den frei verfügbaren Rücklagen zu verrechnen.

Nettoausweis

Aktiva		Passiva		
A. Anlagevermögen		A. Eigenkapital		
.....		I. Gezeichnetes Kapital	50.000,00	
B. Umlaufvermögen		nicht eingefordert	–10.000,00	
.....		Eingefordertes Kapital		40.000,00
II. Forderungen und sonstige Vermögens-Gegenstände		II. Kapitalrücklage	.....	
.....		III. Gewinnrücklagen	.....	
4. sonstige Vermögensgegenstände Eingeforderte ausstehendeEinlagen	15.000			

Kapitalrücklage

Eigenkapitaländerungen erfolgen bei Kapitalgesellschaften über die Rücklagen, ausgenommen Kapitalerhöhungen bzw. Kapitalherabsetzungen. In die Kapitalrücklage sind von außen zufließende Beträge einzustellen, z. B.: § 272 (2) HGB

- Agio bei Ausgabe von Anteilen über dem Nennwert
- Agio bei Ausgabe von Schuldverschreibungen für Wandlungs- und Optionsrechte
- Zuzahlungen der Gesellschafter gegen Gewährung von Vorzügen
- andere Zuzahlungen der Gesellschafter, z. B. Nachschüsse gem. § 42 (2) GmbHG

Gewinnrücklagen

Als Gewinnrücklagen dürfen nur Beträge ausgewiesen werden, die im laufenden oder einem früheren Geschäftsjahr aus dem Ergebnis (Jahrsüberschuss) gebildet worden sind. § 272 (3) HGB

Gesetzliche Rücklage	Satzungsmäßige Rücklage	andere Gewinnrücklagen
Eine GmbH braucht keine gesetzliche Rücklage zu bilden. (Aktiengesellschaften sind zur Bildung einer gesetzlichen Rücklage verpflichtet.)	Die Bildung dieser Rücklagen erfolgt aufgrund des Gesellschaftsvertrags oder der Satzung, zweckgebunden oder zweckfrei.	werden auf besonderen Beschluss der Gesellschafter gebildet, § 29 (2) + (4) GmbHG

Gewinnvortrag/Verlustvortrag

Ein Gewinnvortrag entsteht, wenn der Jahresüberschuss des Vorjahres nicht vollständig ausgeschüttet oder in die Gewinnrücklagen eingestellt wird. Der Verlustvortrag ist der Bilanzverlust des Vorjahres.

Jahresüberschuss/Jahresfehlbetrag

Der Jahresüberschuss/-fehlbetrag zeigt das im abgelaufene Geschäftsjahr erzielte **handelsrechtliche Ergebnis vor dessen Verwendung**. Ein Jahresüberschuss ergibt sich, wenn die Erträge höher sind als die Aufwendungen. Er bildet die Grundlage für die Verteilung des Bilanzgewinns.

Sind die Aufwendungen höher als die Erträge entsteht ein Jahrsfehlbetrag. Er wird herangezogen, wenn die Gesellschafter Fehlbeträge aufzubringen haben.

Bilanzgewinn/Bilanzverlust

Wird die Bilanz unter Berücksichtigung der teilweisen Ergebnisverwendung aufgestellt, tritt an die Stelle des Jahresüberschusses/-verlustes der Posten Bilanzgewinn/Bilanzverlust. Der Posten „Bilanzgewinn" entfällt, wenn die Bilanz unter vollständiger Verwendung des Ergebnisses aufgestellt wird. Der Gesellschafterversammlung steht dann kein verteilungsfähiger Gewinn mehr zur Verfügung.

Wird der Gewinn vorgetragen, erhöht er einen möglichen Bilanzgewinn des nächsten Geschäftsjahrs bzw. vermindert einen möglichen Bilanzverlust. Ein vorgetragener Verlust bewirkt das Gegenteil.

Berechnungsschema für den Bilanzgewinn/-verlust

	Jahresüberschuss/Jahresfehlbetrag
+/–	Gewinnvortrag/Verlustvortrag aus dem Vorjahr
+	Entnahmen aus Kapitalrücklagen
+	Entnahmen aus Gewinnrücklagen
–	Einstellung in die Gewinnrücklagen
=	Bilanzgewinn/Bilanzverlust

9.12.4.2 〉 Gewinnverteilung bei der GmbH

§ 29 (3) GmbHG

Nach der Aufstellung der Handelsbilanz und der Feststellung des Bilanzgewinns, kann die Gesellschafterversammlung über die Verwendung des Gewinns beschließen. Die Verteilung erfolgt nach dem im Gesellschaftsvertrag festgelegten Maßstab. Ist kein Verteilungsmaßstab bestimmt worden, wird die Gewinnverteilung nach dem Verhältnis der Geschäftsanteile vorgenommen.

Wird die Bilanz unter teilweiser oder vollständiger Verwendung des Jahresergebnisses aufgestellt, ist die bereits vollzogene Gewinnverwendung noch in der Buchführung des alten Geschäftsjahrs zu erfassen. Bei der Gewinnverwendung nach Feststellung des Jahresergebnisses handelt es sich um Geschäftsfälle des neuen Geschäftsjahres.

Beispiel

Der Jahresüberschuss einer GmbH betrug im Geschäftsjahr 2019 144.600,00 €. In die Gewinnrücklagen sollen 20.000,00 € eingestellt werden. Aus dem Vorjahr ist noch ein Verlustvortrag von 5.000,00 € ausgewiesen.
Auf Beschluss der Gesellschafterversammlung sollen im Jahr 2020 vom Bilanzgewinn 100.000,00 € im Verhältnis 3:1 an die Gesellschafter A und B ausgeschüttet werden. Der Rest ist auf neue Rechnung vorzutragen.

Berechnung des Bilanzgewinns 2019 und des Gewinnvortrags für das Geschäftsjahr 2020

Jahresüberschuss	144.600,00
– Verlustvortrag Vorjahr	5.000,00
– Einstellung in die Gewinnrücklage	20.000,00
Bilanzgewinn 2019	119.600,00
– Gewinnausschüttung	100.000,00
Gewinnvortrag auf neue Rechnung	19.600,00

Gewinnverteilung ohne Berücksichtigung des Sparer-Pauschbetrags

	Gesellschafter A	Gesellschafter B
Bardividende	75.000,00	25.000,00
Abgeltungsteuer 25 %	18.750,00	6.250,00
Solidaritätszuschlag 5,5 %	1.031,25	343,75
Nettodividende (Auszahlungsbetrag)	55.218,75	18.406,25

Mit dem Steuerabzug (Abgeltungsteuer) ist die Einkommensteuer der Gesellschafter hinsichtlich der Dividende grundsätzlich abgegolten. Ein eventueller Kirchensteuerabzug wird bei der Veranlagung nacherhoben.

Buchungssätze 31.12.2019			Soll	Haben
7780 (2499)	Einstellung in andere Gewinnrücklagen		20.000,00	
	an 2960 (0855) Andere Gewinnrücklagen			20.000,00
9999 (9999)	GuV		144.600,00	
	an 7780 (2499)	Einstellung in andere Gewinnrücklagen		20.000,00
	2970 (0860)	Gewinnvortrag vor Verwendung		119.600,00
	2978 (0868)	Verlustvortrag vor Verwendung		5.000,00

Buchungssätze im Geschäftsjahr 2020			Soll	Haben
2970 (0860)	Gewinnvortrag vor Verwendung		119.600,00	
	an 3760 (1746)	Verbindlichkeiten (KapESt+SolZu)		26.375,00
	1800 (1200)	Bank		73.625,00
	2979 (0869)	Vortrag auf neue Rechnung		19.600,00
3760 (1746)	Verbindlichkeiten		26.375,00	
	an 1800 (1200)	Bank		26.375,00

Übungen

1 Das Stammkapital einer GmbH beträgt 150.000,00 €, davon sind 75.000,00 € einbezahlt. Vom Restbetrag wurden 25.000,00 € eingefordert. Stellen sie in einer verkürzten Bilanz die ausstehenden Einlagen dar.

2 Eine GmbH mit einem Stammkapital von 200.000,00 €, einer Kapitalrücklage von 20.000,00 € und einer Gewinnrücklage von 10.000,00 € hat im Geschäftsjahr 2019 einen Jahresüberschuss von 240.000,00 € erzielt. Die Gesellschafterversammlung beschließt 40.000,00 € in die Gewinnrücklage einzustellen und im Jahr 2021 186.000,00 € an die Gesellschafter Müller und Maier im Verhältnis 2:1 auszuschütten. Aus dem Vorjahr ist ein Verlustvortrag von 10.000,00 € vorhanden.

a) Stellen Sie die Entwicklung folgender Posten in einer verkürzten Bilanz zum 31.12.2020 dar:
Stammkapital, Gewinnrücklagen, Bilanzgewinn, Gewinnvortrag.
b) Führen Sie die Gewinnverteilung für die Gesellschafter durch.
Wie hoch ist der jeweilige Auszahlungsbetrag?

9.13 Internationale Rechnungslegungsvorschriften

Die fortschreitende Globalisierung der Produkt- und Kapitalmärkte führt zunehmend auch bei deutschen Unternehmen zur Erstellung von Jahresabschlüssen nach internationalen Regeln, insbesondere nach

- **US-GAAP** = **G**enerally **A**ccepted **A**ccounting **P**rinciples (z.B. bei Aktiennotierung der US-Börsen)
- **IFRS** = **I**nternational **F**inancial **R**eporting **S**tandards

Alle kapitalmarktorientierten Unternehmen in der EU sind zur Aufstellung von Konzernabschlüssen nach IFRS verpflichtet.
Das **Bilanzrechtsreformgesetz** sieht eine Anwendung der IFRS für andere Unternehmen nicht zwingend vor. Diese Unternehmen können unter Berücksichtigung der jeweiligen Interessenlage und der Belange der Bilanzadressaten selbst entscheiden, ob sie diese Vorschriften anwenden.

9.13.1 Vorteile der internationalen Rechnungslegung

Ein Abschluss nach internationalen Regeln
- erleichtert den Vergleich mit ausländischen Unternehmen
- eröffnet den Zugang zu internationalen Kapitalmärkten
- führt zu verlässlichen Informationen über die finanzielle Situation eines Unternehmens für das Management, die Investoren, die Lieferanten und Kreditgeber, Kunden, Arbeitnehmer, Öffentlichkeit
- lässt die wirtschaftliche Lage des Unternehmens besser abschätzen (Selbstinformation)

9.13.2 Grundzüge der IFRS

Das IFRS-System besteht aus folgenden Komponenten:

Preface
Das Preface erläutert allgemeine Ziele und Aufgaben des International Accounting Standards Board, IASB, einer privaten Organisation, welche die Rechnungslegungsvorschriften entwickelt.

Framework
Das Framework (Rahmenkonzept) enthält Grundsätze der Rechnungslegung, die annähernd den Grundsätzen der ordnungsmäßigen Buchführung (GoB) des HGB entsprechen. Danach sollen

- FRS-Abschlüsse der periodengerechten Erfolgsermittlung dienen unter der Annahme, dass das Unternehmen fortgeführt wird (Going-Concern-Prinzip).
- Die Informationen zur Vermögens-, Finanz- und Ertragslage eines Unternehmens sollen durch die unterschiedlichen Bestandteile des Abschlusses den Adressaten zur Verfügung gestellt werden.

Standards
Bilanzierungsgrundsätze und -vorschriften

Verlautbarungen des Standing Interpretations Committees (SIC)
stellen Zweifelsfragen in der Auslegung der Standards dar.

9.13.3 Bestandteile und qualitative Anforderung des IFRS-Abschlusses

Zu einem vollständigen IFRS-Abschluss gehören

- **Bilanz (balance sheet)**
  mit Vermögenswerten **(assets)**, Eigenkapital **(equity)** und Verbindlichkeiten **(liabilities)**
- **Gewinn- und Verlustrechnung (income statement)**
  aufgestellt nach dem Umsatzkostenverfahren (zwingend) mit Aufwendungen und Erträgen, die den eigentlichen Betriebsgegenstand bilden; Gewinne **(gains)** bzw. Verluste **(losses)** als Saldogrößen; der Gewinn aus der GuV wird als **net income** bezeichnet und steht zur Ausschüttung zur Verfügung
- **Kapitalflussrechnung (statement of cash flows)**
  gibt an, wie weit die Leistungen des Unternehmens in liquide Mittel umgewandelt werden konnten. Die Kapitalflussrechnung ist gegliedert in cash flow aus laufender Geschäftstätigkeit, cash flow für Investitionstätigkeit und cash flow für Finanzierungstätigkeit

- **Anhangangaben (notes)**
  mit umfangreichen Vorschriften zu den Pflichtangaben, ohne die der Jahresabschluss nicht IFRS-konform ist

nicht zwingend vorgeschrieben sind:

- **sonstige Stellungnahmen und erläuternde Angaben**

- **Segmentsberichterstattung**
  mit dem jeweiligen Segmentumsatz, Segmentsgewinn und Segmentsvermögen der verschiedenen Unternehmenssparten eines Konzerns zur Überleitung dieser Segmentdaten auf die Konzerndaten

- **Eigenkapitalveränderungsrechnung (statement of changes in equity)**
  stellt die Veränderung der Rücklagen dar, sie enthält den Gewinn des Jahres, die Aufwands- und Ertragsposten und den kumulierten Effekt von Bilanzberichtigungen und geänderten Bilanzierungsmethoden

Qualitative Anforderungen an den Abschluss sind:

- **Verständlichkeit:**
  die Informationen müssen für die Adressaten mit angemessenen Wirtschafts- und Bilanzierungskenntnissen leicht verständlich sein

- **Relevanz:**
  nur für die wirtschaftliche Entscheidung der Adressaten wesentlichen Daten müssen angegeben werden

- **Verlässlichkeit:**
  die Geschäftsvorgänge und Ereignisse müssen vollständig und richtig dargestellt werden

- **Vergleichbarkeit:**
  der Abschluss soll Zeit- und Unternehmensvergleiche ermöglichen durch Informationen über Bilanzierungs- und Bewertungsmethoden

9.13.4 Vergleich von HGB-Rechnungslegung und IFRS

Beispiele zu Ansatz- und Bewertungsvorschriften	HGB	IFRS
Periodengerechte Erfolgsermittlung	Anwendung des Vorsichts-Imparitäts- und Realisationsprinzips	sorgfältige Schätzung
Änderung der Bilanzierungs- und Bewertungsmethoden	grundsätzlich Beibehaltung der Bilanzierungs- und Bewertungsmethoden; Ausnahmen möglich	grundsätzlich nur bei Änderung von Gesetzen und Vorschriften möglich oder bei aussagefähiger Darstellung
Anschaffungskosten/ Herstellungskosten	Wahlrecht zwischen Pflichtbestandteilen und Wahlbestandteilen	kein Wahlrecht bei HK, Bildung stiller Reserven nicht möglich

Beispiele zu Ansatz- und Bewertungsvorschriften	HGB	IFRS
Fremdwährungsverbindlichkeiten	Ansatz mit dem Kurs zum Zeitpunkt der Anschaffung bzw. höheren Kurs am Bilanzstichtag	Ansatz zum Kurs am Bilanzstichtag

Ausgewählte Bilanzposten	HGB	IFRS
selbst erstellte immaterielle Vermögensgegenstände	Aktivierungsverbot	grundsätzlich Aktivierungsverbot; Aktivierungspflicht für Entwicklungskosten
Gründungskosten	Aktivierungsverbot	Aktivierungspflicht
derivativer Geschäftswert	Aktivierungswahlrecht und Abschreibung über 4 Jahre bzw. Nutzungsdauer	Aktivierungspflicht und Abschreibung über max. 20 Jahre
Vorräte	Ansatz zu Teilherstellungskosten möglich; Verwaltungskosten dürfen angesetzt werden	Ansatz nur mit den vollen Herstellungskosten ohne Kosten für die allgemeine Verwaltung
Rückstellungen	gesonderter Ausweis; Ansatz mit dem Betrag, der nach vernünftiger kaufmännischer Beurteilung notwendig ist	allgemeiner Ausweis unter den Verbindlichkeiten; Ansatz mit dem voraussichtlichen Erfüllungsbetrag, dieser ist abzuzinsen

Beispiel: Rückstellungen (contingent liabilities)

Nach IFRS werden Rückstellungen in der Bilanz unter den Verbindlichkeiten (liabilities) ausgewiesen. Sie setzen eine Verpflichtung gegenüber Dritten voraus. Aufwandsrückstellungen sind deshalb nicht zulässig.
Rückstellungen (contingent liabilities) sind zu bilden, wenn:

- die Verpflichtung mit einer Wahrscheinlichkeit von mehr als 50 % eintreten wird **(probable more likely than not)**. Ist der Eintritt nur möglich **(possible)**, entfällt eine Passivierung, erforderlich ist aber eine Erläuterung im Anhang.
- die Höhe der Verpflichtung zuverlässig geschätzt werden kann

Ist der Eintritt einer Verbindlichkeit wahrscheinlich, die Höhe aber ungewiss, ist der wahrscheinlichste Betrag zuverlässig zu schätzen. Sind mehrere Beträge innerhalb einer Bandbreite **gleich wahrscheinlich**, ist der Erwartungswert **(best estimate)** maßgeblich, das ist in der Regel der Mittelwert.
Rechnet ein Unternehmen mit Prozesskosten zwischen 100.000,00 € und 200.000,00 € und ist jeder Betrag **gleich wahrscheinlich**, beträgt die Prozesskostenrückstellung nach IAS 150.000,00 €. Der Betrag ist dann noch entsprechend abzuzinsen. Dieser Ansatz entspricht auch der steuerlich zulässigen Rückstellung, bei der auch ein begründbarer Mittelwert anzusetzen ist, der dann noch mit 5,5 % abgezinst werden muss. Bei einer geschätzten Fälligkeit in 2 Jahren ab Bilanzstichtag mit dem Faktor 0,898, Ansatz also mit 134.700,00 €. Nach dem HGB müsste die Rückstellung in Höhe des **nach vernünftiger kaufmännischer Beurteilung** notwendigen **Erfüllungsbetrags** angesetzt und bei einer Restlaufzeit von mehr als einem Jahr mit dem ihrer Restlaufzeit entsprechenden **durchschnittlichen Marktzinssatz der vergangenen sieben Geschäftsjahre abgezinst werden**. § 253 (1+2) HGB

10 Auswertung des Jahresabschlusses – Bilanzanalyse

§ 266 HGB Die Bilanzen der Unternehmen sind in ihrem Aufbau in den wesentlichen Grundzügen aufgrund gesetzlicher Vorschriften gleich.

Aus diesem Grund sind Bilanzen nach ihrer Aufbereitung das wichtigste Informationsmittel für den inneren und äußeren Betriebsvergleich. Sie zeigen die Vermögens-, Finanz- und Erfolgslage des Unternehmens und mit einer Bilanzanalyse und umfassenden Bilanzkritik erhalten die Entscheidungsträger im Betrieb ein Instrument für die Aufdeckung von Ursachen betrieblicher Schwachstellen und Unterstützung für notwendige Entscheidungen für die zukünftige Entwicklung des Unternehmens.

Interesse an einer kritischen Beurteilung der Lage des Unternehmens und der Auswertung von Gewinn- und Verlustrechnung haben neben den Eigentümern, Gesellschaftern und Arbeitnehmern auch Kunden, Lieferanten, Kreditgeber und die Finanzbehörden.

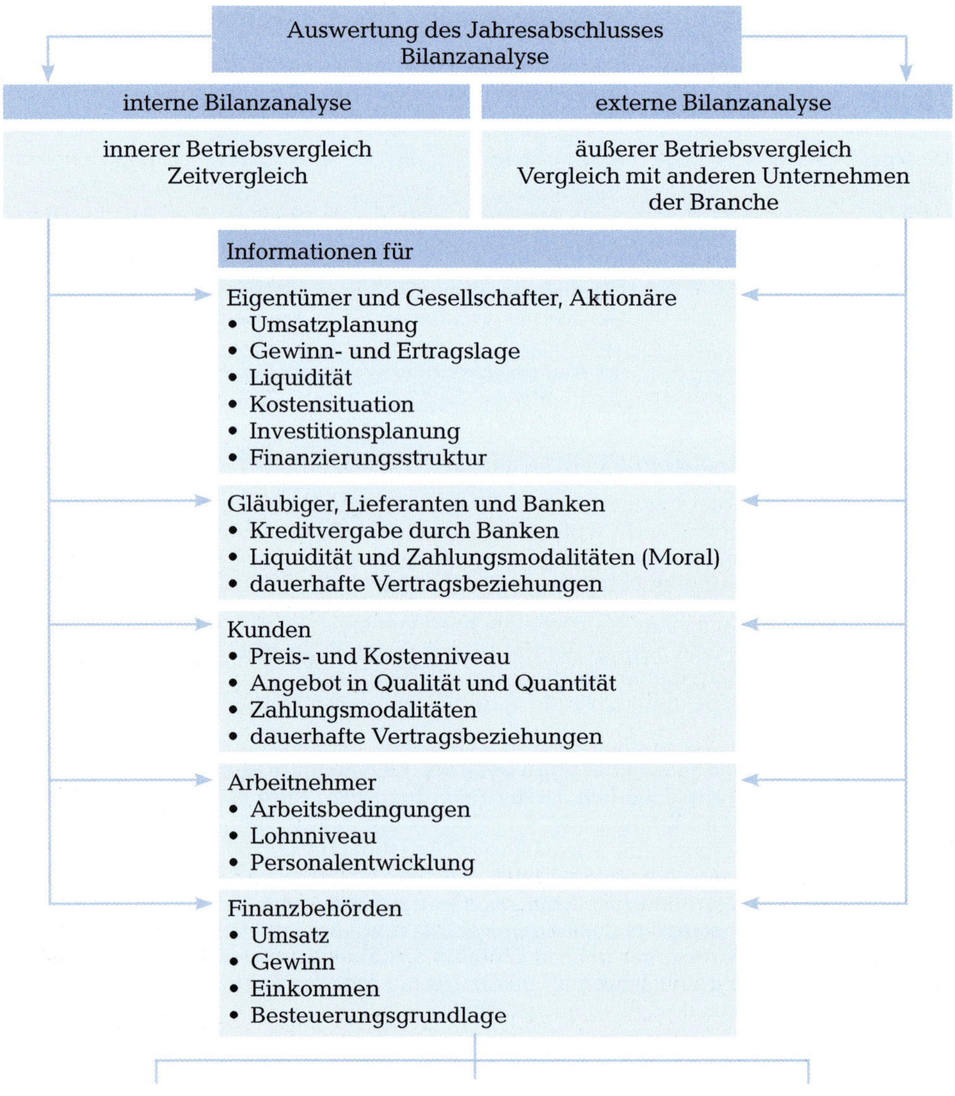

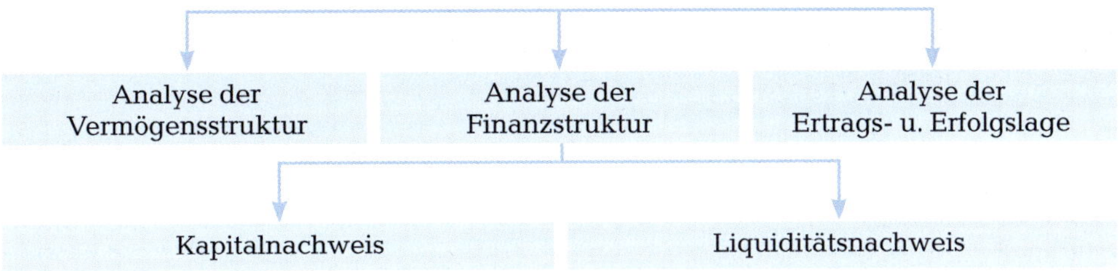

Für die betriebswirtschaftliche Auswertung stehen eine Vielzahl von Kennziffern zur Beurteilung des umfangreichen Zahlenmaterials zur Verfügung. Wie tiefgründig die Bilanz- und Kennziffernanalyse vorgenommen werden soll, ist abhängig vom Zweck und der speziellen Aufgabenstellung des Interessenten.

Der eigentlichen Struktur- und Finanzanalyse geht eine Vorstufe (auch im laufenden Geschäftsjahr möglich), die **Umsatz- und Gewinnverprobung** voraus.

10.1 Umsatz- und Gewinnverprobung

Die Umsatz- und Gewinnverprobung ermöglicht einen internen und externen Betriebsvergleich.
Dabei spielen die folgenden betriebswirtschaftlichen Größen und Kennziffern eine Rolle:

Betriebswirtschaftlicher Wert		Kennziffer
• **Wareneinsatz**	→	• **Rohgewinnaufschlagsatz (Kalkulationszuschlag)**
• **Wirtschaftlicher Umsatz**	→	• **Kalkulationsfaktor**
• **Rohgewinn**	→	• **Rohgewinnsatz (Handelsspanne)**
• **Reingewinn**	→	• **Reingewinnsatz**

Unternehmer und Gesellschafter sind an einer Umsatz- und Gewinnverprobung interessiert, um die erzielten Ergebnisse mit früheren Jahren zu vergleichen und sich mit Konkurrenzunternehmen zu messen. Weichen die Kennziffern des Geschäftsjahres stark von den erreichten Werten der vorangegangenen Jahre oder bekannter Werte der Konkurrenz ab, sind einschneidende Maßnahmen in Management, Vertrieb, Werbung und Controlling notwendig.

Der Steuerberater und die Finanzverwaltung nutzen die Verprobungsrechnung zur Überprüfung der Ordnungsmäßigkeit der Buchführung. Amtliche Richtsätze und Erfahrungswerte der Finanzverwaltungen aufgrund von Betriebsprüfungen bilden dabei die Grundlage.

Der Waren- oder Materialeinsatz ist in Handel und Industrie der größte Kostenfaktor. Nach Ermittlung des Wareneinsatzes kann der wirtschaftliche Umsatz, Rohgewinn und Reingewinn theoretisch ermittelt werden und mit den tatsächlich erzielten Ergebnissen verglichen werden. Steuerberater und Finanzbeamte erkennen rasch, ob alle Umsätze ordnungsgemäß gebucht wurden.

Der wirtschaftliche Wareneinsatz ist die Summe aller Einstandspreise der Waren.

Der **wirtschaftliche Wareneinsatz** wird wie folgt ermittelt:

	Warenanfangsbestand
+	Wareneinkäufe
+	Anschaffungsnebenkosten für Waren
–	Warenendbestand
–	Warenrücksendungen an Lieferer
–	erhaltene Skonti und Boni
–	Warenentnahmen für private Zwecke
–	innerbetrieblicher Warenverbrauch
–	unentgeltliche Warenabgabe an Personal
–	Warenverluste durch Diebstahl, Verderb, Schwund etc.
=	wirtschaftlicher Wareneinsatz

Unter Einbeziehung von Bestandsänderungen ergibt sich folgende Ermittlung des wirtschaftlichen Wareneinsatzes:

	Wareneinkäufe
+	Anschaffungsnebenkosten für Waren
–	Warenrücksendungen an Lieferer
–	erhaltene Skonti und Boni
–	Warenentnahmen für private Zwecke
–	innerbetrieblicher Warenverbrauch
–	unentgeltliche Warenabgabe an Personal
–	Warenverluste durch Diebstahl, Verderb, Schwund etc.
+	Bestandsminderungen
–	Bestandsmehrungen
=	wirtschaftlicher Wareneinsatz

Der **wirtschaftliche Umsatz** berücksichtigt neben den Umsatzerlösen auch Rücksendungen von Kunden, gewährte Preisnachlässe und Forderungsausfälle.

	Umsatzerlöse
–	Warenrücksendungen von Kunden
–	gewährte Skonti und Boni
–	Forderungsausfälle
=	wirtschaftlicher Umsatz

Wirtschaftlicher Wareneinsatz vom wirtschaftlichen Umsatz abgesetzt, führt zum **Warenrohgewinn**.

Einstandspreise Waren/Material
= Wareneinsatz/Materialeinsatz

+ Rohgewinn

= wirtschaftlicher Umsatz

Kennziffern

Rohgewinnaufschlagsatz (Kalkulationszuschlag)	**Rohgewinnsatz (Handelsspanne)**
$\text{Rohgewinnaufschlagsatz} = \frac{\text{Rohgewinn} \times 100}{\text{Wareneinsatz}}$	$\text{Rohgewinnsatz} = \frac{\text{Rohgewinn} \times 100}{\text{wirtschaftl. Umsatz}}$

Der wirtschaftliche Reingewinn berücksichtigt außerdem sonstige Betriebseinnahmen und Betriebsausgaben.

	wirtschaftlicher Rohgewinn
+	sonstige Betriebseinnahmen
–	sonstige Betriebsausgaben
=	wirtschaftlicher Reingewinn

Kennziffer

Reingewinnsatz

$$\text{Reingewinnsatz} = \frac{\text{Reingewinn} \times 100}{\text{wirtschaftl. Umsatz}}$$

Für alle Berechnungen der Umsatz- und Gewinnverprobung werden **Nettowerte** zugrunde gelegt.
Die rechnerische Ermittlung der Kennziffern der Handelskalkulation Kalkulationszuschlag und Handelsspanne sind identisch mit den Kennziffern der Umsatz- und Gewinnverprobung Rohgewinnaufschlagsatz und Rohgewinnsatz.
Es kann in der Höhe jedoch zu Abweichungen führen, da die Kalkulation stets für eine bestimmte Warenart oder Warengruppe durchgeführt wird und im Listenverkaufspreis Preisnachlässe einkalkuliert sind.

Beispiel

Für unseren Mandanten Jan Dietrich liegen am Ende des Geschäftsjahres 2020 folgende gebuchten Werte vor:

	€
– Warenbestand am 1. Januar 2020	246.000,00
– Warenbestand am 31. Dezember 2020	219.000,00
– Wareneinkauf	411.000,00
– Rücksendungen an Lieferer	36.000,00
– Rücksendungen von Kunden	28.000,00
– erhaltene Skonti	13.000,00
– erhaltene Boni	4.500,00
– gewährte Skonti	16.500,00
– Warenentnahmen für private Zwecke	2.400,00
– Warenverluste	7.200,00
– Eingangsfrachten 14.800,00	
– Zölle	1.500,00
– Umsatzerlöse	798.000,00
– Forderungsausfälle	8.300,00
– sonstige Geschäftskosten	260.000,00
– sonstige Betriebseinnahmen	6.000,00

Wirtschaftlicher Wareneinsatz:

		€
	Warenanfangsbestand	246.000,00
+	Wareneinkäufe	411.000,00
+	Anschaffungsnebenkosten	16.300,00
–	Warenendbestand	219.000,00
–	Warenrücksendungen an Lieferer	36.000,00
–	erhaltene Skonti und Boni	17.500,00
–	Warenentnahmen für private Zwecke	2.400,00
–	Warenverluste	7.200,00
=	wirtschaftlicher Wareneinsatz	391.200,00

Wirtschaftlicher Umsatz:

		€
	Umsatzerlöse	798.000,00
–	Warenrücksendungen von Kunden	28.000,00
–	gewährte Skonti	16.500,00
–	Forderungsausfälle	8.300,00
=	wirtschaftlicher Umsatz	745.200,00

Wirtschaftlicher Warenrohgewinn:

		€
	wirtschaftlicher Umsatz	745.200,00
–	wirtschaftlicher Wareneinsatz	391.200,00
=	wirtschaftlicher Warenrohgewinn	354.000,00

Wirtschaftlicher Reingewinn:

		€
	wirtschaftlicher Warenrohgewinn	354.000,00
+	sonstige Betriebseinnahmen	6.000,00
–	sonstige Betriebsausgaben	260.000,00
=	wirtschaftlicher Reingewinn	100.000,00

Kennziffern:

$$\textbf{Rohgewinnaufschlagsatz} = \frac{354.000 \times 100}{391.200} = \underline{\underline{90{,}49\,\%}}$$

$$\textbf{Rohgewinnsatz} = \frac{354.000 \times 100}{745.200} = \underline{\underline{47{,}50\,\%}}$$

$$\textbf{Reingewinnsat} = \frac{100.000 \times 100}{745.200} = \underline{\underline{13{,}42\,\%}}$$

Interpretation der Ergebnisse:

Auf 100,00 € Wareneinsatz ist ein Rohgewinnaufschlag von 90,49 € zu rechnen.
Bezogen auf 100,00 € wirtschaftlichen Umsatz werden 47,50 € Rohgewinn und 13,42 € Reingewinn erzielt.

Die ermittelten Ergebnisse des Unternehmens können mit amtlichen Richtwerten der Branche und mit Erfahrungssätzen der Finanzämter aufgrund von Außenprüfungen verglichen werden.

Übungen

1 Aus der Buchführung Ihres Mandanten entnehmen Sie folgende Konten:

	Soll €	Haben €
Warenanfangsbestand	72.800,00	
Warenendbestand		68.200,00
Wareneinkauf	187.500,00	
Rücksendungen an Lieferer		1.800,00
erhaltene Preisnachlässe		6.700,00
Warenentnahme für priv. Zwecke		3.500,00
Umsatzerlöse		392.000,00
Rücksendungen von Kunden	7.100,00	
gewährte Preisnachlässe	8.100,00	
sonstige Betriebseinnahmen		6.100,00
Geschäftskosten	171.400,00	

1.1 Ermitteln Sie den wirtschaftlichen Wareneinsatz, den wirtschaftlichen Umsatz und den wirtschaftlichen Reingewinn.

1.2 Ermitteln Sie den Rohgewinnaufschlagsatz, den Rohgewinnsatz und den Reingewinnsatz.

2 Ihr Mandant legt Ihnen am Jahresende folgende Werte vor:

	€
Bestandsmehrung Warengruppe Musik	42.000,00
Bestandsminderung Warengruppe Video	8.000,00
Bestandsmehrung Warengruppe Multimedia	46.000,00
unentgeltliche Warenabgabe an Personal	10.500,00
erhaltene Skonti und Boni	21.000,00
Anschaffungsnebenkosten	14.700,00
Warenrücksendungen an Lieferer	1.300,00
Warenrücksendungen von Kunden	700,00
gewährte Preisnachlässe	24.800,00
Warenverluste durch Diebstahl und Schwund	7.900,00
Umsatzerlöse	1.076.000,00
Geschäftskosten	227.500,00
Wareneinkäufe	937.000,00

2.1 Ermitteln Sie den wirtschaftlichen Wareneinsatz, den wirtschaftlichen Umsatz und den wirtschaftlichen Reingewinn.

2.2 Ermitteln Sie den Rohgewinnaufschlagsatz, den Rohgewinnsatz und den Reingewinnsatz.

3 Für einen Mandanten wurden folgende Ergebnisse ermittelt:

Warenart	Wirtschaftlicher Umsatz €	Rohgewinnaufschlagsatz %	Rohgewinnsatz %
A	12.500,00	78,661	45,28
B	114.800,00	45,784	27,20
C	78.000,00	84,927	57,38
D	52.000,00	79,268	68,14
E	66.700,00	87,175	63,78
F	75.200,00	65,785	54,50
G	6.800,00	83,467	62,60

3.1 Ermitteln Sie für die jeweilige Warengruppe den Warenrohgewinn und den wirtschaftlichen Wareneinsatz.

3.2 Errechnen Sie den Reingewinnsatz des Unternehmens, wenn die allgemeinen Geschäftskosten Ihres Mandanten 160.000,00 € betragen.

4 Ihr Mandant übergibt Ihnen folgende Abrechnung:

Warengruppe €	Wirtschaftlicher Wareneinsatz %	Rohgewinnaufschlagsatz %
Holz	112.500,00	17,8
Metall	101.000,00	42,9
Elektro	78.000,00	38,3
Garten	268.000,00	64,2
Farben	54.800,00	59,7
Deko	116.700,00	72,8
Sanitär	132.000,00	37,9

Ermitteln Sie den wirtschaftlichen Umsatz, den wirtschaftlichen Rohgewinn und den Rohgewinnsatz. Interpretieren Sie die erzielten Ergebnisse für jede einzelne Warengruppe.

5 Laut amtlicher Richtsatzsammlung beträgt der Rohgewinnaufschlagsatz 70 % und der Reingewinnsatz 8 % für die Branche Ihres Mandanten.
Ermitteln Sie den Rohgewinnaufschlagssatz und Reingewinnsatz für das Unternehmen Ihres Mandanten, wenn die nachfolgenden Angaben zugrunde gelegt werden:

	€
Warenanfangsbestand	72.000,00
Warenendbestand	79.900,00
Rücksendungen an Lieferer	2.300,00
Rücksendungen von Kunden	950,00
Gewährte Preisnachlässe	3.100,00
Erhaltene Preisnachlässe	1.870,00
Umsatzerlöse	420.000,00
Forderungsverluste lfd. Gj.	14.800,00
Warenverluste durch Diebstahl, Schwund	3.050,00
Private Warenentnahmen	7.000,00
Transportkosten und Versicherung	11.500,00
Geschäftskosten	145.000,00
Wareneinkäufe	260.000,00

Vergleichen Sie die nachgewiesenen Ergebnisse mit den Vorgaben der Richtsatzsammlung.

6 Ihr Mandant teilt auf Anfrage der Finanzverwaltung mit, dass im Geschäftsjahr ein wirtschaftlicher Wareneinsatz von 385.500,00 € und ein wirtschaftlicher Umsatz von 495.000,00 € erzielt wurde.
Laut Richtsatzsammlung beträgt für die Branche der Rohgewinnaufschlagsatz 35 % und der Reingewinnsatz 8 %. Die Geschäftskosten belaufen sich auf 90.000,00 €.

6.1 Berechnen Sie den Rohgewinnaufschlagsatz, den Rohgewinnsatz und den Reingewinnsatz des Unternehmens.

6.2 Ermitteln Sie die Höhe des wirtschaftlichen Umsatzes und die Höhe des wirtschaftlichen Reingewinns, den die Finanzverwaltung in Ihrer Einschätzung vorgibt.

7 Der Warenendbestand eines Unternehmens beträgt 265.000,00 €. Der Wareneinkauf im Geschäftsjahr betrug 445.000,00 €. Es wurden 742.000,00 € Umsatzerlöse erzielt. Die Geschäftskosten des lfd. Geschäftsjahres werden mit 202.000,00 € angegeben.

Wie hoch war der Warenanfangsbestand, wenn von einem Reingewinnsatz von 5 % ausgegangen wird?

10.2 Aufbereitung der GuV-Rechnung

Der Jahresabschluss besteht aus Bilanz und der Gewinn- und Verlustrechnung. § 242 HGB
Für Kapitalgesellschaften ist der Anhang zusätzlich vorgeschrieben. Für die Auswertung der GuV-Rechnung mittels Kennziffern ist es notwendig, die Gewinn- und Verlust-Rechnung aufzubereiten.

Nach § 275 Abs. 1 HGB ist die Aufstellung der Gewinn- und Verlustrechnung für Kapitalgesellschaften in **Staffelform** zwingend notwendig. Die Gewinn- und Verlustrechnung in Kontenform ist nur für Einzelunternehmen und Personengesellschaften gesetzlich zulässig. § 275 (1) HGB

Die GuV-Rechnung folgt entsprechend den Gliederungsschwerpunkten des HGB, die jeweils zu einen Zwischenergebnis führen. § 275 (2) HGB

Betriebsergebnis
+ Finanzergebnis
= Ergebnis der gewöhnlichen Geschäftstätigkeit
+ außerordentliches Ergebnis
= Ergebnis vor Steuern
– Steuern vom Einkommen und Ertrag
= Gesamtergebnis (Jahresüberschuss/Jahresfehlbetrag)

Die Unternehmen können entsprechend ihrer Betriebsorganisation und Finanzbuchhaltung frei wählen, welches Verfahren sie zur Aufstellung der GuV-Rechnung in Staffelform nutzen.

Beim **Gesamtkostenverfahren** werden **alle Aufwendungen** des gesamten Geschäftsjahres in der GuV-Rechnung erfasst. Es ist unerheblich, ob die hergestellten Produkte oder Waren im allgemeinen Wirtschaftsverkehr bereits einen Käufer gefunden haben oder auf Lager liegen. Entscheidend ist die **erbrachte betriebliche Leistung**. In die GuV-Rechnung ist die Position „**Bestandsveränderungen an unfertigen Erzeugnissen und Fertigerzeugnissen**" einzubeziehen.

§ 275 (2) HGB

Gliederung der GuV-Rechnung nach dem Gesamtkostenverfahren

1.		Umsatzerlöse
2.	+	Bestandserhöhung an unfertigen und Fertigerzeugnissen
	–	Bestandsminderung an unfertigen und Fertigerzeugnissen
3.	+	andere aktivierte Eigenleistungen
4.	+	sonstige betriebliche Erträge
5.	–	Materialaufwand
6.	–	Personalaufwand
7.	–	Abschreibungen
8.	–	sonstige betriebliche Aufwendungen
1.–8.		**Betriebsergebnis**
9.	+	Erträge aus Beteiligungen
10.	+	Erträge aus anderen Wertpapieren und Ausleihungen des Finanzanlagevermögens
11.	+	sonstige Zinsen und ähnliche Erträge
12.	–	Abschreibungen auf Finanzanlagen und auf Wertpapiere des Umlaufvermögens
13.	–	Zinsen und ähnliche Aufwendungen
9.–13.		Finanzergebnis
1.–13.		**Betriebsergebnis**
	+	**Finanzergebnis**
14.		**Ergebnis der gewöhnlichen Geschäftstätigkeit**
15.	+	außerordentliche Erträge
16.	–	außerordentliche Aufwendungen
17.		**außerordentliches Ergebnis**
1.–17.		**Betriebsergebnis**
	+	**Finanzergebnis**
	+	**außerordentliches Ergebnis**
		Ergebnis vor Steuern
18.	–	Steuern vom Einkommen und Ertrag
19.	–	sonstige Steuern
20.		**Gesamtergebnis (Jahresüberschuss/Jahresfehlbetrag)**

Das **Umsatzkostenverfahren** weist **alle Aufwendungen** für die im Geschäftsjahr **verkauften Waren und Leistungen** aus, unabhängig davon in welchem Geschäftsjahr die Produkte hergestellt oder die Leistung erbracht wurde. Die GuV-Rechnung ist rein **umsatzorientiert**. Der Aufwand wird nach **Funktionsbereichen** erfasst.

Gliederung der GuV-Rechnung nach dem Umsatzkostenverfahren

§ 275 (3) HGB

1. Umsatzerlöse
2. – Herstellungskosten der zur Erzielung der Umsatzerlöse erbrachten Leistungen

---

3. 1.–2. **Bruttoergebnis vom Umsatz**

4. – Vertriebskosten
5. – allgemeine Verwaltungskosten
6. \+ sonstige betriebliche Erträge
7. – sonstige betriebliche Aufwendungen

1.–7. **Betriebsergebnis**

8. \+ Erträge aus Beteiligungen
9. \+ Erträge aus anderen Wertpapieren und Ausleihungen des Finanzanlagevermögens
10. \+ sonstige Zinsen und ähnliche Erträge
11. – Abschreibungen auf Finanzanlagen und auf Wertpapiere des Umlaufvermögens
12. – Zinsen und ähnliche Aufwendungen

8.–12. **Finanzergebnis**

1.–12. **Betriebsergebnis**

\+ **Finanzergebnis**

13. **Ergebnis der gewöhnlichen Geschäftstätigkeit**

---

14. \+ außerordentliche Erträge
15. – außerordentliche Aufwendungen

---

16. **außerordentliches Ergebnis**

1.–16. **Betriebsergebnis**

\+ **Finanzergebnis**

\+ **außerordentliches Ergebnis**

Ergebnis vor Steuern

17. – Steuern vom Einkommen und Ertrag

18. – sonstige Steuern

---

19. Gesamtergebnis (Jahresüberschuss / Jahresfehlbetrag)

Übungen

1 Erstellen Sie die Gewinn- und Verlustrechnung in Staffelform nach dem Gesamtkostenverfahren. Ermitteln Sie die Gesamtleistung, das Rohergebnis, das Betriebsergebnis, das Finanzergebnis, das Ergebnis der gewöhnlichen Geschäftstätigkeit, das außerordentliche Ergebnis, das Ergebnis vor Steuern und den Jahresüberschuss. Die Finanzbuchhaltung weist folgende Konten aus:

	€
– Steuern vom Einkommen und Ertrag	8.490,00
– Materialaufwand	642.827,00
– Abschreibungen auf Finanzanlagen	908,00
– außerordentliche Aufwendungen	2.406,00
– Bestandserhöhung an UE/FE	12.311,00
– Zinsaufwendungen	3.472,00
– Personalaufwand	291.922,00
– sonstige Steuern	4.003,00
– Umsatzerlöse	1.053.452,00
– außerordentliche Erträge	800,00
– Zinserträge	644,00
– Erträge aus Beteiligungen	2.440,00
– aktivierte Eigenleistungen	41.916,00
– Abschreibungen auf Sachanlagen	50.400,00
– sonstige betriebliche Erträge	8.926,00
– Erträge aus anderen WP	792,00
– sonstige betriebliche Aufwendungen	37.893,00

2 Erstellen Sie die Gewinn- und Verlustrechnung in Staffelform nach dem Umsatzkostenverfahren. Ermitteln sie das Bruttoergebnis, das Betriebsergebnis, das Finanzergebnis, das Ergebnis der gewöhnlichen Geschäftstätigkeit, das außerordentliche Ergebnis, das Ergebnis vor Steuern und den Jahresüberschuss/Jahresfehlbetrag.
Aus den Konten der Finanzbuchhaltung werden folgende Zahlen entnommen:

	€
– sonstige betriebliche Aufwendungen	23.782,00
– außerordentliche Erträge	952,00
– sonstige Steuern	2.832,00
– Vertriebskosten	42.825,00
– Zinsaufwendungen	1.829,00
– Erträge aus Beteiligungen	2.710,00
– Umsatzerlöse	842.791,00
– Steuern vom Einkommen und Ertrag	825,00
– sonstige betriebliche Erträge	5.910,00
– außerordentliche Aufwendungen	24.500,00
– Herstellungskosten des Umsatzes	623.672,00
– Erträge aus anderen WP	3.417,00
– allgemeine Verwaltungskosten	147.833,00
– Zinserträge	912,00
– Abschreibungen auf Finanzanlagen	44,00

10.3 Auswertung des Jahresabschlusses mittels Kennziffern aus Bilanz und GuV-Rechnung (Bilanzanalyse)

Die Bilanzanalyse ist die **wichtigste** und **zentrale** Aufgabe von Management und Controlling. Hier liegen Reserven für die Betriebsorganisation und Leitung des Unternehmens, da alle Informationen über die Unternehmenssituation in der Bilanz und Guv-Rechnung zusammenlaufen.
Eine exakte und detaillierte Auswertung ist stets Grundlage für eine erfolgreiche Unternehmensführung.

10.3.1 Betriebswirtschaftliche Auswertungen

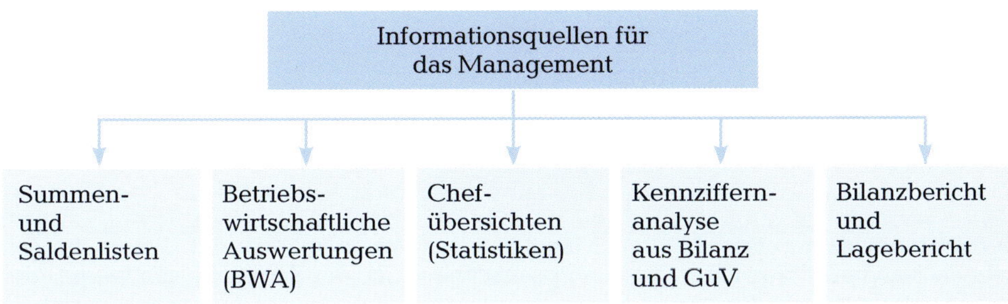

Die monatlich oder quartalsweise erstellten **Summen- und Saldenlisten** geben Auskunft über die Jahresverkehrszahlen der gebuchten Bestands- und Erfolgskonten und kumulieren die Daten.

Erste kritische Ansätze für Entscheidungen können aus **Betriebswirtschaftlichen Auswertungen** und aus **Chefübersichten** gezogen werden.

Die Finanzbuchhaltung stellt das Zahlenmaterial nicht in erster Linie für die Besteuerung des Unternehmens zur Verfügung, sondern liefert mit den Betriebswirtschaftlichen Auswertungen ein aufbereitetes Zahlenwerk für die Unternehmensleitung.

Es wird zwischen **absoluten** und **relativen Kennzahlen** unterschieden.
Absolute Kennzahlen bilden sich aus der Differenz zweier Werte.
Relative Kennzahlen werden meist in Prozent ausgedrückt und stellen das Verhältnis zweier Zahlen, ihre Beziehung, zueinander dar. Sie dienen als grundlegende Vergleichsgröße.

Betriebswirtschaftliche Auswertungen werden unterschieden in:

- Kurzfristige Erfolgsrechnung,
- Bewegungsbilanz,
- Statische Liquidität.

Die Kurzfristige Erfolgsrechnung wird monatlich oder quartalsweise entsprechend der Buchungsperiode erstellt.
Es erfolgt eine Auswertung der Ertrags- und Aufwandskonten bis zum vorläufigen Ergebnis des Buchungsmonats und den kumulierten Jahresverkehrszahlen.
Ausgangspunkt der kurzfristigen Erfolgsrechnung sind die **Umsatzerlöse** aus dem Verkauf von betriebstypischen Waren oder Leistungen. Vom Umsatz werden alle gewährten Preisnachlässe und Erlösschmälerungen abgezogen.

Die Ermittlung des vorläufigen Ergebnisses wird nach folgendem Berechnungsschema vorgenommen:

	Umsatzerlöse
–	gewährte Preisnachlässe
–	Erlösschmälerungen
+	Bestandserhöhungen
–	Bestandsminderungen
=	Gesamtleistung
–	Wareneinsatz
=	Rohertrag (Rohgewinn)
+	sonstige betriebliche Erlöse
=	Betrieblicher Rohertrag
–	Gesamtkosten
=	Betriebsergebnis
–	neutraler Aufwand
+	neutraler Ertrag
=	Vorläufiges Ergebnis

Der Wareneinsatz entspricht dem Material- oder Wareneinkauf inkl. Anschaffungsnebenkosten und abzüglich erhaltener Preisnachlässe und der Entnahme von Waren oder Leistungen für private Zwecke.
Die **sonstigen betrieblichen Erlöse** resultieren aus dem Vertrieb von Waren oder Leistungen, die **nicht betriebstypisch** sind. Das können Provisionserlöse oder verrechnete Sachbezüge sein.
Der BWA-Teil **Kosten** weist die wichtigsten Kostenarten wie Personalkosten, Abschreibungen, Reparaturen, Kfz-Kosten und betriebliche Steuern als Einzelposten und als Gesamtkosten aus.
Das **Betriebsergebnis** ist die Differenz zwischen betrieblichen Rohertrag und Gesamtkosten.
Im **neutralen Aufwand** werden Zinsaufwendungen, übrige Steuern und sonstige neutrale Aufwendungen z. B. Aufwendungen aus Kursdifferenzen ausgewiesen.
Der **neutrale Ertrag** erfasst Zinserträge, Erträge aus Wertpapieren und Beteiligungen und verrechnete kalkulatorische Kosten.

Folgende relative Kennziffern sind als Prozentzahlen ablesbar:

Handelsspanne % (Rohgewinnsatz)	=	Verhältnis Rohertrag zur Gesamtleistung
Personalaufwandsquote %	=	Verhältnis Personalkosten zum Umsatz
Umsatzrentabilität %	=	Verhältnis vorläufiges Ergebnis zum Umsatz
Kalkulationsaufschlag % (Rohgewinnaufschlagsatz)	=	Verhältnis Rohgewinn zum Wareneinsatz

Werden starke Abweichungen zwischen den Monaten festgestellt, können im Unternehmen rechtzeitig Ursachen gesucht, Entscheidungen getroffen und auch Buchungs- oder Managementfehler abgestellt werden.

Die Bewegungsbilanz oder Kapitalverwendungsrechnung gibt Auskunft über die **Veränderungen** der einzelnen Bilanzpositionen im **Kapital- und Vermögensbereich** von Beginn des Wirtschaftsjahres an bis zum Abrechnungsstichtag.

Es erfolgt sowohl eine wertmäßige als auch prozentuale Darstellung.

Vereinfachte Darstellung der Bewegungsbilanz

Bilanzposition	**Mittelverwendung/ Ergebnisverwendung**	**Mittelherkunft/ Ergebnisherkunft**
Anlagevermögen	↓	↓
Umlaufvermögen	Erhöhung Aktiva	Minderung Aktiva
Verbindlichkeiten	o. Minderung Passiva	o. Erhöhung Passiva
Kapital	↑	↑
Gewinn/Verlust	Wohin sind die Mittel oder das Ergebnis geflossen?	Woher stammen die Mittel oder das Ergebnis?

Summe Mittelverwendung = Summe Mittelherkunft

In der Bewegungsbilanz wird zunächst geklärt, **wohin die Mittel oder der Gewinn geflossen sind**.

Unter Mittelverwendung/Ergebnisverwendung werden erfasst:

1. Aktivmehrungen (Erhöhung von Vermögenswerten)
2. Passivminderungen (Minderung von Kapitalanteilen)

Der Mittelverwendung wird die Mittelherkunft oder Ergebnisentstehung gegenübergestellt. Es wird die Frage beantwortet, **woher stammen die Mittel, wie entsteht das Ergebnis**.

Unter Mittelherkunft/Ergebnisherkunft werden erfasst:

1. Aktivminderungen (Minderung von Vermögenswerten)
2. Passivmehrungen (Erhöhung von Kapitalanteilen)

Beispiel

Bilanzposition	Mittelverwendung		Mittelherkunft
Anlagevermögen	100.000,00		
Umlaufvermögen			80.000,00
Verbindlichkeiten	30.000,00		
Kapital			70.000,00
Gewinn/Verlust			
	150.000,00	=	150.000,00
	Summe Mittelverwendung	=	Summe Mittelherkunft

Der erzielte Gewinn von 70.000,00 € und die Reduzierung von offenen Forderungen in Höhe von 80.000,00 € führte zu einer Neuinvestition in das Anlagevermögen von 100.000,00 € und zu einer Kapitalminderung in Form einer Privatentnahme von 20.000,00 €. Zusätzlich wurde das Anlagevermögen durch die Aufnahme eines Kredites von 30.000,00 € finanziert.

Es werden in der Bewegungsbilanz nur die **Veränderungen** erfasst. Die Anfangsbestände sind in der Bewegungsbilanz bedeutungslos.
Die **Statische Liquidität** als dritte Grundauswertung einer BWA gibt Informationen zur **Zahlungsfähigkeit** des Unternehmens. Die Liquiditäts-BWA ist eine **zeitpunktbezogene Auswertung** von

- Geldkonten,
- Forderungen,
- Verbindlichkeiten,
- Warenbeständen.

Es handelt sich stets um eine **relative statische Liquidität**, die das Verhältnis zwischen Zahlungsmitteln und Forderungen sowie Verbindlichkeiten zeitpunktbezogen ermittelt. Zahlungsziele und Fähigkeiten sowohl von Forderungen als auch von Verbindlichkeiten werden nicht berücksichtigt.

Die Liquiditätsgrade sind:

1. **Barliquidität**
2. **Liquidität 2. Grades**
3. **Liquidität 3. Grades**

Für die **Barliquidität** werden die reinen Barmittel (Kasse, Postgiro, Bank) herangezogen.
Die **Liquidität 2. Grades** stellt neben den Barmittel die Forderungen den kurzfristigen Verbindlichkeiten gegenüber.
In der **Liquidität 3. Grades** werden zusätzlich Warenvorräte, die nur längerfristig und damit schwerer zu verflüssigen sind, in die Berechnung einbezogen.
Die genaue Berechnung der Liquiditätsgrade wird im Anschluss im Punkt 10.3.2.4 behandelt. Ergebnis der Liquiditätsrechnung ist der **Liquiditätsgrad**.

Bedeutung des Liquiditätsgrades:

Liquiditätsgrad = 1,00	› genaue Deckung von Verbindlichkeiten und Mittel
Liquiditätsgrad > 1,00	› Überdeckung – Mittel sind größer als Verbindlichkeiten
Liquiditätsgrad < 1,00	› Unterdeckung – Verbindlichkeiten sind größer als die Mittel

Bei einer monatlichen Liquiditäts-BWA sind Liquiditäts- und Zahlungsschwierigkeiten rechtzeitig erkennbar. Die Unternehmensleitung kann frühzeitig mit entsprechenden Maßnahmen (Verkürzung des Mahnzyklus, Einleitung von rechtlichen Schritten, Erhebung von Verzugszinsen, Aufnahme von langfristigen Darlehen etc.) gegensteuern.
Die Eröffnungsbilanzwerte sind in der Liquiditäts-BWA eingeschlossen.

Neben den Grundauswertungen BWA gibt es eine ganze Reihe von weiterführenden Analysen und Auswertungen, die unter dem Begriff **Chefübersichten** bekannt sind.
Dazu zählen unter anderem:

• **Vergleichs-BWA**	›	**Vergleich mit** **– Vorjahres-Werten und** **– Vorgabe-Werten (Soll/Ist)** **– anderen Unternehmen der Branche**
• **Jahresübersichten**	›	**Vergleich mehrerer Jahre** **– Vorjahresvergleich** **– 3-Jahresvergleich**
• **Entwicklungsübersichten und Grafiken**	›	**Grafische Auswertung in Form von** **– Linien- und** **– Balkendiagrammen**
• **Konsolidierte BWA**	›	**Zusammenfassung von BWA mehrerer Unternehmen oder Filialen zur Gesamt-BWA eines Konzerns**

Der **Bilanzbericht** gibt Auskunft über die wirtschaftlichen Verhältnisse des Unternehmens, einen Einblick in die Produktpalette, Marketingstrategie und Ausblick auf Produktinnovationen.

Der Bilanzbericht beinhaltet im Wesentlichen:

- Prüfungsauftrag, Inhalt, Auftraggeber
- Konzern- und Beteiligungsverhältnisse
  gesellschaftliche Stellung des Unternehmens
- Wirtschaftliche Verhältnisse
  Beurteilung der Vermögens-, Finanz- und Ertragslage des Unternehmens
- Bewertungs- und Bilanzierungsmethoden
- Erläuterungen zum Jahresabschluss und Anhang
- Lagebericht
- Prüfungsergebnis

In den **Erläuterungen zum Jahresabschluss** werden alle Positionen der Bilanz im Detail aufgeführt und ihre Auswirkung auf die Ertragslage des Unternehmens beurteilt.

Einige der wichtigsten betriebswirtschaftlichen Eckdaten, die in den Erläuterungen betrachtet werden, sind:

- Bewertung und Bestandsveränderungen der Warenvorräte
- Erläuterungen der Forderungen aus Lieferungen und Leistungen und der sonstigen Forderungen
- Erläuterungen der Verbindlichkeiten aus Lieferungen und Leistungen und der sonstigen Verbindlichkeiten
- Wertberichtigung auf Forderungen
- Erläuterung der Rückstellungen
- Entwicklung der Darlehen und Zinsen
- Erläuterungen sonstiger finanzieller Verpflichtungen
- Darstellung außerordentlicher Erträge oder Aufwendungen

Im **Anhang** wird die Entwicklung des **Anlagevermögens, Kauf und Verkauf von Anlagegütern im Anlagespiegel** einzeln von den Anschaffungskosten bis zu den Restbuchwerten aufgelistet.

Der **Lagebericht** zeigt vor allem die **zukünftige Unternehmensstrategie**. Neue Produkte, neue Technologien, neue Märkte und Absatzchancen führen letztendlich zu einer Neugestaltung von Betriebsorganisation und Leitung des Unternehmens.

Die **Bilanz- und GuV-Analyse mittels Kennziffern** dient als Ergänzung zur Betriebswirtschaftlichen Auswertung, Chefübersicht und zum Bilanz- und Lagebericht. Allerdings sind dem Aussagewert von Kennzahlen auch Grenzen gesetzt.
Eine Kennziffer liefert eine Information zu einem bestimmten betriebswirtschaftlichen Verhältnis. Jede Kennziffer hat ihren logischen Hintergrund, der zu Einschätzungen und Entscheidungen führen kann.
Eine Kennzahlenflut kann demgegenüber zu Unübersichtlichkeit, Ablenkung auf unwesentliche Details und zu widersprüchlichen Interpretationen führen.
Es ist ratsam für das Unternehmen, eine sinnvolle Anzahl von Kennziffern auszuwählen, die sich in ihrem Aussagewert ergänzen und in ihrer Komplexität die wirtschaftliche Situation des Unternehmens im Ganzen widerspiegeln.

Es gibt eine Vielzahl von Kennzahlensystemen, die sich mit der Klassifizierung von Kennziffern beschäftigen.

Ein **Kennzahlensystem für die Strukturanalyse** eines Unternehmens ist das Kennziffernsystem, das vom Zentralverband der Elektrotechnischen Industrie e.V. (**ZVEI**) aufgestellt wurde. Das System umfasst ca. 200 betriebswirtschaftliche Kennziffern, die mathematisch miteinander im Gesamtsystem verknüpft sind.
Daneben ist das **RoI-Cash-Flow Kennzahlensystem von Hahn** erwähnenswert. (RoI – Return on Investment)

Die Gemeinsamkeit beider Systeme besteht darin, dass die **Rentabilität** als Spitzenkennzahl Ausgangspunkt für weitere Kennzahlen ist, die in einer Art Baumstruktur geschlüsselt werden.

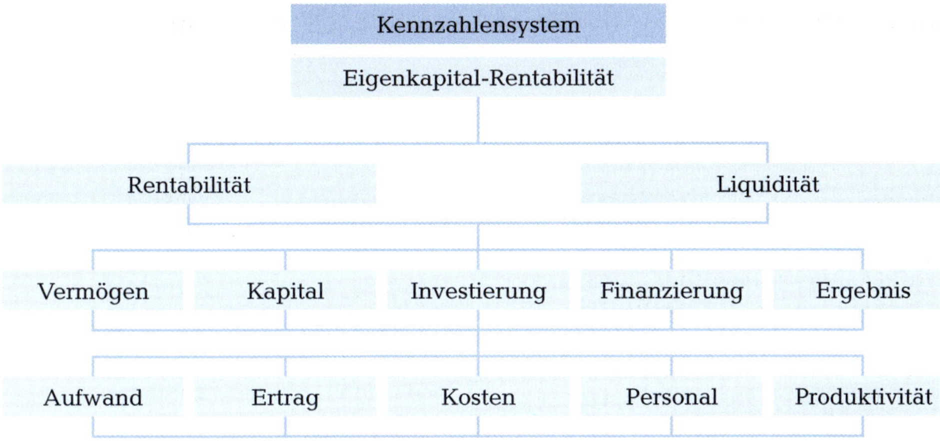

Eine weitere Einteilungsmöglichkeit von Kennziffern ist die **Klassifizierung** nach ihrem **Ursprung bzw. Inhalt**:

- **Bilanz- und GuV-Kennziffern**
- **Rentabilitätskennziffern**
- **Cashflow**
- **Umschlags- und lagerwirtschaftliche Kennziffern**
- **Personalwirtschaftliche Kennziffern**

Im folgenden werden die Kennziffern nach ihrem Ursprung im einzelnen erläutert.

10.3.2 Horizontale und vertikale Bilanzkennziffern

Entsprechend dem Bilanzaufbau unterscheidet man vertikale (einseitige) und horizontale (zweiseitige) Bilanzkennzahlen.

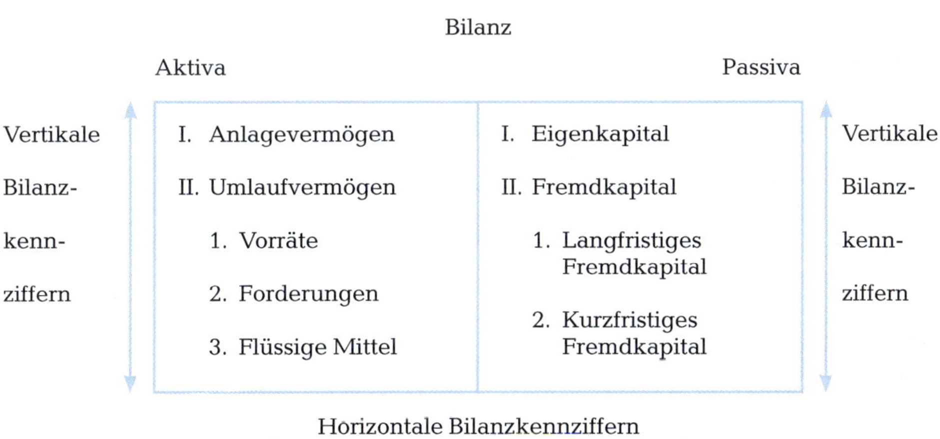

Bilanzkennziffern

- **Vertikale Bilanzkennziffern**
  - **Vermögensstruktur**
    - Anlagenintensität
    - Umlaufintensität
    - Vermögenskonstitution
    - Vorratsquote
    - Forderungsquote
    - Anteil der flüssigen Mittel
  - **Kapitalaufbau**
    - Finanzierungsverhältnis
    - Verschuldungsgrad
    - Eigenkapitalintensität (-quote)
    - Fremdkapitalintensität (-quote)
    - Anteil des langfristigen Fremdkapitals
    - Anteil des kurzfristigen Fremdkapitals
    - Grad der Selbstfinanzierung
    - Rücklagenquote
- **Horizontale Bilanzkennziffern**
  - **Investierung/ Finanzierung**
    - Anlagendeckung 1
    - Anlagendeckung 2
    - Anlagendeckung 3
  - **Liquidität**
    - Liquidität 1. Grades
    - Liquidität 2. Grades
    - Liquidität 3. Grades
    - Cash Flow

10.3.2.1 › Vertikale Bilanzkennziffern der Aktivseite

Bei der Analyse der Vermögensstruktur eines Unternehmens werden die Aktivpositionen zum Gesamtvermögen und zueinander ins Verhältnis gesetzt. Alle Kennziffern werden in Prozent ausgewiesen.

$$\textbf{Anlagenintensität} = \frac{\textbf{Anlagevermögen} \times 100}{\textbf{Gesamtvermögen}}$$

Die Anlagenintensität drückt das Verhältnis von Anlagevermögen zum Gesamtvermögen aus. Eine hohe Anlagenintensität deutet nicht von vornherein auf ein gesundes Unternehmen hin. Hohe Anlageintensität ist Ausdruck eines hohen Automatisierungs- und Rationalisierungsstandes. Investitionen in den Maschinenpark führen stets zu einer Erhöhung der Anlagenintensität.
Anlageintensive Unternehmen weisen hohe Fixkosten auf und sind interessiert, die Ma-

schinen- und Anlagenkapazitäten umfassend auszulasten. Diese Unternehmen können auf Marktschwankungen nur schwer reagieren. Ihre geringe Anpassungsfähigkeit und Flexibilität führt oftmals bei Nachfragerückgang zu einer drastischen Verschlechterung der Finanzlage. Einige Branchen, wie Schiffbau, Chemieanlagenbau, Schwermaschinenbau sind ohne hohe Anlagenintensität nicht lebensfähig.

$$\textbf{Umlaufintensität} = \frac{\textbf{Umlaufvermögen} \times 100}{\textbf{Gesamtvermögen}}$$

Die Umlaufintensität stellt das Verhältnis von Umlaufmittel zum Gesamtvermögen dar. Da die Umlaufmittel aus Vorräten, Forderungen und flüssigen Mitteln bestehen, schließt eine hohe Umlaufintensität meist auf einen hohen Lagerbestand oder auf eine hohe Anzahl von offenen Forderungen. Um die Umlaufintensität exakt einschätzen zu können, sind weitere betriebswirtschaftliche Einflussgrößen des Unternehmens in die Betrachtung einzubeziehen. Das Umlaufvermögen zeichnet sich durch eine kürzere Umschlagsdauer aus. Die kürzere Verweildauer von Umlaufmitteln ermöglicht dem Unternehmen schneller auf Marktveränderungen zu reagieren.

$$\textbf{Vermögenskonstitution} = \frac{\textbf{Anlagevermögen} \times 100}{\textbf{Umlaufvermögen}}$$

Die Vermögenskonstitution zeigt das Verhältnis zwischen Anlagevermögen und Umlaufvermögen. Diese Kennziffer führt nur dann zu einem betriebswirtschaftlichen Aussagewert, wenn die Kennziffer für einen inneren Betriebsvergleich über mehrere Jahre geführt wird und für einen äußeren Betriebsvergleich mit branchenähnlichen oder konkurrierenden Unternehmen herangezogen wird.

$$\textbf{Vorratsquote} = \frac{\textbf{Vorräte} \times 100}{\textbf{Gesamtvermögen}}$$

Das Verhältnis von Vorräten zum Gesamtvermögen drückt die Vorratsquote aus. Auch bei dieser Kennziffer ist ein interner Betriebsvergleich über mehrere Jahre sinnvoll.
Eine steigende Vorratsquote kann einerseits durch die Steigerung der Produktion verursacht werden, andererseits auch auf einen Absatzrückgang deuten.

$$\textbf{Forderungsquote} = \frac{\textbf{Forderungen} \times 100}{\textbf{Gesamtvermögen}}$$

Die Forderungsquote setzt die offenen Forderungen zum Gesamtvermögen in Beziehung. Auch bei dieser Kennzahl kann die Erhöhung der Forderungsquote durch eine Steigerung der Produktion als auch durch Verschlechterung der Zahlungsmoral bedingt sein.
Erst weitergehende Analysen lassen die tatsächlichen Ursachen erkennen.

$$\textbf{Anteil der flüssigen Mittel} = \frac{\textbf{Flüssige Mittel} \times 100}{\textbf{Gesamtvermögen}}$$

Die flüssigen Mittel wie Kasse, Postbank- und Bankguthaben werden ins Verhältnis gesetzt zum Gesamtvermögen.
Ein hoher Anteil von flüssigen Mitteln am Gesamtvermögen bedeutet für das Unternehmen stets eine gewisse Unabhängigkeit gegenüber Marktschwankungen und Käuferverhalten.

10.3.2.2 › Vertikale Bilanzkennziffern der Passivseite

Die vertikalen Bilanzkennziffern der Passivseite analysieren einerseits die Relation von Eigenkapital und Fremdkapital zueinander und andererseits zum Gesamtkapital.
Je höher der Eigenkapitalanteil ist, desto sicherer kann das Unternehmen in die Zukunft blicken und desto günstiger stehen die Chancen bei der Ausreichung neuer Kredite durch die Banken.
Letztendlich ist die Höhe und Entwicklung des Eigenkapitals die maßgebliche Größe für die Beurteilung der Unternehmenslage bezüglich Darlehenszuschlages durch Gläubiger und Banken.

$$\textbf{Finanzierungsverhältnis (Kapitalstruktur)} = \frac{\textbf{Eigenkapital} \times \textbf{100}}{\textbf{Fremdkapital}}$$

Das Finanzierungsverhältnis wird auch Kapitalstruktur genannt und zeigt das Verhältnis von Eigenkapital zum Fremdkapital.
Ein hohes Finanzierungsverhältnis weist auf eine gute wirtschaftliche Stabilität des Unternehmens hin und dokumentiert stets auch eine gewisse Unabhängigkeit gegenüber Geldgebern.

$$\textbf{Verschuldungsgrad} = \frac{\textbf{Fremdkapital} \times \textbf{100}}{\textbf{Eigenkapital}}$$

Ein Verschuldungsgrad größer 1 weist darauf hin, dass das Fremdkapital größer als das Eigenkapital ist. Je kleiner der Verschuldungsgrad desto günstiger ist die wirtschaftliche Situation im Geschäftsbetrieb.
Die Regel von Fremdkapital zu Eigenkapital im Verhältnis von 1:1 sollte in etwa eingehalten werden. Das Verhältnis ist jedoch stark branchenabhängig. Das Baugewerbe weist im Durchschnitt eine geringere Eigenkapitaldeckung als der Handel auf.

$$\textbf{Eigenkapitalintensität (Eigenkapitalquote)} = \frac{\textbf{Eigenkapital} \times \textbf{100}}{\textbf{Gesamtkapital}}$$

Das Eigenkapital ins Verhältnis gesetzt zum Gesamtkapital wird Eigenkapitalintensität oder Eigenkapitalquote genannt.
Je höher die Eigenkapitalquote ist, desto stabiler und kreditwürdiger ist das Unternehmen.

$$\begin{array}{l}\textbf{Fremdkapitalintensität}\\ \textbf{(Fremdkapitalquote)}\\ \textbf{(Anspannungsgrad)}\end{array} = \frac{\textbf{Fremdkapital} \times \textbf{100}}{\textbf{Gesamtkapital}}$$

Die Kennziffer Fremdkapitalintensität ist auch unter den Bezeichnungen Fremdkapitalquote und Anspannungsgrad bekannt. Das Fremdkapital wird in Beziehung gesetzt zu Gesamtkapital bzw. zur Bilanzsumme.
Ein hoher Anspannungsgrad bedeutet eine hohe Belastung in Form von Zinszahlungen für das Unternehmen. Die Firma ist abhängig vom Wohlwollen der Banken und Gläubiger.
Eine weitergehende Analyse der Kapitalsituation bietet die Kennzahl **Anteil des langfristigen Fremdkapitals**.

$$\textbf{Anteil des langfristigen Fremdkapitals} = \frac{\textbf{langfristiges Fremdkapital} \times \textbf{100}}{\textbf{gesamtes Fremdkapital}}$$

$$\text{oder} = \frac{\text{langfristiges Fremdkapital} \times 100}{\text{Gesamtkapital}}$$

Je höher der Anteil des langfristigen Fremdkapitals am gesamten Fremdkapital oder am Gesamtkapital ist, desto stabiler ist die finanzielle Situation. Der Betrieb kann langfristig disponieren und die Rückzahlung der aufgenommenen Darlehen exakt planen.

$$\text{Anteil des kurzfristigen Fremdkapitals} = \frac{\text{kurzfristiges Fremdkapital} \times 100}{\text{gesamtes Fremdkapital}}$$

$$\text{oder} = \frac{\text{kurzfristiges Fremdkapital} \times 100}{\text{Gesamtkapital}}$$

Ein hoher Anteil an kurzfristigem Fremdkapital kann im Unternehmen zu Engpässen in der Liquidität führen, da die Rückzahlung von kurzfristigen Verbindlichkeiten Vorrang hat. Die Folge sind Verzugszinsen oder eine erhöhte Zinsbelastung durch Aufnahme weiterer Kredite.

$$\text{Grad der Selbstfinanzierung} = \frac{\text{Gewinnrücklagen} \times 100}{\text{Gesamtkapital}}$$

$$\text{oder} = \frac{\text{Gewinnrücklagen} \times 100}{\text{Eigenkapital}}$$

Der Grad der Selbstfinanzierung oder die Rücklagenquote gibt die Selbstfinanzierung aus thesaurierten Gewinnen an. Ein hoher Selbstfinanzierungsgrad bzw. eine hohe Rücklagenquote zeigt die Unabhängigkeit von äußeren Geldgebern für Neu- oder Erweiterungsinvestitionen.

Alle Kennzahlen, die den Kapitalaufbau eines Unternehmens beleuchten, widerspiegeln sehr gut dessen wirtschaftliche Lage. Die Entwicklung des Eigenkapitals über mehrere Jahre gibt im Wesentlichen Aufschluss über die Stabilität des Betriebes. **Das Eigenkapital ist letztendlich Ausdruck der Leistungskraft eines Unternehmens**.

10.3.2.3 › Horizontale Bilanzkennziffern der Investierung und Finanzierung

Horizontale Bilanzkennziffern zeigen die Beziehungen zwischen Aktiv- und Passivpositionen der Bilanz.
Das Vermögen, das dem Unternehmen langfristig dienen soll, wie Anlagevermögen und langfristiges Umlaufvermögen (Warenvorräte) wird zum Eigenkapital und langfristigen Fremdkapital ins Verhältnis gesetzt.

$$\text{Anlagendeckung I} = \frac{\text{Eigenkapital} \times 100}{\text{Anlagevermögen}}$$

Der Deckungsgrad I besagt, dass das Anlagevermögen, welches dem Unternehmen dauerhaft dient, mindestens durch das Eigenkapital, welches ebenfalls dauerhaft im Unternehmen vorhanden ist, gedeckt werden soll. Ein Verhältnis von 1:1 zeigt diesbezüglich eine ausgewogene Finanzstruktur.

Sollte das Eigenkapital nicht ausreichen, das Anlagevermögen zu decken, kann das langfristige Fremdkapital herangezogen werden.

$$\textbf{Anlagendeckung II} = \frac{\textbf{(Eigenkapital + langfristiges FK)} \times 100}{\textbf{Anlagevermögen}}$$

Die Anlagendeckung II setzt Eigenkapital und das langfristige Fremdkapital zum Anlagevermögen in Beziehung.

Als **horizontale Finanzierungsregel** oder **goldene Bilanzregel** gilt im engeren Sinn, dass das Anlagevermögen durch langfristiges Kapital abgedeckt wird und das Umlaufvermögen weitestgehend durch kurzfristiges Kapital finanziert wird.

Die **goldene Bilanzrege**l kann im erweiterten Sinn gesehen werden. Eigenkapital und langfristiges Fremdkapital dienen nicht nur zur Finanzierung des Anlagevermögens, sondern reichen in ihrer Höhe aus, Teile des Umlaufvermögens mit zu decken. Dazu dient die Kennziffer Anlagendeckung III.

$$\textbf{Anlagendeckung III} = \frac{\textbf{(Eigenkapital + langfristiges FK)} \times 100}{\textbf{Anlagevermögen + langfristig gebundenes Umlaufvermögen}}$$

Generell gilt:

Frist der Kapitalverwendung = Frist der Kapitalbeschaffung

Frist der Investierung = Frist der Finanzierung

Vor der Finanzierung von Investitionen ins Anlagevermögen oder langfristig gebundenes Umlaufvermögen ist stets ein Vergleich des derzeitigen Zinsniveaus am Kapitalmarkt mit der Eigenkapitalrentabilität notwendig. Erst dann kann entschieden werden, ob die Aufnahme von neuen Darlehen u. U. günstiger ist als die Eigenfinanzierung. Günstig erweisen sich in der Praxis Mischformen von Eigen- und Fremdfinanzierung.

10.3.2.4 › Horizontale Bilanzkennziffern der Liquidität

Liquid ist ein Unternehmen immer dann, wenn alle kurzfristigen Verbindlichkeiten fristgerecht gezahlt werden können. Es werden drei Liquiditätsstufen in Abhängigkeit der eingesetzten Mittel des Umlaufvermögens unterschieden.

Liquiditätsschwierigkeiten von Unternehmen sind in den letzten Jahren in der Bundesrepublik Deutschland ein zentrales Thema geworden. Unregelmäßige und nicht termingerechte Zahlungen von Lieferungen und Leistungen führen unweigerlich in Form eines Dominoeffektes zu Zahlungsproblemen bis hin zur Zahlungsunfähigkeit von vorgeschalteten Betrieben und Lieferanten.

In den vergangenen Jahr wurden deshalb eine Reihe von Gesetzen zur Verbesserung der Zahlungsmoral in Kraft gesetzt, um Firmen vor permanenten Spätzahlern zu schützen.
§ 288 BGB Die Neuregelungen im BGB umfassen u. a. die Anhebung des Verzugzinses auf
§ 632a BGB 5 %-Punkte über dem gültigen Basiszinssatz, automatische In-Verzug-Setzung nach 30
§ 641 BGB Tagen auch ohne vorhergehende Mahnung. Unwesentliche Mängel dürfen nicht als Be-
§ 641a BGB gründung für die Zahlungsverzögerung angeführt werden.

Inwieweit das neue Gesetz zur Hebung der allgemeinen Zahlungsmoral beiträgt und Liquiditätsschwierigkeiten vorbeugt, bleibt abzuwarten.

$$\textbf{Liquidität 1. Grades (Barliquidität)} = \frac{\textbf{flüssige Mittel} \times \textbf{100}}{\textbf{kurzfristiges Fremdkapital}}$$

Die Barliquidität weist die kurzfristige Zahlungsfähigkeit aus.

In die flüssigen Mitteln werden einbezogen:

- Kasse
- Postbankguthaben
- Sicht- und Termineinlagen bei Banken
- diskontfähige Besitzwechsel
- Schecks

Zu den kurzfristigen Verbindlichkeiten zählen:

- Verbindlichkeiten aus Lieferungen und Leistungen
- Schuldwechsel
- Verbindlichkeiten bei Kreditinstituten mit einer Frist bis zu 3 Monaten
- erhaltene Anzahlungen

Betriebswirtschaftlich gesehen wird von einer Barliquidität von ca. 20 %; 1:5-Regel (one-to-five-rule) für ein gesundes Unternehmen ausgegangen.

$$\textbf{Liquidität 2. Grades (Einzugsbedingte Liquidität)} = \frac{\textbf{Finanzumlaufvermögen} \times \textbf{100}}{\textbf{kurzfristiges Fremdkapital}}$$

Die Liquidität 2. Grades oder einzugsbedingte Liquidität zeigt das Verhältnis von kurzfristigem Umlaufvermögen (Finanzumlaufvermögen) zu den kurzfristigen Verbindlichkeiten.

Zur Berechnung der mittelfristigen Zahlungsfähigkeit werden in die Finanzumlaufmittel einbezogen:

- liquide Mittel 1. Grades
- kurzfristige Forderungen
- Wertpapiere des Umlaufvermögens
- geleistete Anzahlungen
- aktive Rechnungsabgrenzungsposten

Man spricht von einer einzugsbedingten Liquidität, weil die Finanzmittel teilweise erst eingezogen, flüssig gemacht werden müssen.
Die Regel (quick ratio) besagt, dass die Liquidität 2. Grades **mindestens** 100 %, 1:1 sein sollte. Werte darunter sind nicht vertretbar.

Kreditorganisationen bewerten die Liquidität 2. Grades aufgrund von langjährigen Beobachtungen der Wirtschaftstätigkeit folgendermaßen:

	<	100 %	=	unzureichend
100	–	125 %	=	leicht geschwächt, noch vertretbar
125	–	150 %	=	ausreichend, normal
150	–	175 %	=	gut
175	–	200 %	=	sehr gut
	>	200 %	=	außerordentlich gesund finanziert

$$\textbf{Liquidität 3. Grades (Umsatzbedingte Liquidität)} = \frac{\textbf{Umlaufmittel} \times \textbf{100}}{\textbf{kurzfristiges Fremdkapital}}$$

Die Liquidität 3. Grades zeigt die langfristige Zahlungsfähigkeit eines Unternehmens. Neben den Mitteln der Liquidität 1. und 2. Grades werden alle Mittel einbezogen, die erst nach ihrem Umsatz in flüssiger Form vorliegen.
Dazu zählen:

- Liquide Mittel 1. und 2. Grades
- Vorräte an Roh-, Hilfs- und Betriebsstoffen
- Warenvorräte
- Vorräte an unfertigen Erzeugnissen
- Vorräte an Fertigerzeugnissen

Die Regel (current ratio) gibt einen Richtsatz von 200 %; 2:1 für die Absicherung kurzfristiger Verbindlichkeiten an.

Dauerhafte Zahlungsschwierigkeiten führen unweigerlich irgendwann zur Zahlungsunfähigkeit. Die Liquiditätsgrade sollten deshalb einer permanenten, möglichst monatlichen, Auswertung unterliegen.

10.3.2.5 〉 Der Cash Flow

Neben der **statischen Liquiditätsanalyse**, die stichtagsbezogen ist, kann der **Cash Flow** als **dynamische Liquiditätskennzahl** zur Bilanzanalyse herangezogen werden.

Cash Flow (engl.) bedeutet Kassenfluss oder Geldfluss. Der Cash Flow gibt Aufschluss über Mittel, die vom Unternehmen erwirtschaftet worden sind, vermehrt um die Aufwendungen, die keine Ausgaben waren. Erträge, die nicht geflossen sind, werden abgesetzt.

Der Cash Flow gibt Auskunft über die Geldmenge, die einem Unternehmen im Laufe des Geschäftsjahres aus Mitteln der Selbstfinanzierung zur Verfügung stand.

Cash Flow im engeren Sinn	=	**Jahresüberschuss**
	+	**Aufwendungen, die keine Ausgaben sind (unbare Aufwendungen)**
	–	**Erträge, die keine Einnahmen sind (unbare Erträge)**

Cash Flow im weiteren Sinn	=	**Jahresüberschuss**
	–	**Gewinnvortrag**
	+	**Verlustvortrag**
	+	**Abschreibungen und Wertberichtigungen auf Sachanlagen und Beteiligungen**
	+	**Erhöhung der Gewinnrücklagen**
	+	**Einstellung in Sonderposten mit Rücklageanteil**
	+	**Erhöhung von Rückstellungen**
	+	**außerordentliche, betriebs- und periodenfremde Aufwendungen**
	–	**Auflösung von Gewinnrücklagen**
	–	**Auflösung von Sonderposten mit Rücklageanteil**
	–	**Auflösung von Rückstellungen**
	–	**außerordentliche, betriebs- und periodenfremde Erträge**
	+	**Steuern**

Eine weitere Cash Flow-Ermittlung nach Stufen bietet folgende Übersicht:

Cash Flow in Stufen	=	**Bilanzgewinn**
	–	**Gewinnvortrag**
	+	**Verlustvortrag**
	+	**Erhöhung von Gewinnrücklagen**
	+	**Auflösung von Gewinnrücklagen**
	=	**Jahresüberschuss**
	+	**Abschreibungen**
	–	**Zuschreibungen**
	=	**Cash Flow I**
	+	**Erhöhung von Rückstellungen**
	–	**Auflösung von Rückstellungen**
	=	**Cash Flow II**
	+	**Außerordentlicher Aufwand**
	–	**Außerordentlicher Ertrag**
	=	**Cash Flow III**
	–	**Gewinnausschüttung**
	=	**Cash Flow IV**

Der Cash Flow ist in den vergangenen Jahren zunehmend zu einer der wichtigsten Kennzahlen geworden, mit deren Hilfe die Finanzkraft und Lukrativität eines Betriebes in bezug auf neue Investitionen und Beteiligungen beurteilt wird.
Letztendlich ist die Entwicklung des Cash Flow auch entscheidendes Kriterium bei der Prüfung zur Ausreichung weiterer Darlehen durch Banken.

Der errechnete Cash Flow kann zu weiteren betriebswirtschaftlichen Werten ins Verhältnis gesetzt werden.
Werden Kennziffern des Cash Flow über Jahre verglichen, erhält man zusätzliche Informationen.

$$\text{Umsatz-Cash Flow} = \frac{\text{Cash Flow} \times 100}{\text{Umsatz}}$$

Die Kennziffer gibt Auskunft über den Anteil des Umsatzes, der als Cash Flow dem Unternehmen zur Verfügung steht.

$$\text{Cash Flow-Rendite zum Gesamtkapital} = \frac{\text{Cash Flow} \times 100}{\text{Gesamtkapital}}$$

$$\text{Cash Flow-Rendite zum Eigenkapital} = \frac{\text{Cash Flow} \times 100}{\text{Eigenkapital}}$$

Der Anteil des jährlichen Cash Flow am Gesamt- bzw. Eigenkapital wird als Cash Flow-Rendite bezeichnet.

$$\text{Cash Flow-Gesamtverschuldungsgrad} = \frac{\text{Gesamtverschuldung}}{\text{Cash Flow}}$$

$$\textbf{Cash Flow-Effektivverschuldungsgrad (Nettoverschuldungsgrad)} = \frac{\textbf{Effektivverschuldung}}{\textbf{Cash Flow}}$$

Der Cash Flow-Verschuldungsgrad ist ebenfalls eine Bilanzkennziffer, die in den letzten Jahren zunehmend an Bedeutung gewonnen hat.
Sie gibt die **Anzahl der Jahre** an, die ein Unternehmen benötigt, um seine Gesamtschulden bzw. die Effektiv- bzw. Nettoschulden durch selbsterwirtschaftete Mittel abzubauen.

Für die **Effektivverschuldung** ist folgende Berechnung vorgesehen:

Effektivverschuldung	=	**langfristige Verbindlichkeiten**
	+	**kurzfristige Verbindlichkeiten**
	–	**flüssige Mittel**
	–	**kurzfristige Forderungen**

Der ermittelte Wert aus Gesamtverschuldung bzw. Effektivverschuldung dividiert durch den Cash Flow wird als **Entschuldungskennziffer in Jahren** angegeben.

Zu einer weiteren Analyse mittels Bilanzwerten kann auch das **Netto-Geldvermögen (Net Cash Found)** herangezogen werden:

Netto-Geldvermögen	=	**Flüssige Mittel inkl. Wertpapiere**
	+	**kurzfristige Forderungen**
	–	**kurzfristige Verbindlichkeiten**

Wie viel und welche Kennzahlen letztendlich zur reinen Bilanzanalyse herangezogen werden, ist von der Größe des Unternehmens aber auch vom Inhalt und Auftrag der Untersuchung abhängig.
Erfahrungen zeigen, dass nicht die Masse an Kennziffern die Aussagekraft einer Analyse belegt, sondern dass ein Zusammenspiel ausgewählter Kennziffern die wirtschaftliche Situation eines Betriebes deutlicher darstellt.
Zeitreihen über Jahre vertiefen die Auswertungstätigkeit, um innovative Entscheidungen treffen zu können.

10.3.3 Kennziffern aus Bilanz und GuV-Rechnung

Ermittelte Bilanzwerte und Größen aus der GuV-Rechnung werden zueinander in Beziehung gesetzt. Sie werden als **Erfolgskennzahlen** bezeichnet.

Erfolgskennzahlen

Wirtschaftlichkeit	Rentabilität	Produktivität
	– Eigenkapitalrentabilität – Gesamtkapitalrentabilität – Umsatzrentabilität	

Im Mittelpunkt aller **Erfolgskennzahlen** stehen die **Rentabilitätskennziffern**. **Rentabel ist ein Unternehmen stets, wenn es Gewinn erzielt.**

10.3.3.1 › Kennziffern der Rentabilität

Die bedeutendsten Rentabilitätskennziffern sind:

$$\textbf{Eigenkapitalrentabilität} = \frac{\textbf{Gewinn} \times 100}{\textbf{Eigenkapital}}$$

$$\textbf{Eigenkapitalrentabilität bei Einzelunternehmen und Personengesellschaften} = \frac{(\textbf{Gewinn} - \textbf{Unternehmerlohn}) \times 100}{\textbf{Eigenkapital}}$$

Der Reingewinn eines Unternehmens wird zum Eigenkapital ins Verhältnis gesetzt. Als Ergebnis erhält man die **Verzinsung des Eigenkapitals**.
In die Berechnung des Eigenkapitals fließen das gezeichnete Kapital, die Kapitalrücklagen und thesaurierte Gewinne ein.

Die Ermittlung des Gewinns kann in der Praxis zu unterschiedlichen Auffassungen führen. Bei internen Betriebsvergleichen ist deshalb von der jeweilig **gleichen** Gewinnermittlung auszugehen.

Der Reingewinn entsteht als Jahresüberschuss nach Abzug von Steuern und nach Bildung von Rücklagen. Im Reingewinn sind außerordentliche oder periodenfremde Erträge enthalten. Es besteht dadurch die Gefahr, dass sich das in bestimmten Maß auf alle errechneten Rentabilitätskennziffern auswirkt. Aus diesem Grund kann für Rentabilitätsberechnungen auch auf das reine Betriebergebnis zurückgegriffen werden.

$$\textbf{Gesamtkapitalrentabilität} = \frac{(\textbf{Gewinn}+\textbf{Fremdkapitalzinsen}) \times 100}{\textbf{Gesamtkapital}}$$

$$\textbf{Gesamtkapitalrentabilität bei Einzelunternehmen und Personengesellschaften} = \frac{(\textbf{Gewinn} - \textbf{Unternehmerlohn} + \textbf{Zinsen}) \times 100}{\textbf{Gesamtkapital}}$$

Die Gesamtkapitalrentabilität zeigt die Verzinsung des Gesamtkapitals. Aus diesem Grund sind neben dem Gewinn die Fremdkapitalzinsen einzubeziehen, die im Geschäftsjahr gezahlt wurden.

$$\textbf{Umsatzrentabilität (Umsatzverdienstrate)} = \frac{\textbf{Gewinn} \times 100}{\textbf{Umsatzerlöse}}$$

$$\textbf{Umsatzrentabilität bei Einzelunternehmen und Personengesellschaften} = \frac{(\textbf{Gewinn} - \textbf{Unternehmerlohn}) \times 100}{\textbf{Umsatzerlöse}}$$

Der Reingewinn oder das erzielte Betriebsergebnis werden zu dem Umsatz ins Verhältnis gesetzt. Je 100 (10, 1) € Umsatz werden × € Gewinn erzielt.
Als positiv kann eingeschätzt werden, wenn die Gesamtkapitalrentabilität größer ist als der Zinssatz für das eingesetzte Fremdkapital.

Als Faustregel gilt:

Eigenkapitalrentabilität > Zinssatz für Fremdkapital

Die Eigenkapitalrentabilität sollte stets größer als der Zinssatz für das eingesetzte Fremdkapital sein.

Dabei ist zu beachten, dass bei sinkender Eigenkapitalquote (Verhältnis EK : FK) bzw. bei steigendem Verschuldungsgrad die Eigenkapitalrentabilität zunimmt. Man bezeichnet diese Tatsache als **Leverage-Effekt**.

Unternehmertätigkeit lohnt letztendlich nur dann, wenn die

Eigenkapitalrentabilität > Zinssatz für eine Kapitalanlage am Kapitalmarkt

Der Unternehmer wird allerdings auch in gewinnschwachen Zeiten das Für und Wider der Geschäftstätigkeit mittels umfassender Bilanzanalyse abschätzen. Das unternehmerische Wagnis und Risiko kann nie vollständig ausgeschaltet werden, sondern stellt eine der wichtigsten Seiten für die Entwicklung der Konjunktur und des wirtschaftlichen Aufschwungs dar. Ohne Wagnis, Risiko und neue Geschäftsideen wäre eine innovative Zukunft nie möglich. Stagnation und Rückentwicklung wären die Folge.
In diesem Zusammenhang ist es notwendig, nochmals auf die **Cash-Flow-Rendite Kennziffern** hinzuweisen, die unter 10.3.2.5 näher erläutert werden.

Die **Cash Flow-Eigenkapitalrendite**, **Cash Flow-Gesamtkapitalrendite** und **Cash Flow-Umsatzrendite** verdeutlichen die Änderungen der **Finanz- und Ertragskraft** eines Betriebes in höchster Form.

10.3.3.2 › Kennziffern der Wirtschaftlichkeit

Bei den Kennziffern der **Wirtschaftlichkeit** werden die Zahlen der GuV-Rechnung insgesamt und in ihren Einzelpositionen zueinander in Beziehung gesetzt. Es werden die Verhältnisse von Erträgen zu Aufwendungen und einzelne Aufwendungen zu Kosten bzw. Leistungen betrachtet.

Generell gilt, **wirtschaftlich ist ein Unternehmen stets, wenn**

Erträge > Aufwendungen

sind.

Der

$$\textbf{Wirtschaftlichkeitsfaktor} = \frac{\textbf{Erträge}}{\textbf{Aufwendungen}}$$

sollte stets größer als 1 sein.

Kennziffern aus GuV-Rechnung

Anteil der Ergebnisse am Jahresüberschuss
- Anteil des Betriebsergebnisses
- Anteil des Finanzergebnisses
- Anteil des außerordentlichen Ergebnisses

Kennziffern der Kostenintensität
- Materialkostenintensität
- Personalkostenintensität
- Abschreibungsintensität
- Intensität sonstiger Aufwendungen

Aufwandsquoten
- Materialaufwandsquote
- Personalaufwandsquote
- Abschreibungsgrad
- Quote sonstiger Aufwendungen

Die Wirtschaftlichkeits-Kennziffern sind als Ergänzung in die Bilanzanalyse einzubinden.

Die **Ergebnisse der GuV-Rechnung** (siehe 10.2) werden anteilmäßig zum Jahresüberschuss ermittelt:

$$\textbf{Anteil des Betriebsergebnisses} = \frac{\textbf{Betriebsergebnis} \times 100}{\textbf{Jahresüberschuss}}$$

$$\textbf{Anteil des Finanzergebnisses} = \frac{\textbf{Finanzergebnis} \times 100}{\textbf{Jahresüberschuss}}$$

$$\textbf{Anteil des außerordentlichen Ergebnisses} = \frac{\textbf{außerordentliches Ergebnis} \times 100}{\textbf{Jahresüberschuss}}$$

Die Kennziffern der **Kostenintensität** weisen den Prozentanteil der Einzelkosten an den Gesamtkosten auf. Es kann praktisch jede einzelne Kostenart zu den Gesamtaufwendungen bzw. zur Gesamtleistung, den sog. **Aufwandsquoten** ins Verhältnis gesetzt werden. Wichtige Kennziffern der **Kostenintensität**:

$$\textbf{Materialkostenintensität} = \frac{\textbf{Materialkosten} \times 100}{\textbf{Gesamtkosten}}$$

$$\textbf{Personalkostenintensität} = \frac{\textbf{Personalkosten} \times 100}{\textbf{Gesamtkosten}}$$

$$\textbf{Abschreibungsintensität} = \frac{\textbf{planmäßige Abschreibungen} \times 100}{\textbf{Gesamtkosten}}$$

$$\textbf{Intensität der sonstigen betrieblichen Aufwendungen} = \frac{\textbf{sonstige betriebliche Aufwendungen} \times 100}{\textbf{Gesamtkosten}}$$

Die Kennzahlen der **Aufwandsquoten** stellen die Einzelkosten den Gesamtleistungen gegenüber:

$$\textbf{Materialaufwandsquote} = \frac{\textbf{Materialaufwand} \times \textbf{100}}{\textbf{Gesamtleistungen}}$$

$$\textbf{Personalaufwandsquote} = \frac{\textbf{Personalaufwand} \times \textbf{100}}{\textbf{Gesamtleistungen}}$$

$$\textbf{Abschreibungsquote} = \frac{\textbf{planmäßige Abschreibungen} \times \textbf{100}}{\textbf{Gesamtleistungen}}$$

$$\textbf{Quote sonstiger Aufwendungen} = \frac{\textbf{sonst. betriebliche Aufwendungen} \times \textbf{100}}{\textbf{Gesamtleistungen}}$$

10.3.3.3 〉 Kennziffern der Produktivität

Unter **Produktivität** versteht man die **mengenmäßige** oder **technische Wirtschaftlichkeit**.

$$\textbf{Produktivität} = \frac{\textbf{produzierte Menge (Mengeneinheit)}}{\textbf{Einsatz von Material, Arbeitszeit und Kapital}}$$

oder

$$\textbf{Produktivität} = \frac{\textbf{Gesamtleistung}}{\textbf{Einsatz von Material, Arbeitszeit und Kapital}}$$

Bei der **Arbeitsproduktivität** werden produzierte Menge zu den geleisteten Arbeitsstunden betrachtet.

$$\textbf{Arbeitsproduktivität} = \frac{\textbf{produzierte Menge (Mengeneinheit)}}{\textbf{geleistete Arbeitsstunden}}$$

Die **Anlagenproduktivität** stellt sich als Verhältnis produzierter Menge zu den gefahrenen Maschinenstunden dar.

$$\textbf{Anlagenproduktivität} = \frac{\textbf{produzierte Menge (Mengeneinheit)}}{\textbf{gefahrene Maschinenstunden}}$$

Die Aussagen zur Arbeits- oder Anlagenproduktivität haben für das Unternehmen nur dann einen Sinn, wenn sie mittels Zeitreihen über mehrere Geschäftsperioden in ihrer Entwicklung verfolgt werden.

10.3.4 〉 Lager-, Umschlags- und sonstige Kennziffern des Umsatzes (Auswahl)

Neben den bisher erläuterten Bilanz- und GuV-Kennziffern können folgende Kennzahlen zusätzlich für eine tiefgründige Betriebsanalyse herangezogen werden:

Lager-, Umschlags- und sonstige Kennziffern des Umsatzes

Lagerkennziffern

- Durchschnittlicher Lagerbestand
- Lagerumschlagshäufigkeit
- Durchschnittliche Lagerdauer

Umschlagkennziffern

- Umschlaghäufigkeit und Umschlagsdauer des Gesamtkapitals
- Umschlagshäufigkeit und Umschlagsdauer des Eigenkapitals
- Umschlagshäufigkeit des Anlagevermögens
- Umschlagshäufigkeit des Umlaufvermögens
- Umschlagshäufigkeit des Gesamtvermögens
- Umschlagshäufigkeit der Forderungen
- Durchschnittliche Kreditdauer

sonstige Umsatzkennziffern

- Umsatz je Beschäftigten
- Marktanteil
- Anlagennutzung
- Vorratshaltung
- Return on Investment (RoI)

10.3.4.1 〉 Lagerkennziffer

Lagerkennziffern:

$$\text{Durchschnittlicher Lagerbestand} = \frac{\text{Anfangsbestand} + \text{Endbestand}}{2}$$

$$\text{Lagerumschlagshäufigkeit} = \frac{\text{Wareneinsatz}}{\text{Durchschnittl. Lagerbestand}}$$

$$\text{Durchschnittliche Lagerdauer} = \frac{\text{360 Tage}}{\text{Lagerumschlagshäufigkeit}}$$

In Handel, Industrie und Handwerk gilt, dass der Lagerbestand zu Einstandspreisen (Einkaufspreis zzgl. Bezugskosten) bewertet wird.

Eine hohe Lagerumschlagshäufigkeit und eine möglichst geringe Lagerdauer wirken sich positiv auf die Kostensituation im Unternehmen aus. Die Rentabilität steigt. Das Produktionskapital in Form von Vorräten ist nur gering gebunden und kann für andere Mittel eingesetzt werden.
Produktion ohne Lagerhaltung widerspiegelt sich in der modernen **„Just-In-Time-Produktion"**.

10.3.4.2 › Umschlagskennziffern

Umschlagskennziffern:

$$\textbf{Umschlagshäufigkeit des Gesamtkapitals} = \frac{\textbf{Umsatzerlöse}}{\textbf{Gesamtkapital}}$$

$$\textbf{Umschlagsdauer des Gesamtkapitals} = \frac{\textbf{360 Tage}}{\textbf{Umschlagshäufigkeit des Gesamtkapitals}}$$

$$\textbf{Umschlagshäufigkeit des Eigenkapitals} = \frac{\textbf{Umsatzerlöse}}{\textbf{Eigenkapital}}$$

$$\textbf{Umschlagsdauer des Eigenkapitals} = \frac{\textbf{360 Tage}}{\textbf{Umschlagshäufigkeit des Eigenkapitals}}$$

Eine hohe Umschlagshäufigkeit von Eigen- und Gesamtkapital bewirken, dass ein geringerer Kapitaleinsatz für die Leistungserbringung benötigt wird.
Die Fremdkapitalzinsen sinken in ihrer Höhe, Liquidität und Rentabilität des Unternehmens steigen.

$$\textbf{Umschlagshäufigkeit des Anlagevermögens} = \frac{\textbf{Abschreibungsaufwand + Anlagenabgänge}}{\textbf{Anlagevermögen}}$$

$$\textbf{Umschlagshäufigkeit des Umlaufvermögens} = \frac{\textbf{Umsatzerlöse}}{\textbf{Umlaufvermögen}}$$

$$\textbf{Umschlagshäufigkeit des Gesamtvermögens} = \frac{\textbf{Umsatzerlöse}}{\textbf{Gesamtvermögen}}$$

$$\textbf{Umschlagshäufigkeit der Forderungen} = \frac{\textbf{Umsatzerlöse}}{\textbf{Durchschnittsbestand an Forderungen aus Lieferungen und Leistungen}}$$

$$\textbf{Durchschnittliche Kreditdauer} = \frac{\textbf{360 Tage}}{\textbf{Umschlagshäufigkeit der Forderungen}}$$

Hohe Umschlagszahlen von Kapital und Forderungen führen stets zu positiven Effekten in bezug auf Wirtschaftlichkeit und Rentabilität des Unternehmens.
Je geringer die durchschnittliche Kreditdauer ist, die die Kunden in Anspruch nehmen, desto höher ist die Liquidität des Unternehmens.

10.3.4.3 › Kennziffern des Umsatzes

Sonstige Umsatzkennziffern:

$$\textbf{Umsatz je Beschäftigten} = \frac{\textbf{Umsatzerlöse}}{\textbf{Anzahl der Beschäftigten}}$$

$$\textbf{Marktanteil} = \frac{\textbf{Umsatzerlöse des Unternehmens} \times 100}{\textbf{Branchen- oder Gebietsumsatz}}$$

$$\textbf{Anlagennutzung} = \frac{\textbf{Umsatzerlöse} \times 100}{\textbf{Anlagevermögen}}$$

$$\textbf{Vorratshaltung} = \frac{\textbf{Warenvorräte} \times 100}{\textbf{Umsatzerlöse}}$$

$$\textbf{Return on Investment (RoI) (DuPont-Formel)} = \textbf{Umsatzrentabilität} \times \textbf{Umschlagshäufigkeit des Gesamtkapitals}$$

$$= \textbf{Gewinn} \times \frac{\textbf{100}}{\textbf{Umsatzerlöse}} \times \frac{\textbf{Umsatzerlöse}}{\textbf{Gesamtkapital}}$$

Die Kennziffern **Return on Investment** zeigen dem erfahrenen Betriebsinhaber, ob die Verbesserung der Gesamtkapitalrentabilität auf den Faktor **Erhöhung der Umsatzrentabilität** oder auf den Faktor **Erhöhung des Kapitalumschlags** zurückzuführen ist. Um dazu Aussagen treffen zu können, ist es notwendig, dass beide Faktoren ungekürzt ermittelt werden.

10.3.4.4 › Shareholder Value

Ermittlung des Unternehmenswertes bei Aktiengesellschaften (Shareholder Value)

Bei Aktiengesellschaften wird zunehmend nach dem amerikanischen Verfahren **Shareholder Value** die **Rendite der Eigentümer** ermittelt. Dabei wird die **Gewinnmaximierung des Aktionärsvermögens als oberstes Prinzip des Wirtschaftens gesehen**. Alle Handlungen sind auf die Interessen der Anteilseigner (Shareholder) gerichtet.

$$\textbf{Eigentümer-Rendite (Shareholder-Value-Ansatz)} = \frac{\textbf{(Dividende + Kurswertsteigerung)} \times 100}{\textbf{Kaufkurs der Aktie}}$$

Einerseits zeigt diese Kennziffer dem Eigentümer deutlich die Gesamtrendite für sein eingesetztes Kapital und für das unternehmerische Wagnis, das er bereit ist, zu tragen.

Andererseits führt das Konzept des Shareholder Value auch zu ablehnenden Diskussionen. Man vertritt die Meinung, dass die einseitige Vertretung von Interessen der Anteilseigner und die vorrangige Ausrichtung auf Börsenkurse letztendlich zu unberechtigten Übernahmen aus rein finanziellen Gründen führen kann und damit Interessen staatlicher Institutionen und den beschäftigten Arbeitnehmern zuwiderlaufen.

10.3.4.5 › Umweltkennzahlen für Klimaschutz und Klimapolitik

Klimaschutzverordnung der EU bis 2030

Klimaschutz und eine nachhaltige Umweltpolitik zählen zu den politischen und ökologischen Schwerpunkten in der Europäischen Union und in der Weltgemeinschaft. Ökonomie und Ökologie schließen einander im unternehmerischen Bereich nicht mehr aus.
Im sog. Pariser Abkommen NDC („Nationally Determined Contribution") verpflichten sich die europäischen Länder zur Einhaltung von festgelegten Umweltstandards. Die Staaten der Europäischen Union haben bis zum Jahr 2020 ihre nationalen Pläne zu einer langfristigen Klimaschutzplanung vorzulegen.

Ökologische Kennzahlen haben längst Eingang in das Berichtswesen jedes national und international agierenden Unternehmens gefunden.
Neben Gewinn, Umsatz, Rendite und Börsenkurs sind Kennwerte zum Klimaschutz ein wichtiges Kriterium für den Fortbestand eines Unternehmens geworden..

Wichtige Umweltkennzahlen:

Energieverbrauch kwh	(Elektroenergie, Erdgas, Erdöl, traditionelle Energieträger, Atomenergie, erneuerbare Energien wie Solar-, Wind- u. Wasserkraft)
Emissionen an Schadstoffen t	(Kohlendioxid, FCKW, Schwefeldioxid, Stickoxide)
Trinkwasserverbrauch und Abwassermenge m^3	Trinkwasserverbrauch/Abwassermenge in Liter pro Tag/Person
Abfall und sonstige Abfälle t, l, kg	(Schwermetalle, Kunststoffe, recyclefähige Abprodukte, Öle, Fette, Schmierstoffe, Säuren und Laugen)

In vielen Unternehmen standen zunächst Umweltschutz und Gewinnmaximierung in Konkurrenz. Umstellung auf neue umweltschonende Verfahren und Technologien führen zunächst zu einer Erhöhung der Kosten und zu einer Minimierung der Rendite.
Letztendlich kann sich aber kein modernes, marktorientiertes Unternehmen den Bestrebungen zur Erhaltung der Umwelt entziehen.
Minimalster Energieverbrauch und Umstellung auf erneuerbare Enrgien, geringe Schadstoffmengen, geringer Trinkwasserverbrauch etc. sind Eckdaten eines Produktes. Ohne Einhaltung dieser Umweltprämissen lassen sich Waren und Produkte nicht erfolgreich verkaufen.

Zusammenfassung des Kennzahlensystems

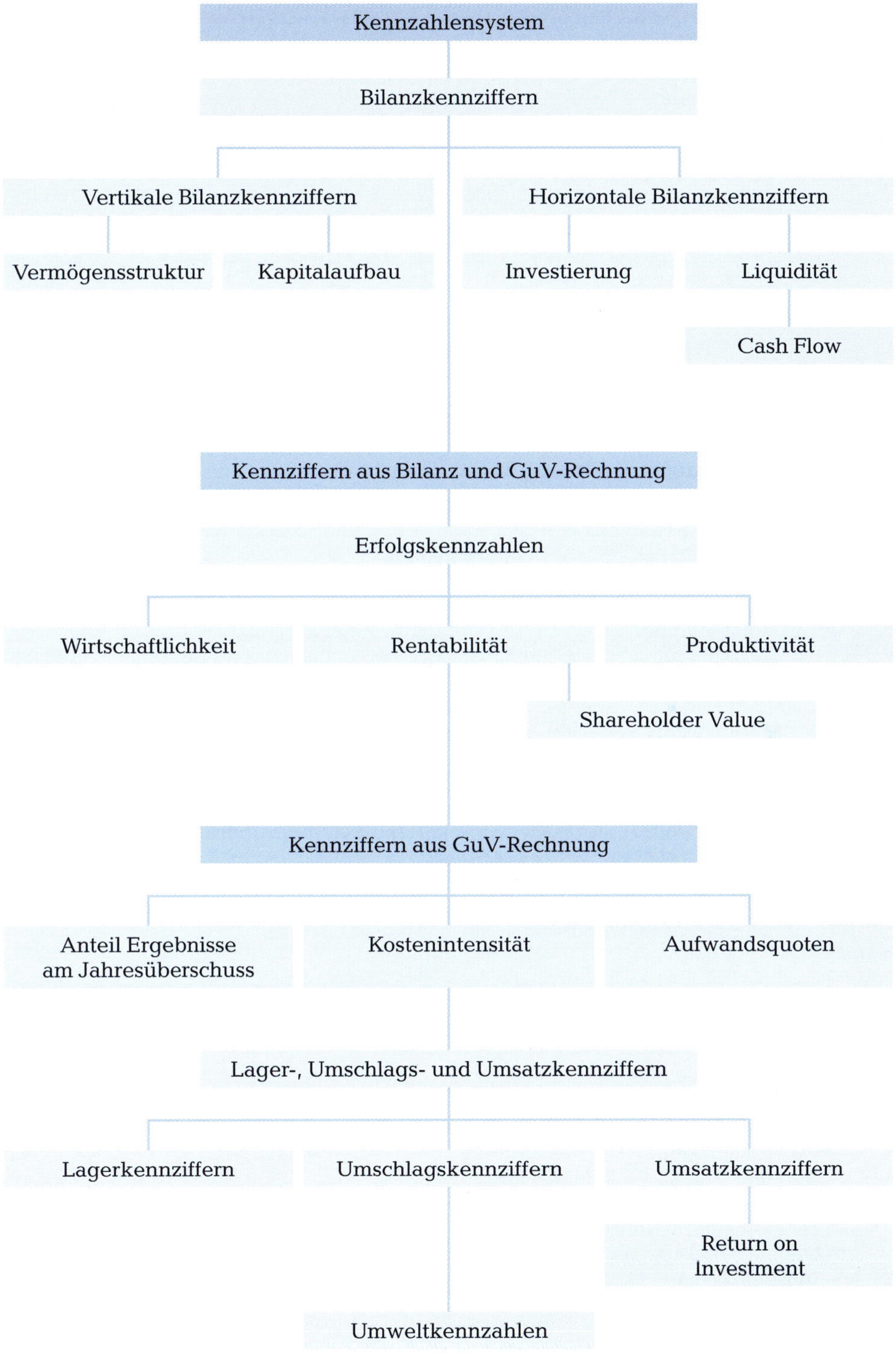

Übungen

1 Die Bilanz und GuV-Rechnung einer kleinen Kapitalgesellschaft weist für das Vorjahr folgende Werte auf:

Vorjahr

Aktiva		**Passiva**	
A. Anlagevermögen		A. Eigenkapital	
I. Sachanlagen	136.000	I. Gezeichnetes Kapital	100.000
II. Finanzanlagen	30.000	II. Gewinnrücklagen	20.000
B. Umlaufvermögen		III. Jahresüberschuss	?
I. Warenvorräte	65.000	B. Rückstellungen	15.000
II. Forderungen		C. Verbindlichkeiten	
1. Forderungen a. L.u.L.	37.000	1. Verbindlichkeiten geg.Kl	85.000
2. Sonst.Vermög.geg.	2.000	2. Verbindlichkeiten aus LuL.	57.000
III. Flüssige Mittel		D. Rechnungsabgrenz.posten	11.000
1. Bankguthaben	35.000		
2. Postbankguthaben	7.000		
3. Kasse	6.000		
C. Rechnungsabgrenz.posten	2.000		
	?		?

Berichtsjahr

Aktiva		**Passiva**	
A. Anlagevermögen		A. Eigenkapital	
I. Sachanlagen	165.000	I. Gezeichnetes Kapital	100.000
II. Finanzanlagen	21.000	II. Gewinnrücklagen	20.000
B. Umlaufvermögen		III. Jahresüberschuss	?
I. Warenvorräte	54.000	B. Rückstellungen	18.000
II. Forderungen		C. Verbindlichkeiten	
1. Forderungen a. L.u.L.	52.000	1. Verbindlichkeiten geg.Kl	72.000
2. Sonst.Vermög.geg.	3.000	2. Verbindlichkeiten aus LuL.	56.000
III. Flüssige Mittel		D. Rechnungsabgrenz.posten	6.000
1. Bankguthaben	42.000		
2. Postbankguthaben	4.000		
3. Kasse	5.000		
C. Rechnungsabgrenz.posten	4.000		
	?		?

Werte der GuV-Rechnung nach dem Gesamtkostenverfahren:

GuV-Posten/Angabe	Vorjahr €	Berichtsjahr €
– Abschreibungen auf Sachanlagen	15.000,00	17.000,00
– Abschreibungen auf Finanzanlagen	3.000,00	2.000,00
– Personalaufwand	65.000,00	69.000,00
– sonstige betriebliche Aufwendungen	3.500,00	4.000,00
– Wareneinsatz	48.000,00	75.000,00
– außerordentliche Aufwendungen	–	500,00
– Steuern vom Einkommen und Ertrag	900,00	1.300,00
– sonstige Steuern	100,00	100,00
– Zinsaufwendungen	1.500,00	1.400,00
– Umsatzerlöse	162.400,00	238.600,00
– Bestandserhöhung an UE/FE	1.500,00	–

– Bestandsminderung an UE/FE	–	500,00
– sonstige betriebliche Erträge	2.500,00	3.000,00
– andere aktivierte Eigenleistungen	–	4.000,00
– Erträge aus Wertpapieren	800,00	1.200,00
– Zinserträge	1.300,00	1.200,00
– außerordentliche Erträge	500,00	800,00
– Anzahl der Beschäftigten	3,00	3,00

1.1 Ermitteln Sie die Bilanzsumme, nach dem Gesamtkostenverfahren die Gesamtleistung, das Rohergebnis, das Betriebsergebnis, das Finanzergebnis, das Ergebnis der gewöhnlichen Geschäftstätigkeit, das außerordentliche Ergebnis, das Ergebnis vor Steuern und den Jahresüberschuss.

1.2 Führen Sie eine komplette Bilanzanalyse durch und beurteilen Sie die Entwicklung vom Vorjahr zum Berichtsjahr.
Legen Sie folgende Kennziffern für die Bilanzanalyse zugrunde:

1. – Anlagenintensität
2. – Umlaufintensität
3. – Vermögenskonstitution
4. – Vorratsquote
5. – Forderungsquote
6. – Anteil der flüssigen Mittel
7. – Finanzierungsverhältnis
8. – Verschuldungsgrad
9. – Eigenkapitalquote
10. – Fremdkapitalquote
11. – Anteil des langfristigen Fremdkapitals am Gesamtkapital
12. – Anteil des kurzfristigen Fremdkapitals am Gesamtkapital
13. – Grad der Selbstfinanzierung (Eigenkapital und Gesamtkapital)
14. – Anlagendeckung I, II und III
15. – Liquidität 1., 2. und 3. Grades
16. – Effektivverschuldung
17. – Netto-Geldvermögen
18. – Eigenkapitalrentabilität
19. – Gesamtkapitalrentabilität
20. – Umsatzrentabilität
21. – Anteil des Betriebsergebnisses
22. – Anteil des Finanzergebnisses
23. – Anteil des außerordentlichen Ergebnisses
24. – Materialaufwandsquote
25. – Personalaufwandsquote
26. – Abschreibungsquote
27. – Quote sonstiger Aufwendungen
28. – Umschlagshäufigkeit des Gesamtkapitals
29. – Umschlagsdauer des Gesamtkapitals
30. – Umschlagshäufigkeit des Eigenkapitals
31. – Umschlagsdauer des Eigenkapitals
32. – Umschlagshäufigkeit des Anlagevermögens
33. – Umschlagshäufigkeit des Umlaufvermögens
34. – Umschlagshäufigkeit des Gesamtvermögens
35. – Umschlagshäufigkeit der Forderungen
36. – Durchschnittliche Kreditdauer
37. – Anlagennutzung
38. – Vorratshaltung
39. – RoI, Umsatzrentabilität, Umschlagshäufigkeit des Gesamtkapitals
40. – Umsatz je Beschäftigten

2 Beurteilen Sie die Vermögens-, Finanz- und Ertragslage des folgenden Einzelunternehmens.

Welche betriebswirtschaftlichen Maßnahmen empfehlen Sie Ihrem Mandanten? Welche betriebswirtschaftlichen Größen wurden miteinander ins Verhältnis gesetzt?

Eigenkapitalintensität	= 25 %
Anlagenintensität	= 50 %
Forderungsquote	= 30 %
Anteil der flüssigen Mittel	= 10 %
Anlagendeckung I	= 50 %
Liquidität 1. Grades	= 16.67 %
Liquidität 2. Grades	= 66,67 %
Eigenkapitalrentabilität	= 80 %
Gesamtkapitalrentabilität	= 22 %
Umsatzrentabilität	= 10 %
Fremdkapitalintensität	= 75 %
Finanzierungsverhältnis	= 33,33 %
Verschuldungsgrad	= 300 %
Umschlagsdauer des GK	= 180 Tage
Umschlagshäufigkeit des GK	= ?
Umschlagsdauer des EK	= 45 Tage
Umschlagshäufigkeit des EK	= ?
Umschlagshäufigkeit des Umlaufvermögens	= ?
Umschlagshäufigkeit des Gesamtvermögens	= ?
Umschlagshäufigkeit der Forderungen	= ?
Durchschnittliche Kreditdauer	= ?
Umsatz je Beschäftigten	= 66,670 €
Anzahl der Beschäftigten	= ?
Anlagennutzung	= ?
Return on Investment (GK)	= ?
Return on Investment (EK)	= ?

3 Für ein Unternehmen liegen aus dem Vorjahr und dem Berichtsjahr folgende Angaben vor:

Wert	Vorjahr €	Berichtsjahr €
Jahresüberschuss	65.000,00	63.000,00
Abschreibungen	16.500,00	17.000,00
Verlustvortrag	5.000,00	–
Einstellung in Sonderposten mit Rücklageanteil	3.000,00	4.000,00
Erhöhung von Rückstellungen	2.500,00	–
Auflösungen von Rückstellungen	–	10.000,00
langfristige Verbindlichkeiten	170.000,00	165.000,00
kurzfristige Verbindlichkeiten	37.500,00	32.000,00
kurzfristige Forderungen	45.000,00	38.000,00
flüssige Mittel	12.000,00	16.000,00
Eigenkapital	120.000,00	185.000,00
Zinsen für Fremdkapital	3.000,00	2.500,00

3.1 Vergleichen Sie den Cash Flow, die Effektivverschuldung und das Netto-Geldvermögen (Net Cash Found) von Vorjahr und Berichtsjahr.

3.2 Ermitteln Sie die Entschuldungskennziffer in Jahren.

3.3 Ermitteln Sie die Cash Flow-Eigenkapitalrentabilität und die Cash Flow-Gesamtkapitalrentabilität.

4 Sie vergleichen vier Unternehmen der gleichen Branche:

Betriebswirtschaftliche Größe	A €	B €	C €	D €
Warenanfangsbestand	45.340,00	112.780,00	245.800,00	70.330,00
Warenendbestand	50.720,00	140.800,00	230.700,00	72.770,00
Wareneinkauf	110.710,00	162.820,00	382.720,00	43.840,00
Umsatzerlöse	210.810,00	321.320,00	442.090,00	62.300,00
Gesamtkapital	110.000,00	302.000,00	411.000,00	97.000,00
Eigenkapital	65.000,00	175.000,00	223.000,00	45.700,00
Anzahl der Beschäftigten	10	19	25	8
Branchenumsatz insgesamt	5.000.000,00			

4.1 Ermitteln Sie für die Unternehmen A, B, C und D:

- durchschnittlicher Lagerbestand
- Wareneinsatz
- Lagerumschlagshäufigkeit
- durchschnittliche Lagerdauer
- Umschlagshäufigkeit des Gesamtkapitals
- Umschlagsdauer des Gesamtkapitals
- Umschlagshäufigkeit des Eigenkapitals
- Umschlagsdauer des Eigenkapitals
- Umsatz je Beschäftigten (Arbeitsproduktivität)
- Marktanteil

4.2 Welche betriebswirtschaftlichen Veränderungen würden Sie den jeweiligen Unternehmen empfehlen?

5 Ein Anleger möchte 50.000,00 € für ein Jahr anlegen. Er bekommt von seiner Hausbank folgende vier Vorschläge:

Vorschlag 1:		Kauf von 4 %-festverzinslichen Wertpapieren	
Vorschlag 2:		Kauf von Aktien der B-AG	
		Dividende:	0,65 €
		Kaufkurs:	50,00 €
	erwartete	Kurswertsteigerung:	8,5 %
Vorschlag 3:		Kauf von Aktien der C-AG	
		Dividende:	3,50 €
		Kaufkurs:	72,80 €
	erwartete	Kurswertsteigerung:	4,0 %
Vorschlag 4:		Kauf von Aktien der D-AG	
		Dividende:	3,70 €
		Kaufkurs:	112,00 €
	erwartete	Kurswertsteigerung:	6,2 %

Vergleichen Sie anhand der Kennziffer Eigentümerrendite (Shareholder Value) zu welcher Variante der Anleger sich entschließen sollte.

6 In einem Unternehmen sind für die Jahre 2015–2020 folgende Werte aufgezeichnet worden:

Betriebswirtschaftliche Größe	Jahr	2015	2016	2017	2018	2019	2020
Gesamtkapital	€	300.000	300.000	300.000	300.000	300.000	300.000
Eigenkapital	€	50.000	90.000	130.000	170.000	210.000	250.000
Gewinn	€	40.000	40.000	40.000	40.000	40.000	40.000
Zinssatz für FK	%	0,9	0,9	0,9	0,9	0,9	0,9

6.1 Ermitteln Sie die Eigenkapitalquote, die Gesamtkapitalrentabilität, die Eigenkapitalrentabilität und die Fremdkapitalrentabilität.

6.2 Beweisen und erklären Sie anhand der ermittelten Kennziffern den Leverage-Effekt!

10.3.5 Sachliche Abgrenzung

Bei der sachlichen Abgrenzung geht es um die richtige Zuordnung der Begriffe **Aufwand und Ertrag** aus der Finanzbuchführung sowie **Kosten und Leistungen** aus der Betriebsbuchführung.

Aufgabe der Abgrenzungsrechnung ist es, das Zahlenmaterial der Finanzbuchführung so aufzubereiten, dass es für Zwecke der Kostenrechnung genutzt werden kann.

Die Abweichungen zwischen Finanz- und Betriebsbuchführung werden im prozessgegliederten SKR 03 in der **Kontenklasse 2** auf den Abgrenzungskonten als **Neutrale Aufwendungen** und **Neutrale Erträge** erfasst. Sie bilden das neutrale Ergebnis. Zusammen mit dem Betriebsergebnis stellen sie das Gesamtergebnis dar.

Im Abschlussgegliederten Kontenrahmen SKR 04 werden in der Finanzbuchführung keine Abgrenzungskonten geführt. Der Verrechnungsprozess zwischen Finanzbuchführung und Kosten- und Leistungsrechnung erfolgt buchungstechnisch in der Kontenklasse 6 bzw. in der Kostenrechnung mit Hilfe einer Abgrenzungstabelle.

10.3.5.1 Abgrenzung von Aufwand und Kosten

Zweckaufwand	**Neutraler Aufwand:** Aufwand, der nicht der betrieblichen Leistungserstellung dient		
Aufwand für die betriebliche Leistungserstellung	betriebsfremde Aufwendungen	außerordentliche Aufwendungen	periodenfremde Aufwendungen
z. B. Stoffkosten, Personalkosten, betriebliche Steuern, Verwaltungskosten, Werbekosten	Aufwendungen, die nicht dem eigentlichen Betriebszweck dienen, z. B. Grundstücksaufwendungen, Zinsaufwendungen, Veräußerungsverluste von Wertpapieren ohne Leistungsbezug, Spenden	betrieblicher Aufwendungen, die unregelmäßig bzw. selten vorkommen oder ungewöhnlich, unüblich sind, z. B. nicht gedeckte Schadensfälle, Aufwendungen auf Grund von Enteignungen, Katastrophen, Aufwendungen aus Anlageabgängen	Aufwendungen, die eine andere Abrechnungsperiode betreffen, z. B. Steuernachzahlungen, Gehaltsnachzahlungen
Aufwand der Finanzbuchführung			

Grundkosten	Zusatzkosten	Anderskosten
Kosten für die betriebliche Leistungserstellung und -verwertung	Kosten ohne Aufwandscharakter:	Kosten, denen Aufwendungen in anderer Höhe gegenüberstehen:
z. B. Stoffkosten, Personalkosten, betriebliche Steuern, Verwaltungskosten, Werbekosten	kalkulatorischer Unternehmerlohn, kalkulatorische Miete	kalkulatorische Zinsen, kalkulatorische Abschreibung, kalkulatorische Wagnisse
Kosten der Betriebsbuchführung		

10.3.5.2 › Abgrenzung von Ertrag und Leistungen

Zweckertrag	Neutraler Ertrag: Ertrag, der nicht aus dem eigentlichen Betriebszweck stammt		
Ertrag aus der betrieblichen Leistungserstellung und -verwertung	betriebsfremde Erträge	außerordentliche Erträge	periodenfremde Erträge
z. B. Umsatzerlöse, aktivierte Eigenleistungen, Bestandsveränderungen an fertigen und unfertigen Erzeugnissen	z. B. Grundstückserträge, Zinserträge, Veräußerungsgewinne von Wertpapieren ohne Leistungsbezug	z. B. Erträge aus Anlageabgängen, Geschäftsveräußerungen, Schadenersatzansprüchen	z. B. Steuererstattungen früherer Jahre, Erträge aus der Auflösung von Rückstellungen oder Sonderposten mit Rücklageanteil
Erträge der Finanzbuchführung			

Grundleistungen	Zusatzleistungen	Andersleistungen
Leistungen aus der betrieblichen Leistungserstellung und -verwertung	Leistungen, denen kein Ertrag gegenübersteht	Leistungen, denen Erträge in anderer Höhe gegenüberstehen
z. B. Umsatzerlöse, aktivierte Eigenleistungen, Bestandsveränderungen an fertigen und unfertigen Erzeugnissen	z. B. eigene Erfindungen	z. B. Leistungen durch unterschiedliche Bewertung von unfertigen und fertigen Erzeugnissen in der Finanzbuchführung und in der Betriebsbuchführung
Erträge der Betriebsbuchführung		

10.3.5.3 › Kalkulatorische Kosten

Kalkulatorische Kosten verursachen keinen Aufwand und ziehen auch keine Ausgaben nach sich. Für die Erfassung der kalkulatorischen Kosten stehen folgende Konten zur Verfügung:

6970 (4990) Kalkulatorischer Unternehmerlohn
6972 (4991) Kalkulatorische Miete/Pacht
6974 (4992) Kalkulatorische Zinsen
6976 (4993) Kalkulatorische Abschreibungen
6978 (4994) Kalkulatorische Wagnisse

Damit diese Kosten keinen Aufwand darstellen, wird die Gegenbuchung auf einem entsprechenden Ertragskonto vorgenommen:

6980 (2890) Verrechneter kalkulatorischer Unternehmerlohn
6982 (2891) Verrechnete kalkulatorische Miete/Pacht
6984 (2892) Verrechnete kalkulatorische Zinsen
6986 (2893) Verrechnete kalkulatorische Abschreibungen
6988 (2894) Verrechnete kalkulatorische Wagnisse

Kalkulatorischer Unternehmerlohn

Kalkulatorischer Unternehmerlohn wird in Einzelunternehmen und Personengesellschaften angesetzt für die Mitarbeit des Unternehmers/Mitunternehmers im Betrieb. Der kalkulatorische Unternehmerlohn entspricht dem Gehalt eines leitenden Angestellten mit vergleichbaren Aufgaben.

Beispiel

Eine OHG zahlt an ihren geschäftführenden Gesellschafter Baum ein angemessenes Gehalt in Höhe von jährlich 48.000,00 €. Das Gehalt soll in der Kalkulation berücksichtigt werden.

Buchungssatz		Soll	Haben
6970 (4990)	Kalkulatorischer Unternehmerlohn	48.000,00	
	an 6980 (2890) Verrechneter kalk. Unternehmerlohn		48.000,00

Kalkulatorische Miete/Pacht

Kalkulatorische Miete/Pacht wird für die Nutzung eigener Grundstücke, Gebäude, Räume angesetzt für die keine Miet- bzw. Pachtzahlungen anfallen. Die Höhe richtet sich nach dem ortsüblichen Niveau für vergleichbare Objekte.

Beispiel

Ein Einzelunternehmer betreibt in eigenen Geschäftsräumen ein Computerfachgeschäft. Die ortsübliche Miete von Räumen in gleicher Lage und mit gleicher Ausstattung beträgt monatlich 5.000,00 €. Die kalkulatorische Jahresmiete beträgt 60.000,00 €.

Buchungssatz		Soll	Haben
6972 (4991)	Kalkulatorische Miete	60.000,00	
	an 6982 (2891) Verrechnete kalk. Miete		60.000,00

Kalkulatorische Zinsen

In der Finanzbuchhaltung werden nur die Zinsen für das Fremdkapital als Aufwand gebucht. Grundlage für die Berechnung der kalkulatorischen Zinsen ist das **betriebsnotwendige Kapital**. Dieses wird wie folgt berechnet:

	Betriebsnotwendiges Anlagevermögen
+	Betriebsnotwendiges Umlaufvermögen
–	Abzugskapital (zinslos zur Verfügung stehendes Kapital, z. B. Anzahlungen von Kunden)
=	Betriebsnotwendiges Kapital
×	Kalkulatorischer Zinsfuß (langfristig nachhaltig erzielbarer Zins für eigene Geldmittel)
=	Kalkulatorische Zinsen

Beispiel

Das betriebsnotwendige Anlagevermögen eines Gewerbetreibenden beträgt 1.200,000,00 €, das betriebsnotwendige Umlaufvermögen beläuft sich auf 1.400.000,00 €. Die Kundenanzahlungen betragen 180.000,00 €. Bei einem kalkulatorischen Zinssatz von 6 % ergeben sich kalkulatorische Zinsen in Höhe von 145.200,00 € (Kalkulatorische Zinsen 2.420.000,00 € 3 6 % = 145.200,00 €).

Buchungssatz		Soll	Haben
6974 (4992)	Kalkulatorische Zinsen	145.200,00	
	an 6984 (2892) Verrechnete kalk. Zinsen		145.200,00

Kalkulatorische Abschreibungen

Bemessungsgrundlage für die kalkulatorischen Abschreibungen sind die Wiederbeschaffungskosten oder die Wiederherstellungskosten und nicht wie in der Finanzbuchhaltung die Anschaffungs- oder Herstellungskosten. Als Abschreibungsmethode ist die lineare Abschreibung anzusetzen.

Beispiel

Eine GmbH erwarb im Januar 2020 einen Baukran für 125.000,00 € + USt. Die betriebsgewöhnliche Nutzungsdauer beträgt 14 Jahre. Der Kran wird in der Finanzbuchführung linear abgeschrieben. Die Abschreibung des Krans soll in die Bauleistungen einkalkuliert werden, geschätzte Wiederbeschaffungskosten 160.000,00 €.

Bilanzielle Abschreibung:	7,14 %	von 125.000,00 € =	8.925,00 €
Kalkulatorische Abschreibung:	7,14 %	von 160.000,00 € =	11.424,00 €

Buchungssatz für die bilanzielle Abschreibung		Soll	Haben
6220 (4830)	AfA auf Sachanlagen	8.925,00	
	an 0440 (0210) Maschinen		8.925,00

Buchungssatz für die kalkulatorische Abschreibung		Soll	Haben
6976 (4993)	Kalkulatorische Abschreibung	11.424,00	
	an 6986 (2892) Verrechnete kalk. Abschreibung		11.424,00

Kalkulatorische Wagnisse

Kalkulatorische Wagnisse werden für spezielle Einzelrisiken angesetzt, die unregelmäßig und in unterschiedlicher Höhe auftreten, z.B. nicht versicherte Schäden, Verluste durch Brand, Diebstahl, Unterschlagung. Das allgemeine Unternehmerwagnis gilt durch den Gewinn als abgegolten und ist hier nicht zu berücksichtigen. Die Wagnishöhe richtet sich nach dem Durchschnitt der in den letzten drei bis fünf Jahren eingetretenen Schäden.

Beispiel

In einem Baumarkt sind in den letzten drei Jahren folgende Inventurdifferenzen festgestellt worden: 2017 12.000,00 €, 2018 10.000,00 € und 2019 14.000,00 €. Der Inhaber möchte diese Verluste in seiner Kalkulation erfassen.

Ermittlung des kalkulatorischen Wagnisses:
12.000,00 € + 10.000,00 € + 14.000,00 € = 36.000,00 € : 3 = 12.000,00 €

Buchungssatz		Soll	Haben
6978 (4994)	Kalkulatorische Wagnisse	12.000,00	
	an 6988 (2894) Verrechnete kalk. Wagnisse		12.000,00

Übungen

1 Ein Mandant zahlt für ein am 30.03.2020 aufgenommenes Darlehen von 120.000,00 € die Zinsen halbjährlich nachträglich. Der Zinssatz beträgt 3 %.

Buchen Sie die Überweisung der Zinsen zum 30.09.2020 durch Postbank.

2 Der Mieter einer zum Betriebsvermögen gehörenden Garage überweist die Monatsmiete für Oktober 2020 in Höhe von 30,00 € auf das betriebliche Bankkonto.

3 Eine Gewerbetreibende verkauft den mit 2.400 € zu Buch stehenden Betriebs-Pkw für 3.570,00 € an eine Privatperson gegen bar.

a) Buchen Sie den Vorgang.
b) Welche Buchungen wären vorzunehmen, wenn der Verkaufspreis nur 2.380,00 € betragen würde?

4 Am 30.11.2020 geht der Gewerbesteuer-Bescheid für das Jahr 2018 bei Ihrem Mandanten ein. Die Abschlusszahlung beträgt 6.840,00 €. Ihr Mandant hat im Jahr 2018 eine Gewerbesteuerrückstellung von 6.000,00 € gebildet. Die Abschlusszahlung wird am 31.12.2020 vom Bankkonto überwiesen.

a) Buchen Sie den Eingang des Bescheids und die Banküberweisung.
b) Welche Buchungen wären jeweils vorzunehmen, wenn die Rückstellung 7.000,00 € betragen hätte?

5 Untersuchen Sie, um welche Art von Aufwand/Ertrag es sich in den Aufgaben 1–4 jeweils handelt?

6 Erstellen Sie eine Übersicht nach folgendem Schema und ordnen Sie richtig zu:

Zweckaufwendungen/ Grundkosten	Erträge/ Leistungen	Neutrale Aufwendungen	Neutrale Erträge	Zusatzkosten

- Unerwarteter Maschinenschaden
- Rohstoffverbrauch
- Hilfslöhne für Lagerarbeiter
- Zinsen aus Wertpapieren
- Kfz-Kosten für Betriebs-Pkw
- Spenden für wissenschaftliche Zwecke
- Werbekosten
- Erträge aus Schrottverkäufen
- Miete für Geschäftsräume
- Gehälter für kaufmännische Angestellte
- Umsatzerlöse
- Fertigungslöhne
- Hochwasserschaden am Gebäude
- Mieterträge
- Gewerbesteuernachzahlung
- kalkulatorische Zinsen
- Nachzahlung für soziale Abgaben
- Erträge aus der Auflösung von Rückstellungen
- kalkulatorischer Unternehmerlohn
- Erstattung von Einkommensteuern

7 Eine im Juli 2018 für 80.000,00 € netto angeschaffte Maschine mit einer betriebsgewöhnlichen Nutzungsdauer von 8 Jahren wurde linear abgeschrieben.

a) Wie hoch ist die bilanzielle Abschreibung im Jahr 2020?
b) Welcher kalkulatorische Abschreibungsbetrag kann angesetzt werden, wenn die Wiederbeschaffungskosten der Maschine im Jahr 2020 auf 86.000,00 € gestiegen sind?
c) Erstellen Sie die Buchungssätze für beide Abschreibungen.

8 Ein Einzelhändler betreibt in der Innenstadt von Ulm ein Fachgeschäft für Büroartikel im eigenen Gebäude. Die betrieblich genutzten Räume umfassen 148 qm. Die ortsübliche Vergleichsmiete beträgt 25,00 € pro qm und Monat. Die Jahresmiete soll in die Kalkulation eingehen.

Wie lautet die entsprechende Buchung?

9 Das betriebsnotwendige Anlagevermögen einer KG beträgt 820.000,00 €. Das betriebsnotwendige Umlaufvermögen in Höhe von 1.280.000,00 € enthält Anzahlungen von Kunden über 80.000,00 €.

a) Berechnen Sie die Höhe der kalkulatorischen Zinsen bei einem Zinssatz von 6,5 %.
b) Buchen Sie die kalkulatorischen Zinsen.

11 Gewinnermittlung durch Überschussrechnung nach § 4 (3) EStG

Der Steuerpflichtige ist weder gesetzlich verpflichtet Bücher zu führen noch tut er dies freiwillig (Kleingewerbetreibende, Angehörige der freien Berufe)[1)]

▼

Gewinn

=

Überschuss der Betriebseinnahmen über die Betriebsausgaben

11.1 Zufluss der Einnahmen und Abfluss der Ausgaben

Betriebseinnahmen	Betriebsausgaben
Sie sind innerhalb des Kalenderjahres bezogen, in dem sie dem Steuerpflichtigen **zugeflossen** sind.	Sie sind für das Kalenderjahr abzusetzen, in dem sie **geleistet** worden sind.
Regelmäßig wiederkehrende Einnahmen, die kurze Zeit nach Ende des Jahres zufließen, in das sie wirtschaftlich gehören, gelten als in diesem Jahr bezogen.	**Regelmäßig wiederkehrende Ausgaben** die **kurze Zeit** nach Ende des Jahres geleistet werden, in das sie wirtschaftlich gehören, gelten als in diesem Jahr geleistet.

H 11 EStR Bei einer Zahlung mit **Scheck** gilt der Zufluss mit der Entgegennahme als erfolgt, der Abfluss mit der Hingabe.

Bei Zahlung mit Kredit- oder Girokarte gilt als Zuflusszeitpunkt der Wertstellungstag der Bank. Der Abfluss erfolgt bereits bei Zahlung (PIN-Eingabe bzw. Unterschrift).

Zinsen, als regelmäßig wiederkehrende Einnahmen, sind in dem Jahr zugeflossen, in das sie wirtschaftlich gehören, d.h. in dem sie fällig sind. Die Eintragung z.B. im Sparbuch ist unerheblich.

§ 11
H 11 EStH Das **Zufluss- und Abflussprinzip** über die Zuordnung von Einnahmen und Ausgaben werden für regelmäßig wiederkehrende Einnahmen und Ausgaben durchbrochen. Voraussetzung dafür, dass Einnahmen, die nach Ende eines Kalenderjahres vereinnahmt werden, noch dem Kalenderjahr zuzurechnen sind, in das sie wirtschaftlich gehören, ist die Vereinnahmung innerhalb kurzer Zeit, d.h. **bis zu 10 Tagen** nach Ende des Jahres.
Bei regelmäßig wiederkehrenden Ausgaben ist analog zu verfahren.

§ 38a (1) Einnahmen aus **nichtselbstständiger Arbeit** sind im Gegensatz dazu in dem Jahr zugeflossen, in dem der Lohnzahlungszeitraum endet.

---

1) Steuerpflichtige, die den Gewinn nach § 4 (3) EStG ermitteln, müssen der ESt-Erklärung seit 2017 die Anlage EÜR beifügen (und elektronisch übermitteln).

11.2 Abgrenzung zwischen Betriebseinnahmen und Betriebsausgaben

Betriebseinnahmen (BE)	Betriebsausgaben (BA)
alle Güter in Geld oder Geldeswert, die dem Steuerpflichtigen aus betrieblichen Gründen zufließen	Aufwendungen, die durch den Betrieb veranlasst worden sind

Wichtige Betriebseinnahmen bei der Überschussrechnung nach § 4 (3) EStG sind:

- Einnahmen aus dem Verkauf von Grund und Boden (BE gleichzeitig BA in Höhe der Anschaffungskosten)
- Einnahmen aus dem Verkauf von abnutzbaren Wirtschaftsgütern des Anlagevermögens, z. B. Maschinen, Pkw (BE in Höhe des Entgelts, BA in Höhe des Restbuchwerts)
- Einnahmen aus dem Verkauf von Umlaufvermögen (z. B. Waren)
- Vorschüsse, Teilzahlungen, Abschlagszahlungen beim Zufluss
- Einnahmen aus freiberuflicher Tätigkeit
- Privatentnahme von abnutzbaren Wirtschaftsgütern (BE zum Teilwert, gleichzeitig BA in Höhe des Restbuchwerts)
- Privatentnahme von Umlaufvermögen oder von Nutzungen oder Leistungen (BE zum Teilwert zuzüglich USt)
- Vereinnahmte Umsatzsteuer
- Erhaltene Schadensersatzleistungen (z. B. Versicherungszahlung nach Brand, Diebstahl)
- Zinseinnahmen für betriebliche Darlehen

Keine Betriebseinnahmen bei der Überschussrechnung nach § 4 (3) EStG sind z. B.:

- Einnahmen aus der Hereinnahme von Darlehen
- Einnahmen für Rechnung eines anderen (durchlaufende Posten)
- Privateinlage von Geld (keine Aufzeichnung)
- Erstattung privater Steuern (z. B. ESt) auf betriebliche Konten
- Erlass von Kundenforderungen

Wichtige Betriebsausgaben bei der Überschussrechnung nach § 4 (3) EStG sind:

- Personalkosten (Löhne, Gehälter, Ausbildungsvergütung)
- laufende **AfA** nach § 7 EStG bei Anschaffung von betrieblichen Gebäuden oder anderen abnutzbaren Wirtschaftsgütern des Anlagevermögens
- Sonder-AfA nach § 7g (5) EStG
- Anschaffungskosten von Waren bei Leistung des Entgelts (bei Anlieferung der Ware keine Aufzeichnung)
- Restwert bei abnutzbaren Anlagegütern nach Totalverlust, evtl. Entschädigung ist BE
- Kosten für Betriebsgrundstücke oder betrieblich genutzte Grundstücksteile
- Verlust betrieblich veranlasster Darlehensforderungen in dem Jahr, in dem der Verlust endgültig feststeht
- Darlehenszinsen
- Damnum in voller Höhe soweit unter Berücksichtigung der jährlichen Zinsbelastung die marktüblichen Beträge nicht überschritten werden. Von der Marktüblichkeit ist auszugehen, wenn für ein Darlehen mit einem Zinsfestschreibungszeitraum von mindestens 5 Jahren ein Damnum bis zu 5 % vereinbart worden ist.
- Abziehbare Vorsteuer (soweit die Vorsteuer nicht abziehbar ist, gehört sie zu den Anschaffungskosten der Wirtschaftsgüter)
- Diebstahl von Anlagevermögen – Restbuchwert = Betriebsausgabe
- Geldverluste durch Diebstahl bei eindeutigem betrieblichen Zusammenhang (z. B. Portokasse wird entwendet, Kassenbuch ist ordnungsgemäß geführt)

Keine Betriebsausgaben bei der Überschussrechnung nach § 4 (3) EStG sind z. B.:

- Ausgaben für die Anschaffung von betrieblichem Grund und Boden und anderen nichtabnutzbaren Anlagegütern (BA erst bei Verkauf oder Entnahme)
- Anschaffungs- oder Herstellungskosten für Anteile an Kapitalgesellschaften, für Wertpapiere und vergleichbare nicht verbriefte Forderungen und Rechte, für Grund und Boden sowie Gebäude des Umlaufvermögens (BA erst im Zeitpunkt der Veräußerung oder Entnahme)
- Verderb/Diebstahl von Waren (Betriebsausgabe bereits bei Zahlung)
- sonstige Werteinbußen an Umlaufvermögen und nichtabnutzbaren Anlagegegenständen (keine Teilwertabschreibung)
- Darlehenstilgung
- Forderungsverluste (z. B. wegen Insolvenz eines Mandanten)
- Zahlung privater Vorgänge über betriebliche Konten (z. B. private Versicherungen und Steuern)

- Privatentnahme von Geld (keine Aufzeichnung)
- Veräußerung, Entnahme, Wertminderung oder Verlust, Diebstahl von Wirtschaftsgütern des GWG-Sammelpostens.

Auch **Tauschgeschäfte** sind in der Gewinnermittlung nach § 4 (3) EStG zu berücksichtigen. Beim Tausch stellt der gemeine Wert des hingegebenen Wirtschaftsgutes die Betriebsausgabe für das eingetauschte Wirtschaftsgut dar. Dabei ist „gemeiner" Wert der Betrag, der sich für das hingegebene Wirtschaftsgut als Preis bei einem Bargeschäft zwischen den Vertragspartnern ergeben hätte.

11.3 Nichtabzugsfähige Betriebsausgaben

Gemäß § 4 (5) EStG dürfen folgende Betriebsausgaben den steuerlichen Gewinn nicht mindern:

- Aufwendungen für Geschenke an Personen, die nicht Arbeitnehmer sind, im Wert von mehr als 35 € (Freigrenze)
- 30 % der angemessenen und nachgewiesenen Bewirtungsaufwendungen, die aus geschäftlichem Anlass getätigt wurden (bezahlte USt = BA)
- Aufwendungen für Gästehäuser, für Jagd oder Fischerei, für Segel- und Motorjachten
- Mehraufwendungen für die Verpflegung des Steuerpflichtigen, sobald sie folgende Pauschbeträge übersteigen:

Eintägige Auswärtstätigkeit	
Abwesenheit > 8 Std.	14 €
Mehrtägige Auswärtstätigkeit	
An- und Abreisetag	14 €
ganze Tage	28 €

- Aufwendungen für Fahrten des Steuerpflichtigen mit einem betrieblichen Pkw zwischen Wohnung und Betriebsstätte, soweit bestimmte Pauschbeträge überschritten werden
- Gerichtlich verhängte Geldbußen, Ordnungsgelder und Verwarnungsgelder
- Zinsen auf hinterzogene Steuern
- Schmiergeldzahlungen
- Aufwendungen zur Förderung staatspolitischer Zwecke
- Gewerbesteuer und die darauf entfallenden Nebenleistungen, § 4 (5b) EStG

Beispiel

Lea Alberts hat sich in München vor fünf Jahren mit einer kleinen Modeboutique selbstständig gemacht. Sie verkauft in den gemieteten Räumen selbst hergestellte Damen-Oberbekleidung. Frau Alberts ermittelt ihren Gewinn nach § 4 (3) EStG. Sie ist zum Vorsteuerabzug berechtigt und gibt ihre Umsatzsteuer-Voranmeldungen monatlich ab.
Bisher wurden Betriebseinnahmen von 78.200 € und Betriebsausgaben von 52.680 € aufgezeichnet.
Für den Veranlagungszeitraum 2020 sind noch folgende Vorgänge zu berücksichtigen bzw. zu korrigieren. Begründen Sie in Stichworten Ihre Lösung, insbesondere, wenn Sie keine Betriebseinnahme (BE) bzw. Betriebsausgabe (BA) ansetzen. Der steuerrechtliche Gewinn ist so gering wie möglich zu halten. § 7g EStG und § 6 (2a) EStG sind nicht anzuwenden.

Nr.	Erläuterung/ Berechnung	Betriebseinnahmen		Betriebsausgaben	
		+	–	+	–

a) Frau Alberts kaufte von einem inländischen Lieferanten Stoffe im Wert von 2.600 € netto ein und bezahlte sofort per Banküberweisung. Der Vorgang ist noch nicht erfasst.
b) Ihrer Tochter schenkte Frau Alberts zum Geburtstag einen Schal aus dem Warenbestand, den sie im Vorjahr für 29 € netto eingekauft hatte. Der Ladenverkaufspreis des Schals beträgt 58 €.
c) Eine Kundin aus Salzburg (Österreich) ließ sich ein Dirndl für 880 € + USt anfertigen. Das Dirndl wurde am 29.12.2019 abgeholt und mit Scheck bezahlt. Frau Alberts reichte den Scheck wegen ihres Urlaubs erst am 12.01.2020 bei ihrer Bank ein, die Gutschrift auf dem Konto erfolgte am 13.01.2020.
d) Frau Alberts besuchte eine Modemesse. Sie fuhr um 08:00 Uhr mit dem Firmenwagen von München 400 km nach Frankfurt/Main. Für eine Übernachtung im Hotel bezahlte sie 160 € ohne Frühstück. Der Messeeintritt kostete für zwei Tage insgesamt 30 €. Am zweiten Tag fuhr sie am späten Nachmittag zurück und kam um 19:45 Uhr wieder in München an.
e) Wegen Überschreitens der zulässigen Höchstgeschwindigkeit auf der Heimfahrt von Frankfurt nach München bezahlte Frau Alberts ein Bußgeld in Höhe von 60 € bar.
f) Im Laden wurde Ende November eingebrochen. Die Täter erbeuteten kein Bargeld, aber Waren im Wert von 800 € netto. Der Vorgang ist bisher noch nicht berücksichtigt.
g) Die Versicherung erstattete für den Einbruch noch im Dezember 800 €.
h) Frau Alberts hat einer Kundin aus Stuttgart vor zwei Jahren eine Jacke nach Maß angefertigt. Die Kundin hatte auf den Rechnungsbetrag in Höhe von 380 € damals 100 € angezahlt. Der Restbetrag ist uneinbringlich.
i Für eine neue Nähmaschine, die im Oktober von einem Hersteller aus Hamburg geliefert wurde bezahlte Frau Alberts Anfang November 899 € + USt. Die Nähmaschine hat lt. amtlicher Afa-Tabelle eine Nutzungsdauer von fünf Jahren.
j) Um kleinere Umbauten zu finanzieren hat Frau Alberts im Dezember ein Darlehen bei ihrer Hausbank aufgenommen. Die Darlehenssumme in Höhe von 8.000 € wurde dem Firmenkonto am 29.12.2020 gutgeschrieben, aber noch nicht als Betriebseinnahme erfasst.
k) Eine Kundin hatte im November ein Abendkleid bestellt und bereits den vollen Preis von 1.850 € einschl. USt bezahlt. Das Kleid wird erst Anfang Januar fertig und zugestellt. Der Betrag ist in den Betriebseinnahmen enthalten.

Lösung:

Nr.	Erklärung	Betriebseinnahmen + – 78.200,00 €	Betriebsausgaben + – 52.680,00 €
a	Abflussprinzip, § 11 EStG		3.094,00 €
b	BE bei Entnahme; BMG für die USt = Wiederbeschaffungspreis	34,51 €	
c	Scheckhingabe = BE	1.047,72 €	
d	Messeeintritt = BA, § 11 EStG Fahrtkosten (400 km x 2 x 0,30 €) = BA Übernachtung = BA VMA = BA (2 x 12 €)		30,00 € 240,00 € 160,00 € 24,00 €
e	Handelsrechtlich BA, aber: Steuerliche Korrektur		60,00 €
f	Korrekt, BA beim Einkauf		
g	Versicherungszahlung = BE, Zuflussprinzip, § 11 EStG	800,00 €	
h	Forderungsverlust ist keine BA		
i	Gezahlte Vorsteuer = BA Zeitanteilige AfA = BA		170,81 € 44,95 €
j	Darlehenszufluss ist keine BE (Tilgung wäre keine BA)		
k	In Ordnung, Zuflussprinzip, § 11 EStG		
	Summe	80.082,23 €	56.503,76 €
	Vorläufiger Gewinn	23.578,47 €	
	Steuerliche Korrektur: e) Bußgelder sind keine abzugsfähige BA, vgl. § 4 Abs. 5 Nr. 8 EStG	+ 60,00 €	
	Steuerlicher Gewinn	23.638,47 €	

Übungen

1 Gewinnermittlung nach § 4 (3) EStG

Der Gewerbetreibende Ludwig Rieger (R) aus Landshut ermittelt seinen Gewinn nach § 4 (3) EStG. Herr Rieger versteuert seine Umsätze nach vereinnahmten Entgelten. Die Voraussetzungen des § 7 g EStG sind erfüllt. Der Gewinn im **VZ 2020** soll möglichst niedrig gehalten werden.

Folgende Vorgänge sind noch zu berücksichtigen bzw. zu korrigieren. Begründen Sie Änderungen oder Nichtansatz kurz und verwenden Sie zur Lösung das unten stehende Schema!

1. R eröffnete im November 2020 ein Konto bei der örtlichen Raiffeisenbank. Er übernahm einen Genossenschaftsanteil von 1.000 €, der seinem Bankkonto belastet wurde. Der Betrag wurde als Betriebsausgabe erfasst.
2. Am 24.11.2020 wurde für 2.400 € + USt ein neues Kopiergerät angeschafft, dessen Nutzungsdauer 5 Jahre beträgt. Das Gerät ist am Jahresende noch nicht bezahlt. Bisher erfolgte noch keine Buchung. Ein Investitionsabzugsbetrag wurde nicht beansprucht.

3. Ein Kunde begleicht am 05.12.2020 eine offene Rechnung aus einer Warenlieferung vom Dezember 2018 über brutto 2.320 €. Der Betrag wurde als BE erfasst.

4. Folgende Vorgänge auf dem betrieblichen Bankkonto aus dem Dezember 2020 wurden bereits gebucht:

Spende an eine politische Partei	400 €	erfasst als BA
Spende an Brot für die Welt	200 €	erfasst als BA
Einkommensteuererstattung	2.100 €	erfasst als BE

5. Wegen der überraschend guten Auftragslage wurde Anfang Dezember 2020 eine neue Maschine für 15.000 € netto bestellt, die Ende Januar 2021 ausgeliefert wird. Hierfür musste eine Anzahlung von 5.000 € + USt geleistet werden, die noch im Dezember 2020 per Bank überwiesen wurde. In der Anzahlungsrechnung ist die USt gesondert ausgewiesen.

6. Durch einen Brand im Lager entstand im November ein Schaden am Warenbestand von 4.500 €. Die Versicherung hat Mitte Dezember 3.500 € erstattet. Der Vorgang wurde noch nicht erfasst.

7. Die Anfang Dezember 2020 eingegangene Rechnung seines Steuerberaters in Höhe von 3.200 € überwies R erst am 05.01.2021. Eine Buchung erfolgte noch nicht.

8. Am 28.12.2020 wurde ein Telefax-Gerät (Nutzungsdauer 5 Jahre) für 400 € + USt angeschafft. Die Auslieferung erfolgte noch am gleichen Tag. Herr Rieger bezahlte am 03.01.2021 durch Banküberweisung. Der Vorgang wurde bisher noch nicht berücksichtigt.

9. Eine Forderung aus 2017 in Höhe von 1.190 € wurde uneinbringlich und als Betriebsausgabe erfasst.

10. Ein Beleg über 39 € für den Kauf von Büromaterial vom 04.12.2020 wurde noch nicht berücksichtigt.

11. R bezahlte am 29.12.2020 die Eingangsrechnung (Warenlieferung vom 15.12.2020) eines Lieferanten in Höhe von 2.320 € mit einem Verrechnungsscheck. Die Belastung auf dem betrieblichen Bankkonto von R erfolgte am 03.01.2021. Der Vorgang wurde bisher noch nicht berücksichtigt.

Nr.	Erläuterung/ Berechnung	Betriebseinnahmen € +	Betriebseinnahmen € –	Betriebsausgaben € +	Betriebsausgaben € –

2 Gewinnermittlung nach § 4 (3) EStG

Erstellen Sie für den Gewerbetreibenden Markus Schott (S) die Überschussrechnung nach § 4 (3) EStG für **2020** entsprechend dem unten stehenden Schema! Die Voraussetzungen für die Inanspruchnahme des § 7 g EStG liegen vor. Seine Umsätze versteuert er nach den allgemeinen Vorschriften des UStG. Der Gewinn soll möglichst niedrig gehalten werden. Das Konto GWG-Sammelposten wird nicht geführt.
Begründen Sie Ihre Entscheidungen jeweils kurz!
Bisher wurden erfasst:

Betriebseinnahmen	106.200 €
Betriebsausgaben	94.600 €

Folgende Vorgänge sind noch zu berücksichtigen bzw. zu korrigieren.

1. Herr Schott hat am 03.11.2020 einen gebrauchten Computer für 1.400 € netto von einem Unternehmer erworben und bar bezahlt. Die Restnutzungsdauer des Computers beträgt 2 Jahre. Dieser Vorgang wurde noch nicht berücksichtigt.

2. Anfang Mai kaufte S ein kleines, unbebautes Grundstück, das er als Kundenparkplatz nutzt, für 9.500 €. Der Kaufpreis wurde noch 2020 bezahlt und der Vorgang deshalb als Betriebsausgabe erfasst.

3. Vom Finanzamt wurden Ende November 1.100 € Umsatzsteuerguthaben erstattet. Der Betrag wurde noch nicht erfasst.

4. Am 22.12.2020 erwarb S für 476 € brutto einen neuen Schreibtischstuhl für sein Büro, der am gleichen Tag ausgeliefert wurde. Die betriebsgewöhnliche Nutzungsdauer des Schreibtischstuhles beträgt 10 Jahre. Die Zahlung erfolgte am 03.01.2021 per Banküberweisung. Im Jahr 2020 wurde noch keine Buchung durchgeführt. Der Steuerpflichtige hatte hierfür im Vorjahr einen Investitionsabzugsbetrag von 160 € beansprucht.

5. Am 27.12.2020 hat S die Miete für die Büroräume für Januar 2021 in Höhe von 1.400 € überwiesen und den Betrag als Betriebsausgabe erfasst.

6. Am 07.02.2020 bezahlte ein Kunde die Ausgangsrechnung S. 110/19 über brutto 3.480 € für eine im November 2019 erfolgte Warenlieferung erst nach mehreren schriftlichen Zahlungserinnerungen. Da die Zahlung 2020 erfolgte, wurde der Betrag als Betriebseinnahme erfasst.

7. S hat 2016 ein Darlehen für betriebliche Zwecke aufgenommen. Am 24. Juli 2020 wurden in Zusammenhang mit dieser Darlehensaufnahme 2.100 € vom betrieblichen Girokonto abgebucht. Der Betrag setzt sich aus 1.500 € Tilgung und 600 € Zinsen zusammen. Der Vorgang ist noch nicht berücksichtigt.

8. Für ein 2019 erworbenes neues Firmenfahrzeug fielen im Jahr 2020 Kosten einschließlich Abschreibung von 8.000 € an. Diese Kosten wurden als Betriebsausgaben gebucht. In dem Betrag sind 1.400 € für Kfz-Steuer und Kfz-Versicherung enthalten. S hat laut Fahrtenbuch seinen betrieblichen Pkw zu 30 % für Privatfahrten genutzt.

9. Am 27.12.2020 erwarb S einen neuen Büroschreibtisch (passend zum Stuhl aus Nr. 4, jedoch von einem anderen Hersteller) zum Ladenverkaufspreis von 1.200 € + 19 % USt. Die betriebsgewöhnliche Nutzungsdauer wird mit 10 Jahren angesetzt. Da S noch im Laden einen Kratzer entdeckte erhielt er einen Nachlass von 15 % und bezahlte den reduzierten Kaufpreis bar. Der Kauf ist noch nicht berücksichtigt. Im Vorjahr wurde hierfür ein Investitionsabzugsbetrag von 400 € beansprucht.

Nr.	Erläuterung/ Berechnung	Betriebseinnahmen		Betriebsausgaben	
		€ +	€ –	€ +	€ –

3 Gewinnermittlung nach § 4 (3) EStG

Die Gewerbetreibende Gerda Reich (R) aus Nürnberg ermittelt ihren Gewinn nach § 4 (3) EStG. Im Kalenderjahr 2019 betrug ihr Betriebsvermögen 170.000 €. Die Steuerpflichtige versteuert ihre Umsätze nach den allgemeinen Vorschriften des UStG. Die Unternehmerin möchte **2020** einen möglichst niedrigen Gewinn erzielen. Die Voraussetzungen nach § 7 g EStG sind erfüllt.

Folgende Vorgänge sind noch zu berücksichtigen bzw. zu korrigieren. Begründen Sie Ihre Entscheidungen jeweils kurz! Ein berichtigter Gewinn für das Jahr 2020 ist nicht zu ermitteln.

1. Die Unternehmerin plant im nächsten Jahr 5 neue Bürostühle, Kaufpreis netto 450 €/ Stück, anzuschaffen.

2. Frau R hat nach dem Tod ihres Onkels eine größere Erbschaft gemacht. Aus diesem Erbe zahlte sie 50.000 € auf das betriebliche Bankkonto ein. Der Betrag wurde als Betriebseinnahme erfasst.

3. Zum 31.12.2020 wurde beim Warenbestand eine Inventurdifferenz (Fehlbestand) in Höhe von 725 € ermittelt. Der Betrag wurde als Betriebsausgabe gebucht.

4. Zu Jahresbeginn wurden zwei neue Schreibtische für je 2.400 € netto angeschafft und Anfang Februar durch Banküberweisung bezahlt. Die Nutzungsdauer der Schreibtische beträgt 10 Jahre. Ein Investitionsabzugsbetrag für diese Anschaffung wurde nicht beansprucht.

5. Ein Kunde ist seit einiger Zeit in Zahlungsschwierigkeiten. Frau R rechnet damit, mindestens 50 % ihrer Forderung in Höhe von 1.200 € netto zu verlieren. Als Vorsichtsmaßnahme setzt sie deshalb 50 % der Nettoforderung als Betriebsausgabe an.

6. Anfang Dezember 2020 wurden Waren im Wert von 5.800 € einschließlich 19 % Umsatzsteuer bestellt. Die Lieferung erfolgte am 27.12.2020. Frau R hat die Ware bei Lieferung mit einem Verrechnungsscheck bezahlt. Die Belastung auf dem betrieblichen Bankkonto erfolgte am 05.01.2021. Da zum 31.12.2020 noch keine Belastung vorlag, wurde der Vorgang 2020 nicht als Betriebsausgabe erfasst.

7. Frau R hat Mitte August ein Standardprogramm für die Buchhaltung zum Bruttopreis von 2.142 € erworben und bar bezahlt. Die betriebsgewöhnliche Nutzungsdauer beträgt drei Jahre. Der Kauf wurde noch nicht erfasst.

8. Ein Kunde bestellte Anfang Dezember 2020 Waren im Wert von netto 5.000 €. Die Lieferung soll im Januar 2021 erfolgen, eine Buchung wurde deshalb noch nicht vorgenommen.

9. Die Steuerpflichtige hat Ende Dezember Büromaterial für brutto 86,50 € gekauft und bar bezahlt. Der Betrag wurde als Betriebsausgabe erfasst.

10. Frau R hat bei ihrer Hausbank ein Darlehen aufgenommen. Der Darlehensbetrag in Höhe von 40.000 € wurde dem betrieblichen Bankkonto im Dezember gutgeschrieben. Da die Gutschrift noch im Jahr 2020 erfolgte wurde sie als Betriebseinnahme gebucht.

Nr.	Erläuterung/ Berechnung	Betriebseinnahmen € +	Betriebseinnahmen € −	Betriebsausgaben € +	Betriebsausgaben € −

4 Mareike Schnell betreibt in Köln ein kleines Elektrofachgeschäft in gemieteten Räumen. Sie ermittelt ihren Gewinn nach § 4 Abs. 3 EStG und versteuert ihre Umsätze zu 19 % nach den allgemeinen Vorschriften des UStG. Die Voraussetzungen des § 7g EStG sind erfüllt. § 6 Abs. 2a EStG ist nicht anzuwenden. Schnell hat bisher Betriebseinnahmen in Höhe von 89.600 € und Betriebsausgaben in Höhe von 41.900 € aufgezeichnet.
Prüfen sie die folgenden Sachverhalte für den Veranlagungszeitraum **2020** und korrigieren Sie nach dem vorgezeichneten Schema. Der steuerliche Gewinn ist zu ermitteln und so niedrig wie möglich zu halten.

Nr.	Erläuterung	Betriebseinnahmen		Betriebsausgaben	
		+	–	+	–

a) Frau Schnell ging mit einem guten Kunden zum Mittagessen. Sie bezahlte 68,00 € bar und erfasste den Betrag als Betriebsausgabe.
b) Im Dezember hat Frau Schnell Waren im Wert von 10.257,80 € einschl. USt verkauft und als Betriebseinnahme erfasst. Davon wurden Waren im Wert von 1.047,20 € brutto gegen Rechnung verkauft. Hier ging die Zahlung am 05. Januar 2021 per Banküberweisung ein.
c) Frau Schnell möchte Anfang nächsten Jahres den Firmenwagen durch einen neuen Pkw ersetzen. Die Anschaffungskosten werden lt. Angebot eines Händlers 28.600 € + USt betragen.
d) Im Dezember wurden zwei neue Schreibtische (ND 13 Jahre) für je 650 € + USt erworben und bar bezahlt. Der Vorgang ist noch nicht erfasst.
e) Für die geplante Anschaffung des Pkw (vgl. c) nahm Schnell ein Darlehen über 28.000 € auf. Der Betrag wurde am 30.12. gutgeschrieben und als Betriebseinnahme erfasst.
f) Die Januarmiete 2021 (fällig am 01.01.) für die Geschäftsräume in Höhe von 2.200 € + USt wurde bereits am 30.12. überwiesen und als Betriebsausgabe gebucht.
g) Ein Kunde hat Ende Dezember diesen Jahres als Weihnachtsgeschenk eingekaufte Artikel zurückgegeben. Frau Schnell erstattete den Rechnungsbetrag in Höhe von 238 € bar. Der Verkauf war erfasst, die Rückgabe nicht.
h) Für ihr Büro erwarb Frau Schnell Mitte Dezember einen neuen Bürostuhl (ND 13 Jahre), da ihr der Händler überraschend 25 % Rabatt anbot. Sie bezahlte 449 € bar und erfasste den Vorgang bisher nicht.
i) Schnell entnahm aus dem Lager Waren für private Zwecke. Die Anschaffungskosten betrugen 990 €, der aktuelle Einkaufwert (Teilwert) liegt bei 1.250 €, der Bruttoverkaufspreis beträgt 1.899 €. Der Vorgang wurde bisher noch nicht erfasst.
j) Die Einkommensteuer-Erstattung für 2018 in Höhe von 2.850 € ging Mitte Dezember auf dem betrieblichen Bankkonto ein. Schnell erfasste den Betrag als Betriebseinnahme.
k) Für 10 gute Kunden wurden Anfang Dezember Weihnachtsgeschenke zum Preis von insgesamt 150 € + USt eingekauft und sofort bezahlt. Die Übergabe erfolgte bis zum 23.12. Der Rechnungsbetrag wurde als Betriebsausgabe erfasst.

5 Jürgen Schmieder ist Inhaber eines kleinen Architekturbüros in Mainz in gemieteten Räumen. Er ermittelt seinen Gewinn nach § 4 Abs. 3 EStG und versteuert seine Umsätze zu 19 % nach den allgemeinen Vorschriften des UStG. Die Voraussetzungen des § 7g EStG sind erfüllt. § 6 Abs. 2 EStG ist anzuwenden. Schmieder hat bisher Betriebseinnahmen in Höhe von 349.600 € und Betriebsausgaben in Höhe von 261.900 € aufgezeichnet.
Prüfen sie die folgenden Sachverhalte für den Veranlagungszeitraum **2020** und korrigieren Sie nach dem vorgezeichneten Schema. Der steuerliche Gewinn ist zu ermitteln und so niedrig wie möglich zu halten.

Nr.	Erläuterung	Betriebseinnahmen +	–	Betriebsausgaben +	–

a) Schmieder hat im Dezember Büromaterial im Wert von insgesamt 120 € + USt eingekauft und sofort bar bezahlt, Der Vorgang ist noch nicht erfasst.
b) Ende Dezember 2020 wurde die defekte Alarmanlage im Büro repariert. Die Rechnung in Höhe von 357 € einschl. USt ging Anfang Januar 2021 ein und wurde am 03.01.2021 per Banküberweisung beglichen. Schmieder erfasste den Betrag 2020 als Betriebsausgabe.
c) Am 01.12.2020 wurde die jährliche Tilgungsrate für ein betriebliches Darlehen abgebucht. 1.500 € sind als Betriebsausgabe erfasst worden.
d) Schmieder überwies am 29.12.2020 die am 02.01.2021 fällige Abogebühr für eine Fachzeitschrift in Höhe von 156 €. Der Betrag ist in den Betriebsausgaben für 2020 enthalten.
e) Für die Bewirtung eines guten Kunden hat Schmieder eine Restaurantrechnung in Höhe von 142 € brutto mit der betrieblichen Girokarte bezahlt. Vom Rechnungsbetrag entfielen 60 € + USt auf Schmieder selbst. Der Vorgang ist noch nicht erfasst.
f) Anfang November 2020 wurde für einen neuen Mitarbeiter ein Laptop (Nutzungsdauer 3 Jahre) für 1.200 € + USt in einem Fachgeschäft erworben. Der Kaufpreis wurde sofort bar bezahlt aber noch nicht erfasst.
g) Eine Forderung an einen Kunden aus dem Jahr 2017 ist endgültig verloren. Schmieder erfasst 1.860 € als Betriebsausgabe.
h) Die Privatnutzung des Firmenwagens für Dezember sowie die Fahrten zwischen Wohnung und Büro (20 Arbeitstage) sind noch nicht erfasst. Schmieder führt kein Fahrtenbuch. Die einfache Entfernung zwischen Wohnung und Büro beträgt 14 km. Der Pkw (Bruttolistenpreis zum Zeitpunkt der Erstzulassung: 53.922,00 €) wurde vor zwei Jahren von einem Händler mit 15 % Rabatt gekauft und bar bezahlt.
i) Schmieder plant im nächsten Jahr die Einrichtung seines Besprechungszimmers zu erneuern. Geplant ist die Anschaffung von drei Bürostühlen für je 540 € + USt und eines Besprechungstisches für 1.250 € + USt. Entsprechende Angebote hat er bereits eingeholt.
j) Für den Firmenwagen hat Herr Schmieder einen Stellplatz gemietet. Die Dezembermiete 2020 in Höhe von 50 € hat er am 02.12.2020 überwiesen. Der Vorgang ist noch nicht erfasst.

6 Erstellen Sie für die Tierärztin Valery Görgeler, Flensburg, die Überschussrechnung für 2020 nach dem nebenstehenden Schema. Sie ermittelt ihren Gewinn nach § 4 Abs. 3 EStG und versteuert ihre Umsätze zu 19 % nach den allgemeinen Vorschriften des UStG. Die Voraussetzungen des § 7g EStG sind erfüllt. § 6 Abs. 2 EStG ist anzuwenden. Görgeler hat bisher Betriebseinnahmen in Höhe von 219.400 € und Betriebsausgaben in Höhe von 51.900 € aufgezeichnet.
Prüfen sie die folgenden Sachverhalte für den Veranlagungszeitraum **2020** und berücksichtigen/korrigieren Sie sie gegebenenfalls. Der steuerliche Gewinn soll so niedrig wie möglich gehalten werden.

Nr.	Erläuterung	Betriebseinnahmen +	–	Betriebsausgaben +	–

a) Görgeler hat im November Medikamente für 1.200 € + USt eingekauft und den Rechnungsbetrag sofort überwiesen.
b) Für Katzen- und Hundefutter, das Görgeler für stationär aufgenommene Tiere benötigt, wurden 25 € + USt bar bezahlt.

c) Am 01.07.2020 wurden für ein betriebliches Darlehen 1.800 € Tilgung und 1.200 € Zinsen für 2020 abgebucht. 1.800 € sind als Betriebsausgabe erfasst worden.
d) Görgeler war vom 02.–04.12. auf einer Fachtagung in Frankfurt/Main. Sie fuhr 655 km (einfache Entfernung) mit dem Firmenwagen. Sie übernachtete in einem Hotel und bezahlte für die beiden Nächte insgesamt 250 € brutto (ohne Frühstück). Sie fuhr am 02.12 um 10:00 Uhr los und kehrte am 04.12. um 18:30 Uhr zurück. Die Reisekostenabrechnung ist noch nicht erfasst.
e) Am 03.12. traf sich Görgeler mit einem Gutsverwalter (wichtiger Kunde) und ging anschließend mit ihm zum Essen. Sie bezahlte bar 67 € und gab zusätzlich 3 € Trinkgeld. Der Vorgang ist noch nicht erfasst.
f) Das Finanzamt bucht die USt-Vorauszahlung für Dezember 2020 in Höhe von 2.960 € am 11.01.2021 vom betrieblichen Bankkonto ab. Hier erfolgte noch keine Buchung.
g) Ein Kunde bezahlt eine Rechnung über 680 € brutto am 30.12. durch die Übergabe eines Schecks. Görgeler reicht den Scheck am 04.01.2021 bei ihrer Bank ein. Gutschrift auf dem Firmenkonto am 05.01.2021.
h) Anfang November des letzten Jahres hat Görgeler einen neuen Laptop für 479,00 € einschl. USt angeschafft, den sie ausschließlich für ihre Tierarzttätigkeit nutzt. Die Zahlung erfolgte im Dezember 2020. Für 2021 hat Görgeler deshalb nichts gebucht.
i) Görgeler hat am 01.10.2020 die Kfz-Versicherung für den Firmenwagen für ein Jahr im Voraus (01.10.2020–30.09.2021) bezahlt und den gesamten Betrag in Höhe von 540 € als Betriebsausgabe erfasst.
j) Der Sohn von Frau Görgeler erhielt am 23.12.2020 als Weihnachtsgeschenk 500 €. Frau Görgeler hat den Betrag vom Firmenkonto überwiesen und auch als Betriebsausgabe erfasst.
k) Ein Kunde bezahlt nach mehreren Mahnungen am 10.12.2020 eine Rechnung über 297,50 € aus dem Jahr 2019. Der Vorgang ist noch nicht erfasst.

12 Aufgaben zur Wiederholung und Vertiefung

12.1 Buchführungs- und Aufzeichnungspflichten

1 Am 23. Dezember erfolgt in einem Baumarkt (Bilanzstichtag 31. Dezember) die jährliche Inventur. Es werden vom Inventurleiter zu folgenden Artikeln Daten aufgenommen:

– Rasenmäher Typ „Maus"	à 122,00 €	17 Stück
– Rasenmäher Typ „Hirsch"	à 175,00 €	11 Stück
– Rasenmäher Typ „Wolf"	à 199,00 €	21 Stück.

Bis zum 10. Januar des Folgejahres sind noch folgende Vorgänge angefallen:

24. Dezember	Verkauf	Rasenmäher Typ „Maus"	2 Stück
	Verkauf	Rasenmäher Typ „Wolf"	5 Stück
	Lieferung	Rasenmäher Typ „Maus"	5 Stück
27. Dezember	Verkauf	Rasenmäher Typ „Hirsch"	1 Stück
	Verkauf	Rasenmäher Typ „Wolf"	2 Stück
28. Dezember	Lieferung	Rasenmäher Typ „Maus"	3 Stück
	Lieferung	Rasenmäher Typ „Wolf"	3 Stück
29. Dezember	Verkauf	Rasenmäher Typ „Hirsch"	1 Stück
	Verkauf	Rasenmäher Typ „Wolf"	3 Stück
04. Januar	Verkauf	Rasenmäher Typ „Hirsch"	1 Stück
	Verkauf	Rasenmäher Typ „Wolf"	1 Stück
07. Januar	Verkauf	Rasenmäher Typ „Wolf"	2 Stück
	Lieferung	Rasenmäher Typ „Maus"	4 Stück
	Lieferung	Rasenmäher Typ „Hirsch"	4 Stück
	Lieferung	Rasenmäher Typ „Wolf"	4 Stück
10. Januar	Verkauf	Rasenmäher Typ „Hirsch"	3 Stück
	Lieferung	Rasenmäher Typ „Wolf"	1 Stück

Welches Inventurverfahren hat der Baumarkt genutzt?
Welcher Bestand ergibt sich jeweils zum Bilanzstichtag 31. Dezember für die Rasenmäher?

2 Eine große Gärtnerei erledigt ihre Inventur erst am 25. Februar des Folgejahres. Der Bilanzstichtag der Gärtnerei ist der 31. Dezember
Der Inventurleiter ermittelt folgende Werte:

– Pflanzkübel Durchmesser	20 cm	à 8,00 €	213 Stück
– Pflanzkübel Durchmesser	25 cm	à 9,00 €	173 Stück
– Pflanzkübel Durchmesser	30 cm	à 9,50 €	301 Stück
– Pflanzkübel Durchmesser	40 cm	à 11,00 €	69 Stück
– Pflanzkübel Durchmesser	45 cm	à 12,00 €	142 Stück
– Pflanzkübel Durchmesser	55 cm	à 13,00 €	92 Stück
– Pflanzkübel Durchmesser	70 cm	à 14,50 €	43 Stück
– Pflanzkübel Durchmesser	100 cm	à 17,50 €	19 Stück

Im neuen Jahr sind laut Belegbuchhaltung folgende Vorgänge zu beachten:

11. Januar	Verkauf	Pflanzkübel Durchmesser	30 cm	3 Stück
	Verkauf	Pflanzkübel Durchmesser	45 cm	2 Stück
	Verkauf	Pflanzkübel Durchmesser	55 cm	6 Stück
	Verkauf	Pflanzkübel Durchmesser	100 cm	1 Stück
	Einkauf	Pflanzkübel Durchmesser	25 cm	150 Stück
17. Januar	Einkauf	Pflanzkübel Durchmesser	20 cm	100 Stück
	Einkauf	Pflanzkübel Durchmesser	70 cm	40 Stück
22. Januar	Verkauf	Pflanzkübel Durchmesser	20 cm	6 Stück
	Verkauf	Pflanzkübel Durchmesser	40 cm	8 Stück
	Verkauf	Pflanzkübel Durchmesser	45 cm	1 Stück
	Einkauf	Pflanzkübel Durchmesser	55 cm	60 Stück
5. Februar	Verkauf	Pflanzkübel Durchmesser	20 cm	12 Stück
	Verkauf	Pflanzkübel Durchmesser	25 cm	7 Stück
	Verkauf	Pflanzkübel Durchmesser	30 cm	4 Stück
13. Februar	Verkauf	Pflanzkübel Durchmesser	25 cm	10 Stück
	Einkauf	Pflanzkübel Durchmesser	45 cm	50 Stück
24. Februar	Verkauf	Pflanzkübel Durchmesser	45 cm	2 Stück
	Verkauf	Pflanzkübel Durchmesser	55 cm	3 Stück
	Verkauf	Pflanzkübel Durchmesser	70 cm	2 Stück
28. Februar	Verkauf	Pflanzkübel Durchmesser	25 cm	8 Stück
	Verkauf	Pflanzkübel Durchmesser	30 cm	5 Stück
	Einkauf	Pflanzkübel Durchmesser	70 cm	80 Stück

Welches Inventurverfahren hat der Baumarkt genutzt?
Welcher Bestand ergibt sich jeweils zum Bilanzstichtag 31. Dezember für die Pflanzkübel?

12.2 Grundlagen der Finanzbuchhaltung

1 Die Warenkonten eines Handelsbetriebes weisen folgende Beiträge aus:

Wareneingang	120.000 €
Warenbestand Soll	40.000 €
Warenbestand Haben	50.000 €
Bezugsnebenkosten	6.000 €
Nachlässe	2.000 €
Erhaltene Skonti	3.000 €

Wie hoch ist der Wareneinsatz?

2 Wie hoch ist der Warenumsatz, wenn die Warenkonten folgende Beträge ausweisen:

Umsatzerlöse	340.000 €
Erlösschmälerungen	4.200 €
Gewährte Skonti	3.200 €
Gewährte Boni	1.600 €
Ausgangsfrachten	2.400 €

3 Ein Handelsunternehmen legt folgende Zahlen vor:

Warenanfangsbestand	134.000 €
Warenendbestand	128.000 €
Wareneingang	276.800 €
Umsatzerlöse	532.000 €

Wie hoch ist der
a) Wareneinsatz?
b) Rohgewinn/-verlust?

4 Aus der Buchführung eines Unternehmens entnehmen Sie folgende Werte:

Wareneingang	234.600 €
Rücksendungen an Lieferanten	2.200 €
Erlösschmälerungen	3.800 €
Nachlässe des Lieferers	1.800 €
Gewährte Skonti	6.400 €
Erhaltene Skonti	4.200 €
Umsatzerlöse	428.500 €
Warenanfangsbestand	22.000 €
Warenschlussbestand laut Inventur	18.400 €

Berechnen Sie den

a) Wareneinsatz
b) Warenumsatz
c) Rohgewinn/-verlust

5 Eine Mandantin legt zum Jahresende folgende Werte aus ihrer Buchführung vor und bittet Sie, den

a) Wareneinsatz
b) Warenumsatz
c) Rohgewinn/-verlust
zu ermitteln.

Warenbestand 01. Januar	44.680 €
Warenbestand 31. Dezember	48.240 €
Wareneingang	368.520 €
Umsatzerlöse	618.920 €
Rücksendungen an Lieferer	2.450 €
Rücksendungen von Kunden	3.670 €
Gewährte Skonti	8.600 €
Erhaltene Skonti	6.200 €
Ungeklärte Warenverluste	4.800 €
Bezugsnebenkosten	9.400 €
Zölle	12.800 €
Forderungsausfälle	3.400 €
Erlösschmälerungen	7.320 €

6 Ein regelbesteuerter Unternehmer im Inland erwirbt von einem regelbesteuerten Unternehmen aus einem anderen EU-Land Waren auf Ziel im Wert von 86.000 €. Beide Unternehmer verwenden ihre USt-IdNr.

Buchen Sie den Warenbezug unter Verwendung der entsprechenden Steuerkonten.

7 Ein regelbesteuerter Unternehmer im Inland verkauft an einen regelbesteuerten Unternehmer in einem anderen EU-Land Waren auf Ziel im Wert von 58.000 €. Beide Unternehmer verwenden ihre USt-IdNr.

Buchen Sie den Warenverkauf.

8 Ein Unternehmer in der Schweiz verkauft an einen Gewerbetreibenden im Inland Waren im Wert von 40.000 € auf Ziel. Die Lieferkondition lautet: „unverzollt und unversteuert". Der inländische Abnehmer zahlt 5 % Zoll auf den Warenwert und entrichtet die fällige Einfuhrumsatzsteuer, jeweils durch Banküberweisung.

Buchen Sie den Geschäftsfall.

9 Welche Buchung hätte der inländische Abnehmer vorzunehmen, wenn die Lieferung, siehe Aufgabe 8, „verzollt und versteuert" erfolgen würde?

10 Ein Bauunternehmen, das seine Umsätze nach vereinbarten Entgelten versteuert und zur Abgabe von monatlichen USt-Erklärungen verpflichtet ist, erstellt den Rohbau für ein Einfamilienhaus einer Privatperson im Inland. Der Bauherr leistet je nach Baufortschritt Anzahlungen, die auf dem Bankkonto des Bauunternehmens wie folgt eingegangen sind: 15.03. 10.000 €; 15.04. 12.000 €; 15.05. 15.000 €. Der Rohbau wurde am 30.06. fertiggestellt. Am 15.07. zahlte der Bauherr den Rest in Höhe von 43.000 €.

a) Wann und in welcher Höhe entsteht die USt?
b) Welche Buchungen sind jeweils vorzunehmen?

11 Eine Möbelschreinerei bezieht aus Schweden verschiedene Furnierhölzer für insgesamt 50.000 €.
Das schwedische Unternehmen transportiert die Hölzer am 03. und 04.04. an den Abnehmer im Inland. Für den Transport stellt das Unternehmen zusätzlich 5.000 € in Rechnung. Das schwedische Unternehmen stellt am 28.04. eine Rechnung über 55.000 €, die am 02.05. bei der Möbelschreinerei eintrifft. Beide Unternehmer verwenden ihre USt-IdNr. Anfang Juni überweist die Schreinerei den Rechnungsbetrag nach Schweden.

a) Wann entsteht die USt für den Erwerb des Furnierholzes, wenn die Möbelschreinerei zur Abgabe monatlicher USt-Voranmeldungen verpflichtet ist?
b) Wie hoch ist die USt-Zahllast aus dem Vorgang?
c) Buchen Sie den Kauf und die Bezahlung

12 Ein Einzelhandelsunternehmen, das seine Umsätze nach vereinbarten Entgelten versteuert, Steuersatz 19 %, und das zur Abgabe von monatlichen USt-Voranmeldungen verpflichtet ist, tätigt im Monat Mai folgende Umsätze:
Verkauf von Waren gegen Barzahlung an private Kunden aus

– Deutschland	114.240 €	(brutto)
– der Schweiz	600 €	(steuerfrei)
– EU-Ländern	2.380 €	(brutto)

Einkauf von Waren auf Ziel **von Unternehmen** aus
– Deutschland 35.000 € + 6.650 € USt
– übrigen EU-Ländern 18.000 €, unter Verwendung der jeweiligen USt-IdNr.
– Der Schweiz 5.000 €, dafür zahlte die KG 800 € Einfuhrumsatzsteuer

Für eine Reparatur im EG des Geschäftsgebäudes überwies das Unternehmen 8.000 € + 1.520 € USt an einen Handwerksbetrieb.
Die örtliche Tageszeitung berechnete für mehrere Anzeigen 2.000 € + 380 € USt. Der Betrag wurde durch Banküberweisung beglichen.
Im Dachgeschoss des Geschäftsgebäudes befinden sich zwei Wohnungen, die jeweils für 250,00 € monatlich an Studenten vermietet sind. Diese zahlen die Miete jeweils am 01. des Monats durch Dauerauftrag der Bank.

a) Buchen Sie die Geschäftsfälle.
b) Schließen Sie die USt- und VSt-Konten ab und ermitteln Sie die USt-Zahllast.
c) Wie lautet der Buchungssatz zur Abführung der USt-Zahllast an das Finanzamt durch Bank?

13 Geschäftsfall

a) Erstellen Sie eine Eröffnungsbilanz und ermitteln Sie die Höhe des **Eigenkapitals**.
b) Buchen Sie die Geschäftsvorfälle im **Grundbuch** mittels **SKR 03/04**.
c) Eröffnen Sie die T-Konten und buchen Sie die Geschäftsvorfälle im **Hauptbuch** (T-Konten)

d) Schließen Sie alle Konten ab, auch das **Privatkonto**.
e) Ermitteln Sie die **USt-Zahllast** oder den **VSt-Überhang**, wenn Ihr Mandantder **Soll-Besteuerung** unterliegt.
f) Berechnen den **Wareneinsatz**, den **Warenrohgewinn** und den **Reingewinn**. Der Warenschlussbestand beträgt laut Inventur 30.000,00 €.
g) Bilden Sie die Buchungssätze zum Abschluss der Konten Privat, GuV, USt, VSt und Warenbestand.
h) Erstellung Sie das **GuV-Konto** und die **Schlussbilanz**.

Anfangsbestände:

SKR 03/04		€
0085/0235	Bebaute Grundstücke	75.000,00
0210/0440	Maschinen	17.000,00
0320/0520	Fuhrpark	12.000,00
0430/0640	Büro- und Geschäftsausstattung	8.000,00
3980/1140	Warenbestand	22.000,00
1400/1200	Forderungen aus L.u.L.	28.000,00
1000/1600	Kasse	3.000,00
1100/1700	Postbank	12.000,00
1200/1800	Bank	59.000,00
0640/3150	Verbindlichkeiten gegenüber Kreditinstituten	68.000,00
1600/3300	Verbindlichkeiten aus Liefer. u. Leist.	33.000,00
0800/2000	Eigenkapital	?

Geschäftsvorfälle:

1.	Verkauf eines Bürocomputers (BGA) gegen Barzahlung (netto, 19% USt)	500,00
2.	Banküberweisung der betrieblichen Kfz-Steuer	250,00
3.	Banküberweisung der Löhne	17.000,00
4.	Wir erhalten vom Finanzamt eine ESt-Erstattung auf unser Geschäftskonto	2.000,00
5.	Die Bank schreibt uns Zinsen gut	500,00
6.	Kunden bezahlen Rechnungen durch	
	– Banküberweisung und	12.500,00
	– Postbanküberweisung	7.000,00
7.	Wir kaufen Handelsware (netto, 19% USt)	
	– auf Ziel und	10.000,00
	– gegen Bank	5.000,00
8.	Wir überweisen für unseren Skiurlaub vom Geschäftskonto ans Hotel	1.500,00
9.	Wir kaufen ein unbebautes Grundstück und nehmen dazu ein Bankdarlehen auf	80.000,00
10.	Die Energieversorgung bucht für unsere Geschäftsräume ab (netto, 19% USt)	300,00
11.	Barzahlung von Postgebühren	0,00
12.	Eingangsrechnung über Büromaterial (netto, 19% USt)	180,00
13.	Wir bezahlen Verzugszinsen durch Postbanküberweisung	250,00
14.	Unser Mieter zahlt die Miete für Geschäftsräume durch Banküberweisung Wir haben nicht optiert § 9 UStG.	1.500,00
15.	Wir verkaufen Waren auf Ziel (netto, 19% USt)	50.000,00
16.	Wir kaufen Heizöl (inkl.19% USt) für	
	– unser Wohnhaus	595,00
	– das Geschäftshaus	2.380,00
	und überweisen den Bruttobetrag vom Geschäftskonto	

12.3 Beschaffungs- und Absatzwirtschaft

1 Der Warenlieferung eines Lieferanten liegt eine Rechnung über 1.190,00 € brutto bei. Buchen Sie den Vorgang.

2 Ein Unternehmer kauft Handelswaren auf Ziel und erhält folgende ordnungsgemäße Rechnung (Auszug):

Warenwert	4.000,00 €
+ 19 % USt	760,00 €
Brutto	4.760,00 €

Buchen Sie für den Käufer.

3 Im Zusammenhang mit dem Einkauf von Waren erhält die Erwin Stemmer OHG, Oldenburg, folgende Rechnung:

Warenwert	8.000,00 €
– 15 % Rabatt	1.200,00 €
	6.800,00 €
+ 19 % USt	1.292,00 €
Brutto	8.092,00 €

Buchen Sie den Wareneingang!

4 Eine Unternehmerin kauft Waren im Nettowert von 9.800,00 € auf Ziel. Vereinbarungsgemäß übernimmt der Verkäufer den Transport und berechnet dafür zusätzlich 200,00 € + USt. Buchen Sie den Rechnungseingang für die Käuferin.

5 Die Rechnung eines Lieferanten für eine Warenlieferung in Höhe von 14.280,00 € wird ohne Abzüge durch Banküberweisung bezahlt.

6 Die Speditionsrechnung für einen Wareneinkauf in Höhe von 357,00 € geht ein und ist zu buchen.

7 Der Kauf von Handelswaren auf Ziel ist noch nicht gebucht. Folgende Rechnung liegt vor:

Warenwert netto	25.000,00 €
+ Leihverpackung	800,00 €
+ Fracht	200,00 €
=	26.000,00 €
+ 19 % USt	4.940,00 €
=	30.940,00 €

8 Die beim Kauf von Waren in Rechnung gestellte Leihverpackung wird vereinbarungsgemäß an den Lieferanten zurückgeschickt. Die eingehende Gutschriftsanzeige in Höhe von 952,00 € ist zu buchen.

9 Die Miramax GmbH erwirbt Waren im Nettowert von 15.000,00 € auf Ziel. Der Verkäufer stellt für Leihfässer 500,00 € netto in Rechnung. Buchen Sie den Vorgang.

10 Vom Lieferanten in Rechnung gestellte Leihfässer werden zurückgeschickt. Die erhaltene Gutschrift in Höhe von brutto 595,00 € ist zu buchen.

11 Der bei der Einfuhr von Waren in Rechnung gestellte Zoll in Höhe von 1.000,00 € und 2.090,00 € Einfuhrumsatzsteuer werden sofort durch Bankscheck bezahlt.

12 Für die Vermittlungstätigkeit im Zusammenhang mit einem Wareneinkauf stellt ein Handelsvertreter einem Industriebetrieb 952,00 € brutto in Rechnung. Buchen Sie den Rechnungseingang für den Industriebetrieb.

13 Ein Baumarkt aus Lindau bezieht 150 Eimer Deckenfarbe von einem Lieferanten aus München. Der Lieferant stellt dem Baumarkt folgende Rechnung (Auszug):

150 Eimer Deckenfarbe (weiß), Stückpreis 6,90 €	1.035,00 €
– 10 % Wiederverkäuferrabatt	103,50 €
	931,50 €
+ Fracht	70,00 €
	1.001,50 €
+ 19 % Umsatzsteuer	190,29 €
	1.191,79 €

Buchen Sie den Wareneingang!

14 Die Eingangsrechnung eines Lieferanten für eine Warenlieferung über 4.760,00 € wird unter Abzug von 3 % Skonto durch Banküberweisung bezahlt. Buchen Sie die Zahlung.

15 Die Jörg Schuster OHG erhält von einem Lieferanten am Jahresende einen Bonus in Höhe von 2.856,00 € brutto. Buchen Sie für die Jörg Schuster OHG die Gutschriftsanzeige des Lieferers.

16 Ein Reifenhändler aus Memmingen erhält eine Lieferung von 400 Winterreifen (bereits gebucht). Bei einer Überprüfung nach einigen Tagen muss er feststellen, dass Reifen im Nettowert von 620,00 € nicht ordnungsgemäß sind. Nach Rücksprache mit dem Lieferanten einigt man sich auf eine Rücksendung der beschädigten Reifen. Buchen Sie die Rücksendung für den Reifenhändler.

17 Bei einer eingehenden Warenlieferung (bereits gebucht) war ein größerer Posten fehlerhaft. Der Käufer erhält eine Gutschrift von 20 % des Rechnungsbetrages von 7.140,00 €, die mit der noch offenen Rechnung verrechnet werden soll.

18 Ein deutscher Großhändler aus Saarbrücken bezieht von einem Lieferanten aus Taiwan Waren im Wert von 15.000,00 €. Der Lieferung liegt die Rechnung bei. Der Großhändler bezahlte den Einfuhrzoll in Höhe von 15 % und die Einfuhrumsatzsteuer bar. Buchen Sie den Vorgang.

19 Ein Mandant bezahlt die Eingangsrechnung eines deutschen Lieferanten für eine im letzten Monat erfolgte Warenlieferung unter Abzug von 3 % Skonto. Buchen Sie die Lastschrift der Bank über 14.627,60 €.

20 Die Apex GmbH hat von einem Lieferanten aus Stuttgart Waren im Bruttowert von 119.000,00 € bezogen. Am Jahresende erhält sie einen Bonus in Höhe von 3 % des Warenwertes. Buchen Sie die Gutschriftsanzeige des Lieferanten.

21 Ein Unternehmer aus Aschaffenburg verkauft Waren an einen Kunden in Hannover auf Ziel, Rechnungsbetrag 26.180,00 €. Buchen Sie den Verkauf.

22 Verkauf von Handelswaren auf Ziel, Warenwert 12.000,00 €

23 Ein Großhändler aus Schwerin verkauft Handelswaren auf Ziel. Folgende Rechnung (Auszug) liegt der Lieferung bei.

Warenwert netto	40.000,00 €
– 10 % Rabatt	4.000,00 €
=	36.000,00 €
+ 19 % Umsatzsteuer	6.840,00 €
=	42.840,00 €

Buchen Sie den Verkauf für den Großhändler!

24 Ein Kunde bezahlt die Ausgangsrechnung eines Mandanten für eine Warenlieferung über 13.560 € ohne Abzug durch Banküberweisung. Buchen Sie die Bankgutschrift.

25 Über den Verkauf von Handelswaren an einen Kunden in Chemnitz liegt folgende Rechnung (Auszug) vor:

Verkauf von Handelswaren auf Ziel, netto	39.000,00 €
– 10 % Rabatt	3.900,00 €
=	35.100,00 €
+ Leihverpackung	600,00 €
+ Fracht	1.300,00 €
=	37.000,00 €
+ 19 % Umsatzsteuer	7.030,00 €
=	44.030,00 €

Wie bucht der Verkäufer?

26 Ein Kunde bezahlt am 02.01.2020 die Ausgangsrechnung unseres Mandanten für eine Warenlieferung vom 30.12.2019 über 11.600,00 € unter Abzug von 2 % Skonto durch Banküberweisung. Buchen Sie für den Mandanten den Zahlungseingang auf dem Bankkonto.

27 Ein Spediteur berechnet der Firma Jürgen Klimker e.K. 280,00 € + USt für einen Warentransport zum Kunden. Buchen Sie den Rechnungseingang für die Firma Jürgen Klimker e.K.

28 Die Firma Jürgen Klimker e.K. stellt einem Kunden 333,20 € brutto für einen Warentransport in Rechnung.

29 Ein Großhändler unterhält auch einen sogenannten „Personalverkauf" für seine Beschäftigten. An einen Mitarbeiter werden Waren verkauft. Der Mitarbeiter bezahlt 174,00 € bar. Der Preis entspricht dem üblichen Verkaufspreis des Großhändlers. Buchen Sie den Verkauf.

30 Ein Kunde bezahlt eine Rechnung über eine Warenlieferung unter Abzug von 3 % Skonto. Die Gutschrift der Bank in Höhe von 3.462,90 € ist noch nicht gebucht.

31 Für die Vermittlung eines Warenverkaufs an einen neuen Kunden in Chemnitz geht die Rechnung eines Handelsvertreters über 714,00 € brutto ein. Buchen Sie den Rechnungseingang.

32 Die Firma Bernhard Warnke e.K. hat Handelswaren im Nettowert von 13.000,00 € an einen Kunden verkauft (bereits gebucht). Ein Teil dieser Warenlieferung war fehlerhaft. Der Kunde schickt Waren im Nettowert von 2.000,00 € zurück und erhält vereinbarungsgemäß eine Gutschrift.

33 Ein Möbelhersteller aus Paderborn gewährt einem Kunden am Jahresende einen Bonus in Höhe von 2 % des Jahresumsatzes. Buchen Sie die Gutschriftsanzeige für den Möbelhersteller, wenn der Umsatz des Kunden bei 480.000,00 € lag.

34 Aufgrund einer Mängelrüge erhält ein Kunde eines Schraubenherstellers eine Gutschrift in Höhe von 535,50 € brutto, die mit einer noch offenen Rechnung verrechnet werden soll.

Buchen Sie für den Schraubenhersteller.

35 Der Elektroeinzelhändler Max Mayer, Aschaffenburg, schickt einem Kunden wegen einer Mängelrüge eine Gutschriftsanzeige über 238,00 € brutto. Buchen Sie für den Elektroeinzelhändler.

36 Ein Einrichtungshaus aus München bezahlt die Speditionsrechnung für eine Warenlieferung zum Kunden nach Freiburg über 285,60 € an den Fahrer des Speditionsunternehmens sofort bar. Buchen Sie für das Einrichtungshaus.

37 Entscheiden Sie, worum es sich bei den folgenden Beispielen bei einem Unternehmen, das Holzspielzeug herstellt, handelt.

Beispiel	Rohstoff	Hilfsstoff	Betriebsstoffe
Holz			
Schmiermittel für Verarbeitungsmaschinen			
Leim			
Strom für die eingesetzten Maschinen			

38 Ein Industrieunternehmen aus Dortmund hat Rohstoffe auf Ziel eingekauft und erhält darüber folgende ordnungsgemäße Eingangsrechnung (Auszug) des deutschen Importeurs:

Warenwert netto	5.000,00 €
+ 19 % Umsatzsteuer	950,00 €
Rechnungsbetrag	5.950,00 €

Zahlbar innerhalb von 14 Tagen mit 2 % Skonto oder in 4 Wochen ohne Abzug.
Buchen Sie den Rechnungseingang!

39 Für den Transport von Hilfsstoffen zu einem deutschen Kunden erhält ein Unternehmer eine Speditionsrechnung über 714,00 € brutto. Buchen Sie den Rechnungseingang.

40 Die Eutefix AG bezahlt die Rechnung eines Hilfsstofflieferanten aus Frankfurt/Oder durch Banküberweisung, Lastschrift: 17.400,00 €.

41 Ein Mandant hat Hilfsstoffe im Wert von 50.000,00 € auf Ziel eingekauft. Der Verkäufer gewährt 20 % Mengenrabatt. Buchen Sie den Wareneingang.

42 Ein Großhandelsunternehmen aus Berlin hat an einen Kunden aus Passau Waren im Wert von 30.000,00 € auf Ziel verkauft. Buchen Sie für den Verkäufer die Rücksendung von fehlerhafter Ware im Nettowert von 4.000,00 €. Eine entsprechende Gutschrift wird erteilt.

43 Ein Kunde bezahlt die erhaltene Warenlieferung durch Banküberweisung. Gutschriftsbetrag nach Abzug von 2 % Skonto: 9.001,60 €. Buchen Sie den Zahlungseingang.

44 Die Firma Schönberger OHG erhält eine Lieferung Handelswaren. Folgende ordnungsgemäße Rechnung (Auszug) lag bei:

Listenpreis	3.000,00 €
+ Fracht	60,00 €
+ Verpackung	20,00 €
=	3.080,00 €
+ 19 % Umsatzsteuer	585,20 €
Rechnungsbetrag	3.665,20 €

Buchen Sie den Rechnungseingang.

45 Ein Lieferant für Handelswaren stellt der Lyrox GmbH nachträglich Verpackungsmaterial in Höhe von 77,35 € brutto in Rechnung.

46 Die G. Ebert GmbH stellt orthopädische Spezialschuhe her. Sie erhält von einer Gerberei folgende Rechnung (Auszug):

Rindsleder, schwarz gefärbt nach Muster	4.200,00 €
– 5 % Rabatt	210,00 €
=	3.990,00 €
+ 19 % Umsatzsteuer	758,10 €
Rechnungsbetrag	4.748,10 €

Der Rechnungseingang ist noch zu buchen.

47 Ein Mandant bezahlt eine bereits gebuchte Eingangsrechnung für Handelswaren in Höhe von 4.582,00 € unter Abzug von 3 % Skonto durch Überweisung vom betrieblichen Bankkonto.

48 Marina Kanzler betreibt in Kassel eine Baustoffgroßhandlung. Sie erhält folgende Eingangsrechnung für Handelswaren (Auszug):

Warenwert netto	12.500,00 €
+ Spezialbehälter	500,00 €
=	13.000,00 €
+ 19 % Umsatzsteuer	2.470,00 €
= Rechnungsbetrag	15.470,00 €

49 Ein Händler aus Worms bezieht 10 Fernsehgeräte von einem Hersteller aus Taiwan auf Ziel. Der Stückpreis beträgt umgerechnet 499,00 €. Der Zoll beträgt 10 % des Warenwertes und wird ebenso wie die Einfuhrumsatzsteuer per Bank an das Zollamt überwiesen. Buchen Sie den kompletten Vorgang.

50 Für einen Warentransport zum Kunden erhält die Firma Decker OHG, München, folgende ordnungsgemäße Speditionsrechnung (Auszug):

Transportkosten	170,00 €
Transportversicherung	30,00 €
=	200,00 €
+ 19 % Umsatzsteuer	38,00 €
Rechnungsbetrag	238,00 €

Buchen Sie den Rechnungseingang.

51 Ein Großhändler aus Erfurt erhält eine Speditionsrechnung über insgesamt 571,20 €. Davon betreffen 300,00 € (netto) einen Transport zum Kunden, der Rest entfällt auf einen Wareneinkauf. Buchen Sie für den Großhändler den kompletten Vorgang.

52 Ein Händler aus München stellt einem Privatkunden in Potsdam folgende ordnungsgemäße Rechnung:

Warenwert:	500,00 €
+ Versandkostenpauschale	15,00 €
=	515,00 €
+ 19 % USt	97,85 €
Rechnungsbetrag	612,85 €

Buchen Sie den Warenverkauf auf Ziel für den Händler!

53 Die Firma Verena Baader e.K. hat einen ihrer Angestellten beauftragt, Pakete mit einer Warenlieferung an einen Kunden zur Post zu bringen. Für diese Pakete bezahlt der Mitarbeiter insgesamt 44,00 €, die er vorher aus der Kasse erhalten hat. Alle Pakete wiegen weniger als 20 kg. Buchen Sie den Vorgang.

54 Ihr Mandant hat mit einer Warenlieferung folgende ordnungsgemäße Eingangsrechnung eines deutschen Großhändlers erhalten:

Warenwert	4.700,00 €
Verpackung	100,00 €
Fracht	200,00 €
Netto	5.000,00 €
+ 19 % USt	950,00 €
Brutto	5.950,00 €

Der Wareneingang wurde im letzten Monat korrekt gebucht. Die Rechnung wird jetzt unter Abzug von 3 % Skonto durch Banküberweisung bezahlt. Fracht und Verpackung sind nicht skontierfähig. Buchen Sie die Zahlung.

55 Ermitteln Sie in einer übersichtlichen Darstellung den Warenbestand zum jeweiligen Abschlussstichtag.

a) Ein Kaufmann, dessen Wirtschaftsjahr mit dem Kalenderjahr übereinstimmt, macht zur Ermittlung des Warenbestandes zum Abschlussstichtag 31.12.2020 folgende Angaben:

Warenbestand lt. Inventur vom 10. Oktober 2020	800.000,00 €
Wareneingang vom 11. Oktober bis 31. Dezember 2020	450.000,00 €
Wareneinsatz vom 11. Oktober bis 31. Dezember 2020	350.000,00 €

b) Ein Kaufmann macht zur Ermittlung des Warenbestandes zum Abschlussstichtag 30.06.2020 nachfolgend genannte Angaben. Das Wirtschaftsjahr umfasst den Zeitraum vom 01.07.2020 bis 30.06.2021.

Warenbestand lt. Inventur vom 20. September 2020	350.000,00 €
Wareneingang vom 01.07.2020 bis 20. September 2020	120.000,00 €
Wareneinsatz vom 01.07.2020 bis 20. September 2020	155.000,00 €

56 Felix Wagner – Einzelunternehmer – betreibt einen Schreib- und Bürowarenhandel. Nachfolgende Sachverhalte sind buchhalterisch zu erfassen und ihre Erfolgsauswirkungen darzustellen:

a) F. Wagner erhält von einem Transportunternehmen eine Rechnung über Transportkosten für den erfolgten Wareneingang:

Transportkosten	300,00 €
+ 19 % USt	57,00 €
Rechnungsbetrag	357,00 €

b) Dem Kunden H. E. Otten e. K. gewährt er wegen mangelhafter Lieferung einen Preisnachlass von brutto 1.392,00 €. Eine Gutschrift mit USt-Ausweis wurde ordnungsgemäß erstellt.

c) Aus dem Warenlager von F. Wagner wurde für den betrieblichen Kopierer Papier im Wert von 60,00 € entnommen.

57 Für das Wirtschaftsjahr 2020 liegen folgende Daten vor:

Warenbestand am 01.01.2020	60.000,00 €
Warenbestand am 31.12.2020	80.000,00 €
Wareneingänge	440.000,00 €
Warenbezugskosten	10.000,00 €
Preisnachlässe für Kunden	20.000,00 €
Rücksendungen an Lieferanten	8.000,00 €
Verkaufserlöse	653.000,00 €
Sonstige Aufwendungen	124.000,00 €

Ermitteln Sie den Wareneinsatz und den Rohgewinn für das Wirtschaftsjahr 2020.

58 In einem Angebot an einen Teeeinzelhändler sind folgende Angaben enthalten: 50 Packungen Schwarztee zu je 0,90 €, Rabatt 15 %, Skonto 2 %, Transportkosten 4,00 €. Errechnen Sie den Bezugspreis für eine Packung Schwarztee!

59 Einem Drogerie-Einzelhandel liegen zwei Angebote für eine Hautcreme vor:

Angebot	Hautcreme Typ A	Hautcreme Typ B
Listeneinkaufspreis	2,60 € je Tube	265,00 € je 100 Tuben
Rabatt	15 %	20 %
Skonto	3 %	2 %
Bezugskosten	0,10 € je Tube	6,00 € je 50 Tuben

Errechnen Sie den Bezugspreis je Stück für das günstigere Angebot!

60 Die Buchführung einer Großhandlung weist folgende Zahlen aus:

Wareneinsatz von	42.000,00 €
Barverkaufspreis	77.000,00 €.

Der Unternehmer rechnet mit einem Gewinnzuschlag von 40 %.
Errechnen Sie den Handlungskostenzuschlag in %.

61 Errechnen Sie Handlungskosten- und Gewinnzuschlag in %!

Bezugskosten/Einstandspreis der Ware	370,00 €
Geschäftskosten	140,00 €
Barverkaufspreis (netto)	865,00 €

62 Wie hoch ist jeweils der Listenverkaufspreis (netto)?

	a)	b)	c)
Barverkaufspreis	7,50 €	275,00 €	537,52 €
Kundenskonto	2 %	3 %	2 %
Vertreterprovision	–	4 %	8 %
Kundenrabatt	–	–	11 %

63 Kalkulieren Sie den jeweiligen Listenverkaufspreis (brutto):

	a)	b)	c)
Bezugspreis	36,00 €	214,00 €	84,20 €
Handlungskostenzuschlag	35 %	25 %	21 %
Gewinnzuschlag	30 %	30 %	48 %
Kundenskonto	2 %	3 %	–
Vertreterprovision	–	10 %	–
Kundenrabatt	–	–	8 %

64 Für ein Erzeugnis wurde ein Listenverkaufspreis (netto) von 244,00 € berechnet. Der Lieferer gewährte einen Rabatt in Höhe von 20 % und Skonto in Höhe von 2 %. Für die Anlieferung der Ware mussten 20,00 € bezahlt werden. Handlungskosten waren mit 30 % und der Gewinn mit 24 % zu kalkulieren. Die Kunden erhalten beim Kauf der Ware grundsätzlich 2 % Skonto.

Wie hoch war der Listeneinkaufspreis (brutto)?

65 Eine Ware wurde an einen Kunden mit einem kalkulierten Gewinnzuschlag von 35 % zum Preis von 48,60 € (netto) verkauft. Aufgrund einer Reklamation muss der Barverkaufspreis auf 45,00 € gesenkt werden.

Errechnen Sie den verbleibenden Gewinn in € und in %!

66 Der Nettoeinkaufspreis einer Ware ist gleich dem Nettoverkaufspreis in Höhe von 1.000,00 €. Errechnen Sie den Gewinn bzw. Verlust in € und in %, den ein Unternehmer erzielt, wenn er 30 % Lieferrabatt und 2 % Skonto erhält, die Bezugskosten mit 10,00 € ansetzt und die Handlungskosten mit 30 % und Kundenskonto mit 2 % kalkuliert?

67 Der Kalkulationszuschlag beträgt 210 %.

Wie groß sind Kalkulationsfaktor und Handelsspanne?

68 Die Handelsspanne beträgt 80 %.

Berechnen Sie den Kalkulationszuschlagssatz und den Kalkulationsfaktor.

69 Der Kalkulationsfaktor beträgt 2,3.

Ermitteln Sie die Kalkulationszuschlagssatz und Handelsspanne.

70 Ein Unternehmen rechnet zur Ermittlung der Verkaufspreise mit einem Kalkulationsfaktor von 1,4. Der Zulieferer hat die Preise um 10 % erhöht.

Ermitteln Sie den neuen Kalkulationsfaktor, wenn die Verkaufspreise des Unternehmens unverändert bleiben.

71 Die Buchhaltung eines Großhändlers führt am 31.12.2020 u.a. folgende Konten:

Warenbestand	S	110.000,00 €
Wareneingang	S	430.000,00 €
Umsatzerlöse	H	492.000,00 €

Die Wareneinkäufe werden direkt auf dem entsprechenden Aufwandskonto gebucht.

Der Warenbestand lt. Inventur zum 31.12.2020 beträgt 95.000,00 €.
Bilden Sie unter Angabe der Beträge den jeweiligen Buchungssatz für

a) die Erfassung des Warenendbestandes
b) die Bestandsveränderung
c) den Abschluss des Kontos „Wareneingang"
d) den Abschluss des Kontos „Umsatzerlöse"

Ermitteln Sie auch für das Wirtschaftsjahr 2020

a) den Rohgewinn
b) den Rohgewinnaufschlagsatz
c) den Kalkulationsfaktor
d) die Handelsspanne

72 Die Mineralien GmbH erwirbt Waren für 20.000,00 € netto auf Ziel. Für 10 Leihfässer berechnet der Lieferant netto 40,00 €/Stück. Bei Rückgabe der Fässer erfolgt die Erstattung der berechneten Leihgebühr.

Buchen Sie den Vorgang
a) bei Wareneingang
b) bei Rücksendung der Leihverpackung

73 Willi Ehrlich e.K. erhält für einen Wareneinkauf folgende Rechnung:

Listenpreis	40.000,00 €
+ 25 % Rabatt	10.000,00 €
Nettorechnungspreis	30.000,00 €
+ 19 % USt	5.700,00 €
Rechnungsbetrag	35.700,00 €

Buchen Sie
a) den Kauf der Waren
b) die Zahlung durch Banküberweisung unter Skontoabzug (2 %).

74 Willi Jung betreibt einen Papiergroßhandel. Er verkauft mehrere rollen Geschenkpapier im Gesamtwert von netto 15.000,00 € an die Colibri GmbH in Leipzig. Die Colibri GmbH stellt an einigen Rollen fehlerhafte Drucke fest und sendet die Ware an Willi Jung zurück. Der Warenwert beläuft sich auf 2.380,00 € (brutto). Jung erteilt der Colibri GmbH eine entsprechende Gutschrift. Durch die Auslieferung an die Colibri GmbH sind Jung Transportkosten in Höhe von 300,00 € + USt entstanden.

Buchen Sie:
a) den Rechnungsausgang an die Colibri GmbH
b) die Erteilung der Gutschrift
c) die Rechnung des Spediteurs
d) den Rechnungsausgleich des Kunden durch Überweisung auf das Bankkonto von Willi Jung.

12.4 Personalwirtschaft

1 Die 28-jährige ledige, kinderlose Angestellte Ute Baumann verdient monatlich 2.500,00 € brutto. Ihr Arbeitgeber behält 333,69 € Steuern ein. Der Arbeitnehmeranteil zur Sozialversicherung beträgt 495,63 €, der Arbeitgeberanteil ebenfalls 495,63 €. Wie lautet der Buchungssatz für die Gehaltszahlung im August 2020, wenn sie durch Banküberweisung erfolgt?

2 Hannes Grünthal verdient als Steuerfachangestellter in Rosenheim monatlich 2.150,00 € brutto. Die einbehaltene Steuer beträgt 344,55 €. Der Arbeitnehmer- und Arbeitgeberanteil zur Sozialversicherung betragen jeweils 445,10 €. Herr Grünthal ist 30 Jahre und hat ein Kind. Buchen Sie die Banküberweisung des Gehalts für den Monat April.

3 Gerlinde Schmitt bezieht ein monatliches Bruttoeinkommen von 1.900,00 €. Frau Schmitt hat eine Lohnsteuerkarte abgegeben, auf der die Lohnsteuerklasse II (Zahl der KFB: 1,0) eingetragen ist. Vom Bruttogehalt wurden 392,60 € Sozialversicherungsbeiträge und 132,60 € Steuern einbehalten. Nennen Sie den Buchungssatz für die Banküberweisung des Oktober-Gehalts.

4 Eine Angestellte erhält Mitte November einen Vorschuss von 300,00 €. Buchen Sie die Banküberweisung der Zahlung.

5 Dagobert Nerlinger bezieht im August 2020 ein Bruttogehalt von 2.800,00 €. Er ist verheiratet (mit Kind), seine Frau ist nicht berufstätig. Die einbehaltene Lohnsteuer, Solidaritätszuschlag und Kirchensteuer betragen zusammen 160,66 € und der Arbeitnehmeranteil zur Sozialversicherung 573,90 €. Wie lautet der Buchungssatz für die Gehaltszahlung durch Banküberweisung, wenn ein im Juli ausbezahlter Vorschuss von 150,00 € verrechnet werden soll?

6 Folgende Gehaltszahlung eines Angestellten für den September 2020 durch Banküberweisung ist zu buchen:

Bruttogehalt	1.680,00 €
– Lohnsteuer	127,00 €
– Solidaritätszuschlag	0,00 €
– Arbeitsnehmeranteil Soz.Vers.	343,34 €
– einbehaltener Vorschuss	200,00 €
– auszuzahlender Betrag	?
– Arbeitgeberanteil Soz.Vers.	343,34 €

7 Eine Angestellte erhält 50,00 € Kindergartenzuschuss für ihre Tochter, die per Bank überwiesen werden.

8 Die 16-jährige Bettina Moser verdient als Auszubildende im 1. Lehrjahr im März 2020 320,00 € brutto. Frau Moser ist nicht verheiratet, konfessionslos und hat keine Kinder. Buchen Sie die Banküberweisung der Ausbildungsvergütung (Zusatzbeitrag: 1,1 %).

9 Eine Angestellte erhält neben dem Bruttogehalt in Höhe von 1.850,00 € von ihrem Arbeitgeber auch 40,00 € vermögenswirksame Leistungen, die sie bei einer Bausparkasse angelegt hat. Die einbehaltenen Steuern betragen 171,20 €, der Arbeitnehmer- und Arbeitgeberanteil zur Sozialversicherung beträgt jeweils 367,13 €. Buchen Sie die Gehaltszahlung durch Banküberweisung.

10 Ein Arbeitnehmer erhält folgende (vereinfachte) Gehaltsabrechnung:

Bruttogehalt	2.000,00 €
+ vwL Arbeitgeber	20,00 €
– steuerpflichtiges Bruttogehalt	2.020,00 €
– einbehaltene Steuern	281,59 €
– Arbeitnehmeranteil Soz.Vers.	392,38 €
	1.346,03 €
– vermögenswirksame Anlage	40,00 €
Auszuzahlender Betrag	1.306,03 €
Arbeitgeberanteil Soz.Vers.	392,38 €

Buchen Sie die Banküberweisung des Gehalts für Dezember 2020.

11 Das steuer- und sozialversicherungspflichtige Bruttogehalt von Hans Bauer beträgt 2.980,00 €. Herr Bauer hat 40,00 € vermögenswirksam angelegt, sein Arbeitgeber beteiligt sich an dieser Anlage nicht. Herr Bauer ist 43 Jahre alt, geschieden und hat ein Kind. Die einbehaltene Lohnsteuer und der Solidaritätszuschlag betragen 584,90 €, der Arbeitnehmeranteil zur Sozialversicherung 646,66 €. Herr Bauer erhält im November 2020 einen Betrag von 1.708,44 € per Bank überwiesen. Buchen Sie diese Überweisung.

12 Rosa Stechlin verdient im Dezember 2020 brutto 3.100,00 €. Sie hat 40 € vermögenswirksam angelegt. Einen Zuschuss des Arbeitgebers zu dieser Anlage erhält sie nicht. Frau Stechlin ist 35 Jahre alt, verheiratet und hat eine Tochter. Frau Stechlin bezahlt 617,17 € Steuern. Wie lautet der Buchungssatz für die Banküberweisung des Gehalts, wenn Arbeitgeber- und Arbeitnehmeranteil zur Sozialversicherung jeweils 609,92 € betragen?

13 Ein Unternehmer überweist vom betrieblichen Bankkonto den Beitrag für die gesetzliche Unfallversicherung in Höhe von 1.240,00 € an die zuständige Berufsgenossenschaft. Buchen Sie den Sachverhalt.

14 Die Banküberweisung des Gehalts an einen Auszubildenden (18 Jahre, ledig, kinderlos) ist zu buchen. Folgende Angaben liegen vor (AG-Anteil zur SV: 124,32 €):

Bruttogehalt	600,00 €
+ vwL Arbeitgeber	40,00 €
Steuerpflichtiges Bruttogehalt	640,00 €
– Lohnsteuer	0,00 €
– Solidaritätszuschlag	0,00 €
– Kirchensteuer	0,00 €
– Krankenversicherung	49,60 €
– Pflegeversicherung	9,76 €
– Rentenversicherung	59,52 €
– Arbeitslosenversicherung	8,00 €
– vermögenswirksame Anlage	40,00 €
Auszuzahlender Betrag	473,12 €

15 Das Bruttogehalt von Agnes Brandauer aus Bremen im März 2020 beträgt 1.390,00 €. Frau Brandauer ist gesetzlich krankenversichert. Frau Brandauer ist 20 Jahre alt, ledig und kinderlos. Sie hat 40,00 € vermögenswirksam angelegt. Ihr Arbeitgeber, ein Rechtsanwalt, beteiligt sich hieran mit 20,00 €. Mit dem Märzgehalt werden 100,00 € Vorschuss verrechnet, die Frau Brandauer Mitte Januar erhalten hat. Nehmen Sie die Gehaltsbuchung vor. Berücksichtigen Sie dabei, dass die einbehaltenen Steuern insgesamt 65,83 €, der AN- und der AG-Anteil zur SV jeweils 288,00 € betragen.

16 Ein Arbeitsgeber überlässt einer Angestellten aufgrund der Vereinbarung im Arbeitsvertrag neben dem Tarifgehalt von 1.600 € auch eine Wohnung zur kostenlosen Nutzung. Die ortsübliche Monatsmiete hierfür würde 400,00 € betragen. Der Arbeitgeber behält folgende Beträge vom Bruttogehalt ein:

– Steuern:	275,78 €
– AN-Anteil zur Sozialversicherung:	402,50 €

Buchen Sie die Gehaltszahlung durch Banküberweisung!

17 Walter Breitner erhält von seinem Arbeitgeber neben dem Bruttogehalt von 2.100,00 € auch eine Firmenwohnung gestellt, für die er statt der ortsüblichen Miete von 500,00 € nur 300,00 € bezahlt. Im Februar 2020 werden 94,18 € Steuern und 476,77 € Arbeitnehmeranteil zur Sozialversicherung einbehalten.

Buchen Sie die Banküberweisung des Gehalts, wenn die Miete verrechnet wird.

18 Eine Arbeitnehmerin erhält laut Arbeitsvertrag neben ihrem Bruttogehalt von 2.500 €/Monat auch einen betrieblichen Pkw zur privaten Nutzung. Der geldwerte Vorteil aus dieser Pkw-Überlassung je Monat beträgt 510,40 € brutto. Die einbehaltenen Steuern betragen 455,22 €, Arbeitnehmeranteil und Arbeitgeberanteil zur Sozialversicherung jeweils 614,87 €. Buchen Sie die Gehaltszahlung durch Banküberweisung.

19 Die Angestellte Anna Merkelmann erhält vom Arbeitgeber seit der Geburt ihres Sohnes eine monatliche Zuwendung in Höhe von 30,00 € für den Kindergartenbesuch. Buchen Sie die Banküberweisung des Betrages.

20 Ein Arbeitnehmer soll einen Gutschein einer Tankstelle erhalten. Der Arbeitgeber erwirbt den Gutschein mit dem Text „Einkaufgutschein im Wert von 40,00 €“ gegen Barzahlung. Buchen Sie den Kauf des Gutscheins.

21 Eine Arbeitnehmerin erhält von ihrem Chef zusätzlich zum Arbeitslohn einen Zuschuss von monatlich 50,00 € für die Fahrten Wohnung-Arbeitsstätte mit öffentlichen Verkehrsmitteln. Buchen Sie die Banküberweisung.

22 Ein Speditionsunternehmer aus Fürth beschäftigt im Sommer eine Studentin als Aushilfe (kurzfristiges Beschäftigungsverhältnis). Die Studentin verdient 1.500,00 € brutto, die pauschal versteuert werden (pauschale Kirchensteuer: 7 %). Die Auszahlung durch Banküberweisung ist zu buchen.

23 Amalie Lindner erhält von ihrem Arbeitgeber einen Fahrtkostenzuschuss für die Fahrten zwischen Wohnung und Arbeitsstätte mit ihrem Privat-Pkw von 100,00 €, die pauschal besteuert werden. Buchen Sie die Banküberweisung des Fahrtkostenzuschusses und die Pauschalversteuerung (pauschale Kirchensteuer: 7 %).

24 Ein Unternehmen aus Kassel beschäftigt während des ganzen Jahres eine Aushilfskraft und entlohnt diese mit 400,00 € im Monat, die per Bank überwiesen werden. Es handelt sich um eine einzige Nebenbeschäftigung der Aushilfskraft, die ansonsten eine sozialversicherungspflichtige Hauptbeschäftigung ausübt und gesetzlich krankenversichert ist. Buchen sie die Lohnzahlung und die pauschalen Abgaben (ohne Umlagen), wenn eine Befreiung von der Rentenversicherung vorliegt.

25 Hanna Schwebler aus Köln ist Hausfrau und Mutter. Sie ist mit ihrem Ehemann gesetzlich krankenversichert. Im Rahmen eines geringfügigen Beschäftigungsverhältnisses verdient sie 250,00 € im Monat, die bar ausgezahlt werden. Buchen Sie den Sachverhalt für den Arbeitgeber (ohne Umlagen, RV-Befreiung).

26 Die Unterschleißheimer Maschinenwerke AG beschäftigt eine Putzfrau im Rahmen eines geringfügigen Beschäftigungsverhältnisses. Die Putzfrau ist privat krankenversichert und verdient jeden Monat 400,00 €, die per Bank überwiesen werden. Buchen Sie die Auszahlung und die pauschalen Abgaben für das Unternehmen (ohne Umlagen, RV-Befreiung).

27 Ein Berliner Unternehmer beschäftigt während des gesamten Jahres 2020 eine gesetzlich krankenversicherte, kinderlose, Arbeitnehmerin, die monatlich 550,00 € verdient. Der Arbeitgeberanteil zur Sozialversicherung beträgt 108,77 €, der Arbeitnehmeranteil 71,36 €, die einbehaltene Steuer inkl. KiSt (Steuerklasse VI) 66,96 €. Bilden Sie den Buchungssatz für die Gehaltszahlung durch Banküberweisung.

28 Irmtraud Wagner, 40 Jahre, verheiratet und kinderlos ist während des ganzen Jahres 2020 bei einem Industriebetrieb in Dingolfing beschäftigt. Sie verdient im September brutto 600,00 €. Buchen Sie die Lohnzahlung des Industriebetriebes durch Banküberweisung, wenn die einbehaltene Steuer inkl. KiSt (Steuerklasse V) 55,83 €, der Arbeitgeberanteil zur Sozialversicherung 119,55 € und der Arbeitnehmeranteil 83,11 € beträgt.

29 Ein Arbeitnehmer hat vor zwei Monaten einen Gehaltsvorschuss in Höhe von 250,00 € erhalten. Vereinbarungsgemäß zahlt er diesen Vorschuss jetzt bar zurück. Buchen Sie die Einzahlung.

30 Buchen Sie die Gehaltszahlung durch Banküberweisung für eine Aushilfskraft (geringfügiges Beschäftigungsverhältnis). Der Überweisungsbetrag beträgt 350,00 €, die Arbeitnehmerin ist privat krankenversichert und RV-befreit.

31 Eine Angestellte, 40 Jahre, erhält die Gehaltsabrechnung für den Monat November 2020. Folgende Zahlen liegen vor:

Bruttogehalt	3.120,00 €
Lohnsteuer	447,42 €
Solidaritätszuschlag	24,61 €
Kirchensteuer	35,79 €
Arbeitnehmeranteil zur Sozialvers.	619,54 €
Arbeitgeberanteil zur Sozialvers.	619,54 €

Buchen Sie die Gehaltsüberweisung vom Postgirokonto.

32 Für einen Unternehmer ist die Banküberweisung der Ausbildungsvergütung an einen 24-jährigen, kinderlosen Auszubildenden im September 2020 noch zu buchen. Die Ausbildungsvergütung beträgt 320,00 €. Zusatzbeitrag der Krankenkasse: 1,1 %.

33 Ein Arbeitgeber stellt einem Mitarbeiter einen betrieblichen Pkw zur privaten Nutzung zur Verfügung. Der Arbeitnehmer verwendet den Pkw auch für Fahrten zwischen Wohnung und Arbeitsstätte (einfache Entfernung 30 km, 15 Arbeitstage). Der inländische Bruttolistenpreis des Pkw beträgt netto 19.080,00 €. Für diverse Sonderausstattungen wurden 890,00 € netto bezahlt. Wie hoch ist der geldwerte Vorteil brutto für einen Monat?

34 Ein Angestellter hat einen Firmen-Pkw erhalten, den er auch privat nutzen darf. Der inländische Bruttolistenpreis dieses Pkw beträgt 36.940,00 €. Der Arbeitgeber übernimmt die pauschale Lohnsteuer für die Fahrten zwischen Wohnung und Arbeitsstätte (15 Arbeitstage, einfache Entfernung 25 km). Berechnen Sie die pauschale Lohnsteuer.

35 Ein Unternehmen aus Unterschleißheim (Bayern) beschäftigt während der Ferien einen Schüler für zwei Wochen im Lager. Der Schüler verdient 800,00 €. Das Unternehmen pauschalisiert zulässigerweise gemäß § 40a (1) EStG. Ermitteln Sie die pauschale Lohnsteuer, Kirchensteuer und den Solidaritätszuschlag (Gesamtbetrag).

12.5 Finanzwirtschaft

1 Ermitteln Sie die Zinsen für folgende Darlehen. Die Tage berechnen Sie bitte nach der deutschen Methode:

Darlehen in €	Zinsfuß	Zeit
a) 24.360,00	7,5 %	5 Jahre
b) 13.460,00	4,5 %	2,5 Jahre
c) 09.000,00	8,5 %	5 Monate
d) 02.500,00	3,4 %	12.02.–26.06.

2 Errechnen Sie die Sparguthaben einschließlich Zinsen. Berechnen Sie die Tage nach der Euro-Zinsmethode:

Guthaben in €	Zinsfuß	Zeit
a) 73.260,00	0,3 %	25.02.–04.07.
b) 14.580,00	2,3 %	13.04.–24.08.
c) 07.380,00	6,2 %	28.02.–01.07.
d) 44.350,00	4,7 %	01.08.–02.03. n. J.

3 Ein Kapital in Höhe von 30.000,00 € wurde für 5 Jahre fest angelegt.
Zu welchem Zinssatz wurde das Kapital angelegt, wenn die gesamten Zinsen nach 5 Jahren 6.750,00 € betragen?

4 Ermitteln Sie die angelegte Kapitalsumme, bei einer Laufzeit vom 23.05.–24.07. zu 3,8 % und ausgezahlten Zinsen in Höhe von 212,48 €!

5 Die Verzugszinsen für eine Forderung betragen bei einem Zinssatz von 8,12 % für die Zeit von 9 Monaten 913,30 €.
Wie hoch war die ursprüngliche Forderung?

6 Ein Steuerberater benötigt 20.000,00 € Kredit für 9 Monate. Seine Bank macht ihm folgendes Angebot:

2 % Bearbeitungsgebühr von der Kreditsumme, 4,5 % Zinsen, fällig bei Rückzahlung des Kredits, Auslagen 70,00 €, fällig bei Auszahlung des Kredits.
Ermitteln Sie

a) den Auszahlungsbetrag
b) die Zinsen bei Rückzahlung des Kredites
c) den Rückzahlungsbetrag am Ende der Laufzeit.

7 Zur Tätigung einer größeren Anschaffung bittet eine Steuerfachangestellte ihre Bank um Einräumung eines Dispositionskredites. Diesen nutzt Sie kurzfristig, in dem sie ihr Konto am 12.07. um 3.000,00 € überzieht. Die Bank berechnet hierfür 12 % Zinsen.

Wieviel Euro Zinsen muss die Angestellte am 30.09. zahlen, wenn sie monatlich (erstmals Ende Juli) 1.000,00 € auf ihr Bankkonto einzahlt?

8 Mit welchem Effektivzinssatz rechnet die Bank für ein gewährtes Darlehen über 20.000,00 € mit einer Laufzeit von 180 Tagen?

Die Bank nennt zur Darlehensgewährung folgende Bedingungen:
0,5 % Zinsen pro Monat
1‰ Provision
7,00 € Auslagen

9 Die Fa. Willi Wichtig liefert Waren an einen Kunden im Wert von 166.600,00 € (brutto). Bei Abschluss des Vertrages wurde vereinbart, dass der Kunde eine Anzahlung in Höhe von 47.600,00 € vor Lieferung leistet. Die Fa. Wichtig erstellt hierüber eine Anzahlungsrechnung mit gesondertem Steuerausweis.

Bei Auslieferung der Ware erhielt der Kunde von Willi Wichtig folgende Rechnung:

Warenwert		140.000,00 €
+ USt		26.600,00 €
		166.600,00 €
abzgl. Erhaltene Anzahlung	40.000,00 €	
+ USt	7.600,00 €	47.600,00 €
Restsumme		119.000,00 €

Buchen Sie den Vorgang

a) bei der Fa. Willi Wichtig
b) beim Kunden

10 Die Fa. Marion Sonnenschein e.K., Damenoberbekleidung, nimmt zum 01.04.2018 ein Bankdarlehen in Höhe von 500.000,00 € auf. Das Darlehen ist mit 4 % zu verzinsen und hat eine Laufzeit von 10 Jahren. Die Tilgung erfolgt am Ende der Laufzeit in einer Summe. Die Zinsen sind vierteljährlich zu zahlen. Marion Sonnenschein erhält 480.000,00 € ausgezahlt.
Buchen Sie

a) zum Zeitpunkt der Darlehensaufnahme
b) die erste Zinszahlung am 30.06.2020
c) die Abschreibung des Disagios zum Jahresabschluss

11 Zur Erweiterung ihres Geschäftsbetrieb nahm Marion Sonnenschein bereits ein Darlehen in Höhe von 320.000,00 € auf. Mit ihrer Hausbank vereinbarte sie folgende Konditionen:

Auszahlung: 97 %
Tag der Auszahlung: 01.01.2020
Zinssatz: 3,5 %
Zinszahlung: halbjährlich nachschüssig, erstmals am 01.07.2020
Tilgung: in einer Summe am 31.12.2029

Buchen Sie

a) die Darlehensauszahlung
b) die Zinszahlung am 01.07.2020
c) am Bilanzstichtag 31.12.2020
d) Wie wäre bei Darlehenstilgung am 31.12.2029 zu buchen?

12 Ein Unternehmer mietet am 01.04.2020 einen Personenkraftwagen für eine Grundmietzeit von 36 Monaten. Der Vertrag ist während der Grundmietzeit unkündbar. Die Nutzungsdauer des Pkw's beträgt 5 Jahre. Der Leasingnehmer kann den Pkw nach Ablauf der Grundmietzeit für 20.000,00 € erwerben. Die monatliche Leasingrate beträgt 2.100,00 € + USt. Die Anschaffungskosten des Lkw's betrugen 56.000,00 €.

Wem ist der Leasinggegenstand zuzurechnen? Wie ist im Monat April 2020 zu buchen,

a) beim Leasinggeber,
b) beim Leasingnehmer?

13 Kauf von 16.000 € 6 %igen Anleihen zu 12 % ohne Zinsschein am 10.03. Kaufspesen 0,575 %, Zinszeitraum J/J. Zweck ist die kurzfristige Geldanlage.

Buchen Sie den Vorgang.

14 Die Commerzbank schreibt ihrem Mandanten, Großhändler Felix Dürselen, eine Bardividende von 3.600 € gut.

Buchen Sie den Vorgang.

15 Der Computerfabrikant Olaf Esser erwarb am 30.September 2020 für seinen Betrieb 6 %ige Pfandbriefe mit laufendem Zinsschein im Nennwert von 12.000,00 €. Der Kurs zum Zeitpunkt des Kaufs betrug 100 %. O. Esser beabsichtigt die Wertpapiere nur kurzfristig in seinem Unternehmen zu halten. Am 15.12.2020 verkauft Herr Esser 6 %ige Pfandbriefe im Nennwert von 6.000,00 € zum Kurs von 104 %. Der Käufer erwirbt den laufenden Zinsschein mit. Die Bankabrechnung weist folgende Daten aus: Abzug von Abgeltungssteuer und 5,5 % SoLZ sowie Verrechnung der bei Anschaffung der Pfandbriefe gezahlten Stückzinsen, An- und Verkaufspesen von jeweils 0,575 %, Zinszahlungszeitraum A/O.

Buchen Sie

a) Kauf der festverzinslichen Wertpapiere
b) Verkauf des Teils der Wertpapiere und
c) die Zinsgutschrift zum 01.10.2020

12.6 Anlagenwirtschaft

1 Ein Unternehmer hat am 01. Juni 2019 ein anderes Unternehmen erworben. Die Anschaffungskosten des Firmenwertes betragen 140.000 €. Die steuerliche Abschreibung dieses Firmenwertes für 2020 ist zu buchen.

2 Ein Steuerpflichtiger hat Anfang Januar diesen Jahres ein neues Programm für seine Lagerverwaltung erworben und dafür 20.000 € + USt bezahlt. Wie lautet der Buchungssatz für die Abschreibung, wenn die Nutzungsdauer fünf Jahre beträgt?

3 Anfang April diesen Jahres erwirbt ein Unternehmen eine speziell für sie entwickelte Vertriebssoftware zum Nettopreis von 12.800,00 €. Nehmen Sie die Abschreibung am Jahresende vor, wenn eine Nutzungsdauer von vier Jahren angenommen werden kann.

4 Ein Unternehmen erwirbt im Dezember eine Standardsoftware für 400,00 € + USt. Wie lautet der Buchungssatz für die höchstmögliche Abschreibung, wenn das Unternehmen damit rechnet die Software drei Jahre zu nutzen und im Sinne der höchstmöglichen Abschreibung gebucht hat?

5 Seit Juli 2020 gehört ein neu errichtetes Verwaltungsgebäude zum Betriebsvermögen des Unternehmens. Die Anschaffungskosten des Gebäudes betrugen 800.000,00 €. Buchen Sie die Abschreibung für 2020.

6 Im Juli 2020 wurde eine Maschine, Anschaffungskosten 24.000,00 €, Nutzungsdauer 10 Jahre erworben. Buchen Sie die lineare Abschreibung im Jahr 2020.

7 Mitte Juni 2020 wurde ein neuer Computer (Nutzungsdauer 3 Jahre) für die Abteilung Controlling angeschafft. Die Anschaffungskosten in Höhe von 2.400,00 € + USt wurden nach 14 Tagen unter Abzug von 3 % Skonto beglichen. Buchen Sie die Abschreibung im Anschaffungsjahr.

8 Anfang Februar 2020 wurde eine neue Maschine für die Fertigung, Nutzungsdauer 8 Jahre, für netto 40.000 € erworben. Sie wurde linear abgeschrieben. Buchen Sie die Abschreibung im Anschaffungsjahr und im Jahr 2020.

9 Ein Unternehmer hat ein Bürogebäude, das er für seine eigenen Bürozwecke nutzt, auf seinem Betriebsgrundstück errichtet, Fertigstellung 1. Juni 2020. Der Bauantrag wurde im Juni 2018 gestellt. Die Herstellungskosten betragen 725.000,00 € (Kto. 0240). Buchen Sie die höchstmögliche AfA zum 31. Dezember 2020!

10 Das Konto Geschäftsbauten enthält den Buchwert eines Gebäudes zum 31.12.2019 mit 140.000 €, die Herstellungskosten betrugen 250.000 €. Das Gebäude wird linear mit 2 % abgeschrieben. Wie lautet der Buchungssatz für die Abschreibung 2020?

11 Ein Unternehmer erwirbt Anfang April 2020 ein neues Materialprüfgerät, Nutzungsdauer 7 Jahre, für 4.760 € brutto. Buchen Sie die lineare Abschreibung im Jahr der Anschaffung.

12 Eine neue Maschine wird Anfang Juli 2020 geliefert. Folgende Rechnung des deutschen Herstellers geht ein:

Maschinenwert netto	80.000,00 €
+ Frachtkosten	1.000,00 €
=	81.000,00 €
+ 19 % USt	15.390,00 €
=	96.390,00 €
– Anzahlung	38.080,00 €
= noch zu zahlender Betrag	58.310,00 €

Buchen Sie die lineare Abschreibung für 2020, wenn die Nutzungsdauer der Maschine zwölf Jahre beträgt.

13 Ein neuer PC, Nutzungsdauer 3 Jahre, wird Anfang Oktober 2020 auf Ziel eingekauft. Die Zahlung erfolgt Ende Oktober unter Abzug von 2 % Skonto; Überweisungsbetrag 1.749,30 €. Buchen Sie die höchstmögliche Abschreibung am Jahresende.

14 Eine Fertigungsmaschine, Nutzungsdauer 10 Jahre, ist für 50.000,00 € + USt im Juli 2010 angeschafft worden. Buchen Sie die degressive Abschreibung am Jahresende 2010 und die lineare Abschreibung für 2020 nach Umstieg im Jahr 2017.

15 Ein Unternehmen erwirbt Anfang Oktober 2020 einen neuen Firmenwagen und erhält folgende ordnungsgemäße Rechnung (Auszug):

Listenpreis	20.000,00 €
+ Sonderausstattung	2.000,00 €
	22.000,00 €
– 10 % Rabatt	2.200,00 €
	19.800,00 €
+ 19 % Umsatzsteuer	3.762,00 €
Rechnungsbetrag (brutto)	23.562,00 €

Buchen Sie die Abschreibung im Anschaffungsjahr, wenn die Nutzungsdauer des Pkw 6 Jahre beträgt.

16 Im August letzten Jahres wurde eine neue Fräsmaschine, Nutzungsdauer 8 Jahre, für die Fertigungsabteilung erworben. Die Anschaffungskosten der Maschine betrugen 24.000,00 €. Buchen Sie die lineare Abschreibung 2020.

17 Ein Gewerbetreibender aus Ingolstadt erwarb im April 2020 eine neue Maschine, deren Nutzungsdauer acht Jahre beträgt, gegen Bankscheck und erhält folgende Rechnung:

Kaufpreis	75.000,00 €
– 10 % Rabatt	7.500,00 €
=	67.500,00 €
+ Montagekosten	2.000,00 €
+ Transportkosten	1.500,00 €
=	71.000,00 €
+ 19 % Umsatzsteuer	13.490,00 €
Gesamtpreis brutto	84.490,00 €

Vom Staat wurde für den Kauf dieser Maschine ein Zuschuss in Höhe von 8.000 € ausgezahlt. Der Kauf und die Auszahlung des Zuschusses wurden bereits gebucht (erfolgsneutral).

Buchen Sie die lineare Abschreibung am Jahresende.

18 Fritz Neumann ist Inhaber einer Maschinenfabrik in Miltenberg. Am 01. April 2020 wurde eine neue Produktionsmaschine geliefert und sofort in Betrieb genommen. Die Rechnung des Lieferanten über 32.000,00 € + 19 % USt geht noch am gleichen Tag ein und wird 10 Tage später unter Abzug von 2 % Skonto per Banküberweisung beglichen. Kauf und Zahlung wurden bereits gebucht. Wie lautet der Buchungssatz für die lineare Abschreibung am Jahresende, wenn die Nutzungsdauer der Maschine 8 Jahre beträgt?

19 Ein Unternehmer erwirbt am 10. August 2020 einen neuen Pkw, den er ausschließlich für betriebliche Zwecke nutzt, für brutto 47.600,00 € gegen Bankscheck. Die Zulassung nimmt der Unternehmer bei der Zulassungsstelle selbst vor. Folgende Kosten fallen an:

Zulassungskosten	65,00 €
Kosten der Nummernschilder netto	50,00 €
+ 19 % USt	9,50 €
Barzahlung	124,50 €

Der Kauf und die Zulassungskosten sind bereits korrekt gebucht. Buchen Sie die zulässige Abschreibung am Jahresende, Nutzungsdauer 6 Jahre.

20 Ein Unternehmer erwarb am 02. April diesen Jahres ein Standardprogramm für die Finanzbuchhaltung gegen Bankscheck, netto 2.220,00 € + 19 % USt auf Ziel. Der Kauf und die Zahlung wurden bereits gebucht. Ermitteln und buchen Sie die höchstmögliche AfA zum 31. Dezember 2020, wenn die betriebsgewöhnliche Nutzungsdauer des Programms drei Jahre beträgt.

21 Ein Steuerpflichtiger hat Anfang November 2020 von einem inländischen Hersteller für 16.000,00 € + USt eine neue Maschine auf Ziel gekauft. Die Zahlung wird vertragsgemäß erst Anfang Januar 2021 erfolgen. Im letzten Jahr hat der Steuerpflichtige für die geplante Investition einen Investitionsabzugsbetrag von 6.400,00 € gebildet. Die Nutzungsdauer der Maschine beträgt 8 Jahre. Nehmen Sie alle im Zusammenhang mit dem Kauf der Maschine anfallenden Buchungssätze vor.

22 Ein Steuerpflichtiger, der die Voraussetzungen des § 7g EStG erfüllt, plant 2021 einen neuen Lkw anzuschaffen. Die Anschaffungskosten des in Frage kommenden Modells betragen 150.000,00 €. Wie hoch ist der Investitionsabzugsbetrag höchstens, um den der Gewinn außerhalb der Bilanz zu mindern ist?

23 Am 30.12.2020 wird ein neuer Kopierer, Nutzungsdauer fünf Jahre, für brutto 940,10 € auf Ziel gekauft. Nehmen Sie alle damit zusammenhängenden Buchungen für 2020 vor, wenn das Unternehmen einen möglichst niedrigen Gewinn ausweisen möchte.

12.7 Buchungen im Steuerbereich

1 Die Zelsius GmbH überweist die fällige Körperschaftsteuer in Höhe von 450,00 € und den Solidaritätszuschlag per Bank an das Finanzamt.

2 Ein Unternehmen erwirbt ein unbebautes Grundstück für 50.000,00 € (bereits gebucht). Die fällige Grunderwerbsteuer wird vom betrieblichen Bankkonto überwiesen. Dieser Vorgang ist noch zu buchen.

3 Der Unternehmer Peter Krüger bezahlt seine Einkommensteuer in Höhe von 2.300,00 € durch Überweisung vom betrieblichen Bankkonto.

4 Die Kfz-Steuer für den Privatwagen der Ehefrau des Unternehmers in Höhe von 225,00 € wird vom betrieblichen Postbankkonto überwiesen.

5 Wegen der verspäteten Abgabe der Umsatzsteuer-Voranmeldung hat das Finanzamt einen Verspätungszuschlag von 340,00 € verhängt. Buchen Sie den Eingang des Bescheids.

6 Auf dem betrieblichen Bankkonto geht eine Einkommensteuererstattung von 3.780,00 € einschließlich Zinsen ein.

7 Die Gewerbesteuervorauszahlung in Höhe von 1.250,00 € wird vom betrieblichen Bankkonto überwiesen.

8 Unternehmer Zauner überweist die nach dem Tod seiner Tante fällige Erbschaftsteuer von 6.440,00 € vom Bankkonto seiner Firma.

9 Ein Unternehmer aus Leipzig (deutsche UStIdNr) verkauft an einen Kunden in Frankreich (franz. UStIdNr) Waren im Wert von 14.600,00 € auf Ziel.

10 Ein Unternehmer aus Italien (italienische UStIdNr) bezahlt die Rechnung für die Warenlieferung ihres Mandanten aus Stuttgart (deutsche UStIdNr) durch Banküberweisung. Gutschriftsbetrag 12.380,00 €

11 Ein österreichischer Unternehmer (österreichische UStIdNr) hat Waren von einem Unternehmer aus Leipzig (deutsche UStIdNr) bezogen. Der Verkauf auf Ziel ist bereits gebucht. Aufgrund einer Mängelrüge erhält der österreichische Kunde eine Gutschrift von 3.400 € (Verrechnung mit der noch offenen Rechnung). Buchen Sie die Gutschriftsanzeige für den deutschen Unternehmer.

12 Auf dem Bankkonto geht eine Zahlung eines Kunden aus Dänemark (dänische UStIdNr) ein. Der Kunde bezahlt eine Warenlieferung, Rechnungsbetrag 17.800 €, unter Abzug von 2 % Skonto. Buchen Sie die Bankgutschrift.

13 Ein Unternehmer aus Portugal (portugiesische UStIdNr.) bezahlt die Rechnung der Firma Kleinschmidt aus Dortmund (deutsche UDtIdNr) für eine Warenlieferung durch Banküberweisung unter Abzug von 3 % Skonto. Die Bank schreibt Kleinschmidt 29.100,00 € gut.

14 Der Unternehmer Jagst, Passau (deutsche UStIdNr), legt einer Warenlieferung an einen Kunden in Irland (irische UStIdNr) folgende Rechnung bei (Auszug):

Warenwert	14.800,00 €
– 10 % Rabatt	1.480,00 €
Rechnungsbetrag	13.320,00 €

Buchen Sie den Verkauf.

15 Ein Unternehmer aus Nürnberg (deutsche UStIdNr) bezieht von einem Lieferanten aus Spanien (spanische UStIdNr) Waren im Wert von 18.000,00 €. Buchen Sie den Eingang der Rechnung, die der Warenlieferung beiliegt.

16 Ein Großhändler bezieht Handelswaren auf Ziel von einem italienischen Unternehmer frei Haus im Wert von netto 20.000,00 € auf Ziel. Beide Unternehmer verwenden ihre jeweiligen Umsatzsteueridentifikationsnummern. Der italienische Verkäufer verschickt die Waren mit der Bahn. Buchen Sie den Kauf.

17 Die Firma Johannes Heberger e.K. bezahlt die Rechnung eines polnischen Lieferanten für eine Warenlieferung über 28.220,00 € durch Banküberweisung.

18 Wir (deutsche UStIdNr) bezahlen die Rechnung eines italienischen Lieferanten (italienische UStIdNr) für den Kauf von Handelswaren im Nettowert von 20.000,00 € unter Abzug von 3 % Skonto durch Überweisung vom Bankkonto.

19 Unternehmer Springer (deutsche UStIdNr) aus Rosenheim verkauft an einen Privatmann in Salzburg Waren im Nettowert von 500,00 €. Springer überschreitet in diesem Jahr bereits die österreichische Lieferschwelle. Buchen Sie die Lieferung auf Ziel, die österreichische Umsatzsteuer beträgt 20 %.

20 Ein Privatmann aus Frankreich bezahlt die Rechnung ihres Mandanten für eine Warenlieferung über 717,60 € (einschließlich 20 % französische Umsatzsteuer) durch Banküberweisung. Wie ist zu buchen?

21 Die Langenbahn GmbH aus Hannover (deutsche UStIdNr.) liefert an einen Privatmann in Straßburg (Frankreich) Waren im Nettowert von 180,00 € auf Ziel. Das Unternehmen hat die französische Lieferschwelle nicht überschritten. Buchen Sie den Sachverhalt, wenn der französische Umsatzsteuersatz 20 % beträgt.

22 Der Zahlungseingang von einem belgischen Privatmann ist zu buchen. Er bezahlt eine Rechnung für eine Warenlieferung in Höhe von 348,00 € einschließlich deutscher USt durch Banküberweisung.

23 Ein Privatkunde aus Frankreich bezahlt eine Rechnung in Höhe von 334,88 € einschließlich 20 % französischer Umsatzsteuer unter Abzug von 2 % Skonto durch Banküberweisung an einen deutschen Händler.

24 Ein Privatmann aus Österreich bezahlt eine Rechnung über 238,00 € für eine erhaltene Warenlieferung unter Abzug von 3 % Skonto durch Überweisung auf das Bankkonto ihres Mandanten. Buchen Sie den Zahlungseingang, wenn die österreichische Lieferschwelle nicht überschritten wurde und auch keine Option vorliegt.

25 Ein Unternehmer aus Essen schickt eine fehlerhafte Warenlieferung an den Hersteller in Italien zurück, da er sich mit diesem nicht auf einen angemessenen Preisnachlass einigen konnte. Der Wareneingang in Höhe von 6.000,00 € wurde bereits als innergemeinschaftlicher Erwerb gebucht. Buchen Sie für den deutschen Unternehmer die Gutschrifterteilung des italienischen Lieferanten.

26 Ein Elektro-Einzelhändler aus Bayern liefert an einen Privatkunden in Österreich eine Waschmaschine für netto 500,00 €. Die Montage übernimmt der Einzelhändler selbst. Die österreichische Lieferschwelle wird nicht überschritten. Buchen Sie für den Einzelhändler die Lieferung.

27 Ein Gewerbetreibender aus Saarbrücken bezahlt die Rechnung eines Lieferanten aus Dänemark für eine Warenlieferung (innergemeinschaftlicher Erwerb) unter Abzug von 3 % Skonto durch Überweisung vom betrieblichen Bankkonto. Buchen Sie die Lastschrift in Höhe von 21.825,00 €.

28 Ein Lederwarenhersteller unterhält in seiner Firmenzentrale in Stuttgart einen „Fabrikverkauf", den an bestimmten Tagen auch Privatpersonen nutzen dürfen. Er verkauft eine Handtasche für 299,00 € gegen Barzahlung an einen Touristen aus Estland. Buchen Sie den Verkauf.

29 Ein Unternehmer aus Bochum (dt. USt-IdNr.) bezog 2020 von einem österreichischen Unternehmer (österreichische USt-IdNr.) Waren auf Ziel im Wert von 20.000,00 € netto (bereits gebucht). Er begleicht die Rechnung unter Abzug von 2 % Skonto durch Banküberweisung.

Buchen Sie den Zahlungsvorgang.

30 Der Kieler Unternehmer Schuster verkauft im März 2020 Handelswaren im Wert von netto 10.000 € auf Ziel an einen Unternehmer in Tschechien. Beide Vertragspartner verwenden ihre jeweilige UStIdNr. Die Voraussetzungen der §§ 17aff. UStDV sind erfüllt. Eine ordnungsgemäße Rechnung ist ausgestellt. Buchen Sie den Verkauf.

31 Im letzten Monat hat ein Unternehmer aus Darmstadt Handelswaren auf Ziel an einen Unternehmer in Frankreich verkauft. Die innergemeinschaftliche Lieferung wurde ordnungsgemäß gebucht, die Rechnung ist noch offen. Der Käufer hat nun den nicht ordnungsgemäßen Zustand eines Teils der Lieferung reklamiert. Der Verkäufer erklärt sich bereit Waren im Wert von netto 3.200,00 € zurückzunehmen und eine entsprechende Gutschrift auszustellen. Buchen Sie den Eingang der Rücksendung.

32 Ein Privatmann aus Frankreich begleicht die Rechnung eines deutschen Gewerbetreibenden in Höhe von 145,00 € unter Abzug von 2 % Skonto durch Banküberweisung. Buchen Sie den Zahlungseingang und berücksichtigen Sie dabei, dass die Rechnung deutsche Umsatzsteuer enthielt.

33 Anlässlich eines Messebesuchs lädt der Unternehmer Karl Mayr drei Kunden zum Abendessen ein. Die durch eine ordnungsgemäße Rechnung nachgewiesenen Bewirtungskosten betragen 476,00 €. Mayr bezahlt die Rechnung mit der Bankkarte der Firma.

Die Bewirtungskosten sind angemessen. Buchen Sie den Vorgang.

34 Ein Unternehmer bewirtet nach einem erfolgreichen Vertragsabschluss seine Kunden. Die angemessenen und durch eine ordnungsgemäße Rechnung nachgewiesenen Bewirtungsaufwendungen betragen 357,00 €, davon entfallen auf den Unternehmer selbst 68,00 €. Der Unternehmer bezahlt mit seiner betrieblichen Kreditkarte.

35 Für die Bewirtung eines Geschäftsfreundes bezahlt ein Unternehmer 58,00 € bar. Ein ordnungsgemäßer Beleg ist nicht vorhanden.

36 Nach einem Messebesuch in Hannover bewirtet ein Unternehmer drei Geschäftsfreunde. Die angemessenen und durch eine ordnungsgemäße Rechnung nachgewiesenen Aufwendungen betragen 290,00 € brutto, die der Unternehmer mit der Firmenkreditkarte begleicht. Der Kellner erhält 10,00 € Trinkgeld bar, die der Firmenkasse entnommen wurden. Buchen Sie den gesamten Sachverhalt.

37 Ein Gewerbetreibender kauft gegen Barzahlung für einen Geschäftsfreund einen Kugelschreiber als Geschenk und bezahlt 29,00 € bar. Buchen Sie den Kauf des Geschenkes und die Weitergabe an den Geschäftsfreund.

38 Ein Textilgroßhändler kauft für einen Geschäftsfreund eine Aktentasche für 119,00 € brutto als Geschenk, bezahlt bar und überreicht sie am selben Tag. Nehmen Sie alle erforderlichen Buchungen vor.

39 Unternehmer Geiger kauft für einen langjährigen Mitarbeiter einen Bildband als Geschenk zu dessen 60. Geburtstag. Der Kaufpreis in Höhe von 25 € wird mit der betrieblichen Kreditkarte bezahlt. Buchen Sie den Kauf.

40 Ein Uhrenhändler aus Köln entnimmt aus seinem Warenbestand eine Armbanduhr, die für 120 € + 19 % USt eingekauft wurde und überreicht sie einem Geschäftsfreund als Geschenk.
Nehmen Sie alle erforderlichen Buchungen vor.

41 Ein Gewerbetreibender kauft für einen Auszubildenden zu dessen Geburtstag eine DVD für 23,80 € gegen Barzahlung (Entnahme aus der Firmenkasse). Buchen Sie den Kauf und die Übergabe des Geschenks.

42 Eine Auszubildende erhält für ihr ausgezeichnetes Abschneiden in der Zwischenprüfung einen Füllfederhalter, den der Arbeitgeber für 38,00 € eingekauft hat. Buchen Sie den Kauf gegen Barzahlung und die Übergabe. Der Betrag wurde der Firmenkasse entnommen.

43 Ein Einzelhändler hat im letzten Monat eine Lieferung DVD-Player von einem Großhändler aus Mannheim erhalten und gebucht. Aus dieser Lieferung wird ein Gerät entnommen und einem Geschäftsfreund überreicht. Nehmen Sie alle erforderlichen Buchungen vor, wenn der Einkaufspreis eines Gerätes 150,00 € + USt betrug.

44 Unternehmer Breuer entnimmt aus seinem Warenbestand eine Krawatte, die für 29,00 € + 19 % USt eingekauft wurde und überreicht sie einem Geschäftsfreund anlässlich eines größeren Vertragsabschlusses als Geschenk.

45 Ein Unternehmer kauft für einen langjährigen Mitarbeiter einen Drucker für 99,00 € + USt auf Ziel und überreicht ihn im Anschluss an eine Betriebsversammlung. Buchen Sie den Kauf und die Übergabe des Geschenks.

46 Der Leiter der Verkaufsabteilung der Etimex GmbH kauft für 150,80 € einschl. USt eine Aktentasche, die er einem guten Kunden beim nächsten Treffen auf einer Messe als Geschenk überreichen will. Buchen Sie den Kauf gegen Barzahlung.

47 Eine letzten Monat für 185,60 € gegen Barzahlung erworbene Uhr (Kauf als Geschenk gebucht) wird einem Kunden anlässlich eines Besuchs im Unternehmen überreicht.

48 Eine Gewerbetreibende unternimmt eine zweitägige Geschäftsreise. Die Übernachtungskosten in Höhe von 321,00 € einschließlich USt bezahlt sie bar. Den Betrag hat sie der Firmenkasse entnommen. Die vom Hotel ausgestellte Rechnung ist ordnungsgemäß.

49 Ein Arbeitnehmer unternahm eine dreitägige Dienstreise. Die angefallenen Übernachtungskosten in Höhe von 220,40 € einschl. USt (ohne Frühstück) wurden zunächst vom Arbeitnehmer verauslagt und dann vom Arbeitgeber erstattet. Die Rechnung des Hotels wurde auf den Namen des Mitarbeiters ausgestellt.

50 Ein Arbeitnehmer muss in der nächsten Woche eine Dienstreise unternehmen. Er erhält bereits jetzt einen Vorschuss von 300,00 € aus der Firmenkasse bar ausgezahlt. Buchen Sie den Sachverhalt.

51 Die Reisekostenabrechnung eines Mitarbeiters ist zu buchen. Der Angestellte legte mit dem eigenen Pkw 400 km zurück. Der Arbeitnehmer war am ersten Tag zwölf Stunden und am letzten Tag 17 Stunden im Auftrag des Unternehmens abwesend. Die Übernachtungskosten betrugen 119,00 € brutto (ohne Frühstück), die Rechnung lautet auf den Namen des Arbeitgebers. Mit Ausnahme der Übernachtungskosten werden die zulässigen Pauschbeträge erstattet. Ergänzen Sie die folgende Reisekostenabrechnung und buchen Sie die Barauszahlung durch den Arbeitgeber.

Reisekostenart	Brutto	Vorsteuer	Netto
Fahrkosten			
Übernachtung			
Verpflegung 1. Tag			
Verpflegung 2. Tag			
Verpflegung 3. Tag			
Summe			

52 Ein Einzelhändler unternimmt eine Geschäftsreise mit der Bahn. Der Fahrschein wird durch Entnahme aus der Kasse bezahlt, Entnahmebetrag: 98,60 €

53 Ein Unternehmer erwirbt am 30.09.2020 einen neuen Stuhl für sein Büro. Die Zahlung erfolgt sofort durch Bankscheck über 719,20 €. Auf der Rechnung ist die Umsatzsteuer nicht gesondert ausgewiesen. Eine berichtigte Rechnung ist angefordert, aber noch nicht eingegangen. Buchen Sie den Kauf, wenn das Konto 0675 (0445) geführt wird.

54 Ein Unternehmer kauft eine Maschine, die zu 25 % für Ausschlussumsätze verwendet wird auf Ziel, Rechnungsbetrag 11.900 €.

55 Ein Steuerpflichtiger aus Rosenheim (dt. UStIdNr.) lässt eine Maschine beim österreichischen Hersteller (österreichische UStIdNr.) in Linz überholen. Der österreichische Hersteller berechnet für die Überholung 5.000,00 € und stellt eine Rechnung gem. § 14a Abs. 5 UStG aus, in der er auf die Steuerschuldnerschaft des Leistungsempfängers hinweist. In der Rechnung ist keine Steuer gesondert ausgewiesen. Buchen Sie den Rechnungseingang für den deutschen Steuerpflichtigen.

56 Eine Gewerbetreibende aus Deutschland (deutsche UStIdNr.) begleicht eine ordnungsgemäße Rechnung eines Herstellers aus Italien (italienische UStIdNr) über eine in Italien durchgeführte Generalinspektion an einer Fertigungsmaschine in Höhe von 8.700,00 €. Der Hersteller aus Italien hat in seiner Rechnung auf die Steuerschuldnerschaft des Leistungsempfängers hingewiesen und keine Umsatzsteuer ausgewiesen. Buchen Sie für die deutsche Gewerbetreibende die Zahlung durch Überweisung vom betrieblichen Bankkonto.

57 Ein Gewerbetreibender unternimmt eine zweitägige Geschäftsreise und ist an jedem der beiden Tagen 15 Stunden abwesend. Er unternimmt für folgende Ausgaben die entsprechenden Beträge aus der Kasse. Ordnungsgemäße Belege sind vorhanden.

– Verpflegungsausgaben:	119,00 € brutto
– Übernachtungsausgaben:	238,00 € brutto
– Strafzettel (Parken im Halteverbot)	30,00 €

Buchen Sie die Reisekostenabrechnung.

58 Werner Kuhn betreibt in Konstanz einen Maler- und Lackierbetrieb. Er berechnet einem Kunden aus der Schweiz für den Anstrich von dessen Geschäftshaus 4.860,00 € und stellt eine ordnungsgemäße Rechnung aus.

Buchen Sie den Sachverhalt.

12.8 Abschlüsse nach Handels- und Steuerrecht

Die folgenden Geschäftsfälle betreffen ausschließlich Unternehmen, die zum Vorsteuerabzug berechtigt sind. Die Umsätze werden nach vereinbarten Entgelten versteuert, Steuersatz 19 %, wenn keine besondere Angabe erfolgt. Alle Unternehmen ermitteln den Gewinn nach § 5 EStG. Die Voraussetzungen des § 7g EStG liegen jeweils vor.

1 Die Service GmbH Ulm erwarb am 10.03.2020 einen neuen Pkw-Kombi, der ausschließlich betrieblich genutzt wird. Der Kfz-Händler stellte folgende Rechnung, die sofort durch Banküberweisung beglichen wurde:

Pkw Kombimax	58.000,00 €
– 10 % Rabatt	5.800,00 €
	52.200,00 €
+ Anhängerkupplung	800,00 €
+ Werbeaufschrift	1.500,00 €
+ Überführung	500,00 €
+ Autoradio	400,00 €
+ Tankfüllung Diesel	60,00 €
	55.460,00 €
+ 19 % USt	10.537,40 €
Rechnungsbetrag	65.997,40 €

Für die Zulassung des Fahrzeugs wurden 69,00 € an die Kfz-Zulassungsstelle und 45,00 € + 19 % USt an eine Schilderwerkstatt jeweils bar bezahlt.

a) Wie hoch sind die Anschaffungskosten für den Pkw?
b) Buchen Sie den Anschaffungsvorgang.
c) Die betriebsgewöhnliche Nutzungsdauer beträgt 5 Jahre. Berechnen und buchen Sie die höchstmögliche AfA für 2020. Im Jahr 2019 wurde ein Investitionsabzugsbetrag von 22.200,00 € in Anspruch genommen.

2 Eine Gewerbetreibende erwarb am 25.09.2020 eine neue Tresoranlage auf Ziel. Der Händler gewährte 10 % Sonderrabatt auf den Listenpreis von 6.500,00 € netto und berechnete für Transport und Einbau der Anlage 400,00 € + 19 % USt.
Die Rechnung wurde am 05.10.2020 unter Abzug von 2 % Skonto vom Listenpreis, abzüglich Rabatt, durch Banküberweisung beglichen. Die betriebsgewöhnliche Nutzungsdauer der Tresoranlage beträgt 25 Jahre. Buchen Sie die Anschaffung des Tresors und die Bezahlung sowie die höchstmögliche AfA. Die Gewerbetreibende hatte keinen Investitionsabzugsbetrag geltend gemacht, erfüllt aber die Voraussetzungen des § 7g (6) EStG.

3 Am 02.12.2020 kaufte eine Mandantin für Ihr Büro einen neuen Schreibtisch für 825,00 € + USt gegen Banküberweisung. Für die Zufuhr zahlte die Mandantin zusätzlich 25 € + 19 % USt bar.

Aufgrund einer Mängelrüge gewährte der Händler am 10.12.2020 10 % Preisnachlass vom Listenpreis durch Banküberweisung. Die Nutzungsdauer des Schreibtisches beträgt 13 Jahre.

Welche Buchungen sind bei Anschaffung des Schreibtisches und bei Gewährung des Preisnachlasses vorzunehmen?

Mit welchem Wert ist der Schreibtisch in der Bilanz zum 31.12.2020 anzusetzen, wenn der Gewinn des Unternehmens der Mandantin so niedrig wie möglich ausgewiesen werden soll?

4 Der Inhaber einer Gaststätte erwarb im Juni 2020 eine neue Kaffeemaschine für 420 € + 19 % USt. Außerdem 5 Pakete passendes Filterpapier für 25 € + 19 % USt. Vom Rechnungsbetrag der Maschine zog der Gastwirt 3 % Skonto ab und überwies den Restbetrag durch Bank.

Wie hoch sind die Anschaffungskosten der Kaffeemaschine?
Buchen Sie den Vorgang.

5 Der Gastwirt, siehe Aufgabe 4, kaufte in einem Möbelfachgeschäft für sein Nebenzimmer Ende Oktober 2020 4 neue Tische und dazu 24 passende Stühle. Das Fachgeschäft stellte folgende Rechnung:

4 Tische Exotic à 820 €	=	3.280,00 €
24 Stühle Exotic à 120 €	=	2.880,00 €
		6.160,00 €
+ 19 % USt		1.170,40 €
Rechnungsbetrag		7.330,40 €

Zahlbar innerhalb von 14 Tagen unter Abzug von 2 % Skonto vom Rechnungsbetrag. Der Gastwirt zahlte am 05.11.2020 die Rechnung unter Abzug von 2 % Skonto.

a) Buchen Sie die Anschaffung der Tische und Stühle.
b) Wie lautet die Buchung bei Bezahlung?

6 Eine Gewerbetreibende erwarb im Mai 2020 einen neuen Pkw, den sie auch zu 20 % für private Zwecke nutzt. Das Fahrzeug wird voll dem Unternehmen zugeordnet. Der Kfz-Händler nahm ein gebrauchtes Betriebsfahrzeug für 8.000 € + 19 % USt in Zahlung und stellte folgende Rechnung:

Listenpreis	42.000,00 €
+ Sonderausstattung	3.000,00 €
+ Überführung	680,00 €
	45.680,00 €
+ 19 % USt	8.679,20 €
+ verauslagte Zulassungskosten	62,20 €
– Inzahlungnahme Altfahrzeug 8.000 € + 1.520 € USt =	9.520,00 €
Rechnungsbetrag	44.901,40 €

Der Rechnungsbetrag wird in Höhe von 40.000 € durch einen kurzfristigen Kredit finanziert. Den Restbetrag überweist die Gewerbetreibende durch Postbank. Der Restbuchwert des gebrauchten Fahrzeugs betrug bei Inzahlunggabe noch 6.000 €
Buchen Sie die

a) Anschaffung des Neufahrzeugs unter Berücksichtigung der Inzahlunggabe sowie den
b) Anlagenabgang des Altfahrzeugs.

7 Eine Gewerbetreibende erwarb am 20.11.2020 eine neue Maschine für 90.000 € + 19 % USt auf Rechnung. Der Betrag wurde bereits richtig gebucht. Die Maschine hat eine betriebsgewöhnliche Nutzungsdauer von 8 Jahren. Für den Transport der Maschine fielen 1.500 € + 19 % USt an, die durch Banküberweisung beglichen aber noch nicht gebucht wurden.
Am 10.12.2020 wurde der Rechnungsbetrag für die Maschine unter Abzug von 2 % Skonto durch Banküberweisung beglichen.
Nehmen Sie alle noch erforderlichen Buchungen vor einschließlich der linearen AfA. Die Voraussetzungen des § 7g (6) EStG liegen nicht vor.

8 Zur Erweiterung der Produktionskapazität erwarb ein Unternehmer am 11.12.2020 ein Grundstück mit aufstehender Halle. Die Halle wurde im Jahr 2004 errichtet. Vom Gesamtkaufpreis in Höhe von 600.000 € entfallen 20 % auf den Grund und Boden. Außerdem sind folgende Kosten angefallen:

- 5 % Grunderwerbsteuer
- 600 € Grundbuchkosten
- 1.200 € + 19 % USt Notargebühren
- 15.000 € + 19 % USt Maklerprovision

Die Zahlung des Kaufpreises ist am 12.01.2021 fällig. Die Nebenkosten wurden noch im Dezember 2020 durch Banküberweisung beglichen. Als Termin für den Übergang von Nutzen und Lasten wurde der 31.12.2020 vereinbart.
Buchen Sie die Anschaffung des bebauten Grundstücks sowie die höchstmögliche AfA.

9 Eine Werkzeugfabrik erstellt mit eigenen Arbeitskräften eine neue Maschine. Dadurch sind folgende Kosten angefallen:

Materialkosten	5.000 €
Fertigungslöhne	6.000 €
Materialgemeinkosten	25 %
Fertigungsgemeinkosten	180 %
Verwaltungsgemeinkosten	8 %

Mit welchem Betrag sind die Herstellungskosten in der Handelsbilanz und in der Steuerbilanz a) mindestens b) höchstens anzusetzen?

10 Ein Bauunternehmen erstellte im Jahr 2020 mit eigenen Arbeitskräften eine Halle für Betriebsfahrzeuge. Die Buchhaltung ermittelte folgende Kosten und Zuschlagsätze: Fertigungsmaterial 60.000,00 €, Fertigungslöhne 86.000,00 €, Materialgemeinkosten 20 %, Fertigungsgemeinkosten 120 %, Verwaltungsgemeinkosten 10 %.
Die Halle wurde am 01.10.2020 fertiggestellt und soll so hoch wie möglich abgeschrieben werden. Ermitteln Sie den handelsrechtlich niedrigsten Bilanzansatz und buchen Sie den gesamten Vorgang einschließlich AfA. Ein Investitionsabzug wurde nicht angesetzt.

11 Im November 2020 erwarb die Werkzeug GmbH verschiedene Spazialstähle aus den USA für insgesamt 100.000 USD auf Ziel. Der Wareneingang wurde richtig gebucht. Der Rechnungsbetrag ist per 31.03.2021 zu begleichen. Der Kurs des USD betrug im November 2020: 1 € = 1,050 USD, im Dezember 2020: 1 € = 1,080 USD und im März 2021 1,075 USD.
Mit welchem Wert ist die Verbindlichkeit zum 31.12.2020 zu bewerten?

12 Zum Kauf eines unbebauten Grundstücks nahm ein Unternehmer zum 30.09.2020 ein Darlehen von 150.000 € zu folgenden Konditionen auf:
Auszahlung 96 %, Zinssatz 3,5 %, Laufzeit 10 Jahre, Rückzahlung in einer Summe, Zinszahlung monatlich nachträglich. Die Zinsen für den Monat Dezember 2020 wurden erst am 02.01.2021 durch Banküberweisung beglichen.

a) Buchen Sie die Aufnahme des Darlehens sowie die
b) Abgrenzung des Damnums zum 31.12.2020 und die
c) Zinsen für den Monat Dezember.

13 Am 31.10.2020 nahm eine Gewerbetreibende einen Investitionskredit über 120.000 € auf, rückzahlbar am 31.10. 2025 (Endfälligkeitsdarlehen). Die Zinsen sind vierteljährlich nachträglich fällig, Zinssatz 3,6 %, Auszahlung 98 %.

Buchen Sie die
a) Auszahlung des Kredits
b) Abgrenzung des Damnums und
c) Zinsen zum 31.12.2020

14 Für den Bau einer Lagerhalle nahm die GmbH am 31.08.2020 einen Kredit über 180.000,00 € zu folgenden Konditionen auf:
Auszahlung 96 %, Zinssatz 3,4 %, Laufzeit 5 Jahre, Rückzahlung in 20 gleichen Raten, beginnend am 30.11.2020, Zinszahlung vierteljährlich nachträglich durch Banküberweisung.

Bisher wurde noch keine Buchung vorgenommen. Nehmen Sie alle erforderlichen Buchungen für das Geschäftsjahr 2020 vor.

15 Eine Mandantin entnahm für private Zwecke aus dem Warenbestand ein Designerkleid, das sie für 1.200 € eingekauft hat. Zwischenzeitlich ist der Einkaufspreis eines solchen Kleides auf 1.000 € gefallen.

Buchen Sie die Warenentnahme.

16 Ein Unternehmer schenkt seinem Sohn Anfang April 2020 einen gebrauchten Betriebs-Pkw. Das Fahrzeug stand zu Beginn des Geschäftsjahres 2020 mit 12.000 € zu Buch. Die jährliche AfA beträgt 6.000 €. Ein Gebrauchtwagenhändler hätte für das Fahrzeug 5.000 € + 950 € USt gezahlt.

Nehmen Sie alle erforderlichen Buchungen vor.

17 Eine Gewerbetreibende legte mit dem betrieblichen Pkw im Jahr 2020 insgesamt 24.000 km zurück. Davon entfielen 4.320 km auf Privatfahrten und 180 Fahrten zwischen Wohnung und Betrieb, einfache Entfernung 12 km.
Beim Kauf des Pkw's wurde der volle VSt-Abzug in Anspruch genommen.
Im Jahr 2020 sind für das Fahrzeug folgende Aufwendungen angefallen:

Benzin, Reparaturen	3.536,00 €	
Kfz-Steuer	508,00 €	
Kfz-Versicherung	876,00 €	
AfA	9.000,00 €	(anteilige Anschaffungskosten = ertragsteuerliche AfA)

Die Privatfahrten und die Fahrten zwischen Wohnung und Betriebsstätte sind zu buchen. Ein ordnungsmäßiges Fahrtenbuch wird geführt.

18 Ein Gewerbetreibender legte mit dem betrieblichen Pkw im Jahr 2020 insgesamt 18.000 km zurück. Davon sind 2.720 km auf Privatfahrten im Inland und 1.240 km auf einer Urlaubsfahrt im Ausland angefallen. Außerdem legte der Unternehmer für Fahrten zwischen Wohnung und Betrieb an 180 Tagen insgesamt 9.000 km zurück.
Beim Kauf des Pkw's wurde der volle VSt-Abzug in Anspruch genommen.
Im Jahr 2020 sind für das Fahrzeug folgende Aufwendungen angefallen:

Benzin, Reparaturen	3.200,00 €	
Kfz-Steuer	460,00 €	
Kfz-Versicherung	840,00 €	
Anteilige Ak	8.000,00 €	(entspricht auch der einkommensteuerl. AfA)

Ein ordnungsgemäßes Fahrtenbuch wurde geführt. Buchen Sie die Privatfahrten und die Fahrten zwischen Wohnung und Betriebsstätte.

19 Eine Gewerbetreibende erwarb im März 2020 einen neuen Pkw, der zum Teil betrieblich und zum Teil privat genutzt wird. Das Fahrzeug kostete einschließlich Sonderausstattung von 3.600 € 35.600 € + 6.764,00 € USt. Die Vorsteuer wurde beim Kauf abgezogen.
Im Jahr 2020 wurde das Fahrzeug auch an 150 Tagen für Fahrten zwischen Wohnung und Betriebsstätte genutzt. Einfache Entfernung 15 km.
Die Privatfahrten und die Fahrten zwischen Wohnung und Betriebsstätte sind zu buchen.

20 Ein Unternehmer erwarb im Juni 2018 ein unbebautes Grundstück, um darauf ein Einfamilienhaus zu errichten. Die Anschaffungskosten betrugen einschließlich aller Nebenkosten 86.580 €. Als sich seine Baupläne zerschlugen, legte er das Grundstück im Oktober 2020 in das Betriebsvermögen ein und nutzte das Gelände als Lagerplatz. Der Teilwert des Grundstücks entwickelte sich wie folgt: 31.12.2018 90.000 €; 31.12.2019 92.000 €; Oktober 2020 95.000 €.
Da das Grundstück nicht an die örtlichen Versorgungsanlagen angeschlossen wurde, sank der Teilwert zum 31.12.2020 auf 85.000 € (= dauernde Wertminderung).

a) Mit welchem Wert muss die Einlage des Grundstücks im Oktober 2020 angesetzt werden?
b) Buchen Sie die Einlage.
c) Mit welchem Wert ist das Grundstück zum 31.12.2020 zu bewerten?

Nehmen Sie die evtl. notwendige Buchung vor.

21 Eine Gewerbetreibende legte einen bisher ausschließlich privat genutzten Pkw Anfang Juli 2020 in das Betriebsvermögen ein. Das Fahrzeug wurde im Mai 2018 für 29.160 € einschließlich USt angeschafft. Die Nutzungsdauer beträgt 6 Jahre. Wegen der geringen Fahrleistung wird der Teilwert des Fahrzeugs zutreffend auf 15.000 € geschätzt.

a) Mit welchem Wert ist das Fahrzeug ins Betriebsvermögen einzubuchen?
b) Nehmen Sie die erforderliche Buchung vor.
c) Berechnen und buchen Sie die höchstzulässige AfA für 2020.

22 Ein Unternehmer rechnet für das Jahr 2020 mit einer Gewerbesteuer-Schuld von 12.400 €. Die Gewerbesteuer-Vorauszahlungen für diesen Erhebungszeitraum haben 8.000 € betragen. Buchen Sie die Gewerbesteuer-Rückstellung für 2020.

23 Der Sollumsatz eines Handwerksbetriebes betrug im laufenden Jahr insgesamt 3.600.000,00 €. Von diesem Umsatz fallen 360.000,00 € nicht unter eine Garantieverpflichtung. Die gewährten Skonti betrugen 48.000,00 €. Aufgrund langjähriger betrieblicher Erfahrungen ist mit einer Garantieverpflichtung von 0,8 % zu rechnen. Berechnen und buchen Sie die Garantierückstellung.

24 Eine Gewerbetreibende erwartet für Abschluss- und Prüfungskosten von ihrem Steuerberater eine Rechnung für 2020 in Höhe von 5.000 € + USt.
Buchen Sie die entsprechende Rückstellung.

25 Eine notwendige Reparatur am Fabrikgebäude eines Unternehmens konnte wegen schlechter Witterungsverhältnisse im Dezember 2020 nicht mehr durchgeführt werden. Die Arbeiten sollen nun im Februar 2021 ausgeführt werden. Nach dem vorliegenden Kostenvoranschlag ist mit 30.000 € zuzüglich USt zu rechnen.

a) Kann eine Rückstellung gebildet werden? Begründen Sie Ihre Meinung.
b) Wie müsste der Buchungssatz für eine evtl. Rückstellung zum 31.12.2020 lauten?

26 Wegen eines laufenden Prozesses bildete ein Mandant zum 31.12.2018 eine Prozesskostenrückstellung von 12.000 €. Das Gerichtsverfahren wurde am 10.12.2020 rechtskräftig abgeschlossen. Danach sind an die Gerichtskasse 10.500 € zu zahlen. Die Rechnung des Anwalts lautete über 2.000 € + 19 % USt. Alle Beträge wurden noch im Dezember durch Banküberweisung beglichen.

Nehmen Sie alle erforderlichen Buchungen vor.

27 Für das Jahr 2018 hat der Buchhalter eines Unternehmens eine Gewerbesteuer-Rückstellung in Höhe von 8.600 € gebildet. Im Gewerbesteuerbescheid für 2018 vom 21.12.2020 (Aufgabe zur Post) wurde eine Abschlusszahlung von 9.200 € festgesetzt, fällig am 14.01.2021.

Wie ist im Dezember 2020 zu buchen, wenn die Zahlung erst bei Fälligkeit erfolgt?

28 Wegen eines Schadenersatzanspruchs hat ein Unternehmer im Jahr 2017 eine Rückstellung von 6.000 € gebildet. Nach Klärung des Sachverhalts musste der Unternehmer im Dezember 2020 6.800 € zahlen. Der Betrag wurde durch Banküberweisung beglichen. Gebucht wurde bisher: 6825 (4950) Rechts- und Beratungskosten an 1800 (1200) Bank 6.800 €.

Nehmen sie alle noch erforderlichen Buchungen vor.

29 Ein Unternehmen plante im Geschäftsjahr 2019 die Anschaffung eines neuen Transporters für 125.000 € + USt.

a) Unter welchen Voraussetzungen konnte ein Investitionsabzugsbetrag gebildet werden?
b) Angenommen, die Voraussetzungen für einen Investitionsabzugsbetrag wären erfüllt. Wie hoch ist dieser? Wie wird der IAB im Jahr der Bildung berücksichtigt?

30 Im Februar 2020 wird der neue Transporter, siehe Aufgabe 29, geliefert. Die Rechnung des Händlers lautet:

Lkw ABX	120.000 €
– Rabatt	6.000 €
	114.000 €
+ Sonderausstattung	5.000 €
+ Werbeaufschrift	4.800 €
+ Anhängerkupplung	900 €
+ Überführung	1.200 €
+ 1. Tankfüllung	100 €
	126.000 €
+ 19 % Umsatzsteuer	23.940 €
Rechnungsbetrag	149.940 €

Der Betrag wird sofort durch Banküberweisung beglichen.

a) Buchen Sie die Anschaffung des Transporters sowie die
b) höchstmögliche AfA für 2020. Die betriebsgewöhnliche Nutzungsdauer beträgt 5 Jahre.

31 Durch einen Brand wurde Ende Juli 2019 eine Maschine total beschädigt. Die Maschine stand zu Beginn des Geschäftsjahres mit 24.000 € zu Buch. Die jährlich vorgenommene lineare AfA betrug 12.000 €. Da die Maschine versichert war, zahlte das Versicherungsunternehmen nach Feststellung des Schadens im November 2019 30.000 € durch Banküberweisung.
Im Januar 2020 wurde eine neue Maschine für 108.000 € zuzüglich 20.520 € USt geliefert,betriebsgewöhnliche Nutzungsdauer 8 Jahre.
Der Kaufpreis wurde unmittelbar nach der Lieferung unter Abzug von 2 % Skonto durch Banküberweisung beglichen.
Für die Aufstellung und den Transport der Maschine sind insgesamt 4.500 € + 855 € USt angefallen. Außerdem musste ein neues Fundament betoniert werden. Die Baufirma berechnete dafür 6.500 € + 1.235 € USt. Beide Beträge wurden noch im Januar 2020 durch Banküberweisung bezahlt.

a) In welcher Höhe kann in der Steuerbilanz zum 31.12.2019 eine Rücklage für Ersatzbeschaffung gebildet werden?
b) Nehmen Sie alle im Jahr 2019 erforderlichen Buchungen vor.
c) Buchen Sie die Anschaffung der neuen Maschine im Januar 2020 unter Berücksichtigung des Skontoabzugs.
d) Welche Buchungen sind hinsichtlich der Transports und der Montage sowie des Fundaments vorzunehmen?
e) Berechnen und buchen Sie die lineare AfA für 2020.

32 An der Albrecht OHG sind die Gesellschafter Albrecht und Baumann beteiligt. Zu Beginn des Geschäftsjahres betrug das Kapitalkonto von A 124.000 € und das Kapitalkonto von B 96.000 €. Im Laufe des Geschäftsjahres entnahm A insgesamt 36.000 € und B 44.000 €. Die Entnahmen werden nicht verzinst. Der Gewinn der OHG betrug im Geschäftsjahr 168.000 €.

Welchen Stand weisen die Kapitalkonten der Gesellschafter zum 31.12. aus, wenn nach dem Gesellschaftsvertrag die Kapitalkonten nach dem stand zu Beginn des Geschäftsjahres mit 5 % zu verzinsen sind?

33 An der Plüsch & Blum OHG sind die Gesellschafter Plüsch zu Beginn des Geschäftsjahrs mit 160.000 € und Blum mit 140.000 € beteiligt. Der Gewinn betrug im Gj 196.000 €.

Im Laufe des Geschäftsjahrs tätigte Plüsch folgende

Entnahmen:		und Einlagen:	
31.03.	12.000 €	30.11.	9.000 €
30.06.	18.000 €		
30.09.	24.000 €		

Blum entnahm am 30.04. und am 30.08. jeweils 30.000 €. Einlagen tätigte er nicht. Die Kapitalkonten sowie die Entnahmen und die Einlagen werden mit 4 % verzinst.

a) Nehmen Sie die Gewinnverteilung vor.
b) Welchen Stand weisen die Kapitalkonten der Gesellschafter am 31.12. aus?

34 An der Huber & Müller KG sind die Komplementäre Huber mit 180.000 € und Müller mit 150.000 € sowie die Kommanditistin Frech mit 60.000 € beteiligt. Der Gewinn des Geschäftsjahrs in höhe von 215.995 € soll nach den Vorschriften des HGB verteilt werden.

a) Nehmen Sie die Gewinnverteilung vor.
b) Welchen Stand weisen die Kapitalkonten der Gesellschafter zum Ende des Geschäftsjahrs aus, wenn das Kommanditkapital voll eingezahlt wurde?
c) Wie ist der Gewinnanteil der Kommanditistin zu behandeln?

35 An der Fritz Rasch KG sind der Komplementär Rasch mit 200.000 € und der Kommanditist Lahm mit 50.000 € beteiligt. Die Kapitalkonten werden als Festkonten geführt. Die Kommanditeinlage wurde voll geleistet. Nach dem Gesellschaftsvertrag werden die Festkonten mit 8 % jährlich verzinst.
Für seine Tätigkeit als Geschäftsführer erhielt Rasch 120.000 € im Jahr. Lahm bezog für die Überlassung eines Geschäftsgebäudes von der Gesellschaft eine monatliche Miete von 5.000 €.
Der handelsrechtliche Gewinn der KG belief sich im Geschäftsjahr auf 198.000 €.
Der Restgewinn ist im Verhältnis der Festkapitalkonten zu verteilen.

a) Wie hoch ist der steuerliche Gewinn der KG?
b) Nehmen sie die Gewinnverteilung vor.

Buchen Sie in den folgenden Fällen jeweils im alten und im neuen Jahr.

36 Die Geschäftsraummiete für die Monate Dezember 2019, Januar und Februar 2020 wird von unserem Mieter Ende des Jahres 2019 in einer Summe im Voraus auf unser Bankkonto überwiesen.
Im Mietvertrag ist eine Monatsmiete von 400,00 € vereinbart worden.

37 Die Kfz-Steuer für die betrieblich genutzten Fahrzeuge ist am 01.11.2020 fällig. Sie wird von uns Ende Oktober 2020 in Höhe von 720,00 € für ein Jahr im voraus überwiesen.

38 Die Miete für Büroräume für Januar des nächsten Jahres haben wir bereits am 30. Dezember 2020 in Höhe von 1.200,00 € überwiesen.

39 Die Mitgliedschaft im Allgemeinen Deutschen Automobilclub (ADAC) kostet pro Jahr 144,00 €. Dieser Betrag entfällt auf die betrieblich genutzten Fahrzeuge. Wir überweisen den Betrag im September 2020 für die Monate Oktober 2020 bis September 2021 im Voraus von unserem Bankkonto.

40 Laut Vertrag muss der Mieter unserer Lagerhalle die Miete für die Monate Oktober, November und Dezember 2020 in Höhe von 4.500,00 € erst im Januar 2021 bezahlen.

41 Der Handelskammerbeitrag in Höhe von 180,00 € für das letzte Quartal des Jahres 2020 wird von unserem Mandanten im Januar des neuen Jahres überwiesen.

42 Am 1. März 2020 erhalten wir die Pachtzahlung für die Monate Dezember 2019 bis Februar 2020 in Höhe von 2.100,00 € durch Banküberweisung.

43 Für eine Hypothekenschuld von 300.000,00 € nehmen wir die Zinszahlung nachträglich zum 01. März, 01. Juni, 01. September, 01. Dezember durch Banküberweisung vor. Der berechnete Zinssatz beträgt 6 %.
Wirtschaftsjahr ist das Kalenderjahr. Die Zahlungen für 2020 wurden zu den genannten Terminen bereits gebucht. Welche Buchung ist zum 31.12.2020 vorzunehmen?

12.9 Betriebswirtschaftliche Auswertungen

1 Ermitteln Sie jeweils die Eigenkapitalquote und die Eigenkapitalrentabilität für die Jahre 01 bis 04 und erklären Sie anhand der Ergebnisse den *Leverage-Effekt*!

Gewinn	01–04 jeweils	70.000,00 €
Gesamtkapital	01–04 jeweils	250.000,00 €
Fremdkapital	01	180.000,00 €
Fremdkapital	02	160.000,00 €
Fremdkapital	03	140.000,00 €
Fremdkapital	04	120.000,00 €

2 Ermitteln und vergleichen Sie die Eigentümer-Renditen (Shareholder Value) der vier Aktien!

Aktie	Kaufkurs €	Dividende €	Kurswertsteigerung
1	5,00	0,20	4 %
2	15,00	1,80	3 %
3	25,00	4,00	5 %
4	50,00	6,50	5 %

3 Die Buchhaltung hat folgende Werte ermittelt:

Anlagenvermögen	550.000,00 €
Umlaufvermögen	350.000,00 €
Eigenkapital	400.000,00 €
Fremdkapital	500.000,00 €
Vorräte	130.000,00 €
Forderungen	160.000,00 €
Flüssige Mittel	60.000,00 €
Darlehen	300.000,00 €
Verbindlk. a. L.u.L.	200.000,00 €
Gewinnrücklagen	45.000,00 €
Jahresüberschuss	60.000,00 €
Umsatzerlöse	350.000,00 €
Betriebsergebnis	55.000,00 €
Finanzergebnis	5.000,00 €
Arbeitsstunden	1.500,00 h
Beschäftigte	50

Berechnen Sie:

3.1 Anlagenintensität
3.2 Umlaufintensität
3.3 Vermögenskonstitution
3.4 Vorratsquote
3.5 Forderungsquote
3.6 Anteil der flüssigen Mittel
3.7 Finanzierungsverhältnis
3.8 Verschuldungsgrad
3.9 Eigenkapitalquote
3.10 Fremdkapitalquote
3.11 Anteil des langfrist. FK
3.12 Anteil des kurzfrist. FK
3.13 Grad der Selbstfinanzierung (Basis EK)
3.14 Anlagendeckung I
3.15 Anlagendeckung II
3.16 Anlagendeckung III
3.17 Liquidität I
3.18 Liquidität II
3.19 Liquidität III Verschuldung
3.20 Effektivverschuldung
3.21 Netto-Geldvermögen
3.22 Eigenkapitalrentabilität
3.23 Gesamtkap.-rentabilität
3.24 Umsatzrentabilität
3.25 Anteil des Betriebsergebnisses
3.26 Anteil des Finanzergebnisses
3.27 Arbeitsproduktivität (Basis Umsatz)
3.28 Umschlaghäufigkeit des Gesamtkap.
3.29 Umschlagsdauer des Gesamtkap.
3.30 Umschlagshäufigkeit des Eigenkap.
3.31 Umschlagsdauer des Eigenkap.
3.32 Umschlagshäufigkeit der Forder.
3.33 Durchschn. Kreditdauer
3.34 Anlagennutzung
3.35 Vorratshaltung
3.36 Umsatz je Beschäftigten
3.37 ROI Gesamtkap.
3.38 ROI Eigenkap.

13 Prüfungsaufgaben

Bei allen Aufgaben gilt: Unternehmer aus der EU haben und verwenden eine USt-IdNr.

1 Eine Unternehmerin aus Bochum kauft Handelswaren von einem Unternehmer aus der Mongolei für netto 20.000,00 € auf Ziel. Den Einfuhrzoll von 3.000,00 € und die Einfuhrumsatzsteuer von 19% bezahlt sie durch Bankscheck.

Nehmen Sie alle erforderlichen Buchungen vor.

2 Die Modufix GmbH verkauft Handelswaren im Wert von netto 25.000,00 € auf Ziel an einen Kunden in Rostock und stellt dem Käufer 600,00 € für Leihverpackung und 500,00 € für Fracht (jeweils Nettobeträge) in Rechnung.

a) Buchen Sie den Verkauf auf Ziel.
b) Buchen Sie den Zahlungseingang durch Banküberweisung unter Abzug von 3 % Skonto vom Warenwert.
c) Der Kunde schickt die Leihverpackung zurück und erhält vereinbarungsgemäß ⅔ des Wertes gutgeschrieben.

3 Das Konto 0240 (0090) Geschäftsbauten enthält den Buchwert von zwei Gebäuden.

a) Buchen Sie die lineare Abschreibung für eines der Gebäude, dessen Herstellungskosten 280.000,00 € betrugen. Der Buchwert am 31.12. des Vorjahres war 170.000,00 €.
b) Das zweite Gebäude verursachte Herstellungskosten von 500.000,00 € und wird nach § 7 (5) Nr. 1 EStG degressiv abgeschrieben. Der Bauantrag wurde im April 1991 gestellt, das Gebäude war Anfang November des Folgejahres bezugsfertig.

4 Der Steuerpflichtige kauft am 01. Dezember 2020 eine neue Fertigungsmaschine, deren betriebsgewöhnliche Nutzungsdauer 8 Jahre beträgt, für netto 8.500,00 € und zahlt sofort mit Bankscheck. Die Maschine wird vom Käufer zu 75% für steuerpflichtige Umsätze (Abzugsumsätze) und zu 25% für steuerfreie Umsätze, die den Vorsteuerabzug ausschließen (Ausschlussumsätze), verwendet. Der Steuerpflichtige erfüllt die Voraussetzungen des § 7g EStG und möchte einen möglichst niedrigen Gewinn ausweisen.

a) Buchen Sie den Kauf der Maschine.
b) Die Abschreibung zum Jahresende ist zu buchen.

5 Ein Einzelunternehmer musste zur Finanzierung einer größeren betrieblichen Baumaßnahme am 01.08.2020 ein Darlehen in Höhe von 200.000,00 € aufnehmen, das bei einer Auszahlung von 97% mit 6% verzinst wird. Das Darlehen soll nach 10 Jahren in einem Betrag zurückgezahlt werden. Die Zinszahlungen erfolgen jeweils halbjährlich nachträglich am 31. Januar und am 31. Juli.

a) Buchen Sie die Gutschrift des Darlehensbetrages auf dem betrieblichen Bankkonto.
b) Nehmen Sie die am 31.12.2020 erforderlichen Buchungen vor.
c) Die Rechnung des Notars über die Eintragung eines Grundpfandrechts zu Gunsten der kreditgebenden Bank über 4.400,00 € + USt und des Grundbuchamtes über 620,00 € wurden durch Banküberweisung Mitte November 2020 bezahlt.

6 Zum Betriebsvermögen eines Gewerbetreibenden gehört ein Bürogebäude. Während der Unternehmer das Erdgeschoss komplett für eigene betriebliche Zwecke nutzt hat er den ersten Stock seit 01. Dezember vermietet. Hier unterhält seither ein Kinderarzt seine Praxis und eine Steuerberaterin ihre Kanzleiräume. Die monatliche Miete von jeweils 2.000,00 € netto ist lt. Mietvertrag monatlich im Voraus fällig und von beiden

Mietern fristgerecht überwiesen worden (Bankgutschrift jeweils am 02.12.2019). Der Gewerbetreibende hat soweit möglich nach § 9 UStG auf die Steuerbefreiung verzichtet (optiert). Die Mieteingänge sind zum 31.12. noch nicht gebucht.

7 Ein Mandant hat am 01. Oktober 2019 einen neuen betrieblichen Pkw zum Bruttolistenpreis von 55.000,00 € erworben. Als langjähriger Kunde des Autohauses erhielt er einen Rabatt von 5%. Kauf und Abschreibung des Pkw sind bereits ordnungsgemäß gebucht worden. Ihr Mandant nutzt den Pkw seit seiner Anschaffung zu 30% für Privatfahrten. Ein Fahrtenbuch hat er nicht geführt.

Buchen Sie die private Pkw-Nutzung für 2020.

8 An der Zahlungsfähigkeit des Kunden Lohmann sind begründete Zweifel entstanden. Die Forderung an diesen Kunden beträgt 29.274,00 €. Es ist nur noch mit einem Forderungseingang von 60% zu rechnen.

Welche Buchung(en) ist (sind) notwendig?

9 Der buchführungspflichtige Unternehmer Peter Laske hat im Oktober 2020 10.000,00 € vom Firmenkonto abgehoben. Dieser Vorgang wurde korrekt gebucht. Im Dezember 2020 sind im Kassenbuch unter Einnahmen 5.000,00 € mit dem Vermerk „Rückzahlung 1. Rate-Privat" vermerkt.

10 Der Unternehmer (Voraussetzungen § 7g EStG erfüllt) erhält Anfang September einen gebrauchten Laserdrucker für die Einkaufsabteilung, Rechnungsbetrag (brutto) 2.380,00 €.

a) Buchen Sie die Lieferung.
b) Die Rechnung wird nach 10 Tagen unter Abzug von 2 % Skonto vom betrieblichen Bankkonto überwiesen.
c) Der Laserdrucker hat eine Nutzungsdauer von 5 Jahren und soll linear abgeschrieben werden.

11 Ein Steuerpflichtiger betreibt einen Import-Export-Großhandel und kauft Anfang Mai Handelswaren in Japan zum Preis von 10.500,00 € auf Ziel. Bei diesem Geschäft ist 10% Zoll zu entrichten, der ebenso wie die Einfuhrumsatzsteuer (19 %) durch Banküberweisung bezahlt wird. Nehmen Sie die erforderlichen Buchungen vor.

12 Ein deutscher Großhändler verkauft Erzeugnisse für netto 5.000,00 € auf Ziel an einen Unternehmer in Norwegen.

13 Ein Einzelhändler aus Traunstein betreibt ein Einrichtungshaus. Er verkauft acht identische Bilder einschließlich Rahmen an einen Hotelier in Salzburg. Der Versand erfolgt durch die Deutsche Post AG. Der Einzelhändler berechnet für die Lieferung netto 480,00 €. Die Postgebühr in Höhe von 22,00 € bezahlt er bar.

a) Buchen Sie die Lieferung nach Österreich.
b) Die Barzahlung der Transportkosten ist zu buchen.

14 Die Morten Hansen GmbH mit Sitz in Kiel kaufte am 30.11.2020 einen neuen Pkw für betriebliche Zwecke. Der Autohändler stellt folgende Rechnung (Auszug):

Pkw	40.000,00 €
+ Sonderausstattung	2.000,00 €
	42.000,00 €
– 10% Hausrabatt	4.200,00 €
	37.800,00 €
+ 19% USt	7.182,00 €
	44.982,00 €

Gleichzeitig wurde vom Autohändler ein gebrauchtes Fahrzeug zum Preis von netto 5.000,00 € in Zahlung genommen. Der Buchwert dieses Fahrzeugs zum 31.12.2019 betrug 4.400,00 € (Restnutzungsdauer zwei Jahre). Der Restbetrag wurde per Bankscheck bezahlt.

a) Nehmen Sie alle Buchungen vor, die im Zusammenhang mit dem Kauf des neuen Fahrzeugs und der Inzahlunggabe anfallen.
b) Die Morten Hansen GmbH bezahlt für die Zulassung des neuen Pkw 30,00 € bar.

15 Ein Mandant schließt am 02.07.2020 einen Kaufvertrag über eine neue Stanzmaschine für 40.000,00 € + 19% USt. Die Auslieferung der Maschine erfolgt am 01.10.2019 (Nutzungsdauer 12 Jahre), die Zahlung durch Banküberweisung unter Abzug von 2 % Skonto am 14.10.2020. Buchen Sie

a) am 02.07.2020
b) am 01.10.2020
c) am 14.10.2020
d) am 31.12.2020,

wenn das Unternehmen einen möglichst niedrigen Gewinn ausweisen will und die Voraussetzungen für eine Sonderabschreibung nach § 7g EStG nicht gegeben sind.

16 Die Unternehmerin Monika Öhler erfährt, dass das Insolvenzverfahren gegen den Kunden Brand mangels Masse abgelehnt wird. Die Forderung an Brand beträgt 5.950,00 € und war bereits mit 70% wertberichtigt.

17 Aus einer im Vorjahr abgeschriebenen Forderung gehen im Mai 2020 überraschend 4.000,00 € per Bankscheck ein.

18 Das Konto 1200 (1400) Forderungen eines Mandanten weist zum 31.12.2020 nach der Vornahme aller Korrekturbuchungen einen Sollsaldo von 119.000,00 € aus. Die Pauschalwertberichtigung von 3 % ist nach der Anpassungsmethode vorzunehmen. Die Pauschalwertberichtigung zum 31.12. des Vorjahres betrug 3.480,00 €.

19 Ein Teil des Warenbestandes unseres Mandaten wird durch einen Brand vernichtet. Der Schaden beträgt 60.000,00 €. Die Versicherung erstattet 55.000,00 € durch Banküberweisung.

Nehmen Sie alle erforderlichen Buchungen vor.

20 Ein Importeur hat am 28.11.2020 Waren im Wert von USD 12.000,00 mit einem Zahlungsziel von 6 Wochen erworben. Am 28.11.2020 lautete der Kurs: 1 € = 1,25 USD. Am 31.12.2020 lautet der Kurs: 1 € = 1,20 USD.

a) Buchen Sie zum 28.11.2020.
b) Falls erforderlich, buchen Sie am 31.12.2020.

21 Am 31.12.2020 hat der Großhändler Friedrich Baumgartner folgende Sachverhalte noch nicht berücksichtigt.

a) Am 31.03.2021 werden Zinsen für ein betriebliches Darlehen in Höhe von 2.400,00 € für die Zeit vom 01.10.2020 bis 31.03.2021 dem Bankkonto belastet.
b) Im November wurde eine große Werbekampagne durchgeführt und hierfür am 29.12.2020 9.280,00 € per Bank überwiesen.
c) Für einen ausschließlich betrieblich genutzten Pkw wurde am 01.04.2020 die Versicherung in Höhe von 660,00 € für ein Jahr im voraus vom Firmen-Bankkonto abgebucht. Wegen eines Motorschadens musste das Fahrzeug am 30.11. abgemeldet und verschrottet werden. Die Versicherung hat auf die entsprechende Information noch nicht reagiert.
d) Baumgartner hat Anfang November 2020 eine Baufirma beauftragt, den Mitarbeiterparkplatz neu zu teeren. Das verbindliche Angebot hierfür lautete über 19.800,00 € + 19% USt. Wegen des strengen Winters konnten die Arbeiten jedoch erst Ende April 2021 ausgeführt werden.
e) Der Großhändler hat im Oktober 2020 eine neue Maschine für sein Lager zum Preis von netto 20.000,00 € bestellt. Vereinbarungsgemäß soll die Auslieferung in der 6. Kalenderwoche 2021 erfolgen. Zum 31.12.2020 muss festgestellt werden, dass eine solche Maschine wegen des technischen Fortschritts bereits für 15.000 € netto angeschafft werden könnte. Wie ist zum 31.12.2020 zu buchen, wenn der bestehende Kaufvertrag nicht rückgängig gemacht werden kann?

22 Ein Gewerbetreibender hat am 20.07.2020 Aktien über seine Bank gekauft. Die Wertpapiere gehören zum Umlaufvermögen. Folgende Kaufabrechnung ist zu buchen.

100 Aktien, Kurswert	12.000,00 €
+ Spesen	120,00 €
Lastschrift	12.120,00 €

23 Ein Einzelhändler verkauft ein Abendkleid für 380,00 € an eine Touristin aus Madrid. Die Kundin bezahlt bar.

24 Zum 01.01.2020 betrug der Anfangsbestand an Rohstoffen eines Mandanten 95.500,00 €. Bei der Inventur am 31.12.2020 ergab sich ein Schlussbestand der Rohstoffe von 99.000,00 €. Der Teilwert der Rohstoffe zum 31.12.2020 lag bei 97.500,00 €.

Nehmen Sie eine zum 31.12.2020 evtl. erforderliche Buchung vor.

25 Die Vereinigten Schleißheimer Maschinenwerke (VSA) AG erhalten am 10.11.2020 die Bestellung der Felix Jäger GmbH über eine Spezialmaschine für 100.000,00 € netto. Vereinbarungsgemäß wird dem Kunden am 24.11.2020 eine Rechnung über eine Anzahlung von 20.000,00 € + USt zugestellt. Die Anzahlung geht am 08.12.2020 auf dem Bankkonto der VSA AG ein. Wie buchen die Vereinigten Schleißheimer Maschinenwerke AG im Jahr 2020?

a) am 10.11.?
b) am 24.11.?
c) am 08.12.?

26 Der Firmeninhaber entnimmt für private Zwecke aus der Kasse 200,00 €.

27 Beim Brand in einer Garage ist im Vorjahr u. a. ein Pkw des Einzelunternehmers völlig zerstört worden. Hierfür wurde von der Versicherung noch letztes Jahr eine Entschädigung von 45.000,00 € ausgezahlt. Da eine Neuanschaffung ernsthaft beabsichtigt war (Bestellung erfolgte Ende des Jahres), wurde im Vorjahr ein Investitions-

abzugsbetrag in Höhe von 20.000,00 € beansprucht. Anfang Februar diesen Jahres wird ein neuer Pkw für netto 50.000,00 € ausgeliefert und durch Banküberweisung bezahlt. Das Fahrzeug wird ausschließlich betrieblich genutzt.

Nehmen Sie alle Buchungen im Zusammenhang mit dem Kauf und der Aktivierung des Pkw vor (keine Abschreibung buchen)!

28 Der Steuerpflichtige hat Mitte des Jahres Aktien des Umlaufvermögens, die er in 2019 für 5.308,60 € angeschafft hatte verkauft. Seine Bank schreibt ihm 5.109,40 € gut.

29 Ein Großhändler verkauft Waren im Wert von 46.000,00 € brutto an inländische Kunden auf Ziel. 3.570,00 € Ausgangsfrachten hierauf werden bar an den Spediteur gezahlt.

30 Der Jahresabschluss eines Münchner Grosshändlers weist folgende Zahlen auf:

Wareneinkäufe	794.000,00 €
Warenanfangsbestand	100.000,00 €
Warenendbestand	162.000,00 €
Umsatzerlöse	1.634.000,00 €
Gewinn	105.000,00 €

Berechnen Sie

a) den Wareneinsatz
b) den Rohgewinn
c) den Kalkulationszuschlagsatz (Rohgewinnaufschlagsatz)
d) die Umsatzrentabilität

31 Ein Einzelhändler kauft Lampen zum Bezugspreis von 200,00 € netto je Stück. Der Bruttoverkaufspreis einer Lampe liegt bei 402,50 €. Berechnen Sie
a) den Kalkulationszuschlag in %.
b) die Handelsspanne.
c) den Kalkulationsfaktor.

32 Die vereinfachte Bilanz der Logatex AG hat folgendes Aussehen:

Aktiva		**Bilanz zum 31.12.2020**	**Passiva**
Anlagevermögen	90.000,00	Eigenkapital	140.000,00
Vorräte	160.000,00	Darlehen	160.000,00
Forderungen aus LuL	50.000,00	Verbindlichkeiten aus LuL	40.000,00
Sonst. Vermögen bis 1 Jahr	22.000,00		
Sonst. Vermögen über 1 Jahr	13.000,00		
Bankguthaben	4.000,00		
Kasse	1.000,00		
	340.000,00		340.000,00

Der Gewinn der Logatex AG betrug 56.600,00 €, der Zinsaufwand 6.400,00 € und der Umsatz 1.350.000,00 €. Berechnen Sie
a) die Eigenkapitalrentabilität,
b) die Gesamtkapitalrentabilität,
c) den Eigenkapitalanteil,
d) die Umsatzrentabilität.

33 Die vereinfachte Bilanz einer Maschinenfabrik hat folgendes Aussehen:

Aktiva	Bilanz zum 31.12.2020		Passiva
Anlagevermögen	6.500.000,00	Eigenkapital	1.900.000,00
Umlaufvermögen	4.700.000,00	langfr. Fremdkapital	6.200.000,00
		kurzfr. Fremdkapital	3.100.000,00
	11.200.000,00		11.200.000,00

Die Maschinenfabrik erzielte in diesem Jahr einen Umsatz von 28 Mio. € und erwirtschaftete einen Gewinn von 320.000,00 €.

Berechnen Sie

a) die Eigenkapitalquote,
b) den Anlagendeckungsgrad I,
c) den Anlagendeckungsgrad II,
d) die Eigenkapitalrentabilität.

34 Ein Unternehmer ermittelt seinen Gewinn durch Betriebsvermögensvergleich gemäß § 5 EStG. Folgende Zahlen liegen vor:

Anlagevermögen zum 31.12.2019	130.000,00 €
Anlagevermögen zum 31.12.2020	150.000,00 €
Umlaufvermögen zum 31.12.2019	75.000,00 €
Umlaufvermögen zum 31.12.2020	45.000,00 €
Schulden zum 31.12.2019	220.000,00 €
Schulden zum 31.12.2020	100.000,00 €
Entnahmen 2020	25.000,00 €
Einlagen 2020	16.000,00 €

Berechnen Sie den Gewinn des Unternehmers zum 31. Dezember 2020.

35 Die Zahlungsbedingung eines Lieferanten lautet: „30 Tage netto oder 2 % Skonto innerhalb 10 Tagen nach Rechnungsdatum". Der Rechnungsbetrag lautet auf 28.480,00 € brutto. Die Hausbank des Käufers berechnet zur Zeit 10,5% Kontokorrentzinsen.

a) Zeigen Sie nachvollziehbar, ob eine Zahlung unter Skontoabzug bei gleichzeitiger Inanspruchnahme eines Kontokorrentkredites sinnvoll ist.
b) Welchem Zinssatz entspricht der Skontosatz?

36 Ein Möbelgroßhändler bietet in seinem Sortiment unter anderem auch exklusive Schreibtische an. Der Listeneinkaufspreis eines Schreibtisches beträgt 8.480,00 € netto. Der Großhändler kalkuliert mit einer Handelsspanne von 22 %. Der Schreibtischhersteller gewährt 5 % Rabatt und 2 % Skonto. Die Bezugskosten sind mit 5 % vom Bareinkaufspreis anzusetzen. Der Handlungsgemeinkostenaufschlag ist 10 %. Der Möbelgroßhändler gewährt seinen Abnehmern 10 % Rabatt und 2 % Skonto.

Wie hoch sind der Gewinn in € und in Prozent beim Verkauf eines Schreibtisches?

37 Die verkürzte Gewinn- und Verlustrechnung eines Mandanten zeigt zum 31.12.2020 folgende Zahlen:

Soll	GuV		Haben
Wareneinsatz	550.000,00	Umsatzerlöse	840.000,00
Personalaufwendungen	75.000,00		
Abschreibungen	50.000,00		
Sonstige Aufwendungen	80.000,00		

Ermitteln Sie aufgrund der vorliegenden Zahlen den Rohgewinn ihres Mandanten in € und in Prozent.

38 Für die Personalabteilung wird ein Moderatorenkoffer (Verwendung in der innerbetrieblichen Ausbildung) für 416,50 € angeschafft und sofort bar bezahlt.

39 Ein Steuerpflichtiger kauft eine Aktentasche, die er einem Geschäftsfreund schenken will. Er bezahlt 198,00 € bar.

40 Ein Großhändler aus Rosenheim verkauft seit Jahren in erheblichem Umfang auch Artikel nach Österreich. Ein Einzelhändler aus Salzburg erwirbt Waren für 8.480,00 € netto auf Ziel.

a) Buchen Sie den Verkauf auf Ziel.
b) Der Käufer bezahlt nach 10 Tagen unter Abzug von 3% Skonto durch Banküberweisung.

41 Der Einzelhändler Peter Schmidt aus Saarbrücken legt zum 31.12.2020 folgende vereinfachte Bilanz vor:

Aktiva	Bilanz zum 31.12.2020		Passiva
Anlagevermögen		Eigenkapital	1.200.000,00
Unbebaute Grundstücke	200.000,00		
Bebaute Grundstücke	300.000,00	Fremdkapital	
Geschäftsbauten	620.000,00	Darlehen	180.000,00
Pkw	120.000,00	Hypotheken	250.000,00
Lkw	230.000,00	Kurzfr. Verbindl. gegenüber Kreditinstituten	80.000,00
Büroeinrichtung	180.000,00	Erhaltene Anzahlungen	50.000,00
Umlaufvermögen		Verbindlichkeiten aus LuL	315.000,00
Waren	100.000,00		
Forderungen aus LuL	310.000,00		
Bank	10.000,00		
Kasse	5.000,00		
	2.075.000,00		2.075.000,00

Berechnen Sie folgende Kennziffern:

a) Liquidität 3. Grades,
b) Anlagendeckungsgrad I,
c) Anlagendeckungsgrad II,
d) Eigenkapitalquote.

42 Für die Bewirtung eines Geschäftsfreundes wurden 150,80 € bar bezahlt. Eine ordnungsgemäße Rechnung liegt vor. Die Aufwendungen sind angemessen.

43 Ein Mandant bezahlt die Rechnung seines polnischen Lieferanten für eine Warenlieferung unter Abzug von 3% Skonto durch Banküberweisung. Der Überweisungsbetrag beträgt 24.056,00 €.

44 Ein Unternehmer hat 4.860,00 € vermögenswirksame Leistungen für seine Mitarbeiter einbehalten. Buchen Sie die Banküberweisung dieses Betrages.

45 Ein Großhändler aus Augsburg hat einen Artikel bisher zu einem Barverkaufspreis von 360,00 € angeboten. Da die Konkurrenz einen vergleichbaren Artikel um 20,00 € günstiger anbietet, musste der Großhändler seinen Barverkaufspreis im gleichen Umfang reduzieren. Der Bareinkaufspreis des Artikels beträgt unverändert 235,00 €, die Bezugskosten 17,40 € brutto und der Handlungskostenzuschlag 25%.

Berechnen Sie den Gewinn, der dem Großhändler in € und in Prozent nach der Preisreduzierung verbleibt.

46 Ein Industriebetrieb hätte nach dem internen Wartungsplan drei Maschinen im vierten Quartal 2020 überholen müssen. Wegen einer Grippewelle und damit verbundener krankheitsbedingter Ausfälle beim beauftragten Wartungsunternehmen werden zwei Maschinen erst im Februar bzw. März 2021 gewartet. Der Wartungstermin für die dritte Maschine wurde auf das zweite Quartal 2021 verschoben. Erfahrungsgemäß musste das Unternehmen zum 31.12.2020 mit Wartungskosten in Höhe von 2.000,00 € bis 2.500,00 € je Maschine rechnen.

Buchen Sie (falls erforderlich) zum 31.12.2020.

47 Der Besitzer einer Boutique entnimmt aus dem Warenbestand einen Pullover und verschenkt ihn an einen Geschäftsfreund. Der Pullover wurde in der letzten Woche für 120,00 € + USt eingekauft. Der Kauf wurde bereits als Wareneingang gebucht.

48 Ein Unternehmen möchte wie auch in den vergangenen Jahren eine Rückstellung für das Gewährleistungsrisiko bilden. Der Umsatz in diesem Jahr betrug 2.500.000,00 €. Das Unternehmen geht von einem Gewährleistungsrisiko von 2% des Umsatzes aus.

49 Die Grundsteuer in Höhe von 410,20 € für ein als Freilager genutztes unbebautes Grundstück wird vom betrieblichen Bankkonto abgebucht.

50 Ein Industriebetrieb kauft Rohstoffe auf Ziel. Folgende (verkürzte) Rechnung geht mit der Rohstofflieferung ein:

Warenwert	50.000,00
– 10% Rabatt	5.000,00
	45.000,00
+ 19% USt	8.550,00
	53.550,00

51 Ein Hersteller für Elektrogeräte aus Nürnberg gewährt einem Großhändler am Jahresende 2020 eines Bonus von 3% auf den im abgelaufenen Jahr erzielten Bruttoumsatz in Höhe von 1.624.000,00 €. Der Bonus wird auf dem Bankkonto des Großhändlers am 28.12.2020 gutgeschrieben.

a) Buchen Sie den Bonus für den Hersteller.
b) Wie bucht der Großhändler die entsprechende Gutschrift?

52 Die Gehaltszahlung an eine Angestellte ist zu buchen. Folgende Informationen aus der Lohn und Gehaltsbuchhaltung sind hierfür gegeben:

Bruttogehalt:	2.856,00 €
Einbehaltene Steuern:	584,13 €
Sozialversicherung (Arbeitnehmeranteil):	554,77 €
Sozialversicherung (Arbeitgeberanteil):	554,77 €
Die vermögenswirksame Sparleistung:	40,00 €

Der Arbeitgeber beteiligt sich an der vermögenswirksamen Anlage der Angestellten nicht. Das Gehalt wird per Bank überwiesen.

a) Buchen Sie die Gehaltszahlung.
b) Buchen Sie die Banküberweisung der einbehaltenen Beträge an die zuständigen Stellen.

53 Die Meditex GmbH erwirbt Mitte August 2020 für das Büro der Geschäftsführerin einen neuen Besuchertisch. Der Möbelhändler gewährt auf den Listenpreis von netto 580,00 € einen Rabatt von 30%. Die Bezahlung erfolgt vierzehn Tage nach Lieferung unter Abzug von 3% Skonto per Banküberweisung.

a) Buchen Sie den Kauf.
b) Wie lautet der Buchungssatz für die Zahlung per Bank mit Skontoabzug?
c) Nehmen Sie für die Meditex GmbH alle erforderlichen Buchungen am Jahresende vor, wenn die Nutzungsdauer des Tisches 6 Jahre beträgt und der Steuerpflichtige einen möglichst niedrigen Gewinn ausweisen möchte.

Die Voraussetzungen für die Vornahme einer Sonderabschreibung nach § 7g EStG sind nicht gegeben.

54 Ein Unternehmen beabsichtigt im nächsten Jahr fünf neue Schreibtische zu einem Stückpreis von 399,00 € + USt für die Ausbildungsabteilung anzuschaffen. Das Unternehmen möchte 2020 einen Investitionsabzugsbetrag beanspruchen. Die gesetzlichen Voraussetzungen hierfür liegen vor.

55 Die Steuerpflichtige Gisela Schwarzberg schickt nach Absprache mit dem Lieferanten eine mangelhafte Warenlieferung zurück und erhält eine Gutschrift über 3.967,20 € brutto. Es bestehen noch Verbindlichkeiten beim Lieferanten.

56 Ein Mandant erwarb am 01.10.2020 ein unbebautes Grundstück als Lagerplatz zum Preis von 220.000.00 €. Zusätzlich fielen neben der Grunderwerbsteuer in Höhe von 3,5% noch Notariatskosten für die Übertragung des Eigentums am Grundstück in Höhe von 2.400,00 € + 456,00 € USt an. Alle Beträge wurden durch Banküberweisung beglichen.

Nehmen Sie die erforderlichen Buchungen vor.

57 Zur Finanzierung des Grundstücks nahm der Mandant (Nr. 56) am 01.10.2020 ein Darlehen auf. Die Bedingungen lauteten: Nennbetrag des Darlehens 400.000,00 €, Zinssatz 9% für 5 Jahre fest, Disagio 5%. Tilgung ab dem 5. Jahr. Die Zinsen sind vierteljährlich nachträglich zu entrichten.

Gebucht wurde bisher lediglich am 01.10.2020:

1600 (1800)	Bank	380.000,00 €	
	an 3150 (0630) Darlehensschuld		380.000,00 €

58 Am 20. Dezember 2020 ließ ein Steuerpflichtiger in seinem Bürogebäude neue Teppichböden verlegen, da der alte Boden schadhaft geworden war. Auf Grund einer Vorausrechnung über 10.000,00 € (ohne Umsatzsteuerausweis) überwies er diesen Betrag am 30.12.2020.

Die endgültige Rechnung über 15.000,00 € + 2.850,00 € USt ging erst am 23. Januar 2021 ein.

Es wurde gebucht:

6350 (2350)	Grundstücksaufwand	10.000,00 €	
	an 1800 (1200) Bank		10.000,00 €

59 Am 01.12.2020 wurde ein Kleintransporter zum Listenpreis von 50.000,00 € + 9.500,00 € USt gegen Banküberweisung angeschafft. Die Nutzungsdauer beträgt sechs Jahre.

Zusätzliche Aufwendungen entstanden in folgender Höhe:

Überführungskosten	300,00 €	
Autoradio	400,00 €	
+ 19% USt	133,00 €	
Zulassungskosten (Barzahlung)	40,00 €	(Barzahlung)
Nummernschilder (Barzahlung)	30,00 €	(Barzahlung)
+ 19% USt	5,70 €	

Buchen Sie die Anschaffung des Kleintransporters sowie die höchstmögliche AfA zum 31.12.2020 (kein § 7g EStG).

60 Beim Kauf eines neuen Betriebs-Pkw wurde ein altes Fahrzeug am 01.12.2020 mit 8.000,00 € + 1.520,00 € USt in Zahlung gegeben. Das alte Fahrzeug hatte einen Restbuchwert zum 31.12.2019 von 8.000,00 €. Das Fahrzeug wurde am 01.06.2017 für 20.000,00 € angeschafft und linear mit 20 % abgeschrieben.

Buchen Sie die Inzahlunggabe und die AfA für das alte Fahrzeug.

61 Im Konto Forderungen eines Gewerbetreibenden sind 33.320,00 € enthalten, die aus einer Lieferung an den Kunden Fritz Kuhn stammen. Trotz mehrfacher Mahnungen ging der Betrag bisher nicht ein. Der Buchhalter rechnet am Jahresende mit dem Zahlungseingang von wenigstens 23.800,00 € brutto.

62 Ein buchführungspflichtiger Handelsvertreter aus Landshut tritt einen Teil seines Verkaufsgebietes an einen Mitbewerber ab. Dieser leistet eine Ausgleichszahlung in Höhe von 20.000,00 € + USt.

Nehmen Sie die erforderliche Buchung vor.

63 Am 01.12.2020 wurden betriebliche Versicherungen für ein Jahr im voraus in Höhe von 4.800,00 € bezahlt und auf dem Konto 6400 (4360) gebucht.

64 Im Konto 1200 Forderungen sind 42.840,00 € enthalten, die aus einer Lieferung an den Kunden Peters, Berlin, stammen. Trotz mehrfacher Mahnungen ging der Betrag bisher nicht ein. Unser Mandant rechnet mit dem Ausfall der Hälfte der Forderung.

Auf den restlichen Forderungsbestand in Höhe von 79.290,00 € sind 1 % pauschale Wertberichtigungen zu bilden. Dabei ist zu berücksichtigen, dass in diesem Bestand eine Forderung in Höhe von 18.600,00 € an den spanischen Unternehmer Luis Salvador enthalten ist.

65 Am 01.12.2020 erwarb eine KG gegen Bankscheck einen Lieferwagen zum Preis von 44.400,00 € + 8.436,00 € USt. Eine Buchung erfolgte nicht, da der Scheck bisher nicht eingelöst wurde.

Die Kraftfahrzeugversicherung für den neuen Lieferwagen in Höhe von 1.200,00 € für ein Jahr wurde erst am 10.01.2021 dem Bankkonto belastet. Im alten Jahr wurde daher noch nichts gebucht (keine Abschreibung buchen).

66 Am 27.08.2020 wurde eine neue Maschine zum Preis von 180.000,00 € netto gegen Banküberweisung angeschafft. Die Maschine hat eine Nutzungsdauer von 10 Jahren.

Zusätzlich entstanden folgende Aufwendungen:

Fracht	3.600,00 €
Montage	8.400,00 €
	12.000,00 €
+ 19% USt	2.356,00 €
gesamt	14.356,00 €

Buchen Sie die Anschaffung zum 27.08. und die lineare Abschreibung zum 31.12.2020.

67 Ein Unternehmer vermietete ab 01. Dezember 2020 betriebliche Räume an einen Gewerbetreibenden für monatlich 2.400,00 € + 456,00 €. Der Mieter übergab am 03.01.2021 einen Scheck über 5.712,00 € für die Monate Dezember 2020 und Januar 2021. Der Vermieter hatte im Jahr 2020 noch nichts gebucht.

68 Eine Mandantin erwarb am 30.09.2020 ein unbebautes Grundstück, das als Lagerplatz genutzt wird. Der Kaufpreis des Grundstücks betrug 260.000,00 €. Zusätzlich fielen neben der Grunderwerbsteuer in Höhe von 3,5% noch Notariatskosten in Höhe von 4.560,00 € + 866,40 € USt und Maklerprovision von 7.800,00 € + 1.482,00 € USt an. Alle Beträge wurden durch Bank beglichen.

69 Zur Finanzierung einer Maschine nahm ein Mandant am 30.09.2020 ein Darlehen zu folgenden Bedingungen auf:

Darlehen, nominal 80.000,00 €, Zinssatz 6%, Disagio 10%, tilgungsfrei während der Gesamtlaufzeit von 5 Jahren. Zinszahlung vierteljährlich nachträglich. Die erste Zinszahlung erfolgte im Januar 2021.

Erstellen Sie alle erforderlichen Buchungen zum 30.09.und zum 31.12.2020.

70 In einer Maschinenfabrik wurden im Dezember 2020 Teile der Heizung umgebaut. Die Rechnung über 36.000 € + 6.840,00 € USt ging am 15.01.2021 ein. Eine Buchung erfolgte 2020 noch nicht.

71 In der Hausmeisterwohnung einer GmbH wurde durch einen Handwerksbetrieb am 20.11.2020 das Bad renoviert. Die Rechnung in Höhe von 1.800,00 € + 342,00 € USt ging am 30.12.2020 ein und ist noch zu buchen.

72 Am 01.12.2020 hat ein Gewerbetreibender ein bebautes Grundstück für 600.000,00 € erworben. Vom Kaufpreis entfallen 100.000,00 € auf den Grund und Boden. Die Wohnungen vermietet er an seine Arbeitnehmer. Am 15.12.2020 wurde ein Teilbetrag von 400.000,00 € an den Verkäufer überwiesen, der Rest wurde am 20.01.2021 durch Banküberweisung beglichen.

Die Grunderwerbsteuer von 3,5% wurde noch im Dezember 2020 an das zuständige Finanzamt überwiesen.

a) Nehmen Sie die erforderlichen Buchungen für die Anschaffung vor.
b) Buchen Sie die AfA. Der Bauantrag wurde im Januar 2018 gestellt. Das Gebäude war am 30.11.2020 bezugsfertig. Es gehört zum Betriebsvermögen.

73 Eine Inlandsforderung über 29.750,00 € brutto, die im Vorjahr vollständig abgeschrieben worden war, wurde im Jahr 2020 zu 40% bezahlt. Die Zahlung ist noch zu buchen.

74 Ein Gewerbetreibender bezog drei bisher privat genutzte unbebaute Grundstücke ab Januar 2020 in die betriebliche Nutzung ein.

Grundstück 1:	Anschaffung 2015 für	20.000,00 €
	Teilwert am Tag der Einlage	50.000,00 €
Grundstück 2:	Anschaffung 2018 für	25.000,00 €
	Teilwert ein Tag der Einlage	40.000,00 €
Grundstück 3:	Anschaffung 2019 für	50.000,00 €
	Teilwert ein Tag der Einlage	30.000,00 €

Buchen Sie die Einlage der Grundstücke.

75 Ein Einzelhändler entnahm für private Zwecke Waren. Der Einkaufspreis für diese Waren betrug 2.000,00 € netto. Der Verkaufspreis beträgt zum Zeitpunkt der Entnahme 3.000,00 € brutto. Der Einkaufspreis ist zum Entnahmezeitpunkt auf 1.500,00 € netto gefallen. Buchen Sie die Entnahme.

76 Eine Mandantin legte einen privat angeschafften Schreibtisch zum Bilanzstichtag 31.12.2020 in ihr Geschäft ein. Die Anschaffungskosten betrugen im Januar 2016 5.800 € brutto. Die Nutzungsdauer ist mit zehn Jahren anzusetzen. Ein gleiches Stück würde am Bilanzstichtag 6.000,00 € netto kosten. Die Mandantin buchte:

0650 Büroeinrichtung	6.000,00 €	
1406 Vorsteuer	1.140,00 €	
an 2180 Privateinlage		7.140,00 €

77 Anfang Dezember 2020 wurde von einer Gewerbetreibenden die Miete für einen betrieblich genutzten Lagerraum vertragsgemäß für den Zeitraum Dezember 2020 bis Ende Mai 2021 in Höhe von 12.000,00 € im voraus überwiesen. Der Vermieter hat nicht optiert. Bisher erfolgte keine Buchung.

78 Ende Dezember 2020 wurde Büromaterial im Wert von 2.000,00 € + 380,00 € USt erworben. Die Rechnung steht am 31.12.2020 noch aus. Gebucht wurde nichts.

79 Folgende Geschäftsfälle sind bei Ihrem Mandanten noch nicht gebucht worden:

a) Zielkauf eines Lieferwagens Mitte Dezember 2020 Nettowert 80.000,00 € + 15.200 € USt, betriebsgewöhnliche Nutzungsdauer 9 Jahre, lineare AfA

b) Am 10.12.2020 erhielt Ihr Mandant vom Lieferer eine Gutschrift über 2.380,00 € brutto wegen einer Mängelrüge.

c) Der Rest wurde am 18.12.2020 abzüglich 5% Sonderrabatt vom Restbetrag durch Banküberweisung beglichen.

d) Der Lieferwagen hat nach einem Unfall zum Jahresende 2020 einen Verkehrswert von 30.000,00 €. Es handelt sich um eine dauernde Wertminderung. Nehmen Sie alle erforderlichen Buchungen vor.

80 Am 30.11.2020 erwarb eine OHG mit notariellem Vertrag ein an das Unternehmen angrenzendes Grundstück zu betrieblichen Zwecken, welches mit einer Lagerhalle, Baujahr 2014, bebaut ist. Nutzen und Lasten gingen noch am gleichen Tag über. Beim Kauf sind folgende Beträge angefallen:

- Barzahlung 75.000,00 € am 30.11.2020
- Übernahme einer Hypothekenschuld 50.000,00 €, Laufzeit 8 Jahre

- Übernahme der rückständigen Hypothekenzinsen in Höhe von 2.250,00 €
- Grunderwerbsteuer laut Bescheid 6.250,00 €
- Notariatsgebühren für Abschluss des Kaufvertrages netto 1.000,00 € + 19% USt
- Wertgutachten Kaufpreis netto 500,00 € + 19% USt
- Übernahme der vom Verkäufer noch geschuldeten Grundsteuer 500,00 €

Der anteilige Wert des Grund und Bodens beträgt 15%.

Bis zum Jahresende erfolgten keine weiteren Zahlungen. Nehmen Sie die Buchungen vor für die Anschaffung des Grundstücks und für die AfA (AfA-Satz 3%) zum 31.12.2020.

81 Zur Finanzierung einer Investition nahm ein Unternehmer zum 30.09.2020 bei seiner Hausbank ein Darlehen über 100.000,00 € zu folgenden Konditionen auf:

Auszahlung 95%, Laufzeit 5 Jahre. Zinssatz 3%. Rückzahlung in einer Summe am Ende der Laufzeit.

Gebucht wurde bisher:

1800 Bank	95.000,00 €	
an 3160 Verbindlichkeiten Kreditinst.		95.000,00 €

Die Zinsabrechnung für den Zeitraum 30.09. bis 31.12.2020 ging erst am 02.01.2021 ein.

82 Im November 2020 wurde ein Regalsystem erworben, betriebsgewöhnliche Nutzungsdauer 10 Jahre. Die Rechnung lautete über 20.000,00 € + 3.800,00 € USt. Die Finanzierung erfolgte durch Wechselakzept.

Eine Buchung wurde bis zum 31.12.2020 nicht vorgenommen.

83 Für die Bewirtung von Geschäftsfreunden wurden 500,00 € zuzüglich 19% USt aufgewendet und bar aus der Kasse bezahlt. Die Aufwendungen sind angemessen und durch eine ordnungsgemäße Rechnung nachgewiesen.

Bislang ist gebucht: 6640 Bewirtungskosten 595,00 € an 1600 Kasse 595,00 €.

84 Am 02.11.2020 wurden im voraus für ein Jahr mit Banküberweisung bezahlt:

Kfz-Versicherung für Firmenfahrzeug	1.200,00 €
Lebensversicherungsbeiträge	4.800,00 €

Ihr Mandant hat gebucht:

6400 Versicherungen 6.000,00 € an 1800 Bank 6.000,00 €.

85 Am 03.12.2020 erhielt Ihr Mandant die Rechnung für einen gelieferten Farbkopierer:

Farbkopierer	4.000,00 €
Montage und Einweisung	50,00 €
4 Ersatzbehälter Toner	100,00 €
	4.150,00 €
+ 19% USt	788,50 €
Gesamtbetrag	4.938,50 €

Der alte Kopierer wurde für 200,00 € + 19% USt in Zahlung gegeben. Der Rest wurde durch Bank Überweisung beglichen. Im Anlageverzeichnis zum 31.12.2019 ist der alte Kopierer mit einem Restbuchwert von 1,00 € ausgewiesen. Die betriebsgewöhnliche Nutzungsdauer für den neuen Farbkopierer beträgt sieben Jahre. Die AfA soll linear vorgenommen werden.

86 Für seine Ausstellungsräume erwarb ein Gewerbetreibender im Juni 2020 von einem Privatmann einen geschnitzten Holzbrunnen gegen Barzahlung. Der Verkäufer stellte folgende Rechnung aus:

Holzbrunnen	3.000,00 €
+ 19% USt	570,00 €
Gesamtbetrag	3.570,00 €

Die betriebsgewöhnliche Nutzungsdauer des Brunnens beträgt 15 Jahre. Er wird linear abgeschrieben.

Gebucht wurde:

0690 (0490) Sonstige Betriebs- u. Geschäftsausstattung	3.000,00 €	
1406 (1576) Vorsteuer	570,00 €	
an 1600 (1000) Kasse		3.570,00 €

87 In der Handelsbilanz hatte eine KG zum 31.12 2018 eine Gewerbesteuerrückstellung in Höhe von 3.500,00 € gebildet. Die Abschlusszahlung in Höhe von 2.900,00 € ist laut Bescheid vom 03.12.2020 (Aufgabe zur Post) am 07.01.2021 fällig. Der Vorgang wurde bisher buchhalterisch noch nicht erfasst.

88 Folgende Tatbestände sind bei Ihrem Mandanten noch zu bearbeiten:

a) Eine Kundenforderung in Höhe von 10.115,00 € ist zum 31.12.2020 als uneinbringlich zu bewerten.
b) Wegen der Eröffnung eines Insolvenzverfahrens ist eine weitere Kundenforderung über 28.560,00 € nur noch mit 60% zu bewerten.
c) Im übrigen ist eine Pauschalwertberichtigung in Höhe von 1 % des restlichen Forderungsbestandes in Höhe von 101.150,00 € zu bilden. In der Bilanz zum 31.12.2019 betrug die Pauschalwertberichtigung 1.500,00 €.

89 Die private Nutzung des Betriebs-Pkws Ihres Mandanten für 2019 ist noch zu berechnen und zu buchen. Aus der Buchführung entnehmen Sie folgende Zahlen:

laufende Kfz-Kosten (Benzin, Reparaturen)	6.920,00 €
Kfz-Versicherung	1.200,00 €
Kfz-Steuer	680,00 €
AfA	6.000,00 €
insgesamt	14.800,00 €

Das Fahrzeug wurde im Januar 2017 für 36.000,00 € + 6.840,00 € USt angeschafft, betriebsgewöhnliche Nutzungsdauer 6 Jahre. Der private Nutzungsanteil beträgt nachweislich 30%. Außerdem fuhr Ihr Mandant an 180 Tagen mit dem Fahrzeug von seiner Wohnung in den Betrieb, einfache Entfernung 12 km.

90 Der Bauunternehmer Hans Schneider muss zur Überbrückung kurzfristiger Liquiditätsschwierigkeiten einen Kredit in Höhe von 60.000,00 € aufnehmen.
Folgende Angebote liegen ihm vor:

Hausbank A		Bank B	
Kreditbetrag	60.000,00 €	Kreditbetrag	60.000,00 €
Zinssatz	0,5%	Zinssatz	0,9%
Spesen[1]	0,8%	Spesen[1]	250,00 €
Disagio	7,5%	Vermittlungsprovision	1,5%
		Agio	3,0%

[1] wird bei Auszahlung des Kredits einbehalten

Die Aufnahme des Kredits erfolgt am 18. Mai 2020 und die Rückzahlung soll am 31. Dezember 2020 erfolgen.

a) Für welches Angebot sollte sich der Unternehmer entscheiden ?
b) Der Bauunternehmer erhält am 30. September 2020 eine Rechnung vom 28. September 2020 über Baumaterial in Höhe von 39.324,85 €. Die Zahlungsbedingungen des Lieferanten lauten zahlbar in 10 Tagen mit 2% Skonto oder in 30 Tagen rein netto. Lohnt es sich für den Unternehmer, da er z. Zt. nicht über genügend flüssige Mittel verfügt, für die Inanspruchnahme Skonto ein kurzfristiges Darlehen (Verzinsung 11,2%) aufzunehmen ?

91 Das Handelshaus „Moderne Hauswirtschaft" möchte einen neuen Wäschetrockner ins Handelsprogramm aufnehmen. Der Hersteller liefert das Gerät zu einem Listeneinkaufspreis von 600,00 €. Er gewährt 15 % Rabatt und 2 % Skonto.
Die Bezugskosten belaufen sich für 5 Geräte auf 120,00 €. Das Konkurrenzunternehmen des Handelshauses verkauft einen ähnlichen Trockner für 1.024,84 € (Listenverkaufspreis inkl. 19 % USt). Das Handelshaus rechnet mit 28,5 % Handlungskosten, 7 % Vertreterprovision, 8 % Rabatt und gewährt 3 % Skonto.

a) Berechnen Sie den Gewinn in € und Prozent, wenn das Handelshaus das Gerät nicht teurer als das Konkurrenzunternehmen anbieten möchte!
b) Berechnen Sie die Handelsspanne.
c) Berechnen Sie den Kalkulationszuschlag (Basis: Bruttoverkaufspreis).
d) Berechnen Sie den Kalkulationsfaktor (Basis: Bruttoverkaufspreis).

92 Die Gesellschafter August, Berthold und Carsten sind an einer gut florierenden KG für Papier- und Bürobedarf beteiligt. Zum 01. Januar 2020 betragen die Kapitalanteile:

August	120.000,00 €
Berthold	135.000,00 €
Carsten	80.000,00 €

Laut Gesellschaftervertrag ist vereinbart, dass der Komplementär Berthold für seine Tätigkeit als Geschäftsführer eine Vergütung von monatlich 6.200,00 € erhält. Kommanditist August gewährt der KG ab 20. Juni 2020 ein Darlehen in Höhe von 100.000,00 €, das mit 7,2% verzinst wird.

Als Entschädigung für die Überlassung von Büroräumen im Haus des Kommanditisten Carsten erhält er monatlich 1.800,00 €. Für die Vermittlung eines Großauftrages wurde ihm eine einmalige Provision von 5.400,00 € gezahlt.

Nach ordnungsgemäßer Buchung dieser Aufwendungen verbleibt ein handelsrechtlicher Gewinn von 187.600,00 €.

a) Ermitteln Sie die steuerlichen Gewinnanteile für die einzelnen Gesellschafter, wenn die Stammeinlagen mit 6% verzinst werden und der Restgewinn im Verhältnis der Kapitaleinlagen aufzuteilen ist.
b) Die KG hat noch eine Rechnung eines dänischen Lieferers über Kopierpapier zu begleichen. Die Rechnung beläuft sich auf DKK 3.450,00.
Wie viel € benötigt die KG für die Bezahlung der Rechnung, wenn folgende Bedingungen gelten:

Land	Währung
Deutschland	€
Dänemark	DKK
Euro-Referenzkurs	= 7,4570

93 Zwei konkurrierende Bauunternehmen sollen an Hand der effektiven Verzinsung ihres Eigenkapitals verglichen werden. Folgende Angaben liegen vor:

2020	Unternehmen B „Großer Bagger"	Unternehmen W „Schnelle Wände"
Aufwendungen	3.051.000,00 €	1.728.000,00 €
Erträge	3.385.000,00 €	1.967.000,00 €
Eigenkapital	1.800.000,00 €	680.000,00 €

a) Welches Bauunternehmen kann eine höhere Verzinsung des Eigenkapitals aufweisen?
b) Der Bauunternehmer W der Firma „Schnelle Wände" kann einen nicht benötigten Lagerplatz seines Bauhofs veräußern.
Wie hoch muss sein Verkaufsangebot sein, wenn er vierteljährlich 725,00 € Zinsen bei einem Zinssatz von 8% erzielen möchte?
c) Der Bauunternehmer B der Firma „Großer Bagger" hat für die Anschaffung eines neuen LKW am 18. Mai 2020 einen Kredit in Höhe von 85.000,00 € aufgenommen. Bei einer Verzinsung von 6% soll das Darlehen einschließlich Zinsen in Höhe von 87.550,00 € zurückgezahlt werden.
Wie viel Zeit (Zinstage) hat der Unternehmer für die Rückzahlung des Darlehens?
d) Ermitteln Sie das Datum der Rückzahlung.

94 Aus der ordnungsgemäßen Buchführung eines Unternehmens werden folgende Werte entnommen:

	€
Warenanfangsbestand	64.000,00
Warenverkauf	356.000,00
Wareneingang	174.000,00
Warenbezugskosten	8.300,00
Rücksendungen an den Lieferanten	12.000,00
Preisnachlässe des Lieferanten	6.800,00
Liefererboni	3.200,00
Liefererskonti	1.800,00
Erlösschmälerungen	2.600,00
Kundenboni	6.700,00
Kundenskonti	4.600,00
Geschäftskosten	76.000,00
Inventurendbestand	58.000,00

Ermitteln Sie
a) den Wareneinsatz,
b) den Rohgewinn,
c) den Reingewinn,
d) die Handelsspanne,
e) den Kalkulationszuschlag.

95 Der Einzelunternehmer Mark Matthes, Hamburg, kauft am 25. Juni Anleihen der Stadt Hamburg im Nennwert von 20.000,00 €, Zins 6,5 %, mit laufendem Zinsschein zur kurzfristigen Liquiditätsanlage.
Weitere Angaben: Zinszahlung am 1. Februar und am 1. August halbjährlich, Kurs 97 %, 0,5% Bankprovision vom NW und 0,75 ‰ Maklercourtage vom NW.

a) Ermitteln Sie die Höhe der Bankbelastung für Herrn Matthes.
b) Der Unternehmer Matthes verkauft am 15. November die Anleihen der Stadt Hamburg vollständig zu folgenden Bedingungen:
Kurs 101 %, Bankprovision 0,505 % vom KW, Maklercourtage 0,75 ‰ vom KW.
Wie hoch ist die Bankgutschrift?

c) Ermitteln Sie den Ertrag oder Verlust aus dem Abgang dieser Vermögensgegenstände.
d) Buchen Sie den Kauf der Wertpapiere.
e) Buchen Sie den Verkauf der Wertpapiere!

96 Ihr Mandant Heiko Eisen, Inhaber einer Maschinenschlosserei, stellte für sein eigenes Gewerbe eine Werkzeugmaschine her. Folgende Angaben liegen vor:

– Fertigungsmaterial	24.300,00 €
– Fertigungslöhne	23.200,00 €
– Sondereinzelkosten der Fertigung	8.900,00 €
– Materialgemeinkosten	30%
– Fertigungsgemeinkosten	65%
– Verwaltungsgemeinkosten	11.700,00 €

Bestimmen Sie die

a) niedrigstmöglichen Herstellungskosten nach HGB,
b) niedrigstmöglichen Herstellungskosten nach EStG,
c) höchstmöglichen Herstellungskosten nach HGB,
d) die höchstmöglichen Herstellungskosten nach EStG.

97 Für Ihren Mandanten Max Rosig sollen Sie eine Bilanzanalyse an Hand folgender Werte vornehmen:

Aktiva	Bilanz		Passiva
I. Anlagevermögen	340.000,00 €	I. Eigenkapital	? €
II. Umlaufvermögen	€	II. Fremdkapital	
1. Vorräte	120.000,00 €	1. Langfristiges FK	350.000,00 €
2. Forderungen	180.000,00 €	2. Kurzfristiges FK	150.000,00 €
3. Bank	50.000,00 €		
4. Kasse	10.000,00 €		
Bilanzsumme	? €	Bilanzsumme	? €

Soll	GuV		Haben
Aufwendungen	550.000,00 €	Erlöse	750.000,00 €

Ermitteln Sie
a) die Eigenkapitalrendite,
b) die Umsatzrendite,
c) den Deckungsgrad I,
d) den Deckungsgrad II,
e) die Liquidität 1. Grades,
f) die Liquidität 2. Grades,
g) die Liquidität 3. Grades.

98 a) Zieleinkauf von Handelswaren, Warenwert 5.500,00 € zzgl. 19% USt.
b) Der Lieferer gewährt uns nachträglich einen Rabatt von (netto) 350,00 €.

99 a) Zieleinkauf von Hilfsstoffen, Warenwert 25.000,00 € zzgl. 19% USt.
b) Rücksendung beschädigter Hilfsstoffe in Höhe von (brutto) 5.950,00 €.
c) Auf den Restbetrag erhalten wir nachträglich einen Preisnachlass von 20%.

100 Wir sind ein Großhandelslager für Möbel und verkaufen auf Ziel Waren zum Listenpreis im Nettowert von (USt 19%) 40.000,00 €.

a) Der Käufer erhält einen Wiederverkäuferrabatt von 15%, bei Zahlung innerhalb von 10 Tagen gewährt das Großhandelslager 2% Skonto.
b) Der Kunde sendet uns Büromöbel zurück im Bruttowert von 3.570,00 €.
c) Wir gewähren für den Restbetrag einen Preisnachlass aufgrund der Mängelrüge von 5%.
d) Der Käufer überweist unter Inanspruchnahme des Skontobetrages den Rechnungsbetrag auf unser Bankkonto.

101 Gegenüber dem Kunden Kummer haben wir eine Forderung in Höhe 18.088,00 €.

a) Der Kunde sendet fehlerhafte Waren zurück im Werte von 3.570,00 € inkl. USt. 19%
b) Den restlichen Rechnungsbetrag kürzt der Kunde um 3% Skonto und überweist den verbleibenden Betrag auf unser Postbankkonto.

102 Wir kaufen Waren für 20.000,00 € zzgl. 19% USt.

a) Wir handeln einen Mengenrabatt aus von 2%. Der Lieferer bietet uns bei Zahlung innerhalb von 8 Tagen nach Eingang der Rechnung Skontoabzug in Höhe von 2%.
b) Nach Sichtung der eingegangenen Waren stellen wir unerwartete Qualitätsmängel fest. Wir senden Waren zurück im Wert von 2.000,00 € netto.
c) Für den Rest des Warenwerts vereinbaren wir einen Preisnachlass in Höhe von 2%.
d) Wir zahlen 5 Tage nach Erhalt der Lieferung durch Banküberweisung.

103 Am 17. Januar 2020 werden bei der Support GmbH Rohstoffe angeliefert. Der Lieferant gewährt vom Warenwert bei Zahlung innerhalb von 14 Tagen 2% Skonto. Zusätzlich werden für die Verpackung 416,50 € brutto in Rechnung gestellt. Am 24. Januar 2020 überweist die Support GmbH per Bank einen Betrag über 61.058,90 € an den Rohstofflieferanten, um die gesamten Zahlungsverpflichtungen aus dem vorliegenden Fall zu erfüllen. Wie lauten die vollständigen Buchungssätze für die Vorgänge am 17. und 24. Januar 2020?

104 Bei Begleichung einer Rechnung hat ein Kunde einen Skontoabzug von 2% vorgenommen. Die USt-Berichtigung (bei 19% USt) betrug 18,05 €.

Wie hoch war der ursprüngliche Brutto- und Nettorechnungsbetrag?

105 Ein Getränkeabfüllbetrieb liefert am 12. November 2020 an einen Händler 8 Kästen Cola-Light zum Preis von 8,00 € pro Kasten (zzgl. USt). Das Pfand für Leergut beträgt 6,00 € für jeden Kasten zzgl. USt. Am 20. November 2020 nimmt der Abfüllbetrieb das Leergut zurück und verkauft gleichzeitig 5 Kästen Bier zum gleichen Preis.
Buchen Sie die Vorgänge am 12. und 20. November 2020

a) beim Abfüllbetrieb,
b) beim Händler.

106 a) Zielverkäufe von eigenen Erzeugnissen 45.000,00 € zzgl. 19% USt.
b) Der Kunde erhält von uns eine Gutschrift über einen nachträglichen Rabatt wegen einer Mängelrüge in Höhe von (brutto) 4.165,00 €.

107 Wir sind ein Möbeleinzelhandelsgeschäft und kaufen im Großhandelslager für Möbel
a) Waren zum Listenpreis im Nettowert von (USt 19%) 40.000,00 €.
Wir erhalten einen Wiederverkäuferrabatt von 15%. Bei Zahlung innerhalb von 10 Tagen gewährt das Großhandelslager außerdem einen Skonto von 2%.
b) Wir senden Büromöbel zurück im Bruttowert von 3.570,00 €.
c) Für den Restbetrag erhalten wir einen Preisnachlass aufgrund der Mängelrüge von 5%.
d) Den restlichen Rechnungsbetrag überweisen wir über unser Geschäftsbankkonto unter Abzug von 2% Skonto.

108 Wir verkaufen Waren für 20.000,00 € zzgl. 19% USt.

a) Wir gewähren einen Mengenrabatt von 2% und bieten unserem Kunden bei Zahlung innerhalb von 8 Tagen nach Eingang der Rechnung Skontoabzug in Höhe von 2%.
b) Nach Sichtung der eingegangenen Waren stellt unser Kunde unerwartete Qualitätsmängel fest. Er sendet uns Waren zurück im Nettowert von 2.000,00 €.
c) Für den Rest des Warenwerts vereinbaren wir einen Preisnachlass in Höhe von 2%.
d) Der Kunde zahlt 5 Tage nach Erhalt der Lieferung durch Banküberweisung.

109 Ein Großhändler erhält von seinem Lieferanten (Herstellerwerk) einen Wiederverkäuferrabatt von 40% und zusätzlich bei Bestellungen über einen Warenwert von 20.000,00 € netto einen Mengenrabatt vom Listenpreis in Höhe von 8%.
Der Großhändler kauft Waren auf Ziel ein im Wert von 80.000,00 € zzgl. 19% USt.

Buchen Sie diesen Wareneinkauf.

110 Aufgrund eines Sonderangebotes beschafft die Spezial GmbH am 25. März 2020 ein Multifunktionsgerät zum Listenpreis von 980,00 € (netto).
Ausgehandelte Zahlungsbedingungen: Rabatt 15%, bei Zahlung innerhalb von 14 Tagen Skonto 2%. Die betriebsgewöhnliche Nutzungsdauer des Geräts beträgt vier Jahre. Die GmbH nutzt die GWG-Sammelpostenbuchung.

Buchen Sie die Eingangsrechnung am 25. März 2020 und den Rechnungsausgleich am 03. April 2020 durch Banküberweisung.

111 Der Listenpreis für eine vollautomatisierte Werkzeugmaschine beträgt 82.908,00 € zzgl. 19% USt. Die Nutzungsdauer der Maschine beträgt 12 Jahre. Wir kaufen die Maschine am 22. Juni 2020 und begleichen die Rechnung online über Bank am 2. Juli 2020.

a) Buchen Sie den Einkauf und die Bezahlung der Maschine!
b) Ermitteln Sie für die Jahre 2020–2023 jeweils die linearen Abschreibungsbeträge ohne Berücksichtigung von Sonder-AfA nach § 7g EStG.
c) Buchen Sie die Abschreibung im Grund- und im Hauptbuch im 4. Nutzungsjahr und schließen Sie die Konten über das SBK und das GuV-Konto ab.

112 Wir kaufen am 05. Juni 2020 einen Schreibtisch für 785,00 € zuzüglich 19% USt bar. Die betriebsbedingte Nutzungsdauer beträgt 13 Jahre.

a) Buchen Sie den Geschäftsfall am 05. Juni 2020!
b) Buchen Sie die Abschreibung am Jahresende bei Ausnutzung der höchstmöglichen Abschreibung.

113 Ein Unternehmer aus Kaiserslautern errichtete ein Gebäude (Bauantrag Dezember 1993, Fertigstellung 01. Februar 1997). Die Herstellungskosten betrugen 2.000.000,00 €. Das Gebäude wird zu 60% eigenbetrieblich und zu 40% privat für Wohnzwecke vermietet.

a) Berechnen Sie für das Jahr 1997 und 2020 unter genauer Gesetzesangabe die lineare AfA für das Gebäude!
b) Berechnen Sie für das Jahr 1997 und 2020 unter genauer Gesetzesangabe die degressive AfA für das Gebäude!

114 Ein Steuerpflichtiger, der die Voraussetzungen des § 7g EStG erfüllt, schafft im Januar 2020 ein neues bewegliches Wirtschaftsgut des Anlagevermögens an.
Die Anschaffungskosten betragen 20.000,00 €. Die Nutzungsdauer beträgt 10 Jahre.

Gehen Sie von höchstmöglichen AfA-Beträgen aus. Die Inanspruchnahme der Sonder-AfA nach § 7g EStG erfolgt im 1. Nutzungsjahr vollständig. Erstellen Sie dazu die folgende Tabelle:

Jahr	lineare AfA	Sonder-AfA	Sonder-AfA + lin. AfA
2020			
2021			
2022			
2023			
2024			
2025			

Komplexe Prüfungsaufgaben

Aufgabe 1

Der Einzelunternehmer Gruner betreibt ein Elektrogeschäft. Das Unternehmen unterliegt der Regelbesteuerung, Steuersatz 19%. Das **steuerliche Ergebnis 2020** soll **so niedrig wie möglich** ausgewiesen werden. Die Voraussetzungen des § 7g EStG sind nicht erfüllt.
Die folgenden Sachverhalte sind noch nicht gebucht bzw. sie sind zu überprüfen. Jeder Sachverhalt ist als Buchungssatz zu erfassen.

1 Am 01. September kaufte die Firma Gruner ein Betriebsgebäude:
Bauantrag 10. Juni 2010; Fertigstellung Januar 2012. Dabei fielen folgende Aufwendungen an:

- Kaufpreis 300.000,00 € (einschließlich Grund und Boden; Wert 100.000,00 €);
- Notargebühren 3.000,00 € + 570,00 € USt
- Grundbuchkosten 390,00 €
- Maklerprovision 9.000,00 € + 1.710,00 € USt
- Grunderwerbsteuer 5,0%

Alle Rechnungen wurden durch Banküberweisung beglichen.
Buchen Sie den Anschaffungsvorgang und die AfA.

2 Zur Finanzierung des Kaufpreises für das Betriebsgebäude nahm die Firma Gruner am 01. September einen Bankkredit mit zehnjähriger Laufzeit in Höhe von 200.000,00 € zu folgenden Konditionen auf:
Zinssatz 3%; Auszahlungsbetrag 90%; jährliche Zinszahlung, erstmals zum September 2020; Rückzahlung in einem Betrag am 01. September 2029.

Die Firma Gruner buchte:

1800 (1200)	Bank	180.000,00 €	
7320 (2120)	Zinsaufwendungen	20.000,00 €	
	an 3170 (0650) Verb. Kreditinstitut		200.000,00 €

3 Am 30. November kaufte die Firma Gruner einen neuen Lkw für 100.000,00 € + 19.000,00 € USt. Bei vollständiger Zahlung innerhalb eines Monats können 2% Skonto vom Kaufpreis abgezogen werden. Die Firma Gruner gab vereinbarungsgemäß ihren alten Lkw, der erst im Vorjahr angeschafft worden war für 60.000,00 € + 11.400,00 € USt in Zahlung. Am 18. Dezember wurde die Restschuld unter Abzug von Skonto durch Banküberweisung beglichen. Der alte Lkw steht in der Eröffnungsbilanz des Verkaufsjahres mit 70.000,00 € zu Buche. Er wurde degressiv mit 25% abgeschrieben, Nutzungsdauer fünf Jahre. Der neue Lkw hat eine Nutzungsdauer von 9 Jahren.

Buchen Sie den Vorgang.

4 Am 28. Dezember zahlte ein Kunde der Firma Gruner durch Banküberweisung seine Rechnung über 20.000,00 € + 3.800,00 € USt unter Abzug einer nachträglich vereinbarten Preisminderung von 10% sowie unter Abzug von 3% Skonto vom Restbetrag. Die Firma Gruner hat nur den vorausgegangenen Warenverkauf gebucht.

5 Am 10. Dezember überweist der Insolvenzverwalter 3.570,00 € für eine Forderung der Firma Gruner in Höhe von 30.000,00 € + 5.700,00 € USt.
Die Forderung wurde bereits bei Eröffnung des Insolvenzverfahrens im Jahr 2016 ausgebucht.

6 Am 21. Dezember erfährt Gruner, dass bei einem seiner Kunden Zahlungsschwierigkeiten auftreten. Die Forderung der Firma Gruner beträgt 10.000,00 € + 1.900,00 € USt. Gruner rechnet mit einem Forderungsausfall in Höhe von 4.000,00 €.

7 Die Pauschalwertberichtigung der übrigen Forderungen soll 1 % betragen. Im Forderungsbestand von insgesamt 480.056,00 € (vor Berücksichtigung der Nr. 6) ist auch eine Auslandsforderung gegenüber einem Kunden in der Schweiz von 20.000,00 € enthalten.

8 Am 17. Dezember hat die Firma Gruner 4.760,00 € für zukünftige Wartungsarbeiten an einer Alarmanlage eines Kunden für das Jahr 2021 im voraus erhalten.

Die Firma buchte:

1800 (1200)	Bank	4.760,00 €	
	an 4830 (8600) Sonstige betriebliche Erlöse		4.000,00 €
	3805 (1775) Umsatzsteuer		760,00 €

9 Die Firma Gruner hat am 28. Dezember die Firmen-Haftpflichtversicherung in Höhe von 900,00 € für das Jahr 2021 überwiesen. Eine Buchung ist nicht erfolgt.

10 Am 6. Dezember kaufte Gruner für sein Büro einen Ledersessel zum Bruttopreis von 999,00 € unter Abzug von 2% Skonto bei Barzahlung. Das Leder des Sessels hat einen Farbfehler. Aufgrund einer einvernehmlichen Preisminderung hat Gruner vom Verkäufer bereits am 20. Dezember eine Banküberweisung in Höhe von 97,90 € erhalten.

11 Am 30. Dezember hat ein Kläger seine Klage gegen die Firma Gruner mangels Erfolgsaussicht zurückgenommen. Die Firma Gruner hatte wegen des Rechtsstreits bereits im Jahr 2018 eine Rückstellung in Höhe von 30.000,00 € gebildet.

12 Gruner hat zu Weihnachten aus seinem Betriebsvermögen einen auf 0,00 € abgeschriebenen Teppich seiner Ehefrau geschenkt, Teilwert 5.000,00 €.

13 Am 31. Dezember wurde bei der Firma Gruner eingebrochen. Die Diebe haben den gesamten Kassenbestand in Höhe von 5.000,00 € gestohlen. Bei dem Einbruch wurde der Tresor zerstört. Der Tresor stand mit dem Erinnerungswert von 1,00 € in der Bilanz. Er wurde für 11,90 € an einen Schrotthändler gegen Barzahlung verkauft. Haftungsrechtliche Ansprüche sind nicht gegeben. Der gesamte Vorgang wurde noch nicht gebucht.

Aufgabe 2

Ihre Mandantin, die Baustoffe Wilhelm KG, legt folgende Geschäftsfälle für **2020** vor und bittet um Überprüfung der Buchungen und ggf. um Korrektur. Die KG versteuert ihre Umsätze nach vereinbarten Entgelten, Steuersatz 19%. Der **Gewinn soll so niedrig wie möglich** ausgewiesen werden. Die Voraussetzungen des § 7g EStG liegen nicht vor.

1 Im Mai wurden zur kurzfristigen betrieblichen Geldanlage 120 ARKAN Aktien gekauft: Nennwert je Aktie 100,00 €, Kurswert 198,00 €. An der ARKAN AG war die KG bisher nicht beteiligt.

Die Bank erteilte folgende Kaufabrechnung:

120	Stück ARKAN Aktien, Kurs 198	23.760,00 €
	Spesen: 1,2% vom Kurswert	285,12 €
	Lastschrift	24.045,12 €

Es wurde gebucht:

0820 (0510)	Beteiligungen	23.760,00 €	
6300 (4900)	Sonst. betriebliche Aufwendungen	285,12 €	
	an 1800 (1200) Bank		24.045,12 €

2 Im Dezember verkaufte die KG einen Teil dieser Aktien. Die Bank erteilte folgende Verkaufsabrechnung:

90	Stück ARKAN Aktien, Kurs 201	18.090,00 €
	Spesen: 1,2% vom Kurswert	217,08 €
	Gutschrift	17.872,92 €

Eine Buchung ist bislang nicht erfolgt.
Der Kurswert der ARKAN Aktien betrug am Jahresende 170,00 € je Aktie (dauernde Wertminderung).

3 Der Gartenbaubetrieb Steinmann, hatte bei der Bezahlung seiner Rechnung über 16.898,00 € 2% Skonto = 337,96 € abgezogen. Der Zahlungseingang wurde unter Berücksichtigung des Skontobetrages korrekt gebucht. Da die Skontofrist überzogen war, stellte ihm die KG den Skontobetrag am 11.12. wieder in Rechnung.
Diese Lastschriftanzeige ist noch nicht gebucht.

4 Am 25. Mai hatte die KG einen Aktenvernichter für 250,00 € + 19% USt erworben. Die Bezahlung erfolgte unter Abzug von 2% Skonto durch Bankscheck. Die Kosten für die Zufuhr in Höhe von 10,00 € + 19% USt wurden bar an den Spediteur bezahlt. Die betriebsgewöhnliche Nutzungsdauer beträgt 8 Jahre.

Gebucht wurde:

0670 (0480)	GWG	245,00 €	
1406 (1576)	Vorsteuer	46,55 €	
	an 1550 (1330) Schecks		291,55 €
6300 (4900)	Sonstige betr. Aufwendungen	10,00 €	
1406 (1576)	Vorsteuer	1,90 €	
	an 1600 (1000) Kasse		11,90 €

5 Die Forderung an eine Bauunternehmung über 26.180,00 € ist nach Eröffnung des Insolvenzverfahrens laut Auskunft des Insolvenzverwalters uneinbringlich. Gebucht wurde noch nichts.

6 Am 01. Dezember erwarb die KG ein unbebautes Grundstück für die Lagerung von Baustoffen. Der Kaufpreis betrug 140.000,00 €, die Grunderwerbsteuer 4.900,00 €. Beide Beträge wurden am 28.12. durch Banküberweisung beglichen.

7 Zur Finanzierung dieses Lagerplatzes hat die KG am 01.12. ein Darlehen über 100.000,00 € aufgenommen. Die Laufzeit beträgt 8 Jahre. Die Auszahlung erfolgte unter Abzug von 5% Disagio. Die Zinsen in Höhe von 3% werden jeweils zum Quartalsende abgebucht. Die Tilgung des Darlehens erfolgt nach Ablauf der 8 Jahre in einer Summe.

8 Am 30.12. ging die Rechnung des Notars für den Grundstückkauf (Nr. 6) ein. Er berechnete für:

Kaufvertrag	1.400,00 €
Eintragung ins Grundbuch	800,00 €
Eintragung einer Grundschuld	1.600,00 €
	3.800,00 €
+ 19% USt aus 1.400,00 €	266,00 €
	4.066,00 €

Der Rechnungsbetrag wurde Anfang Januar 2021 durch Postbank beglichen.

9 Die KG hat – wie im Mietvertrag vereinbart – am 01. Dezember die Miete für einen Radlader in Höhe von 3.000,00 € + 19% USt für die Zeit vom 01.12. bis 28.02.2021 durch Bank überwiesen.

Eine Buchung ist noch vorzunehmen.

10 Im Dezember wurde ein Lkw generalüberholt. Die Rechnung über 22.000,00 € + 19% USt ging im Januar 2021 ein. Eine Buchung erfolgte noch nicht.

11 Für einen vermieteten Minibagger ging die Miete für Januar 2021 in Höhe von 2.000,00 € + 19% USt schon am 30. Dezember auf dem Bankkonto ein. Der Vorgang ist noch zu buchen.

12 Die KG erhielt für ein Darlehen an einen Kunden die Zinsen in Höhe von 9.000,00 € am 02.11. für die Zeit vom 01. November 2020 bis 30. April 2021 im voraus. Der volle Betrag wurde bei Erhalt als Zinsertrag gebucht.

13 Im Oktober bezog die KG Baumaterial von einem Unternehmer mit USt-IdNr. aus dem Elsass (Frankreich). Die Eingangsrechnung in Höhe von 22.000,00 € wurde noch nicht gebucht.

Aufgabe 3

Olaf Hansen betreibt als Einzelunternehmer in Kiel ein Fachgeschäft für Kleinmöbel. Er ist regelbesteuerter Unternehmer im Sinne des UStG. Herr Hansen ermittelt seinen Gewinn nach § 5 EStG. Der **Gewinn soll so niedrig wie möglich** ausgewiesen werden. Die Voraussetzungen des § 7g EStG liegen vor. Die folgenden Sachverhalte sind **2020** noch nicht gebucht, beziehungsweise sind zu überprüfen.

1 Herr Hansen ließ sein Verkaufsbüro im vorhandenen Betriebsgebäude modernisieren und eine Garage errichten. Seit dem 01. Dezember wird die Garage betrieblich genutzt. Die Rechnung vom 21. Dezember über die gesamten Arbeiten beläuft sich auf insgesamt 80.00,00 € + 19% USt. Davon entfallen 9.000,00 € + 19% USt auf die Herstellung der Garage, 71.000,00 € + 19% USt sind Erhaltungsaufwand für das Verkaufsbüro. Die Rechnung wurde im Januar 2021 beglichen. Die Abschreibung der Garage beträgt 3%. Es erfolgten noch keine Buchungen.

2 Das Verkaufsbüro wurde am 01. Dezember mit einer Theke und vier Stühlen ausgestattet. Die Rechnung vom 15. Dezember lautete:

1 Theke	9.000,00 €
8 Stühle zu je 250,00 €	2.000,00 €
	11.000,00 €
19% USt	2.090,00 €
Rechnungsbetrag	13.090,00 €

Der Rechnungsbetrag wurde im Januar 2021 beglichen. Die Nutzungsdauer der Theke und der Stühle beträgt zehn Jahre. Buchungen wurden noch nicht vorgenommen.

3 Am 02. Januar 2021 erfolgte eine Bankbelastung über 980,00 € für die Gebäudehaftpflichtversicherung. Der Betrag gliedert sich wie folgt:

Nachzahlung für 2020	100,00 €
Prämie für 2021	880,00 €

4 Ein Kunde sandte am 28. Dezember schadhafte Waren im Wert von 2.380,00 € inklusive 19% USt zurück. Hansen erteilte dem Kunden eine Gutschrift über den Betrag, der noch gebucht werden muss.

5 Am 15. Dezember zahlte Hansen für eine Werbekampagne, die vom Dezember 2020 bis zum 30. November 2021 mit einer gleichmäßigen Monatsbelastung läuft, im voraus 14.280,00 €. Gebucht wurde:

6300 (4900)	Sonstige betriebliche Aufwendungen	12.000,00 €	
1406 (1576)	Vorsteuer	2.280,00 €	
	an 1800 (1200) Bank		14.280,00 €

6 Hansen nahm am 01. Juli ein Darlehen in Höhe von 100.000,00 € auf. Die Konditionen lauteten:
Auszahlung 98%, Laufzeit fünf Jahre, Zinssatz 4%, fällige Rate für Zins und Tilgung am 31. Dezember mit 10.000,00 €. Die Rate von 10.000,00 € wurde erst am 03. Januar 2021 vom Bankkonto abgebucht.

Es wurde bisher gebucht:

1800 (1200)	Bank	98.000,00 €	
	an 3160 (0670) Verbindlichkeiten Kredit I		98.000,00 €

7 Kunde Knut Olafsohn schuldet Hansen 9.520,00 € einschließlich 19% USt. Ein Betrag von 5.950,00 € ist endgültig verloren.

8 Kunde Hübli aus Bern ist ebenfalls in Zahlungsschwierigkeiten. Die Forderung in Höhe von umgerechnet 2.200,00 € ist schätzungsweise zu 80% verloren.

9 Auf den restlichen Forderungsbestand in Höhe von 57.120,00 € ist eine pauschale Wertberichtigung von 1 % vorzunehmen. Das Konto 1248 Pauschalwertberichtigung weist einen Betrag von 600,00 € aus.

10 Hansen erhielt am 15. Dezember 2020 den Gewerbesteuer-Bescheid 2018. Die Nachzahlung beträgt 1.000,00 €. Beim Jahresabschluss 2018 wurde eine Gewerbesteuerrückstellung von 3.000,00 € gebildet. Die Abschlusszahlung ist im Januar 2021 fällig.

11 Im Dezember nahm Hansen für seine studierende Tochter zwei Korbsessel zum Einkaufspreis von 300,00 € netto aus dem Lager. Die Sessel werden im Geschäft für 500,00 € brutto verkauft.

12 Die Gehälter für Dezember sind noch nicht gebucht. Die Zahlungen erfolgen Anfang Januar 2021 durch Banküberweisung.

Bruttogehälter	25.000,00 €
Lohnsteuer	2.673,00 €
Solidaritätszuschlag	147,00 €
Sozialversicherungsanteil Arbeitnehmer	5.131,25 €
Arbeitgeberbeitrag zur Sozialversicherung	5.131,25 €

13 Hansen verkaufte Ende November den betrieblichen VW-Kombi zum Preis von 6.000,00 € + 1.140,00 € USt gegen bar. Der Buchwert betrug zum 01. Januar 20.000,00 €. Das Fahrzeug wurde linear mit 10.000,00 € jährlich abgeschrieben.

14 Im Konto Fuhrpark ist ein Pkw enthalten, der nach planmäßiger Abschreibung zum 31. Dezember noch mit 12.000,00 € zu Buch steht. Nicht berücksichtigt wurde ein Unfallschaden. Der Teilwert des Pkw's beträgt zum 31. Dezember nur noch 6.000,00 €. Eine Reparatur des Fahrzeugs ist wegen hoher Kosten nicht vorgesehen.

Stichwortverzeichnis

V

W

Z